二战日军暴行报刊资料汇编

国家图书馆 选编

4

国家图书馆出版社

第四册目录

俘虜敵兵供稱

敵使毒氣

證據確鑿不容狡辯

【中央社馬廻嶺廿七日電】日來敵在南潯線正面、亦屢次施放毒氣、化學兵器亦于步兵前進時輒先放濃密烟幕掩護、退卻時又猛擲催淚性瓦斯、如風向允許、且放射噴嚏性或其他毒氣、最近我軍在南昌附近俘虜敵兵吉永清吉一名、據供稱、其部隊由後備役編成之、原無毒氣使用之訓練、近始受此項訓練、且錄兵自八月上旬起領有防毒面具及伊伯利消毒管器具、足見敵已居心大量採用化學兵器、以防其自身受染之用意也、

——摘自《中山日报》（广州），1938 年 8 月 29 日

日機襲潼關

投彈數十枚

（潼關廿八日電）日機五架，廿八日午十一時許，由晉竄入潼關上空，我高射機砲隊，當即瞄準射擊，日機未敢低飛，在城內西門外南原等地，投彈數十枚後，即逸去。事後調查，房屋卅餘間被燬，死傷十餘人。

——摘自《晶报》（上海），1938 年 8 月 29 日

打撈桂林號機

遇難者慘狀

楊錫遠夫人胎盤脫出

有屍身三具遍體槍傷

（香港廿七日電）中航機「桂林號」被日機襲擊，發生慘劇後，記者趕赴出事地點視察，「桂林號」機降落時　機首插入水中，地點在張家邊之碉樓附近，（距現在沉沒地點約三十丈）經縣長張惠長協同農民，將機牽近河岸，惟機身倒翻，機底向天，打撈工作頗困難。廿五日晚，撈起屍體四具，廿六日晨已着手將包裹行李，逐一從機內挖出。記者所見機身滿佈機槍孔，有如蜂窠，廿六日下午四時，又挖出屍體九具，其中楊錫遠夫人，懷孕數月，此次事變，或因恐慌過度，或因壓力太大，致成小產，一長約達六寸之胎盤，從機內浮出，在場工作人員，覩此一紫白色之胎盤，悽慘情形，均默然無語，幾至下淚。有三屍身，受槍傷，現機內尚有屍體，須待全機撈出，始克發掘。

——摘自《晶报》（上海），1938年8月29日

桂林號事件敵圖卸責

對美覆文有意延擱

美國輿論如何倭方表示焦慮

滬各界昨爲徐新六懸旗誌哀

（中央社）東京二十八日合衆電，外務省發言人頃稱，關於中航機事件，美方之抗議書，日政府不能立即予以答覆，因此事真象，雙方報告，互有出入，必須舉行調查也，另悉如日方覆文對於桂林號降落後日機即以機關槍向之掃射一節，加以否認，則此種解釋，美政府決拒絕接受。

（中央社）東京二十八日合衆電，此間觀察者頃稱，現美國輿論界對日本取何態度，日方甚爲關切，因日人深知美國政府人民以及全美報紙之對日態度，已於過去六個月內，有劇烈之變更，如日美再度發生新事件，凡其中牽涉美國軍艦，則美國國內之反響必與前次巴納號時迥然相異，此外應注意者，羅斯福總統所領導之政府現正着手改造美國之遠東政策，並美國大多數選民亦力主美國應改變對日政策，國務卿赫爾日來歷次發表言說，教促美國人民負起大的責任，此事於美國之外交政策必有重大之影響，同時羅斯福總統日來曾於外交政策之言論，業已在日本引起極爲深刻之印象，羅斯福去年十月五日支加哥發表演說，主張遏止侵略國家，當時全美輿論多表示反對，但羅總統此項演說如在此時發表，則全美輿論將一致表示讚美，此係必然之事，又保證美國在華利益問題之困難所在，係因日政府權力有所時不能影響在華軍事當局云。

（中央社）上海二十八日合衆電，日本駐滬總領事館，頃就中航機事件發表正式聲明，其內容不外乎外務省所取之立場，此外日方並否認日以機槍掃擊桂林號，謂中航機降落後，日機即低飛，查明確係郵機，即行飛去，并未開槍射擊云云，觀察者認爲由日方此項聲明而觀之，可知日方或將拒絕美政府之抗議云。

（中央社）香港二十八日電，滬地方協會，租界納稅華人會暨全市銀行商店，住戶二十八日懸半旗爲中航被難之徐新六氏誌哀，徐之中外友好並發起集款充作獎學金，以爲永久紀念云，

——摘自《新新新闻》，1938年8月29日

張家濱視察記

敵人殘暴令人髮指

（中央社）香港二十七日電，震動世界視聽之民航機桂林號，于二十四日晨被日本驅逐機襲擊，遂發生慘劇後，中央社記者，當即趕赴機沉地點視察，見桂林號降落時，機首插入水中，地點在張家邊之碉樓附近（距現在沉沒地點約三十丈）該機遇險，中山縣當局即派防軍嚴密防衛，時桂林號已為潮水沖激至王固員圍外，四丈餘、沉入水凡三丈，縣長張惠長當即僱熟諳水性之農民多人，潛下水中，以繩縛機尾，然後協力將機牽近圍岸，同時以四艘大艇梢為將釣起，惟機身倒翻，機底向天，打撈工作極感困難，至二十五日晚始起出屍體四具，二十六日晨記者抵達時，已着手將包裹行李逐一從機內流出，至下午一時完竣，記者亦見機身滿佈機關

槍孔，有如蜂巢，寇機狂射之慘酷，於斯可見一班，下午四時許，雖乍雨時降，而各員工仍努力工作機內屍體續行流出五具，其中除男屍兩具外，熊光波（李家蓀夫人）楊錫遠夫人，徐源夫人之屍體，亦均撈出，楊夫人已懷孕數月，此次事變，或因恐慌過度及所受壓力太大，致成小產狀態，遺體抬出時，一長謹六寸之胎，突從腹內浮出，在場人士目覩此胎，已手足俱全，均為潸然

，不勝悲憤，殆全屍浮出，其下體露出一紫白色之胎盤，悽慘情形，使旁觀數百男女與工作人員，均默然無語，幾至下淚，各男屍狀態之可怖，尤分明現各死者于出會似事後經過大掙扎後始斷氣者，中有三屍均受槍傷，寇機掃射乘客，已成殘案，現機內尚有屍體，須待全機撈出，始克發現，截至記者離石岐時，尚未有鐵械運到應用，據關係人稱，第一批四屍中，不知名者，當即係侍役武登華，現中央信託局，中國銀行，交通銀行等各關係方面及縣有當局均派代表到岐，為遇離者料理身後事宜，關於桂林號被日追逐情形，據自衛隊為訴記者稱，是日寇機除以機槍掃射外，當追擊之三州坑及大黃頭王頭地帶時，曾先後投炸彈，均未命中云云，現由航公司代表蘇爾顧新甚，中央信託局竣經理憲揚，建警技止雷官辦，中山縣警察局督察長劉應桂，偵探組長吳金時均在出事地點主持一切善後事宜，至為努力云。

——摘自《新新新闻》，1938 年 8 月 29 日

行營派八駕卡車護送
二百餘難童昨由渝抵省
最小者僅四歲他們淚眼盈盈要回故鄉
本報記者探視記

在現在倭寇的鐵蹄，不特踏破了我們中國的國土，牠惡毒的心是要消滅我們整個民族，前綫的戰士、後方的人民，被牠們的飛機大砲毒氣，大肆蹂躪，尤其對於我們戰區兒童，牠們任意殘殺不算，還大批搜索，强迫回倭，施以奴化教育，完成以華制華之毒計，其用心之恥，令人髮指，我們要抗戰建國，復興民族，對於國家未來的主人翁——戰區兒童，當然不應任其流離失所，因此我們戰區兒童的保育問題，關係我們抗戰建國。復興民族，是多迫切而重大啊！我們的政府，和漢口方面一部份慈善家，有鑑及此，幾月前曾在漢處成立了一個「戰時兒童保育會」，并在成渝萬等地成立了戰時兒童

保育分院

先後由各方戰區內，收容兒童約萬餘人，此間第三分院，在兩月前就開始籌備，雖以戰時關係人力財力均感困難，但終於地方當局幫助。和該院各職員努力，刻已就緒，嗣後因為前方戰情鼓東，敵人以得不償失、須瘋狂的作孤注一擲、向我們大武漢進攻，我們政府為要與侵略者最大之打擊，使其崩潰、使其屈膝，對於非軍事人員，和老弱婦孺，令飭往後方安全地帶疏散，因是各路交通工具不敷應用，猶以長江一帶船舶擁擠異常，大批的戰區兒童，都滯阻於萬宜等地，到了昨（二十八）日午後七時，才由重慶運來成都共計二百四十名，由該院職員向行營接洽，派八駕卡車義務隨運到達，

住舊皇城

原成她中學，記者當往採視大門懸了兩面舊製的藍國旗，兩位着白上裝黑裙的婦女工作委員會戰地服務團派來服務的女同志在門首維持秩序許多附近居住的女子和孩子們將門擁擠一關，爭看由數千里外的各戰區，離散他們親愛的故鄉和父母，經過顛沛流離的痛苦，剛到破屋頹牆的該院保育底[illegible]區兒童，我們國家未來的主人翁！記者進去，該院宣傳主任岳賞琪女士，很和藹地老遠就向我打招呼，「剛才到了兩車。還有六輛昨晚沒有算到內江宿，但是也距該處不遠；總在一點鐘[illegible]一定可到，每輛車約坐三十名，共計二百四十名……」她[illegible]頗感[illegible]向我這樣說，[illegible]她們的職員和戰地服務團派來的女同志，正忙着為他（她）們

洗澡換衣

還顧了八九個理髮匠爲他（她）們剃頭，還有幾個在路上受了熱，患時疾很厲害，一位女醫生正在爲他（她）們診病，我看了一遍，他（她）們十分之九都受了熱和沿途的風塵，患着眼病，近期該院已同此間市立紀念醫院接治，每天可診治二十名，若遇特別病症，可送蕭氏弟兄醫院治療，不過服裝太困難，我們只在各私人家裏蒐集一些各樣各式的舊衣，由漢口穿來的，要換下送回漢口，另交二批難童穿，最後我們便找了幾個兒童，問他（她）們的一切情形，最小者四歲，大者十五歲，大多數是河南，安徽等省的，他（她）們都不願

離開家鄉

和父母，因爲怕日本鬼子殺，或怕把他們運到日本去，他（她）們的父母才送交保育會的，問到他們願不願再回家，都衆口同聲的答「願！」但是問他（她）們幾時回去呢，大家都低頭默默不語，有較大的便眼淚盈盈，不禁奪眶而出，於此可見，殘暴的倭寇，對我無辜同胞如何殘害，戰區同胞多麼怨毒啊。（秋池）

（川[illegible]）中國兒童保育會香港分會，以抗戰以來，陣亡將士遺孤，其貧苦無依者，須爲設法撫育教養，以慰魂忠，頃特函此間綏署，請調查川軍抗戰陣亡將士遺孤狀况，開單寄交該會，以憑處理，綏署據函後，現已從事辦理云。

——摘自《新新新闻》，1938 年 8 月 29 日

廣西大學理學院
屢遭敵機慘炸
該校校長現正竭力籌善後

【桂林廿七日電】敵機數度襲梧，本其破壞文化機關之一貫毒計，屢以本市廣西大學理工學院爲目標，投彈多次，計第一次尚在去年十二月間，彈落鶴山洲院內敎職員宿舍後，幸無損失；但附近校外居民曾被機槍掃射，傷斃十餘名。第二次係本月十一日，計在院內外投彈十六枚，位在院內之省立梧州高中（卽前本校附高中）落四彈，敎室損一角，自來水管全毁。詎意廿五日敵機復來，竟大肆凌虐，在院內外投彈廿餘枚，多屬重磅，計毁該院學生宿舍兩棟，每棟均可容三百人，餘屋震毁頗多，高中敎室膳廳辦公廳全部被毁，員生事先走避，幸無傷亡，但近旁住戶及河邊船隻受災極鉅，該校校長白鵬飛，現正竭力爲該院籌善後云。

——摘自《南京晚报》（重庆），1938 年 8 月 29 日

敵軍在京的獸行一斑（上）

——南京美僑目擊之事實——

王傑如譯

本文著者為一南京美僑、曾服務中國廿年、當南京陷落時、渠即在難民區服務、目擊到當時倭寇的姦淫、屠殺、刼掠情形、歸國後即爲此文登載於七月份 Reader's Digest、茲迻譯於後、——譯者

日軍之佔領南京、確已造成近代史上空前的屠殺、十萬男子婦人、小孩均死於此次浩刧、有四星期之久、南京街道上是染遍了血跡、

這個慘酷的屠殺故事、爲日寇[illegible]、南京與外界交通全部[illegible]、新聞記者已無用武之地、而日軍到極願意送彼等離境、傳教士們爲着注意將來的發展、所以就很聰明的保守緘默、

日本曾一再警告撤退、很多外僑是已離境、但我們留京者、十八個美僑及少數的外僑、均已深知前途是不敢設想、但是我們的職業是在此處、我們同中國人已相處多年、

事前、我們已與中日雙方軍事當局、用電、信接洽設一中立區域、收容難民、這區域將金陵大學、金陵女大、均劃在內、我們收藏很多的米、麵、及指定了四百五十名警察維持治安、

十二月十二日、中國軍隊已向後撤退、驚慌跟着也就起來了、由江邊進城的一條大道上（或係指中山路——譯者按）、擠滿了軍火、難民、傷兵、人力車及汽車、約十里路長、有一輛貨車突然走火而爆發、其他車輛也有火燃燒、數千難民均在火焰中呼吼、而日本飛機更低飛掃射難民、傷兵、無論老弱、均無一生逃

翌日、我又爬到死山、看看這條終身難忘的大道上的烟火、滿目盡是燒成木炭的屍體、多處均堆有七八尺高、

這個安靜、整齊的南京從此算是完了、我們也就够幼稚、相信日本的把戲、他們說、「你們仍等在屋裏，你們日本東鄰、是要幫助你們恢復和平。」事實相反、他們竟予這無自衛力的中國人、施以四星期獸性的慘殺、

當日軍進城時、吾人當往迎見、及解釋中立區的約定、並承允諾如華軍願將槍械繳出、亦可赦免、這消息很快的就傳佈全城、一會我們的收械工作、也忙碌萬分、他們卸武裝時、都是得到我們確切的保證後、才肯的、以後我們將如何悔恨這次的保證呀！

我看到日軍進入政府建築區、戮殺那些奔逃的平民、逃走立刻就槍斃、很多以遊戲式的殺死、他們玩弄那些失魂的苦力、商人及學生等、至今思及當時情況、儼如一幅惡鬼圖、

中國家庭中的婦女均被強姦、如稍有返抗不就、即報以刺刀、六十歲的老婦到十一歲的小女無一能免、他們都是被推倒在地上、在十二月的陽光下、公開的強姦、慘不忍睹、而尤其慘痛者、厥爲那些門被卸去的屋裏傳出來婦女的哀鳴、

一天、我們仍在驅逐日兵出中立區、但是第二天晚上、來了一羣日軍、衝進來將男子及青年童子、四五十人一排推出去、十分鐘以後、我們聽到一陣機槍聲、那些與我們相處多年的青年學生竟氣得要死、

十二月十六日、強姦的事、竟行到中立區來了、一百多個婦女——其中有七個、是大學裏的職員——均被拖出區外、由軍用車運去了、其餘的人、都瘋狂的在後街跑、看到一個日本人來、就找們逃脫、我們聚集了九百個婦女在一間屋、意在不使她們受姦污、同日、我們區內的警察被捕殺了五十名、當美僑提出抗議時、竟被痛打一頓、

兩日以後、全城各街巷火勢益兇、而日兵更更公開的恐嚇、就是、將人殺盡後、再將房屋燒完、

難民——甚至中立區內的——他們所有的衣食鋪蓋、均被日兵擄盡、甚至於一點剩米、均被掠去、無論如何抗議、終不免其嚴厲的駁覆、除等死而外、有何他法啊！

——摘自《时事新报》（重庆），1938年8月29日

潼關遭空襲 死傷十餘人

（中央社潼關廿八日電）敵機五架，廿八日上午十一時許，由晉竄入潼關上空，在城內西門外南原等地投彈數十枚。民房卅餘間被毀，貧民死傷十餘人。

——摘自《新华日报》（汉口），1938年8月29日

桂林號事件

日寇尚欲狡辯 對美抗議延不答覆

美國政府决難容忍

（中央社東京二十八日合衆電）外務省發言人頃稱：關於中航機事件，美方之抗議書，寇政府不能立即予以答覆，因此事眞相雙方報告互有出入，必須舉行調查。另悉如敵方發文對於「桂林」號降落後，敵機即以機關槍向之掃射一節加以否認，則此種解釋，美政府决拒絕接受。

（中央社上海二十八日合衆電）日寇駐滬總領事館，頃就中航機事件發表正式聲明，其內容不外重述東京外務省所取之立場。此外敵方并否認敵機以機關槍射擊桂林號，謂中航機降落後，敵機即低飛查明確係郵機，即行飛去，并未開槍射擊。觀察者認爲由寇方此項聲明[illegible]知寇方或將拒絕美政府之抗議。

——摘自《新华日报》（汉口），1938年8月29日

閩海敵機昨襲粵北
曲江郊外遭敵狂炸

燬民房二十餘間傷害多人

◇◇

敵艦一艘昨窺寶安大王洲

【本報專訪】本省兩日來天氣惡劣、醞釀風雨、故敵機未有來犯、廣州乃獲兩日之安寧、惟昨（廿九）日上午九時許、有敵轟炸機一隊共九架、由福建廈門港外起航、循閩粵交界上空、掠過贛邊、於十時卅分竄抵曲江上空、窺察良久、隨在近郊連續投彈卅餘枚、爆炸之聲震動韶市、當經我防空部隊猛烈射擊、敵機始循原路遁去、本市防空部以敵機未有來犯、故未發警報、

【中央社】敵機九架、昨（廿九）日上午九時四十五分、由閩省偷襲經贛南潯鄔、直撲粵北、十時四十八分到曲江上空、盤旋廿分、在韶關車站及南門附近共投彈四十餘枚、炸燬民房廿餘間、傷害多人、十一時六分各敵機肆虐後、即循原來航線飛逸、

【中央社惠陽廿九日電】廿九日上午十時十五分、海豐天空發現敵機一架、由南向東飛、並散發謊謬傳單、

【本報專訪】騷擾粵海之敵艦隊、連日行踪飄忽、大部匿於珠江口外各小島、嶺東方面則已畧減、僅五六艘游弋於饒澄南澳海面一帶、敵航空母艦「加賀」號、近匿於萬山羣島附近、但泊何處未詳、昨（廿九）日下午一時廿分、泊孖洲海面之敵艦一艘、突駛大鏟、轉到寶安大王洲海面窺伺、約半小時、隱聞槍聲十餘響、因斯時雲霧甚厚、故未明瞭、諒屬敵艦又作無聊騷擾、又廿八日下午六時、有敵艦一艘、砲轟惠來石井澳、旋即他遁、

【另訊】廿七日敵艦四艘侵入中山唐家灣海面窺伺、現尚無異動、我經嚴防、又當局昨（廿九）日據崖縣情報、廿八日下午五時許崖縣海面發現潛艇一艘、往來窺伺、但無特殊異動、未幾即駛去、

——摘自《中山日报》（广州），1938年8月30日

失去了慈愛的爹娘

來蓉難童多患瘡病

住地過窄郫縣即設分院

華陽梨花街小學昨慰問

（中央社）戰區兒童已於前（二十八）日，乘行營新車抵蓉，總悉此次所到難童，共二百四十名，女生二十名，除患痢疾瘧疾八人外，尚有三分之一生有疥瘡，刻正由該醫務主任診治，并已將[illegible]編設計每小隊八名，三小隊為一中隊，共編十中隊，隊長亦已分別選出，分駐十二個寢室，每寢室由省新運會婦女工作會戰時救護學員二人，担任照拂及更衣洗澡等項，昨晚担任病室之學員因忙於救護難童，通宵未睡，昨（二十九）日前往該院參觀者甚衆云又該院因地址過窄，不敷應用，決於郫縣設立分院，現已聘定張芸芳女士担任院長，并聘請董事積極籌備，聞院址已覓定太平寺，約於週後即可收容兒童云。

又訊，戰區避難來川難童二百餘人，於八月二十八日午後全體抵省此間華陽縣立梨花街小學師生聞訊，即自動捐金購買糖果，於昨日（二十九日）午後四鐘，由該校導師，率領學生代表二十餘人，前往皇城內慰問，適值難童晚餐，行見面禮畢，該校學生即分贈難童食點，並致慰詞，互相淚下。

此間戰時兒童保育第三分院，除前（二十八）日由該院運輸主任郭鳳鳴女士率領，由重慶共運來成都戰區難童共二百七十名外，昨又由行營專車護送五十名來省，聞以後每日均有五十名到達，該院早已派員往附近各縣籌備各縣分院，此間收容不完，即分送各縣保育，至於該院，以經費拮据，且以戰區兒童運往後方源源不絕，關於各兒童服裝問題，極感困難，現擬商同本市各小學校長，請代募各小學生不用舊衣，現正派員分頭接洽，又該院以戰區兒童到達，昨特製發告社會人士宣言，籲各界對於戰區兒童予以物質及財力上之援助云。（秋）

時

★★★★★

——摘自《新新新闻》，1938年8月30日

敵屠梧嶺 腥聞數里 慘絕人寰

（福州二十三日電）廈門敵艦一艘，前晚開岸梧嶺登陸，搶掠姦淫，無論男女老少，均被戮殺，並將所有房屋，縱火焚淨始去，現該嶺已成荒島，屍骸暴露，無人收埋，腥聞數里，慘絕人寰，

——摘自《泸县民报》，1938 年 8 月 30 日

寇機轟炸 廣西大學

（廣州二十五日電）敵機二十四架，今上午在邕江銀盞坳一帶投彈，又有敵機十二架襲廣西，聞曾廣在西大學投十四彈，及梧州郊外投四彈，損失未詳，

——摘自《泸县民报》，1938 年 8 月 30 日

敵機五十餘架
昨轟炸京山
投彈一二百枚死傷千餘人
韶關一帶亦被投彈多枚

中央社漢口廿九日電　二十九日晨七時許、有敵機五十餘架、分兩批進襲漢武、我防空部於七時卅二分發佈警報、嚴加戒備、未幾第一批敵機廿七架、由皖西進入本省東北邊境、嗣於竄抵武漢附近後、復越過平漢線飛至京山、投彈一二百餘枚、炸毀民房甚多、死傷千餘人、旋第二批敵機廿四架循第一批航線亦飛至京山、盤旋甚久、前後兩批敵機均在武漢附近安陸應城之間上空、盤旋約兩小時之久、直至九時四十二分、始解除警報、

中央社廣州廿九日電　敵機九架、廿九日上午九時四十五分由閩省偷襲、經贛南直撲粵北、十時四十八分到曲江上空、盤旋二十分鐘、在韶關車站及南門附近、共投彈四十餘枚、炸燬民房二十餘間、傷害多人、

——摘自《时事新报》（重庆），1938年8月30日

敵軍在京的獸行一斑（下）

—南京美僑目擊之事實—

王傑如譯

我們極想向日軍司令官要求、但我們所見到的、除不能說英語的伍長外、更無高級官員、十二月十九日、日本大使館才允許早日安民、因此他們就出佈告貼在外僑住宅上、這佈告立刻就被日兵撕去、而這羣野人實在是無理可言、中外住宅每日均進出數十次、美國國旗、美國人的財產、均被破壞、並在吾人面前搜索、

腐化了的屍體、橫臥街頭巷尾。狗就在裏面跑來跑去、景象凄凉、當紅十字會清潔隊、清除道上屍體時、棺材又被日兵搶掠去、架起來燃燒、以爲『勝利的火焰、』紅十字會工作人員亦被慘殺不少、身體即倒在腐屍上、

十二月廿日、我們又上了一次不兌現的請求書、據日本大使館隨員聲稱、該晚有十七名日警來京、而治安也不難恢復、唉、十七名警察及五萬殺人不睜眼的士兵、

聖誕節的晚上、南京最熱鬧的街道、太平路、正在大火、我在焰火中衝過、爬過餘燼，及木炭似的屍體、看到日本人手中拿着火把、將房中貨物運去後、即放火、

該夜、日本軍警已分派來保護難民區房屋。他們一到就找到自己安睡的地方、午夜時、又爬進來幾個水兵、掠了三個女孩去、

在頭幾天、南京電力廠中、五十四名工程人員、被殺去了五十三名、聖誕日、日本軍事當局問我何處可找到此種技術人員、他們想開工、我只能苦笑的告他們、這些人是你們自己殺了、

他們離開不久、就有敲我的寫字間大門的聲音、外面兩個苦力架了一個燒得焦頭爛額的人、他是同其餘的四五十人、一道焚燒的、灌了很多桶汽油、等到他們濕透了、然後就點起火把燒、他所以逃出來、因爲他是放在排尾、過兩天又來了兩個、也是受過同樣苦刑的人、

當日下午、就送到中立區醫院去、但是又有什麼效用呢、很多身體經過刺刀「實習」後、兩個人背對着捆起送到醫院來、多數都是快死的時候才送來、所以來的也都是死的多、

又發明一個更巧妙的刑法、即日本軍用飛機在天空中散下傳單、「所有中國的好百姓、都得回家去、才可以有衣食、日本極願與中國做一個好鄰居、只要他們不崇拜蔣介石將軍」、這是一張五彩畫片、上面是一個文明的日本兵、抱着一個基督徒似的幼童、在他的脚下、伏着一位中國母親、謝謝他所償的米糧、

數千人都離開這裏、回到他們那破落的屋子去、日本的醜態又於是暴露、很顯明的、他們天上同地上的士兵是不合作的、善意的時代、仍未開始、母親被姦淫、孩子在旁邊哭叫、我看到三四歲孩子被殺的實例、有些人是被鎖在屋裏、活燒死了的、據區內職司估計、至少有二千婦女以上、未回到中立區前就被姦污了、

聖誕節過後三天、來了一隻日本商船、載了一羣游覽者、他們很小心的經過了幾條被掃淸的街道、他們賜了一點善意與中國孩子、拍着他們抖顫着的小手、

新年晚上、難民區的中國買辦、被叫到大使館去、對他說、城裏的人應當「自動的慶祝」。難民應當做日本國旗、像進到天堂一樣的快樂、日使館隨員說、日本軍隊很喜歡看到這樣一幅歡迎的景況、

此後、屠殺漸漸少了些。本年三月間、東京發出這樣一段播音、

『南京人民的死傷、及財產的破壞、都是一般匪徒所爲、他們現在已被查辦、現在一切都安定了、日本軍人還養着三十萬難民呢！』這種欺騙世人的愚拙宣傳、大概日本軍人也不會相信吧、

——摘自《时事新报》（重庆），1938 年 8 月 30 日

破壞文化機關

敵機襲桂大

理工院被炸

（中央二十七日桂林電）敵機數度襲梧、本其破壞文化機關之一貫毒計、屢以廣西大學理工學院為目標、投彈多次、計第一次尚在去年十二月間、彈落鶴山洲院內教職員宿舍後、幸無損失、但附近校外居民、曾被機槍掃射、傷斃十餘名、第二次係本月十一日、計在院內外投彈十六枚、位在院內之省立梧州高中、即前該校附屬高中、落四彈、教室損一角、自來水管全毀、詎廿五日敵機復來、竟大肆凌虐、在院內外投彈二十餘枚、多屬重磅、計毀該院學生宿舍二棟、每棟均可容三百人、餘屋震壞頗多、高中初中教室膳廳辦公廳全部被毀、員生事先已遷、幸無傷亡、但近旁住戶及河邊船隻、受災極鉅、該校長白鵬飛、現正竭力為該院籌劃善後云、

——摘自《东南日报》（金华），1938 年 8 月 30 日

敵機分襲鄂粵

京山遭轟炸死傷千餘人

犯◇鄂

（中央廿九日漢口電）廿九日晨七時許、有敵機四十八架、分兩批進襲武漢、我嚴加戒備、第一批敵機廿七架、由皖西侵入本省東北邊境、嗣於竄抵武漢附近後、復越過平漢綫、飛至京山投彈八九十枚、炸燬民房甚多、死傷頗慘、旋第二批敵機廿一架、循第一批航綫、亦飛至京山盤旋甚久、前後兩批敵機、均在武漢附近安陸應城之間上空、盤旋約兩小時之久、

（中央念九日漢口電）念九日上午九時敵機五十餘架、分兩批轟炸京山縣城、共投彈二百餘枚、（內燃燒彈甚多、）事後調查、炸燬民房七百餘棟、死傷人民一千餘人、截至下午六時止、房屋仍繼續燃燒、天主堂亦被炸燬、神父炸斃、城內死傷人民、除輕傷已出城就醫外、所有重傷及屍首均缺人救護掩埋、情狀甚為悽慘、

襲◇粵

（中央廿九日廣州電）敵機九架、廿九日上午九時四十五分、由閩省偷襲、經贛南直撲粵北、十時四十分分到曲江上空、盤旋二十分鐘、在韶關車站及南門附近、共投彈四十餘枚、炸燬民房二十餘間、傷害多人、

——摘自《东南日报》（金华），1938 年 8 月 30 日

敵寇暴行

敵機昨狂炸京山

死傷千餘人燬屋七百餘棟

（中央社訊）昨晨七時許，敵機四十八架，分兩批進襲武漢。我防空部於七時三十二分發佈警報，嚴加戒備；未幾，第一批敵機二十七架由皖西侵入本省東北邊境，越過平漢線（經商城、扶縣、七里坪、南陽、廣水一帶）飛至京山投彈。第二批敵機二十一架循第一批航線，亦飛至京山盤旋甚久。前後兩批敵機均在武漢附近安陸、雲夢、應城之間上空盤旋約兩小時之久，似企圖截擊我機，九時四十二分始解除警報。

又訊：敵機在京山縣城，投彈二百餘枚（內燃燒彈甚多）。事後調查，炸燬民房七百餘棟，死傷人民一千餘人。截至下午六時止，房屋仍繼續燃燒。天主堂亦被炸燬，神父炸斃。現城內死傷人民除輕傷已出城就醫外，所有重傷及屍首，均缺人救濟掩埋，情狀甚爲悽慘。

——摘自《新华日报》（汉口），1938 年 8 月 30 日

勒派民捐 殘殺無辜

（中央社興集二十九日電）敵近在晉省各被佔縣區勒派民衆捐款。無分富戶貧民，須一律照繳五十元至三十元不等，備作戰費。昨晉北朔縣民衆對此項僞捐，一致抗繳，敵特務機關乃令僞公安局長薛某，將抗捐之領袖良民數十人抓獲，施以毒刑。計用辣椒水灌死者十餘名，開水燙死者二十餘名，汽管吹死者二三十名，敵對此類慘殺我民衆辦法，近已推行各縣。

——摘自《新华日报》（汉口），1938 年 8 月 30 日

俘我官兵 橫加殘害

（中央社訊）軍息：近我前方獲敵木島部隊及一一三師團兩部士兵日記甚多，如第一一三師團第十三聯隊第一大隊第三小隊士兵安夏戈夫，七月十九日記：「第五中隊之陣亡將士及俘虜使役中之孱弱者三十八名一同火葬。」二十六日記：「午後八時將俘獲之敵衛兵多名殘酷處死，慘不忍睹。」二十八日記：「午後四時半將前次捕獲之敵人卅六名及各保安團、鄉鎮長、商會店員等百餘人，令其自掘一大坑，然後一同活埋，慘叫之聲，殊覺刺人魂魄。」三十日日記：「午前準備露營，見捕獲之中國人民十八人被處死刑，先斬其首，再用槍刺其屍，偶一思之，不覺毛骨悚然。」

——摘自《新华日报》（汉口），1938 年 8 月 30 日

活埋！火燒！！溢死！！！

皆敵人處置我民衆之極刑

〔中央社漢口廿九日電〕軍息、敵軍對我被俘官兵與戰區民衆之慘殺、以前迭經廣播、現更變本加厲、常用活埋火葬、等酷刑、此于最近被俘敵官兵之日記中即可一目瞭然、茲舉一例、近我前方獲木島部隊及一一三師團兩部士兵日記甚多、如第一一三師團第一三聯隊第一大隊第十二隊士兵安夏或夫在七月十九日日記云、「第五中隊之陣亡將士及俘虜使役中之病弱者卅八名一同火葬」、廿六日日記云、「午後八時將俘獲之敵衞兵多名殘酷處死、慘不忍覩」、廿八日日記云、「午後四時半將前次捕獲之敵人卅六名、及保安團鄉鎭長商會職員等百餘人、令其自掘一大坑、然後一同活埋、慘叫之聲、殊堪刺人魂魄」、卅日日記云、「午前準備解營見捕獲之中國人民十八人被處死刑、先斬其首、再用槍刺其屍、偶一思之、不覺毛骨悚然」、觀此可知敵軍滅絕人性之獸行、直非殺盡我整個民族不止也、

〔中央社興集廿九日電〕敵近在晉省各被佔縣區勒派民衆捐款、無分富戶貧民、須一律照繳五十元至三千元不等、備作戰費、昨晚朔縣民衆對此項僞捐一致抗繳、敵特務機關乃令僞公安局長薛某將抗捐之領袖良民數十人抓獲施以毒刑、計用辣椒水灌死者十餘名、開水溢死者廿餘名、汽管吹死者二三十名、我民衆聞訊悲愴憤慨、莫可名狀、敵對此類慘殺我良民辦法、近來已推行各縣云、

——摘自《中山日报》（广州），1938年8月31日

日機再濫炸

平漢路南段

京山鎭死傷達千餘人

〔漢口三十日電〕路透社訊：今晨七時三十分，此間空襲警報大作，旋有日機八架，出現平漢路之孝感天空，當飛繞武昌天空時，高射砲曾向射擊，諸機乃疾飛而去．已往數日中，漢口北面平漢路一帶，日機大見活動，殆因日軍希圖妨礙鄂省東北華軍陣線後之鉄路交通所致，日機攻擊之第二目的，殆欲監視華軍之行動，以阻其往援六安。據華方消息：昨晨日機五十架，在漢口西北京山小鎭，擲下炸彈約二百枚，死平民一千餘人，鎭中整日大火，至晚未熄。

——摘自《晶报》（上海），1938年8月31日

桂林號機二次下沉

乘客靈櫬運港

歐亞漢港機昨復航

反侵略會請伸公義

（中央社）中山三十日電，除遭敵機擊落之桂林號民航機機身今由馬克公司大盤艇施工絞出水面，客位兩旁及天蓋有彈孔甚多，足證暴敵蓄意屠殺乘客，破壞美國權益，倉內郵件行李已全部取出，惟乘客李家蓀陳健飛兩名蹤跡仍杳，又該機身過重，三斷鋼纜，終未能共絞至船上，現復沉水中。

（中央社）中山二十九日電，記者冒風雨歷三小時航程，前往視察打撈桂林號民航機工程，中西員工，在狂風暴雨，潮湍急中經數小時之努力，已將沉機左翼左發動機絞起，發動機油箱及翼彈孔斑斑，已無任何部份完好。機身明日亦可起絞，一俟全部絞起後，即行運返港，又胡筆江徐新六靈柩已運港。

（中央社）漢口三十日電，歐亞郵航班機，因顧慮安全問題，會於日前暫行停航，交通部頃爲維持漢港戰時交通，特令歐亞航空公司於三十日起恢復郵航，暫以小型機一架，專載信件，隔日往來漢港一次，至載客班機復航問題，現正在籌劃中，即於日內亦可照常飛行云。

（中央社）香港三十日電，歐亞公司由漢運送郵件來港之飛機，三十日下午二時三十五分平安抵此，該機係一單發動機小型機，駕駛者乃華人機師，聞以後隔日往來一次。

（中央社）香港二十九日電，滬律師陳霆銳二十九日致函公共租界納稅華人會，建議紀念徐新六辦法，一，具呈國府明令褒卹，二，請求工部局將浙江興業銀行所在地之北京路改爲徐新六路，三，成立徐新六獎學金委員會，四，具呈國府嗣後政府設立之第一飛行學校，即以徐新六名之，五，由滬各公團舉行公祭。

（中央社）漢口二十九日電，記者以敵政不巴黎大會決議，轟擊中美合資經營之民航機，特走訪反侵略中國分會執行部負責人探詢該會之意見，據談此次暴日所犯罪惡，不獨違背國際公法不得加害我戰鬥員之規定，且故意破壞第三國在華之權益，欲圖造成恐怖局面，妨礙我國空中交通，以阻斷香港與我國之聯繫，此次遭難者有孕婦兒童，銀行家商人教授，而沒有一個屬於軍政界人的，尤值得吾人之深切注意，反侵略中國分會除即電告日內瓦總會及反侵略美國分會，促其從速舉行巴黎大會決議，并發動世界輿論，使各國政府予日本以有效制裁外，深望我國有關各各銀行，公會，商會兒童保育會，婦女團體，文化界及民航機團體等，分別致電世界同性質之社團，以喚起其注意，與同情，此舉亦獨有助于國際宣傳，亦爲我國人民團體對世界和平應盡之責任，此項電文寄至日內瓦反侵略總會即I.P.J.，其電報爲A DPACEM, GENEVA 特拍世界各社團）此項辦法最直接妥善而有效，曾市長爲敵機濫炸廣州致世界各市長電，即由反侵略總會轉達云。

（中央社）香港三日電，桂林機殉難者計機師劉崇佺，乘客楊錫遠夫婦，徐息源夫人，鍾弟弟，侍役武慶華等、靈櫬二十九日由澳門由金山號輪運港，下午五時三刻到達，中航公司總經理黃賢，港站主任余兆才，暨兄崇傑，暨各死者家屬戚友等數十人到埠迎櫬，港警察局並派大隊警隊到場保護，輪埠上滿陳花圈，金山輪靠岸後，各人紛紛登輪，六副靈柩，上覆國旗花圈，景象至爲淒涼肅穆，劉崇傑一見乃弟靈柩，不禁放聲大哭，中航公司具備花圈六個，由黃實賢親自呈獻，并爲陳之棺上，黃氏眼眶含淚，旁立者皆爲動容旋移柩登陸，以汽車運往東華義莊權厝，七時抵總義莊安放停公，然後淨然告別，武慶華夫人聞耗由滬趕至，撫棺痛哭不已，事後黃實賢向記者發表談話，首對此次不幸事件之殉難者表示深切悼意，并謂此次本公司承中山縣長張惠長，以及各地方當局多所協助，今日又蒙金山輪免費運柩，香港政府派員保護，至深感謝，其餘各方幫忙尤爲感激，祗事出倉卒，疏忽難免，希望各界原諒云云。聞劉崇佺之遺柩定日內運返原籍安葬，劉妻爲美籍人，現仍在成都，遺有子一（七歲）女一（僅十七個月）

★ ★ ★ ★ ★ ★

——摘自《新新新闻》，1938年8月31日

前線需要防毒面具！

李惟和

最近敵在長江大事增援猛攻，因敵在蘇「滿」邊境衝突大體解決之後，得以全力應付我國，集中兵力於一綫，企圖突破武漢。敵軍來勢雖猛，幸賴我前線忠勇將士堅苦抗戰，屢於以打擊，使其付很大代價換取少量的進展。但頑敵殘暴成性，對於所謂國際公法及人道等名詞，素不諳悉。往往於遭遇阻礙，陷於困門時，不惜施放毒氣，以圖一逞。半月來敵在長江南北兩岸施放毒氣計有四五次之多，尤以這次在赤湖所放毒性最烈，我軍犧牲兩營之衆，因而被迫放棄陣地，瑞昌淪於敵手。我們對於敵人這種卑劣殘酷的手段表示憤恨，對於我殉難將士表示悼惜外，應該致慮的是以後如何防禦毒氣進攻，避免過大的犧牲，而予敵以可乘之機，這不單是軍隊的工作，在我國情況下，也是民衆的責任。

試想那彈痕纍纍而又染過毒氣的戰場，草木變色，我英勇將士受毒後，口鼻流血，死亡枕藉：：，那種慘況，我們安居後方的人、幾至不能想像，但事實上確有這種慘況存在，我們豈能毫無感觸，漠不關心？要知我們武器窳敗、必要的防毒面具也告缺如，敵人這樣攻下去，我們不知還有多少健兒將在武漢外圍的犧牲！前線救死扶傷不能臻於完善，使多少不幸的受傷兵士不得不呻吟待斃，這使我們在良心上已很感不安，我們不能在這一層盡一點力，至少對於軍士的防毒面具應當盡量供給。以減少他們傷亡的機會。

防毒面具國內或有試驗製造，但因製造地點或已淪陷，或因原料與技術人員缺乏，不能大量生產。好在普通能用的面具價格不高，我們儘可向國外購買。川省擴大七七獻金實施後，結果雖不能令人滿意，但我們有多少，就應拿出多少，呈繳軍委會，指明訂購防毒面具，便是多保障一個生命，增一分抗戰實力。

我們感覺前線作戰愈趨激烈，後方卻愈趨鬆弛，這種現象實太對不起前方將士了！節衣縮食不果不能切實辦到——其實有什麼辦不到——至少紳士們在煙酒娛樂和竹戰上可省下些錢來，用在有利抗戰的地方。在這局勢愈趨嚴重時候，我們在不負一責任，必待砲火響進我們的耳鼓，恐怕將悔太晚了！

——摘自《新新新闻》，1938年8月31日

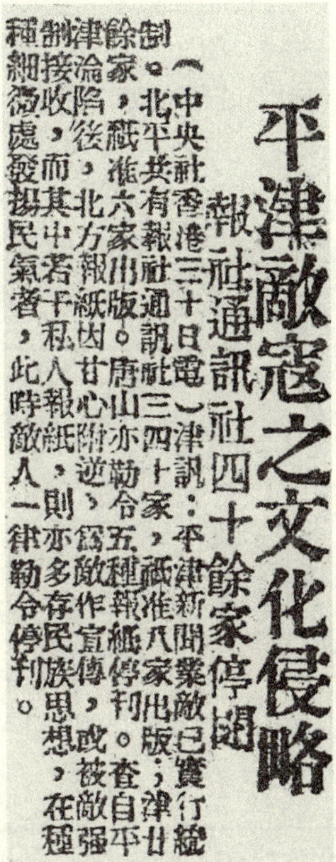

平津敵寇之文化侵略

報社通訊社四十餘家停閉

（中央社香港三十日電）津訊：平津新聞業敵已實行統制。北平共有報社通訊社三四十家，祇准八家出版；津廿餘家，祇准六家出版。唐山亦勒令五種報紙停刊。查自平津淪陷後，北方報紙因甘心附逆，爲敵作宣傳，或被敵強制接收，而其中若干私人報紙，則亦多存民族思想，在種種細微處發揚民氣者，此時敵人一律勒令停刊。

——摘自《新华日报》（汉口），
1938 年 8 月 31 日

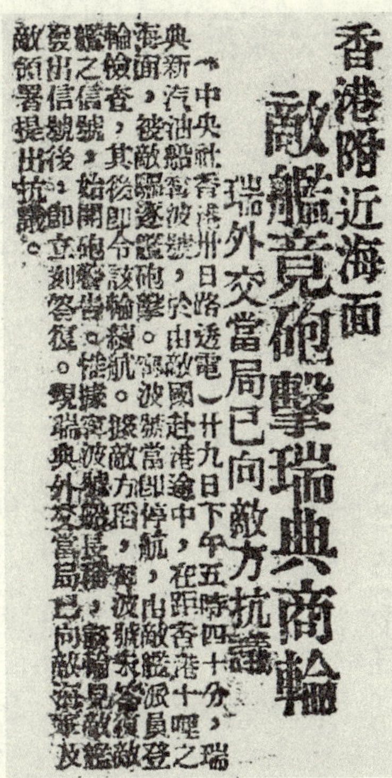

香港附近海面

敵艦竟砲擊瑞典商輪

瑞外交當局已向敵方抗議

（中央社香港卅日路透電）廿九日下午五時四十分，瑞典新汽油船寧波號，於由敵國赴港途中，在距香港十哩之海面，被敵驅逐艦砲擊。寧波號當即停航，由敵艦派員登輪檢查，其後即令該輪繼航。據敵方稱，寧波號未答復敵艦之信號，始開砲警告。但據寧波號船長稱，該輪見敵艦發出信號後，即立刻答復。現瑞典外交當局已向敵海軍及敵領署提出抗議。

——摘自《新华日报》（汉口），
1938 年 8 月 31 日

日機分批 再襲湘粵

（廣州卅一日電）今日上午，日機十七架，分兩批由閩省飛入粵東饒平，一隊九架，經連年入贛轉湘。犯株州後，南飛贛南信豐等邮窺察。次批八架，到揭陽豐順潮州各屬窺伺，未投彈。下午日機十六架，由中山海外飛犯粵漢路，在銀盞坳投彈二十餘枚，下午二時許南飛。又下午三時日機十四架，再飛粵漢路在銀盞坳投彈十餘枚，我方無損失。

（南昌卅一日電）三十一日晨九時十分，贛皖邊境發現日機十八架，由東北向西南飛行，南昌出警報，嚴加戒備，旋日機向湘境竄去。

（株州卅一日電）日機十八架今日又襲株州，狂炸火車南站，雲青街，灣塘街，幾全被炸燬焚盡，綜計日機投爆炸彈及燒夷彈在百枚以上，燬房屋將近二百棟，死三十餘人傷四十餘人

——摘自《晶报》（上海），1938 年 9 月 1 日

京山被炸慘狀
死傷一千餘人
全城幾成灰燼

▲美聯社漢口三十日電　據今日此間非正式方面報告、昨日慘炸湖北京山、使全城幾成灰燼、日機五十架、其目的乃在炸蔣委員長者、蓋據聞京山爲華方重要陸軍司令部之所在地、而蔣委員長當日正赴該處也、華軍當局宣布、來襲日機、計在京山投下燒夷彈及爆炸彈二百枚、炸斃千人、燬屋七百間、全城幾於化成一堆灰燼、日機出現之時、蔣委員長是否在京山、未能探悉、惟當警告發出之時、城中重要官員、當早已退出該城矣、日機炸燬當地天主教堂、該堂教師愛爾蘭人格林利死裏逃生

教堂確受重損 神父並未失蹤

▲漢口 三十日電 日機前日狂炸京山縣城、曾傳有一外籍神父殉難、頃據外人方面確息、該神父於轟炸中、已避至安全地帶、並未罹難、並聞該氏昨已有電到津、向關係方面報告教堂被炸經過、至該神父被炸斃之傳說、實以教堂被炸情形慘烈、當時未能尋見該神父所致也、

——摘自《新闻报》（上海），1938 年 9 月 1 日

日機狂炸株州

燬屋數百棟死傷七十餘人

▲株州　日機卅一日又襲株州、晨九時許、日機十八架、經贛飛湘、於十時二十分侵入株州市空、大肆狂炸、火車南站雲青街灣塘街廬全被炸燬焚盡、萍礦碼頭炸壞民船八隻、下港邊港口街震坍商店多間、粵漢路車站附近民房十餘間、同歸於盡、堤升街燬房屋八十餘棟、綜計日機投爆炸彈及燒夷彈在百枚以上、燬民房將近二百棟、死三十餘人、傷四十餘人、日機投彈後、於十時三十分循原道飛去、

▲南昌三十一日電　今晨九時十分、贛皖邊境發現日機十八架、由東北向西南飛行、南昌當發出警報、嚴加戒備、旋該機向湘境飛去、

▲廣州三十一日電　今日上午、日機十七架、分兩批由閩省飛入粵東饒平、一隊九架、經連平入贛轉湘、犯株州後、南飛贛南信豐等地窺察、次批八架、到揭陽豐順潮州各屬窺伺、未有投彈、旋飛去、正午、日機十六架、由中山海外飛犯粵漢路、在銀盞坳投彈二十餘枚、又下午三時、日機十四架再飛粵漢路、在銀盞坳投彈十餘枚、均無損害、

——摘自《新闻报》（上海），1938年9月1日

星子方面連日激戰

敵又施放毒氣砲彈

中央社高迴嶺三十一日電 星子方面敵昨日分路進攻我萬杉寺東菰嶺 地、並施用毒氣砲彈、我守兵中毒三十餘人、陣地無變化、同日鄱陽湖內敵中型艦一艘、由星子附近砲擊流星山約千餘發、今晨六時半、敵再度進攻萬杉寺一帶、刻仍激戰中、

中央社南昌三十一日電 敵小部隊分頭向東孤嶺西北進襲、均被擊退、又敵以毒砲彈三十日對桃花尖鉢山轟擊約一小時、我士兵中噴嚏催淚毒者二十餘人、

中央社馬迴嶺三十日電 星子方面敵、仍不斷施其海軍砲火之淫威、二十九日夜星子湖面突增敵船十餘艘、三十日晨二時起、開始向玉筋山方面我陣地砲擊、密如連珠、計至正午止共射有一千五百餘發、我軍拾起之砲彈破片合計不下七八百斤、然我陣地守軍因中彈殉職者僅十一人、計我軍每人換取敵砲彈一百四十發後始成仁焉、

中央社南昌三十一日電 星子東南有敵中小型艦三、小汽艇八、二十九日敵艦一艘砲擊流星山(星子南)千餘發、經我砲兵猛烈還擊、敵艦向北退去、事後我軍搜集敵彈破片達五百餘斤、惟我僅傷二十餘人、

——摘自《时事新报》（重庆），1938 年 9 月 1 日

敵機襲株州

郴州前日亦遭敵轟擊

◇犯湘◇

（中央三十一日株州電）敵機三十一日又襲株州、晨九時許、敵機十八架經贛飛湘、於十時廿分侵入株州市空、大肆狂炸、火車南站雲青街灣塘街廬全被炸毀、焚燬萍礦碼頭、炸壞民船八隻、下港邊港口街震坍商店多間、粵漢路車站附近民屋十餘間、同歸於盡、堤升街毀房屋八十餘棟、總計敵機投爆炸彈及燒夷彈在百枚以上、毀民房將近二百棟、死三十餘人、傷四十餘人、敵機肆虐後、於十時分循原道逸去、

（中央三十一日南昌電）三十一日晨九時十分、贛皖邊境發現敵機十八架、由東北向西南飛行、南昌當發出警報、嚴加戒備、旋該敵機向湘境竄去、

（中央三十日漢口電）敵機前日狂炸京山縣城、曾傳有一外籍神父殉難、頃據外人方面確息、該神父於轟炸中已避至安全地帶、並未罹難、并聞該氏昨已有電到漢、向關係方面報告教堂被炸經過、至該神父被炸斃之傳設、實以教堂被炸情形慘烈、當時未能覓見該神父所致也、

◇襲粵◇

（中央三十一日廣州電）三十一日上午、敵機十七架、分兩批由閩省飛入粵東饒平、一隊九架、經連平入贛、轉湘犯株州後、南飛贛南信豐等地窺察、次批八架、到揭陽豐順潮州各屬窺伺、旋飛去、正午敵機十六架、由中山海外飛犯粵漢路、在銀盞坳投彈廿餘枚後逃竄、下午三時、敵機十四架再飛粵漢路、在銀盞坳投彈十餘枚、我方均無損失、

（中央三十日廣州電）敵機九架、三十日上午八時許、由閩經贛圖飛粵北、再襲南雄曲江、我防空當局據報、即通知某地我空軍將士戒備、吳朱兩隊長隨親率鐵鳥隊凌空襲擊、詎該批敵機中途折向湖南郴州、投彈廿餘枚、毀民房十餘間、死傷約廿餘人、我機隊搜索不獲、乃向韶關方面巡邏時、適次批敵機十二架正向韶城南門附近猛投念餘彈、我機隊乃居高臨下、突然出擊、敵機倉皇無措，我吳朱兩隊長忠勇奮發、指揮各機出上入下、痛予掃射、未幾、敵機數架中彈着火、濃烟突冒、垂直墜地、我機睹狀、勇氣百倍、繼將敵機打得落花流水之際、三批敵機十八架趕至增援、路過南雄、並投四十餘彈、旋續飛韶城參戰、以衆侮寡、爲我飛行勇士鎮靜逾常沉着迎戰、以優嫺之技術、攫取據點、一面招架、一面還攻、縱橫天空、掃蕩敵氛、俄頃又有敵機兩架中彈顛簸低飛、搖搖欲墜、其餘敵機多受彈傷、亦感我戰士之神勇不敢戀戰、掉頭急竄、市民會見一受傷敵機踉蹌過市、我機隊乃安然返防、據防空當局息、墜地之四敵機、俱爲單座位九六式驅逐機、墜落地點一在南雄沙溪鄉附近、餘落曲江南雄間之郭公嶺、琵琶嶺、均已焚燬、敵機化爲焦土、另受重傷之敵機兩架、墜落地點正調查中、我吳朱兩隊長僅受槍傷、其所駕座機及一隊員所駕駛者、雖中有彈痕、但均凱旋安降、大獲全勝、

（合衆三十一日香港電）由漢口南開之貨車一列、已抵此、足證外傳粵漢路炸毀地點已不能修復之說、完全不確、

——摘自《东南日报》（金华），1938 年 9 月 1 日

敵機襲郴縣
死傷廿餘人

（中央社衡陽三十日電）敵機九架三十日晨九時三刻由粵韶關進襲郴縣，計投彈廿餘枚，毀民房十餘間，死傷約廿餘人。

——摘自《新华日报》（汉口），1938年9月1日

粵北港海門洋面
漁船兩艘被暴敵焚燬
漁民十餘名遭敵兵處死

（中央社汕頭卅日電）潮汕沿海敵艦今增至十一艘，集結柘林。午，北港海門洋面，有漁船二艘，被敵汽艇捕去，灌油焚燬，漁民十餘名，悉遭敵兵處死。

——摘自《新华日报》（汉口），1938年9月1日

日機轟炸豐順
死傷二百餘人

▲汕頭三十一日電 日機九架、今慘炸豐順縣城、無辜平民二百餘人、民房七八十間、慘罹浩刦、詳情如次、八時許日機由福州結隊經平和饒平潮安、於九時許抵豐城上空、略事盤旋窺察、即低飛輪流向縣府附近平民區域轟炸、爆炸聲震動遐邇、落彈處烟土飛揚、血肉橫飛、尖銳之哀號聲、與炸裂聲雜作、慘不忍聞、日機前後投彈達三十餘枚、迄十一時許始經饒平向閩逸去、現縣城附近一帶房屋已成一片瓦礫、斷腿殘肢、殷紅血跡、遍地皆是、慘不忍覩、災塲中頻聞呼救聲、當地政府於日機去後、派隊載赴災區救護發掘、已起出死屍七八十具、救出傷者百餘人、迄仍在發掘中、嶺東防空司令部及汕頭指揮部均派救護、即日馳赴豐城協助救傷、查豐順爲絕無設防城市、日機忽加狂炸、胡銘藉已電省報告災情、請向國際呼籲制裁、

——摘自《新闻报》（上海），1938年9月2日

京山縣長通電

揭發被炸情形

炸燬房屋二千餘棟

死傷人數達四千餘

▲漢口一日電　京山被日機慘炸後、全縣民衆憤慨異常、特通電各方、並呼籲救濟、原電如下、（銜略）本縣地處鄂中、不但毫無軍事設備、並無國軍一人駐於境內、不料本月廿九日晨九時許、適縣府召集全縣黨政會議及全縣教　育界人士訓話之際、突有日機五十餘架、更番在縣城轟炸、計投彈二百餘枚、城內外房屋二千餘棟、完全炸燬、且延燒一晝夜之久、死傷人數在四千以上、現正由臧專員率全縣壯丁及後方各醫院及慈善團體　設法救護與掩埋中、惟本縣既非軍事地區、又非設防城市、竟如此慘無人道、不但違反國際正義、實爲我中華民族之罪人、務懇我軍民長官及國內外各慈善機關團體、向國際傳播、　使世人均知其違反正義人道、更盼軫念本縣此次被炸受災之慘重、從速救濟、不勝屏營待命之至、　京山縣長蔣章驥縣黨部暨各公法團體率全縣五十萬民衆同叩世、

▲美聯社漢口三十一日電　此間愛爾蘭天主教會、派西醫師兩名及男護士五名赴京山、以救護並埋葬昨日被炸死傷之千餘人、據聞因該地並無任何醫學設施、是以受傷而需要看護者極衆、

——摘自《新闻报》（上海），1938 年 9 月 2 日

敵時放毒氣

我軍有壯烈犧牲

中央社商城一日電　六安之敵、二十九日向淠河西南施放催淚性毒氣彈、三十日晨二時、敵再施放窒息性瓦斯、我守兵一排全部壯烈犧牲、敵一路由韓擺渡蘇家埠渡過淠河、現在康家舖對峙一路進至獨山鎮後、未繼續前進、現我方士氣異常旺盛、

中央社馬迴嶺一日電　星子之敵、昨攻我東孤嶺萬松寺一帶未逞、被我擊斃數百名、現敵在玉筯山一帶構築工事、二十八日中午敵攻我星子西南東孤嶺桃花尖一帶陣地時、發毒氣炮、均於空中爆炸、落地黃烟瀰漫、我軍三十餘人中毒、未幾大雨如注、遂即蘇醒、我援軍趕到、將敵擊退、

中央社浠水一日電　附砲十餘門之敵兩聯隊、今日由黃梅西犯大河舖、該處爲我某部警戒地區、遂出而逆擊、現雙方以全力相周旋、戰況異常激烈、廣濟浠水兩城、昨今連遭敵機多架往返轟炸甚慘、浠水外人教會所設一惟一福音堂亦竟遭毒手、

中央社商城一日電　黃梅之敵、自三十日以來向我不斷進攻、苦竹口被敵攻佔、多雲山仍在我軍手中、

——摘自《时事新报》（重庆），1938 年 9 月 2 日

敵機昨狂炸豐順

縣府附近殷血遍地

武甯南昌亦遭空襲

中央社汕頭卅一日電　敵機九架、今慘炸豐順縣城、無辜平民二百餘人、民房七八十間、慘罹浩刦、詳情如次、八時許敵機由福州聯隊經平和、饒平、潮安、於九時許抵豐城上空、略事盤旋窺察、即低飛輪流向縣府附近平民區域瘋狂轟炸、寇機逞兇歷二時許前後投彈達二十餘枚、迄十一時許始經饒平向閩逸去、現縣府附近一帶房屋、已成一片瓦礫、斷腿殘肢血紅遍地、慘不忍睹、

中央社南昌一日電　一日晨九時半、有敵機十架、由境窺至永修一帶窺察良久、下午一時一刻、有敵機四架、侵入武甯縣境、在該縣屬之箬溪投彈二枚、均落野外、下午五時三刻復有敵機五架、侵入南昌市空、因我戒備嚴密未敢盤旋、當在東南郊外投一彈而逸

——摘自《时事新报》（重庆），1938年9月2日

敵寇暴行

京山民衆通電呼籲

四千餘人死傷敵機下

日寇竟不惜違反國際正義
慘無人道轟炸非設防城市

（中央社訊）京山被敵機慘炸後，全縣民衆憤慨異常，特通電各方暴露敵之暴行，并呼籲救濟。原電如下：（銜略）本縣地處鄂中，不但毫無軍事設備，并無國軍一人駐於境內；不料本月廿九日晨九時許，適縣府召集黨政會議及全縣教育界人士訓話之際，突有敵機五十餘架，更番在縣城轟炸，計投彈二百餘枚，城內外房屋二千餘棟完全炸燬，且燒延一晝夜之久，死傷人數在四千以上，現正由石專員來縣率全縣壯丁及後方各醫院及慈善團體設法救護與掩埋中。惟本縣既非軍事地區，又非設防城市，日寇竟如此慘無人道，不但違反國際正義，實爲滅我中華民族之罪人，務懇各軍政長官及國內外各慈善機關團體，將日寇此種慘酷暴行，向國際傳播，使世人均知其違反正義人道之罪惡；更盼軫念本縣此次被炸受災之慘重，從速救濟。

——摘自《新华日报》（汉口），1938 年 9 月 2 日

潯民衆被迫苦役

遭敵慘殺

（中央社南昌八月卅一日電）九江之敵，每日由艦往返登岸數次，每次約百餘名，上岸後，四處搜括人民財物，強逼人民爲其修築道路防禦工事。九江天主堂內難民三百餘人，亦有被其捉去充當苦役，稍一不慎，卽遭慘殺，被敵綑綁投入甘塘湖內淹斃者甚多。

——摘自《新华日报》（汉口），
1938 年 9 月 2 日

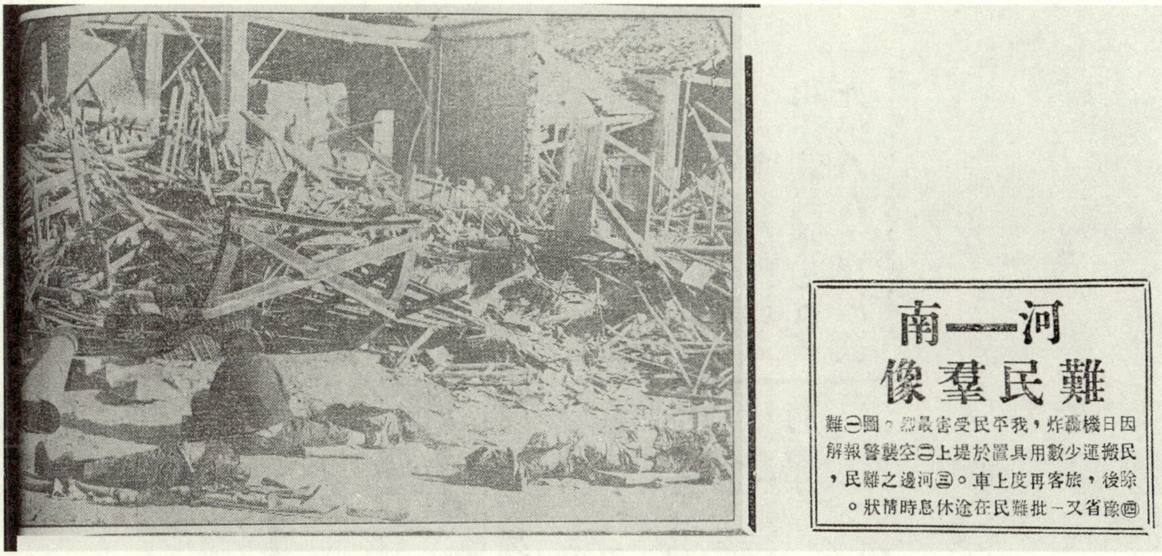

河—南
難民羣像

因日機轟炸，我平民受害最烈。圖(一)難民搬運少數用具置於堤上(二)空襲警報解除後，旅客再度上車。(三)河邊之難民，(四)豫省又一批難民在途休息時情狀。

——摘自《大晚报》（上海），1938 年 9 月 3 日

南昌慘狀

自九江淪陷後。南昌綫亦告吃緊，日機更不時飛往轟炸，慘狀不堪描述，上圖爲暴行之一。

——摘自《大晚报》（上海），1938 年 9 月 3 日

日機窺察南昌

到永修投彈

死傷數人房屋又遭焚燬

（南昌二日電）日機九架，二日晨七時半，竄入贛境，在永修一帶窺察良久，並在該縣屬之山下渡投彈數枚，死傷八人，房屋被燬數棟，下午二時五十分，又有日機兩架，侵入南昌市空，因我戒備嚴密，乃在本市東南郊外，略事窺察，即行逸去，

——摘自《晶报》（上海），1938 年 9 月 3 日

敵機襲粵桂

廣西大學被炸

（中央社）廣州二日電，二日上午八時，敵機十二架，由中山北飛經虎門，順德，佛山，藉雲層掩蔽，入

本市西北方上空進襲粵漢路，在軍田樂同銀盞坳等站。共投彈三十餘枚，我方無大損失各敵機肆虐後，十時飛逸，次批敵機十五架，於九時再由中山起飛，飛經江門雲浮肇慶德慶溯江西飛，向桂省[illegible]撲，在梧州[illegible][illegible]武山摧毀文化機關，廣西大學中彈七枚。校舍大部倒塌，該校附近並落彈九枚炸毀民房不少，傷斃鄉民亦眾．該批敵機至十一時許始從原來航綫經江門中山出海。

——摘自《新新新闻》，1938 年 9 月 3 日

敵機又襲桂

濫施轟炸摧毀廣西大學

◇擾◇贛（中央二日南昌電）敵機九架、二日晨七時半竄入贛境、在永修一帶窺察良久、並在該縣屬之山下渡投彈數枚、死傷平民八人、房屋被燬數棟、下午二時五十分、又有敵機兩架、侵入南昌市空、因我戒備嚴密、乃在本市東南郊外略事窺察、卽行逸去、

◇窺◇鄂（中央二日漢口電）二日晨七時許、有敵機數架、沿長江向武漢侵襲、於將抵武昌附近後、盤旋折轉、卽東向逸去、

◇犯◇粵（中央二日廣州電）二日上午八時、敵機十二架、由中山北飛、經虎門順德佛山、藉雲層掩蔽、入本市西北方上空、進襲粵漢路、在軍田樂同銀盞坳等站、共投彈三十餘枚、我方無大損失、各敵機肆虐後、十時飛逸、

◇襲◇桂 次批敵機十五架、于九時再由中山起航、飛經江門肇慶德慶、溯江西飛、向桂省直撲、在梧州對岸復又摧毀文化機關、廣西大學中彈七枚、校舍大部倒塌、該校附近幷落彈九枚、炸燬民房不少、傷斃鄉民亦衆、該批敵機、至十一時許始循原來航綫、經江門中山出海、

——摘自《东南日报》（金华），1938 年 9 月 3 日

道清沿線村民 慘遭焚殺

（中央社鄭州二日電）豎據道清支綫待王車站敵軍哨兵數名，日前遭我門部游擊隊擊斃，所攜機槍三挺及步槍等，亦爲我奪獲，敵於昨派兵一大隊，將距站數里之秦元村等各處村落，悉予焚燒，慘殺我無辜民衆達三百七十八人。

——摘自《新华日报》（汉口），1938年9月3日

敵機狂炸南昌

死傷平民一百餘人

五原前日亦遭襲擊

▲中央社五原二日電：敵機三架，二日晨八時半襲擊在市中心區投彈十餘枚，毀屋甚多、死傷平民二十餘人，記者寄居之所中彈兩枚，餘彈亦均落於附近，此間醫藥傷感缺乏、記者於事後出外視察，但見僞者呼號呻吟，救護無方，慘不忍言。

▲中央社南昌三日電：敵機連日不斷侵入本市竄察轟炸，三日晨八時，又有敵機六架，經都昌永修來襲，八時一刻，竄入市空，因我高射部緣猛烈夾擊、乃莅益還獸性，在市區盲目轟炸，屠殺我平民，破壞我文化機關，其受害之烈，爲前所未有，是日敵機竟在鬧市之民德路，新世界戲院內投擲兩彈，幸各人聞訊走避，僅死傷三人，財產損失約値兩萬餘元，貧[illegible]之東牛廠，馬家巷，鐘鼓廳，蕭公廟，荷蓟架，亦各落彈數枚，死數十人，尤以馬家巷之萬姓一家七口，同時畢命，身首異處，慘不忍睹，七飯宮之劍聰中學，落彈一枚，毀校舍一部，死傷五人，敵之蓄意屠殺我平民，於此畢露無遺，計敵機共投彈四十餘枚，被毀民房五十餘棟，死傷平民一百餘人，所有受災區內，俱各破瓦頹垣，血肉橫糊，斷肢殘骸，不忍卒睹，而被雛家屬，環圍痛哭，悽慘之聲，尤令人鼻酸也，又三日晨六時、有敵機六架，竄至永修，盤旋窺察，幷投彈二十四枚，多落荒郊，無甚損失，七時許，復有敵機三架，再度侵入，在市區，投彈十餘枚，毀民房數棟，死傷平民十餘人。

——摘自《云南日报》（昆明），1938年9月4日

日機空襲廣東
八月內之統計
總計空襲五十五次
日機威力可見一般

香港三日專電 據廣東省防空司令部二日發表、八月內日海軍機轟炸廣東省軍事設施之統計、

空襲回數 五十五次、

飛行機數 八百七十架、

投下爆彈 一千三百零一枚、

被破壞之軍用建築物、

房屋 五百九十五間、

死者 三百二十名、

負傷者 五百四十七名、

日空軍之威力如何强大、可以窺見一般、

——摘自《青岛新民报》，1938 年 9 月 4 日

秦元村敵
大肆焚殺

（中央社）鄭州二日電，盤據道清支線待王車站敵軍，哨兵數名，於日前遭我□部遊擊隊擊斃，所攜機槍三挺及步槍等均爲我獲，敵惱羞成怒，乃於昨派兵一大隊，將距站數里之秦元村各處村落乘夜包圍，悉予焚燒，并慘殺我無辜徒手民衆達三百七十人，殺後并將肚腹剖開，灌以煤油，用火燃點，酷毒之犯，非筆墨所可形容，我當地官民對敵此種獸行，無不髮指刻正籌商應付之策。

——摘自《新新新闻》，1938 年 9 月 4 日

敵在太原
慘殺民衆

〔西安三日電〕軍息：太原之敵，僅約二團，時恐我民衆活動，搜索甚嚴，稍有形跡可疑者，即以繩索穿鼻牽拘至僞憲兵司令部，復以辣椒水及冷水灌入鼻內，勒逼吐血，每日皆有槍決人犯，統名之曰匪犯，其慘酷實屬絕倫，惟城郊卅里以外，即非敵之勢力範圍，同蒲路南段，現僅能通車至祁縣，由該縣以南即爲我軍活動區域。（中央社）

——摘自《南京晚报》（重庆），1938 年 9 月 4 日

南昌市民
慘遭敵機屠殺
投彈四十傷亡百餘人
五原昨亦被轟炸

中央社南昌三日電　三日晨八時、有敵機六架、經都昌永修來襲、八時一刻竄入市空、因我高射部隊猛烈射擊乃竟益逞獸性、在市區盲目轟炸、計共投彈四十餘枚、被毀民房五十餘棟、死傷平民一百餘人、所有受災區域、俱各破瓦頹垣、血肉模糊、斷肢殘骸、慘不忍覩、又三日晨六時有敵機六架、竄至永修、盤旋窺察、並投彈二十四枚、多落荒郊、無甚損失、七時許復有敵機三架、再度侵入在市區　投彈十餘枚、毀民房數棟、死傷平民十餘人、

中央社廣州三日電　三日晨五時四十分、敵機七架、沿虎門黃埔進犯粵漢路、在新街投彈八枚後飛逸、旋七時四十五分敵機八架、由黃埔北飛粵漢路新街、到軍田、樂同、銀盞坳三站附近地帶、共投彈十八枚、至九時三十五分敵機始南逃、

中央社五原二日電　敵機三架、二日晨八時半襲五原、在市中心區投彈十餘枚、毀屋甚多、死傷平民二十餘人、

——摘自《时事新报》（重庆），1938 年 9 月 4 日

幼童三四萬
被敵强捕運去

本報上海三日專電

近日來敵在杭嘉富一帶、强捕十歲左右男孩、分批裝運回國者已有三四萬名、據聞將教以日文、嚴格使其忘却祖國、以補國內因作戰死亡之壯丁、

——摘自《时事新报》（重庆），1938 年 9 月 4 日

敵機猛襲南昌

轟炸五原城

陵◇

◇贛（中央三日南昌電）敵機連日不斷侵入本市窺察轟炸、二日晨八時、又有敵機六架、經都昌永修來襲、八時一刻竄入市空、因我高射部隊猛烈射擊、乃竟益逞獸性、在市區盲目轟炸、屠殺我平民、破壞我文化機關、其受害之烈、爲前所未有、是日敵機竟在閙市之民德路新世界戲院內投擲兩彈、幸各人員聞訊走避、僅死傷三人、財產損失約值兩萬餘元、貧平窩之東半廠馬家巷鐘鼓樓蕭公廟葡萄架、亦各落彈數枚、死傷數十人、尤以馬家巷之吳姓一家七口、同時畢命、身首異處、慘不忍睹、七皈宮之劍中學落彈一枚、毀校舍一部、死傷五人、敵之蓄意屠殺我平民、於此畢露無遺、計敵機共投彈四十餘枚、炸毀民房五十餘棟、死傷平民一百餘人、所有受災區域、俱各破瓦頹垣、血肉模糊、斷肢殘骸、不忍卒睹、而被難家屬環圍痛哭、悽慘之聲、尤使人鼻酸也、又三日六時、有敵機六架、竄至永修盤旋窺察、並投彈廿四枚、多落荒郊、無甚損失、七時許、復有敵機三架、再度侵入、在市區投彈十餘枚、毀民房數棟、死傷平民十餘人、

襲◇

◇綏（中央二日五原電）敵機三架、二日晨八時半襲五原、在市中心區投彈十餘枚、毀屋甚多、死傷平民二十餘人、記者寄居之所、中彈兩枚、餘彈亦均落於附近、此間醫藥極感缺乏、記者於事後出外視察、但見傷者呼號呻吟、救護無方、慘不忍言、

犯◇

◇粵（中央三日廣州電）三日晨五時四十分、敵機七架突然來襲、市民均從夢中驚覺、羣趨安全區域暫避、未幾、敵機沿虎門黃埔進犯粵漢路、在新街投彈八枚、無損失、各敵機於七時十五分飛逸、旋七時四十五分敵機八架又作第二次進犯、由黃埔北飛粵漢路新街、到軍田樂同銀盞坳三站附近地帶、共投彈十八枚、至九時三十五分敵機始南逸、

（中央二日中山電）二日上午九時、敵機十五架由南向北飛、經八區上空、在乾霧投二彈、傷平民二人、餘無損失、十時許敵機四架、在三洲上空盤旋窺察良久始去、

（中央二日梧州電）敵機十四架、二日晨九時經粵襲梧、十二架先後由東南方侵入市空、餘兩架飛撫大兩河一帶窺伺、我高射槍砲猛烈射擊、敵機旋在對河三角咀工業區及大學區投彈共十餘枚、並低飛以機槍掃射、計廣西大學圖書館大門被投六枚、紡織廠五枚、餘均落荒野、並無死傷、

——摘自《东南日报》（金华），1938年9月4日

敵狂炸贛垣

殘害平民破壞文化機關
死傷一百餘人慘不忍覩

【中央社南昌三日電】敵機連日不斷侵入本市窺察轟炸，三日晨八時，又有敵機六架，經鄱昌永修來襲，八時一刻，竄入市空，因我高射部隊猛烈射擊，乃竟益逞獸性，在市區盲目轟炸，屠殺我平民，破壞我文化機關，其受害之烈，爲前所未有，是日敵機竟在鬧市之民德路，新世界戲院內投擲兩彈，幸各人員聞訊走避，僅死傷三人，財產損失，約值兩萬餘元，貧民窟之東半廠、馬家巷、鐵徵樓、蓄公廟、蒲蒻架亦各落彈數枚，死傷數十人，尤以馬家巷之危姓一家七口，同時畢命，身首異處，慘不忍覩，七皈宮之鶴聰中學，落彈一枚，毀校舍一部，死傷五人，敵之蓄意屠戮我平民，於此畢露無遺，計敵機共投彈四十餘枚，被毀民房五十餘棟，死傷平民一百餘人，所有受災人民，俱各破瓦頹垣，血肉糢糊，斷肢殘骸，不忍卒睹，而被難家屬，環圍痛哭悽慘之聲尤令人鼻酸，又三日晨六時，有敵機六架，竄至永修盤旋窺察，并投彈廿四枚，多落荒郊，無甚損失，七時許復有敵機三架，再度侵入，在市區投彈十餘枚，毀民房數棟，死傷平民十餘人

【中央社南昌三日電】敵機六架，三日晨八時一刻，侵入市空，在市區投彈四十餘枚，毀民房數十間，死傷一百餘人。

【中央社五原二日電】敵機三架，二日晨八時半、襲五原市中心區，投彈十餘枚，毀屋甚多，死傷平民二十餘人，記者寄居之所，中彈兩枚，餘彈亦均落於附近，此間醫藥，極感缺乏，記者於事後出外視察，但見傷者呼號呻吟，救護無方，慘不忍言

【中央社廣州三日電】三日晨五時四十分，敵機七架，突然來襲，市民均從夢中驚覺，慕趨安全區域暫避，未幾，敵機沿虎門黃埔進犯粵漢路，在新街投彈八枚，無損失，各敵機於七時十五分飛逸，旋七時四十五分，敵機八架，又作第二次進犯，敵機由黃埔北飛粵漢路新街，到軍田樂同銀盞坳三站附近地帶，共投彈十八枚，至九時三五分，敵機始逸。

——摘自《武汉日报》（宜昌），1938 年 9 月 4 日

敵寇暴行

敵在晉西南誘征壯丁

（中央社興集三日電）離石中陽敵軍，近因屢圖西犯，以兵力不足失敗，特在平遙介休清源汾陽各縣下令強征壯丁，入伍補充，當地民衆多設計拒絕或逃亡，敵竟妙想天開，最近於各該縣所有重要村鎮大量開設烟館，門外均懸「與民同樂」牌匾，歡迎居民免費吸食，并多與之登記獎賞，一時受其欺騙牢籠者甚多，均紛紛回里；敵計大售，乃下令禁止壯丁出境，違則殺其全家。民衆於受騙之餘，竟無辦法；刻敵在晉西南一帶征發壯丁與開設烟館運動，仍積極進行中。

——摘自《新华日报》（汉口），1938 年 9 月 4 日

梧州乾霧遭敵空襲

（中央社梧州二日電）敵機十四架，今晨九時經粵襲梧，在對河三角咀工業區及大學區投彈共廿一枚，並低飛以機槍掃射，計西大圖書館門前六枚，染織廠五枚，餘均落田野，並無死傷。

（中央社中山二日電）今晨九時，敵機十五架南向北飛，經八區上空，在乾霧投二彈，傷平民二人，餘無損失。十時許，敵機一架，在三洲上空盤旋窺察，久之始去。

——摘自《新华日报》（汉口），1938 年 9 月 4 日

外籍醫生泰爾波

証明日軍施用毒氣

前綫救傷設備簡陋亟待改善

本港西醫生泰爾波、日前自動由[illegible]發、前往我國抗戰陣地、担任義務救傷工作、協助組織醫療隊、及服務於前綫救傷站、日昨由前綫返港、泰氏於啓程返港時、曾奉中國紅十字會救護大隊長林可勝之託、前往南昌至牯　一帶陣地、視察救護情况、并建議關於救護之改善辦法、泰氏在該綫視察兩星期、始行南下、昨對記者談述其視察經過及前綫救傷情況、謂本人於八月十七日由[illegible]出發前往南昌、視察前綫傷兵狀况及紅十字會救護隊工作情形、繼由南昌乘汽車前往烏石門、烏石門距離火線僅五六十里、再過此據點、則無公路可以通車、只有田疇泥徑而已、前綫傷兵源源歸來、絡繹不絶、重傷者以舁牀運返、輕傷者則徒步歸來、本人繼向北趨、行三日始抵馬　嶺、前綫傷兵多送至該處接收站、轉送烏石門救治、再送南昌、馬　嶺距火綫、僅五里、砲聲隱約可聞、本人繼赴前綫陣地、抵達黃老門、繼趨東北、抵達赤口、星子一役、雙方軍隊曾在此地發生遭遇戰、本人離馬　嶺時、爲晨早七時卅分、由一童子軍隊員領導、步行於烈日下凡數　、始抵一農場、借得馬匹、於是乘馬繼續出發、抵達赤口、稍作休息、繼續前往葉肇軍長司令部晉　、蒙予招待、留宿一宵、翌日勳程、並蒙葉軍長發派差役、以供遣使、且　許供給粮食、本人在馬　嶺設立一紅十字隊分站、收容傷兵、因該地交通便利、有公路可通黃老門等地、但外科儀器及其他設備未臻完備、曾於晚間在燭光下爲一傷兵施割、但幸不致誤事云、其後在南昌見之、傷口已告痊復清子橋亦設有救護站、接收傷兵、本人經八月廿六日重返南昌、組織一救護隊出發前方服務云、氏末謂救傷工作、雖各方面努力以赴、獲得　好成績、但設備實嫌不足、救傷車已嫌過少、而外科治療設備、異常簡陋、割症每每須在農家舉行、衛生狀況、不言可喻、目前之急需、厥在金錢、若得金錢、則可改善、而於受傷壯士得予以良好救護、不致使原可救治之傷者、因救治設備簡陋、不及救治、而遭犧牲、林可勝君督辦之紅十字救護隊訓練學校、尤有賴於金錢之援助、庶能培植多量人材、担任戰地救護工作云、泰氏服務於戰地甚久、前曾簽具報告書、呈交我國政府、轉遞國聯、證明日軍違反國際公法、施用毒氣、該報告書爲關於日軍施用毒氣之第一證明文件、

——摘自《南华日报》（香港），1938年9月5日

敵機炸豐信斃二百餘人

三日聯合社香港電　據汕頭來電。星期二日倭機襲炸粵東豐信。傷斃平民二百餘。

聞炸彈一枚落豐信某監獄。獄內監犯斃命者甚衆。又因救護隊不敷分配。致令重傷者斃命云。

——摘自《三民晨报》，1938 年 9 月 5 日

岳陽市區　昨亦遭襲

(岳陽五日電)日機九架五日十一時許經贛西來越鄂港北飛，竄入岳陽市空作第三度之轟炸，計在車站附近投彈三十餘枚，毀民房數間，死平民八人傷六人，各機肆虐後於十三時念五分離岳陽，向鄱陽湖逸去。

——摘自《大晚报》（上海），1938 年 9 月 6 日

洪之政防倭散毒

（乘風）

嶺東南澳，雖一孤島，實爲閩粵之藩籬，自澎湖列島落倭人手[illegible]，其地已故爲我國防第一綫矣，以致月前又爲倭人所佔，但雖鯨吞無饜，然終屬於鳩拙徒勞，不旋踵即爲我自衛團大隊長洪之政，由敵人手中奪回，洪氏登陸而後，即先糞除獸迹，發掘地雷，并將深澳之打石坑泉爲之濬淘，又將隆澳之帝子井爲淘掘，當堂起出倭奴傀儡所投下之軍械及錢銀諸物，并懼倭奴遺毒，又將解毒散毒之藥粉，撒佈井中，以保飲源，而維[illegible]，其深慮遠計，蓋有足多者矣。因南澳處巨浸之中，四週鹹水，島上居民，所資以爲飲料者，賴此諸井而已，故爲防患未然計，實應予以濬淘云。

——摘自《新新新闻》，1938 年 9 月 6 日

敵在佔領區域

擄刧兒童

中央社浠水四日電　敵近在佔領區域到處搜索兒童、滁縣前日有五歲至十三歲兒童五百餘名、被敵擄去、裝運他處、連日由蚌埠開往滁縣火車、亦裝有被敵所刼之大批兒童、

——摘自《时事新报》（重庆），1938 年 9 月 6 日

敵機狂炸信陽

投彈百餘枚傷亡慘重

粵漢路擊落敵機一架

中央社信陽五日電　五日晨十時半、敵機十七架、分兩批由潢川飛信陽、投彈百餘枚、一時烟焰冲霄、歷一時許、敵機見肆虐成功、仍投原路逸去、事後調查、被炸死傷之平民、已檢出者有七十餘名、其餘正在淸查中、被炸燬房屋約達二百餘間、車站附近成爲一片瓦礫場、景象極慘、

中央社廣州五日十二時電　今日上午八時廿五分、敵機十五架由中山飛襲粵漢路、向潖江站投彈數十枚、我護路部隊俟敵機低飛之際、猛加轟擊、當有敵九六式艦上爆擊機一架被擊中、墜落距潖江五里許之佛仔嶺地方、敵飛行員三名、二死一傷、殘骸在起掘中、

中央社岳陽五日電　敵機九架、五日上午十一時許經贛西來、竄入岳陽市空、作第三度之轟炸、計在車站附近投彈三十餘枚、燬民房十餘棟、死平民八人、傷六人、下午一時廿五分離岳陽向鄱陽湖逸去、

——摘自《时事新报》（重庆），1938年9月6日

「平津泰晤士報」被敵焚毀

英領已提抗議

（中央社）天津五日合衆電

日本郵政檢員所本月一日至四日、曾扣留並焚毀大批「平津泰晤士報」、英國駐津領事館特為此於今晨向日領事館提出抗議、據「平津泰晤士報」編輯稱、渠曾目睹郵政檢查所焚毀四日之該報、是日該報載有華方游擊隊焚燬天津附近車站之照片云、

中央社香港五日電　津訊、連日華北各地游擊隊活躍情形、平津各外報均大字登載、敵偽、因此於日前將華北明星報、扣留一日、三日北平法文報及津英文泰晤士報、亦均被扣云

——摘自《时事新报》（重庆），1938 年 9 月 6 日

敵寇暴行

敵寇殘暴成性

昨復襲歐亞機

（中央社香港五日路透電）今晨由此間飛往昆明之歐亞郵航機，中途突被敵機襲擊，在柳州被迫下降，該機之油箱被擊破；但駕駛員仍能將飛機平安降落，機上人員旅客均平安，旅客中有歐亞公司總經理李景樅，德技術部主任賀滋（德人），及另一德人名舒曼，駕駛員亦有德人名盧士。該機兩翼共中十彈，其右側之油箱亦被擊毀。

（中央社香港五日路透電）今晨襲擊歐亞郵機者，共敵驅逐機三架，彼等於迫近郵機後，即開機槍三次，該機油箱立碎，汽油流出，一時頗有起火之可能，幸駕駛員靈敏，立即下降，致未遇險。歐亞機上漆有中德文字，極爲顯明，故敵機之進攻該機，各方咸大爲震驚。最近香港敵總領，尚對外保證不攻擊郵機，今忽發生此事，殊出意外。

——摘自《新华日报》（汉口），1938年9月6日

敵機狂炸

信陽岳陽

（中央社信陽五日電）五日晨十時半，敵機十七架，分兩批由潢川飛信陽投彈百餘枚，一時烟焰沖霄而起，歷一時許，敵機始循沿路逸去，事後調查，被炸死傷之平民已檢查出者有七十餘名，其餘正在清查中。被炸毀房屋約達一百餘間，致使車站附近，成爲一片瓦礫場，景象極慘。

（中央社岳陽五日電）敵機九架，五日上午十一時許，竄入岳陽市空，作第二度之轟炸，計在車站附近投彈卅餘枚，燬民房十餘棟，死軍民八人。

——摘自《新华日报》（汉口），1938年9月6日

連日敵機

侵擾中山

昨又窺各島炸乾霧

燬乾塱鄉民房數間

【本報中山六日專電】六日上午七時四十分、敵機一架、侵入縣屬八區乾霧上空、略為盤旋即投下炸彈二枚、倒塌民房數間、幸未傷人、

【中央社中山六日電】六日上午七時、敵機一架又飛乾霧盤旋、投二彈、

【本報專訊】昨（六）日晨六時有敵機一架、飛抵石岐市上空盤旋約廿分鐘、轉向縣屬三灶高瀾各島沿岸偵察、均未有投彈、七時廿五分、復折返、飛至乾霧鄉上空盤旋、達卅分鐘之久、旋低飛、向乾霧西角乾塱農村投彈兩枚、一為燒夷彈、一為平射彈、當場炸塌民房八間、有兩間被焚燒、

該處農民因以敵機此數

男女共四人、牲畜數頭、查

日來均來肆虐、故一聆警報

是晨本市防空處、以該敵機

、均預先走避、祇死傷農民

并無向市飛襲模樣、故未有

發出警報、

——摘自《中山日报》（广州），1938 年 9 月 7 日

敵機昨兩次

犯源潭

【本報專訪】昨（六）日上午九時、本市發出空襲警報、查有敵機十三架、在中山起航、南向北飛、九時十分抵虎門、本市乃發二次警報、未幾經本市南方北飛、九時卅五分抵源潭、向我交通線售有彈痕輪迴投彈十餘枚、復飛灃江窺伺、似再窺覓毀機地點、十時左右即相率南飛、分批經市東西兩方出海、有兩架飛入市空、我某處高射砲正在試砲、乃向敵機轟擊作實地試驗、至十時四十五分完全出海、乃解除警報、下午二時廿分、本市又發出第二次空襲警報、有敵機三架、在萬山起航、經中山、卅五分到萬頃沙、同時南朗又發現第二批敵機五架北飛、第一批三架飛往太平、進窺石龍、第二批五架經順德桂洲、沿市橋經本市河南、轉向北飛、時為下午三時、本市亦聞機聲、吞第一批敵機三架、抵石龍即飛惠州、在中山上空盤旋有頃、投下炸彈十餘枚、炸塌民房十餘間、死傷平民八九名、第二批敵機五架、又在源潭投彈十餘枚、塌民房四五間、死傷多人、至下午四時四十分始解除警報、

——摘自《中山日报》（广州），1938 年 9 月 7 日

日機又襲粵

▲廣州六日電 今日下午二時廿分、日機八架、分兩隊由中山進犯、一隊三架、經東莞廣九路到達惠州、盤旋窺伺後飛逸、餘五架經本市上空、襲粵漢路、在源潭灃江間投十彈、均落河中、我無損失、又今日上午 日機一架、在中山乾霧投彈兩枚、炸燬民房多座、傷斃鄉民數名、

▲廣州六日電 今日上午日機十四架、分批來襲、首次一架、清晨六時許、在中山上空盤旋窺伺後遁去、二次十三架、於九時零五分逕飛粵漢路、在源潭灃江間投彈二十餘枚、多落田野、無甚損失、

——摘自《新闻报》（上海），1938 年 9 月 7 日

敵寇暴行

武漢八月份空襲統計

三鎮市區落彈一七一五枚

罹難平民死傷三一一二人

（中央社訊）敵機八月份侵襲武漢，濫肆轟炸，調查結果統計如下：敵機共襲武陽漢凡十二次，內六次侵入市空，在武陽漢市區投彈一七一五枚，內爆炸彈一六九八枚，燃燒彈十七枚。罹難平民三一一二人，計輕傷一二八五人，佔罹難總人數百分之四十一；重傷九九八人，佔罹難總人數百分之三十二；死亡八二九人，佔罹難總人數百分之二十七；震燬建築物共二二九八棟，內住宅一八〇一棟，商舖二九四棟，政府機關一五二棟，學校四十棟，寺廟二棟，以平民住宅被燬最多，佔總數百分之七十八。此外尚炸燬民船三五艘，牛一頭，馬十六頭。

——摘自《新华日报》（汉口），1938 年 9 月 7 日

敵在張莊屠殺民衆

（中央社重慶六日電）敵以津浦北段時被我軍破壞，銜恨刺骨，故遷怒民衆，將張莊站以南前後油圩等七八十村人民盡行槍殺，房屋全行焚燒。魯省府據報，甚爲憫念，除商請振委會放振專員設法振濟外，並電此間，報告敵軍暴行。

——摘自《新华日报》（汉口），1938 年 9 月 7 日

歐亞十七號機

被敵機圍攻擊落

駕駛員等幸獲救生還

（中央社）漢口七日路透電，歐亞機一架，昨日下午被日驅逐機三架追擊，當被擊落，昨日下午五時，有日逐驅機若干架，向漢口飛行，當局放警報後，僅令各場之飛機起飛避之，歐亞機是時亦起飛，由一中國駕駛員駕駛之，機上并無郵件，亦無旅客，中途被日機攔擊，當被擊落，殊機迄未尋獲，駕駛員恐已斃命，歐亞公司當局，現正與日方交涉中，目前暫行停航云。（中央社）漢口七日電，歐亞十七號機，六日遭敵機追擊，因而失蹤，迄七日午十二時，尚無下落，六日歐亞漢站對此事，嚴守秘密，迨七日晨失蹤消息，始漸洩露，據中央記者探悉，十七號機係六日上午十一時由漢飛陝，中途折回南湖機場，午後三時許，此間防空司令部據報有敵驅逐機數架，逼近武漢上空，南湖場即訊，停於場內之歐亞十七號機，乃立即升空暫避，南湖機場內有駕駛員，無綫電員，及其他機場員人數人，該機油足敷數小時之用，但起飛未久，即為敵機發現，緊追猛擊，機逐失踪，迄無訊息，一般推測咸謂黎明飛機四出尋覓，至今尚未明下落，認該機業已遭受敵機攻擊，而遇難矣。（中央社）漢口七日電，歐亞十七號機，七日下午一時在漢陽西南二洲以北二十公里處發現該機落，稻田中，一陷泥淖內，機內有駕駛員，機械員，無綫電員，侍役各一人，均獲救。

——摘自《新新新闻》，1938 年 9 月 8 日

關于敵施放毒氣事

國聯披露我國牒文

（中央社）日內瓦七日路透電中國政府致國聯關於日軍最近使用毒氣，作戰之牒文，其全文已經國聯祕書處披露，該牒文已經分送各國聯會員國，在過去四閱月內，日軍使用毒氣共十一次，九月一日星于華軍竟全師中毒死亡，八月二十五日瑞典華中中毒者亦有一千人，又據紅十字會醫生五人報告，五月十一日徐州戰役時，中國傷兵即有中毒者，牒文內復稱，華軍於六月間在安慶附近之日陣亡軍官身上搜出日軍事當局訓令，知日軍會訓令部隊使用毒氣作戰，并有化學部隊隨同日軍作戰云。

——摘自《新新新闻》，1938 年 9 月 8 日

敵機炸黃山

在蝦魚溝老虎墩投彈

【青陽七日電】七日上午十時敵機三五架不等，更番飛沿江一帶偵察，並在黃山蝦魚溝老虎墩等處投彈數枚，毀民房甚多，敵機至下午三時始行離去。（中央社）

——摘自《南京晚报》（重庆），1938年9月8日

日機襲漢 投擲兩彈

▲漢口七日電 今早三時許、日機一架、飛八區泥灣投一彈、塌屋數間、未傷人、繼飛尖峯投一彈、塌屋數間、傷平民二人、死一人

——摘自《新闻报》（上海），1938年9月8日

八月份武漢三鎮

被空襲統計

▲漢口六日電 日機於八月份計共襲武昌漢陽漢口凡十二次、內有六次侵入市空、計在武陽漢三市區投彈共一七一五枚、被難平民三一一二人、計輕傷一三八七人、重傷九九八人、死亡八二九人、燬建築物二九〇六棟、內住宅一八〇一棟、商舖二九四棟、政府機關一五二棟、學校四七棟、寺廟二〇棟、以平民住宅被毀爲最多、

——摘自《新闻报》（上海），1938年9月8日

敵機昨襲廣九路

並飛中山縣區投彈

中央社廣州六日電　今午十二時、敵機六架、又分次飛擾東莞、虎門、寶安、惠州、窺伺、三架在廣九路棠下投四彈、我方無損失、至下午三時半敵機始逸去、又傍晚六時許、敵機一架、經由中山上空飛保安鎮探後逸去、

中央社中業七日電　今早三時許、敵機一架、飛八區泥灣投一彈、震塌民房數間、未傷人、繼飛尖峯投一彈、塌屋數間、傷平民二人死一人、

武漢八月份共遭空襲十二次

中央社漢口六日電　敵機於八月份內共襲武昌、漢陽、漢口、凡十二次、內有六次侵入市空、在武陽漢市區投彈一七一五枚、重傷九九八人、死亡八二九人、震燬建築物共二二九六棟、內住宅一八〇一棟、商舖二九四棟、政府機關一五二棟、學校四七棟、寺廟二棟、以平民住宅被燬爲最多、

——摘自《时事新报》（重庆），1938 年 9 月 8 日

敵軍歷次施毒事實

本市訊　此次抗日戰爭、在我方保衛民族生存而戰、全國一心、上下一致、故將士用命、尺土寸地、從不輕予放棄、敵軍則師出無名、困難重重、驟於其速戰速决之迷夢不易達到、乃蔑視人道、置國際公法於不顧、一遇我軍堅强抵抗、或奮勇進擊、即使用種種毒氣、以求一逞、自抗戰以來、此種事實、殆已不勝枚舉、聞我外交部已搜集詳盡材料及證據、向本屆國聯大會提出請求、設法制止、本社頃自官方探悉敵軍最近使用毒氣事實、列舉其犖犖大者如次、所望全國軍民一致奮起、一面督促國聯、切實設法制止敵軍暴行、一面抗戰到底、滅此人類公敵也

(一)八月二十三日赤湖之役、敵軍襲我赤湖東岸陣地、屢次使用大量毒氣、其時我忠勇將士奮戰方酣、絕不料敵軍出此怯懦手段、毫無準備、以致我兩營將士、悉數中毒、僅士兵兩名、尉官一名、得免於死

(二)八月三十日晨、敵軍自瑞昌沿楊新公路向西南方面進犯時、曾使用大量窒息性毒氣

(三)八月二十三日、我軍在九江南方反攻沙河時、日軍曾再使用毒氣、我官兵中毒、多頭眩嘔吐、鼻竅流血而死、

(四)八月二十九日、敵軍進攻牛頭山、曾發氯氣砲約五十餘發、我官兵死傷達數百人、

以上數次、均有確切證據可資稽考、或係外籍記者所親覩、或係事後考驗官兵中毒象徵、可爲確定之判斷、如赤湖之役、即爲一法國記者所親睹、該記者不但檢得破碎彈殼認爲係窒息性毒彈、且另獲種種證據、證明敵軍其時在該處施放毒氣已達兩星期之久、八月三十日敵方施放毒氣、則爲紐約泰晤士報前線記者所目睹、且發電在該報發表、

又英國醫師泰爾波氏、數月前經萬國紅十字會遣赴南昌、爲我傷兵服務、馬當方面、旋即發生劇烈戰爭、敵違法施用毒氣、氏曾在南昌各後方檢驗傷兵十九名、從其種種病狀證明其確係中毒致傷、氏曾於七月十二日提出詳細書面報告、送呈我軍事當局、此項報告、現已送達國聯、

還如台兒莊及徐州會戰之役、敵軍且曾使用芥子性糜爛毒氣、曾由紅十字會醫師五人於五月十一日共同提出報告、證明中毒士兵眼目紅腫失明、身有潰爛瘡疤如痘狀、顯係芥子類糜爛毒氣所致云、

以上所述、俱係我方事後查獲之證據、此外我方且搜獲敵方事前指揮使用毒氣之祕密文件多種、亦爲有力之證據、

六月中旬、在安慶作戰時、我方曾在敵軍官身上檢獲敵方極祕密文件數宗、其中一件、係載明敵方進攻安慶各路軍隊之配備者、計右翼左籐大佐指揮之部隊、配有化學戰部隊一隊、左翼高橋指揮之部隊下、配有化學戰部隊一連、足徵其攜有各種毒氣、毫無疑義、又一文件標有「閱後焚燬」字樣、係左翼司令官於六月八日所發、指示毒氣使用之詳細方法者、其中所涉之毒氣、係一種特製攻城時應用之毒氣砲彈、該文件上開明新河溝及大王廟兩支軍隊、各備有毒氣彈筒十具、各化學兵五人施放、打虎關及農業學校東兩支軍隊、各配有無名毒氣彈筒一百具、氯氣彈一二千發、又安慶城東軍隊配有無名氣彈筒二百具、氯氣彈二百發、分三組由高級軍官親自指揮、其餘並載有使用方法及時間風向應行注意之種種事項、

——摘自《时事新报》（重庆），1938 年 9 月 8 日

暴敵使用毒氣

我致國聯牒文已送各會員國
美大使館參贊親赴前線調查

(中央社)日內瓦七日路透電　中國政府致國聯關於日軍最近使用毒氣作戰之牒文、其全文已經國聯祕書處批露、該牒文已經分送各國聯會員國、在過去四閱月內、日軍使用毒氣共十一次、九月一日、星子華軍、竟全師中毒死亡、八月二十三日、瑞昌華軍中毒者亦有一千人、又據紅十字會醫生五人報告、五月十一日徐州戰役、中國傷兵即有中毒者、牒文復稱、華軍於六月間在安慶附近之日陣亡軍官身上、搜出日軍事當局之訓令、知日軍曾訓令部隊使用毒氣作戰、並有化學部隊隨同日軍作戰云、

中央社瑞昌前線六日下午十二時電　駐華美國大使館參贊史迪威上校、今由漢抵瑞昌前線觀戰、就便調查日軍施放毒氣情形、

——摘自《时事新报》（重庆），1938 年 9 月 8 日

歐亞十七號機在漢陽西南上空

又被日機擊落

墜落稻田中機內人員均獲救
各線現均停航靜待德方交涉

(中央社七日漢口電)歐亞十七號機七日下午一時在漢陽西南、洲以北廿公里處發現、該機落于稻田中、陷泥淖內、機內有駕駛員和機員無綫電員侍役各一人均獲救、

(中央社七日漢口電)歐亞十七號機、六日遭□機追襲、因而失踪、迄七日午十二時尚無下落、歐亞漢站對此事嚴守秘密、迨七日晨失踪消息始漸洩露、據中央社記者探悉、十七號機原係六日上午十一時由漢飛陝、中途折回南湖機場者、午後三時許、此間防空司令部諜報有□逐隊機數架、逼近武漢上空、降落南湖機場之歐亞十七號機乃立即升空暫避、機內有駕駛員、無綫電員、及機員其他職員數人、儲油足敷四小時之用、起飛未久、即發現□機緊緊追襲、該機遂告失踪、迄無訊息、七日黎明有飛機四出尋覓、至下午三時仍未查明下落、一般推測、咸認該機業已遭受□機攻擊而遇難矣

(路透社七日漢口電)各班歐亞機現已停航、以待德當局與日方交涉、

——摘自《南华日报》（香港），1938 年 9 月 8 日

國聯秘書廳發表我照會

指証日軍用毒氣作戰

日軍遺屍有毒氣攻指導小冊子

(路透社七日日內瓦電)國聯秘書廳於昨夜發表中國政府之照會、指証日軍在華作戰用毒氣進攻之種種事實、日軍在九江附近用毒氣攻尤多、四個月來、日軍在長江用毒氣攻華軍、凡十一次之多、例如九月一日星子方面、有華軍一師、悉爲毒氣死亡、又八月廿三日、瑞昌有華軍一千、亦爲毒氣所害、有紅十字醫官五名、會聯名簽發一報告、証實五月十一日彼等在漢口療治傷兵時發見有傷兵多名、爲毒氣所害者、華軍又在安慶附近發見日軍遺屍、身上懷有毒氣攻指導小冊子、可見日軍中確有特別化學戰隊云、秘書廳已將該照會通告國聯會各會員國云、

朱家驊電愛文諾呼籲施行盟約

(路透社七日漢口電)據一可靠消息、中國政府已訓令其駐日內瓦之代表、向國聯代表大會提議、引用盟約第十七款、中國政府此次態度甚強硬、或者此爲其向國聯最後之伸訴、漢口各社團紛紛集會巡行、另致電於國聯會、請求嚴厲制裁侵略國云、

(中央社六日巴黎電)本屆國聯行政院及大會開會、法外長龐萊、親自前往出席、渠定於九日離此、幷定十日與英外相哈里法克斯在日內瓦舉行談話討論歐洲一般局勢云

□使用毒氣証據確鑿

（中央社七日重慶電）此次抗日戰爭、在我方係爲民族生存而戰、全國一心、上下一致、故將士用命、尺土寸地、從不輕予放棄、□軍則師出無名、困難重重、鑒于其速戰速決之迷夢不易達到、乃蔑視人道、置國際公法於不顧、一遇我軍堅强抵抗及奮勇進擊、即使用種種毒氣以求一逞、自抗戰以來、此種事實、殆已不勝枚舉、聞我外交部已搜集詳盡材料及証據、向本屆國聯大會提出、請求設法制止、本社頃自官方探悉□軍最近使用毒氣事實、列舉其犖犖大者如次、所望全國軍民、一致奮起、一面督促國聯切實制止日軍□行、一面抗戰到底、滅此人類公□也、（一）八月廿三日赤湖之役、□軍襲我赤湖東岸陣地、屢次使用大量毒氣、其時忠勇將士奮戰方酣、絕不料□軍出此怯懦手段、毫無準備、以致我兩營將士悉數中毒、除士兵兩名尉官一名得免於死、（二）八月卅日晨、□軍自瑞昌沿陽新公路向西南方面進犯時、曾使用大量窒息性毒氣、（三）八月廿三日我軍在九江南方反攻沙河時、□軍曾一再使用毒氣、我官兵中毒、多頭眩嘔吐鼻即流血而死、（四）八月廿九日□軍進攻牛頭山、曾發毒氣砲約五十餘發、我官兵死傷達數百人、以上數次、均有確切證據可資稽考、或係外籍記者所親睹、或係事後考驗官兵中毒象徵可爲確定之判斷、如赤湖之役、即爲一法國記者所親睹、該記者不但驗得破碎彈片、認爲係窒息性毒彈、且另獲種種證據、證明□軍其時在該處施放毒氣已達兩星期之久、八月卅日□方施放毒氣、則爲紐泰晤士報前綫記者所目睹、且發電在該報發表、又英國醫師泰爾波氏、數月前由萬國紅十字會遣赴南昌爲我傷兵服務、馬當方面旋即發生激烈戰爭、□違法施用毒氣、氏曾在南昌各後方檢驗傷兵十九名、從其種種病狀、証明其確係中毒致傷、氏曾於七月廿二日提出詳細書面報告、送呈我軍事當局、此項報告、現已送達國聯、遠如台兒莊及徐州會戰之役、□軍且曾使用芥子性糜爛毒氣、曾由紅十會醫師五人、於五月十一日共同提出報告、証明中毒士兵眼目紅腫失明、身有潰爛瘡疤如瘡狀、顯係芥子類糜爛毒氣所致云、以上所述、俱係我方事後查獲之證據、此外我方且搜獲□方事前指揮使用毒氣之秘密文件多種、亦爲有力之證據、六月中旬在安慶作戰時、我方曾在□軍官身上檢獲□方極秘密文件數宗、其中一件係載明□方進攻安慶各路軍隊之配備者、計右翼佐藤大佐指揮之部隊、配有化學戰部隊一隊、左翼高橋指揮之部隊、配有化學戰部隊一連、足徵其携有各種毒氣、毫無疑義、又一文件標有『閱後焚燬』字樣、係左翼司令官於六月八日所發、指示毒氣使用之詳細方法者、其中所述之毒氣、係一種特製攻城時應用之毒氣砲彈、該文件上開明新河溝及大鎮兩支軍隊、各備有毒氣彈筒十具、各化學兵五人、施放打虎關及農業學校東兩支軍隊、各配有無名毒氣彈筒一百具、毒氣彈一二千發、又安慶城□軍隊配有無名毒氣彈筒二百具、氣彈二百發、分三組、由高級軍官親自指揮、其餘並載有使用方法及時間風向應行注意之種種事項、根據上開各點、□軍使用毒氣、証據確鑿、無可掩飾、而□軍發言人猶屢次否認、徒見其自知違法、爲人類所共嫉、故不敢自承耳、實則我忠勇將士激於主義而戰、視死如歸、前仆後繼、初非□軍無人性無公理之怯懦毒氣手段所能影响、而□軍作戰一年、不獲勝利、結果黔驢技窮、乃出以毒氣、多行不義、行見其自斃之期、當在不遠矣、

——摘自《南华日报》（香港），1938 年 9 月 8 日

敵寇暴行

歐亞機第十七號復被擊落
敵肆意屠殺無辜

（中央社訊）行同瘋獸之日寇飛機，日來一再攻擊我與第三國合資經營之民航機。歐亞第十五號機，方於五日在佛岡遭受襲擊，其第十七號機，不料復於六日在鄂爲敵機三架包圍擊落。該巨型機，原係行駛於漢陝間者，六日上午十一時許，按照規定班期，自武昌飛赴西安，中途因西安電台發生障礙，無法與陸上取得聯絡，乃折返降落機場。下午三時十二分，機場接獲負責方面通知，謂有敵機數架逼近武漢上空，十七號機乃升空暫避，起飛後即沿長江西進，飛行高度約一百公尺。迨三時十八分，即發現約二千公尺之高空敵驅逐機三架，追蹤而至，其時十七號機尚在離武昌城西南約五公里處之低空。敵機三架隨即由高空竄下，輪流以機槍向十七號機射擊，約兩分鐘，折向東去。十七號機之左翼及左面尾部均已中彈，但仍以原來高度繼續西飛，及至武昌以西卅公里之金口附近，三敵機又復追來，連續以機槍瞄準射擊，油箱洞穿，機身中彈纍纍，機內之郵包、箱篋、無線電機等亦被擊中多處。三時卅八分抵嘉魚縣屬之簰洲以北廿公里處某小村上空，以汽油行將漏罄，降落於離長江南岸約三公里處之豆田中。機內人員亦即逃出，旋敵機跟蹤而至，輪流反復掃射，附近投燒夷彈一枚，但未命中。駕駛員等四人幸均無恙。機身有彈洞約百個，內部衣服、皮箱、發報機均中彈，郵包亦有被擊破者。所有十七號機遭受攻擊經過，漢站頃已呈報總公司。

——摘自《新华日报》（汉口），1938年9月8日

血債的一頁
敵放毒氣確實證明

（中央社重慶七日電）頃自官方探悉，敵軍最近使用毒氣事實，列舉其犖犖大者如次，望全國軍民一致奮起，一面督促國聯設法制止敵軍暴行，一面堅持抗戰，打擊日寇侵略者，滅此人類公敵。一、八月二十三日，敵與我赤湖東岸陣地，屢次使用大量毒氣。我兩營將士悉數中毒，僅士兵二，尉官一名得免毒手。二、八月卅日晨，敵軍沿瑞新公路向西南進犯時，曾使用大量窒息性毒氣。三、八月廿三日，我軍在九江南方反攻沙河時，敵軍曾一再使用毒氣，我中毒者多頭眩嘔吐，鼻立流血而死。四、八月廿九日，敵軍進攻牛頭山曾發毒氣砲約五十餘發，我官兵死傷達數百人以上。如赤湖之役，即爲一法國記者，驗得破碎彈殼，認彈係窒息性毒彈，且另獲種種證據證明敵在該處施放毒氣已達兩星期之久。八月卅日敵方施放毒氣，爲紐約泰晤士報前線記者所目睹，且發電在該報發表。又英國醫師泰爾波氏數月前在南昌檢驗傷兵十九名，從其種種病狀斷定確係中毒致傷。氏曾於七月十二日提出詳細書面報告，送呈我軍事當局。此項報告，現已送達國聯。遠如台兒莊及徐州會戰，敵軍且曾使用芥子性糜爛毒氣。此外我方且搜獲敵方事前指揮使用毒氣之祕密文件多種，亦爲有力之證據。六月中旬，在安慶作戰時，我方曾在敵軍屍身上檢獲敵方極祕密文件數種，其中一件係載明敵方進攻安慶各路軍隊之配備者：計右翼佐藤大佐指揮之部隊，配有化學戰部隊一隊，左翼高橋指揮之部隊，亦配有化學戰部隊一隊，足徵其攜有各種毒氣毫無疑義。又一文件標有「閱後焚燬」字樣，係左翼司令官於六月八日所發指揮毒氣使用之詳細方法者。其中所述之毒氣，係一種特製放射時應用之毒氣砲彈。該文件上開明，新河溝及大王廟兩支軍隊，各備有毒氣彈筒十具，各化學兵五人施放。打虎關及農業學校東兩支軍隊，俱配有無名毒氣彈筒一百具，氯氣彈一二千發。又安慶城東軍隊，配有無名毒氣彈筒二百具，綠氣彈二百發，分三組，由高級軍官親自指揮，其餘并載有使用方法，及時間風向應行注意之種種事項。根據上開各點，敵軍使用毒氣，證據確鑿，無可掩飾，而敵軍發言人猶屢次否認，徒見其自知違法，爲人類所共嫉，故不敢自承耳。實則我忠勇將士，激於正義而戰，視死如歸，前仆後繼，初非敵軍無人性、無公理之毒氣手段所能影響，而敵軍作戰一年，不獲勝利，結果黔驢技窮，乃出以毒氣，多行不義，行見其自斃之期，當不遠矣。

——摘自《新华日报》（汉口），1938年9月8日

刦掠濟源
民間財物

（中央社洛陽六日電）六日敵汽車卅餘輛，滿裝民間財物運回沁陽。又同日敵屍六十餘具在博愛機場附近焚化。

——摘自《新华日报》（汉口），1938年9月8日

空襲五源
死我民衆數十

（民革社河曲七日電）豆日晨敵機三架，由東飛五原空襲，投彈十餘枚，炸斃民衆數十人，餘無損失。

（中央社廣州七日電）上午七時許，敵機十架來襲，在番禺新塘上空盤旋窺伺後遁去。

——摘自《新华日报》（汉口），1938年9月8日

德安的被炸

德安被炸後、無辜民衆，遭害最烈。圖左：於死
礫場中搜索有無被炸之人體。中：一孩童受傷後
在呻吟待斃中，右：急待救援之受傷者。

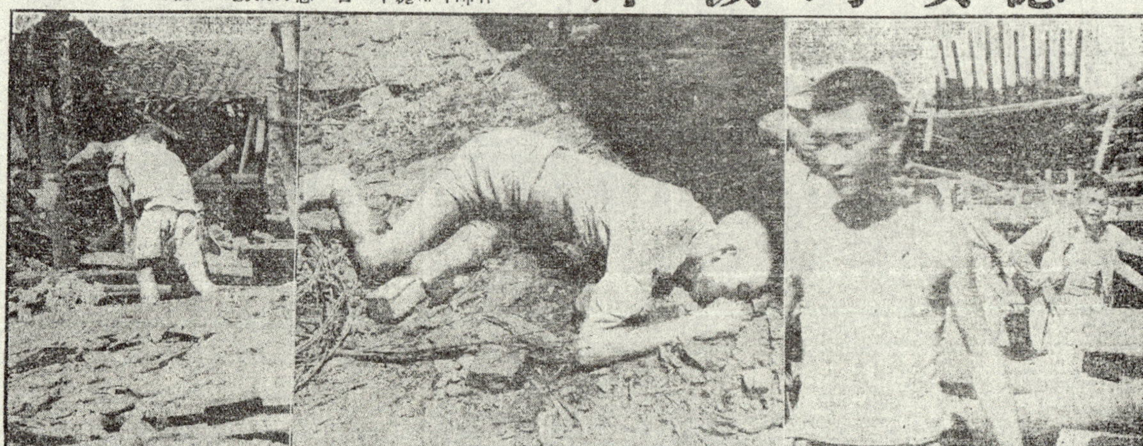

——摘自《大晚报》（上海），1938年9月9日

日機八架
襲武漢近郊
在武漢大學附近轟炸

（漢口八日電）八日晨八時許，日機八架來襲武漢，經我高射砲隊猛烈射擊，未敢在市區投彈，九時十分解除警報。

（漢口八日電）路透社訊：據報：日機今晨在武漢大學附近投彈轟炸，此間八時半出空襲警報，見日機多架分成數隊自漢口進攻，但飛過漢口與漢陽之天空者，僅有日驅逐機三架，聞日轟炸機飛至武昌外白滸山轟炸，九時解警。

——摘自《晶报》（上海），1938年9月9日

日機轟炸吉安

▲南昌八日電　八日上午十一時許、有日機六架、由皖竄贛、經浙贛路至樟樹、轉向南飛、於十一時半侵入吉安市空窺察、旋幷在郊外投彈、毀房屋數棟、死傷平民數人、日機肆虐後、循原路遁去、又下午二時、日機二架侵入玉山、窺察良久始去、

——摘自《新闻报》（上海），1938 年 9 月 9 日

京山被炸

平民死二千餘

▲美聯社北平七日電　今日據傳至此間之可靠外國方面報告稱、八月間日機轟炸京山、計轟斃平民達二千餘人、因日機非唯投彈轟炸、並以機鎗向下掃射、據至該處調查損失情形之天主教主教報告稱、市鎮中所有房室、無一不受損壞、即教會之大廈、亦不能倖免、彼又謂該鎮並非軍事要地、且當日機飛往轟炸時、並無中國軍隊駐紮於該處、鎮中每一戶口皆受損失、附近區域之教士、皆紛紛前來救護受傷者、

——摘自《新闻报》（上海），1938 年 9 月 9 日

敵機濫炸各地

贛烏石門死傷二百餘人
黃山及廣九路均被投彈
圖襲武漢未逞

本報香港八日專電 粵漢路連日敵機專向銀盞坳投彈、圖破壞我橋樑、斷接濟、但並無影響、今日上午九時半、敵機六架、由中山海外飛虎門轉入廣九路、在南崗站附近、投彈八枚、十時五十分敵機飛逸、

本報漢口八日專電 敵機十架、六日晨犯南昌、被我擊落轟炸機二架、均墜冷米鎮、生擒田中等二郎夫名餘跌斃、

中央社中山八日電 上午十時許敵機一架、負傷墜於唐家灣銅鼓角海面、旋有水上機一架飛至、將機師救起、敵艦亦駛抵該處、將墜機拖去、料該機侵係襲我交通線時、被擊受傷所致、

中央社烏石門八日電 本日敵機廿餘架、更番在烏石門、德安虬、津、張公渡永修一帶轟炸掃射。所有民房均成敵機目標、難民死傷竟達二百餘人

中央社青陽七日電 七日上午十時敵機三五架不等、更番飛沿江一帶偵察、並在黃山蝦魚溝老虎墩等處投彈數枚、毀民房甚多、至下午三時、始行離去、

中央社漢口八日電 八日晨八時許、敵機八架來襲武漢、經我高射砲隊猛烈射擊、未敢在市區投彈、九時許逸去、

中央社洛陽八日電 敵機九架、八日下午一時許侵入洛空、我高射砲隊當予猛擊、敵盤旋數週未投彈、向東北方飛去、

中央社南昌八日電 八日上午十一時許、有敵機六架、由皖竄贛經浙贛路至樟樹轉向南飛、於十一時半侵入吉安市空窺察、旋並在郊外投彈三十餘枚、毀我房屋數棟、死傷平民數人、敵機肆虐後、循原路逸去、又下午二時敵機二架、侵入玉山窺察良久始去、

——摘自《时事新报》（重庆），1938 年 9 月 9 日

日機炸伊盟

斃喇嘛三人

▲西安河曲九日電　日機三架、二日飛伊盟轟炸、投彈十餘枚、均落公尼召及察漢召地方、炸死喇嘛三人、房屋被毀頗多、

——摘自《新闻报》（上海），
1938年9月10日

敵機犯粵

（中央社）廣州九日電，九日八時許，敵機二十架分批先後由中山進犯，首經虎門投彈數枚，均落山崗，我無損失，敵機旋飛至黃浦分爲兩隊，一飛粵漢路，在迎阻源潭潖江間共投彈三十餘枚，餘闖入市空，盤旋窺伺，旋同向北郊一欄崗投兩彈，西村瑤台四彈，毁民房數間，傷害郊民十餘人，另一隊在廣九路新塘烏涉南崗一帶投彈五枚，我方無大損失，迄至下午三時半敵機始飛遁。

（中央社）廣州九日電，今日上午九時許，敵機十九架分批來襲，首批五架，次批十三架，掠經市空，轉在粵漢路迎阻投彈五枚，源潭潖江一帶投彈二十餘枚，三批一架在廣九路平湖投彈四枚後，出海逃竄，

——摘自《新新新闻》，1938年9月10日

歐亞公司通電報告

敵機暴行經過

十七號機被襲擊情形

（中央社）漢口九日電，歐亞公司頃通電報告，十七號機被襲經過云，中央通訊社頃致各通訊社各報館均鑒，九月六日午後三時武漢有空襲警報，本公司第十七號飛機避在武昌機場候飛，當即依照通例，由飛機師何守榮，機械員何啓昭，電信員張發瑞，機役馬文傑，提早起飛，携資逃避，乃該機升空數分鐘後，即有日本驅逐機三架，從上面下，將該機包圍，及復輪流射擊，追逐不捨，致兩翼油箱均破，駕駛艙中彈累累，此時該機遂即向嘉魚縣屬牌洲第三區豆田之中下降，但該日機等不特於該機着陸之際，仍然追逐掃射不已，迨着陸停伏之後，尚復繞其往復衝下掃射，并擲下燃燒彈一枚，方始逃去，尚幸該燃燒彈并未命中，故飛機未遭波及，事後檢查，計全機中彈百枚，以上，除發動房中彈無數外，兩翼之汽油箱及左右滑油箱均被擊破，左邊螺旋槳擊穿兩洞，進出氣管破壞，左輪被擊兩彈，惟飛機及員役等則均竟平安無恙，而未致傷亡，以上為該機被襲擊之實在經過詳情也，查日本軍用飛機既襲擊本公司之第十五號機於前今又襲擊十七號於後，在兩次經過事實之中，似均有使命滅跡之企圖，其有計劃之不法行動已昭然若揭，倘幸其滅跡之企圖未遂，事實俱在，均有確證可資尚望世界輿論更有進一步之公正批評也歐亞航空公司叩齊

不能不速有動作。

——摘自《新新新闻》，1938 年 9 月 10 日

敵機十八架

飛炸許昌等處

許昌死傷平民六十餘人

【南陽十日電】十日下午二時許，敵機十八架，分向許昌，漯河，潢川等處投彈，並飛平漢沿線窺伺，許昌投有十七彈，炸死平民二十餘，傷者四十餘，燬房二百餘間。（中央社）

——摘自《南京晚报》（重庆），1938 年 9 月 11 日

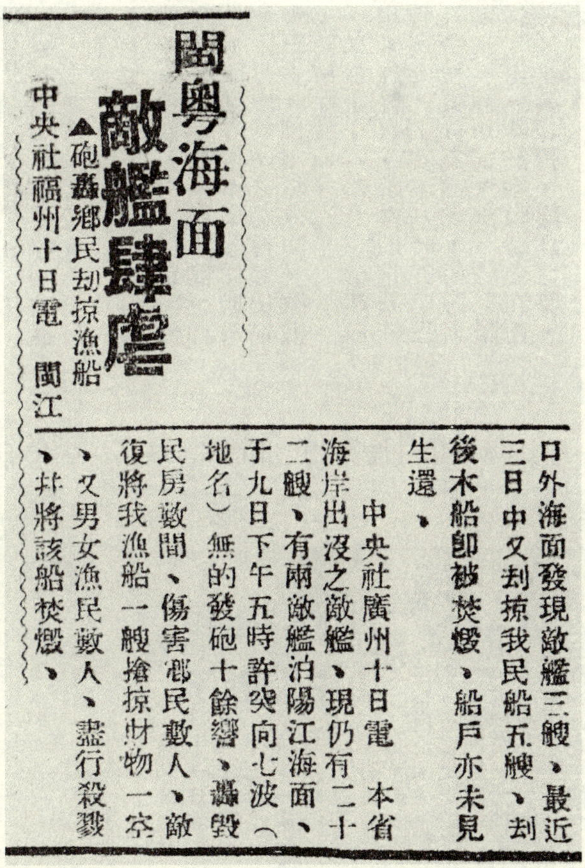

閩粵海面敵艦肆虐

▲砲轟鄉民刦掠漁船

中央社福州十日電 閩江口外海面發現敵艦三艘、最近三日中又刦掠我民船五艘、刦後木船即被焚燬、船戶亦未見生還、

中央社廣州十日電 本省海岸出沒之敵艦、現仍有二十二艘、有兩敵艦泊陽江海面、于九日下午五時許突向七波（地名）無的發砲十餘響、轟毀民房數間、傷害鄉民數人、敵復將我漁船一艘搶掠財物一空、又男女漁民數人、盡行殺戮、並將該船焚燬、

——摘自《时事新报》（重庆），1938年9月11日

昨晨廣九路
兩度被炸
南崗落彈聲達市東
石灘農民死傷十餘

【本報專訪】昨（十一）日敵機廿一架分兩次進襲廣九路、投彈二三十枚、南崗之重量彈聲、市東一帶、淸晰可聞、玆誌情形如下、

第一次

敵機四架、于上午六時十分、由中山海面起航、本市發出空襲警報、六時廿三分、經萬頃沙至虎門、再向東飛、六時卅五分在土塘、樟木頭、林村、塘頭厦一帶上空往來盤旋、並在樟木頭、塘頭厦、投彈七八枚、並以機槍向附近該兩站之鄕村民房掃射、鄕民中彈殉命兩人、傷三人、塌木屋兩間、敵機逞兇後、卽向寶安出海、七時解除警報、

第二次

敵機十八架、又於上午八時廿三分起航於中山洋面、八時卅分發出緊急警報、敵機則飛石岐轉江門、八時四十八分北飛至九江上空、八時五十三分經黃埔向東飛、九時十五分敵機分爲兩隊、每隊九架、一隊則飛增城、一隊則飛石龍窺伺、被我防空隊開槍痛擊、敵機卽高飛投彈、至九時許、兩隊聯合在南崗投彈十餘枚、共中五枚係屬重量炸彈、爆炸之聲、響震如雷、市東一帶、淸晰可聞、敵機投彈後、分爲兩隊、一隊十五架、經萬頃沙出海、另一隊三架則經樟木頭出過寶安、於九時五十一分飛經赤灣出海、本市十時解除警報、其後又有敵機十八架自南崗投彈後、卽飛至石灘投彈四枚、同時機槍掃射農民、死傷十餘人、

——摘自《中山日报》（广州），1938 年 9 月 12 日

敵機連日
不斷襲中山

【本報中山十一日專電】十一日上午九時十五分、敵機一架飛八區稔山、投一彈、塌民房數間、至九時卅五分、復飛南山、往復盤旋投下一彈、炸斃七十餘老婦一名、並塌屋四五間、【中央社中山十一日急電】上午九時廿五分、敵機一架飛八區南山、落彈一枚、塌屋三間、死盲老婦一名、網山落彈一枚、塌屋三間、又昨上午九時許、敵機在馬山投一彈、落田壘、突深五尺、闊八尺、無傷人、當地救護工作甚忙、

——摘自《中山日报》（广州），1938 年 9 月 12 日

廣九路

遭日機狂炸

（廣州十一日電）今日上午，廣州發兩次空襲警報，首次六時許，日四架，飛廣九路，在塘頭廈林村間，投彈八枚，二次八時廿五分，日機十八架，分兩隊，侵入廣九路，先後在石灘投彈廿枚，在沙村投彈兩枚。

——摘自《晶报》（上海），1938 年 9 月 12 日

日機襲金華

投彈甚多

（金華十一日電）日轟炸機六架，十一日上午九時，侵入紹興，諸暨，蘭谿，浦江，湯溪，十時到達金華上空，盤旋四匝，向火車站投彈三十餘枚，龍頭房材料廠，機務車務兩辦公室，全部被毀。此外車站附近之鹽同碾米廠，亦被毀一小部，死傷各八人。

——摘自《晶报》（上海），1938 年 9 月 12 日

日機轟炸金華

在車站投彈七十餘枚

▲金華　日轟炸機六架、十一日上午九時、侵入紹興•諸暨•浦江•建德•蘭谿•湯溪、並到達金華上空、盤旋四匝、向火車站投彈七十餘枚、龍頭房材料廠機務車務內辦公室全部被毀、此外車站附近之鹽同州米廠、亦各毀一小部、死八人、傷六人、日機投彈後、仍循原路逸去、

——摘自《新闻报》（上海），1938 年 9 月 12 日

閩省各地 迭遭日機轟炸

▲福州十日電 抗戰以還、中國都市悉遭日機轟炸尤以文化機關及平民生命財產損失不可計算、閩省各地、以福州及馬尾被炸最烈計遭空襲三十餘次、來襲日機百數十架、投彈達五六百枚、死傷約二百人、炸毀房屋三百間、此外沿海龍溪、晋江海澄、羅源、建甌、連氾、平潭、惠安、長樂、福鼎、同安、等十五縣、合計共遭空襲百餘次、毒彈七百枚、死傷平民百人以上燬房屋數十所、

——摘自《新闻报》（上海），1938 年 9 月 12 日

平漢隴海兩路

被敵機狂炸

許昌投彈六十死傷百餘

立煌金華等地亦被空襲

中央社鄭州十日電 敵破壞隴海平漢兩路交通，今晨有轟擊機三架，在氾水沙魚溝北車縣沿路，投彈廿餘枚，均未命中，十日午敵機十八架由新鄉飛經鄭外，分途南襲，九架在許昌投彈六十枚，死傷平民一百七十人，三架在偃城投彈十餘枚，餘竄駐馬店南陽竄察、平漢隴海聯運車誤點兩小時、暢通如常、鄭許電話線雖被炸斷多處、但數小時當即修復、據報敵九日隔河砲轟氾水、發十餘響而無所獲、

中央社立煌十日電 十日上午九時，立煌城空有敵機三架，偵察數週，下午二時許忽竄來敵機六架，在東門外及東南城角內共擲彈五十餘枚，死傷平民六十餘人，毀民房六十餘間，血尸遍地，狀極悽慘，翩往返盤旋約二十分鐘，復在距城南十餘里山頭，擲彈數枚、又流波疃丁家埠亦遭轟炸云

中央社南陽十日電 十日下午二時許敵機十八架，分向許昌，漯河、潢川等處投彈、並飛平漢沿線窺伺、許昌投有十七彈、炸死平民二十餘，傷者四十餘、毀房二百餘間、

中央社廣州十一日電 今上午廣州發兩次空襲警報，首次六時許、敵機四架，飛廣九路在塘頭廈林村間投彈八枚、二次八時廿五分、敵機十八架分兩隊侵入廣九路、先後在石灘投彈二十枚、沙村投彈兩枚、多落田間河中、

中央社中山十一日電 九時廿五分，敵機一架飛八區南山，投彈一枚，塌屋三間，死老婦一名，綱山落彈一枚，塌屋三間，

中央社漢口十一日電 十一日晨七時五十分至八時卅分之間，敵偵察機兩架，侵入市空，未幾又有敵偵察機九架，自鄂城沿江而至，在高空盤旋、經我高射砲射擊、卽行逸去、

中央社金華十一日電 敵轟炸機六架，十一日上午九時、侵入紹興、諸暨、浦江、建德、蘭谿、十時到達金華在空盤旋四週，向火車站投彈三十餘枚，龍頭房材料廠，機務車務兩辦公處、全部被毀，此外車站附近豐同輾米廠亦各毀一小部死八人，傷八人，敵機投彈後仍循原路逸去，

——摘自《时事新报》（重庆），1938 年 9 月 12 日

盤據九江敵軍

屠殺我民衆千餘

以僞鈔票强迫換取我法幣
姦淫青年婦女逼打絕育針

(中央社德安十一日電)敵軍此次佔據我九江後，對我當地民衆生命財產之摧殘，不遺餘力，除盡量發揮姦淫焚殺之獸性外，其最足痛心者，計有三事：(一)敵於到達以後，卽强迫以台灣正金銀行僞鈔，換取我法幣，不從者斬，因此被屠殺者達千餘人。(二)對青年婦女，一律迫令受打絕育針及防毒針，一以斷絕民族之種嗣，一以供給敵獸慾之發洩。(三)所有市內關於一切較好建築物之鋼銅鉛等類物件，及其他較爲値錢之什物衣服器具等，均完全用敵艦裝運一空，實令人不勝髮指。

——摘自《新华日报》（汉口），1938 年 9 月 12 日

滬敵兵無端毆辱英僑

滬英總領擬親自調查

(中央社上海十一日路透電)昨日下午，有英商自來水公司職員伊爾達爾、克拉克及傑克遜三人，由公共租界外籍及日籍巡官數人保護，前往楊樹浦，途經敵軍崗位，卽爲喝令停車，並高聲咆哮，喊令站出，英僑遵令後，敵軍卽無端以佩刀及拳橫加侮辱，日籍巡官亦爲敵兵以佩刀毆擊腿部及背部，敵哨兵並自袋中取出洋火一盒，燃着一根後，向伊爾達爾眼部拋去，致伊氏略受微傷。後此肇事之敵兵，終爲敵方軍警提去。

(中央社上海十一日路透電)英駐滬總領事現擬親自調查敵哨兵侮毆英僑伊爾達爾一案。

——摘自《新华日报》（汉口），1938 年 9 月 12 日

敵圖破壞我交通
狂炸沿平漢隴海各地
許昌死傷平民一百零七人

（中央社鄭縣十一日電）敵圖破壞隴海平漢兩路交通，今晨有轟炸機三，在汜水、沙魚溝滎縣沿路投彈廿餘枚，均未命中。十日午敵機十八架，由新鄉飛經鄭縣，分途南襲；九架在許昌投彈六十枚，死傷平民一〇七人；三架在郾城投彈十餘枚，餘竄駐馬店南陽窺察。平漢隴海聯運車，誤點兩小時，暢通如常，鄭許電話，雖被震斷多處，但數小時內當即修復。據報敵九日隔河砲擊汜水，發十餘響均無所獲。

——摘自《新华日报》（汉口），1938 年 9 月 12 日

廣九路遭空襲

（中央社廣州十一日電）今日上午廣州發兩次空襲警報，首次六時許，敵機四架飛廣九路，在塘頭廈林村間投彈八枚；二次八時二十五分，敵機十八架分兩隊侵入廣九路，先後在石灘投彈二十枚，沙村投彈兩枚，幸多落田間河中，無大損失。

（中央社中山十一日電）九時廿五分，敵機一架飛入區南山投彈一枚，塌屋三間，死老婦一名；網山落彈一枚，塌屋三間。

——摘自《新华日报》（汉口），1938 年 9 月 12 日

浙金華車站
一部被炸燬

（中央社金華十一日電）敵轟炸機六架，十一日晨九時侵入紹興、諸暨、浦江、建德、蘭谿、湯溪，十時到達金華上空，盤旋四匝，向火車站投彈卅餘枚，龍頭房材料廠機務車務兩辦公室全部被毀。此外東站附近之鹽店礱米廠，亦各毀一小部，死八人，傷八人，敵機投彈後，仍循原路逸去。

——摘自《新华日报》（汉口），1938 年 9 月 12 日

寇軍肆行搶刼 沿海漁民財物

（中央社福州十一日電）連江海面竿塘島，日前敵兵登岸，刦去米穀食鹽[illegible]物。小澳敵企圖登陸，經我壯丁擊退，敵兵死傷[illegible]十餘人。又閩江口沿海我已[illegible]。[illegible]口沿海面[illegible]，月來敵[illegible]達卅餘艘。

（中央社[illegible]日電）陽江海面敵艦二艘，於九日下午[illegible]向西坡（地名）無的發砲，轟毀民房數間，傷害鄉民數名。敵復將我漁船一艘財物搶掠一空，並殺男女漁民數人，復將該船焚毀。

——摘自《新华日报》（汉口），1938年9月12日

敵寇暴行

淮陽失陷時空前浩刼

（中央社周家口十二日電）淮陽失陷時，遭空前浩刼。男女學生及公務人員，約共四百餘，六日遭暴敵燒殺；婦女被姦，無一倖免；所有男童，均被運走；女童則概用刺刀戳斃。其慘酷情形，目不忍覩。

——摘自《新华日报》（汉口），1938年9月13日

敵機狂炸信陽 德教會醫院全部被燬

（中央信陽十二日電）敵機三架，於十二日下午二時廿三分，侵入信陽上空，向城內商業區及劉城根一帶投彈四十三枚，炸燬鋪店及民房計百五十餘間，平民已事先逃避，但死傷仍五六十人。又城內德籍天主堂醫院醫室，亦全部被炸燬，損失甚重。

——摘自《新华日报》（汉口），1938年9月13日

鄭州遭轟炸 死傷四十餘

（中央社鄭州十二日電）敵機九架十二日午十一時許，侵入鄭空投彈卅餘枚逸去，計死傷四十餘人，炸燬房屋百餘間。

——摘自《新华日报》（汉口），1938年9月13日

日機狂炸鄭州信陽

鄭裕豐紗廠被燬死難民數十　鴻安旅社一帶大火未熄
信陽德籍天主教堂醫院全燬　死傷數十毀屋二百餘間

▲鄭縣十二日電　日機十二架、今日上午十一時狂炸鄭州、投彈百餘枚、毀裕豐紗廠、該處現爲難民收容所、當有難民數十人慘被炸斃、福壽街中燒夷五枚、鴻安旅社一帶大火、迄下午四時未熄、車站附近民房、毀數十間、

▲信陽十二日電　日機三架、於十二日下午二時二十三分、經潢川羅山、侵入信陽上空、盤旋一匝後、向城內商務區及南城根一帶投彈四十三枚、炸毀舖店及民房、計二百五十餘間、平民多事先逃避、故死傷僅五六十人、又城內德籍天主教堂醫院醫室、亦全部被炸毀、損失甚鉅、

——摘自《新闻报》（上海），1938 年 9 月 14 日

日艦猛轟惠州島

數百日兵登陸

▲路透社十三日香港電　海南華方消息稱、昨晨有日軍艦兩艦、猛轟北海正南之惠州島各村、毀屋多所、天主教堂亦在其列、並死村民多人、旋有日水兵數百名由一運輸艦下、在該島登陸云、

——摘自《新闻报》（上海），1938 年 9 月 14 日

鄭州再遭狂炸

投彈百餘難民多被犧牲

敵機昨三度襲桂

中央社鄭州十二日電　敵機十二架、今日上午十一時狂炸鄭州、投彈百餘枚、裕豐紗廠被毀、該處爲難民收容所、當有難民數十名慘被炸斃、福壽街中燒夷彈五枚、鴻安旅社一帶大火、迄下午五時未熄、車站附近平房毀數十間、

中央社廣州十三日電　敵機三十二架、今上午分三批繞襲桂、首批九架、自朝安經普寧、興寧、五華、龍門、佛岡、英德、侵入桂省懷集、到桂林、柳州、梧州、次批兩架、由中山海外飛至粵北連山、旋即折回、第三批二十二架、由粵省南路北海合浦進襲柳州、投彈後、再飛桂林、梧州、歷時甚久、迄下午二時許、各敵機始分道東南飛逃、

中央社汕頭十三日電　今晨七時許、敵重轟炸機九架、由金門經饒證襲汕、窺察移時、循揭陽豐顺興寧等縣、取道柴金犯粵北、潮汕海面、現僅有敵艦四艘、肆焚漁船、三天來潮陽海門達濠兩處、漁舟被燬廿餘艘、漁人慘遭屠殺達十餘人、

中央社南昌十三日電　十三日下午七時有敵機三架、由皖竄入贛境、經德興、弋陽、貴溪、等縣窺察、旋侵入南城、在郊外投彈三十一枚、死傷平民二人、

——摘自《时事新报》（重庆），1938 年 9 月 14 日

敵艦橫行東南海

恫嚇普陀島

沿海漁船漁戶迭遭焚殺

浙◇海（本報十三日甯波電）敵艦四艘、九日砲擊定海之岱山衢山兩島、燬民房多間、十一有敵艦三艘、窺伺避暑勝地之普陀島、致函定海鄉長及沈家門鎮長、措詞荒謬絕倫、謂十五六兩日將派員前往調查漁業狀況、要求我軍撤退云云、

（本報十三日樂清電）十一日晚有商船四隻、經樂清玉環交界之橫址山海面、突被敵艦劫持、先將船內銅鐵器用搶掠淨盡、繼之縱火焚燒、行爲直同盜匪、

閩◇海（中央十二日福州電）日昨閩江口外共到敵艦三艘（分在連江南竿塘鐵板洋海面攔刦我民船、一日之中、計被刦燬十八艘之多損失、十餘萬、船戶生死未明、自本年四月迄今、閩省沿海各縣共發現敵艦一五四次、五五七艘、開砲三四五發、死傷平民四七人、燬民房四二一間、刦掠民船一三一艘、船戶旅客喪亡無從確計、海寇暴行、實令人髮指、我沿海人民無不切齒痛恨、

粵◇海（中央十三日汕頭電）潮汕海面現僅有敵艦四艘、肆焚漁船、三天來潮陽海門兩處漁舟被燬廿餘艘、漁民慘遭屠殺達十餘人、

——摘自《东南日报》（金华），1938 年 9 月 14 日

敵機肆虐消息

昨狂炸鄭州

福壽街一帶大火迄晚未熄

桂林梧州等處昨亦遭空襲

潮海漁民又遭浩刦

【中央社鄭州十二日電】敵機十二架今午十一時狂炸鄭州，投彈百餘枚，毀裕豐紗廠，該處現爲難民收容所，當有難民數十人慘被炸斃。福壽街中燒夷彈五枚，鴻安旅社一帶大火，迄午後五時未熄，車站附近平房毀數十間。

【中央社廣州十三日電】敵機卅二架，今下午分三批繞粵襲桂。首批九架，自潮安經普甯、興甯、五華、龍門，佛岡、英德，侵入桂省懷集，桂林、柳州、梧州。次批兩架，由中山海外飛至粵北連山，旋即折回。第三次廿二架，由粵省南路北海合浦，進襲柳州、投彈後再飛桂林、梧州、歷時甚久。迄二時許，各敵始分道東南逃逸。

【中央社汕頭十三日路透電】今晨七時卅五分，有日轟炸機九架，由汕頭上空飛過，但未投彈。此爲七星期以來第一次之空襲云。

【中央社汕頭十三日電】今晨七時許，敵重轟炸機九架，由金門經饒澄襲汕窺察，移時過揚陽，順興等縣，取道絫金犯粵北，潮汕海面現有敵艦四艘，肆焚漁船，三天來潮陽海門兩處漁船被燬廿餘艘，漁民慘遭屠殺達十餘人。

【中央社河曲十二日電】敵機三架，十二日飛至河曲投彈十餘枚，死五十七人，傷三四十人。

——摘自《武汉日报》（宜昌），1938 年 9 月 14 日

鄭州裕豐紗廠被炸燬

敵圖切斷隴海平漢交通未逞

（中央社鄭州十二日電）敵機十二架，今日上午十一時狂炸鄭州，投彈百餘枚，毀裕豐紗廠，該廠現爲難民收容所，當有難民數十人，慘被炸斃。福壽街中燒夷彈五枚，潞安旅社一帶大火，迄下午五時未熄。車站附近平房毀數十間；鐵路兩旁落彈數十，無一炸中路軌，刻平漢車照常暢通。

——摘自《新华日报》(汉口)，1938 年 9 月 14 日

河曲遭轟炸

死傷九十餘人

（中央社河曲十二日電）敵機三架，十二日晨至河曲投彈十餘枚，死五十七人，傷三四十人。

——摘自《新华日报》(汉口)，1938 年 9 月 14 日

如皋各村莊丁

被屠殺百餘人

（中央社淮陰十二日電）（一）敵將如皋城西五里內各村莊丁屠殺百餘人，附廓各村民房全部焚燬。（二）敵犯黃[illegible]橋附近之桑木橋，被我擊退[illegible]又創後，逃至珊瑚村一帶肆行燒殺。

——摘自《新华日报》(汉口)，1938 年 9 月 14 日

閩海民船遭刼

被燬十八艘

（中央社福州十二日電）日昨閩江口外共到敵艦三艘，分在連江南竿塘鐵板洋海面掠刼我民船。一日之中計被刼燬十八艘之多，損失十餘萬，船戶生死未明。自本年四月迄今，閩省沿海各縣發現敵艦一五四次，五五七艘，開砲三四五發，死傷平民四十七人，刼掠民船一三一艘，燬民房四二間，船戶旅客喪亡無從確計。海寇暴行，我沿海人民無不切齒痛恨。

——摘自《新华日报》(汉口)，1938 年 9 月 14 日

敵寇暴行

盤據九江敵 殺害我難民

（中央社南昌十四日電）盤踞九江敵，將寄居天主堂各醫院之難民，認爲義勇軍，妄加殺害，或迫令還居原處，由寇隨時檢查，違者輒遭槍殺。

——摘自《新华日报》（汉口），1938 年 9 月 15 日

虎門外敵艦 殺掠我漁船

（中央社廣州十四日電）今日上午八時，敵武裝漁船在虎門外龍穴洋面追截我漁船一艘，先用機槍射傷船夥，然後搜刧財物，並將傷者數人推落海中，并放火將船焚燬，極盡兇殘之能事。

——摘自《新华日报》（汉口），1938 年 9 月 15 日

敵機又襲柳州

在市郊投彈數十枚 廣州武漢亦被侵擾

▲中央社梧州十四日電：十三日上午十時許，敵機二十二架，空襲柳州，當與我空軍遭遇激戰，我高射槍砲，密集射擊，敵機遂倉惶在市郊投彈數十枚後，分向東北方飛去。

▲中央社廣州十五日電：今日上午九時，敵機三架，在北海海外，飛抵合浦上空，有所窺伺，逡巡數匝，始行飛去。

▲中央社漢口十五日電：十五日五時許，有敵機十架，分兩批向武漢進犯，我防空部即發出警報，旋第一批敵機七架，首先竄入市區上空，未幾，第二批敵機三架，亦相繼而至，因氣候惡劣，敵機不敢久留，僅在近郊一帶，盤旋時許，未投彈即向東逸去。

——摘自《云南日报》（昆明），1938 年 9 月 16 日

敵施用毒氣鐵證

軍令部招待中外記者

持毒瓶毒罐加以說明

▲中央社漢口十五日電　軍令部爲使中外明瞭敵軍使用毒氣眞情、特派張都嵐持毒瓶毒罐於昨日招待中外記者席上說明、張氏首稱戰爭中最普通使用之毒氣約十一種、現大約可分四類言之、(一)催淚性毒氣、人中毒後、眼流淚不止、勿能啓視、如毒氣冲入眼內、輕則紅腫、重則變盲、(二)噴嚏性毒氣、人聞後鼻喉燒辣、輕則心口發悶、頭暈嘔吐重則暈倒、(三)窒氣性毒氣氣、味甚淡、初聞之無何作用、五六小時後、便發作呼吸困難、重則可致死、(四)糜爛性毒氣、中毒六小時後、便生水泡、初則不覺痛、但泡愈長愈大、四十八小時後、泡便硬裂、愈裂愈大、於兩月內亦難醫愈、此次敵軍在前線使用之毒氣、此四種均曾用之、惟第三第四兩種尚未獲實證、但亦確實發見、第一第二兩種爲敵最常使用之毒氣、其毒性較氰氣尤大、歐戰時協約國軍隊曾有一萬餘人中氰氣毒致死、可見催淚與噴嚏性毒氣之爲害大且烈、張氏旋將敵之毒瓶及毒罐加以說明、茲描述如下、(一)催淚性毒氣爲一種液體、置於彈形玻璃瓶內、其中有百分之九十爲催淚氣、該瓶裝於手溜彈殼內、瓶底有一擦板、如用時先以板擦之、然後擲出、五分鐘內便爆炸、毒氣溢發、十米達以內、均可發生效力、(二)噴嚏性毒氣溶解於小塊浮石中、小塊浮石盛滿於六英寸長一英寸寬之圓形鐵罐、(三)罐底置一層爆炸艇、施用時先以鐵絲拴緊百餘罐、排列於陣地前、然後乘風向以電機擦之、毒罐卽爆炸、浮石中之噴嚏氣便猛烈蒸發、毒氣所及之處、聞之均必中毒、張氏末稱此種毒瓶及毒罐、乃得自馬迴嶺及台兒莊之敵人陣地、但得此極不易、因敵人退走時、均帶走一空、深恐遺落被吾人拾爲證據云。

——摘自《中央日报》（重庆），1938 年 9 月 17 日

敵寇蹂躪姑塘等地

民衆數百人罹難

（中央社南昌十六日電）姑塘之敵，十日大肆姦擄焚殺。難民被殺者數百。房屋糧食焚燬殆盡。青年女子及較好家具，均被擄運敵艦。又敵軍於竄入馬迴嶺時，屠殺民衆二百餘人。又應濟方面之敵，十三日正午焚燬大河舖及其民房甚多。

——摘自《新华日报》（汉口），1938年9月17日

廈門壯丁遭敵酷刑蹂躪

敵機日夜窺察連江

（中央社福州十四日電）敵兵員補充困難，除抽調鮮台壯丁外，復强抽我淪陷區內未逃亡壯丁，開往內地作戰。金門廈門壯丁，多設法逃避日寇强徵，逃避不及被徵伺者，則幽之密處，施以酷刑。

（中央社福州十四日電）十二日晨一時，敵機三架，乘月夜窺察連江、長樂、川石等地。

——摘自《新华日报》（汉口），1938年9月17日

青陽遭空襲

燒毀民房六七十棟

（中央社屯溪十五日電）十四日下午四時起，敵機十一架分四批輪炸青陽。先後於城內及東門外投彈十餘枚，並有燒夷彈數枚，燒毀民房六七十棟。又五溪橋亦於同時被炸，毀民房甚多。

——摘自《新华日报》（汉口），1938年9月17日

東海各地空襲

毀民房百餘間

（中央社淮陰十四日電）十四日敵機兩次空襲東海、灌雲、新浦各地。第一次敵機三架，九時半飛灌雲，計投彈六枚，繼到東海及新浦各投彈六七枚。下午一時兩架又到東海、灌雲、新浦各處投彈多枚。共死傷平民數十人，毀民房百餘間。炸毀之電話線，日內可修復。

——摘自《新华日报》（汉口），1938年9月17日

日機狂炸青陽城

五溪橋亦被炸

▲屯溪十五日電　十四日起日機十一架、分四批輪炸青陽、先後於城內及東門外投彈十餘枚、並有燒夷彈數枚、炸燬民房六七十棟、又五溪橋亦於同時被炸、毀民房甚多、斷垣殘壁、厥狀悽慘、又宣城日軍約三十名、十二日晚由十山村渠河向華軍進犯、當被擊退、

——摘自《新闻报》（上海），1938年9月18日

敵機五十餘架
昨分批襲擾粵桂
梧柳及廣九路均被轟炸

中央社廣州十八日電　敵機五十一架、今分批先後由中山北海兩地飛犯粵桂、首批敵機二架、上午六時許由北海飛合浦粵桂邊境窺察後、飛逸、上午七時半次批敵機十七架、由中山先飛粵漢路一帶窺察、旋南飛廣九路在南崗投彈十三枚、路軌略有損壞、旋飛遁、九時第三批敵機九架、由中山乾霧飛經江門、德慶、梧州、到柳州投彈後飛去、九時四十分第四批敵機廿二架、由北海飛入柳州、投彈多枚、至午十二時許敵蹤已渺、下午四時四十分第五批敵機一架、由中山唐家灣海空出現、飛南朗一帶窺察後飛去、

中央社梧州十七日電　今日敵機九架襲梧、在市區大東路竹安路一帶投彈數十枚、當即起火焚燒、損失慘重、死傷亦多、

——摘自《时事新报》（重庆），1938年9月18日

敵寇暴行
姦淫屠殺
轟炸鄉民

（中央社淮陰十五日電）一、京郊敵特到四鄉見避匿之鄉民，即認爲夜襲之游擊隊，加以慘殺。二、石塘一懷孕少婦，因三敵兵强姦不從，被敵以刀刺腹而死。

（中央社廣州十七日電）敵機十八架昨飛粵漢路廣九路、德慶、梧州、南寧轟炸，德慶傷鄉民卅餘人。

（中央社河曲十七日電）十四日晨敵機飛平魯、老營堡窺察，并在岢嵐投彈。

今晨六時敵機二十四架來襲武漢，經我高射部隊射擊，先後逸去。

——摘自《新华日报》（汉口），1938年9月18日

敵機狂炸梧州慘狀

毀屋六百間死傷三百餘人

【中央社梧州十八日電】十七日九時三刻、敵機九架侵入本市防空線、本市當即發出空襲警報、該敵機似為迷途、在本市防區內盤旋達二小時、十一時一刻向東飛去、即解除警報、十一時三刻、據報該批敵機折回、即先後發出空襲緊急警報、移時、侵入市空、旋在本市竹安路大東路一帶投炸彈燒夷彈四十餘枚、當即起火焚燒、敵機投彈後、向東南遁去、二時卅五分解除警報、事後調查、損失最重為商務印書館一帶、計商務印書館及附近商店平民住宅區落彈廿餘枚、當即起火、毀民房三百餘間、死傷平民百餘人、次為大東路瀕臨高地街着彈地點、美國浸信會宏道女中附近中彈多枚、震塌民房二百餘間、死傷平民百餘人、美籍之思達醫院中座高樓及西部各中一彈、炸毀最高一層、彈片所及、傷數十人、又培正中學落彈數枚、大部被毀、死傷學生數十名、總計是日中彈卅餘枚、死傷學生平民三百餘人、毀屋六百餘間、無家可歸者三千餘人、

昨晨柳邕再度被狂炸

【本報本市消息】此間防空當局接曲江轉桂林轉報、昨晨十時許侵粵海敵機共數卅四架、分三路來襲柳州、一路自粵東西飛、共八架、經梧州賀縣八步過修仁荔浦、一路自粵南向北經武宣賓陽共三架、一路經南寧沿柳邕公路來襲共廿二架、十時五十五分各路先後到達柳市上空盤旋約十五分鐘、我防空部隊槍炮齊發、發生陸空劇烈戰、迨後敵機遂分批輪廻向河南及穀埠各村落一帶大施狂炸、毀鄉村民房甚多、死傷亦衆、另一批炸荒郊、計是役共落彈不下百枚、因敵畏我槍炮、多不敢低飛投彈、致民房遭刦、人民罹難甚衆、損失情形、刻在調查中云、

【中央社梧州十八日電】今晨九時卅七分敵機廿架分兩批由粵北海起飛、經梧襲柳州、柳市當發出空襲警報、計第一批九架、第二批十一架、於十時五十二分先後到達柳市上空在對河南岸一帶投彈數十枚、旋飛向桂林一帶盤旋窺伺、十二時廿五分飛經蒼梧縣屬邊境向東南飛去、十二時四十分梧市始解除警報、

【本報本市消息】此間下午六時接曲江轉桂林防空情報、昨（十八日）下午二時半敵機卅九架又在合浦縣屬北海海面敵艦起航、沿欽邕公路經大塘二塘口進襲南寧、二時五十五分在近郊盤旋三匝、旋對河投彈卅餘枚、再向近郊鄉村投彈十餘枚、敵機肆虐後、復飛入南寧市空散發荒謬傳單、惟未投彈、再折回西鄉塘投彈數枚、均落荒地、敵機肆虐後、於四時折經小董大寺過欽州飛返北海、損失情形在調查中、

——摘自《中山日报》（广州），1938年9月19日

敵機分犯粵桂

梧州被炸損失慘重

▲中央社廣州十八日電：敵機五十一架，今批分先後由中山，北海兩地飛犯粵桂，首批敵機兩架，六時許由北海飛合浦粵桂邊境窺察後飛逸，七時半，次批敵機十七架，由中山起飛，飛粵漢路一帶窺察，旋南飛廣九路，在南崗投彈十三枚路軌略有損壞，旋飛遁，九時半第三批敵機九架，由中山乘霧飛經江門，德慶，梧州到柳州投彈，隨飛去，九時四十分，第四批敵機二十二架，由北海飛入柳州，投彈多枚，至十二時許，敵蹤已渺，四時四十分，第五批敵機一架，由中山唐家灣海空出現飛南朗一帶窺察後，未幾卽飛去。

▲中央社梧州十七日電：今日敵機九架襲梧，在市區大東路，竹安路一帶投彈數十枚，當卽起火焚燒，損失慘重，死傷亦多。

▲中央社淮陰十六日電：敵機多架，連日轟炸東海，灌雲，新浦墟溝，大伊山各處，十四日來五架，投彈十數枚，十五日到六架，又投數十彈，十六日午又到三架，在東海，大伊山各處續投多彈，共炸燬民房數百間，平民死傷百數十人。

▲中央社南昌十七日電：十七日下午二時許，有敵機九架侵入都昌縣境窺察，三時又有敵機三架侵入浮梁縣境盤旋窺察，良久始去。

——摘自《云南日报》（昆明），1938年9月19日

普陀登陸敵

焚毀我房屋

（中央社金華十八日電）十五日上午十時敵艦二艘，載由大砲掩護小汽艇十餘，載敵二百在普陀強行登陸，後將我警所房屋全部焚燬，當晚仍登艦逸去。

——摘自《新华日报》（汉口），1938年9月19日

敵機慘炸梧州

（中央社梧州十七日電）十七日敵機九架襲梧。在市區大東路、竹安路一帶投彈數十枚。當卽起火焚燒，損失慘重，死傷亦多。

——摘自《新华日报》（汉口），1938年9月19日

霞浦海面敵寇

搶刼居民糧食

（中央社蘇州十七日下午六時半電）閩東霞浦縣屬下游大金海面，前昨兩日，均發現敵艦蹤跡。除用汽艇截刼過往船隻外，並糾結海盜，搶掠島嶼糧食。我禁止民船漁船行駛外海，以保安全。

——摘自《新华日报》（汉口），1938年9月19日

敵機連日在梧肆虐

西大三度被狂炸

投彈卅七枚損失甚重

【本報本市消息】昨十九日晨、敵機狂炸梧州、暑情已誌昨晚本報晚刊、是日下午、此間續接梧州電告、「九一八」敵機狂炸、無辜炸斃平民、血跡未乾、死者尚未完全殮埋、無理性之敵機、八架又於昨（十九）晨飛梧狂炸、除仍在梧市中心區盤旋外、即轉飛對河投彈肆虐、命中廣西最高學府之廣西大學、計共投下十二彈、該校被炸、此爲第三次、一切均已被焚燬震塌、故此次被炸、無甚損失、

【中央社梧州十九日電】今晨七時五十分敵機八架由江面向西飛、本市防空部據報、即先後發出空襲緊急警報、八時一刻侵入市空、我高射槍砲密集射擊、敵機旋在廣西大學及附近投重量炸彈及燒夷彈卅七枚、傳達室水塔及第九宿舍辦公廳均被毀、損失甚重、死傷平民八人、于九時廿五分解除警報、

——摘自《中山日报》（广州），1938 年 9 月 20 日

日機卅九架

狂炸粵桂

（廣州十九日電）廣州今日上午發出空襲警報兩次，日機共卅九架，分批飛襲粵漢廣九兩路及梧州。上午七時許，首次日機八架，到桂省梧州，在廣西大學附近投彈卅餘枚，校舍全毀。三批先後飛經本市上空直撲粵漢路，在邑江口至源潭間，投彈共五十餘枚，又在廣九路南崗附近。投彈數枚後，十一時半始出海。

——摘自《晶报》（上海），1938 年 9 月 20 日

日機襲粵桂
廣西大學全毀
粵漢路亦投彈五十餘枚

▲廣州十九日電　廣州今日上午發出空襲警報兩次、日機共三十九架、分批飛襲粵漢廣九兩路及梧州、上午七時許、首次日機八架到桂省、在廣西大學附近投彈三十餘枚、校舍全燬、隨即南逸、二次上午八時、日機三十一架、分三批先後飛經本市上空、直撲粵漢路、在琶江口至源潭間、投彈共五十餘枚、又在廣九路南崗附近投彈數枚、至十一時半始出海、

——摘自《新闻报》（上海），1938 年 9 月 20 日

十六日梧州之大轟炸

▲梧州十六日電　日機九架十六日侵入本市上空、本市當即發出警報、該日機似爲迷途、在本市南區內盤旋達二小時、十一時一刻向東飛去、即解除警報、十一時三刻據報該批日機折回、移時侵入市空、旋在本市竟安路大東路一帶投炸彈燒夷彈四十餘枚、當即起火焚燒、日機投彈後、二時三十五分解除警報、商務印書館及附近商店平民住宅區落彈二十餘枚當即起火、焚燬房屋三百餘間、死傷平民甚多、美籍之思達醫院中座高樓及西部各中一彈、炸毀最高一層、彈片所及、傷數十人、基正中學落彈數枚、大部被毀、死傷學生數十名、是日共中彈六十餘枚、死傷學生平民三百餘、房屋六百餘間、無家可歸者三千餘人、

——摘自《新闻报》(上海)，1938 年 9 月 20 日

敵機炸梧州及其他城市

十八日聯合社廣州電。據此間美總領事館接到消息。星期六日敵機九架狂炸廣西梧州。美國浸信醫院落九彈。幸院內各人均無恙。損失約五萬元。該院係由美籍畢度及和拉斯醫生主持。醫院屋頂塗有美國國旗。極易辨別。

中央通訊社報告。敵機二十一架狂炸梧及其他各城市云

——摘自《三民晨报》，1938 年 9 月 20 日

敵機屢次狂襲下

梧州遭慘劫

死傷三百人毀屋六百間

廣西大學校舍全部被毀

犯◇粵 （中央十九日廣州電）廣州十九日上午發出空襲警報兩次、敵機共三十九架、分批飛襲粵漢廣九兩路及梧州、首次敵機八架到桂省梧州、在廣西大學附近投彈三十餘枚、校舍全毀、敵隨南遁、二次上午八時敵機三十一架、分三批先後飛經本市上空、直撲粵漢路、在琶江口至源潭間投彈共五十餘枚、又在廣九路南崗附近投彈數枚、至十一時半始出飛海。

襲◇桂 （中央十八日梧州電）十八日晨九時三十七分、敵機廿架、分兩批由粵北海起飛、經梧襲柳州、梧市當即發出空襲警報、計第一批九架、第二批十一架、於十時五十二分先後到達柳市上空、在對河南岸一帶投彈數十枚、旋飛向桂林一帶盤旋窺伺、十二時廿五分飛經蒼梧縣屬邊境、向東南飛去、十二時四分梧市始解除警報、（中央十七日梧州電）十七日上午九時三刻、敵機九架侵入本市上空、在雲區內盤旋達二小時、十一時一刻向東飛去、十一時三刻、據報該批敵機折回、移時侵入市空、旋在本市竺安路大東路一帶投炸彈燒夷彈四十餘枚、當即起火焚燒、敵機投彈後、向東南方遁去、事後調查、損失最重爲商務印書館一帶、計商務印書館及附近商店平民住宅區落彈二十餘枚、當即起火、毀民房三百餘間、死傷平民百餘人、次爲大東路美國浸信會宏道女中附近、中彈多枚、震坍民房二百餘間、死傷平民百餘人、美籍之綈達醫院中座高樓及西部各中一彈、炸燬最高一層、彈片所及、傷數十人、又基正中學落彈數枚、大部被毀、死傷學生數十名、總計是日中彈廿餘枚、死傷學生平民三百餘、毀屋房六百餘間、無家可歸者三千餘人、

——摘自《东南日报》（金华），1938年9月20日

敵寇暴行

梧州遭空襲慘狀

民衆死傷數百三千人落難

（中央社梧州十七日電）十七日敵機慘炸梧州已誌昨日本報，茲誌調查結果如下：商務印書館及附近商店平民住宅區落彈廿餘枚，毀民房三百餘間，死傷平民百餘人。大東路美國浸信會宏道女中附近中彈多枚，毀塌民房二百餘間，死傷平民百餘人。美籍之偉達醫院中座高樓及西部各中一彈，炸毀最高一層，彈片所及傷數十人。又培正中學落彈數枚，大部被毀，死傷學生數十名。總計死傷學生平民三百餘人，無家可歸者三千餘人。

——摘自《新华日报》（汉口），1938 年 9 月 20 日

敵機昨襲柳州

對河南岸一帶落數十彈

（中央社梧州十八日電）今晨七時卅七分，敵機廿架，分兩批由粵北海起飛，經梧襲柳州，梧市當即發出空襲警報。計第一批九架，第二批十一架，於十時二十五分先後到達柳市上空，在對河南岸一帶投彈數十枚。旋飛向桂林一帶盤旋窺伺。十二時廿五分，經蒼梧縣屬邊境向東南飛去。十二時四十二分梧市始解除警報。

——摘自《新华日报》（汉口），1938 年 9 月 20 日

敵機炸梧美醫院

美領抗議

【中央社香港廿日電】梧州美國思達醫院十七日遭日機轟炸後、駐港美領薩福德即於十八日向駐港日總領中村提出抗議、內容係指出日機轟炸思達醫院之事實、促請日本政府注意、并要求保證以後不致再有同樣事件發生、中村當將抗議電達東京云、

——摘自《中山日报》（广州），1938年9月21日

敵機六架

雨中侵襲信陽

傷亡廿餘人毀屋百間

南甯亦被襲傷亡慘重

敵機兩架被我擊落

▲中央社信陽二十日電：二十日十一時許，敵機六架，於小雨中空襲信陽，飛抵市空時，因避我高射砲射擊、乃分散隊形，在車站城內，及東北兩關外，投彈數十枚，內有多彈未炸，計死傷平民二十餘，毀房百餘間，敵機投彈後，卽向東逸去。

▲中央社廣州二十日電：今七時半，廣州發生空襲警報，敵機一架，由中山飛廣九路南崗窺伺，有頃，旋飛去、又「九日敵機襲桂南甯，被我軍擊中兩架，一落粵欽縣屬，敵機師兩名被捕，被搜獲機槍三挺，該機損壞甚微，一架墜桂省永渟縣屬，待查。

信陽車站被炸之一瞥

▲中央社廣州二十日路透電：據華方訊，日機今日空襲南甯時，擲彈共五十枚之多，平民死傷極重云。

▲中央社廣州二十日合衆電：此間美國總領事館，因日機於日前空襲梧州時，毀美僑醫院一所，特向日本駐香港領事館，提出强硬抗議，並已具呈報告國務院矣。

▲中央社廣州二十日路透電：華方訊：今晨有敵機二架，在粵桂邊境，被高射砲擊落一，降落於南甯東南之良慶，機上二人被俘，并獲得機槍三架，機身損失，亦不重云。

——摘自《云南日报》（昆明），1938 年 9 月 21 日

敵機猛犯信陽
邕擊落兩架
美抗議寇炸梧美僑醫院

（中央二十日信陽電）二十日上午十一時、敵機六架、於小雨中空襲信陽、飛抵市空時、因避我高射砲射擊、乃分散隊形、在車站城內及東北兩關外投彈數十枚、內有多彈未炸、計死傷平民廿餘、毀房百餘間、敵機投彈後、即向東逸去、

（中央二十日廣州電）廿日上午七時半、敵機一架、由中山飛廣九路南崗窺伺有頃、旋飛去、又十九日敵機襲桂南甯、被我軍擊中兩架、一落粵欽縣屬、敵機師兩名被捕、搜獲機槍三架、該機損壞甚微、一架墜桂省永淳縣屬、待查、

（路透二十日廣州電）據華方訊、日機今日空襲南甯時、擲彈共五十枚之多、平民死傷極重云、

（合衆二十日廣州電）此間美國總領事館、因日機於日前空襲梧州、毀美僑醫院一所、特向日本駐香港總領事館提出强硬抗議、并已具呈報告國務院矣、

——摘自《东南日报》（金华），1938 年 9 月 21 日

日機轟炸
梧州美醫院
日外務省已請
海軍司令解釋

▲美聯社香港二十一日電 日本外務省、今日通知駐香港日本領事、命其轉致美國領事館、關於日機轟炸梧州美國醫院一事、謂已請日本海軍司令解釋一切云、

——摘自《新闻报》（上海），1938 年 9 月 22 日

犯贛北敵死傷奇重
敵在九江肆意殘殺奸淫

中央社南昌二十一日電 ㊀此次敵人侵犯贛北、損失奇重、計斃敵大中隊長中少尉官佐百餘員、士兵萬人以上、戰況慘烈、我方官兵亦有傷亡、死者即掩埋、傷者均送南昌診治、㊁敵佔九江後、强拉老年男女、修復蓮花洞至沙河公路、動作遲緩者立鞭至死、沿途屍體横陳、慘不忍覩、又敵逐家搜索五金器物東運、以充軍需材料、㊂敵據九江後、肆意殘殺奸淫、並將大批年輕婦女幼童祕密東運、拒者立死、致屍體滿城、臭氣薰蒸、商店無一開市、不啻人間地獄、㊃贛北前線連日戰事最烈、但我士氣極盛、九日夜西孤山一役、我某師陳團三連連長向誠信帶傷力戰、十日又中敵毒氣、仍堅守不退、卒保原陣地、共總司令已立擢爲少校、

——摘自《时事新报》（重庆），1938 年 9 月 22 日

慘炸留痕

敵人對我平漢線之信陽、不斷狂施轟炸

(上圖)為車站被炸之後一片瓦礫、

(下圖)為城內一角被炸之後瀰天烟焰、

——摘自《中山日报》（广州），1938 年 9 月 23 日

敵機昨晨襲桂

在南甯武鳴投彈頗有損失

中央社廣州廿二日電：今日上午七時許，敵機兩架由粵北海方面飛入欽縣投六彈，民房被燬，縣民受傷亦衆，又八時半，敵機二十三架由粵北海襲桂，在南甯西鄉塘附近投二十餘彈，毀民房數棟，死傷鄉民數十人，並在武鳴縣城投彈八枚，毀民房五間，傷斃縣民十餘人，至十一時五十分，敵機始飛出桂境，下午三時許敵機九架由中山飛襲粵漢路，在潖江附近一帶投三十餘彈，無大損失。

——摘自《云南日报》（昆明），1938 年 9 月 23 日

梧州被炸慘象

文化慈善機關未能倖免

市民及學生受傷數尤夥

爲梧州第一次空前大刼

▲中央社廣州二十三日電：記者因敵機于十七日，轟炸梧州，殘暴情形，引起中外注目，特于前日赴梧視察，時逾四日，而被炸慘狀猶歷歷在目，據記者目睹及調查所得，則是日敵機投彈目標集中于文化與慈善機關，投下炸彈及燃燒彈共約八十餘枚，美人所辦思達醫院內落彈三枚，被燬房屋十餘間，歐人及臨時避難者受傷十六人，培正中學內落彈十枚，女生宿舍操場教室等全部被燒，炸斃男生十名，女生一名，受傷學生十餘名，梧州中學內落彈十一枚，全校幾全燬，炸斃學生六名，受傷十名，冰井冲落彈八枚，東學廨基，體育街，學德街，高地街，容安街，驛前碼頭，長洲尾等處，落彈二三枚不等，炸斃市民四十八人，重傷約一百八十人，被燒房屋三百餘棟，震塌房屋一百六十餘棟，災區難民約三千餘人，是日因敵機所投燃燒彈甚多，而梧州房屋，又多屬竹木建築，且時不湊巧，風勢甚猛，致燃燒甚速，一時無法撲滅，延至下午六時火勢始熄，商務印書館全部被燒，損失達三十餘萬元，梧市當局，正設法辦理救濟，此爲抗戰以來，梧州第一次所遭受之大刼。

——摘自《云南日报》（昆明），1938 年 9 月 24 日

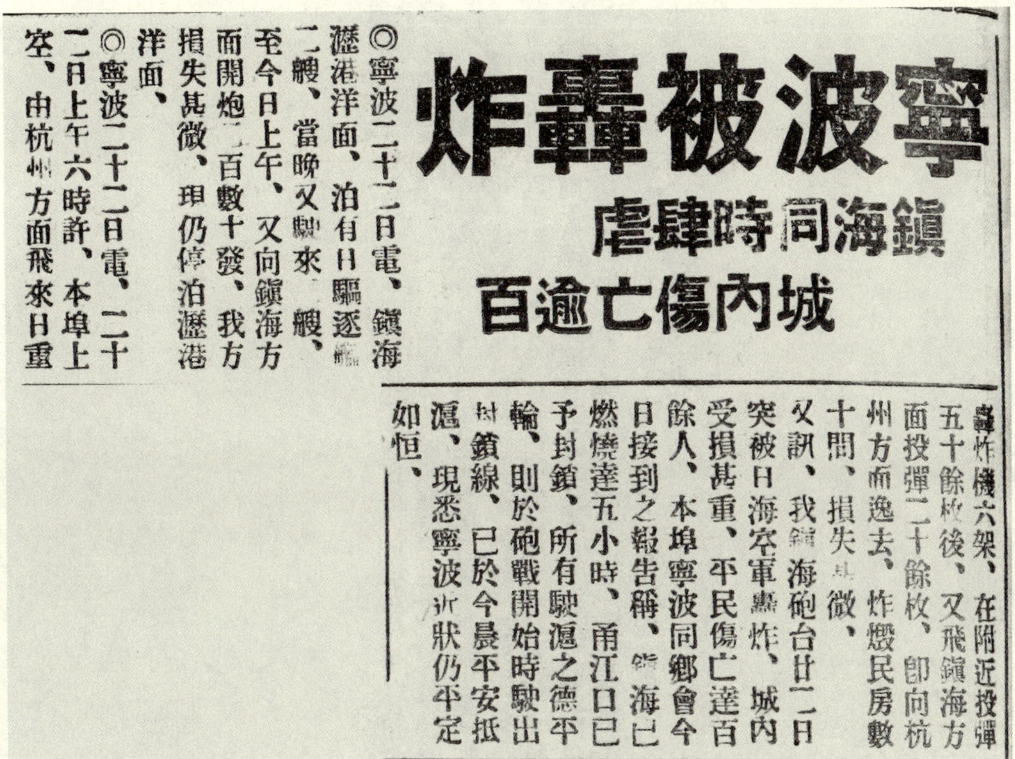

寧波被轟炸

鎮海同時肆虐

城內傷亡逾百

◎寧波二十二日電、鑛海澁港洋面、泊有日驅逐艦二艘、當晚又駛來一艘、至今日上午、又向鎮海方面開炮二百數十發、我方損失甚微、現仍停泊澁港洋面、

◎寧波二十二日電、二十二日上午六時許、本埠上空、由杭州方面飛來日重轟炸機六架、在附近投彈五十餘枚後、又飛鎮海方面投彈二十餘枚、即向杭州方面逸去、炸燬民房數十間、損失甚微、又訊、我鎮海砲台廿二日突被日海空軍轟炸、城內受損甚重、平民傷亡達百餘人、本埠寧波同鄉會今日接到之報告稱、鎮海已燃燒達五小時、甬江口已予封鎖、所有駛滬之德平輪、則於砲戰開始時駛出封鎖線、已於今晨平安抵滬、現悉寧波近狀仍平定如恒、

——摘自《时报》（上海），1938 年 9 月 24 日

信陽連遭轟炸
居民大部遷離

信陽二十三日路透社特訪員電、日軍繼續向平漢鐵路猛攻、此間今已清晰聞前線之炮聲、信陽居民逃避者、佔全體四分之三、留居之萬人、因日飛機頻頻襲擊、亦於黎明離城、垂暮歸來、日機最近一次之襲擊、擲彈十二枚、所損甚微、昨日余查視天主敎堂、見天井中落下炸彈五枚、毀學校與醫院各一所、幸敎堂未被殃及、死難民五人、該敎會雖懸有卍旗八面、而仍於本月十二日被炸、余所寓之路德敎會、則安然無恙、此間外國敎士、現皆平安、惟因信陽東潢州及距潢川西南十二哩之光山兩處敎會已一星期無消息傳來、頗爲憂慮、潢川路德敎會有美人三、天主敎會有德修道姑四、中國內地敎會有加拿大人紐絲綸人美人各一、光山路德敎會有美人夫婦二、距信陽東二十哩之羅山、現僅寓有天主敎神甫一人、星期日有一美敎士自羅山抵此、據稱該處居民出亡者、佔全數百分之九十五、

——摘自《时报》（上海），1938 年 9 月 24 日

敵軍鐵蹄下的太原

西安通訊　太原自從去年淪陷以後，便成了敵人「皇道」統治下的人間地獄，最近記者獲得某軍一個報告，是在太原祕密工作的珍貴報告，茲特誌之於下，

像在「皇軍」所到的每一個地方一樣，「皇軍」在這里也同樣給婦女以最悲慘的命運，本來緊跟在敵軍後邊的有被敵軍強迫來華「勞軍」的月妓與日本婦女育撫隊，但萬惡的獸軍、並不以此爲滿足，因而最倒霉的還是中國婦女同胞，在敵軍兵營附近的居民住宅，深夜常有敵軍的足跡，

無恥的漢奸，到處獻媚着敵人，僞省長蘇體仁、僞市長白文惠、僞陽曲縣長應伯章、僞警察廳長張子[illegible]……都先後的「就職」、但是在我們英勇的弟兄們的包圍中，和不斷的襲擊下，漢奸政權完全沒有打下根基，敵人僞令始終只能實行於十里以內，

敵人奪取了太原，便希望用各種方法來恢復太原過去的繁榮，企圖在殺人放火屠殺國人等手段外，并用日貨的傾銷來莊榨，剝削在慘痛命運中的中國同胞，他們首先便廣泛設立了荒淫的日本妓館，肉麻的日本戲院，麻醉的電影院，運來了海洛英，嗎啡、紅丸和大烟、並派來大批日商携帶大批日貨，此外，他們更派車運來大批的石子，督促市民修復他們自已毀壞的房屋與馬路。但是，太原總是呈現着怕人的荒涼的悽慘的氣象，商店的門戶大都是關閉着，（只有多數奸商活躍街市）街頭只見敵寇的戰車在飛馳，很少看見我們同胞在街上行走，特別是在最近，因爲敵人連日到處抓夫，連在街市上擺設小攤的小販，也都藏在家裏或都溜之大吉、

『奴化教育』，『麻醉宣傳』、也是在「加緊」的情況之下進行着，敵人進行「新民會」的成立、並接着辦了一所「新民小學」、「新民工廠」，出版『新民日報』，新民報的主辦人是有名的無恥人呂徵夷、他在敵人津貼下渡着寬裕的生活，成天在報紙上攻擊我們的政府，領袖，傳播着「大日本帝國」的「皇道」、街頭貼滿了『新民小學』、「日語學校」的招生廣告，但是有一個使日本鬼子們頗不痛快的事實，就是報沒有人看，學校沒有人進，敵僞雖用種種方法强迫，始終未能收效

因爲南方戰爭的緊張，日本强盜的軍隊不敷分配，敵人被逼迫着遣調各線軍隊到南方去增援，山西便只剩下少數的敵人，目前太原的敵人有五千多、其中大多數是婦女宣撫隊、實際上敵軍只有二千多，因而他們非常恐慌，除新南門外、所有城門全部封閉，太原敵人的坦克車也只有兩三輛，另有十餘架敵機與百餘輛汽車，在正太車站裝設了五六尊重砲、提防我們軍隊的襲擊，敵兵多居住在精營街與壩林橋，軍火庫在精營中街，以前的兵工廠已有一部份開始修理復工、但在我軍威脅下，很難出產什麼彈械，工人的生活也極苦痛、且都是被日軍强迫派來的、

在太原的城外和周圍，都住有我們的游擊隊，他們時常打擊與擾亂敵人，特別是在最近，我們的駐軍，離太原只有十九里路，在太原每天都可以聽到步槍的聲音，這便常常表現了敵人的倉皇，削減了「皇軍」的威嚴，我們軍隊還時常去欺騙敵人，最近有我×路軍一部，向僞公安局長吳小儂接洽「投誠」，他便從日人那里交涉來大批的服裝，彈藥，但當我×路軍領到這些東西時，吳奸及偕來的日寇便被他們自己送去的彈械擊斃在中途汽車上

在敵人開啓的城門外，只有兩個衛兵，對行人的檢查比較疏忽，而且市內敵軍也只顧「淫慾」和享樂，所以便帮助了我們游擊隊的活動，我們可以看見，太原仍然是我們的，那里有着千百個酷愛祖國的同胞、流着思念祖國的眼淚，激燃起憤怨的烈火，還有着千百個優秀的中華兒女，偉大的黃帝的子孫在艱苦的鬥爭着，

（穆欣——九月十日寄）

——摘自《时事新报》（重庆），1938 年 9 月 24 日

敵寇暴行

狂炸梧州

·投彈集中文化機關·

（中央社廣州廿三日電）記者因敵機於十七日轟炸梧州，殘暴情形，引起中外注目，特於前日赴梧視察。是日敵機投彈目標，集中於文化與慈善機關。投下炸彈及燃燒彈共約八十餘枚。美人所辦思達醫院內，落彈三枚，被燬房屋十餘間，病人及臨時避難者受傷十六人。培心中學落彈十一枚，全校幾全燬。各地炸斃市民四十八人，重傷約一百八十人，被燬房屋三百餘棟，震塌房屋一百六十餘棟。商務印書館全被燒，損失達三十餘萬元。

——摘自《新华日报》（汉口），1938 年 9 月 24 日

敵機轟炸信陽

德教堂被炸毀

（中央社信陽廿三日路透電）九月十二日此間之[illegible]天主教堂亦被炸，中彈數枚，該教會懸掛德國旗，共八[illegible]，惟[illegible]內[illegible]中彈五枚。院內之學校及醫院均毀，德教堂無損，鄉民死者五人，此間外籍教士均安。

——摘自《新华日报》（汉口），
1938 年 9 月 24 日

羅山方面血戰未已
敵受重創又施毒氣

【本報漢口廿四日專電】羅山方面、我敵仍在附近血戰中、

【本報漢口廿四日晚專電】羅山今日陷入混戰、敵受創之餘又施用毒瓦斯作戰、我將士壯烈犧牲者甚多、我信陽機械化部隊已加入前線、士氣大振、

【本報漢口廿四日專電】田家鎮廿三日晚電話、田家鎮外線我敵血戰五六晝夜之結果、我要塞安然無恙、敵之稻野旅團經我李部連日之痛擊，疲敵不堪，已無進攻能力、故據沙子腦鴨掌廟香山之線、死守待援、我則守沙子腦鴨掌廟、香山南端之線、自廿二日起戰況沉寂、迄廿三日夜雙方仍相持、無大戰、僅有局部接觸、敵機卅餘架、廿三日午後在我黃泥湖馬口湖間及潘家山松山口狂炸半日、投彈五六百枚、鐵石墩四望山之敵、日前已撤去、我援軍蕭部進駐該地、廿二日晚敵五六百在大炮飛機掩護下反攻四望山、廿三晨該山又陷敵手、我仍反攻中、我何部一師已到松山口附近向敵攻擊中、

【本報漢口廿四日晚專電】沙窩之敵、被我堵擊、未得寸進、羅山附近我軍向敵猛攻、日來戰事激烈、敵被我殲滅甚衆、

【本報漢口廿四日晚專電】田家鎮以東敵圖進犯、迭遭我軍迎頭痛擊、敵因損失甚重、似又圖頑守據點待援、沙子腦鴨掌廟高地附近一帶之我軍、決計將敵整個擊潰、正繼續向敵猛烈反攻、昨晚戰事頗烈、我已獲相當進展、

【中央社田家鎮廿三日下午五時電】田家鎮方面之敵約三千、于昨日拂曉向我烏龜山沙子腦鴨掌店以南之線傾全力猛攻、迄中午尤烈、我改守中灣鷄脚墩孟家灣等陣地、又武穴之敵約二千、昨兩次攻我陣地未逞、昨日敵艦廿餘艘由武穴上駛、被我擊沉一艘、傷三艘、敵艦紛紛下駛、

【中央社宋埠廿三日電】今日田家鎮正面無戰事、北面我除在松山口一帶劇烈爭奪、敵以猛烈砲火向南攻犯、我以密集砲火向北衝擊、迄晚雙方仍鏖戰中、廣濟東西敵僅以稀疏砲聲與三五步騎對我作擾亂、

【中央社浠水廿三日電】廣濟方面敵軍、自我軍於廿一日午將其增援主力部隊擊破後、敵狼狽潰退、乃襲擊縣城西門高地頑抗、嗣經我軍繼續奮力圍擊、步步擴大戰果、卒使該方面敵軍死傷十之八九、我並獲大砲數門、重機槍十餘挺、輕機槍卅餘挺、步槍二百餘枝、及文件催淚瓦斯彈甚多、現該高地經猛攻結果已被我佔領、大部殘敵不難盡殲、

【本報漢口廿四日晚專電】廿三日晨六時至十時、敵以劇烈砲火轟擊大壽山、掩護步兵五六百人進犯、我軍沉着以輕重機槍密集射擊、敵死傷極重、迄未得逞、

【中央社宋埠廿三日電】沙窩正面我軍今日以全力向敵出擊、除將敵陣地形衝破外、並斃敵五百餘人、敵主力現仍在沙窩、右翼我軍於某某方面向其迂迴、潢川南犯之敵、今仍與我在光山一帶激戰、敵在該處連攻五日、均不得逞、鋒銳全挫、

【中央社隘口街廿二日電】今晨六時至十時、敵以砲火轟擊火壽山、掩護步兵五六百人進攻、我軍沈着抗禦、以輕重機槍嚴密火線、敵兵傷亡極重、迄未得逞、

【中央社南昌二十四日電】第三戰區息、（一）日寇謀竄我隘口、旬日來曾以極大犧牲不斷猛犯、但毫無所得、反被我節節擊潰、敵現無實力再犯、惟尚圖掙扎、二十日晚至廿二日午十時、聞仍有一部寇軍向我星子屬金輪峰前小高地猛攻、敵死傷數百、我小有傷亡、金輪峰西南陣地仍在我手、（二）二十日夜、我某師襲擊隊向德安屬馬迴嶺附近魚鱗山觀花園張家山一帶殲敵、擊潰敵一中隊、斃百餘人、攻克該地、繳獲輕機槍六挺、步槍數十枝、又某師襲擊隊廿夜向德安屬馬迴嶺西楊下壟之敵襲擊、攻克該地、獲步槍十餘枝、輕機槍一及防毒面具多件、

——摘自《中山日报》（广州），1938 年 9 月 25 日

敵機襲武漢

在近郊土地堂等處投彈

▲中央社漢口二十四日電：二十四日下午二時許，據報敵機四十餘架分數批由鄂東南兩方向武漢飛行，防空部當卽適時發佈空襲緊急警報，防空部隊嚴防以待，旋鄂東敵機數批，盤旋於黃麻一帶，在宋埠投彈多枚，幷武漢近郊土地堂附近投彈後，卽分途遁去。

▲中央社漢口二十四日電：二十四日下午二時三十分，敵機四十五架由贛境向武漢進犯，我防空部當發佈空襲警報，嚴加戒備，未幾，敵機到達鄂境後，卽分爲三批，一批二十一架，在鄂城黃岡，浠水一帶投彈，一批九架，在宋埠投彈，一批十五架，在紙坊，殷祖土地堂等地，沿粵漢路一帶分別投彈多枚後，卽先後循原路逸去，至三時四十五分，解除警報。

▲中央社青陽二十四日電：二十四日敵機九架，第五次轟炸青陽，投彈二十餘枚，震毀民房數十棟，餘無損失，現青陽已成一片焦土。

▲中央社金華二十四日電：今晨七時，敵機五架竄入臨海投彈十二枚。

——摘自《云南日报》（昆明），1938年9月25日

廣東安南邊

日機轟炸

廣州二十四日路透電、日機二十三架昨襲安南邊界附近之豐新鎮、（譯音）死傷七十至百人之間、附近各村皆遭以機關鎗射擊、日軍並圖在距邊界二十八哩之大森（譯音）登岸、為華軍擊退、

——摘自《时报》（上海），1938年9月25日

鐵蹄下的浦東

日軍殺害平民

——刺死旅客五名 民船主被斬首——

南周交通完全斷絕

浦東半島形之區域、表面上為淪陷地之一部份、但日軍能力所保有者、仍為浦東大道以西沿浦邊狹[illegible]地帶、及上南鐵路線與不完全之上川鐵路線、捨此以外、居為華軍游擊隊所控制、日軍防彼等侵入其警備區域起見、目前對於來自浦東內地之民船、搜查益形嚴厲、最近有行駛南匯縣與周浦間之裝機民船一艘、載客赴周、及抵沈莊附近、適有日兵數名上船搜查、詎有乘客五名、被指為游擊隊、拖至岸上、用刺刀戳死、船主一名、則被斬首、該船並被推沉河中、故南周交通業已完全斷絕云、

——摘自《华美晨报》，1938年9月25日

日機又炸青陽

青陽已成一片焦土

▲青陽二十四日電 二十四日、日機九架、第五次轟炸青陽、投彈二十餘枚、震毀民房數十棟、餘無損失、現青陽已成一片焦土、

——摘自《新闻报》（上海），1938年9月25日

敵機猛襲浙沿海

海門黃巖臨海死傷慘重

新登桐廬兩地亦遭轟擊

（本縣消息）廿四日敵機在浙境海門臨海黃岩新登桐廬逞暴、瘋狂轟炸、投彈目標多在城區、而落彈地點大都在平民區域及教育慈善機關、各地共計投彈七十四枚、毀屋約二百間、死傷平民約二百人、按海門臨海黃岩均係初次被炸、金華發警報三次、未見敵機來擾、

◇海門◇（國民廿四日海門電）廿四日清晨六時四十五分、敵機五架、自西北飛至海門、在上空盤旋一週、即向鎮內外投彈十八枚、轟炸目標均係教育與慈善機關、計在中山路鎮公所投彈一枚、民教館一枚、育山小學一枚、大明巷一枚、鼓樓下一枚、中山中學一枚、南山外河中一枚、中山路臨時醫院一枚、婦女醫院一枚、城隍坡二枚、沙灘上三枚、及附近田內一枚、西山米一枚、子才里一枚、火油公司後面一枚、共毀屋六十七間、死廿餘人、傷十八人、

◇黃巖◇（國民念四日黃岩電）廿四日晨六時五十五分、敵機五架、自東北飛至本縣上空盤旋數週、即在城區投彈轟炸、共落彈十八枚、死四十人、傷十一人、毀屋七十九間、計桂子下落一彈、死一人、毀屋八間、東禪巷投四彈、死三人、傷二人、毀屋十六間、牛場頭投一枚、死傷各一人、毀屋三間、方琉里投二枚、死八人、傷二人、毀屋四間、三丁街一枚、死二人、毀屋五間、周街死一人、市後巷落一枚、死一人、傷五人、毀屋七間、縣立小學落一枚死二人、毀屋三間、大同醫院一枚、死一人、傷一人、毀屋二間、橫街一枚、毀屋二間、欠銅街一枚、死七人、毀屋四間、三板橋一枚、死一人、毀屋二間、直下街一枚、死二人、毀屋六間、縣前一枚、死二人、傷二人、毀屋九間、趙家祠堂一枚、死一人、毀屋一間、十里鋪一枚、死七人、傷一人、毀屋七間、全城民衆但見扶死救傷、奔走叫號、慘厲之狀、筆難盡述、

◇臨海◇（國民廿四日臨海電）廿四日晨七時、敵機三架、自海門方面轟炸歸來、在臨海汽車站投彈四枚、南門裏三枚、高和山二枚、臨海醫院一枚、西湖弄一枚、中山紀念堂一枚、共毀房屋十餘間、死廿餘人、傷三十餘人、

◇桐廬◇（國民廿四日桐廬電）敵轟炸機一架、廿四日晨九時廿分由新登飛至桐廬、盤旋數週、即經富陽向東北逸去、十一時許、敵轟炸機三架、又自紹興經臨浦飛至本縣上空、在縣黨部附近投彈六枚、死二人、傷三人、毀屋五間、即向東北逸去、

◇新登◇（本報廿四日新登電）廿四日下午一時、敵機三架飛縣城上空盤旋偵探、繼以機槍向下掃射、最後在城內外投彈十九枚、死一人、傷數人、毀屋二十餘間、餘無損失、

——摘自《东南日报》（金华），1938年9月25日

江南造船所機件被敵擄刦載去

價値達五千九百餘萬

（中央廿三日香港電）滬訊、江南造船所機件鐵料約共五千九百餘萬、敵自侵據上海後、覬覦已久、惟以該廠外國顧問之反對、致無從下手擄刦、近以其國內軍械資源耗竭、廿二日竟不顧一切、派遣獸軍一大隊、闖入强將該項機件用民船百餘隻運至匯山碼頭、裝載運輸艦東寶丸開赴神戶、供給製造軍械之用、因敵閥此次侵華、對其國內旣竭澤而漁、已極顯山窮水盡之窘乏、在我國境內、則獸軍鐵蹄所至、遂極盡姦淫搶掠之能事、途窮日暮、崩潰之期、必在目前也、

——摘自《东南日报》（金华），1938 年 9 月 25 日

靑陽昨遭空襲已成一片焦土

（中央社靑陽廿四日電）廿四日敵機九架，第五次轟炸靑陽，投彈二十餘枚，震毁民房數十棟，餘無損失。現靑陽已成一片焦土。

——摘自《新华日报》（汉口），1938 年 9 月 25 日

閩江口外敵艦焚燬我民船

損失十萬以上

（中央社福州廿三日電）廿一日閩江口外敵艦五艘，在小埕馬祖澳兩處，又刧搶我大小民船約卅艘，並將船焚燬，損失十萬以上，船戶多被擄敵艦，生死不明。

——摘自《新华日报》（汉口），1938 年 9 月 25 日

鄂浙桂黔各地被炸

敵機投彈目標爲文化機關

【本報漢口廿五日晚專電】今日武漢發出三次警報、敵機六十七架分三次進襲武漢、第一次七時十五分敵機十五架來犯、僅在團風上空盤旋數十分鐘、即行遁去、第二次九時廿分、敵機廿四架分兩批、一批十八架、一批六架、先後均在大冶陽新附近上空盤旋、未幾即相率逸去、第三次下午一時廿分敵機廿六架、分兩批進犯、第一批十三架、在賀勝橋投彈多枚、毀民房數處、中彈起火、未幾第二批十五架亦至、在土地堍沿粵漢路投彈多枚、同時黃岡通山階邏信陽等處亦被敵機投彈轟炸、損失未詳、

【中央社宋埠廿四日電】宋埠城內外今日上下午連遭敵機四次猛烈掃射轟炸、上午自九時許起至十時半止、敵機兩架先後侵入宋埠上空三次、除反復盤旋偵察外、並以機槍向下掃射、城外十字路旁平民兩人因此犧牲、下午二時許敵機九架八架十架三批、于竄入宋埠上空後、即以北門外福音堂及城中縣立小學爲目標、猛炸四次、致東關全城中及北門外一帶、悉成一片焦土、共死傷平民三百餘人、

【中央社金華廿四日電】敵機五架今晨六時四十五分由杭州灣方面飛入海門、對我教育文化機關及醫院濫肆轟炸、計投彈共十一枚、民教館育立小學、中山中學、中山路減治醫院、婦孺醫院等均中彈、燬屋共六十七間、死廿七人、傷十八人、敵機投彈後、旋分入黃岩向寬市投彈廿枚、穎良小學大東醫院等均遭轟炸、共死四十人、傷十一人、毀屋七十九間、

【中央社金華廿四日電】敵機三架、今日十一時由杭州方面侵入桐廬、投彈六枚、毀屋五間、我無辜平民死二傷三、敵機投彈後、旋折經新登向城內投彈二枚、毀民房十餘間、

【本報本市消息】昨（廿五）日上午七時十分有敵機九架發現于中山海面向西北飛、廣州即發出第一次警報、旋敵機經崖門台山向西進襲、八時卅分到達羅定仍向西飛、廣州先行解除警報、同時柳州梧州各地發出警報、八時五十分該九敵機已到桂境、經武宣進襲柳州、九時卅分在柳州上空盤旋、我防空部隊當發砲猛烈轟擊、敵機亦開機關槍向下掃射、在柳州投彈廿餘枚、炸燬民房甚多、投彈後即向東南飛、至下午一時五十分、該九敵機經三水東飛、廣州再發出第一次警報、敵機飛過三水後、即經九江出海、二時十五分解除警報、

【中央社貴陽廿五日午十二時電】敵機九架、廿五日晨九時經桂襲黔、于十時過貴陽飛清地縣在郊外投彈十八枚、十時十分復飛貴陽、在南門外投彈三枚後向東逸去、損失情形在調查中、

——摘自《中山日报》（广州），1938年9月26日

日機三批飛襲
武漢交通綫
宋埠平民死傷多

【路透社二十五日漢口電】據華方消息、日機七十四架、今日曾三度空襲、力圖破壞漢口南北之華方交通綫、日方乘晴朗之氣候、重行大舉轟炸鐵路、以阻華軍後方軍隊與軍火之源源接濟、聞第一次空襲、係在晨間七時半、第二次爲九時半、第三次則在午後一時二十分、日機曾襲擊信陽附近之平漢路、並轟炸武昌以南何仙橋（譯音）之粵漢鐵路、

【漢口二十五日電】二十五日武漢發生三次警報、日機六十七架、分三次夾襲武漢、第一次七時十五分、日機十五架來犯、續在團風上空、盤旋數十分鐘、即行遁去、第二次九時廿分、日機廿四架、分兩批、一批十八架、一批六架、先後在大冶陽新附近上空、盤旋未去、即相率逸去、第三次下午一時廿分、日機廿八架、分兩批進犯、第一批十三架、在賀勝橋投彈多枚、該地民房數處、中彈起火、未幾第二批十五架亦至、在土地堂沿粵漢路投彈多枚、同時黄岡信陽等處、亦被日機投彈轟炸、損失詳情待續、

【信陽二十五日電】日機連日空襲信陽、二十五日晨八時、日機八架、復來轟炸、計在城內外及車站投彈三十枚、十時始解除警報、

【路透社漢口二十五日電】今晨此間發空襲警報兩次、日飛機曾在漢口四周擲彈轟炸、但未飛入本市、

【宋埠二十四日電】宋埠城內外、今日上下午、迭遭日機四次猛烈掃射轟炸、上午自九時許起至十時半止、日機兩架、先後侵入宋埠上空三次、除反復盤旋偵察外、並以機槍向下掃射、城外十字路旁平民兩人、因此犧牲、下午二時許、日機九架、八架十架三批、於竄入宋埠上空後、即以福音堂及城中縣立小學爲目標、猛炸四次、致東嶽一帶、悉成一片焦土、死傷平民三百餘人、

【廣州念五日電】今日七時、日機九架、由中山飛經江門、襲桂梧州柳州各地、至下午二時許逸去、

——摘自《华美晨报》，1938 年 9 月 26 日

日機轟炸海門
目標爲文化機關及醫院

▲金華廿四日電　日機五架今晨六時四十五分由杭州灣方面侵入海門、對教育文化機關及醫院濫肆轟炸、計投彈共廿一枚、民教館育山小學中山中學中山路臨時醫院婦孺醫院等均中彈、毀屋共六七十間、死二十七人、傷十八人、日機投彈後、旋竄入黃岩向鬧市投彈二十枚、顯立小學大東醫院等均遭轟炸、共死四十八人、傷十一人、毀屋七十九間、

——摘自《新闻报》（上海），1938 年 9 月 26 日

敵機六十七架
昨分批進襲武漢
宋埠信陽遭轟炸
黔桂浙亦被投彈

▲中央社漢口廿五日電　廿五日武漢發出三次警報、敵機六十七架、分三次進襲武漢、第一次七時十五分、敵機十五架來犯、僅在團風上空盤旋數十分鐘、即行遁去、第二次九時廿分、敵機廿四架、分兩批、一批六架、先後均在大治陽新附近上空盤旋、未幾卽相率逸去、第三次下午一時廿分、敵機廿八架、分兩批進犯、第一批十三架、在賀勝橋投彈多枚、該地民房數處中彈起火、未幾第二批十五架亦至土地堂、沿粵漢路投彈多枚、同時黃岡通山陽邏等處、亦被敵機投彈轟炸、損失詳待查。

▲中央社宋埠廿四日電　宋埠城內外、今日上午連遭敵機四次猛烈掃射、上午自九時許起至十時半止、敵機兩架、先後侵入宋埠上空三次、除反復盤旋偵察外、並以機槍掃射、城外十字路旁平民兩人因此犧牲、下午二時許、敵機九架、八架、十架、三批於竄入宋埠上空後、即以北門外福音堂及城中縣立小學爲目標、猛炸四次、致東關至城中及北門外一帶、悉成焦土、死傷平民三百餘人。

▲中央社信陽廿五日電　敵機連日飛襲信陽、廿五日晨八時、敵機六架復來轟炸、計在城內外及車站投彈三四十枚、十時始解除警報。

▲中央社貴陽廿五日電　今晨九時許、敵機九架、經桂襲黔、筑市卽發出警報、九時廿分敵機在貴定發現、旋在安順貴定之間、盤旋約一小時、在各縣荒郊濫投小炸彈數十枚、至十時廿分、敵機向東南方面遁去、卽解除警報、入晚、據各縣報告、均無損失。

▲中央社廣州二十五日電　今上午七時、敵機九架、由中山飛經江門襲梧州柳州各地、至下午二時許始逸去

▲中央社金華廿五日電　今晨八時五十分、敵機一架、侵入新登、投彈十三枚、毀民房三十餘間、死一人、傷四人、

——摘自《中央日报》（重庆），1938 年 9 月 26 日

敵寇暴行

宋埠遭四次狂炸

死傷三百人城中成焦土

武漢慰勞團盛成等受傷

（中央社宋埠廿四日電）宋埠城內外，今日上下午連遭敵機四次猛烈掃射轟炸。上午自九時許起至十時半止，敵機兩架先後侵入宋埠上空三次，除反復盤旋偵察外，並以機槍向下掃射。城外十字路旁平民兩人因此犧牲。下午二時許敵機九架、八架、十架三批於竄入宋埠上空後，即以北門外福音堂及城中縣立小學爲目標，猛炸四次。致東關至城中及北門外一帶悉成一片焦土。除平民死傷三百餘人外，並死傷抗日劇團第四、六兩隊隊員各一人，傷廣西戰地衛生視察團團員數人，武漢慰勞團團員盛成亦受輕傷。

——摘自《新华日报》（汉口），1938 年 9 月 26 日

敵機炸海門文化機關

（中央社金華廿四日電）敵機五架，今晨六時四十五分由杭州灣方面侵入海門，對我教育文化機關及醫院濫肆轟炸。計投彈共廿一枚，民教館、育山小學、山路臨時醫院、婦孺醫院等均中彈。毀屋共八十七間，死廿七人，傷十八人。敵機投彈後，旋竄入黃岩向關市投彈廿枚。私立小學、大東醫院等均遭轟炸。共死十八，傷十一人，毀民屋七十九間。

——摘自《新华日报》（汉口），1938 年 9 月 26 日

敵利誘兒童 刺探我軍情

（中央社興集廿五日電）頃據被捕放毒漢奸供稱，敵近積極利用漢奸，在晉東南地區收買大批十一至十四五歲之兒童，施以一個月偵察術及毒害破壞等訓練，並注射毒針，使藥等不畏苦楚後，分散各處，設法混入軍政機關及我後方各重要地區，刺探軍情，散佈毒菌病菌，並相機毒害我抗戰人員。

——摘自《新华日报》（汉口），1938 年 9 月 26 日

首都被炸視察記

敵軍野蠻行爲暴露無遺

市民同仇心理愈爲堅强

中央社。南京二十六電。敵機九十六架。於昨上午。分五次來京。轟炸我文化衛生慈善等機關。多被摧殘。商店及平民住宅。被炸燬者。亦不少。致平民百餘人。因日軍之殘暴行爲。而慘遭犧牲。二十六日各

被炸機關

均以最敏捷之方法。從事整理佈置。恢復工作。清潔總隊。及紅十字會。今日仍在各被炸地點。從事收拾殘物餘屍。計在中山東路。檢獲屍體七具。三條巷三具。大世界一具。胡家巷一具。百子亭一具。

此種屍體

多已斷肢殘臂。焦頭爛額。慘不忍睹。敵軍慘無人道之野蠻行爲。於此暴露無遺。記者今日前赴各被炸地點視察。親睹中央醫院後面。所落炸彈一枚。被燬地面。廣及十三四公尺。深及六七公尺。可知其所擲炸彈。必爲

五百公斤以上者。

敵軍深知該醫院。建築堅固。故施用此種巨量炸彈以破壞我最重要公益機關。又在中央大學文學院附近。投下一彈亦爲五百公斤以上。敵軍蓄意破壞我

最高學府

昭然若揭。據記者調查。昨日被炸者尚有劉公祠針巷。中山碼頭。美新煤炭廠。三汊河致和街。觀音寺。頸條巷。二條巷。胭脂巷。牟猪巷。大沙帽巷。和平街。租合里。峨嵋路等多處。幸

多數居民。

均躲入避難室內。未及於難。至被炸身死者。均屬平民。京市昨日雖遭受嚴重之空襲。一般市民。仍能力持鎮靜。沉着應付。今日雖値星期日。各機關團體。仍

照常工作。

敵機此種不顧人道及國際公法之野蠻行動。雖予本市以若干之破壞。然百萬市民。同仇敵愾之心。因此愈爲堅强不撓矣。

——摘自《湖南国民日报》，1938 年 9 月 27 日

敵機昨狂襲交通線
省河船隻慘被炸沉
死傷工人榜人數十名

【本報專訪】昨（廿六）晨敵機分批襲桂省、而本省東莞、白雲山、河南二涌口、虎門、廣九路、粵漢路等處落彈多枚、情形如次、

過粵襲桂

廿六日凌晨六時二十分、省防空指揮部據哨報、中山洋面、發現敵機十四架向崖門北飛、本市發出第一次警報、五十四分經台山北飛轉恩平、繞經廣甯懷集入桂邊直向柳州進襲、

次犯市郊

七時卅七分、第二批敵機二架、由南望起飛、四十分續有第三批敵機八架、由中山起飛、五十四分二批敵機兩架抵虎門、本市續發緊急警報、同時續有第四批敵機三架續飛抵虎門、斯時共敵機十三架由虎門直趨黃埔、盤旋有頃、即分兩隊、一隊五架向西飛、一隊向東飛、其餘三架、疾向廣州進撲、至石牌上空盤旋十餘分鐘、即從高空胡亂向天河機場投彈十餘枚、並開機槍向下掃射、斯時炸彈爆發聲、震撼全市、在該機場祇被毀竹欄一部份、餘無損失、亦無傷人、至八時十八分在黃埔分隊之敵機六架、續向東浦經石牌轉東郊、沙河、向白雲山進襲、時我高射炮隊立瞄準發炮射擊、敵機畏我炮火狂烈、不敢低飛、倉皇投彈二十餘枚、均落山野、投彈後即掉頭南飛、經魚珠出海、又查敵機在白雲山投彈時、有一架因避我砲火、竄飛至三元里附近、倉皇投彈數枚、有兩枚命中中德學校操場、微傷校役數人、餘無損失、敵蓄意炸我文化機關、可以概見、查該校被炸、此為第二次、

炸寶太路

至八時四十二分、虎門外敵艦又有敵機二架起航、飛往東莞、未幾又有敵機四架趕至、外台共六架、先經石龍盤旋一匝、旋向東莞城進襲、在縣車站上空投彈數枚、死傷鄉人三名、車站被毀場一部、投彈後掉頭轉飛廣九路、在塘頭廈樟木頭共投彈十六枚、

【又訊】廿六晨虎門長途電話、珠江口外寶安至孖洲間、尚泊敵艦二艘、是晨九時許、該兩敵艦突駛到寶安縣大南山海面、起航水機兩架、遙飛寶太公路投彈三枚、無損失、又東莞長途電話、今晨九時許、敵機兩架飛至東莞縣城盤旋一匝、繼在車站低飛投彈四枚、死傷三人、餘無損失云、

轟廣九路

又敵機三架、于七時五十五分在虎門上空出現、飛黃埔白雲山盤旋後、沿廣九路南飛窺伺、先在該路林村投彈十四枚、路軌微有損壞、復至塘頭廈站附近投巨彈兩枚、炸毀商店十五間、傷害鄉民廿餘人、敵機屠殺後、十時即飛遁、

入市肆虐

敵機六架於是晨九時十七分、轉向河南鴨墩關河面肆虐、時適該處河面有鹽船多艘、泊於鴨墩關之前、百餘工人正在配鹽之際、一架機在高空藉雲層遮蔽、遽擲下巨彈兩枚、當堂爆炸、擊震全市、兩彈爆炸後、鐵片四射、停泊河面之鹽船梁光等首當其衝、當堂被炸、船上男女榜人梁雄梁大妹等、均躍水逃生、而梁蘇女梁柏嗲則被炸溺斃、附近憲茂鹽船尾部、則被炸燬、又馮何氏小艇、另一沙艇此炸沉、沙艇內有男女童、一名亞蝦約十歲、亞女約八歲、皆失蹤、憲茂船上之配鹽工人杜秤、鄭細右、周珠、葉坤等、被彈片炸斃、徐佬、葉路、陳大生等、則被炸傷、其餘各艇戶工人被炸傷者共廿五六人之多、衛生局長朱廣陶、課長陸如僅、於是晨分領各水陸救護隊到場救護、紅十字會、方便醫院、青年會、廣東中醫院各救護隊、亦紛紛駕車乘輪趕赴災區救傷、同時珠江分局景華消防艦亦到場救護、計紅十字會救回男女十五人、方便醫院救回七人、青年會救回六人、廣東中醫院救回三人、其餘由珠江分局與景華艦救起送各醫院留醫者、計紅十字會醫院、（男）胡四、年四十七歲、番禺人、住新傷木居、傷腰肚手各部、何新溪、廿歲、番禺人、住河南義沙村、傷右手、周滿、四十三歲、番禺人、配鹽工會會員、傷頭及左腿、陳細佬、四十歲、番禺人、傷頭胸手、梁蜆四十一歲、住沙地直街、傷頭背腳、（女）梁大妹（郎葉梁氏）四十一歲、番禺人、傷手胸腹各部、霍桂妹、十七歲、番禺人、大沙頭艇女、傷背及內部、中大第一醫院由紅十字會送往者、（男）何松、六十歲、番禺人、傷腿部、（女）林原氏、四十九歲、陽春人、傷背部、郭亞鑾、十六歲、番禺人、住南元街第一百一十九號、傷腿部、博濟醫院留醫姓名（男）陳大生（郎陳稻生）十九歲、番禺人、二沙頭艇戶、傷頭部及左手炸斷、徐佬、十七歲、番禺人、傷臀部、葉路、約卅歲、傷手腳、梁成、七歲、輕傷、（女）梁威女、約廿歲、水上人、傷頭手、梁奶、十歲、水上人、輕傷、珠江頤養院（男）何牛、卅九歲、傷脾、陳九、廿二歲、傷臀、張輝、五十七歲、傷面、范曹、卅四歲、傷手腳、李根、十四歲、傷頭、梁灼、六十八歲、傷頭、蘇林、五十四歲、傷手、郭細妹、卅六歲、住草坊二巷九號、傷腳、余錦、廿一歲・傷手、馮潤、七十一歲、傷面部・翟徐、四十五歲・傷耳、以上均番禺人、致被炸死者如下、梁光船主梁炳光之女梁蔥、卅二歲・張細佬、十三歲、番禺人、梁炳光內侄梁柏、廿八歲、番禺人、被炸去頭部、死狀殊慘、黃坤、廿五歲、番禺人、傷腹斃命、馮何氏、六十歲、南海人、杜拜、卅一歲、南海人、鄭細右、五十四歲、番禺人、傷右腿致命，周珠、四十七歲、傷頭致命、唐基、卅歲、傷右腳、在博濟醫院因傷斃命者則有（男）梁楷、（女）褪連咪人、方便水面救傷隊除救回男女多人外、因傷致斃者則有黃均、馮何氏、男一不分男女之屍、僅餘頭部、由珠江分局局員、與方便醫院水面救傷隊長陳克商定、將黃均等三屍安葬、今（廿七）日繼續撈屍、

窺伺虎門

【本報專訪】昨日下午一時十九分、本市又發出第一次空襲警報、查有敵機一架、在寶安洋面起航、直飛虎門偵察、旋向西北飛、省防空指揮部以敵機祇一架、非向廣州進發、故未有續發緊急警報、至一時廿六分、到黃埔署事盤旋、即南飛出海、一時卅六分、本市解除警報、

狂炸軍田

至二時四十五分、又有第一批敵機六架、由唐家灣起航、本市發第一次警報、三時五分、續有第二批敵機十四架起航、與第一批會合、抵虎門、續發緊急警報、未幾、敵機共廿架、飛抵黃埔、轉北飛、經龍眼洞、趨花縣、出雩路、在滘江軍田水坑共投彈四十餘枚、時另有敵機兩架飛江村投彈二枚、肆虐後、至四時十五分南飛、掠過市空、此時機聲軋軋、清晰可聞、四時卅分、敵機全數出海、本市遂解除警報、

【中央社中山廿六日電】沿海敵艦他調後、陸空報警畧少、詎廿五日下午敵淺水艦一、使迫近唐家灣外海淇澳一帶、隨即他去、今竟日敵機頻頻過境、石岐共發警報十次、上午有兩機盤旋斗門、達十五分鐘之久、繼掠乾澀涌口、向漁船放槍亂射、微傷漁民一人、

——摘自《中山日报》（广州），1938 年 9 月 27 日

日機大批襲粵桂

並轟炸粵漢廣九兩路

▲廣州廿六日電　日機三次襲粵、計共五十七架、均由粵中山海外起飛、分炸本市近郊及粵漢路廣九路東莞各地、並經粵襲桂、詳情如次、㈠上午六時半首批日機十四架、經台山德慶入桂省梧州柳州桂林逞兇、次批日機兩架、飛虎門一帶窺察後南逸、第三批日機八架、第四批十一架、七時半分兩隊飛向本市進襲、在北郊牛欄崗附近投彈數枚、幷向東郊天河投彈四枚、無損失、旋在廣九路林村投十四彈、無大損失、塘頭厦投兩彈、毀商店十五間、未幾第五批日機兩架飛順德等地盤旋、隨即飛逸、有頃、第六批日機六架又經虎門飛達本市上空、在嶺南大學碼頭及二沙島之間擲彈四枚、轟毀船艇十餘艘、斃十餘人、傷卅餘名、又在東莞之莞太公路投數彈、傷害鄉民多人、至十一時日機始去、㈢下午一時許日機兩架經虎門黃埔市橋一帶窺伺、二時飛逸、㈢下午二時三刻日機廿一架分兩批飛襲粵漢路、在源潭琶江間、投彈五十餘枚、無大損失、四時五十分各機先後逃出海外

▲海通社香港廿六日電　據此間探悉、廣西中部之柳州、今日侵晨被日機三十架前往轟炸、重要航空站損害甚重、日機過廣東沿海各縣及廣西梧州時、均未擲彈、

※※　※※　※※

——摘自《新闻报》（上海），1938 年 9 月 27 日

敵在東北及淪陷區內

強迫我壯丁充軍

家屬臥軌求免竟被輾斃

中央社英山廿五日電　近來南北各戰場敵國前線主力、每雜有不少我東北暨其他淪陷區域內之壯丁同胞、敵寇唆使中國人殺中國人之毒計已昭然若揭、頃據被俘東北籍之僞軍某供述、月前敵在東北有一次曾強拉四千青年、向國內開拔、從事同胞相殘之勾當、是時有此等青年之家屬數千人、即于鐵軌十數里、要求免予派赴前線、敵軍強迫司機員開車、司機員不肯、乃槍殺之、嗣由敵軍自行司機、竟不顧一切、將臥鐵軌之數千東北同胞完全軋斃、斷顱斬足、血肉橫飛等語、該俘虜言下猶痛哭不已、敵此種殘酷獸行、眞令人髮指云、

——摘自《时事新报》（重庆），1938 年 9 月 27 日

敵機八十餘架昨分批襲鄂

武漢王家墩投彈四十餘

粵桂等地昨遭肆擾

中央社漢口廿六日電　廿六日天氣晴朗、上午九時許敵偵察機一架、竄入武漢、在江岸上空盤旋廿分鐘之久、即行逝去、至十時廿五分、又發現敵機卅六架、分爲兩批、各十八架、溯江西上、該兩批敵機先後在通山、大其花園、賀勝橋、咸寧等地、投彈而去、下午三時廿三分又有敵機四十架、分爲數批、由鄂東分向武漢進犯、相繼竄入武漢上空、在王家墩投下小型炸彈四十五枚、該處民房兩間被焚、傷市民七人、死二人、

中央社廣州二十六日電　敵機三次襲粵、計共五十七架、均由粵中山海外起航、分炸本市近郊、及粵漢路、廣九路、東莞各地、並經粵襲桂、詳情如此、㈠上午六時半首批敵機十四架、經台山德慶入桂梧州、柳州、桂林逞兇、次批敵機兩架、飛虎門一帶、窺察後南逸、第三批敵機八架、第四批十一架、七時半分兩隊飛向本市進襲、在北郊牛欄崗附近、投彈數枚、並向東郊天河投彈四枚、無損失、旋在廣九路林村投十四彈、無大損失、塘頭厦投兩彈、毀商店十五間、未幾第五批敵機二架、飛順德等地盤旋、隨飛逸有、頃第六批敵機六架、又經虎門飛抵本市上空、在嶺南大學碼頭及二沙島之間、擲彈四枚、轟燬船舶十餘艘、斃十餘人、傷卅餘名、又在東莞之莞太公路投數彈、傷害鄉民多人、至十一時敵機始渺、㈡下午一時許敵機兩架經虎門、黃埔、市橋一帶、窺伺二時飛逸、㈢下午二時三刻敵機十一架、分兩批飛襲粵漢路、在源潭、濾江間、投彈五十餘枚、無大損失、四時五十分各敵機先後逃出海外

——摘自《时事新报》（重庆），1938 年 9 月 27 日

敵機襲武漢

在王家墩投彈四十餘枚
賀勝橋咸寧等地亦被炸

▲中央社漢口廿六日電 廿六日天氣晴朗、上午九時許敵偵察機一架、竄入武漢、在江岸上空盤旋廿分鐘之久、即行遁去、至十時廿五分、又發現敵機卅六架、分爲兩批各十八架、溯江西上、該兩批敵機、先後在通山大其花園賀勝橋咸寧等地投彈而去、下午三時廿三分又有敵機四十架、分爲數批、由鄂東分向武漢進犯、相繼竄入武漢上空、在王家墩投下小型炸彈四十五枚、該處民房兩間被焚、傷市民七人死二人。

▲中央社南昌廿五日電 敵機六架、廿五日下午一時侵入永修窺察、并投彈轟炸、我損失甚微。

——摘自《中央日报》（重庆），1938 年 9 月 27 日

敵寇暴行

敵機昨日三次襲武漢
在飛機場等處投彈我無損失

（中央社訊）二十六日晨七時許，有敵偵察機一架自鄂東沿長江西進，我防空當局事先即令高射部隊嚴密戒備，後至本市上空，我高射部隊當即予以射擊，敵機略事盤旋，即行逸去。旋於十時左右，據報敵機三十餘架分二批由鄂東南向武漢飛行，防空部當即先後發出空襲緊急警報，鄂東敵機一批十八架，在花園附近投彈多枚，循原路逸去。鄂南一批十八架，在土地堂賀勝橋等處附近投彈後，向東逸去。至下午三時許敵機四十餘架分四批向武漢進襲，防空部高射部隊亦準備射擊。旋敵機三批共三十九架先後竄入本市上空，經我高射部隊猛烈射擊，敵機不敢久留，倉皇在飛機場附近投彈數十枚，我毫無損失。

——摘自《新华日报》（汉口），1938 年 9 月 27 日

青島「九一八」數百同胞罹難

（中央社香港廿六日電）青島敵因前退出時，資產損失甚大，特於九一八紀念日大捕我同胞數百人，施行酷刑，以圖洩憤。

——摘自《新华日报》（汉口），1938年9月27日

桂林武鳴又被濫炸

無辜平民傷亡頗重

【本報本市消息】廿七日下午二時卅分接到曲江轉桂林電話、本日上午十時敵機九架自柳州飛襲、本市在李家村投彈十餘枚、鄉民傷亡頗重、刻在調查中、又下午十二時、五十分敵機四架自北海起航、經南寧向武鳴進襲、在近郊投彈數枚、逕向桂林飛襲、在桂林盤旋有頃、即向南飛、經貴縣容縣飛粵出海、又本省防空處下午一時五十、五分據羅定高明防空處報告、有敵機四架自廣西東飛、經羅定高明鶴江南飛出海、並判明該四敵機即飛襲武鳴桂林繞道出海之機、

【中央社梧州廿七日電】敵機二十二架分三批今晨七時半先後經粵飛梧襲柳州南寧桂林雷州武鳴各地、在桂林武鳴近郊投彈數十枚、我損失甚微、至二時五十二分始遁去、（又訊）第一批敵機九架于昨（廿七）日上午六時五十五分由中山出現、航經崖門台山新興羅定、自西北飛僥入廣西濛江柳州、轉向東北飛到桂林上空盤旋、未幾敵機大發獸性、狂投巨彈十餘枚、傷毀民衆屋宇甚衆、至十一時許、敵機逞兇後飛逸、

【中央社梧州廿七日電】廿六日晨六時半敵機十四架由唐家灣向北飛經梧襲桂、本市先後發出緊急警報、八時零五分敵機到達桂林、在近郊投彈、九時許敵循原路折回向東飛、本市解除警報

——摘自《中山日报》（广州），1938年9月28日

昨敵機大批過市空

增埗自來水廠被炸

今日起市西每日停止供水數小時

【本報專訪】昨（廿七）日上午敵機在廣海中山海面分批出發、狂襲桂省各地、同時炸本省西江、高要、北江粵漢路、及本市西村增埗等處、計分六批共四十架、詳情分錄如下、

昨晨七時二分、本市即聞警報鳴鳴聲、查有敵機九架、發現於中山縣上空、南向西北飛、七時十五分經江門溯西江而上、經羅定直趨懷集、掠過賀縣八步進襲柳州、本市以敵機襲桂、遂於七時四十五分先行解除警報。（襲桂消息見第一張第二版）

襲高要金利墟

八時十八分、第二批敵機四架、在中山起航、南向西北飛、本市又發出第一次警報、未幾該批敵機經台山江門、沿西江向高要進發、高要縣於八時五十分發出空襲警報、九時左右、該批敵機飛至縣屬對河之金利墟、竟向該處低飛投彈數枚、毀屋傷人、查金利乃一墟市、絕非軍事地帶、又無防空設備、敵機突然往炸、鄉民意料不到施此毒手、多數走避不及、遂罹於難、敵專屠平民可見一斑、迨敵機肆虐後、折向南飛、經南路之高州茂名向梅菉水東出海、高州各處曾發空襲警報、惟沿途未投彈、

水廠機器被毀

九時卅分、第三批敵機九架、又在中山海面發現、經虎門南向北飛、本市乃發出第二次警報、該批敵機經九江江門沿江佛公路巡向本市進襲、計轟炸機六架、分兩批、每三架成品字形、飛西村上空盤旋、本市高射炮開炮轟擊、同時高射機槍亦密集掃射、一時炮聲隆隆、槍聲卜卜、發生陸空劇戰、市民多避往安全地點、敵機受我猛烈炮火威脅、乃在西村增埗水廠上空亂投彈廿餘枚、計增埗落彈十餘枚、、四枚落增埗水廠附近、有十二彈、落河中、水花高濺數十丈、幸附近船艇早已疏散、蛋民無甚死傷、只炸沉廢艇三艘、炸斃之魚蝦浮出海面、觸目皆是、同時西村落彈六枚、燬屋兩間、幸無死傷、

【中央社】第三批敵機九架、於上午八時廿分由中山海外北飛、經虎門、向西北飛過佛山、侵入本市西南方上空、我高射砲隊即作嚴密之防禦轟擊、各敵機即分散隊形、向西村增埗自來水廠投彈十二枚、當堂炸燬水廠機器間重要部份、致今後供水大受影响、事後該廠爲圖補救、、不得已暫定由今（廿八）日起、每日西關一帶須停止供水數小時、又因水力關係、凡太高洋樓未易有水到達、市內用戶如有水到時、須自行儲蓄、一俟工程修復、即照常供水、又當敵彈爆炸時、附近民居數間亦被炸毀、并傷斃十餘人、敵機旋分向東南西南兩方飛遁、

狂炸粵漢鐵路

【本報專訪】九時五十三分、續有四五六批敵機共廿六架、聯翼進襲粵漢路、在軍田源潭水坑一帶、共投彈四五十枚之多、再飛花縣各處肆虐、十時零四分陸續南飛出海、十一時零六分本市解除警報、

——摘自《中山日报》（广州），1938年9月28日

前日敵炸民船
昨續獲六殘屍

【本報專訪】前（廿六）日鴨墩關河面鹽船及小艇被敵機炸後、昨續在水面撈獲屍體六具、死狀甚慘、遭殃蛋民已向配鹽民船兩工會哭訴、兩會據情、即已派員調查、會報工抗聯會、請向世界暴露敵人暴行、

——摘自《中山日报》（广州），1938年9月28日

日機炸廣州
毀自來水廠

（廣州二十七日電）路透社訊：今晨九時半，日機空襲西村造費達港一百五十萬至二百萬元之舊自來水廠，中彈九枚，廣州將斷水三個月，沙面工部局另有自來水廠，不受影響。

——摘自《晶报》（上海），1938年9月28日

敵機又襲廣西

一桂林毀屋宇平民甚衆

▲中央社廣州二十七日電：今日上午七時至十一時，敵機五十二架先後由中山海外分批轟炸粵漢路肇慶及本，西村，并經粵侵襲廣西桂林各地，敵機首批九架，經台山侵入桂省濛州柳州，到桂林投彈十餘枚，毀傷屋宇平民甚衆，次批四架，經岸門長江十名到高要縣城，投彈數枚炸燬民房數棟傷斃縣民十餘，第三批九架、飛空在西村增埗投彈十二枚，傷害居民數十名，第四批九架，第五批十五架，第六批八架，先後飛粵漢路並向源潭，銀江車站間投彈四十餘枚。

——摘自《云南日报》（昆明），1938 年 9 月 28 日

日艦又向鎮海要塞轟擊

▲鄞縣廿五日電　廿五日通留鎮海口外洋面之日艦三艘、昨晨又向華要塞窺伺、至六時五十分、即向沿岸炮轟七十餘發、至七時半始行停止、該日艦中有巨型艦一艘、中型艦一艘、當向北面逸去、尚留一艘、駐泊原處、數字計炸燬民房二十餘間、傷二男一女、另一婦人中彈斃命、又海門電報、昨晨日機轟炸該鎮、投五彈、燬屋三百餘間、死二十餘人、傷四十餘人、

——摘自《新闻报》（上海），1938 年 9 月 28 日

HANKOW 'GATEWAY' BADLY WEAKENED

Chinese Admit That Defenders of Tienchiachen on Yangtze Are in Critical Situation

DEFENSE PLANES ATTACK

Canton's Water Supply Is Cut Seriously by Bombing of Supply Station

By F. TILLMAN DURDIN

Wireless to THE NEW YORK TIMES.

HANKOW, China, Wednesday, Sept. 28.—The badly battered defenders of Tienchiachen, "gateway" to Hankow on the north bank of the Yangtze River, are still holding out against Japanese forces that have been hammering the mountain fort for ten days.

Chinese military circles admit the situation is critical and that the Chinese troops that have been balking the Japanese along a semi-circular front three or four miles away to the north and to the east by repeated costly counterattacks are weakening.

Almost continuous aerial bombings by fleets of ten planes, working in relays, have taken a heavy toll of the defenders and have nearly destroyed the defense works. It is believed bombs have silenced a number of heavy guns placed to halt the Japanese fleet's advance up the Yangtze.

Japanese infantry assaults on Pwanpien, a mountain fort across the Yangtze from Tienchiachen, are now under way. If the Japanese gain control of the mountain the danger to Tienchiachen will be increased.

The battle for Tienchiachen extends over alternately hilly and marshy terrain. The only exit now left for the Chinese defenders is to the northwest up the Yangtze or across lakes, swamps and hills bordering the north bank.

Artillery Attacking Yangsin

Reports that the Japanese had crossed the Fu River and had captured Yangsin were not confirmed at army headquarters. It was admitted, however, that the Japanese on the opposite bank of the river had made efforts to cross and were spraying Yangsin with shrapnel and gas shells.

It is believed the Japanese, while continuing attacks on Yangsin may also push down the right bank of the Fu River toward Tungshan to cross at a narrow point and strike westward to the Hankow-Canton Railway, midway between Hankow and Changsha. The Japanese are said to have 20,000 men in the Yangsin sector, many of whom are Anhwei Province Chinese impressed into Japanese service.

The Chinese air force, after a month of inactivity, bombed Japanese positions near Loshan yesterday. On Monday they attacked the Japanese near Kwangtsi.

The annihilation of a Japanese regiment on the Juichang-Wuning highway was reported yesterday. Central News reports said a Japanese vanguard had been surrounded by a rapid Chinese drive from the Teian sector.

Foreigners Escape Bombs

French and British travelers to Hong Kong narrowly escaped death in the bombing of a train seventy miles south of Hankow Monday. They fled from the train just before the bombs fell. One coach, filled with French marines, was covered with a French flag.

Some official sources confirm reports of the recapture by the Chinese of Loshan in Southern Honan. Chinese mechanized equipment hurled against the Japanese, who had been pushing toward the Peiping-Hankow Railway from Loshan, has proved so effective that it is believed there is little immediate danger of a cutting of the railway.

Japanese planes bombed the Hankow airfield for half an hour yesterday, some diving to unload explosives. The purpose is believed to have been to ruin the field for night commercial flying and again force suspension of the Hankow-Hong Kong mail and passenger planes which last week had started irregular runs, mostly at night. The Hankow field is rarely used by Chinese military planes.

Many other points in the vicinity of Hankow also were bombed. In the last few days Japan has been systematically bombing villages 100 miles around Hankow, evidently with the idea of demoralizing troops and civilians and interrupting communications.

Planes Bomb Canton Suburb

Special Cable to THE NEW YORK TIMES.

HONG KONG, Sept. 27.—What was described as a mass air raid occurred over Saichuen, a suburb of Canton, today when more than forty Japanese planes seriously damaged the waterworks, virtually cutting off Canton's water supply.

The water shortage is expected to have serious repercussions because of the dry season and the cholera epidemic.

Some houses near the waterworks were demolished, but only a few casualties were reported. After the raid some of the planes flew over Kwangsi Province and bombed the outskirts of Kweilin, while the rest bombed the Canton-Hankow Railway.

——摘自《纽约时报》（The New York Times），1938 年 9 月 28 日

敵機七十二架

飛粵桂肆虐

廣州西村遭猛烈轟炸

桂林毀屋傷人甚多

▲中央社廣州廿七日電 今日上午七時至十一時敵機七十二架、先後由中山海外分批轟炸粵漢路肇慶及本市西村、並經粵進襲廣西桂林各地、敵機首批九架、經台山侵入藻江柳州、到桂林投彈十餘枚、毀傷屋宇平民甚衆、次批四架、經崖門陽江茂名到高要縣城投彈數枚、炸毀民房數棟、傷斃縣民十餘人、第三批九架、飛至西村增步投彈十二枚、傷害居民工人數十名、第四批九架、第五批十三架、第六批八架、敵機先後聯飛至粵漢路、向源潭逕江兩站間投彈十餘枚。

▲中央社廣州二十七日合衆電 廣州已數星期未被慘炸、今晨突有日機四十四架出現廣州上空、猛烈轟炸西村、足證日航空母艦又復駛回唐家灣附近。

▲中央社廣州二十七日合衆電 日機四十六架、今襲粵省、各機多經廣州上空、並在郊外投彈數枚、來襲之日機、均由唐家灣之日航空母艦上起飛東京灣一帶之日海軍、仍極活動、據廣州灣華方訊、有日艦五艘、及裝甲運輸艦二艘、在日海軍某大將指揮下、已駛往西沙羣島、泊於西沙羣島之法艦、、共有九艘、日在圍州島上、近復建機場一所、現約停有飛機六十五架、均係前日由航空母艦運到者、島上之天主教會、已被日軍徵用、教會之一部土地、已改建機場、刻天主教各團體已聯合向日方抗議、並將經過事實報告法政府。

——摘自《中央日报》（重庆），1938年9月28日

大冶傷兵遭炸斃

▲中央社漢口廿七日電　二十六日上午十時許、敵機狂炸大冶縣城、竟以我傷兵醫院爲投彈目標、設于孔廟內之一二一兵站醫院分院、中彈多枚、院內傷兵八十餘人、及看護員三人、慘被炸斃、醫務主任及醫官三人負傷、中國紅十字會救護委員會第五十七救護隊存放院內藥品及醫療器具、亦全被炸毀，

——摘自《中央日报》（重庆），1938 年 9 月 28 日

粤漢車被炸回漢

▲中央社漢口廿七日電　廿五日晚、有英籍僑民及法國水兵多人、乘粤漢南行車赴港、車頂塗有法國國旗、廿六日午、該車抵岳州以北、遭遇二次空襲警報、車停、旋見敵機八架、越該車向岳州飛去、約半小時後、突有敵機五架、由岳州飛回、向該車施行轟炸、該車前後路軌略受損、一彈距機車僅廿碼、並用機槍向客車掃射、幸乘客均無恙、該車折回、廿七日晨到武昌、外人對敵機暴行、莫不異常憤慨。

——摘自《中央日报》（重庆），1938 年 9 月 28 日

浙東海門 敵機肆虐

·傷亡七十人·燬屋二百間·

（中央社鄞縣廿五日電）據海門電報，昨晨敵機轟炸該鎮，投五彈，燬屋二百餘間，死二十餘人，傷四十餘人。

——摘自《新华日报》（汉口），1938 年 9 月 28 日

粵漢外僑旅客竟遭敵機掃射

外人痛恨敵寇暴行

（中央社訊）英籍男女僑民及法國水兵多人於廿五日晚搭粵漢路通車南下赴香港，車頂有法國國旗，廿六日下午該車駛抵岳州以北時，即遇空襲警報，該車當即停駛，惟並無敵機出現，不久又有第二次警報，此次有敵機八架，由該車上空飛過，向岳州方面飛去，約半小時後，突有敵機五架，由岳州飛回，向該車施行轟炸，一時炸聲震耳，雖該客車前後軌路略受損壞，車輛乘客幸均無恙，有一炸彈落機車前僅二十碼，敵機轟炸客車後，復以機槍向客車掃射，事後該客車即開回武昌，於廿七日早到達，外人莫不異常憤慨。

（中央社廣州二十七日電）敵機四十六架，今襲粵省，經廣州上空，在郊外投彈多枚。

——摘自《新华日报》（汉口），1938年9月28日

敵機分批寇襲

粵桂滇湘四省

李宗仁之梓里亦被狂炸

我們要替羅難同胞復仇
並向國際暴露倭寇暴行

本報二十八日下午八時香港專電：敵機襲桂李宗仁之梓里李村被狂炸。

▲中央社廣州二十八日電：今六日許，敵機四十四架，進襲粵桂滇三省，敵機首批十二架，經崖門台山後，有三架折返，餘八架入桂林飛擾貴縣南甯，百色，投彈後，六架循原來航線，飛粵逃逸，六架竄入滇境，次批敵機十架，三批二十二架，均向本市進犯，在市空旋盤良久，有轟炸機六架，投下巨彈二十餘枚，響澈全市，計東郊天河村附近機場，落六枚，北郊白雲山牛欖崗附近，落彈十八枚，均無損失，內六架飛從化，英德窺伺，折回從化韶城，在曠野投彈十餘枚，無損失，迄至九時一刻，敵蹤始渺。

▲中央社長沙二十八日電：敵機二十八日兩度襲湘，第一次敵機兩架，於上午九時許先後由贛境經平江等地，在岳州窺察良久始去，第二次敵機六架，於下午一時許經羊樓司在岳州盤旋，并在臨湘五里牌投彈後，沿粵漢路向北飛逸。

▲中央社淮陰二十八日電：敵機兩架前飛儀徵，在施粥廠屬集大批難民之所，竟投燒夷彈四枚，炸死難民數十人，重傷百餘人，施粥廠及全部房屋焚燬，其殘忍暴行，施諸貧苦無告之難民，實滅絕人性。

▲中央社漢口二十七日電：二十六日上午十時許，敵機狂炸大冶城，竟以我傷兵送院爲投彈目標，設孔子廟內之一二一兵站醫院分院中彈多枚，院內傷兵八十餘人及看護員三人慘被炸斃，醫務主任及醫官三人負傷，中國紅十字會救護委員會救護會第五十七救護隊，存放院內藥品及醫療器具，亦全被炸。

▲中央社廣州二十七日電。敵機二十二架，分三批先後由粵經梧，襲柳州，南甯，龍州，武鳴，各地，在桂林，武鳴近郊，投彈數十枚，我損失甚微，至二時五十二分始辭去。

——摘自《云南日报》（昆明），1938年9月29日

一筆屠殺的血賬

昆明」這遠在西南邊陲的城市，從民族的抗戰開始以來，漸漸地牠成爲後方的一個難民收容所，許多非武裝的民衆，大都向這一個地方遷移，逃難可以免，在軍事上，牠沒有什麼多大的作用。然而，代表日帝國主義者施行屠殺手段的敵機，竟於昨天竄越進南國的天空，藉着一朵朵浮 的掩蔽，向着幾個市區以最殘酷的轟炸和掃射，來屠殺我們底同胞了。從牠們投彈和掃射的地點看來，這一批代表東方「文明」的屠殺者，我們始終懷疑着他們究竟是不是同樣的父母所撫育的人類！

住居在昆明的大部分同胞，他們沒有看到敵機在各都市，那種狂炸的慘狀，沒有感到空襲時過分的恐怖，在因 事先也就沒有 備；在城市裏，在鄉村裏他們依舊照常地工作着，她們誰也料不到敵人會專門向非戰鬥員作爲屠殺的目標的。發出空襲警 的時候，他們都只地匆匆地疏散到 區附近可以掩蔽的地點去躲匿，萬想不到在那高空裏的敵機，會野蠻地投下爆炸彈和連竄的機關槍，把八十幾個沒有抵抗力的同胞射殺得血肉橫飛，成爲不忍目睹的人間地獄，貫絕古今的慘聞：

緊急警 以慘厲的聲音報告着不幸的消息以後，約摸十分鐘的光景，西北的高空裏出現了九架帶着萬惡的標幟的敵機昂然地向 區進襲，在我們砲火的射擊下，牠們竟找到了文化機關，避難地點，以及平民住宅區，作殘暴的轟炸，那慘擾人寰的爆裂聲，威脅着悲痛的呼喊，在灰塵的瀰漫裏 摻 着許多人們的血肉：最後還 着在潘家 河隄上避難的人們，施行 集的掃射，才揚長地向東南飛去。

當 幕慘劇發生以後，記者冒險地越過許多警戒線，打算調查這幕慘劇的情形，沿途的許多男人婦孺們，正瞪着死白的臉，等待自己最後的命運，牠們恐怖地望着天空 在心裏抑燃燒着復仇的忿火，把人間所有的毒恨，都聚集在隱沒在天邊那幾點黑影上面。敵人的暴行，已經把一切不願意做奴隸 人們激動得怒吼起來了。經過了江城巷，塵霧裏夾雜着火藥和血腥的氣息，向人們侵襲過來，隱約裏一片瘋狂的哭喊，雜着慘極的呻吟，在建設廳的苗圃裏震盪着，刺痛了人們底心靈，那種極盡人世間的慘狀，倘不是親身目睹的人們，是無法想像出萬分之一來的，殘敗的肢體偃臥在腥紅的血泊裏，模糊成血的一片，灰的腦袋，零落的肢體，和一些炸斷的小腸，在四週呈現着狼藉不堪的情形，有炸到城牆上的斷臂和手掌，僅有一些殷紅的血跡，已經爲陽光曬得變成了污黑的顏色，在樹枝上掛起的腸子，發出腐白的亮光，跟着微風的吹動，輕輕地擺盪着，靠近門口，躺着一個重傷的男人，鮮血已經浸透了他底衣裳，癟扁的肚子只是無力地抽搐着，顯然是沒有 望了，這種慘狀，使得坐在旁邊的那個散着頭髮的婦人，在搶天號地的哭着，幾乎使人忘去了這 人世間所發生的慘劇。一個呆立着——大概是嚇昏了吧！——的女人毫沒有表情地叙述着當時的情景，她說：敵機經過上空時，大家因爲

羅難平民慘狀

沒有認清標識，還疑慮地瞭望着，但當震聾了耳膜一般的爆炸聲和着「拍拍」的機槍聲在四週響起來的時候，她在慌忙中已失去了兩個可愛的孩子了，是被敵機，奪去了他們底生命，抑是落在小河裏呢？她完全記不起 她只是麻木地呆立着！誰知道呢 在這塊蔭綠的喬木裏，竟成了四十幾個人的歸宿的地點！而在模糊的血肉裏，竟辨不清被敵人奪去了生命的是住在什麼地方的人！

離開了苗圃，聽說潘家灣的河堤上還有大批的受難者 這時，已經有許多的人們擁得水洩不通地來看「熱鬧」！遠遠地看去，在河堤的兩岸，正倒臥着十幾個死屍，從創痕裏流出來的血已經浸透了堤埂的土，流進河裏的，已經拌着灰黃的濁水成爲可怕的顏色了，這裏的死者，據目擊的人們說，敵機的掃射，正是因爲這裏站着大批的逃難者，在牠們施行着屠殺手段的時候，兩岸的人們慌得大部分落進河水裏去，結果，這三十幾個人們依然是爲敵人所慘殺的！許多的屍親們哭啞了喉嚨地在尋找自已的親人，然而，在濁黃的波流裏，誰能看到一點黑的影子呢！

**建立起不久的昆華師範學校，這時也經彿彷成了一個殉道者，作爲敵人轟炸的中心了。一進校門，在空場上矗立着的[illegible]禮，校舍已變成了一座殘敗的廢墟，四處散滿着破碎的瓦礫，敵人的炸彈至少是一百公斤的，每一個炸後的深坑，直徑在兩公尺以上，而深度竟有半公尺左右，許多爆裂的破片把灰黃的土牆炸成深密的蜂窠，而在教員休息室的右側，却掘着一段令人酸鼻的血塊，這血塊已經失去了腦袋和四肢，在陽光下變成顆黑的顏色，據說：這是集訓總隊中隊長劉鋭的屍體，爲了營救在禁閉室裏的同學爲了要保護光榮的國旗（聽說當時他是奮不顧身地去頭下那幅飄揚着的國旗，殉難的）他終於在敵人的狂炸下和着自已五歲的孩子喪失了生命！而曾經跋涉過千里長途的聯大同學也同時死去了四個，她們沒有實現了滿懷的抱負，竟至把自已底血流在遙遠的天南了

在長耳街，在鳳翥街，在慶豐街，我們的同胞有許多是死在敵人的手裏了！所有殘破的房屋裏，隨着都可以聽到刺耳的哭聲。

昆師校舍被燬

在殘酷的屠殺後，敵人的飛機是能够從容地回去嗎？不！我們英勇的空軍在這時已經完成了他們光榮的任務了。他們把槍口描準着敵機，射殺着瘋狂的敵人，終於從敵人手裏奪去了三架銀色的飛機，作爲回答他們屠殺的成績，作爲安慰死者的禮物；這痛快的消息，興奮了龍主席，他準備以本省政府的名義去獎勵周庭芳，黎宗彥，姚傑等幾位空軍壯士，同時還電請蔣委員長，對這幾位壯士作更大的獎勵。

在殘酷的屠殺後，昆明的空氣是已經死寂下去了嗎？不！整個昆明市的同胞，每一個心裏都燃燒着忿恨的怒火，她們不怕敵機的轟炸，大家都準備以更大的勇氣去忍受一切的苦痛，爲爭求民族的解放作進一步的奮鬪。看呵！雖然在黑暗的市區裏，在一些商人們正關閉着舖門逃敵的時候，抗敵後援會特別號照起山國裏的男女們，作街宣傳，抗敵的歌聲響過了一切的街巷，在人流裏所有的人們都緊緊地揮起了拳頭，憤恨地喊着：「消滅我們的敵人，清算這一筆血債。」

—昆明已經怒吼起來了。（醉秋）

——摘自《云南日报》（昆明），1938年9月29日

大冶傷兵醫院被炸
八十餘人慘被炸斃

▲漢口廿七日電 廿六日上午十時許、日機狂炸大冶縣城、竟以傷兵醫院爲投彈目標、一兵站醫院分院、中彈多枚、受輕傷兵八十餘人及看護員三人、慘被炸斃、醫務主任及醫官三人負傷、中國紅十字會救護委員會存放院內藥品及醫療器具、亦全被炸毀、

——摘自《新闻报》（上海），1938年9月29日

日機轟炸吉安
圖襲南昌未逞

▲南昌二十八日電 日機六架、今日上午十一時半、經贛東一帶窺伺後、竄至吉安、盤旋良久、並在郊外投彈三十餘枚、毀民房三十餘棟、日機肆虐後、分爲兩批、一路東竄浙贛路沿線窺察、另一路北來、圖襲南昌、因戒備極密、未逞而逸、

——摘自《新闻报》（上海），1938年9月29日

日機投彈
十二圩施粥廠被炸
難民死傷百餘人

▲淮陰二十八日電 日機兩架分飛儀徵、在十二圩見施粥廠麕集大批難民之所、竟投燒夷彈四枚、炸死難民數十人、重傷百餘人、粥廠全部房屋焚燬、

——摘自《新闻报》（上海），1938年9月29日

敵寇暴行

敵機昨襲滇贛

昆明空戰擊落敵機三架

吉安敵投彈毀民房三十餘棟

信陽平民死百餘中山鋪全燬

（中央社昆明二十八日電）二十八日晨九時，敵機九架，結隊由昆明市西北上空侵入，在西門外學校區及建設第一苗圃附近投彈十餘枚，彈落昆華師範及潘家灣，鏟耳街一帶，死傷平民數十人，昆師校舍亦被炸燬，當敵機發現於市內上空時，我機多架，即包圍迎擊，故敵機在市空未敢久留，倉皇投彈後，即向硯山方面逸去。事後調查，敵機被擊落三架，已查明一落宜良縣屬之狗街子；一落彌南縣屬紅米珠，標識爲泰安九六二六號，機師六人，悉數斃命；一落彌南縣屬之迷之料，機師五人焚斃，機身業已炸碎，惟機尾尚存，上有標識爲「國報台灣號。」

（中央社南昌二十八日電）敵機六架，今日上午十一時半，竄至吉安，在郊外投彈三十餘枚，毀民房三十餘棟。敵機肆虐後，圖襲南昌，因我戒備嚴密，敵未得逞。

（中央社信陽二十七日電）二十七日上午十一時敵機三十架，在東關南關內，及車站等處，投彈狂炸，毀民房甚多，死傷平民百餘；該隊敵機旋又飛至中山舖（信陽城東卅里）又投彈多枚，該鎮全被炸毀。

——摘自《新华日报》（汉口），1938年9月29日

桂林武鳴 寇機肆虐

（中央社廣州廿七日電）敵機廿二架，於今晨七時半先後由粵經梧，襲柳州、南寧、龍州、桂林、武鳴各地，在桂林武鳴近郊投彈數十枚，我損失甚微，至二時五十二分始逸去。

——摘自《新华日报》（汉口），1938年9月29日

儀徵難民施粥廠 慘遭敵機燒燬

死難民數十人

（中央社淮陰廿八日電）敵機兩架，前飛儀徵，在十二圩施粥廠，麕集大批難民之所，投燒夷彈四枚，死數十人，粥廠全燬。敵此種殘忍暴行，竟施諸貧苦無告之難民，實滅絕人性。

——摘自《新华日报》（汉口），1938年9月29日

寇機飛湘浙 窺察轟炸

（中央社長沙廿八日電）廿八日敵機兩度襲湘，第一次在岳州窺察良久始去；第二次在臨湘五里牌投彈後，沿粵漢路向北飛逸。

（中央社金華二十八日電）今日浙東大雨，下午二時半敵機三架，竟冒雨侵入我衢縣上空，向城內投彈七枚，毀民房五十餘間，傷四人。

——摘自《新华日报》（汉口），1938年9月29日

揚州等處 民房被焚

▲淮陰二十九日 揚州仙女廟邵伯三處之日軍、前在陳家甸會合三百餘名、將附近各村民房焚燒數百棟、由晨至晚火燄始息、

——摘自《新闻报》（上海），1938年9月30日

日兵焚燒

菱湖民房

旋被游擊隊擊退

（蕭山三十日電）吳興日軍五百餘、二十日下午開菱湖、在北柵安澗橋附近、構築工事、並在西柵聚火焚燒民房、華軍游擊隊據報、當派隊襲擊、激戰通宵、日軍玩強異常、其後再加派劉李兩隊分途側擊、日軍終不支、向吳興退去、是役共斃日軍六十餘、擊沉日汽艇二艘、奪獲日軍輕機槍三挺、華軍亦略有傷亡、

（寧國廿九日電）吳興日軍百餘名、欲分乘汽艇、兩路進犯菱湖（吳興東南）、當堅據菱湖北柵安瀾機絲廠、構築工事、佈置鐵絲網、華軍某游擊隊、乘其立足未穩、猛烈襲擊、戰事至烈、機砲聲澈夜不斷、廿八日晨華軍某部越過長安、繞擊日軍之側背、某部則由千金增援攻擊正面、斃日軍六十餘名、擊沉汽艇三隻、獲機槍三挺、

——摘自《循环日报》，1938 年 10 月 1 日

信陽被狂炸

投彈竟至數百枚

【中央社信陽廿九日電】敵機七十餘架、自晨八時三刻起至中午十二時分批襲信陽上空、在城廂內外濫肆轟炸、投擲輕重炸彈及燒夷彈約數百枚、致城內多處起火、民房大部被燬、東南兩門及車站附近、受損尤重、斷壁殘垣、在在皆是、下城已大半成爲瓦礫、

——摘自《中山日报》（广州），1938 年 10 月 2 日

信陽【附近】鄉村被炸後之烈焰

——摘自《中山日报》（广州），1938年10月2日

組織國際視察團
調查日軍使用毒氣事件

（日內瓦特派員二十日專電）今日行政院最後會議、業已通過起草委會所起草之中日事件報告書、該報告書要點已見二十八日專電、又通過一決議案、組織國際中立視察團、前往中國調查日本軍隊使用毒氣事件、該決議案亦係起草委員會所起草者、法、蘇聯、新西蘭、多米尼加等國代表、無保留贊成該報告書、當討論上述決議案時、我國顧代表要求行政院充分考慮我國在第六委員會之提案、經該委員會贊成者、嗣行政院始決定派遣國際中立視察團、以國聯名義、搜集事實、及視察中國局勢、該視察團之報告書、可提交行政院、以便審查與批准、又行政院將勸告會員國及非會員國、爲人道理由、勿將飛機及汽油、售與挑戰國、據一般觀察、行政院報告書之法律基礎、非常之强、

——摘自《循环日报》，1938年10月2日

日機狂炸平漢路

儘力破壞路軌威脅沿線居民
愛爾蘭教會院中亦被擲一彈

（路透社特派訪員一日漢口電）日方雖尚未佔有漢口以北之平漢鐵路、但其空軍已儘力破壞鐵軌、威脅沿線之居民、俾使該路陷於完全無用、形同截斷之境地、記者頃由信陽返抵漢口、一百十哩之路程、共計三日、沿途之經歷、更令人難忘、恐在此後若干時期中、此行將爲此段鐵路之

最後一次

矣、余離信陽時、日軍該距離約三十哩、余所乘火車擁擠情形、實爲前所未有、車中滿裝之兵士及難民等、形同罐頭中之沙丁魚、甚至有不顧危險、高踞於車頂者、當吾人行抵信陽南二十哩許之廣水時、火車忽停、並有人通知謂南面軌道被毀、須待修竣後方能開行、余等必有數小時之耽擱、乃下車散步、行至愛爾蘭教會、相與休息、沐浴、並略進食物、不料甫抵該處、即聞

警報大鳴

日機九架、列三隊、低飛天空、在車站附近投彈、歷一小時許、炸彈六枚、即在余所伏處一百碼之內相繼爆炸、其中一枚之彈帽、墮落距余不滿十碼之處、震動猛烈、余身竟被掀起數寸之高、並滿布泥土與碎石、落於教會院中之一彈、將牆垣炸一大洞、門窗亦皆飛去、並將屋頂擊穿數洞、尚有燒夷彈一枚、焚去附近之房屋多所、並在鐵路外三十碼之處、炸斃年約四歲之幼童一名、四十分鐘後、空襲過去、余返至車站之時、尚見該童焦黑之屍身、陳於該處車站、

其狀悽慘

令人不忍卒覩、四周滿佈肢體支離之屍體、呻吟呼痛之聲、不絕於耳、車站房屋及滿載烟草之鐵蓬車兩輛、正在猛烈燃燒中、更因風勢、站旁之茅屋、皆被延燒、致火勢蔓延、不可收拾、路軌四段已被炸成彎曲、大小彈穴隨地可見、有達三十尺之深者、鋼車一輛已完全傾覆、電報綫及木桿零落傾倒、余所乘之火車已

炸成烏有

所存者只殘餘之碎木而已、然事有令人難以置信者、即經鐵路工人等六小時不間斷之工作後、路軌已經修復、使余得乘特備之手搖車、繼續南行、偕行者有鐵路扳轍工人四名及衛兵一人、至廣水南十哩之花園、在站外下車、因該處亦甫遭日機之轟炸、現正從事修理也、據聞此次係日機第三次連續不斷之空襲、在四十分鐘內、擲彈不下二百餘枚、花園在空襲之後亦成一片瓦礫、聞

傷亡人數

最少在千人左右、但經十小時之修理後、秩序、亦告恢復、並有特派列車馳抵該站、乘客雖衆、余幸在三等車中、佔一座位、車中在一轉瞬間已無插足餘地、列車開行之後、余目擊鄉人數千、無法登車、失望哭泣、殊覺惻然、由花園至漢口之七十五哩行程中、行駛雖緩、但頗平安、抵漢以後、聞信陽廣水與花園三地在余啓行之後、又一度被日機轟炸云、

——摘自《循环日报》，1938年10月2日

日機七十餘架
前日狂炸信陽
西城已大半成焦土

▲信陽廿九日電 日機七十餘架、自晨八時三刻起、至中午十二時、分批襲信陽上空、在城廂內外濫肆轟炸、並擲輕重炸彈及燒夷彈約數百枚、致城內多處起火、民房大部被毀、東南兩關及車站附近、受損尤重、斷壁殘垣、在在皆是、西城已大半成爲瓦礫、

——摘自《新闻报》（上海），1938 年 10 月 2 日

由信陽至漢口
一百十哩路程竟行三日
空襲下之信陽慘不忍覩

▲路透社特派訪員一日漢口電 日方雖尚未佔有漢口以北之平漢鐵路、但其空軍已儘力破壞鐵軌、威脅沿線之居民、俾使該路陷於完全無用、形同截斷之境地、記者頃由信陽返抵漢口、一百十哩之路程、共行三日、沿途之經歷、更令人難忘、恐在此後若干時期中、此行將爲此段鐵路之最後一次矣、

離信陽時 日軍距該處約三十哩、余所乘火車擁擠情形、實爲前所未有、車中滿裝之兵士及難民等、形同罐頭中之沙丁魚、甚至有不顧危險、高蹲於車頂者、當吾人行抵信陽南二十哩許之廣水時、火車忽停、並有人通知、謂南面軌道被毀、須待修竣後方能開行、余知必有數小時之躭擱、乃下車步行至愛爾蘭教會、稍資休息、沐浴並略進食物、不料甫抵該處、即聞

警報大鳴

日轟炸機九架

每列三架、低飛於天空、在車站附近投彈歷一小時許、炸彈六枚、即在余所伏處一百碼之內相繼爆炸、其中一枚之彈帽、墮落距余不滿十碼之處、震動猛烈、余身竟被掀起數吋之高、並滿布泥土與碎石、落於教會院中之一彈、將牆垣炸一大洞、門窗亦皆飛去、並將屋頂轟穿數洞、尚有燒夷彈一枚、焚去附近之房屋多所、並在鐵路外三十碼之處、炸斃年約四歲之幼童一名、四十分鐘後、

空襲過去

余返至車站之時、尚見該童焦黑之屍身、陳於該處車站、其狀悽慘、令人不忍卒覩、四周滿佈肢體支離之屍體、呻吟呼痛之聲、不絕於耳、車站房屋及滿載烟草之鐵蓬車兩輛、正在猛烈燃燒中、更因風勢、站旁之茅屋、皆被延燒、致火勢蔓延、不可收拾、路軌四段、已被炸成彎曲、大小彈穴、隨地可見、

有達三十呎之深者、鋼車一輛、已完全傾覆、電報線及木桿零落吹倒、余所乘之火車、已炸成烏有、所存者只殘餘之碎木而已、然事有令人難以置信者、即經鐵路工人等六小時不間斷之工作後、路軌已經修復、使余得乘特備之手搖車、

繼續南行

偕行者有鐵路扳輸工人四名及衛兵一人、至廣水南十哩之花園、在站外下車、因該處亦甫遭日機之轟炸、現正從事修理也、據聞此次係日機第三次連續不斷之空襲、在四十分鐘內、擲彈不下二百餘枚、花園在空襲之後、亦成一片瓦礫、聞傷亡人數最少在千人左右、但經十小時之修理後、秩序亦告恢復、並有特派列車駛抵該站、乘客雖衆、余幸在三等車中佔一座位、車中在一轉瞬間、已無插足餘地、列車開行之後、余目擊鄉人數千、無法登車、失望哭泣、殊覺惻然、由花園至漢口之七十五哩行程中、行駛雖緩、但頗平安、抵漢以後、聞信陽廣水與花園三地、在余啓行之後、又一度被日機轟炸云、

——摘自《新闻报》（上海），1938年10月2日

信陽慘遭轟炸

寇機投彈約數百枚
全城大半成爲瓦礫

信陽二十九日電，敵機七十餘架，自晨八時三刻起至中午十二時分批襲信陽上空，在城廂內外濫施轟炸投擲輕重炸彈及燃燒彈約數百枚，致城內多處起火，民房大部被燬，東南兩關及車站附近損失尤重，坍倒民房在在皆是，一城大半成爲瓦礫，，

——摘自《泸县民报》，1938年10月2日

敵寇暴行

閩海敵艦
刼掠某外商輪船
擊斃乘客一人綁去四十餘人

（中央社福州一日電）某外商輪船一艘，廿五日由滬駛港，經閩江口外川石附近時，敵艦遣卒數十名，化裝海盜，將該船貨物刼掠一空，並擊斃乘客一人，綁去四十餘人，聞其中有美國人一名。

——摘自《新华日报》（汉口），1938年10月2日

京文化機關盡被敵拆毀

以其材料建造飛機庫
事後將工人全部慘殺

【屯溪二日電】暴敵自佔領我南京以來，對我無辜民衆之摧殘，文化機關之破壞，各重要建築物之焚燬，種種滅絕人性之禽獸行爲，早爲國內外所共悉，近京敵竟又將文化機關之碩果僅存者國立中央大學，中央警官學校，中央圖書館等，一概下令拆毀，而將拆下之磚瓦鋼骨木材等材料，迫征我壯丁千名，於光華門外秘密修建飛機庫，刻已建造完成，乃將此一千參與工作之壯丁，暗運上海，悉數慘殺，以圖滅口，而免洩漏機密，各該被慘殺者之屍身，並已用巨石盡沉海底，敵此種狗彘不食之行爲，我京滬一帶同胞，聞之咸憤怒萬狀云。【中央社】

——摘自《南京晚报》（重庆），1938 年 10 月 3 日

一年來日機轟炸成績 平民死傷四萬餘

▲美聯社重慶二日電　今日此間防空司令部主任宣稱、自一九三七年七月八日至一九三八年九月十一日止、日機計襲擊中國城市二七四座、共二五三六次、受傷人民二一四三八五名、死者二一五三八人、所投下之炸彈共三五九八四枚、

——摘自《新闻报》（上海），1938 年 10 月 3 日

日機襲滇

龍主席發表談話

被毀各處均屬學校房舍
滇民益增同仇敵愾之心

▲昆明二日電　三十日龍主席對日機廿八日首次來滇肆虐結果、向中央社記者發表談話如次、㈠中日戰爭以來、敵機襲滇、二十八日爲第一次、被毀者只有少數純與軍事無關之學校房舍、被害者均係無辜平民、足見日人慘無人道、殘酷成性、似此狂謬舉動、適足增加吾全民同仇敵愾之心、被毀房屋、僅係舊式城池、縱然完全被毀、於抗戰及民力可謂毫無關係、㈡敵機首次轟炸昆明、我已給與相當打擊、被擊落日機司機人員共十餘人、除當時斃命者外、潛逃者亦被鄉民自動緝獲、可見滇省民衆、對此已有深切認識也、

——摘自《新闻报》（上海），1938 年 10 月 3 日

昆明被炸詳情

平民死傷極衆

昆明電，二十八日晨九時，敵機九架，結隊由昆明市西北上空侵入在西門外學校區，及建廳第一苗區附近，投彈十餘枚，彈落昆華師範及潘家灣猛耳街一帶，死傷平民數十人，明師校址，亦被炸燬，旋即向市區東南飛去，又在東南郊投彈多枚，當敵機發現於市內上空時，我機多架，即包圍迎擊，故敵機在南窯不敢久留，倉惶投彈後即向口山方面逸去，其一架在宜狗街東南被我擊傷墜落，另二架亦被我擊傷，刻尚在搜索中，餘即乘機逃逸，九時四十分警報解除，記者即赴西郊視察，見除有數彈投於昆師外，餘均落於田野，至由城赴郊外避難之平民，死傷極衆，斷肢殘骸，慘不忍睹、

——摘自《泸县民报》，1938 年 10 月 3 日

一筆血債

九月敵炸廣州次數及投彈毀屋傷亡數

▲中央社廣州三日電：粵防空司令部公佈九月份敵機空襲三八次，機數七三八架，投彈九九六枚，毀屋三七五間，死亡二六二人，傷三八三人。

——摘自《云南日报》（昆明），1938 年 10 月 4 日

黃河北垣曲堅守

日機連連投彈

◎平陸三十日電、㈠分路總攻垣曲之日軍、自二十六日晨突破華方橫嶺之線後、迄今四日因受華軍各軍團側背威脅、始終不敢前進、北路之日軍仍止於皋落鎮、東路之日軍止於蒲掌、故日軍佔垣曲之詭計至此可謂又告失敗、㈡日機於二十八二十九兩日、飛皋落鎮同善鎮垣曲一帶偵察、並投彈十二枚、落同善鎮南、毀民房數間、死人民九、

——摘自《时报》（上海），1938 年 10 月 4 日

閩江口外

日艦擊沉漁船十餘艘

▲福州三日電　上月三十日、日艦一艘、在連江海面又擊沉漁船十餘艘、漁民死者十餘人、自七月至九月份、閩江口外遭日艦焚劫民船漁船共八十餘艘、

——摘自《新闻报》（上海），1938 年 10 月 4 日

敵機襲南昌

死傷平民百餘人

永修等處亦遭轟炸

▲中央社南昌三日電　敵機五架、於今日上午三時半、侵入南昌市空、爲我高射部隊猛烈射擊、未敢低飛、竟盲目在市區內之上營坪經堂巷花園、又新東嶽廟壇圩街、湖濱公園、王陽明路、戴家巷、二欑路、三經路園等處、倉皇投彈四十餘枚、毀民房四十餘棟、死平民十九人、傷八十餘人、又下午四時半、另一批敵機七架、竄抵永修等處窺察、旋在永修東南西三城門附近、投彈五十餘枚、震燬民房四十餘棟、傷我平民一人。

▲中央社漢口三日電　三日晨八時許、敵機十餘架、由贛境向武漢進襲、未幾該批敵機到達鄂境後、即分數批先後在鄂城賀勝橋葛店一帶盤旋、歷二十分鐘之久、即相繼逸去、未投彈。

——摘自《中央日报》（重庆），1938年10月4日

敵機九架空襲重慶

昨晨十時許飛抵渝上空

在廣陽壩等處投彈卅餘

（重慶四日下午八時三十分電）敵機九架今晨十時許襲渝，僅在新市區牛角沱復興麵粉廠旁投彈一枚落江邊，死平民二人傷二十餘人，又在廣陽壩投彈十一枚，南山投彈二十餘枚，據事後調查無多大損失。

（重慶四日下午三時電）敵機九架今晨由鄂省來襲，當即發出空襲警報，十時四十分抵渝，在廣陽壩投彈十一枚，平民死傷甚多，房屋亦被燬壞多間，其中三架竄入市空，在新市區投彈一枚，又在大江南岸南山一帶投彈二十餘枚，惟經我高射炮猛烈射擊，至十一時許仍由原路飛去，又關東口四日電今晨發現敵機十一架，中途被我機截擊，發生激烈空戰，當即被我擊落一架。

——摘自《泸县民报》，1938年10月5日

川東發生空戰 擊落日機二架

日機九架襲重慶

▲重慶四日電　日機九架、四日晨由鄂境來襲、十時四十分發空襲警報、十一時五分發緊急警報、日機先在下游廣陽壩投彈多枚、平民死傷十餘人、燬房屋數間、其中三架、竄入市空、在新市區牛角沱江邊及南岸南城坪山上各投一彈、前者死船夫三、傷二、後者並無損害、經華方高射炮射擊、日機仍循原路逃去、正午、警報解除、又川東某地、四日晨十一時半、發見日機十餘架、中途被華機截擊、發生空戰、當被華軍擊落二架、該地平民略有死傷、

▲美聯社重慶四日電　今晨重慶發出歷史上第三次之空襲警報、九時三十分至九時四十分、下游數英里處之軍用機場方面、有炸彈約四十枚墜下、炸聲歷歷可聞、旋聞重轟炸機約十二架、在重慶上空盤旋之聲、及上午十時、聲音漸向下游方面消失、今日因地上有濃霧、是以無法瞥見日機、當空襲進行之時、民衆均極鎮靜、毫無驚慌之現象、華軍高射炮轟射擊、唯因濃霧關係、毫無功效、上午十時四十分、警報解除、

▲路透社四日重慶電　中國戰時首都重慶、今日遭日機空襲、此爲開戰以來之第一次、日機係由漢口方面飛來、其目標爲中國軍用飛機場、投彈多枚、損害不詳、因晨霧迷濛、未見日機蹤影、惟當其盤旋空中時、軋軋機聲、明晰可聞、約歷一小時許、始行引去、據華方消息、日機來襲者、共約廿七架、蓋有人曾目擊此數、經過沙市宜昌向重慶飛來也、第一次警報、係發於晨九時三十五分、各街道中、一時頗呈驚惶之象、民衆四散逃避、尋覓藏身之所、十五分鐘後、即聞爆炸之聲、由賈院壩(譯音)軍用飛機場方面傳來、日機空襲時、有輕炸彈一枚、落於比大使館附近、據該大使館二等秘書巴樞氏語人、渠聞空中有飛機軋軋之聲、惟不見機影、繼又明白聞得炸彈下墜聲、該彈落於嘉陵江堤岸附近、死傷華人各一、渠曾親見一炸斃兒童之屍身云、據官方消息、日機二十架、空襲重慶東北一百十五哩之涼山、其中九架曾飛至重慶、在下游軍用飛機場投彈五枚、共死六人、重慶東之鄷都及涪州兩地、亦遭轟炸、中國航空公司之飛機、均於日機來襲時平安走避、道格拉斯式巨型機兩架及飛船三艘、均向上游飛去、上週在昆明被空襲時、駕機出險之中國高級駕駛員湯姆、今日又於日機飛臨前十五分鐘、單身駕駛道格拉斯機一架、平安出險、

——摘自《新闻报》（上海），1938 年 10 月 5 日

洛陽昨又遭狂炸

▲洛陽四日電 日機十七架、四日晨九時許、分兩批襲入洛空、在西宮一帶投彈八十餘枚、計燬房數間、傷五十餘人、馬數匹、餘無損失、

——摘自《新闻报》（上海），1938年10月5日

南昌永修遭轟炸

▲南昌三日電 日機五架、於三日上午三時半、侵入南昌市空、爲華軍高射炮隊猛烈射擊、未敢低飛、竟盲目在市區內之上營圩蟋蟀巷花園弄新東嶽廟湖濱公園戴家巷三經路等處倉皇投彈四十餘枚、震燬民房四十餘棟、死平民十九人、傷八十餘人、又下午四時又一批日機七架、竄抵永修等處窺伺、旋在永修東南西三城門附近投彈五十餘枚、震燬民房四十餘棟、

——摘自《新闻报》（上海），1938年10月5日

敵寇暴行

敵機七十餘架

昨分襲重慶梁山孝感

兩次圖襲武漢均未得逞

川東空戰擊落敵機一架

（中央社訊）昨（四日）上午七時許，據報敵機七十五架，分七批先後由鄂東南分向武漢進襲，我防空當局適時發佈空襲緊急警報，旋有數批敵機，忽合忽分，盤旋於武漢近郊數十公里內，意在截擊我機，以爲日昨我空軍掃蕩羅山等方面殘敵之報復，到達上空之寇機僅一批十五架而已。其轟炸機多批，竄過鄂西，後一批十八架，飛至重慶投彈，一批多架飛至梁山投彈，另有一批十八架，沿鄂豫邊境竄擾襄樊，在老河口投彈而去。十一時許，復據報敵機九架，由鄂南向武漢飛行，當先後發佈警報，乃該批敵機在武漢近郊盤旋一週，在孝感附近投彈後，向東遁去。

（中央社重慶四日電）敵機九架，四日晨由鄂境來襲，十時四十分發空襲警報，十一時即分發緊急警報，敵機先在下游廣陽壩投彈多枚，平民死傷十餘人，燬房屋數間，其中三架，竄入市空，在新市區空地，新市區牛角沱江邊，及南岸南城坪山上各投一彈，前者死船夫三，傷二，後者並無損害。經我高射砲射擊，敵機仍循原路遁去，正午警報解除。又川東某地四日晨十一時半，發見敵機十餘架，中途被我機截擊，發生空戰，當被我擊落一架，該地平民，略有死傷。

——摘自《新华日报》（汉口），1938 年 10 月 5 日

被炸後之陽新鎮

江西陽新，自日機轟炸後，化爲灰燼，（上左）：爲碩果僅存之美國教堂，附近皆被炸毀，（上右）：爲被炸民房，（下右）：爲我一兵士乘自由車運送物件。

——摘自《大晚报》（上海），1938年10月6日

敵總攻五台

一萬五千餘人取大包圍形勢 定邊敵侵入五台城

【西安五日電】軍息：五台方面，敵近以十餘路取大包圍形勢，向我總攻，兵力約一萬五千餘，三日上午敵機三架由五台飛寗武窺察，旋南飛軒崗鎮，投彈十八枚，死傷民衆二十五名，毁民房五十餘間，旋又飛至寗武投彈五枚，死傷平民五六名，敵機旋向神池方面飛去。

【西安五日電】軍息：五台北峪口東南一帶，敵我有激戰，終日砲聲不絕，定邊之敵，三日經河邊東冶等村侵入五台城，人數約千餘，砲數門，東冶東北大興村一帶之敵，二日與我某[illegible]激戰終日，迄晚潰竄東冶季莊等地，我某部刻已轉至東社一帶阻擊由原平忻口進犯之敵，此次敵犯五台，完全施用毒彈。【中央社】

【西安五日電】興集五日電：離石方面我敵仍不斷在中（陽）離（石）公路上時有小接觸。【中央社】

——摘自《南京晚报》（重庆），1938 年 10 月 6 日

日機濫炸廣西 燬滅文化機關

（重慶五日電）邇來日機屢飛廣西、在南寗梧州等各地不設防城市、濫施轟炸、專以燬滅中國文化教育機關爲目的、梧州大學區一帶、落彈六十餘枚、並用機槍掃射、廣西大學教員第九宿舍、講義室、傳達室、工人室等全燬、辦公廳、化學館、機械廠等、多被炸毀、人員死傷各一、高中校舍全毀、並炸斃工役一名、初中校舍被毀一部、大東鎭中心基礎學校、亦均遭炸、損失達二百餘萬元、誠爲廣西文化史上一大浩刼、幸防空早有設備、員生尙無死傷、教育部據報後、除致電桂省慰問外、並聞已呈准中央、先撥款六萬元、作爲該校理工學院恢復校舍、及補充設備之用云、

（廣州五日電）今日上午九時許、日機七架、飛進虎門黃埔、在廣虎公路附近投彈十餘枚、絕無損失、旋卽飛逸、另日機一架、十時許飛虎門、順德、大良、窺伺後而去、正午十二時三刻、又有日機一架、在虎門出現、未幾卽經萬頃沙出海、

——摘自《循环日报》，1938 年 10 月 6 日

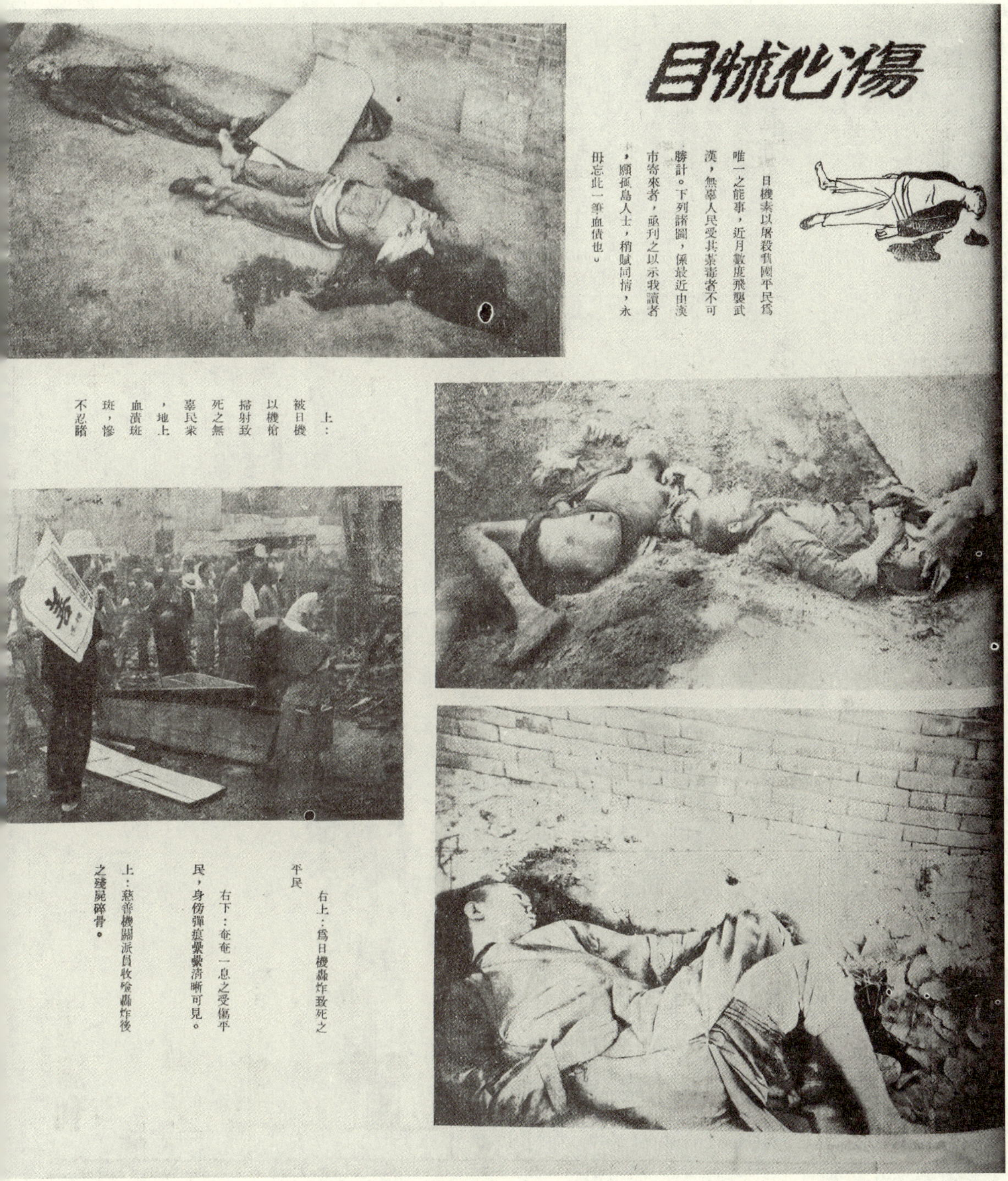

傷心怵目

日機素以屠殺我國平民爲唯一之能事，近月數度飛襲武漢，無辜人民受其荼毒者不可勝計。下列諸圖，係最近由漢市寄來者，亟刊之以示我讀者，願孤島人士，稍賦同情，永毋忘此一筆血債也。

上：被日機以機槍掃射致死之無辜民衆，地上血漬斑斑，慘不忍睹

右上：爲日機轟炸致死之平民

右下：奄奄一息之受傷平民，身傍彈痕纍纍清晰可見。

上：慈善機關派員收殮轟炸後之殘屍碎骨。

——摘自《循环日报》，1938年10月6日

敵機狂炸南昌

投彈六十餘枚死傷五十餘人

中央社南昌五日電　敵機連日在贛境施虐、今晨九時四十分又有敵機九架侵入南昌市空、我高射部隊比即猛烈射擊、敵機倉皇在豫章路北壇王安石路闔斤街經營巷等繁盛區域、投彈六十六枚、炸毁及震壞民房六十餘棟、平民死傷五十餘人、十時另一批敵機十架、再度竄入市空、盤旋一週後、即向北逸去、下午一時許迄二時敵機九架、先後分爲兩批竄吳城永修山上渡馬路口新淯底等處、盤旋窺察、二時半敵機五架、再度侵入永修、投彈十餘枚、損失在調查中、

——摘自《时事新报》（重庆），1938年10月6日

日機八十九架狂炸粵桂

兩路無法通車

【廣州六日電】日機八十九架、今分三次、由中山海外竄犯粵桂兩省、狂炸粵漢廣九兩鐵路、及桂省桂壆平縣、投彈百餘枚、損失頗大、粵漢廣九兩路、短期內無法通車、

——摘自《华美晨报》，1938年10月7日

日機大批空襲粵桂

桂平投彈百枚損失浩大

粵漢廣九兩路亦被狂炸

▲廣州六日電　日機八十九架今分三次由中山海外飛犯粵桂兩省、狂炸粵漢廣九兩鐵路、及桂省桂平縣、投彈百餘枚、損失浩大、首次上午六時半、日機六架飛中山乾霧一帶窺測氣候、即行飛返、二次上午八時、日機三十五架、先後分四批東襲、一隊在廣九路石龍站、投彈廿五枚、石灘落彈三枚、路軌多被炸壞、一隊飛粵漢路、在新街軍田東昌間投彈五十餘枚、路軌橋梁無大損壞、一隊十二架經台山廣海雜定入桂境、在桂平縣投彈二十餘枚、轟毀民房二十餘間、傷亡縣民百餘人、三次上午十一時許、日機四十八架分四批先後飛進粵漢廣九路惠州各地、在粵漢路石井軍田銀盞坳三處共投巨彈四十餘枚、路軌枕木被炸甚多、一隊飛廣九路、在石龍投彈五枚、石灘落彈十六枚、粵漢廣九兩路短期內無法通車、一隊飛惠州各地盤旋窺探後飛逸、

▲重慶五日電　邇來日機屢飛廣西在南甯梧州各地不設防城市狂轟、專以燬文化、機爲目的、梧州大學區一帶落彈六十餘枚關並用機鎗掃射、廣西大學教員第九宿舍講議室傳達室工人室工人死傷各一、高中校舍全毀、並炸斃廚役一名、初中校舍被毀一部、大東鎮中心基礎學校及學德街基礎學校、亦均遭炸、損失達二百餘萬元、誠爲廣西歷史上一大浩劫、幸防空早有設備、員生尙無死傷、教育部據報後、除致電桂省府慰問外、特撥洋六萬元予廣西大學作修理之用、該校於上月當日機飛至梧州空襲時被摧毀、該校係美人所創辦、當時被炸時屋頂懸有美國國旗、是此被炸後、美領事署當局曾向香港日本領事館提出抗議、至日方之答辯則謂、『轟炸該校之日機師初根本不知梧州有大學也』云

——摘自《新闻报》（上海），1938 年 10 月 7 日

寇兇殘毒狠竟至此

擄我兒童爲傷兵輸血

（漢口航訊）記者昨參與勞軍歸來，帶來一個令人髮指的重大消息，特別寫出，給全世界文明人類知道。

敵軍在戰區中搜擄中國兒童，大家皆以爲運回日本，施以奴化教育，做他們的小奴隸。誰知却大大的不然。據俘虜山本芳夫說：「擄運中國兒童，並不是去教養，而是抽他們的血液，給傷兵做輸血治療」，我們的情報眞是太不行了，若非山本芳夫自供，我們根本就不知道我們的孩子是被敵人如此殘忍犧牲！

這禽獸不如的強盜，他們的凶殘毒狠，簡直不是文明人類所能想像的！

——摘自《泸县民报》，1938 年 10 月 7 日

SOUTH CHINA RAILWAYS BOMBED

RAIDS BY 80 AIRCRAFT

FROM OUR CORRESPONDENT

HONG-KONG, Oct. 6

The Japanese to-day used more than 80 aeroplanes in groups of a dozen or more for intensive bombing of the railways in Kwangtung and adjoining towns. They did some damage, but apparently caused few casualties; the damage, at any rate to the Canton-Kowloon line, was negligible, though several stations were hit. Some aeroplanes also crossed into Kwangsi, where Kweiping (Sunchow), west of Wuchow, was bombed and many houses were demolished.

The Japanese recently abandoned Weichow Island, south of Pakhoi, as a base, presumably owing to the discovery of its extreme unhealthiness, and their aircraft to-day are reported to have come from Tongkwa and a base on Sanchow Island, in the neighbourhood of Macao.

——摘自《泰晤士报》（The Times），1938 年 10 月 7 日

江方面助戰云。

▲敵機分向粵桂轟炸

六日香港電。是日上午八時。有日軍飛機五十架以上分別向廣東廣西兩省各處轟炸。計有二十八架向粵漢鐵路肆虐。琵江口，軍田，銀盞坳，樂昌等處。均被轟炸但所受損失甚微。又有日機十二架向廣九鐵路石龍 石灘，等處轟炸。有九架向廣西桂平轟炸。投下炸彈數十枚。平民死傷甚衆。及房屋被毀者甚多。

近日報界傳說日軍有侵犯華南之企圖。惟現在集中華南之日軍戰艦。則漸覺減少。駐泊台灣之日艦。已有多艘調往揚子

——摘自《少年中国晨报》，1938 年 10 月 7 日

敵寇暴行

暴敵殘酷抽我童血

（中央社訊）近來我軍在各戰場俘獲敵軍日記甚多，頃由軍令部譯出一部份，內有一段殘暴情形，讀後令人痛恨萬分，茲錄誌如下：「今日接到母親來信說，她對這次長江戰事的激烈，十分耽心，最近見到傷兵運回國者天天增多，醫生爲使他們創傷早日痊愈，將支那兒童鮮血抽出作爲傷兵之輸血，看到此種慘酷情形，極爲傷心不安。」

——摘自《新华日报》（汉口），
1938 年 10 月 7 日

日機炸永修武甯

兩縣民房多半被毀

▲南昌六日電 日機一架、六日晨八時許、分侵入南昌上空窺察、旋飛豐城樟樹等處、八時四十分、又有日機兩架、再次竄入市空、盤旋一周而去、下午三時許、日機四架、飛至贛西上高高安一帶、窺察良久、並聞日機近日在永修武甯兩縣狂肆轟炸、極爲慘酷、該兩縣民房、多半被毀、

——摘自《新闻报》（上海），
1938年10月8日

南京寇飛機庫建成

工人千名全遭慘殺

京文化機關悉數折毀

屯溪電 暴敵自佔領我南京以來，對我無辜民衆之摧殘，文化機關之破壞，各重要建築物之焚燬，種種滅絕人性之禽獸行爲，早爲國內外所共悉，近京敵稱又將文化機關之碩果僅存者國立中央大學，中央警官學校，中央圖書館等一槪下令折毀，而將折下之磚瓦鋼骨木材等材料迫征我壯丁千名於光華門外祕密修建飛機庫刻已建造完成，乃將此一千參與工作之壯丁暗運上海，悉數慘殺，以圖滅口，而免洩漏機密，各該被慘殺者之屍身，並已用巨石盡沉海底，

——摘自《泸县民报》，1938年10月8日

寇機九十架分批擾粵桂
廣九粵漢兩路頗受損失

敵機在石龍被我擊傷一架

桂平及贛北永修亦遭慘炸

廣州七日電：昨日敵機共九十架、分兩次輪迴起航、竟日飛襲粵桂各地、在石龍石灘投彈、我擊傷一架、同日飾一次炸廣西桂平、下午飛佛山散放荒謬傳單、及炸石井、致發生火警

中央社廣州六日電：敵機八十九架、今分三次由中山海外襲犯粵桂兩省、狂炸粵漢廣九兩鐵路及桂省桂平縣、投彈百餘枚、損失浩大、首次上午六時半、敵機六架、飛中山乾霧一帶窺測氣候、即行飛返、二次上午八時敵機三十五架、先後分批來襲、一隊往廣九路石龍站投彈二十五枚、石灘落彈三枚、路軌多被炸壞、一隊飛粵漢路、在新街、軍田、樂昌間投彈五十餘枚、路軌橋樑無大損壞、一隊二架、經台山廣州羅定入桂境、在桂平縣投彈廿餘枚、轟毀民房廿餘間、傷亡縣民百餘人、三次十一時許、敵機四十八架、分四批先後飛襲粵漢廣九惠州各地、在粵漢路石井、軍田、銀盞凶三處、共投巨彈四十餘枚、路軌枕木被炸甚多、一隊飛廣九路在石龍投彈五枚、石灘落彈十六枚、粵漢廣九兩路短期內無法通車、一隊飛惠州各地盤旋窺探後飛逸、

中央社漢口六日電：六日上午七時許據報敵機二十架、分兩批溯江向武漢進襲、防空部適時發佈空襲緊急警報 旋第一批十一架飛葛店附近投彈、另一批在近郊盤旋後、分途遁去、至十時許復據報、敵機八架、由鄂東向西進擾、當先後發出警報、該批敵機旋分二批到孝感附近窺伺、餘六架竄入武漢高空、略事盤旋、仍循原路逸去、下午四時許復有敵機數架、有竄擾武漢模樣、警報發出後、嗣敵機二架盤繞於葛店一帶而去、餘機俱到紙坊空中、忽又飛去、現於邏台洲附近飄忽流竄、不入市空、即行遁去、

南昌六日電：敵機一架、六日晨八時許侵入南昌上空盤旋、即飛豐城等處、八時四十分又有敵機兩架、再次竄入市空盤旋一匝而去、上三時許敵機四架、飛至贛西上高安一帶窺察良久、復有敵機數架、到永修武寧兩縣狂肆轟炸、極為慘酷、該兩縣民房多半被毀、

——摘自《南宁民国日报》，1938 年 10 月 8 日

廣州晨又遭日機空襲

黃沙車站等處被投多彈
損失詳情現正在調查中

（本報香港今日電）今晨有日海軍飛機十餘架飛行在廣州上空，歷時頗久，旋向黃沙車站及天河飛機場投彈三十餘枚，損失頗重，詳情正在調查中。

——摘自《大晚报》（上海），1938 年 10 月 9 日

失陷後的南京一頁血債

▲財產損失二億四千六百萬
▲平民無辜被殺者逾四萬人
▲被害之婦女多係拒姦致死

上海通訊 南京國際救濟委員會前委託金陵大學教授施密特氏調查南京在戰時至失陷後，敵軍佔領期內所受損失，編成統計。現已工作完竣，報告不日即可印成書籍。其調查結果，有足令人驚駭者。南京財產損失二億四千六百萬元。大半在城內。動產佔百份之五十八。不動產佔四十二，其中實際受損於戰事中者，僅百份之一至二而已。幾全係敵軍入城後焚燒劫掠及流氓匪徒乘機搶劫者。城內外被殺平民共達三萬二千人。徒手或解除武裝士兵之被殺者尚不在內。其數當在一萬二千人以上。而其中有喪夫之四千四百婦女，及無可算計之喪父之兒童，此輩寡婦孤兒生活上因夫死父亡而受重大影響，厥狀尤慘。被殺男子百分之廿八。被殺婦女中百分之卅六屬於未成年之平民。至被殺婦女內十六歲以上五十歲以下者佔百分之八十，係因拒姦致死，有四千二百人被擄去。直至六月生還者甚少。該報告又聲明所有數字，皆較實數爲少，因居民被殺後多被埋葬。無法詳查，尤以被姦淫之婦女爲多。關於農業方面之損失，係包括近畿各縣，估計江寧區原轄縣份（未詳）人口共一百五十萬。在此區域內損失總數共達四百四十萬。農戶損失據施密特教授之農村調查。農民每戶全年平均收入爲八九十元。今損失十分之七。其經濟陷於崩潰，自不待言。建築物損失爲二千四百萬元，佔全區內屋宇百分之九十，共損失十二萬二千戶，共值六百七十萬元。卽平均每戶損失卅六元。農具損失值五百廿四萬元，稻麥損失則共一百一十萬石，值四百廿萬元，以目前情形觀之。秩序之恢復，爲期遙遙，南京區域人民之饑饉貧乏遭遇正方興未艾也。

——摘自《少年中国晨报》，1938 年 10 月 9 日

敵機艦繼續猛犯華南

淡水北白芒花激戰

惠陽被狂炸死傷平民千人

粵港間電話中斷

【中央社廣州十四日晨二時電】侵襲惠屬敵軍，自在淡水附近中伏後，即向東北竄擾，與我生力軍遭遇於淡水平山間之白芒花地方，發生激戰，迄晚十時止，已呈膠着狀態。

【中央社廣州十四日下午五時電】今晨我軍反攻淡水，肉搏數次，敵軍大受重創，斃敵二千餘人，殘敵向圩外潰敗，我軍曾一度克復淡水圩，旋敵又再增援反攻，雙方現正激戰中。

【中央社廣州十三日下午十二時電】惠屬敵軍五千餘人，今晨十一時與我軍在淡水以南・甫田以北激戰，敵方先中伏，後大部增援，我軍肉搏數次，雙方互有傷亡，敵與我劇戰至十二時，我軍在敵陸空夾擊之下，衆寡懸殊及地形關係，轉向淡水以北新陣地，繼續抵抗。

【中央社廣州十三日電】犯惠屬沿岸之敵約千餘人，利用砲艦飛機之優越火力，經一晝夜激戰，將我下涌方面工事推毀淨盡，我軍爲避免敵艦砲火射程計，自動轉入土田地方，據險繼續抵抗，敵人數雖較前略增・但我增援部隊已紛紛開抵目的地，前方士氣益振

【中央社汕頭十四日路透電】日運輸艦十艘今日離汕他駛，其目的地何在不明，惟諒係開赴大鵬灣或珠江之三角洲地帶，日巡洋艦一艘及驅逐艦三艘，護送該運輸艦他駛云。

【中央社廣州十四日晚八時電】十四日晨六時三十分，本市發出空襲警報，迄下午四時三十五分始告解除，敵機共一百零二架，分十五批由中山海外起飛，

竟日轟炸、在粵漢路樂昌楊溪間投彈廿餘枚。源潭廿餘枚，郭塘至新街一帶投彈三十餘枚，廣九路石龍至樟木頭各段投彈五十餘枚，並在惠增公路惠樟公路，惠州增城東莞及東江沿岸各地投三百餘枚。

【中央社香港十四日路透電】日機今日終日轟炸惠陽，死傷平民千人，惠陽城內已起火燃燒。

【中央社廣州十四日電】大亞灣有敵艦大小百二十餘艘，汕頭方面有敵艦大小四十餘艘，判斷敵艦行動似有於兩處同時登陸企圖，昨敵在沿大亞灣海岸平海稔山下涌澳頭已登陸數千，汕頭海岸南北港及拓林等地敵艦亦躍躍欲試，我兩線大軍俱已配備完成，激烈戰事業已展開。

【中央社香港十四日路透電】廣州與香港間之電話線，因日機轟炸結果，已經中斷云。

——摘自《国民公报》（重庆），1938 年 10 月 10 日

▲敵機轟炸廣州慘劇

九日共同通訊社香港電。是日有日軍飛機十架。侵入廣州市上空。投落炸彈二十餘枚。平民被炸斃者共約五十名。此爲近數星期來。日機轟炸廣州市之第一次。是日日機投燃燒彈多枚。致有多處發生大火災。此次日機向黃沙車站、軍事學校、及飛機場等處、投落炸彈最多。

——摘自《少年中国晨报》，1938 年 10 月 10 日

日機分批犯湘

衡陽四度夜襲

在市郊投彈百餘枚

（衡陽十一日晨三時半電）日機於雙十節四度夜襲衡陽，此間十時三十分發出警報，日機第一二三四次，各爲六架，第二次爲三架，前後在市區及近郊投彈一百二十餘枚，死傷四十餘人，毀民房十餘間，當日機每次侵入市空時，我照空燈密集尋獲，日機無所掩避。

——摘自《晶报》（上海），1938 年 10 月 12 日

日機濫施轟炸

教會醫院被毀甚多

直接被炸者 達十一所

日本發動侵略戰事以來、竟蔑視國際公法、對於不設防之城市及無辜平民、濫施轟炸、致民間損失、爲數至鉅、而文化機關及醫院等、亦竟爲其肆意摧殘之目標、茲悉國際醫藥援助團、會函各教會團體、調查各地教會醫院被毀之情形、現就已經接得覆函者、加以統計、其被直接炸中而被毀者達十一所、其遭搶刦或炮毀者十二所、而被日軍强佔者計七所、尚有四所、則因戰事關係、已被迫停辦、以上總計爲三十四所云、

——摘自《新闻报》（上海），1938 年 10 月 12 日

平漢道清綫敵

散放毒菌

（中央十一日鄭州九日電）平漢南段道清綫之敵，經我迭次痛剿，消滅大半。現敵滅絕人道，仍然撒放毒菌，以殘害我軍民，凡蒙受我軍襲擊之區域內，均撒放霍亂[illegible]疾等菌，以[illegible]要將[illegible]尤甚，民衆染疫致死者，[illegible]村多以百數十計，[illegible]我防疫工作徹底，病勢已漸減少。

——摘自《新华日报》（汉口），1938 年 10 月 12 日

日軍在浦東焚燒民房洩憤

四週華軍紛起襲擊

浦東忠義救國軍自於國慶紀念日前夜襲擊周浦、三林塘、楊思橋、周家渡、白蓮涇、南碼頭等六七處後、駐於浦東日軍於昨日上午十時分三路下鄉搜索、意圖報復、一路由南碼頭沿石路向張江柵鎮搜索、一路由川沙乘上川火車於小灣站下車、至唐墓橋鎮向西北搜索、一路由慶甯寺至金家橋鎮朝南搜索、在駐於該處附近之忠義救國軍爲第四大隊陶峯、秦興炎部下、當令中隊長徐鴻猷倪正泉莊義等化整爲零、分頭迎擊、當百餘日軍及僞警行至張江柵鎮北首凌家宅、指該處凌世昌住宅及附近村合、爲華軍潛伏場所、當即縱火焚燒、一時烈燄騰空、慘不忍覩、是時潛伏於四周之華軍、即紛起襲擊、用手溜彈向日軍猛投、日軍猝不及防、死傷二三十人、後日軍據民房以機槍掃射、當時雙方戰鬥劇烈、附近方民中流彈死傷者甚夥、變農相持至下午、華軍爲避免無謂犧牲起見、逐漸向四鄉散開、是役日軍傷亡慘重、華軍亦略有死傷、

腥風血雨

殘殺平民

浦東南碼頭日陸軍部隊、於國慶前夜之役、受創甚重、連日分投四鄉希圖找尋游擊隊報復、但所到之處、並無游擊隊蹤跡、意將無辜平民濫行捕殺、前日清晨、有一隊兵士、經過白蓮涇橋、向東南行至姚家宅、闖入鄉民焦和尙家、忽然搜出金鑼一面、詢問何用、姚謂係防盜賊之用、（按該處盜匪猖獗、鄉民聯合自衛、一家發生盜刦、即鳴鑼呼援、各家附和、互相奔出捉拿、以絕盜患、）日軍聞言不信、見焦子年僅二十三四歲、體壯力強、指爲游擊隊員、隨即捕去嚴刑拷打之後、擊去鼻端、然後斬決、前晚十一時許、又有廿餘兵士、結隊赴北蔡鎮搜索、在港邊見一捕魚老翁、詢其游擊隊在何處、老翁不懂日語、故未置答、當被用刺刀戳斃、並將該鎮市房縱火焚燒、昨日清晨又結隊赴姚家宅巡察、見該處一小茶館內、有四青年、正在雀戰、即向彼等身畔搜索、並無武器、但未備僞「市民通行證」、（按該處僞證大多尙未發下、遂亦指爲游擊隊、當場一併帶至南碼頭隊部斬決、埋尸荒郊、覩者咸爲之鼻酸、

☆ ☆

——摘自《华美晨报》，1938 年 10 月 13 日

敵寇暴行

敵機百餘架襲粵

昨竟日狂炸各地

（中央社廣州十二日電）廣州今竟日在空襲警報中，自上午五時卅六分迄下午五時十五分，敵機一百零四架，分十四批先前輪流轟炸粵省鐵路公路，暨惠陽縣屬海岸各地。計在粵漢路樂昌站附近投彈卅餘枚，軍田樂同間落彈十餘枚，廣三路佛山站落彈八枚，小塘站落彈數枚，廣九路塘頭廈常平橫瀝石灘各站共落彈七十餘枚，莞太廣增惠樟等各公路均落數十彈，惠陽縣大亞灣附近之下涌平山菱山等沿海一帶地點，落彈最多，約數百枚，傷亡損失未詳。

（中央社廣州十二日路透電）今晨敵機一百廿七架，大舉轟炸廣東各地，計被炸地點爲惠陽、汕頭、及廣三粵漢廣九鐵路沿線各地，敵機雖曾飛越廣州上空，但未投彈。

——摘自《新华日报》（汉口），1938年10月13日

綏包法幣準備金存款

被暴敵刧奪運走

慘殺中行行長逮捕存款人

（中央社榆林十二日電）敵陷綏包後，將我中交兩行庫存法幣準備金現銀二百萬，及各商號存款三百八十餘萬元悉數運走，幷禁止提取存款。頃僞察南蒙疆兩銀行成立，將中交兩行強迫接收，佔據行址；各存戶乃召集會議，舊事重提，向僞方交涉發還存款，遂大觸敵怒，將爲首數人逮捕，慘酷刑訊，指爲叛逆，原中行行長鄭相臣，亦因認其有唆使嫌疑，竟遭[illegible]殺，其兩行舊有行員，則一概驅逐出境。敵此種公然刧掠之强盜行爲，我當地同胞，莫不憤慨萬狀。

——摘自《新华日报》（汉口），1938年10月13日

登陸日軍被擊退

日機襲汕頭

海門灣泊日艦十餘艘

（汕頭十三日電）路透社訊：昨夜聞希望灣方面，砲聲隆隆，日軍希圖登陸，被華軍擊退。今晨有日水上飛機兩次來此，但未擲彈，民衆現仍安靜。

（又電）昨晚入港之商船，報告海門灣泊有日巡艦一，驅逐艦三，運輸艦十，與武裝商船二，南澳與海岸間亦泊有日驅逐艦三艘，日軍未必欲在此間登岸，上述各艦大都於今晨駛入海中，顯往大鵬灣集中點。

（又電）日機昨轟炸距汕頭十哩之潮陽，炸死東門附近居民多人，日機之飛過汕頭上空者，似僅擲下傳單，勸民衆投降。

——摘自《晶报》（上海），1938 年 10 月 14 日

陽新慘狀（上）

【丹麥記者愛斯克蘭陽新通訊】半月之前，記者搭軍用卡車離漢赴陽新，該城離長江南岸前線約八十里，創痍滿目，惟仍靜寂，僅時聞前線大砲之隱隱吼聲而已，數月以前，陽新五十萬左右之人口，而今即乞兒餓者亦均避去矣，滿城中未損之房屋，不出百幢，蓋日本轟炸機曾在此處大肆猖獗也。敗壞之街道間，滿充惡臭，凡嗅之特別刺鼻。記者循此惡臭而行，至數堆稻草小堆，上有石塊，有一堆中，伸出一隻人手，似求乞然，稻草堆下盡置屍首也，蓋日機投彈，驚懼之居民急於逃避，僅以稻草石塊掩蓋遭難者。城中山頂上一所紅色大寺院，均已毀壞，瓦礫堆中，有死馬一堆，蓋炸彈投中該寺時，此等馬匹適停留其中，馬首崩裂，白色蛆蟲蠢動，寺中菩薩已被兵拋諸廟外，或係因睡眠之地不足故。

婦人之尖叫衝破靜寂，漸聞其一再重述其語，每句完時爲狼號，記者隨聲而至一泥舍，雖岌岌可危，尚未倒塌。一無齒老婦立歪斜之門戶中，搖動其瘦弱之兩臂，枯乾之灰髮散披於其蒼白之臉上，而其一再所說之語，並無意義，彼已因日機投彈而全然瘋狂矣。

——摘自《南京晚报》（重庆），1938 年 10 月 14 日

敵機昨炸甯武

本報榆林十三日專電　敵近在揚方口老營堡增兵、共約千人、晉西北我軍在嚴密戒備中、敵機三架、十二日飛甯武轟炸、損失未詳、

中央社河曲十三日電　十二日晨、敵機至甯武投十三彈、死傷六人、毀房屋二十五間、

——摘自《时事新报》（重庆），1938 年 10 月 14 日

寇機百餘架肆炸粵各地

粵三大鐵路均被寇投彈

下涌坪山菱山等沿海落彈最多

一寇機在惠陽被擊落機燬人亡

廣州十三日路電。寧方訊、日機一架、昨在惠陽被擊落、機身全燬、駕駛員二人亦均斃命。

廣州十一日路透電。今晨日機一百廿七架、大肆轟炸廣東香港計敵炸地點爲惠陽汕頭、及廣三粵漢廣九鐵路沿線各地、日機雖曾飛越廣州上空但未投彈云

廣州十二日電　廣州今日在空襲警報中、自上午十時卅分迄下午三時十三分、敵機一百零四架、分四批先後輪流轟炸粵省鐵[illegible]路暨惠陽縣屬灣岸各地、敵在粵漢路樂昌站附近投彈卅餘枚、軍田樂同間落彈十餘枚、廣三路佛山站落彈八枚、小塘站落彈數枚、廣九路塘頭廈、常平、橫瀝、石龍各站均落彈七十餘枚、莞太廣增等各公路均落數十彈、惠泰縣大亞灣附近之下涌平山、菱山等沿海一帶地點、落彈最多、約數百枚、傷亡損失未詳、

廣州十三日惠陽十日電。又昨日敵機共一百零四架、分[illegible]批轟炸本省各地、計在[illegible]頭一帶、落二百餘彈、惠城落六彈、東莞之萬江橋、樂昌、增城、佛山及三水之鐵橋附近、均有落彈、

寇機分飛鄂贛各地肆虐

漢我戒備嚴密寇未敢犯

漢口十二日電：十二日下午一時廿分、敵機九架、分批沿江西犯、先後在保安紙坊、賀勝橋一

——摘自《南宁民国日报》，1938 年 10 月 14 日

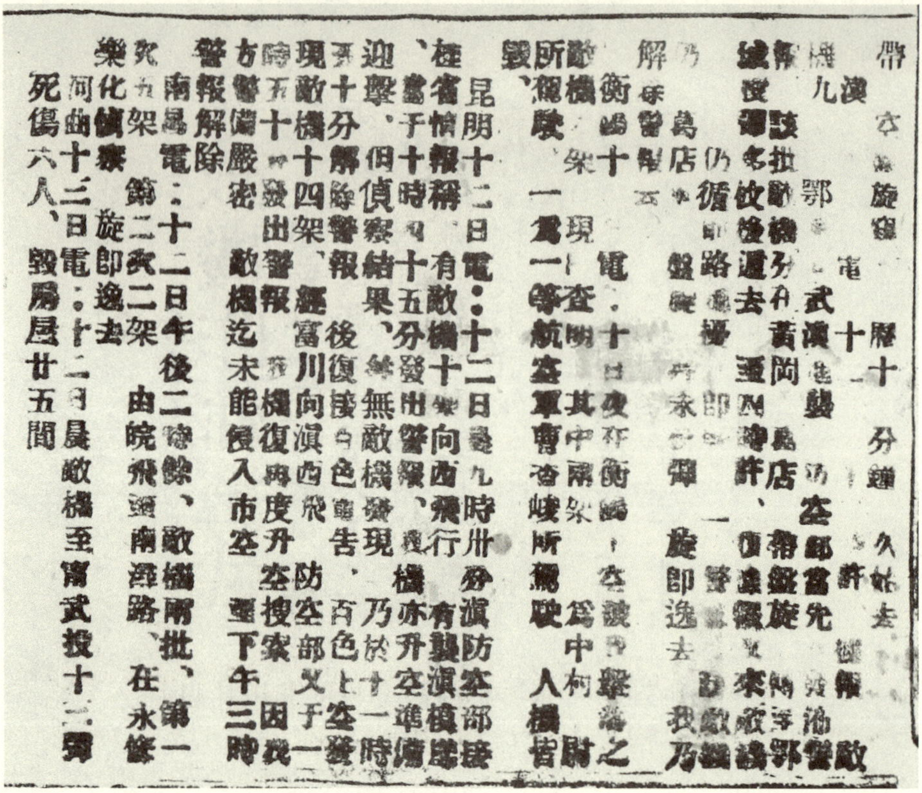

——摘自《南宁民国日报》，1938 年 10 月 14 日

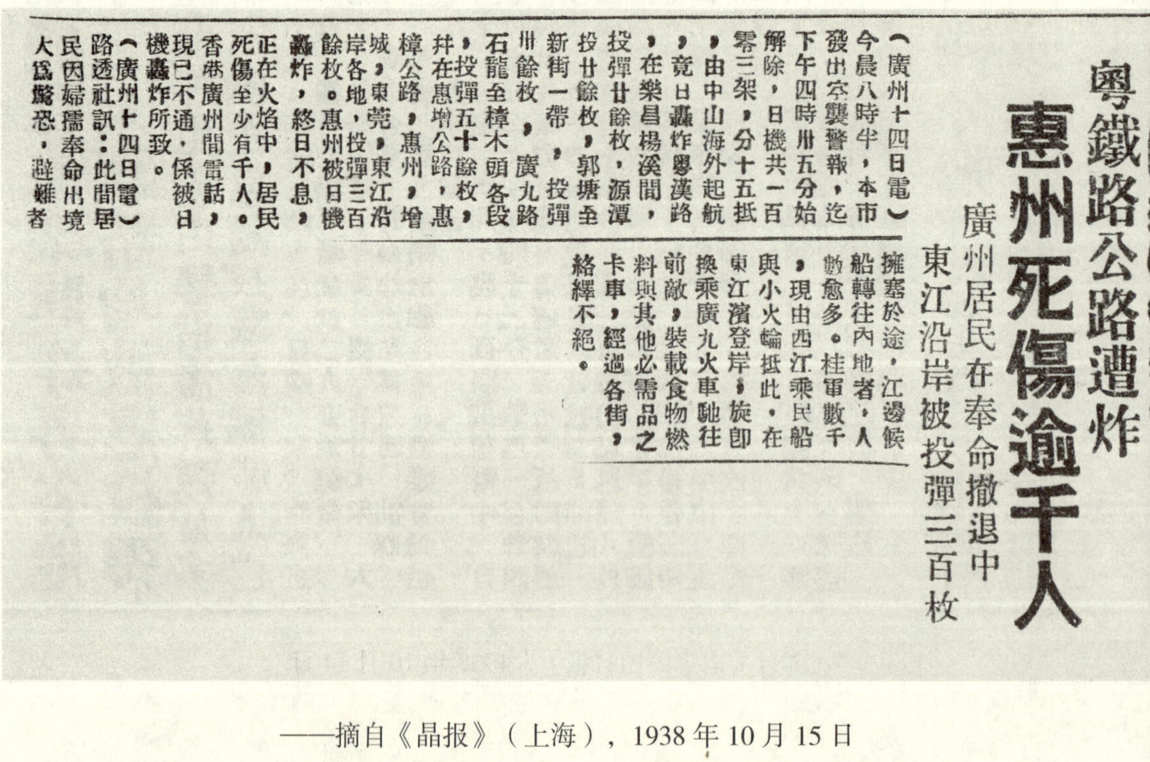

粵鐵路公路遭炸

惠州死傷逾千人

廣州居民在奉命撤退中

東江沿岸被投彈三百枚

（廣州十四日電）今晨八時半，本市發出空襲警報，迄下午四時卅五分始解除，日機共一百零三架，分十五批，由中山海外起航，竟日轟炸粵漢路，在樂昌楊溪間，投彈廿餘枚，源潭投廿餘枚，郭塘至新街一帶，投彈卅餘枚，廣九路石龍至樟木頭各段，投彈五十餘枚，幷在惠增公路，惠樟公路，惠州，增城，東莞，東江沿岸各地，投彈三百餘枚。惠州被日機轟炸，終日不息，正在火焰中，居民死傷至少有千人。香港廣州間電話，現已不通，係被日機轟炸所致。

（廣州十四日電）路透社訊：此間居民因婦孺奉命出境，大爲驚恐，避難者擁塞於途，江邊候船轉往內地者，人數愈多。桂軍數千，現由西江乘民船與小火輪抵此，在東江濱登岸，旋即換乘廣九火車馳往前敵，裝載食物燃料與其他必需品之卡車，經過各街，絡繹不絕。

——摘自《晶报》（上海），1938 年 10 月 15 日

陽新慘狀

（中）

行經受戰事所苦之區域中，可注意及炸彈常使婦女狂癎。然記者未見中國男子因驚怖而成瘋者，且中國婦女常患歇斯迭里病，而男子鮮有患此者。

瓦礫堆中見一十字，蓋一教堂也。隱約之歌聲自堂中發出，堂外懸一大美國旗，城中猶有傳教士歟？

記者不得不爬過亂石及斷木堆，始抵教堂門口，堂門大開。有孩子八人或十人，圍兩老婦，正在叉麻將，又一有老眼昏花，背彎如弓之老人，坐其附近操胡琴。房中之彩色窗戶已被炸彈震裂。堆置房角之長凳中有數雌雞咯咯呼雛。滿染塵埃之壇上懸一身穿中國服裝之彩色基督畫像。

三月前，日機開始轟炸陽新，堂中傳道士逃避時，此等老婦即居住其中。彼等之所食為雞蛋及夜間往城外採摘之蔬菜。有時，日機於一日中炸陽新達六次之多。而陽新已被炸成一片焦土時，彼等却藉美國旗之保護得安坐其中。教堂四圍之房屋均已摧毀無餘。

步出教堂大雨如注，記者在漢時曾得允准該晚八時，有汽車來接。故記者猶能在此死城中勾留四小時。

——摘自《南京晚报》（重庆），1938 年 10 月 15 日

ADVANCE ON CANTON

MORE JAPANESE LANDED

BOMBING THREAT

From Our Correspondent

HONG-KONG, OCT. 14

Hong-kong remains calmly but anxiously watching Canton's hour of trial. The Japanese have extended their footing from Bias Bay, and now overlook the British waters of Mirs Bay. As was expected, they quickly reached and occupied Tamshui, eight miles from the coast and 20 from the railway, where the Chinese are offering real resistance along the Taikong River.

Japanese aeroplanes continue intensive bombing. Tamshui was reduced to a shambles before its capture, and Waichow is described as "a raging inferno." The railway and road between Canton and Hong-kong are also being heavily bombed, and the two centres are now completely cut off from one another by land.

Meanwhile the expected threat on the other side of Hong-kong has, it is reported, developed. The Japanese are said to have landed troops near Namtao, 10 miles from the Hong-kong border.

INFLUX OF REFUGEES

Refugees are streaming along the paths. Thousands have reached the railway, and the influx across the border has begun. The refugees are mostly women and children, as the men are nearly all fighting with the militia.

The Japanese are reported to have sent an ultimatum demanding the surrender of Canton forthwith under penalty of ruthless bombing at dawn to-morrow. The Governor of Canton has declared, however, that Kwangtung will fight, choosing her own battleground. The roads from Canton seawards are said to be choked with reinforcements, including troops from Kwangsi.

TOKYO, Oct. 14.—According to to-night's military *communiqué*, the vanguard of the Japanese forces in South China yesterday evening reached the country south of Waichow, their immediate objective, about 80 miles east of Canton.

According to the naval section of Imperial Headquarters Marines landed yesterday on the northern and southern shores of Yaling Bay, west of Bias Bay, and captured Paiyashan fort.—*Reuter.*

——摘自《泰晤士报》（The Times），1938年10月15日

敵機狂炸惠州及交通線

——我百萬大軍嚴陣以待

十四共同社香港電。敵機狂炸惠州。城內火起。平民被炸斃。及炸傷者達一千人。敵軍從海岸分三路進窺。希望二面夾攻惠州、敵防我軍增援。特派飛機狂炸廣九鐵路。計廿四小時內。敵機共投炸彈約八百枚。

廣東當局現擬於必要時。遷省府至粵北翁源。向北約九十五里。當局下令市內平民四十萬人。即時離境。由政府遣送。防敵機空襲。作無謂之犧牲。據可靠消息。沙面外領團要求在廣州設立安區。

我方對戰局極爲鎮定。我方在華南有軍隊一百萬人。軍械充足。即使省港交通斷絶。足以支持一年。據息。今晨敵軍陷淡水。淡水距白耶十灣十里。離廣九鐵路約廿里。距新界約十八里。昨日敵機轟炸粵省各地。傷斃平民約六百人云

——摘自《三民晨报》，1938 年 10 月 15 日

▲敵機終日轟炸惠陽

▲城內九處起火

▲居民死傷共千餘名

十四日聯合通訊社香港電 據是晚消息在廣州市以東八十英里之惠陽縣、是日被日軍飛機終日轟炸。城內四處起火居民被炸死傷共達千餘名。日軍現分一路向惠陽進發。料中日兩軍將在該城附近發生決戰。據報 粵省政府擬將各行政機關遷往廣州市以北九十五英里之翁源。粵當局幷下令廣州市內之非戰鬥員共四十萬名離境。由政府給以川資 以避敵機空襲或疫症之發生。

據華人消息。日軍飛機是日終日轟炸廣九鐵路及附近各公路。以圖利便軍隊之前進。華人謂日機於廿四小時內。曾投落炸彈共約八百枚。廣東省各處居民昨日被日機炸斃或炸傷者，共約六百餘名。

——摘自《少年中国晨报》，1938 年 10 月 15 日

敵機狂炸粵省各地

▲廣州婦孺開始遷入內地　十四日共同通訊社香港電，華南沿岸各處之居民，是日開始遷入內地，以避日軍飛機之轟炸。據由廣州市發來尚未証實之電訊，惠陽被日軍飛機轟炸竟日，現已發生火災，居民被炸死傷者約達千餘名。聞日軍飛機曾在廣州市上空飛翔，擲下荒謬傳單，要求廣州市於明日投降，否則「實行大舉轟炸」。廣州市之婦孺共四十萬名，經已開始離境。省市政府機關亦準備向內地遷移，乘車或步行離境之難民。中途遇有由西方向廣州市進發之廣西省軍隊甚多。此等軍隊，係趕往協助守衛廣州市者。

▲敵愈深入我抵抗力愈強　日軍由淡水方面向西進發，以期將廣九鐵路截斷。淡水是日被日軍飛機及大炮不斷轟擊，已成一片焦土。日軍現繼續向惠陽進發。日軍愈深入內地，則華軍抵抗力愈為堅強。惟日軍專恃飛機及大炮向華軍陣地轟擊，致令華方損失頗鉅。

▲香港北部木橋被敵炸毀　在香港以北約十五英里之木橋，曾被日軍飛機炸毀，以致香港與廣州市之交通被阻。僅有通至惠陽之公路及澳門之水路，可與外間來往。現由香港運入內地之軍用品，已被阻滯。

▲嶺南大學為安全區　據報，廣東省政府曾照會沙面外國領事團，請向日軍接洽，劃出嶺南大學及法國天主教堂為安全區，以為非戰鬥員避難之所。

▲敵機轟炸各城市及村落　日軍飛機共百餘架，是日分隊飛往粵省各城市及村落轟炸，物業損失頗巨，平民死傷亦甚衆。有炸彈多枚，在曲江附近河道跌落，將漁艇多艘擊沉，漁民被炸死傷共一百餘名。

▲粵有五十萬至百萬大軍　聞中國中央政府經已決定派兵南下，援助粵軍，保衛廣東。查粵省軍隊總數，約由五十萬至一百萬名。盛傳中央政府已由漢口調遣大軍十師南下，直向廣州市進發云。

——摘自《少年中国晨报》，1938 年 10 月 15 日

陽新慘狀（下）

一茅舍中，有一士兵行將畢命，彼因患病而消瘦異常，靜臥地上而喘息，記者給彼香烟一根，欲與之談話，惟彼僅能呼啊唷而已。

記者將其扶起並曳諸屋外，彼兩膝戰抖，惟死期近矣。記者告以搭車，同去漢，彼已不聞。行三四步，頹然而倒，面覆於地，不再起矣，此處即其墓穴。

另一條街上，有一士兵蹲伏於地，一腿已受重傷，藉其兩手，一腿及背部而行，受傷之腿直伸於前，週身瘍腫。

彼自前線來，照此爬行已五天，傷處日益惡劣。記者給以香烟時，猶感激不止。

記者不信神鬼，然天黑後而坐在沉靜瓦礫堆中，稍有恐懼矣，月光照耀，適長使此城遍地搖動神秘之陰影，三次見鬼，並非眞鬼，而係傷兵，彼等依杖，徐徐行過。

山頂上破廟前之菩薩，似在此死城之上悄悄私語，或係夜間微風之吹過。其聲悄語曰：『汝等可笑之人類僅活一次耳，何故不能保守和平耶』？但菩薩固不知世界政局也。（完）

——摘自《南京晚报》（重庆），1938 年 10 月 16 日

岳陽昨遭日機濫炸

（岳陽十六日電）日機十八架分兩批十六日午由鄂東襲岳，共投彈念餘枚，多落上下梅溪橋，金家嶺，乾明寺，南井火車站一帶，炸毀民房十棟震塌民房六間，死平民十九人傷三人，餘無損失。

——摘自《大晚报》（上海），1938 年 10 月 17 日

最近閘北

閘北在滬戰時，都遭炸毀及焚毀，至最近火場曾被清除過，所有一切餘物，皆被取去，現祇存一片荒地。

——摘自《大晚报》（上海），1938 年 10 月 17 日

日機五十九架

昨分批襲湘

株州計被轟炸十次

（長沙十六日電）日機五十九架，十六日自晨八時半起，竟日襲湘，分八批輪迴轟炸株州，岳陽，及汨羅。第一批日機兩架，第二批日機一架侵入長沙市空偵察，第三四五六批日機共三十八架，先後在株州轟炸十次，投彈二百餘枚，路軌略有損壞。第七批九架，經市關至岳陽，在車站附近投彈，第八批經贛來湘，在汨羅投彈。

（南昌十六日電）日機六架，十四日午襲高安，在城內投彈四枚，炸死平民十餘人，傷廿三人民房被燬十餘棟，爲該縣從、未有之慘劇。

——摘自《晶报》（上海），1938 年 10 月 17 日

敵機襲湘

株州岳陽等處被炸

並飛鄂贛各地肆擾

▲中央社長沙十六日電　敵機五十九架十六日晨八時起竟日襲湘、分八批輪迴轟炸株州、岳陽及汨羅、第一批敵機兩架、第二批敵機一架侵入長沙市空偵察、第三四五六批敵機共卅八架、先後在株州轟炸十次、投彈二百餘枚、我路軌小有損失、第七批九架、經鄂關至岳陽在車站附近投彈、第八批經贛來湘、至汨羅投彈後遁去、我無損失、長沙警報於下午三時卅五分解除。

▲中央社漢口十六日電　下午三時許據報敵機十一架由鄂南向武漢進襲、防空部當即先後發佈空襲緊急警報、高射部隊亦準備射擊、敵機進入上空見我有備、向北逃竄、嗣分二批、一批五架分赴應城漢川後、復侵入上空、冒高射砲而逃、另一批六架飛至孝感附近折入本市上空、在飛機場用機槍掃射當被我高射部隊猛烈射擊、倉皇遁去、我無損失。

▲中央社南昌十六日電　十六日晨、敵機三批、過贛襲湘，十一時并有一架經過南昌市空竄往樟樹、又敵機竟日在永修都昌等地輪流窺察。

▲中央社南昌十六日電　敵機六架十四日午空襲高安、在城內投彈廿四枚、死平民十四人、傷二十三人、民房被毀七十餘棟、爲該縣從來未有之慘劇、民衆對敵痛恨入骨。

——摘自《中央日报》（重庆），1938 年 10 月 17 日

日機昨在沙面投彈
傷亡平民二百
粤漢廣九兩路遭瘋狂轟炸
普寧硫砂車站亦被投四彈

（香港十六日電）今日日機九架、在沙面投彈六枚、死傷平民約二百人、

（廣州十六日電）十六日日機七十架、分十七批由中山海豐兩縣海外起航、自晨七時十分、迄至下午五時五分、本市空襲警報始行解除、各批日機輪迴向粵漢廣九兩路、及東莞、增城、寶安、惠陽各縣、偵察肆虐、本市黃沃車站投彈十七枚、傷斃市民廿餘人、五和堂熟藥店落彈一枚、死四人傷五人、毀屋十一間、

（汕頭十六日電）今晨九時日水機二架、由海外進窺惠來、旋循普寧、揭陽、豐順等公路低飛窺察、在普寧硫砂車站投四彈、車站及附近民房被毀、死傷平民十餘、十時折回潮陽出海、潮沙沿海、現僅有日[illegible]艘、

× × ×

——摘自《循环日报》，1938 年 10 月 17 日

日機轟炸汕頭

▲汕頭十六日電　今日上午九時、日水機二架、由海外進窺惠來、旋復向普寧揭陽豐順 各公路低飛窺察、在普寧硫砂車站投四彈、車站附近民房被燬、死傷平民千餘、十時由潮陽出海、

——摘自《新闻报》（上海），1938 年 10 月 17 日

贛省高安慘被轟炸

▲南昌十六日電　日機六架、十六日午空襲高安、在城內投彈廿四枚、炸死平民十四人、傷廿三人、民房被毀七十餘棟、爲該縣從來未有之慘劇、

——摘自《新闻报》（上海），1938 年 10 月 17 日

敵機百八十架前日又狂炸粵各地

數百村落陷爲焦土 惠陽城已成爲廢墟

香港十五日電，十六日報載稱，此次華南戰事最可注意者，爲日軍實行大規模海陸空攻擊，尤其是空軍之殘暴，爲世界任何一處所未睹，十五日又有日機百八十架狂炸廣東各地，樟木頭石龍平樂及其他數百村落，已陷爲焦土，惠陽城已成爲廢墟。

——摘自《泸县民报》，1938 年 10 月 17 日

寇機昨分八批襲湘

在株州岳陽長沙等地 輪流轟炸投彈數百枚

我無損失，本市警報於三時卅五分解除。

長沙十六日電，敵機五十九架今（十六）日分八批襲湘，在株州岳陽汨羅等地探視，上午八時四十分發出警報，首批二架越賀勝橋岳陽於一刻鐘后掠過市空嗣由湘陽易家灣牛江等地偵視，二批一架由贛境經瀏陽，并在岳陽偵擦，第三四批各十架，第五六批六九架，先後取道銅鼓萬載攸縣禮甯侵入株州輪流轟炸十次，共投二百餘枚，敵機亦有損傷，第七批九架由鄂東直趨岳陽，在火車站附近投彈多枚後竄去，電線多爲損毀、迄下午一時半長沙市解除警報過四十分鐘，第二次警報又發，修水發現第一批機九架，旋經岳陽，廊城湘陽後，回竄長樂街德至汨羅江鐵橋附近轟炸後向東北逃去，

——摘自《泸县民报》，1938 年 10 月 17 日

敵寇暴行

粵境竟日遭轟炸

（中央社廣州十六日電）今日敵機七十架，分十七批由中山海豐兩縣海外起航，自晨七時十分迄至下午五時五分，輪迴到市區粵漢廣九兩路及東莞增城寶安惠陽各縣交通線，並頻頻偵察樟木頭深圳寶安窺伺肆虐。本市黃沙車站，傷斃市民廿餘人，五和堂熱藥店死四人傷五人，毀屋十一間。並在東郊天河，粵漢路英德銀盞坳等站，廣九路南崗沙村塘尾天堂圍各站，惠增惠樟等公路附近各地轟炸。

——摘自《新华日报》（汉口），1938 年 10 月 17 日

寇機昨竟日輪迴襲湘

粵漢路株州站路軌小有損失

贛北高安亦遭狂炸死傷卅餘

（中央社長沙十六日電）敵機五十九架，今日自晨八時半起，竟日襲湘，分八批輪迴來炸株州、岳陽及汨羅。第一批兩架，第二批一架，侵入長沙市空偵察；第三四五六批共卅八架，先後在株州轟炸十次，投彈二百餘枚，路軌小有損失；第七批九架，經鄂南至岳陽，在車站附近投彈；第八批經贛來湘，至汨羅投彈後逸去，我無損失。

（中央社南昌十六日電）敵機三架，十四日午空襲高安，在城內投彈廿四枚，炸死平民十四人，傷廿三人，民房被毀七十餘棟，為該縣從來未有之慘劇，民衆對敵痛恨入骨。

——摘自《新华日报》（汉口），1938 年 10 月 17 日

豫省八九月內空襲五十二次

（中央社鄭州十五日電）八九兩月內，豫省共遭敵機轟炸五十二次，投彈一三二五枚，炸斃四二七人，傷八六九人。轟炸次數，計洛陽、靈寶、孟津、偃師、許昌、郾城、長葛、商水各一次，鄭州、滎陽、確山、汜水、固始各二次，孟縣、鞏縣各三次，潢川，羅山各四次，商城五次，信陽十五次。

——摘自《新华日报》（汉口），1938 年 10 月 17 日

倭寇獸行

姦擄燒殺無所不用其極

黃梅難民痛陳梗概

【本市消息】萬惡之倭寇，在佔領區域內，滅絕人性，橫肆殘暴。種種獸行，罄竹難書，即以鄂東而論，如黃梅廣濟等縣，獸兵所過，閭閻爲墟，奸擄燒殺，無所不用其極。記者昨途遇由黃梅逃宜難民某，據告倭寇各種暴行，言時淚隨聲下，記者亦不覺爲之泫然也，茲將某君所談各節，擇要誌後。

姦 凡未逃之婦女，自八歲到六十歲，均被奸汚，老小多被姦死，其法即將所有婦女，集於大屋中（凡大屋及村均拆牆互通，以避我方飛機），把衣服脫去，敵人化裝爲便衣隊，老少婦女，均赤體任其姦淫，又查知某婦女係該民伕之族長，勒其奸淫，民伕不肯，當將該民伕槍決，其餘可知。

擄 凡幼童用船載走，壯丁及老者，用爲戰場上各種工作外，並限其宣淫所勤務，稍不如意，即處死刑。

殺 除上項各種之殺人外，凡問路而答不知者，即殺，代爲征集鷄鴨婦女不力者，亦殺，故所過之地，遍處死屍。

燒 凡經過之地，無論進退以及聯絡信號，無分屋之好壞，盡行燒去。

總之，凡中國人去歡迎者，首先要活鷄鴨牛等供食，食後，即要婦女慰勞，俱行辦到後，即將歡迎者看守屋中，責其担保食料無虞，婦女無反抗，否則殺之，凡歡迎者，多吃大虧云云。

——摘自《武汉日报》（宜昌），1938 年 10 月 18 日

敵寇暴行

大批敵機 昨又飛湘肆虐

（中央社長沙十七日電）敵機一五〇架，十七日又分批襲湘，在株州轟炸六次，並在淥口、桃林寺、汨羅、黃秀橋、岳陽肆虐，詳情刻尚不明。

——摘自《新华日报》（汉口），1938 年 10 月 18 日

被炸之粵漢路

粵漢鐵路，屢遭日機濫炸，祇壞路軌數節，（圖一二）：爲日機炸後，員工努力修理路軌，在數小時內即能修復，照常通車。

——摘自《大晚报》（上海），1938 年 10 月 19 日

日機昨又轟炸

南陽郴州崇陽

宜昌市空前日有日機偵察

（南陽十八日電）十八日有日機四十架、狂炸南陽城關、第一次日機一架、十時四分經桐柏赴南陽窺伺、第二次轟炸機六架、十一時十分轟炸市中心區、第三次日機廿五架、午二時十分、狂炸城關、第四次八架、共計炸毀民房百餘間、死傷平民卅餘人、瓦礫滿地、血肉橫飛至爲悽慘、

（長沙十八日電）日機今又分批襲湘、上午九時許、日機一架、由鄂境飛岳陽、平江、長沙一帶窺探、同時有日機九架、自粵海起飛北犯、經曲江、於九時廿分至郴州、在火車站飛機場文化路等處投彈、死傷多人、損失詳情明 午十二時許、又日機十八架、由贛飛岳陽窺視、嗣往湖北崇陽轟炸後東遁、

（宜昌十七日電）日機一架、於今晨十時許、經由天門皂市向宜飛行、監利同時亦發現日機九架、此間乃發出警報、旋日機一架、竄入宜市空、在市東北角盤旋、偵察片刻、仍循原路飛去、另一批九架、並未侵入市空、

——摘自《循环日报》，1938 年 10 月 19 日

日軍强迫華人工作

偶不如意即遭殘殺

（廣州十八日電）淡水方面、日軍祇圖牽制華軍、人數不多、連日搜索華方遺留壯丁、將淡水公共體育場擴充爲飛行場、日夜興工、不得休息、日軍監工極嚴、偶不如意、即遭槍殺、犧牲者已不下二百餘人云、

（廣州十八日電）惠樟公路方面之日軍、因吳村橋中斷、正强迫華方走避不及之老弱搶修、日軍以工作遲緩、在意鞭打刺殺、死傷甚多、爲狀淒慘、

——摘自《循环日报》，1938 年 10 月 19 日

敵機炸郴州

並分批肆擾鄂贛

南陽亦遭狂炸死傷甚重

▲中央社長沙十八日電　敵機今又分批襲湘、上午九時許敵機一架由鄂境飛岳陽、平江、長沙一帶窺探、同時敵機九架、自粵海起飛北犯、經曲江於九時廿分闖至郴州、在火車站飛機場文化路等處投彈、死傷九人、損失詳情不明、午十二時又有敵機十八架、由贛飛岳陽窺伺、翩往湖北崇陽轟炸後東遁。

▲中央社南昌十八日電　敵機四架十八日下午三時侵入永修投彈十數枚、我損失甚微、三時半又有敵機一架在永修新祺周一帶窺察片刻・向北逸去。

▲中央社宜昌十八日電　敵機三架、正午十二時許經鄂北向鄂西一帶飛行、意欲侵襲宜市、但約半小時後、敵機仍向原路逸去。

▲中央社南陽十八日電　今日下午六時有敵機四十架、狂炸南陽城關、第一次敵機一架、上午十時四分經桐柏至南陽窺伺、第二次轟炸機六架、上午十一時十分轟炸市中心區、第三次敵機二十五架、下午二時十分狂炸機關、第四次八架、共計炸燬民房百餘間、死傷平民三十餘人、瓦礫滿地、血肉橫飛、至為悽慘。

——摘自《中央日报》（重庆），1938年10月19日

敵機四十架 狂炸南陽

瓦礫滿地血肉橫飛

湘鄂贛各地昨又遭空襲

【中央社南陽十八日電】十八日有敵機四十架，狂炸南陽城關：第一次敵機一架，十時四分經桐柏至南陽窺伺。第二次轟炸機六架，十一時十分轟炸市中心區，第三次敵機廿五架，下午二時十分狂炸機關。第四次八架。共計炸毀民房一百餘間，死傷平民卅餘人，瓦礫滿地，血肉橫飛，至爲悽慘。

【中央社長沙十八日電】敵機今又分批襲湘：上午九時許敵機一架，由鄂境飛岳陽，平江、長沙一帶窺探。同時有敵機九架，自粵海起飛北犯，經曲江於九時廿分闖至郴州，在火車站，飛機場，文化路等處投彈，死傷九人，損失詳情不明。午十二時許又有敵機十八架，由贛飛岳陽窺伺，翩往湖北崇陽轟炸後東遁。

【中央社南昌十八日電】敵機四架，十八日下午三時，侵入永修投彈十數枚，我損失甚微。三時半又有敵機一架，在永修新祺周一帶窺察片刻，向北逸去。

——摘自《武汉日报》（宜昌），1938年10月19日

外人目睹

敵寇暴行

敵機猛炸粵省之慘 為世界空前所未有

【中央社廣州十八日合衆電】美籍傳教師愛門特洛女士，及李維士，昨自博羅來此。愛女士以日機轟炸及用機關槍掃射難民情形告本社記者。謂：日機於十三日用機槍掃射，博羅教堂有教友數人，乘車五次，為日機用機關槍掃射，致有數人罹難，余在增城，原識年老之華婦某，以賣水菓為生。此次余等自博羅返此，道經增城時，則此老婦已為日機炸死。沿途難民扶老携幼，倉皇逃命，無衣無食，其情形之慘，令人畢生難忘。余等後乘舟道出石龍，余目睹日機數架，更番投彈，余等行至新塘，見有某茶館店內平民數千人，慘被炸斃。此次各縣平民罹難，為數極衆云。

【中央社廣州十八日合衆電】外國領館消息：此次日軍進攻華南，儘量使用飛機，轟炸之猛烈，為開戰以來所未有，亦為世界空前所未有云。昨日有日轟炸機兩架，被華方擊落云。

【中央社廣州十八日電】惠樟公路方面之敵，因吳村橋中斷，正强迫我走避不及之老弱趕修，敵以工作遲緩，任意鞭撻刺殺，死傷甚多，為狀悽慘。

【中央社廣州十八日電】淡水方面，敵祇圖牽制我軍，人數不多，連日搜索我遺留壯丁，將淡水公共體育場擴充為飛行場，日夜興工，不得休息，敵監視極嚴，偶不如意，即遭槍殺，犧牲者已不下二百餘人云。

——摘自《武汉日报》（宜昌），1938年10月19日

粵民衆武裝奮勇殺敵

粵中委電請僑胞踴躍輸將

敵在淡水築機場屠殺壯丁

（中央社廣州十八日電）華南戰幕展開以後，我軍民一致奮起衛鄉護國，抗戰至烈，造成不少可歌可泣之史蹟。平山之役，我集訓第二中隊，因協助我軍死守不稍後退，卒以敵衆我寡，陷入包圍，全團壯烈犧牲。又退伍田大隊長，憤敵蹂躪家鄉，特率全鄉自衛團奮起抗敵，與我軍取得聯絡，正在敵後方游擊中。

（中央社重慶十八日電）在渝粵籍中委，電海外僑胞，希望踴躍輸將。原電如次：倭寇南犯，軍民誓死抗戰，此為戰局重大關鍵，吾國最後勝利之開始，務望僑胞踴躍輸將，更多援濟，臨電神往，敬祝努力。汪兆銘、鄒魯、孫科、王寵惠、陳璧君、陳樹人、林雲陔、李文範、陳公博、鄧家彥、甘乃光、馬超俊、梁寒操、區紀文、林翼中、蕭吉珊、謝作民同叩。

（中央社廣州十八日電）淡水方面敵，祇圖牽制我軍，人數不多，連日搜索我遺留壯丁，將淡水公共體育場，日夜興工，不得休息，敵監視極嚴，偶不如意，即遭槍殺，犧牲者已不下二百餘人。

——摘自《新华日报》（汉口），1938 年 10 月 19 日

日機襲洛

大街被慘炸

（洛陽十九日電）日機六架，十九日晨十時，侵入洛空，在城內投彈數十枚，以東大街被炸最慘，計燬房屋百餘間，死傷十數人。

——摘自《晶报》（上海），1938 年 10 月 20 日

南京近況

南京自淪陷後，所有房屋，皆被焚燒殆盡，(圖二)：爲南京下關一帶焚燬民房，最近已被清除，有一部份已由難民築屋暫行居住云。

——摘自《大晚报》（上海），1938年10月20日

敵機昨又三度
狂炸長沙
死傷平民三百人

（中央社長沙十九日電）敵機今日三度襲長沙第一批九架，第二批十八架，先後經贛於八時及九時半，侵入市空，在新河投彈共約百枚，並曾用機槍掃射，我無損失，第三批敵機十八架仍經贛境，於十二時五十分闖來，在瀏陽門小吳門東站路經武路一帶投彈百餘枚內並有燒夷彈多枚，識字嶺瀏正街鐵路邊中山馬路四處起火，延燒民房商店四百餘棟，幸消防隊灌救得力，迅速撲滅，至死傷平民約三百人，敵機每次肆虐後，均循原路逸去，今日襲長敵機，有二三架僞裝我國國徽，誠無恥之尤又敵機九架經粵境，於九時四十分竄入郴縣轟炸，損失在調查中。

首次炸平江死傷六百

（中央社平江十九日下午六時電）敵機六架十九日首次襲平江於下午一時半，由江西方面侵入市空[illegible]字街東街上下西街落彈甚多，共炸毀民房三百棟，死傷將近六百人，敵機槍掃射，隨水死者甚多，刻城中火猶未熄。（中央社南昌十九日電）

（　）十九日有敵機五批，共約六十九架，過贛飛湘，第一批九架，上午七時二十分，經贛西赴湘，第二批八架，上午九時由贛北飛湘，正午第三批六架，下午一時十八架，下午一時二十分十八架，均經贛西竄入湘境，又上午八時，敵偵察機兩架，侵入南昌市空偵察。

——摘自《国民公报》（重庆），1938年10月20日

日機狂炸長沙平江

兩地傷亡達千人

炸長沙日機竟假裝中國國徽

洛陽亦被投彈數十傷亡甚衆

（長沙十九日電）日機三度襲長、第一批九架、第二批十八架、先後經贛於八時及九時半侵入市空、在新河投彈共約百枚、並曾用機槍掃射華方並無損失、第三批日機十八架、仍經贛境於十二時五十分闖來、在瀏陽門小吳門東站路經武路一帶、投彈百枚、內並有燒夷彈多枚識字嶺瀏正街、鐵路、四中馬路四處、起火延燒民房商店四百餘棟、幸消防隊灌救得力、迅速撲滅、至死傷平民約三百人、日機每次肆虐後、均循原路而去、今日襲長日機有二三架偽裝中國國徽、誠無恥之尤、又日機九架、經粵境於九時四十分竄入郴縣轟炸、損失甚微。

（平江十九日電）日機八架、窺襲平江、於下午一時半由江西方面侵入市空、在城內外投彈約九十枚、內有燃燒彈五六枚、十字街、東街、上下西街、落彈甚多、共炸毀民房三百餘棟、死傷平民將近六百人、日機用機槍掃射、而落水死者甚多、刻城中燃燒未熄、

（洛陽十九日電）日機六架、十九日晨十時、侵入市空、在城內投彈數十枚、以東大街被炸最慘、計毀房百餘間、死傷數十人、

——摘自《循环日报》，1938 年 10 月 20 日

日機六十九架
昨狂炸長沙
平民死傷三百人
平江首次遭空襲

【海通社漢口十九日電】日本空軍近來轟炸粵漢鐵路不遺餘力、而尤重視長沙株州及衡陽三城、據華方報告稱、在岳州附近擊落日本轟炸機三架、搜得日方之訓令、命駕駛員對於上述三城多多轟炸、前日（十七）株州曾遭空襲六次、非偶然也

【長沙十九日電】今日日機作有計劃的轟炸長沙、晨八時至十一時、兩批各十八架、在市郊投彈卅餘枚、無損失、下午二時一刻又十八架、向市區瀏陽門小吳門陸口及天心閣一帶投炸彈及燃燒彈數十枚、毀民房百餘所、死傷多人、詳情待查、

【長沙十九日電】日機今日重度襲長、第一批九架、第二批十八架、先後經贛於八點及九點半、侵入市空、在新河投彈共約百枚、并曾用機槍掃射、無損失、、第三批日機十八架、仍經贛境於十二點五十分闖來在瀏陽門小吳門東站路經武路一帶投彈百餘枚、內並有燒夷彈多枚、識字嶺劉正街鐵路邊中山馬路四處起火、延燒民房商店四百餘棟、幸消防隊灌救得力、迅速撲滅、至死傷平民約三百人、日機得次肆虐後、均循原路逸去、今日襲長日機有二三架係裝中國國徽、日機十九架、經粵境於九點四十分竄入郴縣轟炸、損失在調查中、

【南昌十九日電】十九日有日機五批、共約六十九架、過贛飛湘、第一批九架湘、第二批八架、上午九時由贛北飛湘、正午第三批六架、下午一時十八架、下午一時念分十八架、均經贛西竄入湘境、又上午八時、日偵察機兩架、侵入南昌市空偵察、

【平江十九日下[illegible]電】日機六架、十九[illegible]襲平、於下午十一時[illegible]江西方面侵入市空、在[illegible]外投彈約五十枚、內有[illegible]彈五六枚、十字街東街[illegible]西街落彈甚多、共炸壞民房三百所、死傷將近六百人、日機槍掃射溺水死者甚多、刻城中燒猶未熄、

【洛陽十九日電】日機六架、十九日晨十時侵入洛空、在城內投彈數十枚、以東大街被炸最慘、計毀房屋百餘間、死傷十數人、

——摘自《华美晨报》，1938年10月20日

日機狂襲長沙

三次大炸

死傷平民二三百餘毀屋四百棟

▲長沙十九日電　日機今日三度襲長沙、第一批九架、第二批十八架、先後經贛、於八時及九時半、侵入市空、在新河投彈共約百枚、並曾用機鎗掃射、無損失、第三批日機十八架、仍經贛境、於十二時五十分闖來、在瀏陽門小東門吳站紆武路一帶投彈百餘枚、內並有燒夷彈多枚識字嶺瀏正街鐵路邊中山馬路四處起火、延燒民房商店四百餘棟、消防隊灌救得力、迅速撲滅、至死傷平民約三百人、日機每次肆虐後、均循原路逸去、今日襲長日機、有二三架僞裝中國國徽、又日機九架、經粵境於九時四十分竄入郴縣轟炸、損失在調査中、

▲海通社漢口十九日電　日本空軍近來轟炸粵漢鐵路不遺餘力、而尤重視長沙株州及衡陽三城、據華方報告稱、在岳州附近擊落日本轟炸機三架、搜得日方之訓令、命駕駛員對於上述三城、多多轟炸、前日（十七）株州曾遭空襲六次、非偶然也、

——摘自《新闻报》（上海），1938年10月20日

垣曲敵逼死荷籍神父

寇酋嫁禍我軍企圖卸責

（中央社興集十八日電）垣曲西石頭屹塔荷蘭籍神父胡永生，因敵寇向其要索女人二百名，及其他種種殘暴行爲，憤而自戕。駐垣寇敵之師團長均親往視察，並迫敎民具證係我軍殺死，與敵軍無關，以免引起世界白人之仇視，而圖卸責。

——摘自《新华日报》（汉口），
1938 年 10 月 20 日

日機又炸株州

黃陂洛陽亦被襲擊

▲長沙二十日電　株州二十日電、日機今日經萬載萍鄉、兩襲株州、第一批日機九架、於十時五十分侵入市空投彈、第二批仍爲九架、於十一時五十八分、再度竄來、轟炸三次、兩批來犯之日機、均循原路飛逸、計火車北站附近落彈十餘枚、建寧街炸燬民房十餘棟、李家坪投二十餘彈、焚燬房屋三十餘棟、平民死七、傷五、

▲洛陽二十日電　日機三架、二十日晨復飛洛轟炸、在西宮及飛機塲投彈三十餘枚、炸燬房屋二十餘間、人無傷亡、

▲漢口二十日電　二十日上午九時許、據報日機三十餘架、每批二三架或七八架不等、肆擾於沿江及黃陂一帶、復有日機一批八架、侵入蔦店附近、防空部當分別發布警報、以防日機竄入、旋據報、一批在黃陂附近投彈、餘均略事盤旋、即行遁去、

▲南昌二十日電　日機兩架、二十日晨九時半、侵入南昌市空窺察一週、向贛西逸去、十時許、贛北方面發現日機兩批、第一批十八架、二批九架、先後經贛西竄往湘境、

——摘自《新闻报》（上海），1938 年 10 月 21 日

滬郊北蔡鎮
被敵縱火數日未熄
寇焚燒浦東各村莊
英倭軍又發生糾紛

（香港電）滬浦東敵軍於國慶前夕被我游擊隊痛擊後，爲報復計，特由南市調來市兵三百名分駐周家渡楊思橋三林塘周浦四鎮宣稱，將驅除上南鐵路全線我軍，並焚燒所有村鎮，惟我軍已作嚴密準備，敵軍尚未敢動作，又北蔡鎮被敵軍縱火焚燒後，數日尚未熄滅，按該鎮居民達三四千戶云。

——摘自《泸县民报》，1938年10月21日

□機昨又襲擊湘豫
狂炸長沙株州洛陽

（路透社二十日漢口電）長沙今日被飛機襲攻三次、本日下午日轟炸機向長沙飛機場投彈兩次、又向車站投彈、損失情形未詳、洛陽今日亦有空襲、城內商業區被炸房屋不少、

（中央社廿日長沙電）株州廿日電、□機今經萬載萍鄉兩襲株州、第一批九架、於十時五十分侵入市空投彈、第二批仍爲九架、於五十八分再度竄來、轟炸三次、兩批來犯之□、循原路飛逸、計火車北站附近落彈十餘枚、建寧街炸毀民房十餘棟、李家坪投廿餘彈、焚毀房屋卅餘棟、平民死七傷五

（中央社廿日洛陽電）□機三架、廿日晨復飛洛轟炸、在西宮投彈卅餘枚、炸燬房屋廿餘間、人無傷亡、

（中央社廿日南昌電）□機兩架、廿日晨九時半、侵入南昌市空、窺察一週、向贛西逸去、十時許、贛北方面發現□機兩批、第一批十八架、二批九架、先後經贛西竄往湘境、

（中央社廿日漢口電）廿日上午九時許、據報□機卅餘架、每批二三架或七八架不等、肆擾於沿江及黃麻一帶、復有□機一批八架、侵入葛店附近、防空部當分別發布警報、以防□機竄入、旋據報一批在黃陂附近投彈、餘均高空盤旋、即行遁去、

——摘自《南华日报》（香港），1938年10月21日

血淚話江南

淪陷區的痛史

（三續）（一葉）

（四）常熟

虞山自「八一三」抗戰爆發後，日機不時前往轟炸，無辜百姓，死傷何止千萬，後被日軍攻陷，致使那勃然有朝氣的常熟，一旦變爲瓦礫之場！記者此次冒險前往，將所見所聞，略志如下。

城門口有崗位二人，一軍一警，對面而立。人民進出，必須向他們行禮，如不行禮，或行禮不誠，那老實不客氣，就得賞耳光兩記。城裏一帶，多數已成焦土，老縣場那新建的中交大廈，雖然沒有遭到轟炸，但已爲「新貴」辦公場所，門口貼滿了「歡迎原田班長」——標語，一班所謂「新貴」他們喜氣揚揚地跑進跑出，街上車水馬龍，漢奸絡繹不絕。縣政府新廈係宋任縣長陳俊經手建造，規模宏大，現已爲日軍佔住。昔日城內最熱鬧的街道，如寺街，南市心，縣南街，縣西街，和南門大街等處，市區櫛比，店肆林立。今則瓦礫一片。其餘文化機關，教育機關，如學校圖書館大多被焚無遺。虞山之十八景，古跡很多，除城外少數受損失外，其餘方塔等名勝地方，都遭兵火之殃。現在最盛行的祇有煙館，妓院，書場等貽毒人民的事業。

（五）蘇州

蘇州向有天堂之稱，自去年淪陷以後，即變成了地獄。我曾由上海到蘇州，共費八小時之久，被日軍搜查十數次之多。及抵蘇州車站，照例又須檢查，逐一將各人通行證查對與面貌相符與否，並且各人須排立一起，脫去衣服，受他們詳細搜查。稍有不遂，則拳足交加。蘇州車站房屋，都被砲火轟坍，對門民衆茶園，彈痕纍纍，密如蜂窠。遙望平門，自五色旗高懸頂上。金閶門外，自石路起南至佑聖觀弄，北至阿黛橋，已成一片焦土。南暘里一帶，戲館煙館，熱鬧非常。同春坊新開旅社，娼妓如雲，城內景德路一帶，因「自治會」所屬機關，都在此處。舊貨攤，咖啡館，觸目皆是。觀前街行人擁擠，玄妙觀仍舊小販林立。品芳三萬昌茶館，終日客滿。（未完）

——摘自《新新新闻》，1938 年 10 月 22 日

昨寇機肆虐

廣州·從化·翁源遭慘炸

【中央社廣州二十一日電】敵機十餘批，今晨狂炸廣州，黃沙車站及廣九路皆落彈，珠江沿岸，毀船數百艘，船戶逾千人，市中心區落彈二十餘枚，毀空屋數十棟，市郊及白雲山附近均被炸，我無損失。

【中央社從化二十一日電】敵機二十八架，今日午前輪流轟炸從化縣城，全城屋宇被毀殆盡，居民多未及逃避，死傷人數不可勝計。

【中央社韶關二十一日電】敵機一架，廿日午飛翁源肆虐，在縣城落彈二十餘枚，毀屋宇五十餘所，死傷平民一百三十餘人。

【中央社從化二十一日電】敵機（架數不明）今晚七時，由中山海面起飛，折往粵漢路，在源潭站盤旋甚久，繼續北飛，沿路窺察，經從化增城惠陽東莞出海。

——摘自《新蜀报》，1938 年 10 月 22 日

由租界特區掠過
敵機晨襲武漢
猛烈轟炸平民死傷慘重
劉家廟徐家棚被炸尤酷

【漢口廿二日電】今晨敵機來襲武漢時，其中重轟炸機九架，曾自法租界特區濱江一帶上空掠過，此爲前所未有之現象。來襲之敵機，共廿七架，均屬重轟炸機，首批九架，于九時五十五分，由東北沿法租界及特區濱江地帶，向武昌飛去，曾以機槍向江上船隻掃射，十分鐘後，第二批九架，沿平漢線向西飛去，其第三批隨即出現於劉家廟上空，猛烈轟炸，有民房數處，立卽起火，平民死傷慘重，其中一架曾低飛於西商馬場附近地帶，以機槍掃射甚久。（中央社）

【漢口廿二日電】今晨此間空襲被炸地點，爲劉家廟，與徐家棚兩處，各落百彈，內有燃燒彈甚多，劉家廟站後街道，全部被燬，死平民三十人，傷五十人，徐家棚站新建月台被毀，有大批候車難民罹難，鐵路員工亦有數人殉職，自徐站以迄下馬頭一帶，房舍多數倒塌。（中央社）

——摘自《南京晚报》（重庆），1938 年 10 月 22 日

日機連炸永修
全縣半成灰燼

▲南昌二十一日電　日機一架、二十日晨九時許侵入南昌市空、窺察一週逸去、又永修縣長項電省府報告、日機於十五十六十七日、在該縣及附郭濫施轟炸、投彈達二百餘枚、並雜有燒夷彈、縣城房屋、大半被燬、

——摘自《新闻报》（上海），1938 年 10 月 22 日

敵機慘炸珠江沿岸

死傷船戶千餘人

粵省從化翁源均曾投彈

鄂西贛北各處亦被騷擾

本報香港二十一日專電　今日敵機飛珠江沿岸轟炸、死傷船戶千餘人、其他各處亦有損失、

中央社廣州二十一日電　敵機十餘批、今晨狂炸廣州、黃沙車站及廣九路皆落彈、珠江沿岸、毀船數百艘、船戶逾千人、市中心區落彈二十餘枚、毀空屋數十棟、東郊及白雲山附近、均被炸、我無損失、

中央社翁源二十日電　二十日晨八時五分、敵機二架、經粵之西南來襲、分批闖入市空、在對河高旺村投彈十四枚、當炸毀民房十餘間、死傷農民二十人、敵機肆虐後、向東竄去、經粵西都城時低飛、以機槍掃射我非武裝民衆、死傷未詳、

中央社從化廿一日電　敵機廿八架、今日午前輪流轟炸從化縣城、全城屋宇被毀殆盡、居民多未及逃避、死傷人數不可勝計、

中央社從化廿一日電　敵機（架數不明）今晚七時由中山海面起飛、折往粵漢路、在源潭站盤旋甚久、繼續北飛、沿途窺察、經從化增城惠陽東莞出海、

中央社宜昌廿一日電　敵機九架、於廿一日晨十時餘、發現於董市上空、盤旋片刻後、乃分頭竄擾、其中一架曾侵入本市上空、但僅在東南角窺察後、向東飛去、同時另一批九架、經應城折往京山投彈、

中央社南昌二十一日電　敵機一架、二十一日晨九時許侵入南昌市空、窺察一週逸去、又永修縣長頃電省府報告、敵機於十五、十六、十七、在該縣及附郭濫施轟炸、投彈達二百餘枚、幷雜有燒夷彈、縣城房屋大半被毀、

——摘自《时事新报》（重庆），1938 年 10 月 22 日

□機狂炸廣州從化

（中央社廿一日廣州電）□機十餘批、今晨狂炸廣州、黃沙車站及廣九路皆落彈、珠江沿岸毀船數百艘、艇戶逾千人、市中心區落彈廿餘、毀客屋數十棟、東郊及白雲山附近均被炸、我無損失、

（中央社廿一日從化電）□機廿八架、今日午前輪流轟炸縣城、全城屋宇被毀殆盡、居民多未及逃避、死傷人數不可勝計、

（中央社廿一日從化電）□機（架數不明）今晚七時由中山海面起飛、經廣州市郊折往粵漢路、在源潭站盤旋甚久、繼續北飛、沿路偵察、經從化增城陽東莞出海、

（中央社廿日翁源電）廿日晨八時五分、□機八架、經粵之西南來襲、分批闖入市空、在對河高旺岡投彈十四枚、當炸毀民房十餘間、死傷農民廿八人、□機施虐後、向東竄去、經粵西都城時、低飛以機槍掃射我非武裝民衆、死傷未詳、

——摘自《南华日报》（香港），
1938 年 10 月 22 日

□機昨飛湘贛 炸永修岳陽

（中央社廿一日岳陽電）□機廿一日又南度轟炸岳陽、幷零星在湘東北一帶竄擾、二時左右、□機九架、經鄂境南犯、其中驅逐機三架、首先侵入岳陽、其餘轟炸機六架、分兩批於廿一日下午二時三十分、先後在岳肆虐、計在九華山麓投彈約八十枚、多落水中或荒地

（中央社廿一日南昌電）□機一架、廿一日晨九時許、侵入南昌市空、窺察一週逸去、又永修縣長頃電省府報告、□機於十五日十六日十七日在該縣及附近濫施轟炸、投彈達二百餘枚、幷雜有燒夷彈、縣城房屋大半被毀

（中央社廿一日宜昌電）□機九架、於廿一晨十時餘、發現於董市上空、當在董市上空盤旋片刻後、乃分頭竄擾、其中一架曾侵入本市上空 但僅在東南角窺察、後向東飛去、同時另一批□機九架、經應城折往京山投彈、

——摘自《南华日报》（香港），1938 年 10 月 22 日

百萬民衆撤退中
政府要人均離漢
日機廿七架昨晨轟炸車站
武漢三鎮呈空前緊張狀態

（漢口廿二日電）路透社訊：今晨日轟炸機，突襲武漢者，共有三十六架，半數在武昌車站附近投彈，致有若干處起火，其餘十八架，轟炸漢口十公里車站。日機所投之彈，至少在十二枚以上，房屋多毀，鐵軌亦被炸斷若干處，火車三輛，正在燃燒，水塔已被炸毀，傷亡人數尚不多，惟已死及垂死者之情狀，極爲悽慘。

（漢口廿二日電）路透社訊：今日黎明——明有日機二十七架，轟炸武漢車站及漢口日租界下一哩許之「小公里車站」，損失頗重，詳情未悉。

要人離漢　（香港廿二日電）路透社訊：蔣委員長與其夫人昨夜離漢消息，未由負責方面證實，政府各要員留漢者，亦均於今晨離漢。謠傳漢口上游不日即將封江，英砲艦彼特萊爾號，本定月抄離宜昌，已於今晨啓碇來漢。

民衆撤退　（漢口廿二日電）路透社訊：漢口現已倏呈被圍之景象，大批華人倉惶出境，通至城外各街，摩肩擦背，悉爲挑運各種物品之苦力，碼頭旁亦堆滿機器駁鐵與傢具，凡此種種，皆欲由漢口運往內地者。華人挾其什物集於江干，欲攀登業已滿載之汽船與帆船，種種器具，上自蔣委員長之帶框像片下至脚踏車與兒車，莫不携之俱去，凡可取之物，殆無一留於漢口，武漢三鎮之

工廠商店　因店夥離境，相率閉門，各服裝店現僅售衣料，不代裁製。外人方面，除外僑聯合會已籌備臨時食物供應外，旅館俱樂部與教會等，皆儲積各需要品，外商行數家現購進大批白米，以供留漢中國職員之需，彼等於必要時，可居於商行房屋中，各特區刻皆設崗位，堆沙袋，英領署牆上裝置帶鈎鐵絲，院內築

大避彈窟　此間盛傳漢渝間航路或將阻塞，以漢口上游數里處建築堅固水柵之故，怡和洋行因此已中止開往長沙之航業，太古洋行亦將變更船期。惟赴渝飛機有增開之說。

郵局宣布　在一二日內將開始經重慶雲南至香港之定期航空。此間因燃料奇缺，水電供給有隨時停止之可能，夜間除前英俄租界外，僅有路燈放光。供給漢口全境之自來水廠，僅有可敷兩星期需用之煤。前英俄租界與法租界之電氣廠，存煤尚可持兩月。

——摘自《晶报》（上海），1938 年 10 月 23 日

血淚話江南

淪陷區的痛史

（四續）（一葉）

三清殿後中山堂已改爲「省立蘇州圖書館」對事國，堂前的横掛錫聯，和台灣的黨士相片，已一律撤去。新蘇飯店，私過先序，驗貨公司下層基督[illegible]物。省立蘇州中學，[illegible]。縣中部則降成一片瓦礫。道前街高等法院青草叢生，門可羅雀。地方法院已改爲「自治會」，全[illegible]民，新潮已有不少紫閣，保甲大門緊閉，門牌已寫「自治會」。」強新牆邊，各家門上都貼有五寸長方太陽旗一張，表示歡迎日軍。更有貼「此屋係自治會職員□□□所居」」等字條。僞「江蘇省政府」在東北街八旗會館內。蘇州自治會，「本係陳則民任會長，現已讓與潘振霄擔任了。

（六）鎮江

淪陷已久的鎮江，自經僞組織自治會成立後，日軍多方粉飾太平。但是實際上，蹂躪行爲愈演愈烈！街頭巷尾，無論商店檢査，搜査行人全身，假使不滿十數枚，亦[illegible]數搶去。如行人[illegible]不多，[illegible]行必給耳光數下，以爲不滿意之表示。此外，行人路過日軍地點，必須脫帽致禮，否則即拳足交加，或罰跪街心，甚至任性所爲，慘不忍覩。如日前某段電話線被人割斷，日軍竟將該段附近之保甲長二十餘人，捕到大市口中山塔前，勒令環跪塔下，近在咫尺的僞組織，不敢過問。每到夜晚，時有三五成羣的日軍，用石塊猛擲居民大門，或扒牆入內，□□□□，無人敢往報告憲兵。僞組織指導下的機關報，定名「新鎮」，內容都係爲虎作倀，歌頌日軍之文字。各要道口雖然遍貼標語，但觀衆寥寥。主辦人阮某，每日專著話發中央，見好日軍之評論文字，[illegible]已位置。所以鎮江市民爲果鳴呼。日前偶因拍發職工薪金，觸怒日方宣撫班，反遭拘捕，幾至送命。現在該報已三易主任，如阮某之求榮受辱，可爲漢奸之殷鑑。

（七）南京

南京自被日軍佔據後，殘餘居民，半數已是無家可歸。一到夜晚，即陷於黑暗世界中，路上電燈，迄今尚未修竣，行上可稱絕跡。今所謂「皇軍」也不敢任意在街上跑。反之，潛伏在城內的游擊隊戰士，倒活躍起來，堂而皇之地東跑西闖。興之所至，開槍示威，嚇得一「皇軍」們恐懼發抖，惶惶然手足不知所措。第二種活躍者的人們，那便是販賣鴉片，嗎啡，紅丸的一羣惟利是圖者。他們不管這是毒害同胞的東西，有時即使被日軍搜查了，還拍拍他們的肩膀，故他們走。因此，販賣的人，愈弄愈多。吃的人也愈弄愈多了。隨時隨地，可以買到，到處有抽吸的地方。黑暗的人們，生活在黑暗的都市裏，可謂「得其所哉」！這才是安份守已的「良民」！這以前在秦淮河玄武湖中的花船，劫後殘餘很少，現在淨備復興花船，以供遊覽而整「市容」！眞可算是第一大「德政」！南京被破壞的建築物很多，現在有的已在鳩工修葺。不過，這只限於所謂「新貴」徵官衙私邸的翻了。

（完）

——摘自《新新新闻》，1938年10月23日

淪陷後的太原

燒殺淫掠魔鬼世界

匡時

太原是去年十一月八日失守的，距今已將一年了，在敵鐵蹄下的太原情況，想爲國人所願聞，茲就我所經過情形寫在下面，以饗國人。

我在事變時，因爲家庭牽累，未能遠逃，就避居在城溝某村莊，後來敵人侵佔太原，我同我父親在太原城內開着一個小店鋪，我就帶上敵人所謂的「順民」證，混入城內居住，一直討了六七個月的「亡國奴」生活，本年六月有漢奸報告我是國軍的奸細，敵憲兵正要對我加以逮捕，幸而我在城內居住六七個月，結識了兩位日本反戰同志，他們（恕我不便宣露姓名）一個是大學畢業生，一個是技術工人，在去年十月間被敵閥強征到中國來作戰，他們犧牲了一個月一二百元薪水的職業，含棄了親愛的父母妻子，被軍閥強迫參加無目的的對華侵略。內心非常痛苦，精神非常抑鬱，他們時常到我店鋪買東西，而態度十分和藹，我便很客氣的接待他們，因此因生而熟，由遠而近，漸漸的結[illegible]朋友，後來他們漸漸露出厭惡的態感，便又結爲異邦的反戰同志了。他們不斷的將敵軍作戰消息告我，我又隨時設法把這些消息轉告附近的國軍。六月間他們告我，敵軍內部反戰的醞釀非常澎湃，如果侵華戰爭再延長半年，一定會爆發起來。我正自喜歡，誰想無恥的漢奸們，就把我報告於敵憲兵司令部。謝謝我的兩位日本朋友，如果不是你們事前密秘通知我，說不定我巳犧牲在[illegible]軍閥的屠刀之下了。在我化裝脫逃的當兒，我六旬年紀的祖母，正在病危，奄奄一息，要辭世，父親哭泣着，弟弟嚷嚷着，一間茅舍充滿了悲慘景象。我爲了自巳的生命，不顧[illegible]無代償的犧牲在敵人手裏，終於冒着傾盆大雨忍痛離開了我的家庭。好！我雖然忍痛背離家庭，可是逃出城外在距城十五里的凌井村，我親見日本便衣兵十八人正在該村強索女人，我急忙報告給距該村十里某村所駐的國軍，立刻派兵前往，便將這些獸兵完全捕獲了，我的祖母在這當兒，恐巳長逝，如果感應到這個消息，想她死也瞑目吧！（未完）

——摘自《新新新闻》，1938 年 10 月 23 日

敵機猛炸武漢
平民死傷慘重
襲宜未逞 两炸株州

【中央社漢口二十二日電】今晨敵機來襲武漢時，其中重轟炸機九架，曾自法租界及特區濱江一帶上空掠過，此爲空前所未有之現象，來襲之敵機共二十七架，均屬重轟炸機，首批九架，於九時五十五分，由東北沿法租界及特區濱江地帶，向武昌飛去，曾以機槍向江上船隻掃射，十分鐘後，第二批九架，沿平漢線向西飛去，其第三批隨卽出現於劉家廟上空，猛烈轟炸，有民房數處，立卽起火，平民死傷慘重，其中一架曾低飛於西商馬場附近地帶，以機槍掃射甚久。

【中央社漢日二十二日電】今晨此間空襲被炸地點，爲劉家廟，與徐家棚兩處，各落百彈，內有燃燒彈甚多，劉家廟站後街道，全部被燬，死平民三十人，傷五十人，徐家棚站新建月台被毀，有大批候車難民罹難，鐵路員工亦有數人殉職，自徐站以迄下馬頭一帶，房屋多數倒塌。

【中央社宜昌二十二日電】二十二日晨十時許，敵機二十七架分別發現於石門及公安上空，向西飛行，似有襲宜企圖，此間先後發出緊急警報後該批敵機僅在湘鄂邊境盤旋良久，仍循原路逸去，午後二時餘續有警報，但敵機並未侵入市空，晚八時餘，此間復演習燈火管制，成績甚佳。

【中央社株州二十二日電】敵機今日兩襲株州第一批敵機十架，經贛境於九時五十九分竄入市空，大肆轟炸後，循原路逸去，第二批五架於十時十分再度飛入投彈，約近百枚。

——摘自《国民公报》（重庆），1938 年 10 月 23 日

廣州慘痛遭遇

▲路透社二十二日廣州電 今晨二時、廣州之遭遇、將爲羊城歷史上之一新頁、是時全城爲巨大之炸聲所震動、聞華方最高司令、曾命將各公署橋樑工廠及其他公共建設、作有秩序之炸毀、在炸聲之中、復聞刺耳之空襲警號、致城中紛亂益甚、破曉時城中有重炮隊坦克車隊與軍隊百千之步伐反響聲、 蓋前線華軍經省垣而向西撤退也、軍隊之退下、爲平民倉皇撤退之最後一分鐘的信號、故今晨有若干萬居民攜幼扶老、充塞於道、咸向內地奔波、聞省政府與市政府當局皆已離城、僅留少數軍隊於城中、全晨炸聲不絕於耳、三合土廠紙廠電力廠及政府公署、皆經炸毀、同時較小之機關、則經縱火焚燒、無何、全城火光熊熊、其勢可畏、蓋各消防隊人員亦隨衆離城、無人撲救也、昨日下午二時十五分、廣州東區之東山有重機關鎗聲、是時聞日軍已進臨城郊、未幾、有日飛機多架、翺翔本城天空、飛行甚低、距地僅數百呎、惟未擲炸彈、亦未聞高射炮聲、沙面聞華軍已全撤退、僅留少數軍隊以牽攖日軍入城之消息後、 英法當局即清除沙面道中之平民、而增厚登陸之海軍隊伍、據由郊野回至沙面者於過鐵門時告知守者稱、 彼等曾目擊懸日旗之坦克車二十輛、已入東山區、 其地道中臥有未及撤退之華守兵之屍數具、入夜全城呈悲慘之象、寂然無聲、儼如死城、粵人委棄羊城、此猶爲歷史上之第一次也、偶聞遠處有炸彈爆炸聲、 殆係華軍於退走途中炸毀橋梁與房屋、 當時有三處大火、火光燭天、由沙面望沙基河對岸之街道、滿播衣服等品、若干商店、雙扉大啓、中無一人、 此足徵居民退走之匆促也、 昨日深夜、聞華軍圖炸毀價値八百萬元之珠江橋、未告成功、 僅損橋架一座、華軍所毀之房屋、多屬軍民政機關、 省模範監獄亦在其內、 其中囚徒數千人曾先釋放、日人貨棧、皆保安全、雖經縱火燒之、未達目的、西村之舊自來水廠、已焚成平地、新自來水廠、刻由英商馬爾康公司承造、尚未落成、則未受損、全夜有無家可歸不知所措之難民二千集於迫近沙面之區域中、 若輩或蹲於道中、或席地而臥、僅挾些微之用品、若干商店雖將門緊閉、 其他商店、則因店中之人匆遽逃亡、完好如故、案上猶置有未食之餐品、臥室中之牀舖、猶甚整齊、手藝之店、多留有未了之工作、此可徵民衆斷不料當局棄城若是之速也、到處有平民之死屍一二具、此輩殆爲民團、於勸喻民衆逃亡時、誤觸來福鎗機關鎗而殞生者、城中乞丐、彷徨道中、無以爲生、其狀可憫、而數月以來因天空慘炸而受傷者、今皆全數被逐出中國醫院、匍伏道中、以求食水、而無一可得、思之至堪悲痛也、

——摘自《新闻报》（上海），1938 年 10 月 23 日

日機狂襲武漢

劉家廟與徐家棚
難民死傷極慘重

▲漢口二十二日電　今晨日機來襲武漢時、其中重轟炸機九架、曾自法租界及特區濱江一帶上空掠過此爲前所未有之現象、來襲之日機共二十七架、均屬重轟炸機、首批九架、於九時五十五分由東北沿法租界及特區濱江地帶向武昌飛去、並以機鎗向江上船只掃射、十分鐘後、第二批九架沿平漢線向西飛去其第三批隨即出現於劉家廟上空、猛烈轟炸、有民房數處、立即起火、平民死傷慘重、其中一架曾低飛於西商馬場附近地帶、以機鎗掃射甚久、

▲漢口二十二日電　今晨此間空襲被炸地點爲劉家廟與徐家棚兩處、各落百彈、內有燃燒彈甚多、劉家廟站後街道全部被毀、死平民三十五、傷五十八、徐家棚站新建月台被毀、有大批候車難民罹難、鐵路員工亦有數人殉職、自徐站以迄下馬頭一帶房舍多數倒塌、

▲路透社二十二日漢口電　今日黎明有日機二十七架、轟炸武漢車站及漢口日租界下一哩許之「十公里車站」現信所損頗重、詳情未悉、

▲路透社廿二日漢口電　今晨日轟炸機空襲武漢者、共有三十六架、半數在武昌車站附近投彈、致有若干處起火、其餘十八架則轟炸漢口十公里車站、路透記者事後曾往視被炸區域、見日機所投之彈至少在十二枚以上、房屋多燬、鐵軌亦被炸斷若干處、火車三輛正在燃燒、水塔已被炸燬、傷亡人數尚不甚衆、惟已死及垂死者之情狀、極爲悽慘、

▲美聯社漢口廿二日電　今晨十時前、日方轟炸機三十六架、在武漢投彈四十枚、日機十八架、飛襲日租界下游二哩處平漢路線上之車站及附近、炸彈顯曾投中車站、今晨十時南區方面發生大火兩起、

——摘自《新闻报》（上海），1938 年 10 月 23 日

浦東魯家匯
被日機轟炸
毀屋四十餘間
炸斃男子三名

浦東南匯縣屬新場鎮南魯家匯、係一小康之市集、有市房住屋約三百餘間、本月廿日該鎮聞人施德發、伊妾新生一孩、在家辦湯餅宴、施交遊廣闊、佳賓滿座、極形熱鬧、乃突來一日本轟炸機、向魯家匯鎮上中市最熱鬧區、連投四彈、將房屋炸毀四十餘間、幸離施家尚遠、而鎮民大多在施家吃午飯、故僅被炸死男子三人、當時聞聲後、鎮民紛向鄉間或別鎮暫避、即施德發亦收拾殘肴、携眷遠颺、該鎮頓成死市云、

——摘自《新闻报》（上海），1938 年 10 月 23 日

敵機昨日兩襲株州

投重量彈約百餘枚

（長沙二十二日電）敵機十架今長八時許，經修水飛襲株州，竄入上空轟炸後，原路飛去，又二批五架於十時許竄入上空轟炸，長沙市府即發出空襲警報，株州轟炸聲，長沙市亦可清晰聽聞，於十時三十分向江西方面飛去，查敵機兩批共投重量炸彈約百餘枚，車站鐵路均有損傷。

——摘自《泸县民报》，1938 年 10 月 23 日

敵重轟炸機廿七架
昨晨竄入武漢上空

猛烈轟炸平民死傷慘重
並經法界特區上空掠過

漢口二十二日電，今晨敵機來襲武漢一時，其中重轟炸機九架經至法租界特區濱江上空掠過，此為前所未有之現象，來襲之敵機共計廿七架、均係重轟炸機，猛烈轟炸、有民房數處起火，平民死傷慘重，其中一架曾飛西商馬場附近一帶以機槍掃射甚久，

——摘自《泸县民报》，1938 年 10 月 23 日

敵機昨襲武漢
平民死傷慘重
劉家廟徐家棚再遭轟炸
宜昌石門等處亦被騷擾

中央社漢口二十二日電　今晨敵機來襲武漢時、其中重轟炸機九架、曾自法租界及特區濱江一帶上空掠過、此爲前所未有之現象、來襲之敵機、共二十七架、均屬重轟炸機、首批九架、於九時五十五分、由東北沿法租界及特區濱江地帶、向武昌飛去、曾以機槍向江上船隻掃射、十分鐘後、第二批九架、沿平漢線向西飛去、其第三批隨即出現於劉家廟上空、猛烈轟炸、有民房數處立即起火、平民死傷慘重、其中一架曾低飛於西商馬場附近地帶、以機槍掃射甚久、

中央社漢口二十二日電　今晨此間空襲、被炸地點、爲劉家廟與徐家棚兩處、各落百彈、內有燃燒彈甚多、劉家廟站後街道、全部被燬、死平民三十人、傷五十人、徐家棚站新建月台被毀、有大批候車難民罹難、鐵路員工、亦有數人殉職、自徐站以迄下馬頭一帶、房舍多數倒塌、

中央社宜昌二十二日電　二十二日晨十時許、敵機二十七架分別發現於石門及公安上空、向西飛行、似有襲宜企圖、此間先後發出緊急警報後、該批敵機僅在湘鄂邊境盤旋良久、仍循原路遁去、午後二時餘續有警報、但敵機並未侵入市空、晚八時餘、此間復演習燈火管制、成績甚佳、

——摘自《时事新报》（重庆），1938 年 10 月 23 日

□機昨晨狂襲武漢
候車難民罹難極衆

（中央社廿二日漢口電）今晨□機襲武漢時、其中重轟炸機九架、曾自法租界及特區濱江一帶上空掠過、此爲前所未有之現象、來襲之□機共有廿七架，均屬重轟炸機，首批九架、於九時五十五分由東北沿法租界及特區濱江地帶向武昌飛進、第二批九架沿平漢線向西飛去、其第三批隨即出現於劉家廟上空、猛烈轟炸、有民房數處立即起火、平民死傷慘重、其中一架曾低飛於西商馬場附近地帶、以機關槍掃射甚久

（中央社廿二日漢口電）今晨此間空襲被炸地點爲劉家廟徐家棚兩處、各落百彈、內有燒夷彈甚多、劉家廟站後街道全部被燬，死平民三十人、傷五十人，徐家棚站新建月台被毀、有大批候車難民罹難、鐵路員工亦有數人殉職、自徐站以迄下馬頭一帶 房舍多數倒塌、

（中央社廿二日株州電）□機今日兩襲株州、第一批□機十架、經贛境於九時五十九分，竄入市空、大肆轟炸，後循原路逸去、第二批五架、於十時十分再度飛入投彈、

（路透社廿二上海電）日軍事）

當局勸令英國及其他各國輪船在今夜十二時以前駛離漢口、日因日空軍將大施轟炸漢市、當局同時又勸珠江之外國輪船駛出海或駛入上游、因廣州市一帶將成戰區、珠江封鎖綫打破之後，亦只准一切協助日軍作戰之輪船入口云、

——摘自《南华日报》（香港），1938 年 10 月 23 日

敵寇暴行

敵機昨日狂炸廣州

增城從化全燬死傷人民甚多
翁源岳陽南昌昨前又遭轟炸

（中央社廣州二十一日電）敵機十餘批，今晨狂炸廣州黃沙車站及廣九路，皆落彈珠江沿岸，[illegible]數百間，死[illegible]逾千人。市中心區落彈廿餘，毀密屋數[illegible]棟，東郊及白雲山附近，均被炸，我無損失。

（中央社從化廿一日電）十九日敵機五十餘架，分轟燬炸增城金城，金城大火，敵騎兵數千，陸續由增城南近郊渡河，守衛作戰我軍，奮勇迎擊，敵一部進逼石灘，主力仍企圖由[illegible]邊逼從化，直趨粵漢路，廿日下午三時增城西方圓十里，發現敵騎兵，業被我軍擊散。

（中央社從化廿一日電）敵機廿八架，今日午前輪流轟炸從化縣城，全城屋宇被毀殆盡，居民多奔及趨避，死傷人數不可勝計。

（中央社宜昌二十一日電）敵機九架，於廿一日晨十時餘發現於沙市上空，盤旋片刻後，乃分頭竄擾，其中一架，曾侵入本市上空，但僅在東南角窺察後，又向東飛去，同時另一批敵機九架，經應城折往京山投彈。

（中央社翁源廿日電）廿日晨敵機八架來襲對河高岸村投彈十四枚，當炸毀民房十餘間，死傷農民廿人。敵機施虐後，向東竄去，經粵西都城時，低飛以機槍掃射我非武裝民衆，死傷未詳。

（中央社韶關廿一日電）敵機一批，廿日午飛翁源肆虐，在縣城落彈廿餘枚，毀屋五十餘所，死傷平民一百卅餘人。

（中央社岳陽廿一日電）敵機廿一日又兩度轟炸岳陽，並零星在湘東北一帶竄擾。二明左右，敵機九架經鄂南竄犯，其中驅逐機三架，先後竄入岳陽，其餘轟炸六架，分兩批於下午二時廿一分及卅分先後在岳陽肆虐，計在九嶺山麓投彈約凡十枚，多落水中或荒地。

（中央社南昌廿一日電）敵機一架，廿一日晨九時許侵入南昌市空，窺察一週逸去。又永修縣長頃電省府報告，敵機於十五十六十七等日在該縣及附郭濫施轟炸，投彈達二百餘枚、並雜有燒夷彈，縣城房屋，大半被毀。

——摘自《新华日报》（汉口），1938年10月23日

敵寇暴行

敵機昨五度侵襲武漢

投彈多枚難民略有死傷

昨日（廿二）敵機數十架，五度侵襲武漢，[illegible]二次敵機十八架，於上午十時許由鄂東來犯防部，[illegible]即發佈警報，并令各高射部隊嚴陣以待。旋敵機分[illegible]批竄入市區上空，先後在徐家棚及江岸兩處投彈多枚，各該處住留難民略有死傷。

——摘自《新华日报》（汉口），1938 年 10 月 23 日

敵機轟[illegible]南各縣

（中央社南陽廿二日電）敵機連日轟炸豫省各地，廿一日襲縣[illegible]轟炸後，廿二日又分三次襲豫。（一）敵機三架上午八時四十九分至臨汝縣城投彈。（二）敵偵察機一架，上午十一時飛至南陽上空，窺伺良久逸去。（三）敵機[illegible]架，至桐柏屬金橋一帶村莊，投彈轟炸平民。

——摘自《新华日报》（汉口），1938 年 10 月 23 日

株州被炸

（中央社株縣十二日電）敵機今日兩度襲株縣，第一批敵機[illegible]架，經醴陵於九時十九分竄入市空，大肆轟炸，後循原路逸去，第二批五架於十時十分再度飛入投彈。

——摘自《新华日报》（汉口），1938 年 10 月 23 日

（漢口廿三日下午五時電）招商局江新輪，駛至岳州附近城陵磯，遭日機襲擊，該船被炸燬，搭客千餘人遇難。

江新輪被炸燬
死千餘人

（長沙廿三日電）日機九架，今晨經修水闖入本市，經我防空部隊密集射擊，即向北遁，嗣在岳州城陵磯投彈轟炸。下午一時許，又有日機九架，經茶亭菴嶺羊樓司，在岳陽南津港投彈十餘枚，落荒地，旋折回北飛，在雲溪站投十餘彈，平民死傷十餘，毀屋一棟，并炸斃耕牛一頭。

——摘自《晶报》（上海），1938 年 10 月 24 日

江新輪駛湘途中
遭敵機慘炸破沉
乘客千餘全體遇難

（中央社）漢口二十三日下午五時電，招商局江新輪駛至岳州附近城陵磯，與遭敵機襲擊，該船當被炸毀，搭客千餘人遇難，

（中央社）南昌二十三日電，今日午前有敵機俱兩架，先後侵入南昌市區，覘察片刻，即行逸去，又上午十時許，敵機九架，經鄱西竄擾湘境，

（中央社）漢口二十三日電，二十三日黎明迄十時四十分，敵機七次來襲，每次九架六架不等，在王家巷徐家棚以迄下新河一帶，投彈轟炸，

（中央社）長沙二十二日電，敵機今又襲湘，上午敵機九架，經修水瀏平於十一時〇五分闖入本市，在高空盤旋，經我高射砲猛烈射擊，敵機倉卒北遁，嗣在湘陰白水站投彈兩枚，稍損路軌後，直趨岳陽，在城陵磯投彈，轟炸平民，下午一時許，復有敵機九架、經茶庵嶺羊樓司，在岳陽南津港投彈十餘枚，多落荒地，旋折向北飛，在雲溪站投彈十餘枚，平民死傷十餘，毀房屋一棟，并炸斃耕牛一頭，

——摘自《新新新闻》，1938 年 10 月 24 日

廣州淪陷慘狀

敵狂呼口號殺盡廣州人
街道積尸無數成爲血城
一目擊者今晨到渝所談

【本報特訊】「大廣州淪陷敵手」，還消息傳到民衆耳中，誰不悲痛。今天早上，有一位華僑，剛從香港飛來，他是親眼看到暴敵進佔廣州的情形。

他名黃佐治，生長在美國，今年廿八歲，在美國學習機械，并且在美國航空界服務，身體很魁梧，廿一日下午，他和一位美人，親眼看見敵軍進城。

他說：那天上午，敵機炸廣州，有很多架，看不清數目，我軍準備安全撤退，只留了一部份的兵力，做掩護工作，那時廣州城里是烟火彌天。街上看不到人，少數居留市中的百姓，在敵機投彈後，個個躲在家裏從窗戶上，向外面觀望，那時廣州的景象是十分悽慘，并聽到稀疏的槍聲。

廿一日下午兩點多鐘，聽到「轟轟」聲，「拍拍」聲，「翁翁」聲，他和一位美國朋友，在一個安全的地方看着，那時，廣州城完全沉寂了，少數的我們軍隊，等候敵人的來臨，準備痛擊。

城里依然大火，天也紅了半邊，留在城里的人，依然鎮靜着，約摸四點鐘光景，敵人的坦克車，已經來了，上面有飛機保護着，向廣州城衝來，我們忠勇的將士，拚死抵抗，終于城外的防禦工事被敵人燬壞，將士們壯烈犧牲了。

敵兵進城時候，牠們發出瘋狂的口號：「打到廣東了，殺盡廣州人」！牠們進了城，見了人便殺，廣東人的性情素來熱烈，很多人和敵兵對抗，最後是遭慘殺。

沒有半小時，街上的屍首無數，整個廣州市的街道，變了血城，「燒」，「殺」，瘋狂的敵人，只管做這種工作，牠們遇到小孩子都要殺，眞是雞犬不留，那一晚，廣州城在黑暗的恐怖中，是死城，革命的發源地在敵兵侵進下成了野獸世界了。

第二天，他便到香港轉昆明，乘汽車來重慶，廣州失陷出人意外，因爲防禦工作，沒有建築完全，所以，要「自救」，一切不能大意，不能疏忽，防禦工作，更須堅牢，這一次的廣州便失陷在「大意」「疏忽」上。

黃君在重慶稍住幾天，看看戰時後方的情形，便回香港，黃君并表示決定爲國出力。

——摘自《南京晚报》（重庆），1938年10月24日

敵機飛襲湘鄂

江新輪被炸燬

搭客千餘人均遇難

武漢市郊竟日轟炸

中央社長沙廿三日電　敵機今又襲湘、上午敵機九架、經修水瀏陽、於十一時零五分、闖至本市、在高空盤旋、經我高射砲猛烈射擊、敵機倉皇北遁、竄在湘陰白水站、投彈兩枚、稍損路軌、後直趨岳陽、在城陵磯投彈、轟炸平民、下午一時許、又有敵機九架、經茶菴嶺、羊樓司、在岳陽南津港投彈十餘枚、多落荒地、旋折向北飛、在雲溪站、投彈十餘枚、平民死傷十餘、毀房屋一棟、並炸斃耕牛一頭、

中央社漢口廿三日下午五時電　招商局江新輪、駛至岳州附近城陵磯突遭敵機襲擊、該船當被炸燬、搭客千餘人遇難、

中央社南昌廿三日電　今日午前有敵機兩架、先後侵入南昌市區窺察、片刻即行逸去、又上午十時許、敵機九架、經贛西竄擾湘境、

中央社漢口廿三日電　此間今竟日在空襲中、晨間有敵機約六十架、分七批侵入市空、其中一批在王家墩投下四彈、四批在徐家棚一帶投彈達二百枚、另二批則掠過市空、向西而去、午後二時至四時後有敵機數十架、在武漢市郊輪流轟炸、隆隆巨響、不絕於耳、劉家廟與姑嫂樹兩處、被炸最慘、三時左右、有敵機一架、低飛市空、散發荒謬傳單、敵偵察機則竟日盤旋雲際、

——摘自《时事新报》（重庆），1938 年 10 月 24 日

□機昨又犯湘鄂

七襲武漢猛炸岳陽

武漢警備部昨開始實施戒嚴

（中央社廿三日長沙電）□機今又襲湘、上午□機九架、經修水、瀏平、於上午十時零五分闖至本市、在高空盤旋、經我高射砲猛烈射擊、□機倉皇北遁、竄至湘陰白水站投彈兩枚、稍損路軌、後直趨岳陽、在城陵磯投彈轟炸平民、下午一時許、又有□機九架經茶庵嶺羊樓司、在岳陽南津港投彈十餘枚、多落荒地、旋折向北飛、在雲溪站投彈十餘枚、平民死傷十餘、毀房屋一棟、并炸斃耕牛一頭、

（中央社廿三日漢口電）廿三日黎明迄十時四十分、□機七次來襲、每次九架六架不等、在王家徐家棚以迄下新河一帶、投彈轟炸、

（中央社廿三日漢口電）武漢警備部廿三日佈告、茲值非常時期、自即日起、實施戒嚴、茲將懲禁條款抄示於後、一、散佈謠言、希圖危害民國者、處死刑、一、代□宣傳、不利抗戰前途者、處死刑、一、聚眾鼓噪、不服軍警制止者、處死刑、一、乘機搶劫者處死刑、一、破壞金融者處死刑、一、以物資□者處死刑、一、為□間諜者處死刑、一、傷害外僑者處死刑、

——摘自《南华日报》（香港），1938 年 10 月 24 日

恐怖空氣籠罩下大肆搶刦縱火

廣州市區陷大火中

矗立西堤一帶巍峩巨厦盡付一炬

珠江口外□海空聯合犯虎門砲台

（路透社廿三日廣州電）市區內今日又發生火頭數個、下九甫（絲街）之火頭甚大、時值東北風甚烈、火燄幾波及沙面、沙面當局甚起恐慌、命消防隊開畫各水喉灌濕堤邊之樓房及樹木、日軍又在災區附近徵集苦力工人拆去棚廠及其他引火之建築物、以阻止火勢蔓延、某外人昨夜在沙面附近目擊以火油灌牆壁、市內缺乏自來水供給、故日軍無法灌救、而且各樓房瓦面多有竹棚以避炸彈者、故火燄延燒益烈、又今晨頻發生劇烈爆炸聲、沙面之牆壁亦被震裂、有等彈片穿過沙面房屋之瓦面、幸未有傷害人命、倘此炸彈在夜間爆發、則必引起大火災、因沙面每夜只用油燈替代電燈、

繁盛商業區盡淪焦土

（路透社廿三日晨廣州電）今晨十時許 黃沙車站附近發生兩次大爆炸聲、沙面亦受震動、此兩爆炸聲係發自火災場者、沙面有兩華人衆受震傷、各房屋之窗門房門多被震破、沙面西便亦發生火災、旋即撲熄、沙面義勇軍亦出勤維持秩序、住於沙面西區之外人多遷入中區、料此爆炸聲必係因火藥庫被燃着者、轟炸力甚大、有等磚石飛達一千碼以外、河南方面昨夜亦發生一次大爆炸聲、廣州市區昨夜發生四個大火頭、今晨火勢仍未熄、長堤發生兩大爆炸聲、旋即引起大火、由太平路至海關一帶之房屋悉被燒燬、截至現時止、亞洲酒店及大新公司亦被葬於火、昨夜有日軍數百入市區、今晨在街上散步、

（路透社二十三日廣州電）截至今日下午五時、廣州市大火仍未熄、風勢轉向南吹故火舌已不危害沙面、由太平路直至沙面法界橋口與及六二三路一帶樓房已盡成焦土、其中被火者有壯麗酒店數間、百貨公司數間、酒樓若干間、甚至郵政總局及海關亦不能免於禍、火災幾延及該處之全部商業繁盛區、沙面之外人、及海關職員獨力搶救堤岸之火、六二三路有人乘機搶掠某商店、其後又縱火焚燬之、英法美當局派水兵登陸將匪徒拘捕、金山輪船泊於英砲艦側、暫時收容沙面之婦孺、又聞日驅逐艦及日機多架、昨今兩日進攻虎門炮台、

（路透社廿二日廣州電）（遲到）今夜僅有日軍二百名開入市區、分隊駐守城內四五處、其所駐紮之房屋門外貼有「此係皇軍之產業」等字樣、沙面之外人企立于河邊遠望日兵三五成羣經過馬路、但人數甚少、故日軍入踞市區時甚爲寂寞、間或有日軍車一二輛經過、各街道路旁之華人、側目而視、今夕六時有一載重車載日軍約二十名上架一機關槍駛到沙面英界之橋頭外、時適有一汽車載兩名日軍官、該兩日軍官立上前喝令該載重車之日軍移去車上之機關槍、日兵立遵命而行、不敢反駁、長堤之舊電廠今夕尚在劇烈焚燒中、青年會大東酒店亦盡燬於火、韜美醫院當局恐火勢延及該醫院、已將病人轉送入賀加特紀念醫院、日軍調集市內之救火機極力灌救之、並拆毀火場附近之樓房以免火勢蔓延、沙面英法軍警仍甚戒備、各橋口不准人出入、惟新聞記者則許出外、沙面仍安靜、祇缺乏電力供給而已、

（路透社廿三日廣州電）廣州市情形寂寞、便衣漢奸、在市內活動、替日人宣傳勸市民鎮定、本社記者偶見一漢奸對一羣人演說、謂「日人不特不傷害汝等、且願助汝等云」、記者又頻聞炸彈聲、自遠方傳來、料必係日飛機追擊華軍、日飛機又頻飛來廣州投下傳單、市區內電話線已斷、消息隔斷、

（路透社廿三日漢口電）此間各報昨日倘未登載廣州失陷之消息、據外人觀察、戰局對於中國雖不利、但戰爭必非就此可以結束、現在各方之視線集於本月廿八日在重慶舉行之國民參政會議、參政會此次會議將決定將來長期作戰之根本方針、

——摘自《南华日报》（香港），1938年10月24日

七千餘人遇害

敵炸沉我商船兩艘

、、、、、、、、、、、、一個有計劃的屠殺存計劃的破壞！

【漢口二十四日電】二十三日有鐵殼大煤船一艘、在城陵磯被敵機炸沈、內有難民約五千人、遇救者僅百餘人。

【漢口二十四日電】襄陽輪於二十三日晨由漢開往宜昌、駛至上游三十八英里一帶、遭遇敵機來襲、敵機見此商船、即猛烈投彈、並以機槍掃射、該船當即下沈、事後調查該船乘客約二千餘人、均在兇殘敵機猛炸之下遇難。（中央社）

——摘自《观察日报》，1938 年 10 月 25 日

敵機襲長沙 兩商輪又被炸

死傷平民達三百人

江新輪被炸係誤傳

△中央社長沙二十四日電：敵機今襲長沙時，泊於小西門外江邊滿載乘客之兩輪，竟被敵機集中投彈，據事後調查，該兩輪一係鄂建廳之新滿輪，一爲三北之鴻元，死傷平民達三百人。

△中央社重慶二十四日電：昨漢電，傳江新輪在城陵磯附近被敵機炸沉，惟據渝招商局辦事處稱，二十四日晨九時，尙接江新來電謂，一切平安，明日可抵宜昌，是則遇炸云云，當係誤傳。

△中央社長沙二十四日電：記者爲探詢漢電傳招商局江新輪被敵轟炸傳說之眞相，頃晤該局長沙分公司負責人，據談，江新輪於二十一日離漢開渝，二十二日遠城陵磯，二十四日晨據該輪發出之無線電報告稱，江新二十四日晨六時在姚邑起錨上駛，（監利以上石首以下）十時十三分過賈家湖，一切平安，（是江新幸未遭敵機之襲擊，至該輪被炸之誤傳（想係因二十三日江新上無線電整日未通，適是敵機到城陵磯江面肆虐，有以致之云。

——摘自《云南日报》（昆明），1938 年 10 月 25 日

敵機昨四度襲湘

【中央社長沙二十四日電】敵機三十五架，二十四日又分四批襲湘，長沙曾發出警報三次，第一批敵機十三架，經皖贛來犯，內偵察機一架，於八時許，首先侵入窺探，餘十二架進至普蹟市後，即分道而馳，六架進犯長沙，經我高射砲集中射擊，敵機陣容凌亂，大肆投彈，另六架敵機，則竄往淥口肆虐，并在昭潭市投一重磅炸彈，損失不明，第二批敵機六架，經鄂於十時一刻闖入岳陽麻塘車站，投彈後北遁，第三批敵機十架，第四批敵機六架，先後於上午十一時，下午四時左右，在汨羅車站一帶，往復投彈轟炸，平民死傷二十人。

【中央社長沙二十四日電】敵機今襲長沙時，泊於小西門江邊滿載乘客之兩輪，竟被敵機集中投彈，據事後調查該兩輪一爲鄂建廳之「新滿陽」，一爲三北之「鴻元」，死傷平民達三百人。

——摘自《新蜀报》，1938年10月25日

寇機兇殘濫炸商輪
難民七千餘遇害
傳江新輪平安

【中央社漢口二十四日電】二十三日有鐵殼大煤船一艘，在城陵磯被敵機炸沉，內有難民約五千人，遇救者僅百餘人。

【中央社漢口二十四日上午十一時電】襄陽輪於二十三日晨，由漢開往宜昌，駛至上游二十八英里地帶，適遇敵機來襲，敵機見此商船，即猛烈投彈，並以機槍掃射，該船當即下沉，事後調查，該船乘客，約二千餘人，均在兇殘敵機猛炸之下遇難。

【中央社】昨漢電傳江新輪在城陵磯附近，被敵機炸沉，惟據此間招商局辦事處職員稱，二十四日晚九時，該處尚接江新輪來電，謂一切平安，明後日可抵宜昌，是則遇炸云云，殆爲誤傳矣。

——摘自《新蜀报》，1938年10月25日

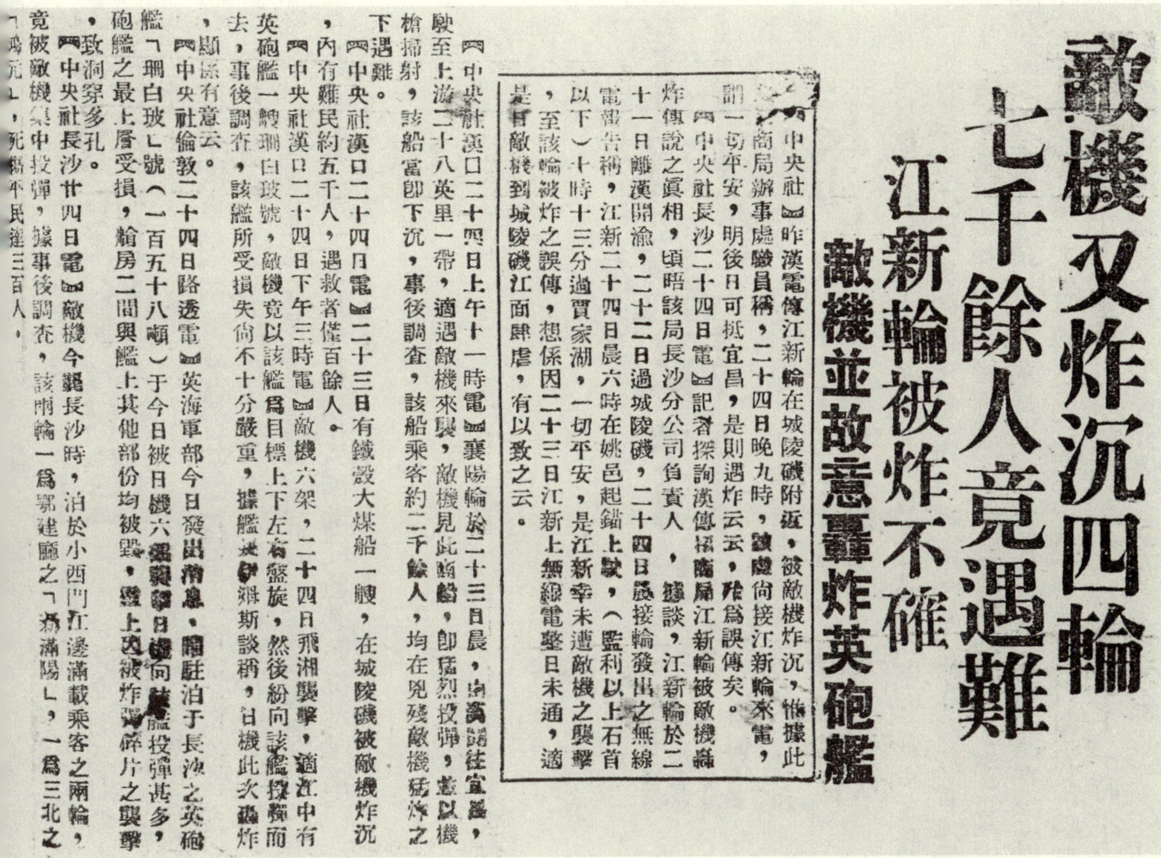

敵機又炸沉四輪 七千餘人竟遇難

江新輪被炸不確

敵機並故意轟炸英砲艦

【中央社】昨漢電傳江新輪在城陵磯附近，被敵機炸沉，惟據此間招商局辦事處職員稱，二十四日晚九時，該處尚接江新輪來電，謂一切平安，明後日可抵宜昌，是則遇炸云云，殆為誤傳矣。

【中央社長沙二十四日電】記者探詢漢傳招商局江新輪被敵機轟炸傳說之真相，頃晤該局長沙分公司負責人，據談，江新輪於二十一日離漢開渝，二十二日過城陵磯，二十四日晨接輪發出之無線電報告稱，江新二十四日晨六時在姚邑起錨上駛，（監利以上石首以下）十時十三分過買家湖，一切平安，是江新幸未遭敵機之襲擊，至該輪被炸之誤傳，想係因二十三日江新上無線電整日未通，適是日敵機到城陵磯江面肆虐，有以致之云。

【中央社漢口二十四日上午十一時電】襄陽輪於二十三日晨，由漢開往宜昌，駛至上游二十八英里一帶，適遇敵機來襲，敵機見此商船，即猛烈投彈，並以機槍掃射，該船當即下沉，事後調查，該船乘客約二千餘人，均在兇殘敵機猛炸之下遇難。

【中央社漢口二十四日電】二十三日有鐵殼大煤船一艘，在城陵磯被敵機炸沉，內有難民約五千人，遇救者僅百餘人。

【中央社漢口二十四日下午三時電】敵機六架，二十四日飛湘襲擊，適江中有英砲艦一艘珊白玻號，敵機竟以該艦為目標上下左右盤旋，然後紛向該艦投彈而去，事後調查，該艦所受損失尚不十分嚴重，據艦長[illegible]斯談稱，日機此次轟炸，顯係有意云。

【中央社倫敦二十四日路透電】英海軍部今日發出消息，謂駐泊于長沙之英砲艦「珊白玻」號（一百五十八噸）于今日被日機六架襲擊，日機向該艦投彈甚多，砲艦之最上層受損，艙房二間與艦上其他部份均被毀，艦上因被炸彈碎片之襲擊，致洞穿多孔。

【中央社長沙廿四日電】敵機今襲長沙時，泊於小西門江邊滿載乘客之兩輪，竟被敵機集中投彈，據事後調查，該兩輪一為鄂建廳之「新滿陽」，一為三北之「鴻元」，死傷平民達三百人。

——摘自《国民公报》（重庆），1938年10月25日

日機竟日襲湘

長沙淥口岳陽汨羅均被炸

▲長沙廿四日電　日機三十五架、廿四日又分四批襲湘、長沙曾發出警報三次、第一批日機十三架、經皖贛來犯、內偵察機一架、於八時許首先侵入窺探、繼十三架、進至普蹟市後、又分道而馳、六架逐犯長沙、經高射炮集中轟擊、日機陣容凌亂、突大肆投彈、另六架日機、則竄往淥口肆虐、並在昭潭市投一重量炸彈、損失不明、第二批日機六架、經鄂、於十時二刻、闖入岳陽車站、投彈後北竄、第三批日機十架、第四批日機六架、先後於上午十一時、下午四時左右、在汨羅車站往復投彈轟炸、平民死傷二十八、

——摘自《新闻报》（上海），1938年10月25日

易家灣被炸頗重

▲路透社二十二日長沙電（遲到）南岳今日爲日機轟炸、尤以長沙與衡陽間一帶爲甚、路透記者乘軍用卡車由長沙赴南岳、見株洲以上之易家灣車站、損毀頗甚、已毀之機車與客車、猶未移去、當記者過此站時、空襲警報大作、各車均即停駛、而火車中乘客均奔出車外、向附近山中避匿、惟日機此次並未在易家灣投彈、汽車行於長沙與南岳間、平時兩小時可到、今則費七小時、其故以警報頻作、而湘江過渡亦復延緩也、

——摘自《新闻报》（上海），1938年10月25日

日機炸難民船

平民死者七千

城陵磯一煤船被沉死者五千

襄陽號赴宜昌被沉死者二千

▲漢口二十四日電　二十三日有鐵殼大汽船一艘在城陵磯、被日機炸沉、內有難民約五千人、遇救者僅百餘人、襄陽輪於二十三日晨由漢開往宜昌上游二十八英里一帶、遭遇日機來襲、日機見此商船、即猛烈投彈、并以掃射、該船當即下沉、事後調查該船乘客約二千餘人、均在兇殘日機猛炸之遇難、

▲美聯社重慶廿四日電　今日正式證實襄陽號在漢口上游廿八哩處被日機炸沉、按該輪前係一日輪、後被中國政府沒收改爲難民輪、其中乘客難民二千餘人皆被轟斃或沒頂、

——摘自《新闻报》（上海），1938年10月25日

敵機四次襲湘

在長沙岳陽等處投彈甚多

並炸沉三船死難民五千人

中央社長沙二十四日電　敵機三十五架、二十四日又分四批襲湘、長沙曾發出警報三次、第一批敵機十三架、經皖贛來犯、內偵察機一架、於八時許、首先侵入窺探、餘十二架進至普蹟市後、即分道而馳、六架進犯長沙、經我高射砲集中射擊、敵機陣容凌亂、大肆投彈、另六架敵機則竄往淥口肆虐、並在昭潭市投一重磅炸彈、損失不明、第二批敵機六架、經鄂於十時一刻闖入岳陽麻塘車站、投彈後北遁、第三批敵機十架、第四批敵機六架、先後於上午十一時、下午四時左右在汨羅車站一帶、往復投彈轟炸、平民死傷廿人、

中央社漢口二十四日電　念三日有鐵殼大煤船一艘、在城陵磯被敵機炸沉內有難民約五千人、遇救者僅百餘人、

中央社長沙廿四日電　敵機今襲長沙時、泊於小西門江邊滿載乘客之兩輪、竟被敵機集中投彈、據事後調查、該兩輪一爲鄂建廳之「新滿陽」一爲三北之「鴻元」、死傷平民達百人、

——摘自《时事新报》（重庆），1938年10月25日

敵機昨分四批襲湘

經湘江時大肆投彈

平民三百餘人遇難

長沙二十四日電，敵機三十五架二十四日午分四批襲湘，長沙曾發出警報三次，第一批敵機十三架，經豫皖來犯，內偵查機一架，於八時許首先侵入，其餘十餘架入普濟寺後，即分道而駛，六架犯長沙，經我高射礮集中射擊，敵陣容亂竄，至湘江時突大肆投彈，當炸毀滿載乘客輪兩艘，死傷平民達三百人，一彈落英艦旁，幾被炸毀伊麥斯艦，已提出抗議，另六架一繼轟綠口肆虐，並在招譚市投重量炸彈，損失不明，第二批六架經鄂於口時一刻竄入岳陽廣塘車站投彈後北竄，第三批十架，第四批六架，先後於上午十一時及下午四時左右在泊羅車站，往返投彈轟炸，致古碑塘車站全毀，致將電綫微損平民死傷二三十人，

——摘自《泸县民报》，1938年10月25日

由漢開宜昌

襄陽輪被敵機炸沉

乘客七千餘全遇難

（漢口二十四日電）襄陽輪於二十三日晨由漢開經宜昌，駛至上游二十八英里一帶，遭遇敵機來襲，敵機見此商船即猛烈投彈，並以機槍掃射，該船當即下沉，事後調查該船乘客約二千餘人，均在凶殘敵機猛轟之下遇難。

（漢口二十四日電）二十三日有載客大煤船一隻，在城陵磯被敵機炸沉，內有難民五千，遇救者僅百餘人，

——摘自《泸县民报》，1938年10月25日

HANKOW HEARS THE GUNS

JAPANESE TEN MILES AWAY

BRITISH GUNBOAT BOMBED

PROTEST IN TOKYO

Japanese warships are now reported to be only 10 miles from Hankow, and the sound of gunfire is audible in the city.

The British gunboat Sandpiper was bombed by the Japanese yesterday at Changsha, on the Siang River, and damaged by splinters. The British naval authorities and the Ambassador in Tokyo have protested to the Japanese.

From Our Special Correspondent

HANKOW, Oct. 24

The British gunboat Sandpiper (Lieutenant-Commander W. E. J. Eames) was nearly sunk at Changsha to-day when six Japanese heavy bombers dropped a number of bombs around her in the Hsiang River, a tributary of the Yangtze. Two cabins were wrecked and other parts of the vessel damaged, many holes being made by flying splinters. There were no casualties.

The bombing began about half an hour after Japanese scouting machines had passed over the gunboat. The Sandpiper, a vessel of only 185 tons, with a complement of three officers and 25 men, was moored to the island where most of the British property at Changsha is situated. Lieutenant-Commander Eames reports that there were junks in the vicinity but no apparent military objectives, and this is confirmed by Captain J. M. McHugh, the Assistant United States Naval Attaché, who witnessed the bombing from the shore.

IDENTIFICATION MARKS

The British naval authorities have made energetic protests to the Japanese against the "deliberate" bombing of the Sandpiper, and have requested that immediate steps shall be taken to prevent any further attacks on British vessels. The Sandpiper, which displayed broad red, white, and blue markings as requested by the Japanese, in addition to the usual flags, was bombed from 3,000ft. The identity of the attackers is beyond question.

Earlier to-day the Japanese had intimated their regret at the decision to keep foreign ships at Hankow instead of sending them up river. They have again been informed that the ships cannot be moved and that they will be held responsible for any damage.

Over 600 civilians were killed in the Japanese raid on Pingsiang in Kiangsi, in which the church and other buildings of the English Methodist Mission were destroyed.

Owing to the overcast sky Hankow escaped being bombed to-day, but gunfire from the front was plainly audible. The Chinese state that the Japanese are shelling Kotien, only 20 miles away. Martial law has been declared here and the police have been ordered to shoot anyone endangering the lives of foreigners. In spite of the exodus of the inhabitants there are still 400,000 Chinese in the Hankow-Wuchang area, most of whom will crowd into the refugee zone, which has now finally been recognized. Meanwhile nearly the whole city is still engaged in a feverish quest for safety. The foreign volunteers were mobilized to-night to assist in keeping order in the safety zone.

CHINESE PREPARATIONS

Minor explosions occurred last night in Japanese buildings in the former British Concession, and other buildings, many of them close to foreign property, are being prepared for demolition. The Chinese have promised to give 24 hours' notice if they should decide to destroy these buildings, because foreign lives and property cannot fail to be endangered by the explosions.

While the Chinese forces are still offering resistance in places, the Japanese are rapidly closing in on Hankow. The air raids have quickened the rush for safety and the streets are still more congested with refugees. About 1,500 foreigners are remaining at Hankow through the crisis. Those living in Wuchang and other exposed districts have been requested to come to the former British Concession, which will be patrolled by British and American sailors, assisted by foreign volunteers of all nationalities.

——摘自《泰晤士报》（The Times），1938 年 10 月 25 日

□機昨

狂炸湘境

(中央社廿四日長沙電)□機分四批襲湘、首批六架進犯長沙、大肆投彈、另六架□機則竄往　口肆虐　並在昭潭市投一重磅炸彈、損失不明、第二批□機六架、經鄂於十時一刻、闖入市空陽馬塘車站投彈後北逸、第三批□機十架、第四批□機六架、先後在汨羅車站一帶往復投彈轟炸平民死傷二十人

——摘自《南华日报》(香港),
1938年10月25日

廣州災區縱橫數里·前夜昨晨烈燄未熄

(路透社廿四日廣州電)廣州市昨夜焚燒仍烈、東堤之火隨風吹及城內災區達數方里　六二三路之火已熄　一因風勢已轉方向、一因沙面之外僑及德籍消防隊努力灌救、六二三路至黃沙一帶若無新火頭發生、則沙面可不致再受威脅、但沙面英法當局仍甚戒備、據久居沙面之外人云、渠等在廣州目擊共產黨暴動及內亂多次、但未覩過日來市面情形之如此慘烈者、昨晨發生巨炸聲之後、白鶴洞之瘋人院看守人逃走一空、院內八百瘋人無人管理、英水兵聞訊即到該處接救此等不幸之瘋人、并給以八十包米、瘋人等是夜始得一飽、又六二三路曾發生大搶劫、故日軍到該處扼守各商店門前數小時、以刺刀斃匪徒四名、日軍撤退後匪徒又來、據外人談、入市之日軍紀律尚好、據士蔑西報載今晨石澳方面有一百五十艘輪船、以日逐驅艦為護、向珠江口駛進、該船隊料必滿載軍糧用品入珠江口接濟日軍者　聞虎門砲台已被攻陷、或者日海軍已攻破虎門之封鎖線、

(廣州昨晨外訊)廣州市由星期六下午起發生大火、燒至今晨尚未熄滅、全城變成火坑、回憶一八一二年俄軍將莫斯科城付之一炬、以阻拿破崙軍侵人以來、火災之大以此為第二次、截至現時止、市內各大公私建築物已付之一炬、西村河南兩區亦有巨火、城內之建築物多有防空棚故火勢蔓延更速、城內及長堤一帶已淪為焦土、黃沙兩子彈廠、昨晨同時爆炸、瓦片飛到沙面西段、震壞沙面樓房約廿間、意領事館傾塌、渣打銀行及洛士利洋行亦毀壞、黃沙車站已完全毀沒、其爆炸力之巨可知、黃沙車站當時有一車卡拖車卡數架、載滿軍用品、準備出發往漢口者、全列車竟被爆炸力投上半天墜落於數百碼外、車頭車卡變成一堆毀鐵、壓碎該處之房屋、城南城北長堤及河南同時發生火災、長堤之火由珠江橋以東起直燒到六二三路以迄黃沙、又由長堤至觀音堂一帶之繁盛商店及九大建築物已付之一炬、河南方面沿河邊之房屋昨日整日焚燒、長堤之火坑達二里長、市區之有名建築物、觀音閣、花墟、省市政府、財政廳、新亞酒店、省港輪船碼頭、新華酒店、愛羣酒店、已悉被火燬、韜美醫院將病人昇往夏葛醫院、僅半小時後即被燃燒、及青年會全體職員遷出後、日軍遂將該建築物炸燬、以阻截火路、有等外人協助日軍阻斷火路、迄未成功、查華軍未退出廣州時、已將自來水塘炸燬、故由星期五起市內已無水供給、消防隊更無法救火　日軍只能用炸藥炸毀樓房、以斷火路、但功效甚微、黃沙之火延及西村、又市郊外之瘋人院顛狂病監獄等因受火災威脅、已悉將病人及監犯放出、河南方面之英商輪船碼頭及煤油倉已被焚燬、下九市完全變為焦土、廣州市財產損失之價值約五千萬鎊金、兩日內之破壞程度、超過日飛機之一年的殘酷轟炸、將來燒至如何程度、留待續報、

——摘自《南华日报》(香港),1938年10月25日

▲廣州全城將付一炬

▲敵軍大肆劫掠無惡不作

▲估計損失達一千萬元以上

▲敵軍進入市內者僅一千五百餘名

廿四日聯合通訊社廣州電。日軍消防隊。是日在廣州市之中心區佈置炸藥。將各樓宇爆炸。隔斷火路。以期撲滅廣州市之大火災。查廣州市之大火。係于昨晨日軍本部入城後發生者。。至是日已延至沙面外國租界附近。。美國領事館亦被爆炸之聲震動。全樓之玻璃窗。。均被震碎。有華人書記一名。被玻璃碎片所傷。日軍并在廣州市內大肆劫掠。無惡不作。新亞洲旅館及其他樓宇。均被烈火焚燬。

同日共同通訊社廣州電。。廣州市是日陸續大火爲災。商業區域被焚燬後。烈火已延至住宅區域。。華南繁華都會商業中心點之廣州市。大有全城付之一炬之勢。日軍在火災區域附近。。用炸藥爆炸。。以期將火撲滅。此爲救火之唯一利器。因華軍未退出廣州市以前。已將自來水塘炸毁故市內之自來水已完全停滯。。

據各方觀察。廣州市之火災。係由華軍所縱火者。。華軍曾將其制服卸去。在市內將各重要樓宇縱火焚燒。以實施中國之「焦土抗戰」政策。。沙面外國租界內亦發生小火警。。但不久即被撲滅。。無甚大損失。僅有在岸旁之樓宇多間被焚燬。華軍在黃沙車站遺棄之軍火一大部。。昨日被火燃着爆裂者凡三次。。碎片在沙面各處跌落。將各樓宇之玻璃窗擊碎。廣州市內各處。均發生火災。損失最大者爲西村與河南兩區。被火焚燬各樓宇中。有財政廳。省政府及市政府公署。郵政局。寺宇一間。及旅館多間。。物業損失若干。未有正式之估計。惟據非正式之估計。則其數將達一千萬元以上。夜間火焰有射至一百九十尺高者。是日濃煙蔽天。幾將日光完全遮蔽。華人難民。現仍繼續離去廣州市。其不能離境者。則羣集於沙面之對岸。。

日軍之進入廣州市者。。僅得一千五百餘名。日軍之本部。仍未登岸。。故市內各區多未有日軍蹤跡。日軍戰艦多艘。現正駛進珠江。溯江而上。據報有日軍一隊。經已沿粵漢鐵路北上云。

——摘自《少年中国晨报》，1938 年 10 月 25 日

▲廣州焚斃市民數百

廿四日共同通訊社廣州電。廣州市四處發生大火災。是晚逐漸停息。現聞焚斃市民數百名。。

——摘自《少年中国晨报》，1938 年 10 月 25 日

▲敵機狂炸武漢區域

廿四日共同通訊社上海電。據漢口電訊。日軍飛機隊。。是日向漢口附近揚子江兩岸轟炸。投落炸彈甚多。並向岸上之難民攻擊。粵漢鐵路武昌車站附近。。中彈起火。武漢平民已陸續向西遷移。。歐美僑民則集中法租界。有外國軍隊保護。美國炮艦魯遜號及稍蕃號。現仍停泊於漢口附近。不理日人之警告。

——摘自《少年中国晨报》，1938 年 10 月 25 日

▲敵機轟炸難民船隻

廿四日共同通訊社上海電。。是日華人報紙登載消息。輪船江新號。在岳州附近之揚子江面。船上滿載難民。。被日軍飛機轟炸。死傷人數約一千名。。

——摘自《少年中国晨报》，1938 年 10 月 25 日

漢宜江程中

兩輪船被炸

乘客七千餘罹難

贛湘各地昨均遭空襲

▲中央社漢口廿四日上午十一時電　襄陽輪於廿三日晨、由漢開往宜昌、駛至上游廿八英里一帶、適遇敵機來襲、敵機見此商船、即猛烈投彈、并以機槍掃射、該船當即下沉、事後調查、該船乘客約二千餘人、均在兇暴敵機猛炸之下遇難。

▲中央社漢口二十四日電　二十三日有鐵殼大煤船一艘、在城陵磯被敵機炸沉、內有難民約五千人、遇救者僅百餘人。

▲中央社南昌廿四日電　廿四日晨七時、贛北發現敵機十二架、經贛西竄湘、十時又有敵機十架、經贛西飛湘、十二時四十分、敵偵察機一架、侵入南昌市空後、在豐城樟樹新淦分宜宜春向湘境逸去。

▲中央社長沙二十四日電　敵機三十五架、二十四日又分四批襲湘、長沙會發出警報三次、第一批敵機十三架、經皖贛來犯、內偵察機一架、於八時許、首先侵入窺探、餘十二架進至普蹟市後、即分道而馳、六架進犯長沙、經我高射砲集中射擊、敵機陣容凌亂、大肆投彈、另六架敵機、則竄往淥口肆虐、並在昭潭市投一重磅炸彈、損失不明、第二批敵機六架、經鄂於十時一刻闖入岳陽麻塘車站、投彈後、北遁、第三批敵機十架、第四批敵機六架、先後於上午十一時、下午四時左右、在汨羅車站一帶、往復投彈轟炸、平民死傷二十人。

▲中央社長沙廿四日電　敵機今襲長沙時、泊於小西門外江邊滿載乘客之兩輪、竟被敵機集中投彈、據事後調查、該兩輪一係鄂建廳之新漢陽、一爲三北之鴻元、死傷平民達三百人。

——摘自《中央日报》（重庆），1938 年 10 月 25 日

敵寇暴行

敵炸沉長江一商輪

死乘客難民七千餘人

（中央社漢口廿四日上午十一時電）襄陽輪於廿三日晨，由漢開往宜昌，駛至上游廿八英里一帶，適遇敵機來襲，敵機見此商船，即猛烈投彈，並以機槍掃射。該船當即下沉。事後調查，該船乘客約二千餘人，均在兇殘敵機猛炸之下遇難。

（中央社漢口廿四日電）二十三日有鐵殼大煤船一艘，在城陵磯被敵機炸沉，內有難民約五千人，遇救者僅百餘人。

——摘自《新华日报》（汉口），1938 年 10 月 25 日

湘省四度空襲

長沙岳陽均遭轟炸

（中央訊長沙二十四日電）敵機三十五架，二十四日又分四批襲湘。第一批敵十三架，經皖贛來犯，六架進犯長沙，經我高射砲集中射擊，敵機陣容凌亂，大肆投彈，另六架敵機，利竄往淥口肆虐，並在昭潭市投一重磅炸彈，損失不明。第二批敵機六架，經鄂於十時一刻闖入岳陽，麻塘車站，投彈後北遁。第三批敵機十架，第四批敵機六架，先後於上午十一時，下午四時左右，在汨羅車站一帶，往復投彈轟炸，平民死傷二十人。

（中央社河曲二十四日電）敵由太原朔縣兩路，向五台增援，並遞送給養。十八日敵機五架，至忻口附近宿水村投彈三十餘枚。

——摘自《新华日报》（汉口），1938 年 10 月 25 日

敵機昨炸株州岳陽

【本市息】敵機昨日又襲湘、長沙發出警報兩次、上午有敵機六架循粵漢路南犯、經雲溪城陵磯白水於九時五十分進至霞凝站、盤旋良久復折回、在岳陽黃沙街站黃秀橋投彈多枚、炸毀鐵道小橋一座、下午又有敵機九架經奉新上高萬載瀏陽並掠過本市近郊、竄往株州、窺探後飛逸、旋續有敵機九架、經瀏陽平江向南闖來、內六架越永安市報亭子於三時侵入株州轟炸、計南站機廠中彈一枚、高葉唐投燒夷彈一枚、焚去民房一棟樞谷坪落五彈、震塌民房一棟、斃猪六隻、北站十字頭門口一帶投彈八枚、並雜以手溜彈十餘枚、炸死平民三人、牛山橋一帶擲手溜彈七枚、當有平民五人受傷、敵機肆虐後、仍取原道逸去、另三架則在株州以南之淥口投彈、因電話發生故障、損失不明、

——摘自《观察日报》，1938 年 10 月 26 日

大批敵艦駛珠江口
增城博羅仍有戰事
沙面外領密商應付辦法
廣州大火二日未熄

【本報香港廿五日上午十一時十五分發專電】外訊西關上下九甫被焚毀。二十四日十八甫被掠一空，沙面外領二十四日開會，密商應付時局辦法，又訊，敵運輸船一百五十餘艘，二十四日由敵艦掩護駛珠江口。

【本報香港廿五日下午一時十八分發專電】廣州由二十二日起大火，迄二十四日晨未熄，全市成火場，災區達數方里，計由海珠橋東起，沿長堤延燒至黃沙，各大旅店百貨公司盡付一炬，城內及河南亦有數處起火，大佛寺花塔各名勝，省市政府，財政廳，均被焚，黃沙兩次大火，彈藥庫亦炸毀，震動全市，沙面外人區亦震塌房屋廿餘間，據外人估計，損失極重，聞敵正物色漢奸、陳烱明舊部陳廉伯金章等均赴省活動，

【中央社廣州廿五日合衆電】確息，增城博羅仍有戰事，廣州北郊昨日可聞砲聲。

——摘自《国民公报》（重庆），1938年10月26日

日機兩度襲湘

▲長沙二十五日電　日機今又兩度襲湘、上午九時許、日機六架、經賓溪循粵漢路南犯、九時五十分抵霞凝、盤旋良久、復折回、在岳陽黃沙街站黃秀橋投彈、炸壞鐵道小橋一座、　下午又有日機九架　經奉新上高、並掠過本市近郊、竄往株州窰探後、北旋、續有九架、經瀏陽平江南來、內六架於三時進至株州轟炸、在車站附近、投彈多枚、並雜有燒夷彈手溜彈、毀民房十餘棟、　另三架在淥口投彈、損失不明、

▲南昌廿五日電　廿五日下午一時半、贛北方面發現日機九架、旋轉贛西、向湘境飛去、四時贛西發現日機九架、竄至西山（新建縣屬）附近　後向北去、

——摘自《新闻报》（上海），1938 年 10 月 26 日

敵機襲炸武漢各處焚燒

——漢口華輪一概向上游開去——

廿四日紐約時報漢口電．昨日凌晨倭機開始轟炸漢口。全日倭機襲炸武昌。漢口之交通線。

昨晚半夜武昌城中心火起。武昌漢口電話線暫時斷絕。從漢口方面觀望。火勢漸廣。武昌尚有美僑多人。

漢口已實行戒嚴令　所有華警。概已應徵入伍。全市由軍隊梭巡。粵漢鐵路車站被敵機襲炸多數，車站附近燒燬。損失詳細情形未能探悉。受傷者不絕從武昌送來漢口就醫。星期六日武昌空襲。傷斃約千餘。

漢口之鐵路。公路續被倭機炸倭。向南各處。聞有水雷封鎖綫。倭機特別注意。猛炸該處。揚子江中中國輪船。幸未被炸。

△外艦高射炮準備以防萬一

美艦呂宋號　哥暗號之高射炮。均由軍士把守。倘倭機低飛投彈。決開炮迎擊

英國揚子艦隊司令畸賀宣稱。英礮艦將留漢口。英商輪則一概泊在舊英租界海旁。所有華輪一概開往上游。武昌過海小輪。因倭機不斷炸擊。每日只開數次。

敵機來炸時．無高射炮迎擊。相信國軍早已移去高射炮。漢口市民仍繼內地遷移云。

——摘自《三民晨报》，1938 年 10 月 26 日

▲敵機轟炸武漢難民

廿五日共同通訊社漢口電。。日軍是日進佔漢口。防守漢口之華軍。經已先行退出。。此為自中日戰事爆發以來。。中國大城市淪陷之第六處。北平，天津，已於去年「七七」蘆溝橋事件爆發後數星期內失陷。上海於十一月九日失陷。。南京於十二月十三日失陷。而廣州則于本月廿一日失陷。華軍未退出漢口以前。。先將平漢鐵路炸毀。法租界亦為之震動。日軍未進入漢口以前。。日軍飛機共約五百架。曾大舉轟炸粵漢鐵路沿線一帶。物業損失甚巨。。日機襲炸武漢區域者凡六次。在揚子江面乘小艇離漢口之華人難民。亦被日機轟炸。斃命者甚衆。。

——摘自《少年中国晨报》，
1938年10月26日

粵北慘遭轟炸

三華中學學生死百餘人

▲翁源廿六日電　日機連日輪流飛粵北翁從新公路投彈、沿路市鎮如梅坑官渡以及附近農村、均遭轟炸、農民死傷不可勝計、今晨日機復飛翁源縣東七十里、與軍事絕無關係之三華墟肆虐、向三華中學投彈兩枚、時學生正在上課、竟被炸斃一百餘人、

——摘自《新闻报》（上海），
1938年10月27日

十里羊城慘遭浩刼

黃沙車站大火昨猶未熄

〔中央社廣州二十六日合衆電〕廣州表面上，雖似已被日軍佔領，但日軍突在市內迄未使用之防禦工事處佈置防務，在防綫以外僅有少數日軍往來巡視，太平路以西，及西關一帶，中國難民甚多，咸屬婦孺，壯丁絕少，日軍大多數集中於沙面西關之間，西關方面，尚有華軍所設之工事，此即為華軍退却前所建築者，在永安路一帶，日軍强迫華人，將牆折下，改建防禦工事，在東山方面，日軍甚多，均忙於搬運所搶掠之物品，據難民稱，日軍現正在各民房內搶刦食品，傢俱，及被褥等，凡稍示不願者，即以刺刀相向云，日軍在黃沙車站一帶佈崗，該地尚有數處大火未熄，即就已被焚毀之地區而論，最少有數十條街道，完全成為瓦礫場，廣州最佳之街道，亦在被焚之列云。

——摘自《新蜀报》，
1938年10月27日

日機轟炸梧州

並在懷集投彈

▲梧州廿六日電　今午十二時廿分、日機十一架進襲梧州、在對河大學區北三角咀投彈卅餘枚、毁民房十餘間、民船二艘、當即着火燃燒、死傷平民數十人、日機逞兇後、於十二時四十六分逸去、並在長洲以機鎗掃射鄉民、又上午八時廿三分、日機一架、在懷集投彈二枚、死傷平民甚多、

——摘自《新闻报》（上海），
1938年10月27日

羊城成為血戰

寇入廣州逢人便殺

敵進城時發出瘋狂口號

打到廣東了殺盡廣州人

（重慶廿五日訊）「大廣州淪陷敵手」這消息傳到民衆耳中，誰不悲痛。今天早上，有一位華僑，剛從香港飛來，他是親眼看到暴敵進佔廣州的情形。

他名黃佐治，生長在美國，今年二十八歲，在美國學習機械，并且在美國航空界服務，身體很魁梧，二十一日下午，他和一位美人，親眼看見敵軍進城。

他說，那天上午，敵機炸廣州，有很多架，看不清數目，我軍準備安全撤退，只留了一部份的兵力，做掩護工作，那時廣州城里是烟火彌天。

街上看不到人，少數居留市中的百姓，在敵機投彈後，個個躲在家裏，從窗戶上向外面觀望，那時廣州的景象是十分悽慘，并聽到稀疏的槍聲。

二十一日下午兩點多鐘，聽到「轟轟」聲，「拍拍」聲，「翁翁」聲，他和一位美國朋友，在一個安全的地方看着，那時，廣州城完全沉寂了，少數的我們軍隊，等候敵人的來臨，準備痛擊。

城里依然大火，天也紅了半邊，城里的人、依然鎮靜在着，約摸兩點鐘光景，敵人的坦克車，已經來了，上面有飛機保護着，向廣州城衝來，我們忠勇的將士，拚死抵抗，終於城外的防禦工事被敵人毀壞，將士們壯烈犧牲了。

敵兵進城時候，牠們發出瘋狂的口號，「打到廣東了，殺盡廣州人」！牠們進了城，見了人便殺，廣東人的性情素來熱烈、很多人和敵兵對抗，最後是遭慘殺。

沒有半小時，街上的屍首無數，整個廣州市的街道，變了血城、「燒」，「殺」，瘋狂的敵人，只管做這種工作，牠們遇到小孩子都要殺，眞是鷄犬不留，革命的發源地在敵兵侵進下成了野獸世界了。

——摘自《泸县民报》，1938年10月27日

寇機肆虐

▲廣州二十六日合衆電，據自省經澳門前往香港之英僑稱：日軍日來不斷以機關槍掃射珠江三角洲內之船隻，深圳現有若干華軍，故日機前往轟炸。

▲中央社翁源二十七日電，敵機二十五，二十六兩日狂炸清遠及附近村落，該縣在北江西岸，向無軍隊駐防，敵軍侵粵，戰事爆發後，廣州市民多往該縣避難，現敵機竟狂炸該地，足證敵機肆虐，並不以軍隊爲對象。

▲中央社梧州二十七日電，中央社記者由梧州沿西江赴粵視察，途經肇慶，雲浮，德慶，鄧城，梧州各地，獲悉各地民衆對暴敵侵略粵垣，極爲憤慨，連日敵機不時窺察各地，並追炸輪渡，惟民衆持以鎮靜，秩序井然，各地當局，對難民過境，多予便利，記者所乘之順卜渡，於二十四日晨航行六都悅城間，突遇敵機三架，敵見滿渡難民，獸性暴發，突低飛連投三彈，難民爭相跳水逃生，厥狀至慘，航行阜梧之桂利渡．亦於二十三日被炸，死數十八。

——摘自《云南日报》（昆明），1938年10月28日

日機狂炸清遠

▲翁源廿七日電　日機廿五廿六兩日、狂炸清遠及附近村落、該縣在北江西岸、向無軍隊駐防、日軍侵粵戰事爆發後、廣州市民多往該縣避難、現日機竟狂炸該地、足證日機肆虐、並不以軍隊爲對象、

▲梧州廿七日電　中央社記者由梧州沿西江赴粵視察、途經肇慶雲浮德慶鄧城梧州各地、獲悉各地民衆對日軍侵犯粵垣、彌深憤慨、連日日機不時窺察各地、並追炸輪渡、惟民衆持以鎮靜、秩序井然、各地當局對難民過境、多予便利、記者所乘之順亨渡、於廿四日晨航抵六都悅城間、突遇日機三架低飛、連投三彈、難民爭相跳水逃生、厥狀至慘、航行省梧之桂利渡、亦於廿三日被炸死數十八、

——摘自《新闻报》（上海），1938年10月28日

敵機在桂省肆虐

炸死過江平民

敵機昨又在應城等處投彈

中央社梧州二十七日電　中央社記者由梧州沿西江赴粵視察、途經肇慶、雲浮、德慶、郢城、梧州各地、獲悉各地民衆對暴敵侵犯粵垣、極爲憤慨、連日敵機不時窺察各地、並追炸輪渡、惟民衆持以鎮靜、秩序井然、各地當局對難民過境、多予便利、記者所乘之順享渡、於二十四日晨航抵六都悅城間、突過敵機六架、敵見滿渡難民、獸性暴發、突低飛連投三彈、難民爭相跳水逃生、厥狀至慘、航行省梧之桂利渡、亦於二十三日被炸死數十人、

中央社宜昌二十七日電　二十七日正午十二時餘、敵機六架、發現於鍾祥張家集、同時另有敵機數架、在皂市一帶盤旋、均有襲宜模樣、旋該兩批敵機、均先後在應城投彈後、向東北逸去、

中央社翁源廿七日電　敵機二十五、二十六兩日狂炸清遠及附近村落、該縣在北江西岸、向無軍隊駐防、敵軍侵粵戰事爆發後、廣州市民多往該縣避難、現敵機竟狂炸該地、足證敵機肆虐轉以平民爲對象、

——摘自《时事新报》（重庆），1938 年 10 月 28 日

寇機連日肆擾湘粵

粵北被炸平民死傷甚衆

長沙廿六日電　今日下午一時許、突有敵機在湘陰、長沙鐵路一帶、因雲層低密、僅聞聲響、未悉究有敵機若干架經過、另有敵機一架、經蒲圻羊樓司進窺湘境、循粵漢路竄汨羅始逸去、

翁源廿六日電　敵機連日輪流飛粵北、從新公路投彈、沿路市鎮如梅坑官渡以及附近農村均遭轟炸、農民死傷不可數計、今日敵機復飛翁源縣東七十里與軍事絕無關係之三華中學投彈兩枚、時學生正在上課、竟被炸斃一百餘名、

五原廿六日電：敵機一架　廿六日午後三時許、至綏西各處偵察　並擲散謠言傳單　在五原上空盤旋、少頃　即向西南飛去、

——摘自《南宁民国日报》，
1938 年 10 月 28 日

敵軍入漢後
大肆獸行
姦淫擄掠無所不至
泊漢敵艦共有三十六艘

▲中央社漢口廿七日合衆電　日軍于今晨九時入特三區、日軍在英領事館前停留約五分鐘、英軍官卄之未果、日軍官在領事館前、攝影一張後、即令部隊開至江邊區、合衆社記者今日至華界視察、與數華人聚談、據稱、彼等之銀錢、均已被掠去、某女子、且於昨晚被强姦、記者見各設防處之日軍、均靜坐地上、外表上似均無事者然、又今日有面帶懼色之華人若干、趨入特區、口稱日軍盤問彼等、並行週身搜查、所有銀錢、亦均被刼云。

▲中央社漢口廿七日合衆電　泊于漢口之日艦、至少有三十六艘、內計驅逐艦、掃雷艦、運輸艦各若干、日機數隊、今在武漢上空飛行、諒係飛赴前線者。

——摘自《中央日报》（重庆），1938 年 10 月 28 日

▲**敵在漢口肆行殘殺**　廿七日共同通訊社漢口電。現有華人數十名。其中有身穿軍服者。。亦有身穿平民服裝者。是日在美國炮艦魯遜號停泊處附近。被日軍槍決。。現在外國租界有華人約十萬名。日軍則設法迫令其返回華界居住。

——摘自《少年中国晨报》，
1938 年 10 月 28 日

敵人鐵蹄踐踏後

晉南[illegible]地盡血痕

（中央社垣曲廿七日電）記者於此次晉南會戰時，隨軍北進，茲聞廿一日押解晉城俘獲之兩飛機師復又南返，途經南北支鍋。駱駝窰，同善鎮上下亳城等地，因皆敵騎所至之處，致所有房屋門窗家俱，無不焚燬一空。同善鎮尤甚。其東側且有死牛堆積如山，類多僅食其腿，致死臭氣四溢，各該地之糧食，除大部爲敵運去外，復多牽牲糟塌，如以小米之穗，鋪置馬廐小麥傾之糞坂等。附近農家則因敵來時趨避於深山樹林茂草間，爲雨淋與夜露十餘日之結果，無分老幼，悉患疥瘡。其境况之悽慘苦痛，實非筆墨所能形容，更甚者，趙家坡南有一山溝爲附近婦女迭次躲避之所，垣曲二度淪陷時，均得免於難，故此次仍以爲樂土，不意爲敵偵知，將該山溝四面包圍，三百餘婦女，遂悉被姦污。有一十一歲幼女被姦六次致死，一六十三歲之吳姓媼被殺，其他被染花柳病者，不可勝計。敵此種獸行獸性，誠使人髮指。

——摘自《新华日报》（汉口），1938 年 10 月 28 日

狂炸清遠

（中央社翁源廿七日電）敵機廿五廿六兩日狂炸清遠及附近村落，該縣在北江西岸，向無軍隊駐防，敵軍侵粵戰事爆發後，廣州市民多往該縣避難，現敵機竟狂炸該地，足證敵機肆虐轉以平爲對象。

（中央社宜昌二十七日電）二十七日正午十二時餘敵機六架發現於鐘祥張家集，同時另有一敵機數架，在皂市一帶盤旋，均有襲宜模樣，旋該兩批敵機，均先後在應城投彈，向東北逸去。

——摘自《新华日报》（汉口），1938 年 10 月 28 日

敵機在湘鄂肆虐
江輪民房慘遭轟炸

△中央社長沙廿八日電：邇來敵機在湘鄂江南肆虐，被災大小船隻，不下數十艘，蘇聯塔斯社記者舒宗僑，安世祥所乘之「新昇隆」小火輪，亦遭襲擊，昨始脫險來長，據談廿三日下午四時許，該輪駛過嘉魚縣境時，即見敵機數架，臨空突至，向該輪投巨彈多枚，旁行之小船五艘，立被炸沉，該輪輪首，亦中一彈着火，船身因震動過大，完全傾斜，險將下沉，致乘客墮水者甚衆，舒安兩氏，則躍入水中，攀登舢板登岸，幸免于難，迄船上火熄，點查乘客，竟有五十餘人失踪，其中多爲難民婦孺。

△中央社長沙廿九日電：今下午一時許，敵機一架，竄湘贛邊境窺探，嗣有敵機五架，經修水闞至平江附近，甲山燕子屋場投彈三枚，房屋全毁，又在凌家大屋投十餘彈，前後房屋均毁，死傷二十餘人，敵機肆虐後北遁。

——摘自《云南日报》（昆明），1938年10月29日

外僑目睹之
「敵軍在漢暴行」
擊斃無辜民衆十餘人
黃岡難民被殺者數百人

▲中央社漢口廿八日合衆電　日軍昨在市內捕獲未及退出之華方士兵乞丐等十五人、驅至江邊、並迫令步入江內、逮至江水過膝時、卽在江海關外距難民區大旗十五呎之處、瞄準擊斃之、此外、並驅兩華人至難民區內太古公司之浮橋上、俟華人擬泅水逸去時、卽鳴槍擊斃之、上述兩事發生時、美艦呂宋號上官兵及附近外僑、多曾目睹、對於日軍暴行、莫不表示憎惡云。

▲中央社沙市廿八日電　外息、廿五日起、漢市區大火、特區附近一帶尤烈、迄廿七日午未熄、武昌幾全城皆火、又敵陷黃岡後、將天主堂收容難民掃數擄去、婦女迫爲營妓、壯丁迫作苦工、不從被殺者數百人。

▲中央社漢口廿八日路透電　今日有華軍數人、藏於某處、向日軍遙擊、被日軍捕獲、立卽在日租界江邊槍決。

——摘自《中央日报》（重庆），1938年10月29日

日機炸斃美人

◎漢口廿八日路透社電、據聞二十四日日機轟炸豫省桐柏地方時、有炸彈一枚落於美人教會、致有三齡美童名奈福斯者殞命、其母姊亦皆受傷、◎鄭縣二十八日電、日軍由柳林進犯武勝關、在九里店中我軍埋伏、傷亡甚衆、

——摘自《时报》（上海），1938年10月29日

桐柏美教會被炸

▲美聯社漢口二十八日電 此間美領署今日獲得報告、本月二十四日、日機轟炸信陽西北四十英里之桐柏時、曾擊中該處之美國教會、美教士尼譯斯之三齡幼女當場斃命、其妻及幼妹亦受重傷、按該教會屋頂曾標有美國國旗、地點亦曾於今春二月十六日通知日方云、

——摘自《新闻报》(上海)，1938年10月29日

忻縣西北奇村
被敵焚劫一空
敵機在崞縣附近各村莊
投燃燒彈並以機槍掃射

（河曲二十七日電）忻縣敵三百餘，十八十九日包圍該縣西北奇村，與我游擊隊激戰數小時，將該村燒搶一空而去，敵機五架，十八日至崞縣樓板寨劉莊等村，投放燒彈，並以機槍掃射死傷十餘人。

——摘自《泸县民报》，1938年10月29日

武漢大火三日未熄
壯丁作苦工婦女被姦淫
不從被殺者已達數百人

沙市廿八日電，外息，二十七日起漢口市區大火，特區附近一帶尤烈，迄廿七日下午未熄，武昌幾全城皆火，敵陷黃崗後，將天主堂收容難民，掠去婦女被迫爲妓女，壯丁被迫作苦工，不從被殺者數百人。

——摘自《泸县民报》，1938年10月29日

敵寇暴行

敵在漢口 槍殺我士兵難民

武漢大火前午未息

（中央社漢口廿八日合衆電）日軍昨在市內，捕獲未及退出之華方士兵乞丐等十五人，驅至江邊，並迫令步入江內，逮至江水過膝時，即在江海關外，距難民區大旗十五尺之處，瞄準擊斃之。此外，並驅兩華人至難民區內，太古公司之浮橋上，俟華人擬泅水逸去時，即鳴槍擊斃之。上述兩事發生時，美艦呂宋號上官兵，及附近外僑，多曾目睹，對於日軍暴行，莫不表示憎惡。

（中央社漢口二十八日路透電）今日有華軍數人，藏於某處，向日軍遊擊，被日軍捕獲，立即在日租界江邊槍決。

自我軍安全撤退武漢轉入新陣地後，一般未急輸出之難民，集住法租界一帶。詎料日寇到漢，即散發荒謬傳單，收買漢奸，捕殺我智識份子，刻多數難民向我後方逃避。

（中央社沙市二十八日電）外息，二十五日起漢市區大火，特區附近一帶尤烈，迄二十七日午未息，武昌殘全城皆火。又敵陷黃岡後，將天主堂收容難民掃數擄去，婦女迫爲營妓，壯丁迫作苦工。不從被殺者數百人。

——摘自《新华日报》（汉口），1938年10月29日

敵機飛粵 各地肆虐

乳源小學生 傷亡數十名

（中央社廣州二十九日電）敵機一隊，二十八日飛四會滄江，投彈四枚，傷鄉民一人，二十九日晨九時，敵機三架飛浮雲縣城投彈，並以機槍掃射，死傷平民三十餘人。

（中央社廣寧二十九日電）今日下午二時十分，三敵機襲廣寧，南門內落一彈，城外荒山落五彈，死傷平民十餘人。

（中央社韶關二十九日電）敵機三架今晨九時沿粵漢路北飛，經橫石直趨北江西岸乳源縣，在縣城上空低飛兩週，投彈十餘枚，彈落舊學宮縣立第一小學後牆一帶，自敵機擾粵，該縣從未落彈，今次敵機低飛肆虐，小學生紛紛奪門向後山奔避，致被炸斃四名，傷十餘名，厥狀甚慘。

——摘自《国民公报》（重庆），1938年10月30日

敵機又在嘉魚轟炸新昇隆輪

難民五十餘人失蹤

日來炸沉船隻達數十艘

〔中央社長沙二十九日電〕週來敵機在湘鄂江南肆被災，大小船隻不下數十艘，蘇聯塔斯社記者舒宗僑，安世祥所乘之「新昇隆」小火輪亦遭敵□昨始脫險來長，據談，二十三日下午四時許，該輪駛過嘉魚縣境時，卻見敵機數架臨空突至，向該輪投巨彈多枚，旁行之小船九艘立被炸沉，該輪艙首，亦中一彈着火，船身因震動過大，完全傾斜，險將下沉，致乘客墮水者甚衆，舒安兩氏則躍入水中，攀登舢板登岸，，免於難，迄船上火熄，點查乘客，竟有五十餘失蹤幸其中多爲難民婦孺。

——摘自《国民公报》（重庆），1938 年 10 月 30 日

日機轟炸平江

甲山燕子新塲與凌家大屋

▲長沙廿九日電 今日下午一時許、日機一架竄湘贛邊境窺探、嗣有日機五架、經修水闖至平江附近甲山燕子新塲、投彈三枚、房屋全毀、又在凌家大屋投十餘彈、前後房屋均毀、死傷廿餘人、日機肆虐後北去、

——摘自《新闻报》（上海），1938 年 10 月 30 日

敵征工修同蒲路

因怠工被殺者甚衆

南陵二十九日電，灣沚之敵連日均有增加，十八日灣沚又開到滿載士兵火車二十餘輛，似有蠢動之意。

垣曲廿九日電，破日敵強征民衆趕修同蒲鉄路，因怠工被殺者甚多，在敵鉄蹄之下，已修至解縣東廿里店，但我游擊隊連予積極。

——摘自《泸县民报》，1938 年 10 月 30 日

粵桂城市慘遭轟炸

▲梧州廿九日電 日機三架、今晨八時沿西江飛襲本市、在市區對岸三角咀投彈各一枚、無損失、連日日機飛廣西懷集縣城投彈、屋宇被毀甚多、居民死傷逾百人、

▲廣甯廿九日電 日機一隊、廿八日飛四會滄江投彈四枚、傷鄉民一人、廿七日晨九時、日機三架、飛沃雲縣境投彈、並以機鎗掃射、死傷平民三十餘人、

▲韶關廿九日電 日機三架、今晨九時沿粵漢路北飛、經橫石直趨北江西岸三源縣、在縣城上空低飛兩週、投彈十餘枚、彈落舊學宮縣立第一小學後牆一帶、前日機擾粵、該縣從未落彈、今晨日機低飛肆虐、小學生紛紛奪門向後山奔避、致被炸斃四名、傷十餘名、厥狀甚慘、

▲肇慶廿八日電 廿八日上午九時許、日機兩架、沿西江窺伺、在肇慶低飛投彈、炸斃船戶數十人、屍流塞江、慘不忍睹、日機逞兇後、向東逸去、

——摘自《新闻报》（上海），1938年10月30日

敵機炸小學生

昨在湘粵梧州肇慶投彈 毀壞民房死傷平民甚多

中央社韶關廿九日電 敵機三架、今晨九時沿粵漢路北飛、經橫石直趨北江西岸乳源縣、在縣城上空低飛兩週、投彈十餘枚、彈落舊學宮縣立第一小學後牆一帶、自敵機擾粵、該縣從未落彈、今晨敵機低飛肆虐、小學生紛紛奪門向後山奔避、致被炸斃四名、傷十餘名、厥狀甚慘、

中央社梧州二十九日電 敵機三架、今晨八時沿西江飛襲本市、在市區對岸三角咀投彈各一枚、我無損失、連日敵機飛廣西懷集縣城投彈、屋宇被毀甚多、居民死傷逾百人、

中央社肇慶二十八日電 二十八日上午九時許、敵機兩架、沿西江窺伺、在肇慶低飛投彈、炸斃船戶數十人、屍流滿江、慘不忍覩、敵機逞兇後、向東逸去、

中央社長沙二十九日電 今下午一時許、敵機一架竄湘贛邊境窺探、嗣有敵機五架經修水、闖至平江附近甲山燕子屋場投彈三枚、房屋全毀、又在淩家大屋投十餘彈、、前後房屋均毀、死傷二十餘人、敵機肆虐後北遁、

中央社廣甯二十九日電 敵機一隊、二十八日飛四會滄江投彈四枚、傷鄉民一人、二十九日晨九時、敵機三架飛浮雲城投彈、並以機槍掃射、死傷平民三十餘人、

中央社廣甯二十九日電 今日下午二時十分、三敵機襲廣寧、南門內落一彈、城外荒山落五彈、死傷平民十餘人、

——摘自《时事新报》（重庆），1938年10月30日

□擾佛山瀾石陳村 劫後縱火盡成廢墟

佛山

後來回到佛山去、可是這天□機大肆其瘋狂、在禪市近車站一帶狂投了卅餘彈、車站巧明火柴廠和沿堤一帶多數的民房、不是倒塌便是火焚、瀧龍通已成瓦礫、是晚警察也奉命退却、禪市的治安更形混亂、翌晨（廿六）五六十名的□人已揚旗而至、跟着浪人地又瘋擁而來、廣州的慘情又復發現於禪市、記者迫得再向江佛公路方面西逃至城門頭的附近、曾遇着十來個□兵、被他喝着搜身、幾經騷擾纔被放過、可是最害怕的這公路的兩旁堆着被炸的逃難屍骸了、

瀾石

記者步行於瀾石的盡頭處南端欄石一帶的墟場、已成了焦土的瓦礫、據他們的鄉人說、廿三的那天□僞軍用着三艘電輪及橡皮艇十餘艘、經過瀾石的沿河、突然掛上了□旗、搶進墟內、把所有米糧搶掠淨盡、還放數把火頭、纔嘯然逃遁、瀾石的市場從此就遭先毀、查這市場舖戶都沿河而建、 約有百來間、尤以杉木商業爲大宗、所以損失最低限度的在百餘萬、

陳村

□人跟着又向陳村前進、亦以瀾石的故智向陳村長堤的舖戶搶掠、結果也被登岸、米糧被掠淨空、他還以爲未足、臨行又放了一個火頭、半條長堤的舖戶、已被火焰吞陷了、

——摘自《南华日报》（香港），1938年10月30日

□□蹂躪下繁華面目全非

淪陷後的廣州一瞥

南順名鎭被擾幾遍多淪焦土

（本報駐粵記者淪陷區歸來報道）現在的廣州被□淪陷以來、頗呈極度的恐怖冷寂狀態、記者受了責任心的驅使、在廿五的那天、改易鄉人的裝束、冒險的踏進了□踏驗遍的廣州作實地的採訪、首先到了芳村、鼓棹渡河到河北去、

長堤西關黃沙一帶 商業中心幾成焦土

○……廣州……○

在這恐怖的圈裏芳村的岸傍、還有三五的小艇、為着生活的掙扎、還徘徊着河邊、可是渡河的人、還是聊聊可數、記者鼓着渡河的勇氣、忐忑地向河北的岸傍進發、泊了黃河的堤岸、西北一帶、往日的巍峩鉅厦、都變成了瓦礫、黃沙沿梯雲路壹帶、以致十八甫第十甫大部已成了焦土、火燄的餘燼、還是繼續地的活躍、二馬路壹帶的建築物、巍然獨存的聊聊可數、沿着靖海路、壹德路、韮菜欄、果欄菜欄、都已被火燄吞盡、西堤的大新鉅厦、祇剩了焦黑色水泥的輪廓、珠江鐵橋、炸成四個大穴、兩在橋的兩端、兩在起橋的機警、可是行人還可免强通過、橋的北便道口、站着□人六七名、槍上揷上了旗、凡通過這橋的人們、都被他遍身搜擾、稍一他卟勢作皮氣的時候、不被他叩留、就要吃他槍桿的滋味、愛羣的大厦、還幸巍然獨存、可是已被浪人據作他們的機關、屋頂的□旗、已招展着顯示這是□□的所在、毘鄰沙面的六二三、跟着沙面地區的長徑、不准行人通過、□夜也不在例外、因為沙面的士兵、為着保障[illegible]租界的安全、在沙面向東西的兩端、堆着沙[illegible]、架着機槍、停止了六二三路的交通、六二三路還停着幾輛消防車、由泊近沙面兵船的水兵努力地向逼近六二三路的火燄來灌救、因[illegible]六二三路如被火燄撲進、沙面的安全、就難[illegible]及池魚了、至沿途滿目所觸的、不是浪人就[illegible]地、他臂上懸着一個紅日的符號、見人便[illegible]、喝了就搜、一經遭遇、袋裏的金錢、就成[illegible]的俘虜品、那麼這恐怖的情景、無異成為地[illegible]了、記者的勇氣、不禁也要退却、至如眞正[illegible]組織的□人隊伍、簡直未有多見、在新堤地[illegible]河傍、雖然碰着十來個的壹隊、他們挾着一[illegible]自動的機槍、揷上了一面紅膏藥似的小小□[illegible]、很疲倦兩的徘徊着、然而避之則吉、馬上[illegible]回芳村渡返了

——摘自《南华日报》（香港），1938年10月30日

敵在武漢繼續殘殺

廿九日共同通訊社漢口電。佔據武漢之日軍，是日繼續殘殺可疑之華人。另有其他日軍，則繼續向內地進犯。日本陸軍代言人聲稱。漢口以南約五十英里之咸寧。已被日軍佔據。但咸寧附近。尚有大批華軍。漢口以上約十五英里揚子江附近之金口鎮。亦被日軍佔據。日本海軍代言人談稱。日本軍艦繼續由漢口進迫湖南岳州。岳州爲湖南省東北部要城。其他位足以控制揚子江及粵漢鐵路之交通。

——摘自《少年中国晨报》，1938 年 10 月 30 日

寇在廣州大肆姦殺

敵機炸湘鄂燬船隻數十

蘇俄塔斯社記者二人險遭不測

中央社廣州廿九[illegible]合衆電：沙面當局連日嚴防火災，現一切防禦佈置均已鬆弛，日軍在廣州東[illegible]之獸行之消息，紛紛傳至，[illegible]間姦[illegible]女十數人，被擄，[illegible]燒封之事亦屢見不鮮，[illegible]時[illegible]沙面館往者，非特[illegible]行[illegible]爲不得離境云。

長沙廿八日電，週來敵機在湘鄂江南肆虐，被災大小船隻，不下數十艘，蘇聯塔斯社記者舒宗僑、安世祥所乘之「新昇隆」小火輪，亦遭襲擊，昨始脫險來長，據談：廿三日下午四時許，該輪駛過嘉魚縣境時，即見敵機數架，臨空突至，向該輪投巨彈多枚，旁行之小船五艘，立被炸沉，該輪輪首亦中一彈着火，船身因震動過大，完全傾斜、卽下沉、致乘客溺水者甚衆、舒安兩氏則躍入水中，攀登舢板登岸，幸免于難，迄船上火熄、點查乘客，竟有五十餘人失蹤、其中多爲難民婦孺。

——摘自《南宁民国日报》，1938 年 10 月 30 日

敵機暴行

湘江中民輪被炸

難民婦孺失蹤五十餘人

粵乳源小學遭炸慘斃小學生

【中央社長沙二十八日電】週來敵機在湘鄂江南肆虐，被災大小船隻，不下數十艘。蘇聯塔斯社記者舒宗僑，安世祥所乘之新昇隆小火輪，亦遭襲擊，昨始脫險來長。據談：二十三日下午四時許，該輪駛過嘉魚縣境時，即見敵機數架臨空突至，向該輪投巨彈多枚。旁行之小船五艘，立被炸沉。該輪輪首亦中一彈着火，船身因震動過大，完全傾斜，險將下沉，致乘客墜水者甚衆。舒安兩氏則躍入水中，攀登舢板登岸，幸免于難。迄船上火熄，點查乘客，竟有五十餘人失蹤，其中多爲難民婦孺。

【中央社韶關二十九日電】敵機三架，今晨九時沿粵漢路飛經橫石，直趨北江西岸乳源縣，在縣城上空低飛兩週，投彈十餘枚，彈落舊學宮縣立第一小學後牆一帶，按敵機擾粵，該縣從未落彈，今晨敵機低飛肆虐，小學生紛紛奪門向後山峯躲避，結果斃四名，傷十餘名，厥狀至慘。

【中央社梧州二十九日電】敵機三架，今晨八時沿西江飛襲本市。在市區對岸三角咀投彈各一枚，我無損失。連日敵機飛廣西懷集縣城投彈，房屋被毀甚多，居民死傷逾百人。

【中央社長沙廿九日電】今日下午一時許，敵機一架，竄湘陰邊窺探。嗣有敵機五架，經修水閩至平江附近甲山燕子屋場投彈三枚，房屋全毀。又在吳家大屋投十餘彈，前後房屋均毀，死傷百餘人。敵機肆虐後北遁。

——摘自《武汉日报》（宜昌），1938 年 10 月 30 日

廣州之現況
仍滿目荒涼

（路透社三十一日廣州電）日軍佔據廣州已八日，全城仍人烟稀少，滿目荒凉，逃避四處之居民毫無歸來之象，商業則完全停頓，外僑因郵政中止，甚感不便，上週廣州僅發出郵函一批，至於寄入之郵件，何日可達，未敢預料，衆望日軍早日開放珠江，以利交通，惟此舉有一新難題，即該江「盜匪」充斥是也，蓋有數千解體之華兵，現往來於珠江一帶，並四周鄉野。

——摘自《大晚报》（上海），1938 年 10 月 31 日

漢口敵軍暴行
欲奸其女竟殺其父
饒神父談新難民區

△中央社漢口三十日合衆電：據可靠之外人方面消息，漢皋有某華人住宅，被日兵侵入，對宅內女眷作非禮企圖，女子之父擬趨前保護，竟被日兵搶殺云。

中央社漢口三十日合衆電：饒神父頃對合衆社記者談，日軍雖已指定新難民區，但在日軍官未將該區內之不良日軍移駐他處以前，難民未便即行遷往，以免再像南京慘劇之重演，至於外僑婦女，暫亦不能偕同難民移往新區，執行看護職務，必須數日後，俟形勢判明，始可保障其安全，難民自明起，將逐漸移往新區云，今日區內有外僑婦女及天主敎堂之女僧多人，沿途向難民分散食品。

△中央社漢口三十日路透電：英砲艦「諸德」號，六二五頓，軍官一人今晨行經法租界附近，被日哨兵喝止，周身搜査，聞美水兵亦曾被日軍搜査，故美海軍當局，已向日方提出抗議，又日軍淺水船多艘，駛至離〔諾德〕號僅有數英尺後，即與該艦有意爲難，英長江艦隊司令霍爾德少將，已向日方正式提出抗議。

——摘自《云南日报》（昆明），1938 年 10 月 31 日

獸。性。未。改

据漢敵蹂躪我同胞

難胞萬餘人將有絕糧之虞

燒

【漢口三十一日合衆電】日軍已將日租界後面之民房焚燬、以防中遊擊隊匿跡該處云

【漢口三十一日合衆電】昨日漢口市內發生大火、其地點在第三特別區之北、當地因人烟太少、自來水壓不足、故未能施救云。（中央社）

殺

【漢口三十日合衆電】據可靠之外人方面消息：華界有某、華人住宅被日兵侵入、對宅內女眷作非禮企圖、女子之父擬趨前保護、竟被日兵槍殺云。

【漢口三十日合衆電】饒神父頃對合衆社記者談：日軍雖已指定新難民區、但在日軍官未將該區內之不良日軍移駐他處、前、難民未便即行遷往、以免往日南京慘劇之重演、至於外僑婦女暫亦不能借難民移往新區、執行看護職務、必須數日後俟形勢判明、始能保障其安全、難民自明日起、將逐漸移往新區云。

【漢口三十一日合衆電】難民第一批六千人、由紅卍字會及日人數名、率領由特區移往新難民區、所有難民皆屬老年男婦及幼童等、每人皆肩背衣包、列隊而行、情狀異常凄慘、日方雖允派汽車幫同運送、但並未實行、據紅卍字會主席稱、難民總數達一萬四千人、須數日始能運完、特區方面一俟難民運完、即將停發難民糧云。

——摘自《观察日报》，1938 年 11 月 1 日

敵機昨炸榮家灣車站

客車一列被炸死傷廿餘人晚又襲修水萬載

（本市息）昨日上午敵機三架循粵漢路南侵、飛經岳州黃岸市、於九時三十五分進抵平江南江橋、長沙當即發出警報、二十分鐘、敵機闖至榮家灣附近、適該處停有客車一列、敵機竟大肆兇虐、投彈五枚、并用機槍向下掃射、乘客死傷二十餘人、敵機旋即取道詹家橋逸去、本市警報於十時三十五分解除、晚九時二十分警報再度發出、緣防空機關據報、修水萬載上空均有機聲、嗣音響向東移去、半小時後解除警報。

——摘自《观察日报》，1938 年 11 月 1 日

日軍在武昌

濫殺平民

檢查英美軍事日方業已道歉

【漢口卅日電】目下被阻於武昌之外僑、仍有多名、內有美人十二名、自二十五日起未能出城、據英美海軍界稱、日軍搜查英美水兵事、由當局提抗議後、由日軍官道歉、武昌目下住有外僑五人、美人十二、英人三、瑞士及其他國人八、此二十外僑之消息、自武昌爲日軍佔領以外、即與外界宣告斷絕、漢口外僑對此事頗爲焦慮、惟據最近過河入武昌視察之外人報告、此廿人皆安全無一受傷者、據武昌外僑語人、日軍兵力不多、彼等未見華軍、日軍途遇衣制服之華民、不問皂白、即以槍遙射、中國平民不經詳細審問而被日軍所擊斃者數見不鮮、難民數千避免於外國教會中、武昌政府機關與電力廠已被毀、英美財業、亦有多處爲日軍所佔、

——摘自《华美晨报》，1938 年 11 月 1 日

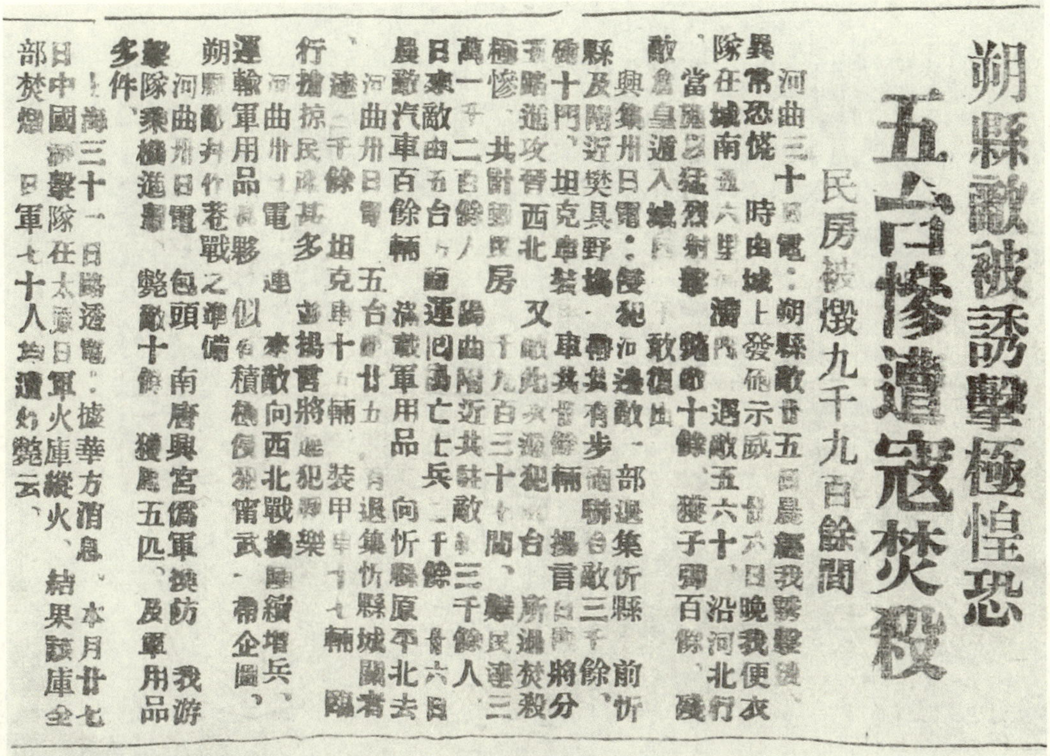

——摘自《南宁民国日报》，1938 年 11 月 1 日

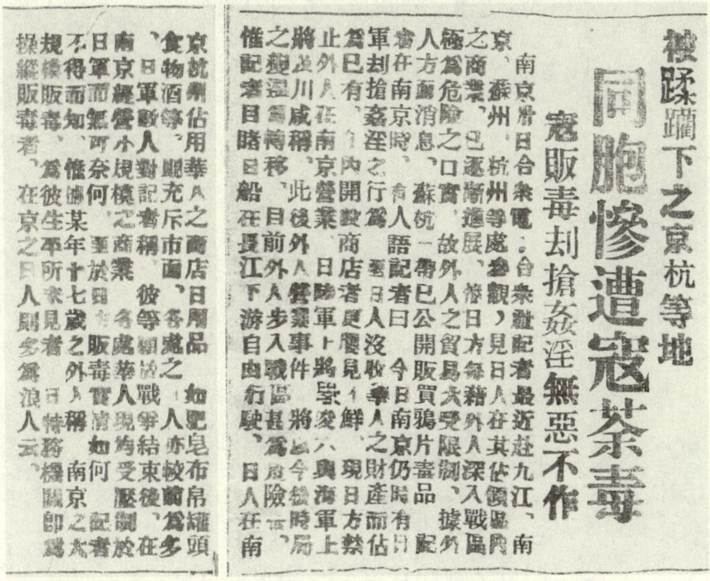

——摘自《南宁民国日报》，1938 年 11 月 1 日

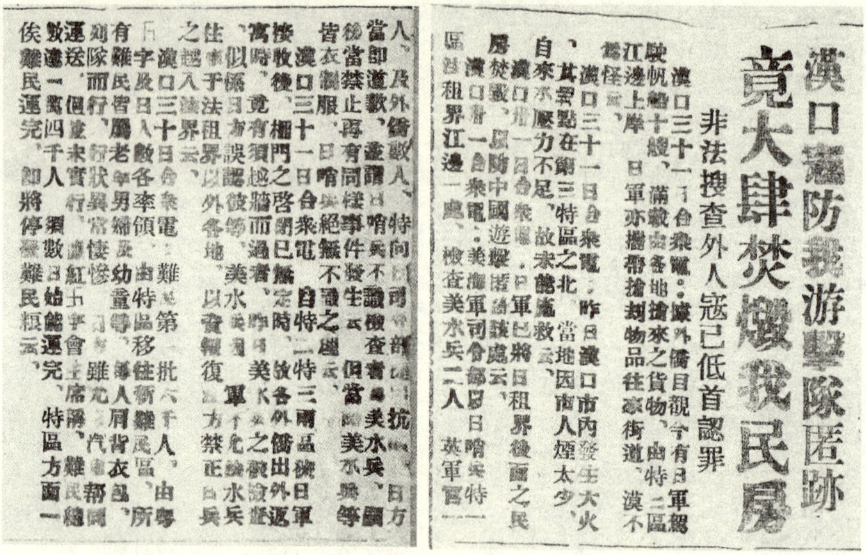

漢口寇防我游擊隊匿跡
竟大肆焚燬我民房
非法搜查外人寇已低首認罪

漢口三十一日合衆電：據外僑目覩，今有日軍艦駛帆船十艘，滿載由各地搶來之貨物，由特二區江邊上岸，日軍亦攜帶搶劫物品往京街道，漢[illegible]驚怪云。

漢口三十一日合衆電：昨日漢口市內發生大火，其起點在第三特區之北，當地因商人煙太少，自來水壓力不足，故未能施救云。

漢口卅一日合衆電：日軍已將日租界後面之民房焚燬，以防中國遊擊隊藏匿該處云。

漢口卅一日合衆電：美海軍司令部日哨兵特區日租界江邊一處，檢查美水兵二人，英軍官一人，及外僑數人……

[illegible]

——摘自《南宁民国日报》，1938 年 11 月 1 日

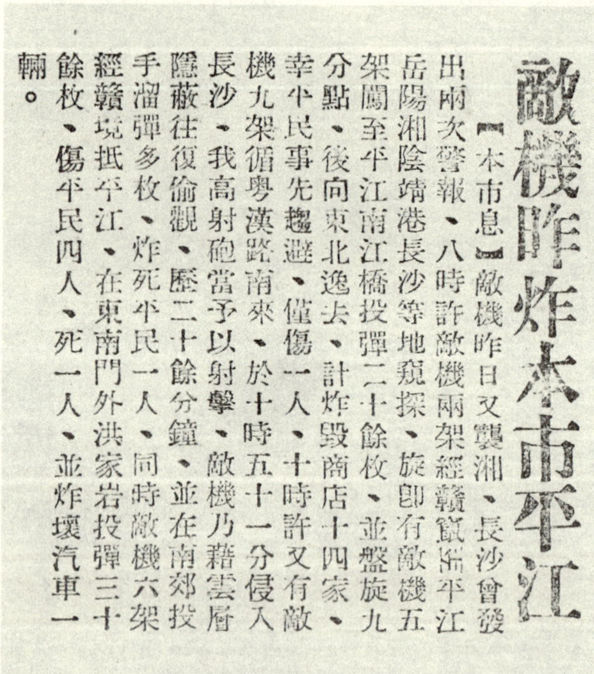

敵機昨炸本市平江

（本市息）敵機昨日又襲湘、長沙曾發出兩次警報、八時許敵機兩架經贛竄臨平江岳陽湘陰靖港長沙等地窺探、旋即有敵機五架闖至平江南江橋投彈二十餘枚、並盤旋九分點、後向東北逸去、計炸毀商店十四家、幸平民事先趨避、僅傷一人、十時許又有敵機九架循粵漢路南來、於十時五十一分侵入長沙、我高射砲當予以射擊、敵機乃藉雲層隱蔽往復偷覩、歷二十餘分鐘、並在南郊投手溜彈多枚、炸死平民一人、同時敵機六架經贛境抵平江、在東南門外洪家岩投彈三十餘枚、傷平民四人、死一人、並炸壞汽車一輛。

——摘自《观察日报》，1938 年 11 月 2 日

富水兩岸我軍反攻 刻已進展至辛潭鋪

敵軍萬餘星夜調集似有增援模樣

漢陽西我改守蔡家店與敵對峙中

敵機卅架狂炸南昌慘不忍覩

△中央社通山一日電：富水兩岸，我反攻部隊，進展頗爲順利，三十一日已逼辛潭鋪，敵恐後路被斷，乃將移駐瑞昌武寧公路北段之敵。約萬餘，星夜調集陽水，似有增援辛潭鋪，並與咸寧北面之敵，會攻我陽水企圖。

△中央社通山一日電：敵自佔領漢陽後，即以大部沿漢宜公路西犯，三十日晚，敵步兵四五百，向漢陽西之蔡甸猛犯，經我迎擊激戰，至三十一日晨，因敵放火過猛，我仍改守蔡甸西南七里之蕭家台，現敵我正在該地對峙中。

△中央社通山一日電：自咸寧沿公路南犯之敵，現與我激戰於白沙橋，南林橋間之大履小嶺一帶。往往因一二山頭，往返爭奪，至三四次之多，故敵我傷亡，皆已在千人以上，今午據報小嶺發現敵蹤，我正反攻中。

△中央社通山一日電：由咸寧南犯之敵，經我節節抗拒，一晝夜後，雖於三十日拂曉前後，攻佔我歇泗橋，但犯我之敵寇，兩個聯隊，傷亡已逾半數，三十日午刻左右，歇泗橋南約八公里之官城驛，竄到敵騎兵百餘，經我痛擊，已向北退去。

△中央社武寧一日電：我圍攻陽新龍港大軍，二十七日起佔領龍港，及以北石坑重要據點，斃敵軍官餘名，士兵三百餘名，奪獲步槍百餘支，子彈六千餘發，軍用地圖，軍事書籍多種，暨其他軍用品甚多。

△中央社南昌一日電：德安以西截斷之敵，與我隔河對峙，我軍三十一日由某處向敵出擊，斃敵十餘名，又南潯鐵路，被我破壞後後，敵圖修復，現又開工，有工人四百名，被敵禁閉車站內。

△中央社南昌一日電：二十八我遊擊隊在德安以西張岸山東巷一帶，遇敵百餘名，被我全數殲滅，奪獲步槍三十餘支。

△中央南昌一日電：我軍按照預定計劃，退出德安縣城後，現仍在德安縣境某某等高地據守，且向儀封山方面之敵，不時出擊，頗多斬獲。

中央社南昌一日電：軍委會軍風紀第一巡察團主任委員金漢鼎委員，張強，胡伯岳，梁上棟，王景仁，張嗣基等一行，由湘抵贛，巡察戰區，整飭戰區及黨政機關，民衆團體工作效率，刷新政治，嚴懲不法，以促進黨政軍民合作，增加抗戰力量，發表告戰區將士官民書，闡述該團任務。

△中央社南昌一日電：敵機三十架，狂炸南昌城市，慘狀不忍卒睹，各慈善團體，救濟機關，對被炸災民，正籌商救濟辦法，一日被炸地區，續有殘缺不全之屍體發現，損害詳情如下：落彈地點，共九十六處，共落爆炸彈二四五枚，手溜彈六一枚，死男一百二十三人，女三十五人，傷男九十四人，女六十七人，焚燬房屋一百八十九棟，震壞房屋三百十七棟，因炸彈爆發起火延燒房屋三十三棟，此外汽車人力車，被燬數輛，商民貨物，損失甚多。

——摘自《云南日报》（昆明），1938 年 11 月 2 日

敵機狂炸南昌

◀粵北各縣亦被騷擾

中央社南昌一日電 敵機三十一日、狂炸南昌城市、慘狀不忍卒睹、各慈善團體救濟機關、對被炸市民、正籌商救濟辦法、一日被炸地區、續有殘缺不完之屍體發現、損害詳情如下、落彈地點共九十六處、共落爆炸彈二百四十五枚、手溜彈六十一枚、死男一百二十三人、女三十五人、傷男九十四人、女六十七人、炸毁房屋一百八十九棟、震壞房屋三百十七棟、因炸彈爆發起火延燒房屋三十三棟、此外汽車人力車被燬數輛、商民貨物損失甚多、

中央社翁源三十一日電 敵機今分十餘批、每隊二三架不等、分別偵察粵北及西江各縣、在河源英德投彈甚夥、

中央社長沙一日電 敵機今又襲湘、上午八時許、有敵機兩架竄湘窺察、旋即有轟炸機五架、闖至平江南江橋投彈三十餘枚、毁商店十四棟、傷一人、十時許、又有敵機九架、經岳州湘陰侵入長沙、在南郊投手溜彈多枚、死平民一人、同時有敵機六架、經續竄至平江、在東南門外投彈三十餘枚、傷四人、死一人、並毁汽車一輛、

——摘自《时事新报》（重庆），1938 年 11 月 2 日

敵在武漢 紀律蕩然

搶劫姦淫層見迭出
强迫佔據協和醫院

中央社漢口一日合衆電 日軍事當局雖云日軍紀律良好、秋毫無犯、但搶劫及强姦之事、仍時有所聞、同時又頒佈若干新條律、令各外國僑民、咸感不便、故各外僑均恐漢口在日軍佔領下、不久將有意外之變云、前外僑在特區裝設之柵門、原用以管理難民之出入、今竟被日軍用作管理外僑之用、昨晚六時、日軍即將該柵門關閉、致令外僑無法出入、若干僑民、均無法返家、昨日有二中國少女險被日軍强姦、幸爲外僑所見、始獲倖免云、

中央社漢口一日合衆電 協和醫院、原用鹽業銀行房屋爲院址、近被日軍强迫遷出、今日院內人員、忙於遷移、病人皆用帆布牀擔架、各醫藥用品、皆用卡車輸送、新院址僅時四間、病人咸用長江濁水、時毒等等、完全無法進行、據饒神父對合衆社記者談、日方限難民全部於四十八小時內、遷入新難民區、事實上絕[illegible]易辦到云、

——摘自《时事新报》（重庆），1938 年 11 月 2 日

日寇在漢肆意縱火焚燒

—迫令英美醫院遷出安全區

卅一日紐約時報漢口電。漢口倭軍昨日在城內放火·火勢猛猛。倭軍恐我敢死隊埋伏空屋內·故縱火焚燒。所有沿平漢鐵路之茅屋。亦被燒燬·恐我軍伏擊來往軍車。

美國監理會醫院。聯合醫院及美國七日會醫院于武漢陷落前遷全安全區之中國國民銀行大樓。現倭軍竟勒令限于兩日內遷出。各醫院以搬運儀器艱難。不知如何辦理。

武昌外僑均安全。所有外僑產業無恙。記者昨日乘汽車視察漢口西郊。沿途只見倭兵六人。當記者經過各處時。平民紛紛逃避。迨查悉車內無日寇。始照常工作云。

——摘自《三民晨报》，
1938 年 11 月 2 日

寇機狂炸南昌 燬屋甚多死傷二百

南昌卅一日電：敵機十八架、於卅一日下午一時許、分三批侵入南昌市空、盲目狂炸市區、在熱鬧市街如中山路、中正路、國貨路、陸象山路、民德路、至陽明路、及人烟稠密之黃家巷靈應橋等處、俱有轟炸、共投彈達二百枚、被炸死市民一九八人、傷一六三人、商店民房被毁四九八棟、電話電燈線亦路受損壞、其被炸地區破瓦頹垣、血肉模糊、慘不忍睹、受害之烈、實爲前所未有也

——摘自《南宁民国日报》，
1938 年 11 月 2 日

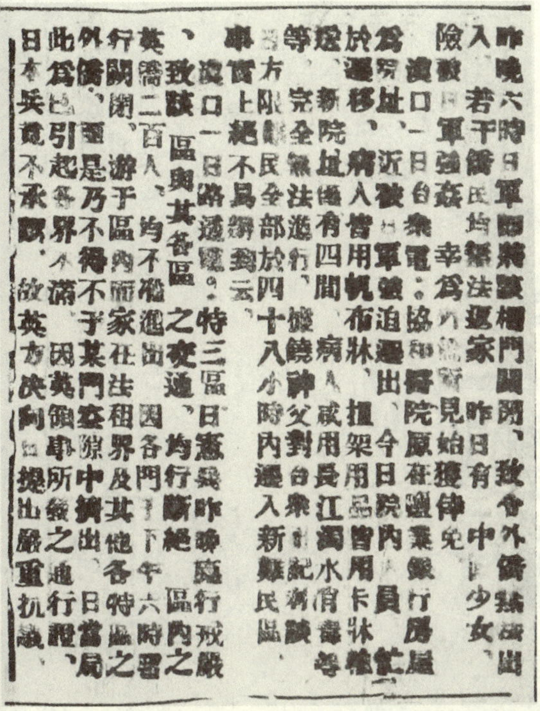

昨晚六時日軍即將該柵門關閉，致令外僑無法出入。若干僑民均無法返家。昨日有二中國少女險被日軍強姦，幸為[illegible]所見，始獲倖免。[illegible]漢口一日合衆電：協和醫院原在[illegible]區，近日被日軍強迫遷出，今日院內人員[illegible]為遷移地址、病人[illegible]用帆布床擡架，用[illegible]四間[illegible]於[illegible]完全無法進行[illegible]方面，[illegible]上限絕不民全部於四十入[illegible]等[illegible]口[illegible]日[illegible]云[illegible]特三區日憲兵[illegible]區與其各區之交通，均行斷絕[illegible]

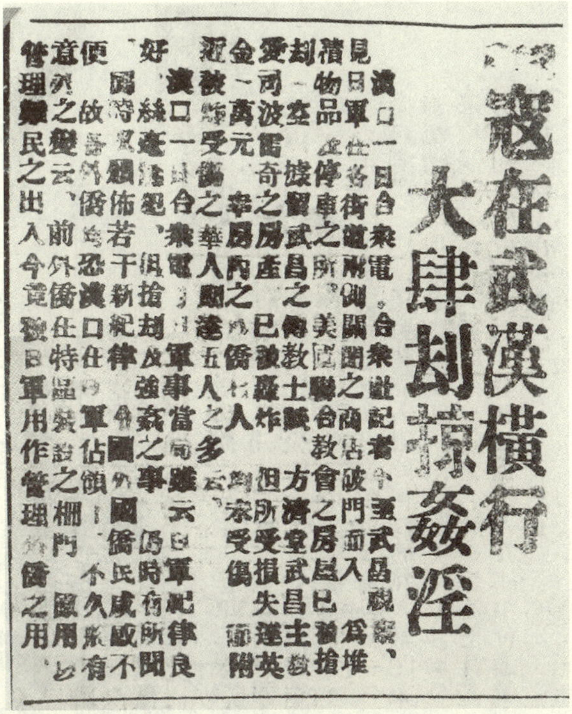

寇在武漢横行 大肆刦掠姦淫

漢口一日合衆電。合衆社記者今至武昌視察，見日軍在各街道兩側關閉之商店破門而入，已為堆積物品停車之所。美國聯合教會之房屋，已被搶刦一空。據留武昌之傳教士談，方濟堂武昌主教愛司皮雷奇之房產已被炸，其所受損失，達美金壹萬元。幸房內之外僑七人，均未受傷，而附近被炸受傷之華人，達二十五人之多。[illegible]日軍事當局雖云日軍紀律良好，但搶刦及強姦之事，仍時有所聞，同時又頒佈若干新條律，各外僑民咸感不便，故各外僑均恐漢口在日軍佔領下，不久將有意外之變，前外僑在特區裝設之柵門，原用以管理難民之出入者，竟被日軍用作管理外僑之用。

——摘自《南宁民国日报》，1938 年 11 月 2 日

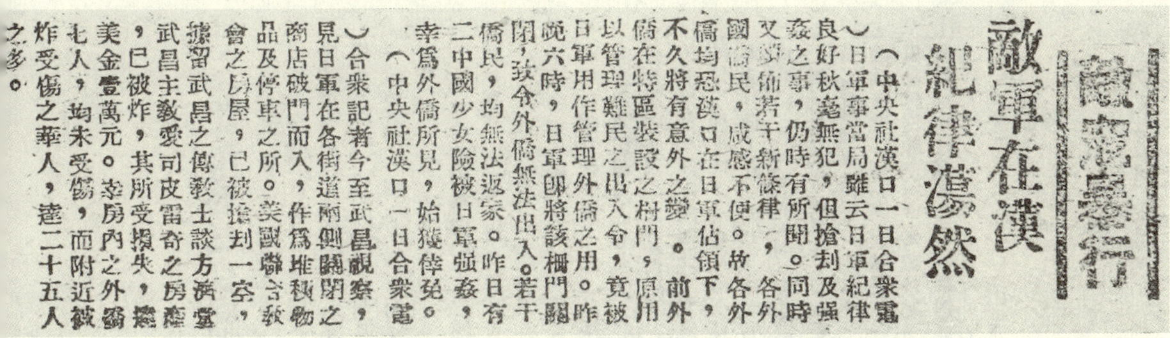

敵軍在漢 紀律蕩然

（中央社漢口一日合衆電）日軍事當局雖云日軍紀律良好秋毫無犯，但搶刦及強姦之事，仍時有所聞。同時又頒佈若干新條律，各外國僑民，咸感不便。故各外僑均恐漢口在日軍佔領下，不久將有意外之變。前外僑在特區裝設之柵門，原用以管理難民之出入者，竟被日軍用作管理外僑之用。昨晚六時，日軍即將該柵門關閉，致令外僑無法出入。若干僑民，均無法返家。昨日有二中國少女險被日軍強姦，幸為外僑所見，始獲倖免。

（中央社漢口一日合衆電）合衆記者今至武昌視察，見日軍在各街道兩側關閉之商店破門而入，作為堆積物品及停車之所。美國聯合教會之房屋，已被搶刦一空，據留武昌之傳教士談方濟堂武昌主教愛司皮雷奇之房產，已被炸，其所受損失，總美金壹萬元。幸房內之外籍七人，均未受傷，而附近被炸受傷之華人，達二十五人之多。

——摘自《新华日报》（汉口），1938 年 11 月 2 日

敵機一隊飛四會滄江投彈

〔廣寧廿九號息〕二十九號……四……傷鄉民一八人，二十七號早九時，又有三架飛消雲縣城投彈，並機槍掃射，死傷平民三十餘人

——摘自《腾越日报》，
1938 年 11 月 3 日

寇在廣州大逞獸行

姦淫燒殺屍遍街衢

【中央社四會二日電】據廣州敵約一聯隊四千餘人，由隊長井上指揮，敵自二十一日起在西堤大馬路迄十三行漢民路惠愛路，縱火焚燒，敵軍入市後，强州日黨到處姦淫擄掠，秩序異常混亂，敵軍派分赴芳村花地搜索米糧，運儲沙基。

【中央社翁源二日電】據廣州最近逃出難民談，敵兵侵入廣州時，市內大火達二晝夜，焚燬市街四十餘道，敵兵沿街搜掠貨物，先施大新百貨公司貨物被掠一空，敵司令部設東山百子路中山大學醫院內，入夜全市黑暗，有若坵墟，黃花崗附近，有外僑一人被敵兵刺殺，屍陳道旁，無人過問，沙面外人緊閉東西兩橋鐵閘，與沙基斷絕交通，敵兵隔渠時向沙面外人舉槍恫嚇，外人不敢向外張望者，該難民於上月二十七日晚，始由市西用小船渡江逃出，在江中曾遭敵兵槍擊，幸未命中云。

——摘自《新蜀报》，1938 年 11 月 3 日

寇施用毒氣實地調查記

南昌通訊。中央社記者在南潯路及星子前線獲得有力証據。証明敵軍近來屢次施放毒瓦斯。以協助其步兵攻擊。此種証據可有三項。。一，記者在西孤嶺附近拾得敵毒氣筒一個。。係鐵皮裝以類似浮石之小塊。高爲二十二生的。。直徑十一生的。上部有蓋可揭開。取火點燃。毒氣卽順風飄吹。。下有一環。每兵可携於皮帶上。中上部并書有紅圈。但外部之綠漆已刮去兩行。。顯爲原來註明毒氣種類製造廠所與年月日之處。。二，敵兵津田聯隊高木隊吉田清氏之日記上。。載有所記特種瓦斯之使用法。並揷以圖形。與記者所得者完全相同。。說明此係窒息噴嚏與催淚性三種瓦斯之混合毒器。使用時須本人先行帶上防毒面具。。俟上官放射特種信號槍。証實風向係對敵方陣地時。始行點燃。刻此筒已運武漢。三，記者在金林街（馬迴嶺東）附近。。由我士兵手中所獲敵兵田中部隊一〇六師團一一三聯隊横田隊林田隊中村末太郎日記。。九月二日所載「本日奉命協助友軍射瓦斯炮彈。」

——摘自《少年中国晨报》，1938 年 11 月 3 日

敵機十餘批 轟炸粵北各縣

平江長沙亦被炸 瀏昌趕辦災區善後

翁源三十一日電：敵機今十餘批、每隊二三架不等、分別偵察粵北及西江各縣、在河源英德投彈甚多。

長沙一日電：敵機今又襲湘、上午八時許、有[illegible]平江橋投彈卅餘枚、毀商店十四棟、傷一人、[illegible]

南昌一日電：[illegible]南昌城市、慘狀不[illegible]

——摘自《南宁民国日报》，1938年11月3日

敵人在東北的毒行

（國新社特稿）為防止義勇軍的活動，敵寇對我東北的壓迫，是殘酷得無以復加。除對「抗日反滿分子」實施慘無人道的屠殺外，更有種種毒辣的手段，對付一般居民，使我同胞絲毫不得動彈。茲將其毒辣的具體手段，述之於下：

毒辣的壓迫手段

（一）實行併村政策。這即是說把從前疏疏落落的若干村莊併在一起，較小的村莊歸併於大村之中，於大村四周修築寨子，駐兵把守。小村的房屋田舍，全部燒燬，使義勇軍無處立足。

（二）清查戶口。併村以後，隨即清查戶口，凡居民的職業、思想、交遊等等均須詳細登記。此外，還有「居住證」「旅行證」與「遷移證」來束縛居民的行動自由。

（三）厲行保甲制。計家為牌，若干牌為甲，若干甲為保，施行連坐法，以互相監督。

（四）沒收武器。初時命令家藏槍彈者限期登記，後用偽鈔收買，因居民仍匿藏不肯拿出，偽政府不得不出高價收購。

（五）編練「自衛團」。把東北的壯丁，分別編為「自衛團」或「護路隊」，施以訓練，好來束縛東北青年的活動，分散東北義勇軍與民眾的合作。

（六）特設「治安庭」，新近，日偽為彈壓所謂「反國家份子」，在各偽高等法院內設立「治安庭」，以迅速的手續來處理「抗日反滿」的重大犯罪。各偽高等檢察廳也設治安系檢察官等，此外，偽司法部刑事司也添設一科，專管「思想犯」。

陰狠的奴化政策

這種高壓政策的執行者，主要的是日本特務人員，這些「特務」遍佈東北各地，無孔不入，東北居民，怕他們還甚過老虎。

當然，日寇也知道單是靠高壓政策還是不行的，「愚民政策」也同時並用着，「麻醉政策」「協和會運動」是這種政策的幹骨，此外，日寇還在東北施行奴化教育，不特在現在的東北，編訂親日的奴才教科書，以歌頌日本功德，和復古主義為教學中心，而且還裁減合併舊日的中小學，嚴格的限制升學，要根本消滅東北的知識分子。同時，日寇又在東北設立娛樂場，內有娼

放賭博，由漢奸浪人主持，由警務局保護，以麻醉東北的人民。更毒辣的就是毒化政策，除了強迫農民種植鴉片以外，還竭力推銷烈性的毒品，來根本消滅我民族的抵抗力。現偽興安四省爲指定的鴉片種植區，在瀋陽一個城市裏，便有七百三十多家的鴉片零賣所。

漢奸同樣失去自由

最後。日寇雖然要利用漢奸來粉飾「滿洲國」的假門面，但是對于漢奸還是不放心的。一切漢奸走狗，都受嚴密的監視，各偽機關中的人事科，實際上是爲偵察漢奸而設。漢奸傀儡一舉一動，都要詳細的調查，甚至連處理私人財產的自由也被剝奪。那些「開國功臣」，初以爲可以當保富貴，怎知偶有對「太上皇」欠恭順的地方，或當敵人看不順服的時候，便被踢出去。初時握有一點權或有幾分活動能力的人，當然最先被撵走。例如曾經雙手捧獻吉林省城的熙洽。沒有多久便被剝奪了兵權，再由「財政部大臣」而投閒置散，當一個「宮內大臣」。進攻黑龍江大賣力氣的張逆海鵬，結果也只落得做一個侍從武官長，不能帶一個兵。又如日寇一手製造的趙欣伯「博士」開頭活躍得很，因爲夢想做第一任大總統，極力主張共和，便遭日寇之忌，只得滾蛋，甚至昏庸老朽的功狗鄭逆孝胥，因爲歎氣酸氣太重，也觸犯了「太上皇」，只得退避賢路，悒鬱以終，這些漢奸的下場，正好做華北漢奸中的傀儡一個好榜樣。

壓迫越甚反抗愈強

總而言之，無論日寇對我東北的統治是怎洧「強力」箝制彈壓欺騙的手段是怎樣毒辣，我東北三千萬同胞，七年來身受的恥辱和痛苦，使他們不甘和無法長做順民和奴隸。而且，正因爲政治的高壓越厲害，抗日反滿的鬥爭，便越堅定，便越有組織。七年來東北義勇軍的血的鬬爭史，可做證明。

——摘自《新华日报》（汉口），1938 年 11 月 3 日

粵敵大肆屠殺

廣州大火三晝夜、惠州壯丁數百慘被焚斃、難民被敵機追殺狀極悽慘當局正予救濟

【翁源二日電】據廣州最近逃出難民說、敵兵侵入廣州時、市內大火達三晝夜、焚燬市街四十餘道、敵兵沿街搜掠貨物、先施大新等百貨公司貨物、被掠一空、敵司令部設東如百子路中山大學醫院內、入夜全市黑暗、有若坵墟、黃花崗附近、有外僑一人被敵兵刺殺、屍陳道旁、無人過問、沙面外人、緊閉東西兩橋鐵閘、與沙基斷絕交通、敵兵隔渠、時向沙面外人舉槍恫嚇、外人無敢向外瞻望者、

【四會二日電】據廣州敵、約一聯隊四千餘人、由隊長井上指揮、敵自二十一日起、在西堤大馬路迄十三從氏路惠愛路一帶、縱火焚燒、敵軍入市後、強用日票、到處奸淫擄掠，秩序異常混亂、

【重慶三日電】本市某機關、近接廣東方面來電稱、日軍在廣東境內、燒殺淫掠、殘暴特甚、廣州沙基、自二十九日起、有大隊敵軍開至、在市內構築工事、時有姦搶發生、惠屬飛鵝嶺駐敵軍三千餘、每日四出刦掠強奸婦女、城鄉居民、幾無一倖免、沿途拉夫三百餘人、到惠州後、悉數縱火焚斃、在淡水一帶、擄獲婦女六百餘、任意姦污、稍有不遂、即行槍殺、其慘酷情形、較其他各淪陷區域尤有過之

【翁源三日電】從化龍門等縣難民、最近紛紛抵達佛岡翁源新豐縣境、扶老攜幼、極形狼狽、沿途時遭敵機追逐、尤爲悽慘、省難民救濟會、已派員前往收容疏散、據難民談、敵兵結隊竄沿公路鄉村、強迫交出槍枝糧米、搜殺壯丁、捕殺牲畜、姦淫婦女、惟到處均遭我自衛隊襲擊、死傷甚衆、現寇兵每達樹林村舍、恆先用機槍無的掃射、始敢前進、

——摘自《观察日报》，1938 年 11 月 4 日

敵軍在粵到處燒殺淫掠

敵機昨分炸英德南雄
英艦由廣州駛抵江門

中央社訊　本市某機關、近接廣東方面來電稱、敵軍在廣東境內、到處燒殺淫掠、殘暴特甚、廣州沙基、自二十九日起、有六隊敵軍開至、在市內構築工事、僻靜里巷、時有姦擄事件發生、惠屬飛鵝嶺、駐敵軍三千餘、每日四出劫掠、強姦婦女、城鄉居民、幾無一倖免、沿途拉夫三百餘人、到惠州後、悉數縱火焚斃、在淡水一帶、擄獲婦女六百餘、任意姦污、稍有不遂、即行槍殺、其慘酷情形、較其他各淪陷區內、尤有過之、

中央社翁源三日電　敵機十五架、今晨分兩批狂炸英德河頭城郊　另一架飛南雄投彈四枚、我無損失、

中央社廣州三日路透電　英艦錫加拉號、昨冒險由廣州駛出、現已安抵江門、按日方曾多方阻止英艦之下駛、並謂江面水雷甚多、航行危險萬狀、但英方不顧日方之反對、仍令錫加拉號即日開往江門、開拔命令、係於星期日傳達該艦、謂江門有戰事、該艦應立即起定赴江門、保護該地應僑、仍錫加拉號駛離廣州四英里時、即被日海軍禁止前進、謂江面已被日方封鎖、錫加拉號艦長立即停止、且向上峯請示、結果以日方所謂封鎖江面事、事先並未通知、故英艦礙難接受停輪之勸告、仍應繼續航行、當時日海軍即派員乘小艇至英艦說明阻止英艦之理由、謂沿江有水雷、十分危險、英方仍拒絕其請、下令續進、當時並聲明遇有危險、英方自負其責、現該艦已安抵江門、並未遇險云、

中央社翁源三日電　從化龍門等縣難民、最近紛紛抵達佛岡、翁源、新豐縣境、扶老攜幼、極形狼狽、沿途時遭敵機追逐、尤爲悽慘、省難民救濟會、已派員趕往收容疏散、據難民談、敵兵結隊竄入、沿公路各村強迫交出槍枝糧米、搜殺壯丁、捕殺牲畜、姦淫婦女、惟到處均遭我自衛隊截擊、死傷甚衆、現寇兵每進樹林村舍、恆先用機槍的掃射、始敢前進、

中央社連縣三日電　粵省府自遷此間辦公後、連日舉行省委臨時會議、決在西江南路東江等地、設臨時辦事處、指派省委、分區主持、對於敵兵進犯區域、除已通告各外領、凡一切僞組織及行動概認僞無效外、並佈告全省民衆、遷址辦公、繼續推行省政、領導人民、協助國軍抗戰、凡被敵侵犯區域內之僞組織、及非法命令、絕對無效、如有敢向敵人完納稅捐、或供給財物者、以通敵論、

——摘自《时事新报》（重庆），1938 年 11 月 4 日

[illegible]

倭寇在漢橫行刦掠英人
英總領爲此向倭竄抗議

倭報鼓吹要求革撤克萊琪大使職
英外次在下院答言對倭抗議事項

漢口二日合衆電：此間英總領事以日方於每日下午六時後即將華界欄門關閉，曾向日總館正式提出詢問，要求說明理由，但日方迄未答覆，現日方僅准外籍新聞記者及從事難民救濟事業之外談，於下午七時前往指定之區域云。

[illegible]

——摘自《南宁民国日报》，1938 年 11 月 4 日

敵在粵淫掠益甚

（中央社訊）本市某機關，近接廣東方面來電稱，敵軍在廣東境內，到處燒殺淫掠，殘暴特甚。廣州沙基，自二十九日起，有大隊敵軍開至，在市內構築工事，每晚黑夜時有姦擄等件發生，惠陽飛鵝嶺，駐敵軍三千餘，每日四出劫掠，強姦婦女。成鄉居民，幾無一倖免。沿途拉夫三百餘人，到惠州後，悉數縱火焚斃。在淡水一帶，擄獲婦女六百餘，任意姦污，稍有不遂，即行槍殺。其慘酷情形，較其他各淪陷區內尤有過之。

——摘自《新华日报》（汉口），1938 年 11 月 4 日

日機分三次向平江肆虐
並窺粵漢路各縣

（長沙四日電）日機念四架分七批經鄂贛粵湘，沿粵漢路暨濱湖各縣窺探，內十八架分三次先後在平江肆虐，計在汽車站附近暨南江橋投彈廿餘，並擲有手溜彈，復以機槍掃射，炸毀商店二家，並毀汽車三輛，平民死傷各一人。另有日機一架午在城陵磯投彈，損失不明。

——摘自《大晚报》（上海），1938 年 11 月 5 日

Japanese Destroy Food Boats

Armed Trawlers Burn Junks In Yangtze Where Shanghai Draws Supplies

Inexplicable action by the Japanese authorities in the Yangtze delta which supplies Shanghai with most of its food and dairy products is causing consternation to the farmers and traders between these ports and Shanghai, the "North-China Daily News" learnt yesterday.

Small fleets of armed trawlers and launches have been formed by the Japanese and have descended on the junks, lighters and sampans engaged in the transport of farm products and many boats have been burnt and destroyed for no apparent reason. The result is that the food situation may be affected owing to the feeling of uncertainty among the farmers and boat owners engaged in the trade.

Shanghai has long depended on the hinterland of the Lower Yangtze for its supplies and in the early stages of the hostilities commendable enterprise on the part of foreign and Chinese interests resulted in opening up new sources and creating new routes in order to put these supplies on the Shanghai market. With the closing of the Yangtze, these new routes proved extremely useful and the work of transporting goods to and from ports in the Delta gave local shipping companies of all nationalities employment at a time when such work held together the remnants of the trade.

Hard on Everybody

Generally, conditions in the delta have been quiet as the country people are industrious and peaceful, happy to be left alone for the tide of war swept past them as the Japanese advanced up river. Recently, the Japanese have being paying attention to the delta and armed trawlers and launches have been placed on patrol and have concentrated on the Chinese junks and sampans which carry the farm produce to the points of loading arranged by the ships which eventually transport the goods to Shanghai. Many of these junks have been set on fire and no explanation of this action is forthcoming, although it is suggested that it is being taken against the farmers and boatmen for trading with third party nationals.

The Japanese authorities were severely criticized for burning fishing fleets in South China and the extension of this form of activity to the Yangtze delta is likely to have serious consequences.

——摘自《字林西报》（North-China Daily News），1938年11月5日

襄樊昨遭空襲

敵機昨炸南鄭

宜昌昨日兩度警報

（中央社）南鄭四日電，敵機二十六架，四日上午十一時經鄭境竄陝過安康等地，飛行甚高，十一時十分，至南鄭上空，盤旋數週，在西郊外投彈六七十枚，死傷平民二十餘，毀房三十餘間，至三十分仍循原路逸去。

（中央社）南陽三日電，三日下午一時許，敵機十八架，分批轟炸襄陽樊城一帶，九架由宜昌北竄，另一批九架經襄陽西飛，輪流轟炸，投彈甚多，午後二時許，內中三架北飛，至雙溝一帶村莊投彈，轟炸平民，死傷甚衆，南陽發出警報戒備。

（中央社）宜昌四日電，四日晨八時餘，敵機二十餘架，由皂市經楊家峯向西進襲，宜市發出空襲警報，旋機竄抵樂鄉關及觀音寺等處，復發出緊急警報，該批敵機抵觀音寺後，未向南飛，途經尖山巴東向川東而去，乃解除警報。為時未久，後有敵機數架由天門潛江等處向西竄來，防空部復于十時五十三分發出警報，該批敵機，曾竄抵[illegible]港，進入董市上空，即發出緊急警報，敵機在董市上空盤旋後，分批向東逸去，僅有一架竄至本市上空，旋即東去，抵潛江後，宜市始解除警報，嗣查入川敵機折轉經后港北竄去，在市竄擾之敵機，亦僅用機槍掃射，未投彈，我無損失。

（中央社）長沙四日電，敵機二十四架，今分七批經鄂贛襲湘，沿粵漢路暨濱湖各縣窺探，內十八架分三次先後在平江汨羅，計在汽車站附近暨南江橋投彈二十餘枚，并擲有手榴彈，復以機槍掃射，炸燬商店二家，並毀汽車三輛，平民死傷各一人，另有敵機一架，午在城陵磯投彈，損失不明。

（中央社）至德四日電，三日午敵水上機二架，飛至德城上空窺探并投彈六枚，當毀民房多棟，傷斃民衆數人，旋低飛掃射一週後逸去

——摘自《新新新闻》，1938 年 11 月 5 日

敵在綏境
强施奴化教育
暴力禁止教授中文

（中央社）五原三日電，敵在綏對我同胞壓迫蹂躪無所不至大有經濟文化政治同時並進之勢，自蒙疆銀行成立後，即運到大批偽銀票，强迫民衆使用，并禁止法幣在市面行使，違者斬殺無赦，但一般民衆，仍暗中對敵偽銀票誓死拒用，因此遭害者不知凡幾，在教育方面，祇許小學開辦，禁止中學以上開學，且完全教授敵蒙語文，以偽蒙爲滿所編教科書爲課本，圖遂其麻醉我民思想之毒計，此外廢用金錢，收買失意官僚政客，提倡吸食鴉片等毒品，在各處普設妓院娼寮俱樂部等，不正當娛樂場所，引誘民衆入彀，凡我同胞，莫不恨之刺骨。

——摘自《新新新闻》，1938 年 11 月 5 日

○長沙四日電 **敵機二十四架分批由鄂贛襲湘**，。內十架先來偵察，即在平江肆虐。計南江橋投彈廿餘枚。中並有手溜彈。復以機槍掃射。擊傷我汽車一輛。平民死傷各一人。另有若干架。曾在城內投彈。損失不明。

○南陽三日電三日下午七時許 **寇機十八架。分批轟炸襄陽樊城**。一批九架。由宜昌向北竄另一批九架。經棗陽西飛輪流轟炸。投彈甚多。下午二時許。內中三架北飛。至雙溝一帶村莊。投彈轟炸。平民死傷甚重。南陽發出警報戒備。

——摘自《腾越日报》，1938 年 11 月 5 日

□機昨襲鄂

狂炸襄陽樊城棗陽

經宜襲川開機槍掃射董市

（中央社四日南陽電）三日下午二時許、□機十八架、分批轟炸襄陽、樊城、一批九架由宜昌北竄、另一批九架、經棗陽西飛、輪流轟炸投彈甚多、二時許、內中三架北飛至雙溝一帶村庄投彈轟炸、平民死傷甚衆、南陽發出警報戒備、

（中央社四日至德電）三日午□水上機二架、飛至德城空窺探、幷投彈六枚、當震毀民房多棟、傷斃民衆數人、旋低飛掃射一週後逸去、

（中央社四日宜昌電）四日晨八時餘、□機二十餘架、由皂市經楊家峯向西進襲、宜市發出空襲警報、旋□機竄抵樂鄉關及觀音寺等處、復發出緊急警報、該批□機抵觀音寺後、未向南飛、遙經興山巴東向川東而去、乃解除警報、爲時未久、復有□機數架、由天門潛江等處向西竄來、防空復于上午十時五十分發出警報、該批□機曾竄抵后港、進入董市上空、即發出緊急警報、□機在董市上空盤旋後、分批向東逸去、僅有一架竄入本市上空、旋即東去、抵潛江後、宜市始解除警報、據查入川□機折轉經后港北竄去、在董市竄擾之□機亦僅用機槍掃射、未投彈、我無損失。

——摘自《南华日报》（香港），1938 年 11 月 5 日

大批敵機襲巴東

襄陽樊城均遭慘炸

本市息　本市防空司令部、昨晨八時十五分、接宜昌情報、敵機二十六架、由東西飛、宜昌已發出警報、至二十五分、宜昌發出緊急警報、敵機過宜未投彈、有窺川意、萬縣梁山、當即發出警報、我驅逐機亦昇空準備迎擊、嗣復據報、該批敵機、已由雲陽轉向萬源飛去、至十時、萬梁兩地解除警報、旋得漢中報告、敵機二十九架、襲漢中、投彈後向東南逸去、一時許、得萬縣報告、敵機八架、在巴東石珠舖投彈後、即飛逸、

▲中央社宜昌四日電　四日晨八時餘、敵機二十餘架、由皂市經楊家峯向西進襲、宜市發出空襲警報、旋敵機竄抵樂鄉關及觀音寺等處、復發出緊急警報、該批敵機抵觀音寺後、未向南飛、逕經興山巴東向川東而去、乃解除警報、爲時未久復有敵機數架、由天門潛江等處向西竄來、防空部復於上午十時五十三分發出警報、該批敵機曾竄抵后港、進入董市上空、即發出緊急警報、敵機在董市上空盤旋後、分批向東逸去、僅有一架竄入本市上空、旋即東去、抵潛江後、宜市始解除警報、據查入川　敵機折轉　經后港北竄去、在董市竄擾之敵機、亦僅用機槍掃射、未投彈、我無損失。

▲中央社沙市四日電　三日午、天氣陰霾雲旆濃厚、敵機六架、沿江西上、向沙市進犯、到達上空後、在市郊盤旋十餘分鐘之久、即竄入江陵、投彈數枚後、向東逸去、事後調查、彈均投荒郊、無甚損失、至三時十五分、又有敵機數架、再度來犯、未幾、該批敵機到達荆門上空後、在市區投彈十餘枚、民房被燬數十間、死傷平民甚多、情況極爲慘重。

▲中央社南陽三日電　三日下午一時許、敵機十八架、分批轟炸襄陽、樊城、一批九架、由宜昌北竄、另一批九架、經棗陽西飛、輪流轟炸、投彈甚多、下午二時許、內中三架北飛至雙溝一帶村莊、投彈轟炸、平民死傷甚衆、南陽發出警報戒備

▲中央社南昌三日電　敵機日前狂炸市區、本市聯合通訊社等曾被炸燬、是敵人蓄意破壞文化事業、昭然若揭、南昌新聞界三日發出通電、揭發敵之暴行。

贛湘粵陝亦被投彈

▲中央社長沙四日電　敵機廿四架、今分七批經鄂贛襲湘、沿粵漢路暨濱湖各縣窺探、內十八架分三次先後在平江肆虐、計在汽車站附近暨南江橋投彈廿餘枚、并擲有手溜彈、復以機槍掃射、炸毀商店二家、并毀汽車三輛、平民死傷各一人、另敵機一架、午在城陵磯投彈、損失不明。

▲中央社南鄭四日電　敵機廿六架、四日上午十一時、經鄂境竄陝、過安康等地、飛行甚高、十一時十分、竄至南鄭上空、盤旋數週、在西郊外投彈六七十枚、死傷平民廿餘、毀房三十餘間、至三十分仍循原路逸去

——摘自《中央日报》（重庆），1938年11月5日

敵機肆虐

襄陽樊城等被炸

荊州市區被炸平民死傷慘重

南陽三日電：三日下午一時許、敵機十八架、分批轟炸襄陽樊城，一批九架、由宜昌北竄、另一批轟炸襄陽西飛，輪流轟炸投彈甚多，下午時許，內中三架北飛，至雙溝一帶村庄投彈轟炸、平民死傷甚衆，南陽發出警報戒嚴。

沙市四日電：三日午敵機六架、沿江西上，向沙市進犯，在市郊盤旋十餘分鐘之久，即竄入江陵投彈數枚後，向東逸去，無甚損失，至三時十五分，敵機數架，再度來犯，在荊州市區投彈十餘枚，民房被毀數十間，死傷平民甚多，情況極為慘重。

陽口三日電：一日敵機九架分二批轟炸并在城內及西南一帶投彈二十餘枚，震毀民房十餘間，傷亡民衆數十，其餘無損失。

南昌三日電：敵機日前狂炸市區，聯合通訊社等曾被炸毀，敵當意破壞文化事業，昭然若揭，南昌新耳界，是三日發出通電數敵之暴行云。

——摘自《南宁民国日报》，1938年11月5日

敵寇暴行

敵在綏遠

蠱惑蹂躪我同胞

（中央社五原三日電）敵在綏，對我同胞，壓迫蹂躪，無所不至，大有經濟，文化，政治，同時並進之勢。自蒙疆銀行成立後，即運到大批偽鈔票，強迫民衆使用，並禁止法幣在市面行使，違者斬殺無赦。但一般民衆仍暗中對敵偽鈔票，暫既拒用，因此遭害者不知凡幾。在教育方面，祇許小學開辦，禁止中學以上開學，且完全教授敵寇語文，以偽蒙偽滿新編教料書為課本，圖達其麻醉我民族思想之毒計。此外敵用金錢，收買失意官僚政客，提倡吸食鴉片等毒品，在各處普設妓院娼寮俱樂部等不正當娛樂場所，引誘民衆入殼。凡我同胞，實不慨之刺骨。

——摘自《新华日报》（汉口），1938年11月5日

敵機襲沙市

（中央社沙市四日電）三日午，天氣陰霾，霧靄濃厚，敵機六架沿江西上，向沙市進犯。到達上空後，在市郊盤旋十餘分鐘之久，即竄入江陵。投彈數枚後，向東逸去。事後調查，彈均投荒郊，無甚損失。至三時十五分，又有敵機數架，再度來犯，未幾該批敵機到達荊門上空後，在市區投彈十餘枚，民房被燬數十間，死傷平民甚多，情況極為慘重。

——摘自《新华日报》（汉口），1938年11月5日

敵機炸襄陽

（中央社南陽三日電）三日下午一時許，敵機十八架，分批轟炸襄陽，樊城，一批九架，由宜昌北竄，另一批九架經襄陽西飛，輪流轟炸，投彈甚多。下午二時許，內中三架北飛，至雙溝一帶村莊，投彈轟炸，平民死傷甚衆，南陽發出警報戒備。

——摘自《新华日报》(汉口)，1938年11月5日

敵機炸南昌 聯合通訊社燬

（中央社南昌三日電）敵機日前狂炸市區，本市聯合通訊社等曾被炸燬，是敵人蓄意破壞文化事業[illegible]證據，南昌新聞界三日發出通電，揭發敵之暴行。

——摘自《新华日报》(汉口)，1938年11月5日

敵機粵北肆虐

（中央社翁源四日電）敵機十餘架，今晨飛粵北狂炸英德連平縣城，下午三架襲翁源，近郊週圍十餘里盡毀村俱成焦土。

——摘自《新华日报》(汉口)，1938年11月5日

敵機四十四架分批進犯湖南

川東宜昌一帶被襲

贛各地亦遭肆虐 高縣城損失奇重

△中央社長沙五日電：敵機四十四架，今分八批襲湘，窺伺湘北湘東，及瀏湖一帶，三度轟炸平江，我無甚損失，並在羊樓司投彈枚，下午復有敵機十八架，在江西上高肆虐。

△中央社宜昌五日電：八時餘，敵機十餘架，由潛江西飛，竄抵荊沙一帶後，向川東竄去，正午十二時許，敵機數架，由鍾祥西侵來，同時建始亦發現敵機九架，向東飛行，向鍾祥西飛之敵機，竄抵當陽後，仍折原路飛返建始方面，九架於午後二設許侵入市空，盤旋一週後，仍向東逸去，少頃，復有敵機十餘架，分由恩施天門向宜昌進襲，侵入市空，在我密集砲火中，兩次投彈二十餘枚，均落東山公園一帶，死傷平民數人。

△中央社南昌五日電，敵機三十六架，五日分五批襲贛，第一批敵機一架，上午七時許，竄至奉新窺察，第二批兩架，十時許在高安豐城等處偵察良久，並掠過南昌市空，向贛北逸去，第三批十八架，午後二時竄入上高縣，在城南北投彈三十餘枚，並雜有燒夷彈，延燒民房五十餘棟，死傷三十餘人，毀壞房屋多棟，損失甚重，第四批九架由贛北竄至贛西，午後二時許，侵入豐城，投彈二十餘枚，聞死傷平民十餘人，燬房屋二十餘棟，詳情在調查中，第五批六架，午後三時侵入南昌市空窺察一週逸去。

× × × ×

——摘自《云南日报》（昆明），1938年11月6日

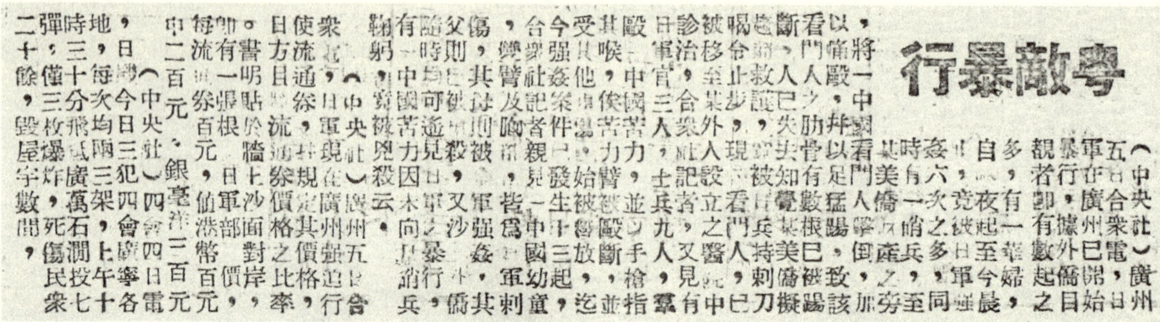

粵敵暴行

——摘自《新新新闻》，1938 年 11 月 6 日

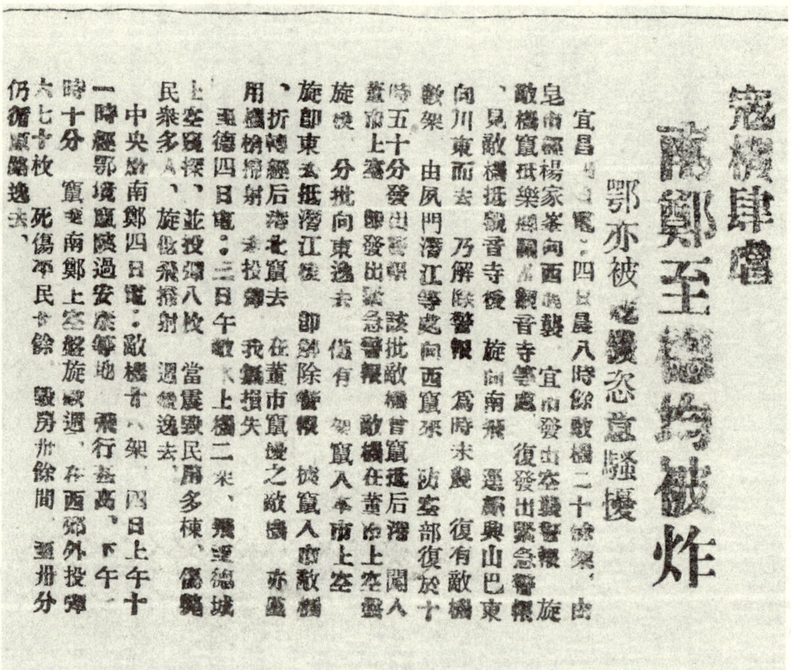

寇機肆虐
南鄭至□均被炸
鄂亦被寇機恣意騷擾

宜昌四日電：四日晨八時餘敵機二十餘架，由皂市經楊家峯向西飛襲，宜昌發出空襲警報，敵機竄抵樂鄉關、龍音寺等處，復發出緊急警報，旋見敵機抵龍音寺後，旋向南飛，過荊興山巴東向川東而去，乃解除警報，為時未幾，復有敵機數架由鳳門潛江等處向西竄來，防空部復於十時五十分發出警報，該批敵機旋竄抵后港潛江上空，分批向東逸去，僅有一架竄入本市上空盤旋，即東去抵潛江後，即解除警報，據竄入本市敵機，折經后港竄去，在董市竄擾之敵機亦用機槍掃射，未投彈，我無損失。

安德四日電：三日午敵大型機二架，飛達德城上空窺探，並投彈八枚，當震毀民房多棟，傷斃民衆多人，旋復飛機掃射，週繞逸去。

中央社南鄭四日電：敵機廿八架，四日上午十一時經鄂境竄陝，過安康等地，飛行甚高，下午一時十分竄至南鄭上空盤旋週，在西郊外投彈六七十枚，死傷平民卅餘，毁房卅餘間，至卅分仍循原路逸去。

——摘自《南宁民国日报》，1938 年 11 月 6 日

十月廿六日

敵機肆炸梧州西大附近

梧州訊：萬惡敵機、十月廿六日下午十二時二十分、又來本市空襲、作第十次之轟炸、[illegible]

緊急警報

廿六日上午十一時四十分，敵機十九架由新興[illegible]

事後調查

[illegible]

——摘自《南宁民国日报》，1938 年 11 月 6 日

敵機肆虐各地遭殃

（中央社南昌五日電）敵機三十六架，五日分五批襲贛，第一批敵機一架，上午七時許竄至奉新窺察；第二批兩架，十時許在高安豐城等處偵察良久，並掠過南昌市空，向贛北逸去；第三批十六架，下午二時竄入上高縣，在城南北投彈三十餘枚，並雜有燒夷彈，延燒民房五十餘棟，死傷平民百餘人，毀壞房屋多棟損失甚重；第四批九架，由贛北竄至贛西，下午四時許侵入豐城，投彈二十餘枚，聞死傷平民十餘人，燬房屋二十餘棟，詳情在調查中；第五批六架，下午三時侵入南昌市空，窺察一週逸去

（中央社宜昌五日電）五日上午八時餘，敵機十餘架由潛江西飛竄抵荊沙一帶，後向川東竄去。下午十二時許，敵機數架由鍾祥西侵，同時鍾祥亦發現敵機九架，向東飛行，鍾祥西飛之敵機竄抵當陽後，仍循原路飛返。建始方面九架，于午後二時許侵入市空，盤旋一週後，仍向東逸去。少頃復有敵機十餘架，分由恩施可門向宜昌進襲，侵入市空，在我密集炮火中兩次投彈廿餘枚，均落東山公園一帶，死傷平民數人。

（中央社翁源五日電）敵機九架今晨飛粵北偵察，在翁源英德城郊無的投彈。

（中央社長沙五日電）敵機四十四架，今分八批襲湘，窺伺湘北湖東及濱湖一帶，三度轟炸平江，我無甚損失，并在羊樓司投彈一枚，下午復有敵機十八架在江西上高肆虐。

——摘自《新华日报》（汉口），1938 年 11 月 6 日

敵在南潯線 強征壯丁

（中央社南昌四日電）敵加近緊修築南潯鐵路九江沙河一帶壯丁，多被逼充苦役。又星子方面，敵近強征壯丁三百名，人民痛恨入骨。

——摘自《新华日报》（汉口），
1938 年 11 月 6 日

外人目睹 寇軍淫掠

（中央社廣州五日合衆電）日軍在廣州暴行，由外僑目覩者卽有數起，有一華婦自昨夜起至今晨止，竟被日兵強姦六次之多，同時有一日哨兵，在某美僑財產之鋪，將一中國看門人擊倒，加以痛毆，並以足猛踢，致該看門人之肋骨有數根被踢斷，人亦失去知覺。某美僑擬過鋪救護，竟被日兵出刀喝令止步。現該看門人，已被移至某外人設立之醫院中診治。合衆社記者，又見有日軍官三人，士兵九人，痛毆一中國苦力，並以手槍指其喉，俟該苦力之臂被毆斷，並受其他傷後，始被釋放。迄今強姦案件已發生二十三起。合衆記者，親見一個中國幼童，雙臂及胸部皆爲日軍刺傷，其母則被日軍強姦，其父則已被槍殺。又沙面外僑隨時均可遙見日軍之暴行，有一中國苦力，因未向日哨兵鞠躬，竟被兇毆。

——摘自《新华日报》（汉口），1938 年 11 月 6 日

慘不忍聞

△敵轟炸婦孺專車

中央社長沙六日電，上月二十二日，蔣夫人會備婦孺專車一列，撤退武漢婦孺，敵機竟沿途追襲，二十四日上午八時許，駛至中伙鋪附近，竟遭敵機轟炸，投燒夷彈兩枚，專車全部焚毀，不及逃避之車僮婦孺，均被炸死，敵機並低飛以機槍掃射婦孺，附近難民被炸傷亡者亦甚衆。

——摘自《云南日报》（昆明），1938 年 11 月 7 日

空前慘炸的長沙市

（[illegible]）

慘無人道，專以屠殺爲事的日本空軍，在本（十一月）敵機十八架又給這平靜的長沙城市帶來了二百顆炸彈，[illegible]還是遭受轟炸最慘重的一次，死傷達一千人，尤：中山東路、經武路一帶受害

最烈，房屋多中彈燃燒，烟火冲天，斷垣殘壁，瓦礫灰燼，裏面埋藏着一具具的死屍，有的已經殘缺不全，一顆頭顱，一隻胳膊，一條大腿，淒涼的景象，加上那觸鼻的血腥混和着焦臭的烟火氣味，交織成人間極空的悲慘，自從這次轟炸以後，敵機每天都要飛來投彈，[illegible]

乎沒有一日安定過，街道上死一般的沉寂，店鋪都關門停業，頭遍警報放過以後，人們便像瘋狂一樣的奔跑着，呼叫着，好像風暴裏的浪潮，江邊緊集着各色各樣的人們，爭吵着搶船渡河，騷亂，混亂，有一次曾經搶沉了四五隻船，淹死二百多人，而敵機竟沒有來，到下午，那死去的城市，長沙，就復活了，商店也打開了門，街上的人們推動着，擁擠着，來往不絕，現在長沙除了兵士和汽車以外，點綴街頭的有的是難民，他們流浪在街頭巷尾，到處可以看[illegible]民，他們都是新從戰區逃出來的、多是攜帶着女人和孩子，你可以在這種場合聽到孩子的呼叫，女人的哭泣，[illegible]子的歎息，使關者爲之酸心，是誰佔領了他們美麗的田園，逼着他們流浪，逃亡，[illegible]誰殺害了他們的親友，爹娘，這一筆血債必須記清，我們要向敵人討回雙倍的抵償

——摘自《新新新闻》，1938 年 11 月 7 日

漢日兵進難民區 搶掠義籍教士

法租界拒絕日軍通過

外報記者述陷落前後

【本埠訊】大陸報云、新自漢口乘機返滬之外籍記者某、昨語大陸報記者、據談、武漢之陷落、與中國軍事力量、毫無影響、中國政府將繼續抵抗日本的侵略、華軍在退出漢口前、漢市近郊未發生戰事、日軍在江邊登岸時、華軍早日完全撤退、、華方一切措置、均極鎮靜、於十月二十五日最後撤退以前、華方軍事發言人、在特三區海軍青年會召集新聞記者、宣佈華軍已奉最高當局命令自臨時國都之武漢撤退、華方少數左翼軍事領袖、雖主張動員民衆、保衛武漢至最後一人、但華軍之撤退實爲意料中事、因彼等之政策、總不敵保存國力、不作無謂之犧牲之政策也、饒神父爲武漢陷落後之唯一英雄、於武漢民衆撤退之時、饒氏卽與中日雙方談判設立難民區、華方允饒氏設難民區於前英德俄租界、及華界一部、撤除軍事上之防衛、方允日軍不入該區、華方對所允各節、均信守不渝、而日方未能守約、如意英不允日方入難民區、恐亦所難能、日軍於抵意租防區時、意領卽開門迎其入內、英方雖屢稱不允日軍入其防區、惟英軍守防之特三區、終爲日軍所入、英意之准日軍入其防區、日軍認英意之恐懼日軍所致、不久日軍以劫掠縣英意國旗之財產、與懸其他國旗之財產、絲毫無異、蓋此乃日軍對英意友愛態度之謝意也、英國官員於下午六時後、莫在特三區外灘登陸覓其國人、卒爲日軍所阻、三意國教士家之被劫、實爲最有趣之事件、初教士操意語抗日軍之劫掠、恐日軍不懂意語、後以呼墨索里尼以表明其國籍、結果毫無成效、教士等被劫後、卽往德義上成爲漢口市長之饒神父處聲訴、饒氏笑容謂、渠祇聞教士求上帝幫助、而從未聞教士求墨索里尼之助也、

日軍於佔難民區後、饒神父要求日方重劃難民區、饒氏卽以二日之時間完成其組織、余於離漢前曾往該區視察、親見臨時商店紛紛開設、難民正移居該處、日軍佔武漢後、姦淫劫掠、仍時有所聞、惟其程度上較在南京稍遜、日軍如再增加、情況或將轉趨惡劣、亦未可知、法租界在如是緊張之時甚爲甯靜、一次二日兵擬入內、卒爲法守兵以溫和堅決之態度拒絕之、日兵始未入內、另一次日軍擬大隊由前德租界經法租界而至前英租界、幾起事變、日軍與法守軍均以機槍相對、惟結果日方退去、和平了事、

——摘自《华美晨报》，1938 年 11 月 7 日

寇機竄贛湘鄂肆虐

上高縣死傷百餘損失甚重

宜昌平江豐城街無大損失

[illegible]

——摘自《南宁民国日报》，1938 年 11 月 7 日

敵機昨炸衡陽平江

三批進襲衡陽在飛機場投彈八十餘枚

【本市息】敵機昨日又竄湘肆虐、長沙於上午九時十分發出警報、迄下午一時始解除、九時許敵機一架經上高西航、嗣抵攸縣醴陵、於十時十八分侵入株州、盤旋良久後、取道瀏陽東門市逸去、十時零四分、萍鄉上空又發現敵偵察機一架、循鐵路而至萍鄉石門窺伺後、即折返、九時半左右、岳陽黃岸市可聞飛機音響、嗣有敵機六架經南江橋、於九時四十五分進至平江縣城、續向西南飛行、忽又折轉、內三架於十時零五分到達梅仙市、投彈多枚、嗣又與另三架會合、逕趨南江橋肆虐後向北飛逸、十一時左右、此間防空機關據報、江西奉新突來敵機六十餘架、結隊陸續向西進襲、內二十四架分三批闖入湘境、先後飛經醴陵衡山、第一批六架於十二時另八分侵入衡陽、第二批九架跟跡而至、會合後即投彈遁去、第三批敵機九架隨後往襲、經我高射砲猛烈射擊、在衡逗留頗暫、倉皇取原路即逸、下午一時許有敵機一架、出沒於雲漢路口舖一帶、盤旋窺探、未幾飛北遁、

【衡陽七日電】陰雨兼旬、一旦晴朗、敵機二十四架今竟乘隙經贛分三批侵襲衡陽、上午十一時四十分本市發出警報、嗣以敵機迫近、乃於十一時五十四分放緊急警報、第一批敵機於十二時另八分闖入市空、三分鐘後、敵機九架繼續竄來、在高空會合、當經我高射砲予以猛烈射擊、敵機倉皇在飛機場附近投彈約八十枚、僅炸死平民兩人、內三架並偷下低飛、以機槍亂肆掃射、一架被擊中負創、相偕逃去、我平民死傷三十餘人、餘無損失、第三批敵機為驅逐機、於十二時二十一分侵入、未攻多事逗留、七分鐘後即匆匆循原路飛逸、此間警報亦適時解除、

——摘自《观察日报》，1938 年 11 月 8 日

敵擄捕我戰區幼童

供敵兵輸血之用

【淮陰三日電】（遲到）敵擄我戰區肥壯幼童、初經一般推測、或輸運回國、以奴化教養、補充敵軍之傷亡額、詎大謬不然、敵完全作爲負傷員兵之輸血工具用、此幼童之純潔精血輸於出血過度之負傷者、得能早復健康、俟血液吸盡、則沈尸江海、現長江沿岸、已有不少裝袋童屍發現云。

——摘自《观察日报》，1938年11月8日

日機廿四架

昨襲衡陽

在市空投彈八十枚 豐城清江亦遭轟炸

（衡陽七日電）陰雨兼旬，今日清朗，日機廿四架，今日竟乘隙經贛，分三批侵襲衡陽。第一批日機六架，於十二時零八分，侵入市空。第二批九架，跟蹤而來，在高空盤旋，當經我高射砲猛烈射擊，日機倉皇投彈約八十枚，炸死平民二人，復以機槍掃射，死傷三千餘人。第三批驅逐機九架，於十時廿一分侵入市空，逗留數分鐘，即怱怱循原路逸去。

（南昌七日電）今日上午九許，日機一架，經南昌飛豐城一帶窺察，下午一時，日機三架掠過市空，向北逸去。一時五十分，又有六架，向南飛來，旋經市郊，竄至清江，在該縣郊外投彈五枚，均落荒野，該批日機在清江肆虐後，復竄擾豐城縣屬之大江口投彈四枚，幷用機槍沿公路掃射。下午四時許，復經市區向北逸去。

——摘自《晶报》（上海），1938年11月8日

珠江船戶

慘遭暴敵蹂躪

海珠隄畔浮屍纍纍

廣州糧食被敵强佔

【本報香港七日電】據廣州敵連日强迫珠江船隻代運輜重財物、大小貨船及過江小艇皆在徵用之列、獸兵對船戶妻女肆意汚辱、違者輒被推入江中溺斃、船戶有不堪凌辱、將船鑿沉泅水逃遁者、但多遭監視哨射擊、海珠堤畔浮屍纍纍、慘不忍覩。

▲中央社廣州七日合衆電 日軍前强佔大批食糧、足供一萬三千難民六日之用、英美當局、特要求日方交出、但日方竟表示拒絕。

——摘自《中央日报》（重庆），1938 年 11 月 8 日

敵機到處肆虐

當陽炸死平民甚多

宜昌七日電：四日晨八時許、敵機二十六架、經宜市轟抵巴東、八架曾在巴東石珠舖投彈、又五日午十二時許、敵機數架、由鎮祥饃當陽上空、盤旋片刻、在城郊及沿公路投彈多枚、軍民死傷甚多、按當陽為不設防一小集塌、均無軍事毫無關係、敵機肆意轟炸慘酷獸行、民衆莫不切齒痛恨云。

當陽六日電、六日午敵機四架、在長安寺投彈轟炸、死傷民衆二十餘、該機並飛園寶山、煤炭山一帶投彈、

——摘自《南宁民国日报》，1938 年 11 月 8 日

敵在漢口

又犯强姦案

一少女被獸軍四人輪姦

難民區內發現霍亂症

【中央社漢口七日合衆電】據外人方面報告：日軍在漢復犯强姦案數起：某次强姦一年僅十四歲之少女，其祖母見狀，欲向前制止，竟被日軍用刺刀刺死。又一次日軍四人，輪姦某華籍少女。特三區仍於每晚六時即施行戒嚴，日憲兵否認外人所持之通行證，因之外僑咸感不便。難民區內發現患霍亂者數人，惟據饒神甫稱：病勢尚輕，彼已要求日方，將患病者隔離，詎能得日軍之允許否。

——摘自《武汉日报》（宜昌），1938 年 11 月 8 日

廣州敵強奪糧食

（中央社廣州七日合衆電）日軍前強佔其大批食糧，足供一萬三千難民六日之用，英美當局，特要求日方交出，但日方竟表示拒絕。

——摘自《新华日报》（汉口），1938年11月8日

敵機慘炸粵西北各縣

（中央社韶關七日電）敵機廿餘架，今晨分批飛粵西北各縣投彈、英德、清遠、翁源，災情最爲慘重，縣城已淪爲瓦礫場，乳源亦遭敵機肆虐，時值晨，集鄉民紛紛進城交易，致有百餘人罹難，內并有猺民十餘人。

——摘自《新华日报》（汉口），1938年11月8日

敵機昨襲湘

（中央社衡陽七日電）陰雨彙旬，一且晴朗，敵機廿四架，今竟乘隙經贛，分三批，侵襲衡陽。第一批敵機六架，十二時另八分侵入市空。第二批九架，跟蹤而來，在高空盤旋，當經我高射砲猛烈射擊，敵機倉皇投彈約八十枚，炸死平民二人，敵機復以機槍亂肆掃射，死傷三十餘人。第三批驅逐機九架，於十二時廿一分侵入，僅逗留數分鐘，即匆匆循原路遁去。

（中央社長沙七日電）敵機今分兩批襲湘，上午九時許敵機兩架，先後飛醴陵株州岳陽等處窺察，旋即有敵機六架，於十時○五分闖至平江內，三架在梅仙投彈多枚，十時四十分敵機六架，又至南江橋肆虐，損失不明，十二時左右，又有敵機廿四架，經贛分三批往襲衡陽，在近郊轟炸後東遁。

——摘自《新华日报》（汉口），1938年11月8日

敵機十八架
昨首次襲蓉
空戰結果擊落敵機一架
投彈百枚我方損失甚微
衡陽亦遭空襲死傷頗重

△中央社重慶八日電，八日上午八時半，據報沙市宜都衡陽東流等地，發現敵機西飛，嗣萬縣於九時據報，敵機西飛，乃於九時半發空襲警報，又九時三十分，防空部據萬縣巴東報，敵機十八架西飛，後據報石柱發現敵機，轉向大竹墊江，防空部並據墊江報，墊江已鬧敵機聲音，該部即發空襲警報，旋復據報合川上空亦發現敵機，向遂甯方面飛行，轉向銅梁安岳方面飛去，成都於十時五十五分發現，十一時三十分據成都報告，敵機十八架已過龍泉驛，向蓉方飛行，旋據敵機現有兩批飛來，均九架，第一批經市空向機場方面飛去，第二批九架亦將正向機場方面飛去，兩批共十八架，十一時三十分又據蓉報，我機升空正在與敵機作戰，敵機不支，倉皇投彈而去，並稱，我將敵機擊落一架，敵機嗣後一批向北，一批向東飛去，於十一時五十五分解除警報，繼據報，敵機十七架由三台潼南蓮溪遂甯順慶均先後報，敵機東飛，十二時四十七分，會川報敵機已由岳池向合川飛行，旋又報敵機已至武勝，轉向江北飛來，防空部當復發空襲緊急警報後，據報敵機一架飛廣陽壩投彈三枚，均落水河中，我無損失，嗣後據報，該敵機一架向東飛去，另九架經忠州，八架經石柱東飛，下午一時四十二分解除警報。

△中央社成都八日電，敵機十八架，八日午乘細雨陰霾，首次襲蓉，在南北郊各投彈十餘枚，我無損失，此間防空部於十時五十分得敵機向蓉進犯情報後，當即發出空襲警報，我驅逐機口架升空戒備。十一時十五分，敵機十八架分兩批竄到，一批九架，還至北郊機場倉皇投彈即逸去，一批八架，在南郊太平寺附近，忽忽投彈後侵入市空窺伺，當與我機遭遇，發生空戰，當時另一架敵機取道西北方面提至，稍事接觸，敵機彈絕不支，於十一時五十分倉卒結隊向北方遁去，警報隨即於十二時半解除，事後調查，近郊機場邊隅落彈五十六枚，毫無損失，南郊太平寺附近落彈十六枚，死二人傷一人，餘無損害。

△中央社衡陽八日電，敵機三十三架，十時三十六分侵入市空，在江東岸來雁塔附近投彈一百二十八枚後，即相率向北飛逸，为有驅逐機六架，旋又折回，於十一時零八分再度侵入市區，以機槍掃射，死傷平民三十餘人，未幾又有敵機十八架，由贛境來犯，於十一時四十三分竄抵衡陽，投彈三十餘枚，我無甚損失。

中央社長沙八日電，敵機二十一架、令襲衡山，於十時五十九分侵入市區，大肆狂炸，計共投彈將近百枚，內並雜有燒夷彈，南樓浣三角坪投二十餘彈，坜門外西正街落六彈，毀商店四十餘棟，北門倉門前南正街多巾彈起火，管始門落三彈，河邊落二彈，城牆本燒毀多處，死平民二百以上，傷五十餘人。

——摘自《云南日报》（昆明），1938 年 11 月 9 日

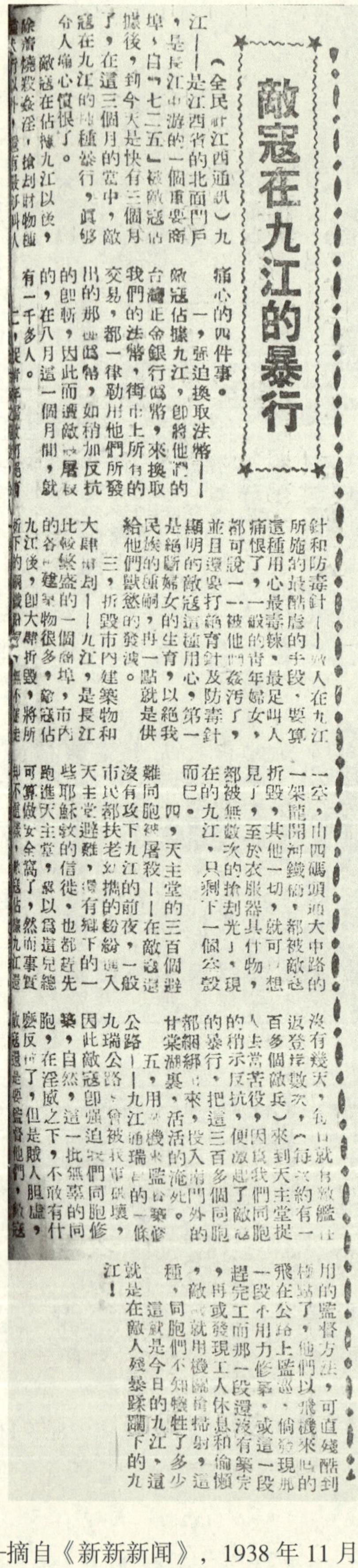

敵寇在九江的暴行

（全民社江西通訊）九江——是江西省的北面門戶，是長江中游的一個重要商埠，自「七二五」被敵寇佔據後，到今天是快有三個月了，在這三個月的當中，敵寇在九江的種種暴行，眞够令人痛心憤恨了。

敵寇在佔據九江以後，除盡燒殺姦淫，搶劫財物強[illegible]

痛心的四件事。

一，強迫換取法幣——敵寇佔據九江，卽將他們的台灣正金銀行偽幣，來換取我們的法幣，街市上所有的交易，都一律勒用他們所發出的那些偽幣，如稍加反抗的卽斬，因此而遭敵寇屠殺的，在八月這一個月間，就有一千多人。[illegible]

針和防毒針——敵人在九江所施的最酷虐的手段，要算這種用心最毒辣，最足叫人痛恨了，一般的青年婦女，都可說一一被他們姦污了，並且還要打絕育針及防毒針，顯明的敵寇這種用心，第一是絕斷婦女的生育，以絕我民族的種嗣，再一點就是供給他們獸慾的發洩。

三，折毀市內建築物和大肆搶刦——九江，是長江比較繁盛的一個商埠，市內的各建築物很多，敵寇佔九江後，即大肆折毀，將所[illegible]

一空，由四碼頭通大中路的一架開河鐵橋，都被敵寇折毀，其他一切，就可想見了，至於衣服器具什物，都被無數次的搶刦光」、現在的九江，只剩下一個空殼而巳。

四，天主堂的三百個避難同胞被屠殺——在敵寇還沒有攻下九江的前夜，一般市民都扶老幼攜的紛紛進入天主堂避難，還有攜下的一些耶穌教的信徒、也都趕先跑進天主堂，總以為這兒總可算做安全窩了，然而事實卻不盡然，敵寇佔據九江還沒有幾天，每日就有敵艦往返登岸數次，（每次約有一百多個敵兵）來到天主堂提人去當苦役，因為我們同胞的稍示反抗，便激起了敵寇的暴行、把這三百多個同胞都綑綁起來，投入南門外的甘棠湖裏、活活的淹死。

五，用飛機來監督築修公路——九江通瑞昌的一條九瑞公路、曾被我軍破壞，因此敵寇即強迫我們同胞修築，自然，這一批無辜的同胞，在淫威之下，不敢有什麼反抗了，但是賊人胆虛，敵寇還是要監督他們，敵寇用的監督方法，可直殘酷到極點了，他們以飛機來巡的飛在公路上監邏、倘發現那一段不用力修築，或這一段趕完工而那一段還沒有築完，再或發現工人休息和偷懶，敵機就用機關槍掃射，這種，同胞們不知犧牲了多少。

這就是今日的九江、這就是在敵人殘暴蹂躪下的九江！

——摘自《新新新闻》，1938年11月9日

敵機肆虐

〇重慶八日電　八日上午八時半，據報，沙市批江宜都衡陽東流等地，先後發現敵機西飛；又萬縣於九時零五分據報敵機西飛，乃於九時半發空襲警報，又九時三十分，防空部據萬縣巴縣報，敵機十八架西飛後，據報石柱發現敵機轉向大竹墊江，防空部並據墊江報，墊江已聞機聲，該部即發空襲警報、旋復據合川上空，亦發現敵機向遂寧方面飛行，轉向銅梁、安岳方面飛去，成都於十時五十分發空襲警報，十一時三十分、據成都報告、敵機十八架已過龍泉驛，向蓉方飛行，旋報敵幾現有兩批飛來，均九架，第一批經市空[illegible]幾場方面飛去，第[illegible]批九架亦將正向幾場力面飛去，兩批共十八架，十一時三十六分，又據蓉方報告，敵幾首遇我幾迎繫，當郎發生空戰，敵幾倉皇趁隙竄入北郊，盲目投彈後，郎逃去，並稱我將敵幾擊落一架，該幾事後，一批向北，一批向東飛去，於十一時至十五分解除警報，繼据報，敵幾十七架由三台飛來，又潼南蓬溪遂甯順慶均先後報敵幾東飛，十二時四十七分：合川報告，敵幾已由岳池向合川飛行，旋又報敵幾已五武勝，轉向江北飛來，防空部當復發空襲報緊急警報後，据報敵幾一架飛廣陽壩，投彈二枚，均落水河中，我無[illegible]失，事後據報；該幾一架，向東飛去，另九架經忠州，八架經石柱東飛，下午一時四十分，解除警報，

〇長沙八日電　今日來犯前後達敵機**九十架**。五十九架沿西江**飛桂肆虐**。三十一架**擾湘**。在衡陽投彈後**飛粵境**。盤旋偵察，並在樂昌投彈。

〇**成都**八日電　敵機**十八架**今晨上午十一時。于細雨陰霾。首襲本市。我防空部發報敏確。十一時發出警報。我神英空軍。當即升空迎擊。該幾侵入本市倉皇在外北幾場投彈五十五枚。及外南幾場投彈四十六枚。所投之彈。均重二百公斤。十一時十五分。即向北遁去。事後調查。彈多落荒野。僅傷一死二。餘無損失。十一時半解除警報。

〇青陽八日息。七日。敵幾**十一架**更番**轟炸青陽**城在南門外投彈十三枚。毀民房數間。青陽內已無居民。

〇梧州八日息　今晨**倭機三架飛高要**城盤旋偵察在肇慶近郊及高要對河投彈多枚。下午。**五架沿西江一帶**窺伺良久在祿武投數枚。

〇淮陰八日息。五日午。敵幾**五架**分飛**寶應淮安宿遷泗陽東海灌雲**各縣偵察。過宿遷時。投多枚。並以幾槍掃射。市民傷亡十數人房屋被燬數十間。

〇青陽八日息。七日。敵幾**四架在銅陵附近**之大池山[illegible]門口及大通附近之某某寺一帶偵查一小時。並在店門口投二枚。我無損失

〇南陵八日息　七、八日。敵幾**四架烘炸南陵**。計投七枚。損失甚微。

——摘自《腾越日报》，1938 年 11 月 9 日

武漢廣州兩地
倭寇姦殺慘狀
海珠堤畔浮屍纍纍

漢口七日合衆電：據外人方面報告，日軍在漢復犯強姦暴行，某次強姦一年僅十四歲之少女，「其祖母見狀，欲出前阻止，竟被日軍用刺刀刺死」，又一次日軍四人，輪姦某華籍少女，特二區內於每晚六時即施行戒嚴，日憲兵向索通行證，因之外人咸感不安，難民區內發現患霍亂多人，據饒神甫稱，病勢極烈，彼已要求日方將患病者撤離，該能得日軍之允許云。

漢口八日合衆電：漢口武昌方面，各處現多被生火災及爆炸聲，日軍將通法租界之街道實行封鎖，禁止華人通行，各僑民華工不能出，均自行到市場購買菜蔬，市場食粮菜蔬均不敷用，雞蛋每[illegible]需一角六分之多，牛肉完全缺乏，各地民衆無從忍受，水電問題，一時亦無解決希望云。

肇慶七日電：據廣州敵連日強迫珠江船艘代運輜重財物，大小貨船及過江小艇，皆任征用之外，歐兵對船戶妻女，肆意污辱，遇者輒被推入江中溺斃，船戶有不堪凌辱，將船鑿沉泅水逃通者，但多遭敵艦哨射擊，海珠堤畔浮屍纍纍，慘不忍睹。

——摘自《南宁民国日报》，1938 年 11 月 9 日

敵寇暴行

敵機昨襲川鄂湘

（中央社訊）昨（八）日上午八時四十七分，據報沙市、枝江、宜都、衡陽、東流等地，先後均發現敵機西飛。三關萬縣於九時零五分，亦先後據報，敵機西飛，乃于九時，三十五分發空襲警報。九時三十分，防空部據萬縣巴東報，敵機十八架西飛。後據報，石柱發現敵機轉向大竹墊江，防空部並據墊江報，墊江已聞敵機聲音。該部即發空襲警報，旋復據合川上空，亦發現敵機，向遂寧方面飛行，轉向銅梁安岳方面飛去。成都于十時五十五分，發空襲警報，十一時卅分，據成都報告，敵機十八架已過龍泉驛，向蓉方飛行，旋報：敵機現有兩批飛來，均九架：第一批經市空向××方面飛去。第二批九架亦將正向××方面飛去。兩批共十八架，十一時三十六分，又據蓉報，我機升空，正在與敵作戰，敵機不支，倉皇投彈而去。並稱，我將敵機擊落一架，敵機後一批向北，一批向東飛去，於十一時五十五分，解除警報，繼據報，敵機十七架，由三台潼南，蓬溪、遂寧、[illegible]，均先後報敵機東飛。十二時四十七分，合川報，敵機由岳池向合川飛行，旋又報。敵機已至武勝，轉向江北飛來，防空部當復發空襲警報，緊急警報，後據報，敵機一架，飛廣陽壩，投彈三枚，均落水河中，我無損失，嗣後據報，該敵機一架，向東飛去。另九架經忠州，八架經石柱東飛，下午一時四十二分，發解除警報。

成都

（中央社成都八日電）敵機十八架，八日午乘細雨陰霾，首次襲蓉，在南北郊各投彈數十餘枚，我無損失。此間防空部於十時五十分得敵機向蓉進犯情報後，當即發出空襲警報。我驅逐機×架，升空戒備，十一時十五分，敵機十八架分兩批竄到。一批九架，首過我機迎擊，當即發生空戰，敵機倉皇乘隙至北郊盲目投彈即逸去。一批八架，在南郊太平寺附近，忽忽投彈後侵入市空窺伺，當與我機遭遇，發生空戰。時另一架敵機返道西北方面趕至，稍事接觸，敵機彈絕不支，於十一時五十五分倉卒結隊向北方遁去。警報隨即於十二時半解除，事後調查北郊機場邊隅落彈五十六枚，我無損失，南郊太平寺附近落彈四十六枚，死平民二人，傷一人，餘無損害。

金門

（中央社漢口八日合衆電）日機昨炸燬金門美教會，會所原懸有美國旗，並曾於事前通知日方該會所之所在，現美教會要求美領館向日方提出抗議。

南昌

（中央社南昌八日電）敵機九架，今晨由北南飛，九時許經過南昌市區，竄至東鄉窺察，並以機槍向下掃射，我無損失。

宿遷

（中央社淮陰五日電）五日午敵機五架，分飛晉廳、淮安、宿遷、泗陽、阜寧、灌雲各縣偵察。過宿遷時，投彈多枚。並以機槍掃射，市民傷亡十數人，房屋焚燬數十間。

南陵

（中央社南陵八日電）六日敵機四架轟炸南陵，計投彈五枚，損失甚微。又竹絲港方面，連日敵增至二三千人，竹絲港並有敵騎四五百，有進擾模樣。

青陽

（中央社青陽八電）七日敵機四架，在銅陵附近之天瓵山，店門口，大門口，及大通附近之廣敎寺一帶，偵查二小時，並在店門口投彈二枚，我無損失。又七日敵機十一架，更番轟炸青陽，在南門外投彈十三枚，我毀民房[illegible]間，青陽城內已無居民。

粵桂

（中央社梧州八日電）今晨敵機二架，在肇慶近郊及高要對河投彈多枚。

（中央社韶關八日電）敵機今仍傾師來犯，前後達九十架，五十九架循西江飛桂肆虐，三十一架飛湘，在衡陽投彈後，飛粵境偵察並在樂昌投彈。

湖南

（中央社衡陽八日電）敵機卅三架於上午十時卅六分侵入市空，在江東岸來雁塔附近投彈一百廿餘枚後，即相率向北飛遁。十一時零八分再度侵入市區，以機槍掃射，死傷平民卅餘人，未幾又有敵機十八架由贛境來犯。於十一時四十三分竄抵衡陽，投彈三十餘枚，我無甚損失。

（中央社長沙八日電）敵機廿一架，今襲衡山，於晨十時五十九分侵入市區大肆狂炸？計共投彈將近百枚，內並雜有燒夷彈。

——摘自《新华日报》（汉口），1938 年 11 月 9 日

敵在廣州強徵民船

（中央社肇慶七日電）據廣州消，近日強迫珠江船艘，代運輸重財物，大小貨船，及過江小艇，皆在徵用之列。敵兵對船戶妻女，肆意污辱，違者輒被推入江中溺斃。船戶有不堪凌辱，將船鑿沉，泅水逃避者，但多遭監視艇射擊，海珠堤畔，浮屍累累，慘不忍覩。

——摘自《新华日报》（汉口），1938 年 11 月 9 日

衡山衡陽一帶昨遭濫炸

常德亦首次遭空襲

（長沙九日電）連來日機肆虐，益變本加厲，衡山衡陽九日又被炸數次，常德亦首遭空襲。當日機來襲時，長沙曾先後兩度發出警報，上午九時半左右，日機六架自北向闖越洞庭湖，經南澧二縣於十一時十分

侵入常德

在石門橋附近投十餘彈，毀民房十數棟，死傷小民十八人，公路中一彈，無礙行車。石門橋以東空地落十餘枚。十一時三刻，銅鼓上空發現日機九架，闖經瀏陽醴陵於十一時四十二分侵抵衡山，在西部投彈十餘，升嶽寺全部炸毀。未幾又有日機十八架，

結隊西犯

經修水，瀏陽，醴陵至衡山，乃分為兩隊輪迴往襲衡陽。一隊九架於十一時五十七分，竄入磁江東岸火車站一帶，投彈約七十枚，另一隊日機九架於十一時五分再往肆虐，在我高射砲火力威脅之下，日機乃將隊形散開，怱怱投彈後北遁。午後又有日機六經贛境乃

取道醴陵

迴趨衡山，在淥河橋附近投彈多枚，並又狂炸縣城，遍地大火，八日劫後之殘破民房商店，連遭荼毒，衡山景象益清涼不堪矣。

——摘自《大晚报》（上海），1938 年 11 月 10 日

衡陽遭炸成火窟
崇陽日軍犯長沙
我軍放棄皂市改守新陣地

（重慶九日電）路透社訊：日軍現仍向長沙推進 粵漢路日軍已抵崇陽，較處華軍於惡戰後，已向南撤退。長江北岸華軍現已放棄皂市，改守西面之新陣地，日軍主力部隊尚未抵皂市。

（重慶九日電）路透社訊：昨有日機七十二架，猛炸衡山與衡陽，午前十一時日機二十一架，向衡山擲落炸彈百枚，城內房屋被毀頗多，且有多處起火，死二百人，傷多人，居民多因房屋傾圮，不及逃出 致葬身火窟。衡陽被空襲兩次，初次有日機三十三架，二次有十八架，共投彈一百五十枚 開死於機關槍彈者 約三十人。

（宜昌九日電）九日晨十時許，濟山發現不明機兩架向西飛行，經當陽竄抵宜市上空，盤旋兩週 我高射炮隊開始猛烈射擊，日機旋在郊外投燒夷彈數枚 向東逸去，燬民房數間，餘無損失。

（鍾祥九日電）花園日軍，連日頗有增加，並分兩路移動，一至安陸，一至應城，雷公店西七十里之三陽店今日發現少數日軍，我已派隊堵擊，應城昨到日軍二千餘人 京山東南潘家集今日亦發現日軍七十餘人。（鍾祥九日電）作

日下午日軍由馬坪方面調來步兵千餘人，向我江家灘攻犯，迄晚我援軍趕到，以迫擊炮反攻，江家灘當被奪回。今晨又復來犯被我擊退。

——摘自《晶报》（上海），1938 年 11 月 10 日

敵機又炸衡山衡陽

（中央社）長沙九日電，邇來敵機肆虐，益變本加厲，衡山衡陽九日又被炸數次，常德亦首遭空襲，敵機來襲時，長沙會先后兩度發生警報，上午九時半左右，敵機六架自北西關竄洞庭湖[illegible]南還二[illegible]於十一時十分侵入常德，在石門橋附近投彈十餘枚，毀民房十三棟，平民死傷共十八人，公路中一彈，無礙行車，石門城以東空地落十餘彈，十時三刻，銅鋪上空發現敵機九架，兩經瀏陽醴陵，於十一時四十二分飛抵衡山，在西郊投彈十餘枚，南嶽寺全部炸毀，未幾又有敵機十八架，結隊西犯，經修水瀏陽醴陵至衡山，乃分為兩隊，輪迴往炸衡陽，一隊九架[illegible]十時五十七分竄入湘江東岸火車站一帶投彈約七十枚，另一隊敵機九架於十二時五分再往肆虐，在我高射炮火力威脅之下，敵機乃將隊形散開，匆匆投彈后北遁，午后又有敵機六架紛竄境，乃取道瀏醴，巡轟衡山，在祁河橋附近投彈多枚，並又狂炸縣城，遍地大火，烟霧瀰漫。殘破民房商店，遠邇禁齋，衡山氣象，益破涼不堪矣

——摘自《新新新闻》，1938 年 11 月 10 日

□機昨又轟炸成都
前日襲湘擊落兩架

（中央社九日□陵電）□機九架、八日午首次空襲芷江、在郊外肆意投彈、當被我高射砲隊擊落兩架、一架落於麻陽縣屬之高坪、其一落於芷江境內之羅舊地方、

（路透社九日成都電）昨日□機來襲第一次炸擊西門外之機塲、計被炸斃者五名、傷者十名、又有六名被機關槍彈擊傷、今晨十一時半□機又分隊來襲、飛過市區、欲向北機塲投彈、被華機追逐、□機向華西聯合大學及無線電臺低飛偵察、未投彈、直飛到北機塲、然後投彈數十枚，機塲有五十四個彈痕、但僅傷害塲內飛機之窗門.

（中央社九日長沙電）□機六十六架、八日分四批襲湘結果被我擊落兩架、第一批□機六架于上午八時半經鄂境、至雲溪,岳陽、城陵磯投彈後、第二批□機廿架、由贛境經瀏陽醴陵進犯衡山、在市區肆虐後循原路逸去、損失不明、第三批□機卅八架、由粵經宜章縣、於十時四十分侵抵衡陽、

——摘自《南华日报》（香港），1938 年 11 月 10 日

暴敵蹂躪下之武漢
殺人放火無所不用其極
刼掠貨物滿載輪車東運

▲中央社漢口九日合衆電 自日軍佔據武漢以來、所有商務完全陷於停頓狀態、租界以外各地、更爲悽慘、除少數之紙烟店及糧食店外、各店均已關閉、在日軍佔據漢口一星期後、各鄉農民、始有來漢出售菜蔬者、現武漢尚有中外居民二三十萬人、每日運入之菜蔬不敷甚巨、航運除日運輪艦往來搬運軍需品外、已陷於停頓、上航之運輸艦、皆運軍需品、下航者均運日軍在漢所搶刼之貨物、日軍且用其他車輛、搬運搶刼品下運、日軍在漢對於交通限制極嚴、故中外人等往來異常不便、現武漢之交通工具、非常缺乏、因所有車輛及船隻、均在日軍入市前已先期撤退、且日軍對於往來武陽漢三鎭之限制太嚴、故往來者極少、私人欲渡江赴武昌者、尚不可能、迄今僅有少數之私人汽艇行駛武漢之間、現漢口對外之交通、僅限於外國軍艦上之無線電、及托日記者拍發之電報而已、至於武漢三鎭被火區域、似不甚大、僅日租界後方之區域、被焚而已、該區係日軍縱火、因彼等恐區內有中國游擊隊藏匿、故出此下策、特一區背後之房屋、亦以同樣原因、被日軍焚燬、另有若干巨廈、係於華軍退出前自動炸燬、日軍陸續抵漢後、情形已趨惡劣、若强姦屠殺等事、隨時有之、且有若干事件、係外僑所目覩、自本月一日起、各日軍開始檢查往來之華人、日方對於難民區委員會接受日方要求、將難民區由特區移往武勝廟、頗有微詞、現各特區之難民、已於本月十一日以前、全部移入新區、特區內已無難民、現各難民之待遇如何、皆無從查悉、各方以爲在特區設難民區之目的、在保護外僑財產、現目的已達、故難民之狀況、已不引起外僑之注意、日軍在漢口之人數、尚無法判明、但自佔據漢口之第一星期內、至少有三萬人抵漢、其陸續到達者尚不在內、在此期內離漢者亦甚多、故其人數無法統計、日軍在漢之軍運甚忙、平均每日有十五隻至二十隻之萬噸運輸艦在漢卸貨、合衆社記者頃乘飛機繞市飛行、見往上游開駛之日運輸艦甚多、在漢之日軍一多數駐於模範區及江漢路一帶、各軍均能休息數日即向上游開拔、漢口飛機場停日機一百架左右、終日輪流起飛、毫無寗息云。

▲中央社漢口八日合衆電 據武昌外籍觀察家稱、武昌城內之住宅、[illegible]均已被日軍搶擄一空、甚[illegible]被刼數次者、小巷內滿地皆爲破壞之傢具、此均爲搶後之棄物、其他物件、多由日軍用卡車載至其崗位、武昌霍亂猖獗、日軍步砲兵及卡車甚多、城內因日軍不愼而起火之處、甚多。

——摘自《中央日报》（重庆），1938 年 11 月 10 日

寇鐵蹄下之武漢

商務完全停頓

情形惡劣强奸屠殺隨時皆有

[illegible]

——摘自《南宁民国日报》，1938 年 11 月 10 日

廣州淪陷慘記

林公戈

（香港通訊）九日以來、敵自大亞灣登陸、華南抗戰局面展開、不謂正值我華南同胞感覺萬分興奮之際、忽於廿一日下午傳來廣州淪陷消息、一般僑胞關懷桑梓、莫明此中眞相、以致謠言四起、莫衷一是、査本港各報對於敵人南侵消息之隔膜與遲滯、一方因我軍事當局、對於戰況不輕發表、一方因交通工具斷絕、電話及無線電報更告不通、港粤兩地雖屬相隔不遠、然傳遞消息異常困難、現該項消息雖已經中央社電訊正式證實、但一般人士、深感此次事變之神速、實有令人不能置信者、茲據甫由廣州逃難來港者談、渠於廿一日下午二時廣州將淪陷時尚在廣州市內、廣州淪陷前之一切象徵、均爲目覩、茲謹刊登於後、以供一般人士之參證、

筆者附誌

二十一日早晨八時、由石岐來省的中山輪渡在南石頭河面停航、從船旁一眼望去、兩岸人羣如蟻、這一天在候船的人顯然特別比前幾天多上十倍了、來往走動着的民衆、拖男帶女、更表現着一種慌亂愴惶的顏色、前面許多逃難者乘着小艇、三五成羣地向着渡船蜂踴而來、這時一幕幕的逃亡慘劇布露在我的眼前、有幾隻小艇在半途因爲擠得人太多而覆沒了、河中心雜亂着吽救聲、啼哭聲、與屍體在水裏浮沉、這些紛擾而悽涼的情況、使我知道時局已到了最後的關頭、大廣東的命運就決定在這一分一秒的時間內、我因爲身上負有重要的任務、已經顧不得前途所有的甚麼危險、我馬上付出高貴的代價、雇一架手車出河南、沿途還看見不少扶老攜幼像流水般的行列在我的眼前溜過、驚心怵目、眼看着一個個逃難者、在一種萬分匆忙下離開他們老大的家鄉、可憐的他們却連揮淚別故居的時候還沒有呢、許多人家的門戶洞開、衣裳雜物散置地上、從海珠渡河到靖海路、這裏在平時是一個極爲熱鬧的地方、全市最有名的大新公司和一切最新式的建築物都矗立在這一條路上、這是曾經是代表繁榮的廣州市的街道之一、但是現在呢、留下的祇有一般死寂、西華路上、滿目荒涼、除了有三五個安天樂命的走頭無路的貧民露宿街頭外、遠遠的還有三五百爲一隊的我方防軍向着去從化的路上做着有計劃的撤退、

廣州市唯一有標準時刻之稱的海關大鐘樓的鐘、時指着九時三刻、我還在西華路上東奔西走、毫無頭緒地找尋我那目的中要找尋的人、可是多數的店鋪住宅門戶都已託諸鐵將軍看管、一種沙漠中的荒涼景象放在目前、抬頭望着古城的落日、近處傳來一聲聲的轟炸巨響、一向用以供給全市食水的自來水廠在數分鐘內炸毀了、

我荒亂中回到歸途、當時海珠橋依然完整地横在兩旁岸上、長堤與大沙頭、再到南石頭、更是擁擠不堪、空氣中佈着幾種聲浪、

「防軍已全部退却了、敵軍先頭部隊已開抵東郊」

「當局早巳預備好的地雷和火油、現在巳開始實用了、自來水廠、士敏土廠、各政府機關現在巳開始自動轟炸及焚燒、」

「這是焦土政策、」

逃難的民衆、現在祇有逃到四鄉是他們能暫時當爲安甯的地點了、因爲外國人保衞下的沙面內面藏滿了無家可歸的同胞、沙面的入門處鐵閘早巳關閉、要托福外人也沒有辦法了、這裏許多人由河南步行往芳村至陳村、大良、容奇轉往石岐到澳門、許多人由黃沙至四會各鄉、許多人由河南至大基頭入南石頭、趁拖渡往石岐、市橋、江門、許多人趁梧州輪中安、西南、明新到梧州去、

南石頭河面上所有的大船、拖渡、貨艇、緝私艦、大小電船、眼望着牠們都巳加速地開動了、最後祇有開市橋的拖渡一艘正在搖動着、徼倖得很、我把牠趕到了、舉目向岸上一望、偉大的造紙廠巳在隆然的聲浪下沉寂了、魚珠、長堤電燈局及靖海路一帶、烽火連天、廣州市的東面、魚珠、黃埔、新洲一帶、機關槍聲、砲聲、炸彈聲、震耳欲聾、飛機的聲響從天空降下黑煙滿佈着市的東方、一球球的火頭在半空旋轉着、和敵人飛機放下的傳單、互相輝映、這時巳是二點四十分了、船身慢慢地從巨響中離開火線、其餘的一切都像往日所見一樣、不過、廣州巳被蹂躪了、我軍因戰略關係、於廿一日下午自動退出廣州、移至西北一帶重要陣地、繼續抗戰到底、(十、廿四)

——摘自《东南日报》（金华），1938 年 11 月 10 日

敵機昨襲湘贛等地

湖南

（中央社長沙九日電）邇來敵機肆虐益變本加厲，衡山衡陽九日又被炸數次，常德亦首遭空襲，當敵機來襲時，長沙曾先後兩度發出警報。上午九時半左右，敵機六架自北面闖入洞庭湖，經南灃二縣，於十一時十分侵入常德，在石門橋附近投彈十餘枚，毀民房十三棟，平民死傷共十八人，公路中一彈無礙行車，石門橋以東空地落十餘彈，十時三刻，銅鼓上空，發現敵機九架，嗣經瀏陽醴陵，於十一時四十二分，侵抵衡山，在西郊投彈十餘枚，南嶽寺全部炸毀，未幾又有敵機十八架，結隊西犯，經修水，瀏陽，醴陵，衡山乃分爲兩隊，輪週往襲衡山，一隊九架，於十一時五十七分竄入在江東岸火車站一帶，投彈約七十枚，另一隊敵機九架，於十二時五分，再專往肆虐。在我高射砲火力威脅之下，敵機乃轉踪形散開，惡恩投彈後，又有敵機六架，經贛境仍取過衡遲趨衡山，在洣河橋附近投彈多枚，並又狂炸縣城，遍地大火，烟霧彌漫，八日劫後之殘破民房商店，悉遭焚燬，衡山景象，益淒涼不堪矣。

江西

（中央社南昌九日電）今日有敵機二十餘架，分批襲贛，上午九時敵機兩批，每批九架，次第掠過南昌市空，向東南飛去。上午九時許，敵機四架在東鄉出現，當在該縣屬之唐田投彈十一枚，炸死農民二人，傷四人。同時有敵機八架，在進賢之殷家村投彈十五枚，死平民九人，傷十餘人，並在野可兩投彈四枚，均落荒野。上午十時敵機三架，侵至臨川縣屬之康樂山，投燒夷彈數枚，毫無損失。下午一時許，敵機三架再次侵入市空，我高射部隊當猛烈射擊，敵機倉皇東竄，在東鄉一帶窺察後逸去。又九時許，敵機二架，由粵境竄至贛南之虔南縣屬南迳墟地方，投彈二枚，死傷數人。

宜昌

（中央社宜昌九日電）九日晨十時許，潛江發現不明機兩架，向西飛行，經當陽竄抵宜市上空，盤旋兩週，機上標識爲我國黨徽，但航空站則謂此時並無我機行動，至此始悉此兩架不明機，實係敵機，於是我高射槍砲乃開始猛烈射擊，敵機旋在郊外投下燒夷彈數枚，向東逸去，燒燬民房數間，別無損失。敵機竟用我國徽，竄入市空投彈，企圖乘我不備，此種卑鄙無恥行爲，實爲國際人士所不齒。

粵北

（中央社韶關九日電）敵機廿餘架，今分批騷擾粵北各縣，並飛至贛南與粵境毘連各縣偵察。

偏關

（中央社河曲九日電）敵機一架，九日晨至神池等地，窺察半時之久，在偏關投彈八枚，傷四人。

——摘自《新华日报》（汉口），1938年11月10日

盤據五台寇 分路犯寧武

鹽池南岸殘寇向西竄逃

【中央社河曲九日電】前犯五台之敵，近分兩路抽調至大同忻縣定襄等處，現犯寧武神池者，仍係此敵，平魯[illegible]敵七日已悉數開至井坪。【中央社興集十日電】隆化鎮及翼城之敵，經我某部襲擊，傷亡甚衆，向橫水方面潰退，一部竄曲沃翼城，敵於撤退時將城內外房屋，大部焚燬，五日在史村東之劉家村，我某部與二千餘之敵接觸，斃敵百餘。【中央社垣曲九日電】此次竄擾翼城王寨鎮一帶之敵寇，其獸行備極殘酷，凡沿公路一切村莊，悉數被焚燬，未及逃出之人民，均遭殘殺，即襁褓嬰兒，皓首老翁，亦無不罹難，隆華鎮鄉立學校學生六十餘，教員三名，均被擄去，以刺刀刺死，文件書籍，悉付一炬，日寇之欲毀滅我民族，消蝕我文化，淪我國族於萬劫不復之地，今更多一鐵證也。【中央社垣曲十日電】竄擾鹽池南岸之敵，經我連日猛擊，未能立足，刻除從善村尚餘少數殘敵東西流動外，敵全部已向西竄逃，現張村西窰村曲村一帶，均無敵蹤。【中央社興集十日電】犯兌九峪敵三千餘，六日侵入兌九峪，我某師退踞側高地，不時向敵襲擊，敵傷亡頗重，下欒鎮敵，於五日晨南竄，被我某師一部追至胡家窰附近，激戰數小時，斃敵百餘，旋孝義敵二千餘，趕往增援，仍在激戰中。【中央社垣曲十日電】敵二千餘，八日竄抵史村，（臨汾南六十里）東北之劉家村，遭我某部突擊，衝殺時許，斃傷百餘人，我軍以襲擊目的已達

，即悄然退去，敵惱羞成怒，將劉家村焚燬洩憤，其時火光燭天，適曲[illegible]村北）敵以為我軍攻擊，猛向砲擊，復斃敵數十名，輜重彈藥損毀尤多。

【中央社垣曲十日電】軒崗（寧武東南）敵，八日進至石灘，與我某部遭遇，激戰一時許，敵漸不支，此時突來敵機三架助戰，並投大量催淚性窒息性毒氣彈，我軍仍忍耐沉着，不屈不撓，猛烈衝殺，卒將敵消滅大半，殘餘潰竄軒崗，我正追剿中。

【中央社五原九日電】我游擊隊相繼收復後腦包，石拐溝，大榆樹村等地後，日前又將白塔寧素齊兩車站破壞甚烈，綏包交通又告斷絕，綏北百林廟附近，現亦有我大部游擊隊活動云。

【中央社興集九日電】忻口一帶敵連日西犯，在大白水衛村一帶，與我軍激戰二日，敵傷亡甚重，現仍在相持中。

——摘自《新蜀报》，1938 年 11 月 11 日

敵機狂炸湘境

瀏陽大火延燒甚烈

死傷千餘慘不忍覩

中央社長沙十日電　敵機今日狂炸瀏陽縣城、常德、桃源、平江、亦被投彈、上午、有敵機三架、經華容南縣漢壽[illegible]陽、於九時五十分、侵入桃源、投彈十餘枚、死男三女一、另一批敵機六架、於九時五十五分、竄抵常德、投彈三十餘枚、並以機槍掃射、幸無損失、又有敵機十八架、經豐城上高銅鼓萍鄉醴陵、於十一時五十分首次闖至瀏陽狂炸、府豐衙胡家巷馬路紫微街受害最爲慘重、投彈共百餘枚、頓時全城大火、延燒甚烈、死傷千餘人、

中央社沅陵十日電　十日上午十時許、敵機九架、內六架再度襲擊常德、在該縣市區及南站投彈三十餘枚、並用機槍掃射、其餘三架、則竄入桃源城郊投彈、損失均未詳、

中央社衡山九日電　敵機今日兩度進襲衡山、上午十時許、有敵重轟炸機二十七架、由江西方面分三批來犯、稍頃、[illegible]九架、侵入南岳市、漫無目標、濫行投彈廿餘枚、用機槍掃射、又在郊外投彈多枚而去、南岳市區不大、經此慘炸、已成一片焦土、平民死傷者極衆、罹難者、斷肢殘體、血肉模糊、慘苦之狀、目不忍睹、又南嶽廟中七彈、殿宇震燬多處、死傷羊道小孩及鄉農二十餘人、敵機襲擊南嶽市後、即飛往衡陽肆虐、下午一時半左右、又有敵機六架闖來、在洣河橋附近投彈甚多、並再炸縣城、爆炸之聲震天、城中大火蔓延、平民遭此塗炭、對敵寇之殘暴、益深痛恨、

——摘自《时事新报》（重庆），1938 年 11 月 11 日

敵機前日分批

襲湘贛川各地肆虐

南岳市區被炸已成一片焦土

贛各地死傷廿餘人餘無損失

——摘自《南宁民国日报》，1938 年 11 月 11 日

敵寇暴行

敵在晉南燒殺甚慘

（中央社垣曲十日電）敵二千餘，八日竄抵史村（臨汾南六十里）東北之劉家村，遭我某部突擊衝殺時許，斃傷百餘人。我軍以援擊目的已達，即悄然退去。敵惱羞成怒，將劉家村焚燒洩憤，是時火光燭天，趙曲（史村北）敵以爲我軍攻擊，猛向砲擊，後斃敵數十名，輕重彈藥轟毀尤多。

（中央社垣曲九日電）此次竄擾翼城王寨鎮一帶之敵寇，其獸行備極殘酷，凡沿公路一切村莊悉數被焚毀。未及逃出之人民，均遭殘殺。即襁褓嬰兒，皓首老翁，亦無不罹難。隆華鎮鄉立學校學生六十餘，教員三名，均被擄去，以刺刀刺死，文件書籍，悉付一炬。日寇未欲毀滅我民族，消蝕我文化，淪我國族於萬劫不復之地，今更多一鐵證也。

——摘自《新华日报》（汉口），1938 年 11 月 11 日

敵機狂炸湖南各地

瀏陽

（中央社長沙十日電）敵機今日狂炸瀏陽縣城、常德、桃源、平江亦被投彈。上午有敵機三架，經華容南縣漢壽益陽。於九時五十分侵入桃源，投彈十餘枚，死男三女一。另一批敵機六架，於九時五十五分，竄抵常德，投彈三十餘枚。並以機槍掃射，幸無損失。又有敵機十八架，經豐城上高銅鼓萍鄉醴陵，於十一時五十分首次闖至瀏陽狂炸，府豐衙胡家巷馬路榮微街受害最爲慘重，投彈共百餘枚，頓時全城大火，延燒甚烈，死傷千餘人。

衡山

（中央社衡山九日電）敵機今日兩度進襲衡山，上午十時許，有敵重轟炸機廿七架，由江西方面分三批來犯。稍頃，敵機九架，侵入南岳市，漫無目標，濫行投彈廿餘枚，用機槍掃射，又在郊外投彈多枚而去。南岳市區不大，經此慘炸，已成一片焦土，平民死傷者極衆，罹難者，斷肢殘骸，血肉模糊，慘苦之狀，目不忍睹。又南嶽廟中七彈，殿宇震燬多處，死傷羊道小孩及鄉農廿餘人，敵機襲擊南嶽市後，即飛往衡陽肆虐，下午一時半左右，又有敵機六架闖來，在涞河橋附近投彈甚多，並再炸縣城，爆炸之聲震天，城中大火蔓延，平民遭此塗炭，對敵寇之殘暴，益深痛恨。

常德

（中央社沅陵十日電）十日上午十時許，敵機九架，內六架再度襲擊常德，在該縣市區及南站投彈卅餘枚，並用機槍掃射，其餘三架則竄入桃源城郊投彈，損失均未詳。

——摘自《新华日报》（汉口），1938年11月11日

寇機到處肆虐

竟對治療隊童軍投彈

平江

【中央社長沙十一日電】十日午後一時許，平江縣屬長壽鎮，突來敵偵察機兩架，迴翔窺察，時中國紅十字會救護委員會第五十九醫療隊，及上海市商會童子軍駐居該地縣立小學內，被敵機低飛投彈轟炸，追逐不已，先後共計三次，致傷及醫療隊員六人，童軍張德蓀，數人，尤以隊員劉萬春（四川人，女，十六歲）創及胸部，受傷最重，各人均經急救包紮後，當晚運返長沙。

公安

【中央社宜昌十一日電】上午十一時許，敵機六架，由江陵打鑼場西飛，有進襲宜市企圖，宜市防空部即嚴加注意，爲時未久，敵機折向東飛，又下午二時許，敵機九架，在公安投彈後，向東逸去。

連縣

【中央社上海十一日合衆電】據由連縣來此之外人談，日機昨首次飛連縣轟炸，死傷平民約一百五十人，平民醫院（譯音）附近落彈八枚，東門附近，亦落彈數枚，傷二歲之幼童一人，其父母及家屬八人均被炸斃，事前有難民多人集於門旁，連縣被炸後，人民極爲憤怒，店員農民均紛紛加入壯丁隊，與日軍作戰。

金華

【中央社金華十一日電】敵轟炸機九架，今午十二時四十九分，由杭州方面侵入金華上空，盤旋一匝，向火車站及鬧市雅堂街投彈共四十餘枚，毀民房百餘間，死平民廿二人，傷十四人。

——摘自《新蜀报》，1938年11月12日

寇軍佔据廣州後

△香港十一日電　寇軍佔据廣州後。姦擄燒殺。无時或已。近更變本加厲。其軍部下令。強迫全部壯丁。一律應徵入伍。分充作戰兵士。將女子凡年在十八至二十五歲以內者。編爲游擊隊。供其蹂躪。刻廣州附近淪陷區內所有青年婦女。均被拘禁。聽候編遣。歐打侮辱。均不忍覩。又其對民衆強迫使用僞幣。違者論斬。我同胞在刀槍刼持之下。皆忿激欲狂。

——摘自《腾越日报》，1938年11月12日

□機昨慘炸浙金華 燬屋百餘死傷數十

在湘長壽鎮附近轟炸醫療隊

（中央社十一日金華電）□轟炸機九架、今午十二時四十五分由杭州方面侵入金華上空盤旋一匝、向火車站及鬧市雅堂街投彈共四十餘枚、燬民房百餘間、死平民廿二人、傷十四人、

（中央社十一日宜昌電）上午十一時許、□機六架、由江陵打羅場西飛、有進襲宜市企圖、宜市防空部當即嚴加注意、爲時未久、□機折向東飛、又下午二時許、□機九架在公安投彈後遁去、

（中央社十一日長沙電）十日午後一時許、平江縣屬長壽鎮、突來□偵察機兩架、迴翔窺察、時中國紅十字會救護委員會第五十九醫療隊、及上海市商會社會童子軍、駐居該地縣立小學內、被□機發現目標、旋即低飛投彈轟炸、追逐不已、先後共計三次、致傷及醫療隊員六人、童軍張德孫、尤以隊員劉萬春（四川人女十六歲）創及胸部受傷最重、各人均經急救、包紮後當晚運返長沙、查□機對我非戰鬥員之救護人員迭加傷害、蔑視公法、肆意□行、實屬髮指

——摘自《南华日报》（香港），1938年11月12日

敵機暴行

平江長壽鎮狂炸非戰鬥員 粵連縣平民醫院亦遭轟炸

【中央社長沙十一日電】十日午後一時許，平江縣屬長壽鎮，突來敵偵察機兩架，迴翔偵察，時中國紅十字會救護委員會第五十九醫療隊，及上海市商會社會童子軍，駐居該地縣立小學內，被敵機發現目標，旋卽低飛投彈轟炸，追逐不已，先後共計三次，致傷及該醫療隊員六人，均經急救包紮後，當晚運返長沙。查敵機對我非戰鬥員之救護人員迭加傷害，蔑視公法，肆意暴行，實屬令人髮指。

【中央社上海十一日合衆電】據由連縣來此之外人談：日軍昨首次飛連縣轟炸，死傷平民約一百五十人，平民醫院（譯音）附近落彈八枚，在大門附近亦落彈數枚，傷二歲之幼童一人，其父母及家屬八人均被炸斃。事前有難民多人集於門房。連縣被炸後，人民極爲憤怒，店員農民，均紛紛加入壯丁隊，與日軍作戰。

——摘自《武汉日报》（宜昌），1938年11月12日

晉南虞鄉之敵

砲轟我陣地

幷施放大量毒氣彈

我反攻五台克重要據點

▲中央社潼關十一日電　七日上午六時以來、敵砲三四門、向我陣地射擊、十二時許、敵砲五六門、步兵五百餘人、在清莪鎭（虞鄉東約十里）以猛烈砲火、向王官峪以西及幽村一帶轟擊、午後一時許、射擊益兇、致我陣地被其摧毀、守兵一排、全體殉職、又王官峪以西之敵三四百名、及二幽村一帶敵五六百、復以砲兵向我陣地猛攻深入、且用瓦斯彈不斷轟擊、我方將士、正不惜犧牲、誓死抵抗中。

▲中央社倫敦十一日路透電　此間接中國外長王寵惠來電、悉日軍進攻華方游擊隊根據地五台山一舉、業已失敗、日軍於九月間開始總攻、綜計該區附近、曾有激烈戰事一百次以上、日方死者達八千人、傷者達一萬人、現五台縣雖已爲日方佔領、但五台縣後高山峻嶺、仍在華方掌握之中、華軍於十一日開始總攻、已克復若干重要據點云。

▲中央社垣曲十日電　被我擊潰於石灘（鞞崗東）之敵，八日晚得援，九日復向我攻擊，我軍爲誘敵圍殲計、已由大路南北之劉家梁及龍關村合力夾擊、敵仍以飛機砲火助戰、終以腹背受制、我軍攻勢猛烈、敵暴露於大路南北、對我熾盛火力、全無迴避餘地、傷亡慘重、現仍在激戰中。

——摘自《中央日报》（重庆），1938 年 11 月 12 日

外輪船員談

廣州被寇洗刧一空

郊外我游擊隊甚爲活躍

香港十一日電：被困於廣州梧州江門等之內河輪船天生、江蘇等號、經向日交涉、十日晨由英艦蟬號、及知更號護送抵滬、據外籍船員談、廣州已淪洗劫[illegible]空、滿目荒涼、浪人充斥、日軍軍紀蕩然、姦淫燒殺、令人切齒痛憤、郊外游擊隊甚爲活躍

香港十一日路透電：英駐華艦隊司令諾貝爾、於本星期日乘英艦「西摩」啓程赴、定下星期二返港、

香港十一日電：美孚火油公司小輪慈星號、十日下午四時、由省抵港、截有美駐粵副領凱務坦、及路透、美聯記者等一行十餘人

——摘自《南宁民国日报》，1938 年 11 月 12 日

敵機濫炸金華城

死傷六十餘　毀屋百餘間

（本縣消息）浙東一帶、已有四十四日未見敵機來擾、十一日上午十一時半至午後〇時三刻、詎有敵機五十四架、先後分批發現於龍山及臨浦、經由甯波臨海永嘉方面在沿海一帶窺察、第一批十八架、第二批第三批各十二架、第四批三架、飛經慈谿奉化象山海門松門玉環甯波甯海黃岩溫嶺臨海樂清永嘉寺前瑞安平陽等縣、分向東北西南及南方逸去、第五批敵機九架、于上午十二時四十五分、在臨浦發現、經富陽、建德、蘭谿、湯溪、于下午一時十三分、侵入本縣上空、盤旋窺伺約二十分鐘、旋分列三隊、有六架先後投彈濫肆轟炸、並以機槍掃射、計共投彈達六十餘枚、毀損房屋一百餘間、民衆慘遭殃及者六十餘人、敵機於一時半向蘭谿經建德向新登竄去、茲將經過情形探誌於下、

城區

敵機投彈後、因交通稍阻、直至五時許、解除警報、敵機計在城區

◇◇◇投彈六枚

一彈落於四牌樓四十六號周姓庭院間爆發、僅毀樹數株、該彈落下地點、距離避有三十餘人之防空壕、不過尺餘、該壕未受影響、可謂大幸、雅堂街西冷飯店落一彈、毀去平屋數間、旅客行李等物毫無損失、龍泉浴室落一彈、幾

◇◇◇全部毀損

對面之樓外樓門窗略有震毀、該兩處顧客警報時早已他往、並無死傷、又三十七三十八三十九等三號屋上落二彈、二十二號門前路中落一巨彈、彈穴週圍約二丈許、深亦如之、三十六、三十七、三十八、三十九等四棟全毀、三十一、三十四、三十五、四十一等號暨二十二號附近之房屋約十棟、亦有燬損、三十九號某裁縫鋪主婦徐氏、卅餘歲、因其夫率同小孩

◇◇◇先行避去

徐則以關鎖門戶、不及逃出、當被壓斃、事後始由其夫從斷垣殘瓦中起出、又居住該處之某姓老嫗、被彈片飛及、略受微傷、

車站

城外火車站週圍約三里許、落彈達五十餘枚、死傷民衆共六十餘人、計中山馬路橫街溪下街財神巷等處落彈十餘枚、橫街十五號至二十一號均毀、紹興會館至彌陀橋暨

◇◇◇一帶房屋

甯紹飯店、義烏飯店、悅來棧、萬祥泰棧、除房屋外、均有損失、車站對面之小茶飯鋪、炸後碎盌狼藉滿地、大通轉運公司堆棧存有紗布洋燭肥皂罐頭

食品、被炸火燬、樾樹廟落一彈、看廟八旬老翁爲斷垣壓斃、車站職員宿舍落一彈、

◇◇◇爆發之處

適在兩防空壕之間、僅兩壕門口、略有震毀、內有車站職員凡十餘人、均未受傷、最不幸者、爲該路機車司爐生章權、方由玉山抵此、正在宿舍休息、及聞機聲、躍起、披衣下樓、疾趨防空壕時、而炸彈飛來、頭部爲

◇◇◇彈片削去

當時殞命、越郡會館王氏宗祠前後左右落六彈、一部房屋及附近小屋震毀數棟、中國旅行社職員宿舍震毀一部、其他旅館全毀者有浙贛旅館、震毀一部者有自申旅館金華新旅社等、車站附近落三彈、二彈在空地爆發、一彈炸毀護路隊宿舍三間、餘無損失

沙灘

沿江一帶沙灘間及花壇橋等處、落彈四十餘枚、毀房屋二十餘棟、貨棧存貨亦頗有損失、慘遭敵機炸斃者、計男女老幼達二十一人、多尚陳屍于沙灘間、斷頭折足、渾身血汚、有

◇◇◇半身陷入

沙土中者、厥狀奇慘、至晚已有一部分由難民所備棺收殮、聞死傷者以貧苦難民爲多、有杭縣上泗鄉農民郎春林夫婦、年約九旬、以在金無法謀生、乃偕六十七歲之老母及十七齡子桂榮等、攜赴義烏、祖母與孫、同伏樹林間、同罹炸斃、祖母則彈片穿入時部、孫則腹部

◇◇◇腸肺外流

夫妻兩人摀胸頓足、抱屍伏地而哭、痛不欲生、又皖人梁姓、原在吉安操木業、近以贛省戰事吃緊、挈母妻子女等七人、由南昌抵金、詎其妻爲彈片穿嘴致死、梁豎老母及稚齡兒女六人、環繞屍體號淘悲泣

◇◇◇旁觀垂淚

又永修老婦余項氏、年六十六歲、因該地淪陷、老夫婦偕其姪倉皇來浙、身居西林寺難民收容處、以敵機猝至、避入沙灘間、夫姪同時遇難、老婦孑然一身、號泣不止、人多以錢濟之、又有一遭難者、見炸彈下投時、匆促間由沙灘爬上、不料炸彈已隨之而至、被炸最慘、除頭部外、餘已成

◇◇◇血肉一團

令人不忍卒覩、又聞某紹人來金收取酒賬、得款數百元、候車返紹、因此亦同時炸死、車站附近一帶、多爲各地來金窮而無告之難民棲居場所、罹此浩劫

後、現已什物無存、住宿無地、呼籲之門、探望當局迅予救濟、

死傷

受傷送傷民醫院救治者、計重傷王君堯（腿斷流血過多已死）、翁魯耶（手骨斷）、汪小關（臀部流血甚多）、羅金成（腿部鐵片未取出）、陳秀英、蕭家慶、沙氏、徐汝海、汪氏、羅氏、計財寶、孟阿賢、金陳氏、徐章林、張陳氏等十五名、除

◇◇◇死者棺殮

外、餘均留院醫治、輕傷即行出院者、計馮文治、戴馮氏、高沈氏、何仁全、郎能興、吳文弟、李二珍、張保勤、高其桂、郭星、周保金、馮德芳、馮天有、祝丙松、王福堂、蔡阿生、汪金林、吳荷、傅福弟、蕭丁氏、陳氏、陳王寶、鄭金氏等二十三名、又送福音醫院者四名、三人輕傷出院、僅陳宗隣一人倘留院醫治、

——摘自《东南日报》（金华），1938 年 11 月 12 日

敵寇暴行

敵在武漢暴行益甚

（中央社宜昌十日電）武漢日軍，姦淫擄掠，日甚一日。僑居外人，均扼腕不置。昨敵軍兩大隊，附戰車多輛，于武昌漢口兩處。自上午九時起，全副武裝遊行，如臨大敵，並沿途檢查行人，甚爲嚴厲。民衆被捕去者甚多，市面空氣，緊張已極。又漢敵特務部，近已派浪人多名，闖入法租界新成里各處，開設妓館數十處，諜刺探各種情報。法租界當局，對此異常憤怒，正謀取締。

——摘自《新华日报》（汉口），
1938 年 11 月 12 日

外籍船員抵港談
敵在廣州暴行

（中央社香港十一日電）美孚火油公司小輪慧星號，十日午四時由省抵港，載有美駐粵副領厄斯坦，及路透美聯記者等，一行廿餘人。又被困於廣州、梧州、江門等處之內河輪船天生江蘇等號經向日方交涉，十日晚由英艦蟬號及知更號，護送抵港。據外籍船員談，廣州已被洗劫一空，滿目荒涼。浪人充斥，日軍軍紀蕩然，姦淫燒殺，令人切齒痛憤，郊外游擊隊甚爲活躍。

（中央社香港十一日電）敵軍在廣州強迫壯丁，一律應征入伍，分充運輸及作戰兵士，對女子凡年在十八至廿五歲以內者，編爲營妓隊。又敵對民衆強迫使用僞幣，違者論斬。

——摘自《新华日报》（汉口），
1938 年 11 月 12 日

敵機轟炸湘贛等地

平江

（中央社長沙十一日電）午後一時許，突來敵偵察機兩架，週翔窺察，時中國紅十字會救護委員會第五十九醫療隊及上海市商會童子軍駐居該地縣立小學內，被敵機低飛投彈轟炸，追逐不已，先後共計三次，致傷及醫療隊員六人，童軍張德森等數人，尤以隊員劉萬春，（四川人）、女、十六歲，創及胸部受傷最重。各人均經急救包紮後，當晚運返長沙。查敵機對我非戰員之救護人員，迭加傷害，蔑視公理，肆意暴行，實堪髮指。

臨川

（中央社南昌十日電）今晨九時，敵機六架，分批掠過南昌市空，進襲臨川。首批敵機三架，在該縣之溫家墈西北方投彈多枚，并用機槍向下掃射。第二批敵機亦相繼竄至該處，投下手溜彈二枚，我無甚損失。

連縣

（中央社上海十一日合衆電）據由連縣來此之外人談，日機昨首次飛連縣轟炸，死傷平民約一百五十人，平民醫院附近落彈八枚，東門附近，亦落彈卅枚，傷二歲之幼童一人，其父母及家屬八人均被炸斃。

公安

（中央社宜昌十一日電）上午十時許，敵機六架，由江陵打鑼場西飛，有進襲宜市企圖，宜市防空部即嚴加注意，敵機折向東飛。又下午二時許，敵機九架，在公安投彈後，向東逸去。

金華

（中央社金華十一日電）敵機九架，今午侵入金華上空，向火車站及關市雅堂街投彈四十餘枚，毀民房百餘間，死平民廿二人，傷十四人。

青陽

（中央社青陽十一日電）今晨，敵機十四架飛青陽轟炸，在城內投彈二三十枚，并在青陽城北之江邊，投彈四五十枚，毀民房二三十間。

——摘自《新华日报》（汉口），1938 年 11 月 12 日

敵在漢大肆掠刧

公私財產被擄一空
特區居民流離失所
市區發生空前大火

△中央社香港十二日電、漢息、特一三兩區居民自被敵强迫驅逐後、均流離失所、悽慘已極、特三區居民則形同禁錮，寸步不得自由、凡願繳鉅款者、則准其隨意行動、如同興里住戶各納款二千元、行動自由得恢復、至公私財產、悉已被擄一空、璇宮飯店除細軟不計外、即沙發汽椅棉被台桌等物件、亦均用大汽船運走、敵如此勒索掠刧之行徑、與海盜無異。

△中央社漢口十二日路透電、漢口昨日大火、其蔓延之廣、火勢之猛烈、爲本事紀內所未有、受災地帶、爲沿漢水之民房、昨晨起火時、火勢極大、後因灌救乏人遂致一發而不可收拾、結果起火地帶附近、長半哩內、盡付之一炬、火勢以昨晚最爲猛烈。

——摘自《云南日报》（昆明），1938 年 11 月 13 日

日機連日狂炸
常德桃源兩

【長沙十二日電】洞庭湖西岸之常德桃源、近日連遭狂炸、日機今又數度前往肆虐、下午日機九架、經岳州華容闖向西南、另有日機三架、遙遙尾隨、嗣經牛鼻灘、於十二時卅八分會合於常德上空、窺探以後、即時離散、一批六架、於十二時四十九分、逕飛常德汽車南站投彈、另一批三架、更進襲桃源之陬市、於十二時五十六分到達、往復盤旋一時半、續有日機六架侵入該市轟炸、另一批日機六架、則於一時卅四分竄至常德、狂炸後北遁、此十二日機、於二時八分在南縣嘯聚後、涉湖向東北方面揚長而去、刻因電報電話發生阻礙、死傷及損失情形尚無從得悉、

【長沙十一日電】日機廿架、分爲兩隊、一隊八架於十二時五分侵入常德、投彈廿餘枚、並以機槍掃射平民、死六十八人、附近炸壞旅館商店十餘家、茅屋數十間、另一隊日機十二架、則竄入桃源、投彈五十八枚、鄰近民房醫院多被焚燬、日機復以機槍掃射傷十七人、又在陬市投彈四枚、三落空地、一落河中木排上、炸死小童一名、下午一時許、又有日機兩架侵入長街、投彈九枚、死傷多人、龍廠投數彈、死傷共十餘人、又日機九架、於三時二十分侵入湖北之公安、投彈兩枚而逸、

——摘自《华美晨报》，1938 年 11 月 13 日

敵機昨日 轟炸常德桃源

中央社長沙十二日電 敵機二十架、分爲兩隊、一隊八架、於十二時十五分、侵入常德、投彈二十餘枚、並以機槍掃射、平民死六人、傷八人、附近炸壞旅舘商店十餘家、茅屋數十間、另一隊敵機十二架、則竄入桃源、投彈五十八枚、鄰近民房醫院、多被焚燬、敵機復以機槍掃射、傷十七人、又在陬市投彈四枚、三落空地、一落河中、木牌上、炸死小孩一名、下午一時許、又有敵機兩架、侵抵長壽街 投彈九枚、死傷多人、龍門廠投數彈、死傷共十餘人、又敵機九架、於三時二十分、侵入湖北之公安、投彈兩枚而逃、

中央社宜昌十二日路透電 日機前於五日空襲當陽、(在宜昌以東四十哩)、該地蘇格蘭教堂中彈、損失詳情不明、

——摘自《时事新报》（重庆），1938 年 11 月 13 日

▲敵機向川鄂湘轟炸

十二日共同通訊社上海電。是日上海華文報登載消息。近日日軍飛機由漢口方面出動。向漢口以上。以至四川省各處轟炸。平民死傷甚衆。

據重慶電訊 昨星期四日。有日軍飛機十八架 襲擊湖南各城市 平民死傷共約一千名。

——摘自《少年中国晨报》，1938 年 11 月 13 日

寇機襲當陽 毀英教堂

宜昌十二日路透電：日機前於五日空襲當陽（在宜昌以東四十哩）、該地蘇格蘭教堂中彈、損失詳情不明

——摘自《南宁民国日报》，1938 年 11 月 13 日

滬江大學 被寇炸毀 美將要求賠償

香港十一日電：滬訊、美浸禮教會所辦之滬江大學、被日軍佔據、經美方交涉、始允發還、日前經要求赴校視察、發見校舍及用具等、損失甚重、十日發表聲明、美國總領向日交涉、並要求日方賠償全部損失云

——摘自《南宁民国日报》，1938 年 11 月 13 日

我機飛漢口轟炸
寇縱火浩刧空前

（合衆十二日漢口電）十一日晨七時三十分、有中國轟炸機四架、突然出現於漢口機場之上空 旋行轟炸、現日軍已將武昌四郊之村落焚燬、以防中國游擊隊、武昌以南之村落、亦被焚搶一空、

（路透十二日漢口電）漢口十一日大火、其蔓延之廣、火勢之猛烈、爲本世紀內所未有、受災地帶爲沿漢水之民房、十一日晨起火時、火勢極小、厥後因灌救乏人、遂致一發而不可收拾、結果、起火地帶附近長半哩內盡付之一炬、火勢以十一日晚時最爲猛烈、

（中央十二日香港電）漢訊、特一二兩區居民自被敵強迫驅逐後、均流離失所、悽涼巳極、特三區居民則形同禁囚、一步不得自由、凡願繳鉅款者、則准其隨意遷動 如同興里住民各繳款一千之後、行動自由、遂得恢復、至公私財產、悉已被刦一空、除細軟不計外、即沙發水汀棉被碕棹等粗笨物件、亦均經用大汽船運走、敵如此勒索掠刦之行徑、實與海盜無異、

——摘自《东南日报》（金华），1938 年 11 月 13 日

湘粵浙各地遍遭敵空襲

當陽英教堂亦被轟炸

（路透十二日宜昌電）日機前於五日空襲當陽（在宜昌以東四十哩）、該地蘇格蘭教堂中彈、損失詳情不明、

襲◇湘 （中央十二日長沙電）洞庭湖西岸之常德桃源、近日連遭猛炸、敵機十二日又數度前往肆虐、晌午敵機九架、經岳州華容、闖向西南、另有敵機三架、遙遙尾隨、嗣經牛鼻灘、於十二時三十八分會合於常德上空、窺探以後、即時離散、另一批六架、於十二時四十九分迴趨常德汽車南站、濫行投彈、另一批三架、更進襲桃源之陬市、於十二時五十六分到達、往復盤旋一時半、續有敵機六架、侵入該市轟炸、另一批敵機六架、則於一時三十四分竄至常德狂炸後北遁、此十二敵機、於二時〇八分在南縣嘯聚後、渡湖向東北方面揚長而去、刻因電報電話發生阻礙、死傷及損失情形尚無從得悉、

（中央十一日長沙電）敵機二十架、分為兩隊、一隊八架、於十二時十五分侵入常德、投彈二十餘枚、並以機槍掃射、平民死六人、傷八人、附近炸壞旅館商店十餘家、茅屋數十間、另一隊敵機十二架、則竄入桃源投五十八枚、鄰近民房醫院多被焚燬、敵復以機槍掃射、傷十七人、又在陬市投彈四枚、三落空地、一落河中木排上、炸死小孩一人、下午一時許、又有敵機兩架、侵抵長壽街、投彈九枚、死傷多人、龍門廠投數彈、死傷共十餘人、又敵機九架、於三時二十分侵入湖北之公安、投彈兩枚而逸、

犯◇粵 （中央十二日四會電）十二日上午十一時三十五分、敵偵察機一架、飛四會上空偵察數匝、隨即有水上轟炸機十一架、飛至中山路一帶狂擲炸彈二十餘枚、騷擾約一時許、民房倒塌數十間、死平民男女老少三十餘人、又敵機七架、十二日上午飛粵北各縣及宜章偵察、

擾◇浙 （國民十二日金華訊）敵機一架十二日下午二時一刻侵入臨浦、經紹興、三界、百官、餘姚、慈谿、鄞縣、向嵊縣後市巷投彈二枚、死一人、傷二人、燬屋一間、旋經奉化、新昌、嵊縣、紹興、臨浦、蕭山、向北逸去、

——摘自《东南日报》（金华），1938 年 11 月 13 日

敵寇暴行

擄廈敵慘殺我壯丁

（中央社福州十日電）廈敵因在粵作戰，死傷甚鉅，勒抽金廈壯丁前往補充。現該兩島壯丁，多於夜間偷渡至大登同安，但被敵哨兵發覺多被轟斃。敵艦今又向泉州開砲五發，均落沙灘。

——摘自《新华日报》(汉口)，
1938年11月13日

敵機轟炸湘粵等地

常德

（中央社長沙十一日電）敵機二十架，分為兩隊，一隊八架，于十二時十五分侵入常德，投彈二十餘枚，並以機槍掃射，平民死六人，傷八人，附近炸燬旅館商店十餘家，茅屋數十間。另一隊敵機十二架，則竄入桃源，投彈五十八枚，鄰近民房醫院，多被炸燬，敵機復以機槍掃射，傷十七人。又在陬市投彈數枚，三落空地，一落河中木簰上，炸死小孩一名。下午一時許，又有敵機兩架侵長壽街，投彈九枚，死傷多人，龍門廠投數彈，死傷共十餘人，又敵機九架，于三時廿分侵入湘北之公安，投彈兩枚而逸。

（中央社長沙十二日電）敵機三架，經牛鼻灘，會合於常德上空，窺探以後，即時離散，其一批六架竄趨常德汽車站偷站，盤行投彈，另一批三架東進襲桃源之陬市，一時半許有敵機六架竄入該市轟炸，另一批敵機六架，竄至常德狂炸，此十二敵機於二時〇八分在南縣嘯聚後，渡湖向東北而去。

當陽

（中央社宜昌十二日路透電）日機前於五日空襲當陽（在宜昌以東四十哩），該地蘇格蘭教堂中彈，損失詳情不明。

四會

（中央社四會十二日電）今晨敵偵察機一架，飛四會偵察，一有水上轟炸機十一架，飛至中山路一帶，狂擲炸彈廿餘枚，民房倒塌數十間，死平民男女老少卅餘人，又敵機七架，今上午飛粵北各縣，及宜章偵察。

鄞縣

（中央社金華十二日電）敵機一架，今日下午二時四十二分竄北鄞縣，向城內後市巷投二彈，死平民一人、傷二人、毀屋一間。

——摘自《新华日报》（汉口），1938年11月13日

敵兩犯蝦魚溝

俱被我擊退迄未得逞

貴池戰局仍無大變化

敵狂炸金華延燒甚烈

△中央社南陵十三日電：灣址敵約百餘，十日午經大洋橋，向我蝦魚溝進犯、我軍沉着應戰，激戰一小時、敵循原路逸去，十一日午、敵八十餘、沿新圩堡埂，再犯蝦魚溝，當敵進抵工事前，我某部即集中火力，猛射激戰，一小時，適我右翼友軍趕到，向敵側擊，雙方正相峙中・

△中央社青陽十三日電，連日敵遣小部進擾橫山鎭、焦家灣、教化渡，鷄頭山、舊縣鎭，荻港附近陣地，經我分別擊退、各該地防務鞏固・

△中央社青陽十三日電、貴池東犯之敵，迭遭重創後，鋒銳已挫，昨今兩日，前方僅有小接觸，戰事無大變化・

△中央社金華十三日電、敵轟炸機一架，今晨九時半，由新登發現，旋經桐廬，沁江，義烏，東陽，金華，蘭谿，湯溪至金華敵投炸彈及燒夷彈共五十九枚，死四人，燬屋一百三十餘間，大火迄暮未熄・

——摘自《云南日报》（昆明），1938 年 11 月 14 日

敵機竄擾湘贛

金華一帶被炸甚慘

宜昌昨有空襲警報

中央社南昌十三日電 十三日晨十時許、贛皖邊境發現敵機兩批、一批二十七架、二批十八架、次第經都昌永修西飛、竄擾湘境、下午一時許、贛湘邊境發現敵機九架、由贛西竄至樟樹一帶、窺察後北遁、

中央社沅陵十三日電 今晨十時許、敵機三架飛桃源投彈、常德亦被炸、情形未詳、

中央社金華十三日電 敵轟炸機九架、今晨九時半、由新登發現、旋經桐廬浦江義烏東陽金華蘭谿湯谿、至十時一刻、再折回金華、投爆炸彈及燒夷彈共五十九枚、死四人、燬屋一百三十餘間、大火迄暮未熄、

中央社金華十三日電 敵機一架、昨晨十時、由杭州方面侵入新登郊外、 投彈二枚無損失、旋竄入桐廬投兩彈、落城內包家弄口、毀房屋二間、又敵偵察機一架、昨晨九時半侵入寧波上空、散放荒謬傳單、

中央社宜昌十三日電 數機六架、於十三日上午九時許、由天門岳口循潛江向西飛行、至十時許、敵機分批由十里舖繼續西侵、經董市當陽襲宜、旋敵機六架侵入市空、低飛用機槍掃射良久、後向東遁去、

——摘自《时事新报》（重庆），1938 年 11 月 14 日

敵寇暴行

敵在彭澤 慘殺平民八千餘人

（中央社南昌十二日電）頃有人自彭澤逃出，來南昌稱：該縣自淪陷後，被敵慘殺之無辜平民達八千餘人。該縣士著居民留居縣城者佔極少數。敵近自他處强迫商民遷往彭澤經商，以粉飾市面。

——摘自《新华日报》（汉口），1938 年 11 月 14 日

漢口大火三日未熄

災區寬七百碼長五百碼

（中央社漢口十三日合衆電）漢口大火已三日未熄，災區沿漢水南侵。現災區寬七百碼，長五百碼。現尚無熄滅兆，日方誣係中國游擊隊放火，但消息靈通方面則認爲係日軍所爲。企圖將該區肅清，俾便設防。火因無水灌救，遂致成爲燎原之勢。

——摘自《新华日报》（汉口），1938 年 11 月 14 日

鐵蹄下的北平

出言不慎 即可闖禍

（中央社北平十三日合衆電）在平言論不慎，隨時有發生危險之可能。某日有某校學生電其友，於電話詢其友曰『我等是否至某某處相會』，友答曰『然』。學生復問曰，『是時相聚是否相宜』，友復答『然』。通話完畢。即有日警來至該處，將該生逮捕，經嚴厲審査數小時後，始行開釋。

——摘自《新华日报》（汉口），1938 年 11 月 14 日

太原業成

毒化世界

（中央社興集十三日電）（一）敵在太原盡量發售白面等毒品，總銷處有三：一設坪樓街，一設蜒市街，一設柳巷街，其餘零星小販，不可勝計。太原市業成毒化世界。

——摘自《新华日报》（汉口），1938 年 11 月 14 日

敵機昨炸湘浙等地

桃源

（中央社沅陵十三日電）今晨十時許，敵機三架飛桃源投彈，常德亦被炸，情形未詳。

桐廬

（中央社金華十三日電）敵機一架，今晨十時由杭州方面侵入新登郊外，投彈二枚，無損失，旋竄入桐廬投兩彈，落城內包家弄口，毀房屋二間，又敵偵察機一架，今晨九時半侵入寧波上空，散放荒謬傳單。

湘豫邊

（中央社南昌十三日電）十三日晨十時許，贛皖邊境發現敵機兩批，一批廿七架，二批十八架，次第經都昌永修西飛，竄擾湘境。下午一時許，贛湘邊境發現敵機九架，由贛西竄至樟樹一帶，窺察後北遁。

金華

（中央社金華十三日電）敵轟炸機九架，今晨九時半，由新登發現，旋經桐廬浦江義烏東陽金華蘭谿湯溪，至十時一刻再折回金華，投爆炸彈及燒夷彈共五十九枚，死四人，燬屋一百三十餘間，大火迄暮未熄。

宜昌

（中央社宜昌十三日電）敵機六架，於十三日上午九時許，由天門岳口循潛江向西飛行，至十時許，敵機分批由十里鋪繼續西侵，經董市當陽襲宜，旋敵機六架侵入市空低飛，用機槍掃射很久，後向東逸去。

——摘自《新华日报》（汉口），1938 年 11 月 14 日

金華又遭大轟炸

擲彈五十九枚燬屋百餘間

車站一帶成廢墟損失奇重

（本縣消息）十三日上午敵機分三次竄擾浙東各縣、第一次一架、晨九時半在觀海衞發現、竄入甯波上空、盤旋窺探、並散發荒謬傳單、旋飛經奉化百官紹興、向西北遁走、第二次九架、再狂炸金華、車站一帶、屢遭蹂躪、已成廢墟、損失奇重、第三次　架轟炸臨安新登桐廬、受損尚輕、茲誌各情如左、

盤旋◇轟炸

敵機九架、十三日上午十時許、經桐廬、浦江、義烏、東陽、金華、蘭溪、湯溪、折返金華上空、盤旋約二十五分、先後向火車站一帶狂投炸彈、達五十九枚、落於車站四週及西林寺溪下街花墻橋等處其中有燃燒彈七枚、中彈房屋頓時四處起火、黑煙縷縷、挾火燄四飛、敵機仍環繞全城一週、阻我施救、旋經蘭谿、壽昌、建德、桐廬、分水、昌化、向東北逸去、

郵包◇被燬

事後調查、被災區域、計西林寺廟內儲記運輸公司中燃燒彈兩枚、所有堆存商貨、盡付一炬、該地又爲金華郵件轉運處堆置郵包之所、十二日適有郵包一千五百餘袋待運、不料亦告着彈起火、經竭力搶出約五百袋、其餘連同本地積存郵袋、焚燬約一千餘袋、花墻橋隆泰昌堆棧落一彈、房屋全毀、大成堆棧落一彈、隆泰昌第二堆棧落一燃燒彈、益祥公堆棧落三彈、大中華堆棧落一彈、永大堆棧落一彈、應萬祥堆棧落一燃燒彈、各棧堆積待運之貨、大部燬損，狼藉滿地、

車站◇遭刦

車站對面落八彈、西林寺至溪下街一帶、焚燬草棚房屋三十餘棟、以消防工具之缺乏、施救困難、起火處迄晚餘火猶未盡熄、又站屋右側中一彈、行李包裹間一部炸毀、月台上中一彈、站屋玻窗全被震碎、赴蘭谿之客車月台中一彈、路軌貨車旁落十餘彈、略有損毀、越郡會館落一彈、車站旁洋鐵棚附近落一彈、中安旅館新新旅館多遭毀損、房屋共燬一百二十餘間、

死傷◇四人

又沙灘間亦投下六彈、至車站對面難民收容處炸斃難婦一口、由其夫吳自方自行收殮、又某茶店主婦吳氏、浦江人、年四十六歲、以不及走避、爲牆屋傾壓悶斃、抬至傷民醫院救護無效身死、又重傷者該處保長張子俊之母張吳氏、年七十歲、因年邁無力逃避、屋牆震坍壓傷足部、又高得向、山東人、四十九歲、爲郵局轉運處看管郵包之工人、壓傷腰足兩部、以上兩人留傷民醫院診治、輕傷者盧金福、金華人、三十九歲、爲彈片飛傷手部、以勢屬輕微、敷藥後出院、該處災後、僅留焦土殘垣、一片荒涼、情形至爲悽慘、

肆虐◇新桐

（本報十三日桐廬電）十三日上午十時許、敵機一架由富陽方面侵入新登、在郊外投彈二枚、無甚損失、旋竄擾桐廬、在包家弄口投彈二枚、燬屋二間、

——摘自《东南日报》（金华），1938年11月14日

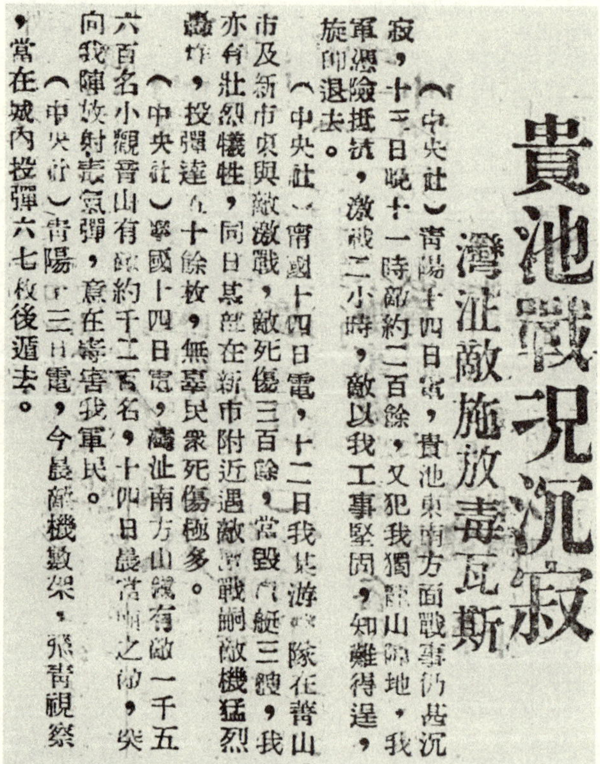

貴池戰況沉寂

灣沚敵施放毒瓦斯

（中央社）青陽十四日電，貴池東南方面戰事仍甚沉寂，十三日晚十一時敵約二百餘，又犯我獨龍山陣地，我軍憑險抵抗，激戰二小時，敵以我工事堅固，知難得逞，旋即退去。

（中央社）甯國十四日電，十二日我某游擊隊在晉山市及新市與敵激戰，敵死傷三百餘，當毀汽艇三艘，我亦有壯烈犧牲，同日某部在新市附近遇敵激戰，嗣敵機猛烈轟炸，投彈達五十餘枚，無辜民衆死傷極多。

（中央社）寧國十四日電，灣沚南方山鐵有敵一千五六百名，小觀音山有敵約千二百名，十四日晨當晌之際，突向我陣放射毒氣彈，意在毒害我軍民。

（中央社）青陽十三日電，今晨敵機數架，飛青視察，當在城內投彈六七枚後遁去。

——摘自《新新新闻》，1938 年 11 月 15 日

敵在漢口縱火 企圖闢商業區

大小倭商均已先後抵漢

美商籲請政府抗議倭限制外僑

△中央社漢口十五日合衆電，漢口之大火在燃燒中，沿漢水一帶之房屋，被毀者已達一英里，其大火之起原尚未查明，但據外人方面觀察，該火係日人所縱，其目的在將漢水與長江交界處，劃爲日商業區，日本商人陸續抵漢者已甚多，若横濱正金、三井銀行，三菱洋行，日清公司，台灣銀行等經理；均已抵此，各日商一俟將火場消除後　即將開始建築、此外日鮮女子來漢者亦日多云。

△中央社漢口十五日合衆電：漢口美商會因日軍佔領武漢後，在特區內對外僑加以種種限制，已向美政府呼籲，請對日提嚴重抗議。

△中央社漢口十四日合衆電：日方電對各國稱，揚子江航行危險，但據確息，自日軍佔領武漢以來，已有日輪八百八十九艘上駛，八百四十九艘下駛云。

△中央社漢口十五日合衆電：國際難民區管理委員會視察團、昨至漢口新難民區、視察該地情形、似漸復常態、若干商店市場、均已復業、賣食物者亦日衆、但多數中國居民、均不敢出外、此間現已發生霍亂症、入院病人、已有五十名、患是病而死者、已有十人、所有在難民區內服務之外國教士、及天主教女子、工作均積爲努力。

△中央社上海十五日路透電：饒神父由漢專機飛滬、抵埠後即往訪法大使那齊雅、報告漢口最近缺乏食粮之狀況、並望最近即能將該問題圓滿解决云。

——摘自《云南日报》（昆明），1938 年 11 月 16 日

□機竟炸太平 傷兵醫院

蘭溪縣城慘遭肆虐 紘西偏關亦被投彈

（中央社十四日金華電）□機九架、十四日上午十一時侵入蘭谿、向城廟內外投彈六十餘枚、其中半數爲燃燒彈、燬民房數十間、

（中央社十五日金華電）□寇六架、十四日晨九時半竄義烏、投彈七十一枚、毁路軌二段、屋五間、死四人、

（中央社十五日漢口電）十四日上午十一時、□機廿一架、飛太平轟炸、計投彈一百五十餘枚、震毁民房六七十間、死傷民衆數十名、並對□□□醫院集中投彈、致炸斃傷兵數十名、炸傷四十餘、查太平爲一不設防之小城池、□機竟不顧人道、肆意轟炸、而對傷病官兵、竟亦集中轟炸、尤屬卑劣無恥、甚望全國軍民、一致奮起、誓滅頑□、

——摘自《南华日报》（香港），1938 年 11 月 16 日

寇在漢口縱火

現仍燃燒未熄

被燬房屋已達一英里長

長沙大火後全城成灰燼

漢口十五日合衆電：漢口之大火仍在燃燒中、沿漢江一帶之房屋、被燬處已達一英里長、半英里寬、大火之起因、尚未查明、但據外人方面觀察、該火係日人所縱、其目的在將漢水與長江交界處劃爲日商業區、日本商人陸續抵漢者已甚多、若横濱正金銀行、三井銀行、三菱洋行、日清公司、台灣銀行等經理、均已抵此、各日商公司一俟將火場清除後、即將開始建築、此外日鮮女子來漢者亦日多云、

漢口十四日電：此間大火猶未熄、沿漢水華人居民區內房屋有一部份已成灰燼、

漢口十五日路透電、據訊、長沙經四十八小時之大火後、全城已成灰燼、[illegible]業建築[illegible]同歸於盡、居住於外國[illegible]油棧內[illegible]飲食[illegible]均幸安好、即[illegible]均無恙、現[illegible]外[illegible]內除[illegible]時[illegible]云、

——摘自《南宁民国日报》，1938 年 11 月 16 日

漢口仍在燃燒中

寇縱火焚燬後圖闢商業區

（合衆十五日漢口電）漢口之大火、仍在燃燒中、沿漢水一帶之房屋被毀者已達一英里長、半英里寬、大火之起原、尚未知悉、據外人方面觀察、該火係日軍所縱、其目的在將漢水與長江交界處劃爲日商業區、日本商人陸續抵漢者已甚多、若横濱正金銀行三井銀行三菱洋行日清公司台灣銀行等經理、均已抵此、各日商一俟將火場清除後、即將開始建築、此外日鮮女子來漢者亦日多云、

（合衆十五日漢口電）國際難民區管理委員會視察團、十四日至漢口新難民區視察、該地情形似漸復常態、若干商店市場均已復業、賣食物者亦日衆、但多數中國居民、均不敢出外、此間現已發生霍亂症、入院病人已有五十名、患是病而死者、已有十人、所有在難民區內服務之外國教士及天主教女僧、工作均極爲努力云、

（路透十五日上海電）饒神父十四日乘專機飛滬、抵埠後、即往訪法大使那齊雅、報告漢口最近缺乏食糧之狀況、並望最近即能將該問題圓滿解决云、

（合衆十五日漢口電）漢美商會因日軍佔領武漢後、在特區內對外僑加以種種限制、已向美政府呼籲、請對日提嚴重抗議、

——摘自《东南日报》（金华），1938 年 11 月 16 日

敵機犯西北各省

成都靖遠西安等遍遭轟擊

甯夏兩度空襲偏關亦被炸

連日襲川被我擊毀八九架

（中央十六日晨成都電）敵機近不時襲川、迭遭我空軍予以打擊、時有損失、頃據××電、敵機五日襲××與我空戰結果、擊落敵機六架、十四日已在附近尋獲敵機殘骸三架、餘三架正尋覓中、又八日敵機襲蓉時、來者原爲十八架、去時則僅餘十六架、其中兩架當已受傷墜落、中央十五日成都電、敵機十五日午襲蓉時、我機×架由某地發迎戰、中敵機一架中數彈冒烟欲墜、我亦有一架中彈、但均平安返防、

◇◇犯四川

（中央十五日成都電）敵機十五日午二度襲蓉、據報一批九架、由鄂境取道川北來犯、過遂縣（即綏定）時、僅見八架、餘一架、傳已中途損失、另一批九架、則由鄂西循川東進犯、此間於十一時零五分發空襲警報、午十二時廿分、兩批敵機共十七架、先後侵入市空、當遭我忠勇空軍奮力迎擊、在市空往返追擊一小時許、敵機倉皇向北郊鳳凰山投彈數十枚後即向北逸去、事後調查、附近房屋一間中燃燒彈焚毀、並斃老媼一人、餘無損失、警報於下午一時廿五分解除、市內秩序復原、

◇◇襲甘肅

（中央十五日蘭州電）十五日晨五時餘、甯夏中甯發現敵機三架、向蘭州方面進襲、此間適時發出警報、同時我機亦起飛應戰、敵知我有備、即在靖遠投彈十枚而逸、炸毀民房五十餘間、死傷平民多人、

◇◇侵甯夏

（中央十五日甯夏電）十五日晨七時半、敵機三架襲甯、因天未曙、即向西南甘境飛去、旋於七時半又復折回、在甯垣南北大街擲彈十餘枚、死傷平民三十餘人、炸毀房屋數十間、餘無損失、我高射砲隊當即猛予射擊、敵機倉皇向陶樂方面逸去、午十二時十分、敵機又由原路襲甯、在新城投彈六枚、無損失、在省城投彈七八枚、傷亡十餘人、經我防空部隊猛烈射擊後、仍由陶樂逸去

◇◇擾陝西

（中央十五日西安電）敵機廿六架、十五日下午二時四十分、由晉寗入陝境、西安防空部即發出警報、關中各縣均嚴爲戒備、三時一刻、十八架分途竄入西安上空、我高射槍炮猛烈射擊、敵機在西郊外投彈廿餘枚、我毫無損傷、餘八架在渭城富平等地窺視後

、至三時三十分經大荔渭南向晉方逸去、又同日上午九時、敵機兩架、竄至陝境大荔平民潼關一帶窺視後、向東遁去、

◇◇～～ **竄綏遠** （中央十五日五原電）敵機兩架、十五日午後二時許、至綏西各處窺察、在五原上空盤旋數週、並散發荒謬傳單後、即向東飛去、

◇◇～～ **炸山西** （中央十三日河曲電）敵機六架、十三日晨在偏關城內投彈三十餘枚、損失正在清查中、嗣至五寨河曲偵察一週、沿黃河向北飛去、

◇◇～～ **飛浙江** （國民十五日金華訊）敵偵察機一架、十五日上午九時二十五分侵入南田、竄經石浦、象山、鄞縣、鎮海一帶窺探後、旋向東北逸去、

（本報十五日蘭谿電）蘭谿被炸、災情極慘、十五日地方當局繼續請掃災區、在三角道園柴家巷瓦礫堆中、又掘出屍首廿五具、（男十五名、女十名）、炸沉之船隻、尚未起撈、或有斃命者、清掃工作十六日當可藏事、此次損失以蔡源發火腿棧爲最大、大轟炸以後之城內景象、十五日殊爲落寞云、

（本報十四日於潛電）十三日晨九時廿分、敵機一架、在安吉城內周元橋投彈二枚、傷平民一人、

◇◇～～ **竄安徽** （中央十五日湯口電）十四日上午十一時、敵機二十一架、飛太平轟炸、計投彈一百五十餘枚、震毀民屋六七十間、死傷民衆數十名、並對我××傷兵醫院集中投彈、致炸斃傷兵數十名、炸傷四十餘、查太平爲一不設防之小城池、敵機竟不顧人道、肆意轟炸、而對傷病官兵竟亦集中轟炸、尤屬卑劣無恥、甚望全國軍民一致奮起、殲滅頑寇、

——摘自《东南日报》（金华），1938 年 11 月 16 日

敵寇暴行

敵機昨襲皖晉綏各地

宜昌 （促進社訊）昨日（十五日）午前九時，有敵機十架，投彈轟炸宜昌，十時許，有敵機九架入川，飛往成都市空，我機即起應戰，甚爲激烈。

民房七十餘間，死傷平民多人。

西安 （中央社西安十五日電）敵機二十六架，十五日下午二時四十分，由晉竄入陝境，西安防空部即發出警報，關中各縣均爲戒備。三時一刻十八架分途竄入西安上空，我高射砲猛烈射擊，敵機在西郊外投彈廿餘枚，我毫無損傷。餘八架在渭城、富平等地窺視後，至三時卅分經大荔渭南向晉方逸去。又同日上午九時敵機兩架，竄至陝境大荔平民潼關一帶窺視後，向東遁去。

寧夏 （中央社寧夏十五日電）十五日晨五時半，敵機三架襲寧，因天未曙，即向西南甘境飛去。旋於七時半又復折回，在寧垣南北大街擲彈十餘枚，死傷平民七十餘人，炸燬房屋數十間，餘無損失，我高射砲隊當即猛予射擊，敵機倉皇向陶樂方面逸去。

中衛 （中央社蘭州十五日電）十五日晨五時餘，寧夏中衛發現敵機三架，向蘭州方面進襲，此間即時發出警報，同時我機亦起飛迎戰，敵知我有備，[illegible]東灣[illegible]投彈[illegible]枚[illegible]逸，炸[illegible]

五原 （中央社五原十五日電）敵機兩架，十五日午後二時許，至綏西各處窺察，在五原上空盤旋數週，並散發荒謬傳單後，即向東飛去。

偏關 （中央社河曲十三日電）敵機六架，十三日晨在偏關城內投彈卅餘枚，損失正在清查中，嗣至五寨河曲偵察一週，沿黃河向北飛去。

（中央社寧夏十五日電）十五日午十二時十分，敵機又由原路襲寧，在新城投彈六枚，無損失，在省城投彈七八枚，傷亡廿餘人，經我防空部猛烈射擊後，仍由陶樂逸去。

太平 （中央社湯口十五日電）昨日上午十一時敵機廿一架，飛太平轟炸，計投彈一百五十餘枚，毀民房六七十間，死傷民衆數十名，並對××傷兵醫院集中投彈，致炸斃傷兵數十名，炸傷四十餘。查太平爲一不設防之小城池，敵機竟不顧人道，肆意轟炸，而對傷病官兵，竟亦集中轟炸，尤爲卑劣無恥，甚望全國軍民一致奮起，殄滅頑寇。

義烏 （中央社金華十四日電）敵機六架，十四日上午九時半，竄義烏投彈七十一枚，毀路軌兩段，屋五

間，死人。

蘭谿 （中央社金華十四日電）敵轟炸機九架，十四日晨十一時侵入蘭谿，向

城廂內外投彈六十餘枚，其中半數爲燃燒彈，燬貧民工廠及江南會館房屋二百七十餘間，死一百餘人，傷一百五十餘。

——摘自《新华日报》（汉口），1938 年 11 月 16 日

潼關附近砲戰中

西安遭日機轟炸

在市區及車站投彈數十枚

（西安十六日電）日機十九架，十六日上午十一時廿分，由晉竄陝，經朝邑渭南西飛，十一時四十五分，兩批共十一架，飛抵西安上空，餘在渭北各縣窺察，遭陰霧密佈，我高射槍炮瞄準射擊，日機倉惶在中正門一帶投彈四十餘枚後，十二時零五分，分批向東北逸去。事後調查，車站附近落彈十餘枚，中正門外東內護城壕落十餘枚，車站北唐家巷、張家巷、壽康里一帶，落十餘枚，燬民房廿餘間，死傷四十餘人。

（西安十六日電）日機一隊，今午零時襲西安，在車站附近，投彈數十枚，路軌略有損壞。日軍連日砲轟潼關，今晨尚在張店鎮附近，與我軍砲戰中。

（重慶十六日電）外訊：晉南風陵渡之日軍，昨日又向南岸潼關華軍陣地轟擊，華軍亦報以重炮，雙方鏖戰至晚始止。

——摘自《晶报》（上海），1938 年 11 月 17 日

武昌四郊村莊

全被敵軍焚燬

（中央社）漢口十六合衆電，武昌方面外僑稱，日軍已將四郊村莊盡付諸一炬。武昌燦發阬一處，日來有四鄉難民約一萬人前往避難云。

——摘自《新新新闻》，
1938 年 11 月 17 日

漢寇軍又施暴行

美總領提出抗議

（中央社）漢口十六日路透電，本月十三日武昌日軍以石灰酸一瓶，擲擊美僑盧德斯博士及美國國旗，漢美總領特於前日向日領提出嚴重抗議，查盧德斯博士即為漢盧主教之子，十三至武昌聖米加勒教堂時，見日軍正驅逐堂內之難民出外，盧以難民係繼教會之許可來此避難者，故即與日軍辯論，乃日軍竟持椅向其毆擊，最後又以石灰酸一瓶擊其頭部，幸未擊中，美總領已於前日向日方抗議，要求日方允許美領館人員前往武昌調查一切，現日方尚允許美之所請云。

——摘自《新新新闻》，
1938 年 11 月 17 日

敵機在柳州肆虐

造成空前慘劇

龍州亦遭轟炸

△中央社梧州十六日電：敵機四十三架，今狂襲桂省，空襲警報，自晨六時許，歷九小時，始解除，最後一次，敵機除窺伺各地外，二十一架在柳州恣意施虐，河之南北，共投彈百餘枚，全城大火，商店民房，多化為灰燼，斷肢殘體之屍骸，遍地皆是，無家可歸之婦孺，號啼、誠柳州空前浩刦，另敵機十八架，同時襲龍州，在城內外投彈甚多，倒塌民房，死傷平民無數。

△中央社桂林十六日電，柳州龍州，十六日午，同遭敵機轟炸，首批敵機十三架，由北海起飛，往上思，思樂，於正午十二時，竄入龍州上空，在城內外投彈二十餘枚遁去，第二批二十二架，經肇慶、梧州等處，侵入柳州上空，在城內小南路首笮街，及郊外投彈三十餘枚，內有燃燒彈數枚，首笮街民房，多間焚燬，平民死傷約百人，龍州損失在調查中，桂林今午，亦會發出警報。

——摘自《云南日报》（昆明），1938年11月17日

◎金華十五日電 **日機六架。** 十四日九時半 **竄義烏投彈七十一枚。** 毀路軌二段．屋五間．死四人．

◎金華十四日息 **敵烘炸機九架．** 十四日十一時 **侵入蘭谿．** 向城廂內外投彈六十餘枚．其中多數為燃燒彈．燬貧民工廠及江南會館房屋二百七十餘間．死一百餘人．傷一百五十餘．

●金華某號息 **日機一架** 今晨飛至城內後市巷投彈，死一人．傷二人 毀屋一間．

——摘自《腾越日报》，1938年11月17日

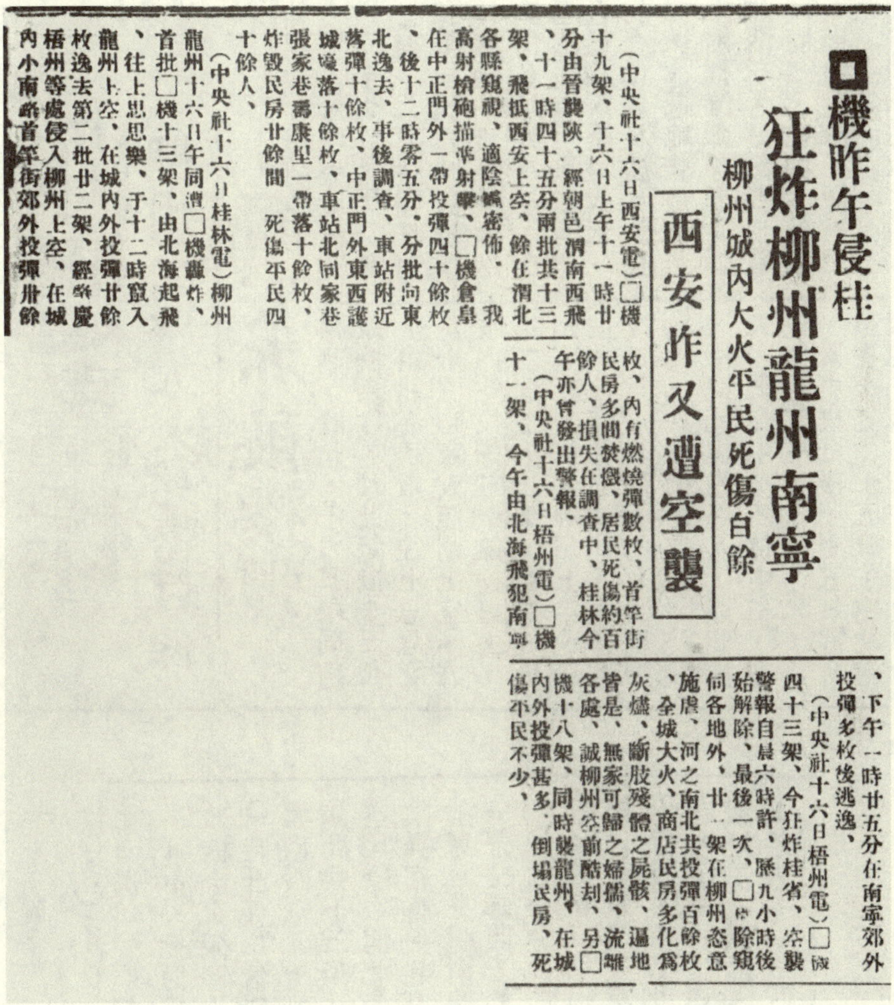

□機昨午侵桂
狂炸柳州龍州南寧
柳州城內大火平民死傷百餘

西安昨又遭空襲

（中央社十六日西安電）□機十九架、十六日上午十一時廿分由晉襲陝、經朝邑渭南西飛、十一時四十五分兩批共十三架、飛抵西安上空、餘在渭北各縣窺視、適陰霾密佈、我高射槍砲描準射擊、□機倉皇在中正門外一帶投彈四十餘枚、後十二時零五分、分批向東北逸去、事後調查、車站附近落彈十餘枚、中正門外東西護城壕落十餘枚、車站北同家巷張家巷壽康里一帶落十餘枚、炸毀民房廿餘間　死傷平民四十餘人、

（中央社十六日桂林電）柳州龍州十六日午同遭□機轟炸、首批□機十三架、由北海起飛、往上思思樂、于十二時竄入龍州上空、在城內外投彈廿餘枚逸去、第二批廿二架、經崇慶梧州等處侵入柳州上空、在城內小南路首笮街郊外投彈卅餘枚、內有燃燒彈數枚、首笮街民房多間焚燬、居民死傷約百餘人、損失在調查中、桂林今午亦曾發出警報、

（中央社十六日梧州電）□機十一架、今午由北海飛犯南寧、下午一時廿五分在南寧郊外投彈多枚後逃逸、

（中央社十六日梧州電）□機四十三架、今狂炸桂省、空襲警報自晨六時許、歷九小時後始解除、最後一次、□機除窺伺各地外、廿一架在柳州恣意施虐、河之南北共投彈百餘枚、全城大火、商店民房多化為灰燼、斷肢殘體之屍骸、遍地皆是、無家可歸之婦孺、流離各處、誠柳州空前酷刦、另□機十八架、同時襲龍州、在城內外投彈甚多、倒塌民房、死傷平民不少、

——摘自《南华日报》（香港），1938 年 11 月 17 日

柳州龍州昨遭轟炸

柳州全城大火死傷百餘

▲中央社梧州十六日電 敵機四十三架、今狂襲桂省、空襲警報自晨六時許歷九小時後始解除、最後一次敵機、除窺伺各地外、廿一架在柳州恣意施虐、河之南北共投彈百餘枚、全城大火、商店民房多化爲灰燼、斷肢殘體之屍骸、遍地皆是、無家可歸之婦孺流離各處、誠柳州空前浩刼、另敵機十八架同時襲龍州、在城內外投彈甚多、倒塌民房死傷平民不少。

▲中央社桂林十六日電 柳州、龍州、十六日午同遭敵機轟炸、首批敵機十三架、由北海起飛、往上思思樂、於十二時竄入龍州上空、在城內外投彈二十餘枚逸去、第二批二十二架、經肇慶梧州等處、侵入柳州上空、在城內小南路首竿街、及郊外投彈三十餘枚、內有燃燒彈數枚、首竿街民房多間焚燬、平民死傷約百人、龍州損失在調查中、桂林中午、亦曾發出警報。

▲中央社梧州十五日電 敵機十一架、十五日午由北海飛犯南寗、下午一時廿五分

西安亦被投彈

在南寗郊外投彈多枚後逃逸

▲中央社西安十六日電 敵機十九架、十六日上午十一時廿分由晉襲陝、經朝邑渭南西飛、十一時四十五分兩批共十三架、飛抵西安上空、餘在渭北各縣窺視、適陰霾密佈、我高射槍砲瞄準射擊、敵機倉皇在中正門外一帶投彈四十餘枚後、十二時〇五分分批向東北逸去、事後調查車站附近落彈十餘枚、中正門外東西護城壕落十餘枚、車站北唐家巷張家巷壽康里一帶落十餘枚、炸燬民房廿餘間、死傷平民四十餘人。

——摘自《中央日报》（重庆），1938 年 11 月 17 日

敵在開封魚肉居民

（中央社潼關十六日電）敵在開封城內，用麻紙自行印刷鈔票，強迫我民衆使用。又在城設立典當多處，以五分重利貸剝削平民，並添房屋人口等稅，甚爲苛重，沒收我公務員財產。至毒品商店遍設街巷，而以紅丸白面爲最盛，廉價出售，企遂其毒化政策之目的。

——摘自《新华日报》（汉口），1938年11月17日

敵在安慶強徵民夫

（中央社鍾祥十六日電）安慶敵四百餘，連日逼僞組織代徵民夫千餘人，運漢做工，並在城內調査戶口，居民極恐慌。

——摘自《新华日报》（汉口），1938年11月17日

敵機昨炸桂陝各地

柳州

（中央社桂林十六日電）柳州、龍州、十六日午同遭敵機轟炸，首批敵機十三架，由北海起飛，往上思思樂，於十二時竄入龍州上空，在城內外投彈二十餘枚，逸去。第二批二十二架，經肇慶、梧州等處，侵入柳州上空，在城內小南路首竽街，及郊外投彈三十餘枚，內有燃燒彈數枚，首竽街民房多間焚燬，平民死傷約百人，龍州損失在調査中，桂林中午，亦曾發出警報。

（中央社梧州十六日電）敵機四十三架，今狂襲桂省，空襲警報自晨六時許起，歷九小時後始解除。最後一次敵機，除竄伺各地外，二十一架在柳州恣意施虐。河南北共投彈百餘枚，全城之商店民房多化爲灰燼，火。斷肢殘體之屍骸，遍地皆是，無家可歸之婦孺，流離遊蕩，誠柳州空前浩劫。另機十八架，同時襲龍州，城內外投彈甚多，倒塌民房，死傷平民不少。

西安

（中央社西安十六日電）敵機十九架，十六日上午十一時廿分由晉襲陝，經朝邑渭南河飛，十一時四十五分兩批共十三架飛抵西安上空，餘在渭北各縣窺視，適陰霾密佈，我高射槍砲瞄準射擊，敵機倉皇在

中正門外一帶投彈四十餘枚後，十二時○五分向東北逸去。事後調査車站附近落彈十餘枚，中正門外東西護城壕落十餘枚，車站北唐家巷張家巷壽康里一帶落十餘枚，炸燬民房二十餘間，死傷平民四十餘人。

南寧

（中央社梧州十五日電）敵機十一架，十五日午由北海飛犯南寧，下午一時廿九分在南寧郊外投彈多枚後逃逸。

——摘自《新华日报》（汉口），1938年11月17日

敵人鐵蹄下的無錫

敵人在淪陷區中的毒行，是難以形容的。最近有一位外僑往無錫旅行，作出如下的報告，載於十月廿二日的「上海密勒氏評論報」。承孟長泳先生譯出，茲特載之於下：

主筆先生：我願將在被敵人佔領區內情形，特別是最著名的「無錫」最近情形報告一下。當予未行過北四川路橋（在上海郵政總局對面）時，依日本所定「新規」，須先將所領「通行證」交日本守衛兵檢查。同時，須脫帽向「皇軍」致敬。不然定遭毒打。此項「通行證」係用五元買來，化三元六角五分錢買一張三等車票赴無錫。平時只要一元零五分。當車到無錫時，使予不勝驚駭。因百分之九十七的房屋均遭火焚。無錫係江蘇省大工業區之一，本有廿七個大工廠，現存者只有三家。據予所知，當日軍入城時，到處奸淫婦女，屠殺人民，搶掠衣物。雞雞及雞蛋，亦被搶去。此處貼滿著「抵制英美貨」「只買日貨」等標語，觸目皆是。店員告予曰：日軍往往將路中年輕婦女，帶至荒僻，施以非禮，如父母或丈夫，無可奈何，如報日軍當局，反遭毒打。以腳踢人，打人嘴巴，此乃日軍每日的例行公事。倘如農民或平民拒絕不用日本鈔票，定遭日軍痛打，不是將其房屋燒去，就是將其家具用物奪去，日貨以外，在無錫並無他國的貨物，雖瑞典著名價廉的火柴亦看不見，百分之九十五均係日貨，日軍當局只准每五家公用一把菜刀」。O,S,C,簽名十月十六日，

——摘自《新华日报》（汉口），1938 年 11 月 18 日

敵寇在東北苛捐雜稅層出不窮

藉詞軍用强收農地　强迫工作不付工資　囤積糧食物價高漲

（國新社特稿）敵寇侵奪我東北已過七年幾個月了，經過七年幾個月的鐵蹄踐踏，我三千餘萬東北同胞，所遭受到的壓榨，真非筆墨所能形容。單就經濟上來說，種種奇重的負担，已把東北同胞，壓得喘不過氣來，這裏可以舉出幾項具體的數字和事實：

形形色色的苛雜捐稅

第一、先說東北淪陷後，我們同胞的財政担負，從偽「滿成立到去年。租稅的負擔。由九千六百萬元，增至一億五千三百萬元。此外變相的租稅——鴉片、鹽等物專賣的盈利，由四百萬元增至四千四百萬元。明年度擬將預算增至六億五千萬元，等於去年的兩倍多。東北同胞的財政負擔更當增大。如要具體地舉例來說，新近日寇在東北開始實行「滿丈地畝」，平均十畝地在滿丈地畝之後，就要增漲為十二畝。這即是說，十畝地要納十二畝的稅。現在東北的地稅，分三等二級，三等是：上等每畝納八十元，中等六十元，下等四十元；二級是：沙地每畝納稅二十元，山地十元。此外還有巧立種種名目的地畝附加捐稅。更苛雜的捐稅是裘捐、喜捐、灶捐、牲畜捐、鷄捐、狗捐、人頭捐。鷄捐每隻一角，狗捐每頭三角。每年納一元的通行證，固是束縛東北同胞自由行動的手段，同時也是斂錢之術。東北的金融，雖說已經「整頓」，但偽紙幣的發行額，由一九三二年的一億三千萬元，膨脹到二億八千萬元。

農地之被侵奪與沒收

第二、以經濟上的剝削論，除了一般的東北土著資本的豆油業和麵粉業破產，以及農業生產衰退之外，應該指出我國農民的土地被沒收的事實。本來，租稅的榨取，農產的滯銷，日貨的無孔不入，已促進土地掠奪的行程，而日寇的移民，更直接地強制地把東北農民的土地奪過來，例如第一的集團移民到了永豐鎮，便驅逐原住的農民，奪取他們的田地，佔據他們的房屋，以至引起他們聯合義勇軍來襲擊日本移民，死傷不少。第二次的集團移民沒收了湖南營七虎力河兩岸的幾萬畝熟地，後來也被義勇軍襲擊。日本人組織的東亞興業公司，曾把熱河省開魯的三十八萬畝的肥沃的田地作農場，也是一個最著的例，此外藉軍用的名義沒收土地事件更舉不勝舉，這樣說，原始的資本積蓄是在滿洲加緊進行了。

勞動者遭受抽筋剝皮

第三、自東北淪陷以後，同胞的勞動力的被榨取，也是非常利害的。東北的工人中，我同胞最多，每天工作在十二小時以上，而工資卻微薄得可憐。在事變前，中國工人每年的工資還有二百多元，但現在卻減到僅能維持生活的水準。例如撫順工人的工資，就減少百分之三二。此外，日寇還要榨取我們勞苦同胞的無償的勞動。工廠外的中國苦工往往被誣為「流浪游民」，強拉進工廠去做工，不給工資。中日戰爭發生後，因為軍需工業的勞動不足，偽滿實施所謂「軍用保甲制度」。凡家有壯丁兩口的，須每日輪值，分日夜班前往軍用工廠工作，而所得的報酬只為大豆四兩或麥皮麵包兩塊。更使人痛恨的，就是最近偽滿為建築他媽的「宮廷府」和「建國廟」，要在六年內「動員全國青年四萬八千五百人作義務的勞動」。這樣勞動榨取，實是兼備秦始皇，隋煬帝的徭役的形式，和殖民地的強制勞役。

物價高漲生活更慘苦

第四、東北淪陷以後，那里的農民不獨要依舊受高額地租，和高利貸的剝削，而且還要嘗高物價的滋味。日本的獨佔會社以賤價強制收買農民的米穀栽豆，大批運出，因此，米豆雜糧短少，價格飛漲，就拿東北農民的主要食料的高粱來說，從前九角錢一斗，現在漲到兩元多了，中產的農民因日寇不許囤積多量的糧食，也須在青黃不接的時候以高價購買，供自家食用。日本會社的獨佔本已使一般物價高漲。中日戰爭發生以後，日偽在滿的貿易統制政策，更助長這種趨勢。單以長春的批發物價平均指數而論，一九三六年為一○六一（一九三三年為一○○），今年三月已增至一三○二。舉更具體的例來說，去年六月的麵粉一袋為四元二角，今年同期卻漲至五元七角。又一九三五年售價每磅日金一元二五分的茶叶，新近漲至四元二角，更為可驚。

要跟敵人拚命

東北的民眾，既然在經濟上也受着這樣慘痛酷烈的榨取和壓迫，他們的反抗暴日的鬥爭，縱在高壓之下，自然不會被消滅，而且加強起來。隨着中日戰爭的擴大和延長，日本法西軍閥當然更加要東北民眾，做戰爭的犧牲品，不獨東北的同胞被迫去到前綫打自己人和當砲灰，而且還要他們多多肩荷戰爭的經濟上的重負。東北同胞的痛苦當更加深，這自然會給東北的抗日運動以一個很大的推動力。我們為抗戰的勝利計，為東北的收穫計，應該加緊在東北的祕密宣傳和其他政治工作，應該使被迫上前綫的東北同胞反正，多予義勇軍以切實的援助，使他們的勢力更加擴大，那末敵人的統治，自然不能維持下去的。

——摘自《新华日报》（汉口），1938年11月18日

宜昌法教堂

被敵機炸毀

避難苦工死傷七八十人

家屬哭聲震天慘不忍聞

【中央社宜昌十八日電】十七日晨九時餘，敵機三架，經鍾祥西飛襲宜昌，于十時許侵入市空，繞飛三過，旋在五龍金壇投下燒夷彈炸彈數枚後，飛去，死傷平民數人，燬民房數間。午後一時許，復有敵機六架，由天門岳口經沙洋十里鋪西飛，至二時○二分竄入市空，在我猛烈射擊中，竟向鐵路壩附近之法國天主堂醫院，投下炸彈十餘枚，將該院側屋兩座，完全炸燬，禮拜堂房屋亦倒塌過半。當敵機襲宜時：適有多數苦工正在江邊工作，乃入該院避難，該院屋頂，塗有極大之法國國徽，敵機竟不顧國際信義，瘋狂投彈，致入院避難之苦工及民炸死百十餘人，傷三十餘人，院前一片血跡，苦工家屬哭聲震天，慘不忍聞。

【中央社宜昌十八日電】十八日晨九時卅五分，敵輕轟炸機一架，自當陽西飛襲宜，于十時侵入市空，在五龍投彈數枚，燒毀民房三間，傷數人。至十一時四十五分，復有敵機九架，由東北方向宜昌進襲，旋入市空，環市飛行，在下鐵路壩平民住宅區投下炸彈二十餘枚，及燒夷彈十餘枚，當有住房十餘處，間時起火，居民逃避，滿路均是火焰包圍，直至午後三時，火光始熄。至此下鐵路壩一帶房屋，已大半化為灰燼矣。燒斃者九人，牲畜約四十餘，而住屋被焚，流落街頭無家可歸之災難者，約在三百人以上。

——摘自《河南民国日报》，1938 年 11 月 19 日

日機狂炸聲中 廣州淪陷目擊

祖光譯自今日大陸報 K. J. Eskelund 原著

大陸報記者愛司開倫冒險于廣州時，適爲日軍侵佔廣州之日，目擊種種驚怖慘狀，茲特迻譯原文如下，

十月二十一日我從石岐出發—孫總理誕生的地方—雇舢舨于廣州，我見日海軍機協同日軍掃除江中障礙物。除了在堤岸和河邊有很多難民和那些攜兒帶物的男女們外，我連一個華兵都沒有見。日機整日亂飛，數千難民在轆轔射下犧牲了，這是很容易給日軍做目標的，因爲他們沒有高射炮和來福槍，所以日機可以隨意居高臨下，實行低飛，向着這些老百姓不斷的掃射。在最後五小時內，當我在舢舨上時，炸彈的爆烈聲震耳欲聾，並夾雜着閘閘的機槍聲。我首先最感不安的是坐在小舢舨中，聽着四週都是可怕的聲音，我毫無抵抗地，祇待炸彈或機槍的來臨。一次，一個炸彈恰巧落在我的船旁，這河邊停着很多的沙船，滿載着難民。—他們不分階級—離開廣州，開到對江。逃出廣州城，這時正是日軍竄進市區的時候。

逃至堤岸

即見六架飛機，他們好像瞄準我們，我大聲急叫那兩個船夫，要他們從速駛至堤岸，以減少目標。當舢舨靠岸時，兩日機突然低飛，接着就有一枚炸彈投下，我急忙跳入泥濘中。我祇好蹣跚地走到稻田裏，經過一聲刺耳的巨響，許多泥土飛散在我頭上，十多個難民也跳入水中，游至堤邊，給那炸彈聲嚇得臉都失色，潑水聲，呼救聲，那時到處可以聽見。我回頭看見對岸有一個二十呎高的土丘，一個日機師企圖轟炸停在那邊的華船，在岸上有十個人倒在血泊中掙扎呼救着。正當我在舢舨中時，霎時日機又來了，我再行跳出舢舨，跑至岸上，三日機正向岸上大批難民掃射，他們都叫喚着，丟了物件跳入水中。有三四次當他們被子彈射中時，水花四濺，發出呻吟。當我驚慌的跳至岸上，衣服全身濕了，又覺得飢餓，恰巧一個小販提着甘蔗走過來，也就將此充飢了。稍近廣州，難民越來越多了，他們焦急地和蹣跚地爭先恐後奔逃着，當我們高聲的詢問他們有什麼事故時，他們都無暇理睬。

廣州大火

沿線給炸彈炸得塵埃滿佈，一時在我左右便看見廣州的山丘和古塔，有三處大火燒得直衝雲霄，廣州正在大火中。現在江內是寬敞了，沙面飄揚着英美法和丹麥等國的國旗，當我乘的舢舨駛進廣州及沙面的狹江時，我看見廣州完全是空虛的。有幾堆外國人立在沙面的鐵絲網後，好奇地朝着廣州望着，大砲聲音震動全市，「我最好馬上到前線去」我想。那時有二輛貨車朝着寂寞的長堤行駛着，兩個矮小的軍人跳了出來，歡笑的向貨車搖着小旗，這旗不是中國旗，卻是太陽旗。原來我剛到這里時，日本人竟然也到了。

× × ×

× × ×

——摘自《大晚报》（上海），1938 年 11 月 19 日

長沙大火未熄

我已破壞無遺

敵機昨襲西安宜昌

宜昌全城昨亦大火

（本報衡陽十八日專電）記者今晨由長乘最後列車於大火中，穿時市內越尚有市民南進，約五萬人，咸攜隨身衣物出奔，紛沿鐵道公路撤退•車經南站時，鐵路附近房屋著火燃及車頂衣物，電線墮下屋頂，難民[illegible]被擠落者，車至易家灣南遇空襲，記者頭部受微傷，長市就[illegible]壞言，可謂成功，惜決定過速，市民傷兵有慘死者，粵漢路車，車輛壅塞賊易家灣南各大小車站多數被狂炸，死傷難民極多，迄衡陽止，沿線市鎮人民多逃亡，記者步行，於是晚抵衡，商店十九停閉，食宿為難，難民紛向湖桂路疏散、

（又電）本日七時十分由風陵渡方面飛來敵機十八架，向西安飛行，八時四十分在西安東關外投彈數十枚，損失情形不明旋即倉惶逸去，又九時左右發現敵機十架，在宜昌投彈一枚，即東飛，又十一時三十分，敵機十餘架，進發宜昌，投燃燒彈數十枚，宜昌全城大火，我機仍向東逸去•

（中央社）漢口十八日路透電，長沙仍在大火中，英領館舊址附近亦起火，惟未幾即經人救熄，館所無恙。

——摘自《新新新闻》，1938年11月19日

敵機兩度襲宜昌

投燒夷彈多枚毀民房多間
法醫院被燬苦工死於非命

△中央社宜昌十八日電，十七日晨九時餘，敵機三架經鐘祥西飛襲宜，於十時許侵入市空，繞飛三週，旋在五龍金壇投下燒夷及炸彈數枚後飛去，死傷平民數人，燬民房數間，午後一時許，復有敵機六架，由天門岳口經沙洋十里鋪西傳，至二時零二分竄入宜市上空，在我猛烈射擊中，竟向鐵路壩附近之法國天主堂醫院投下炸彈十餘枚，將該院側屋兩所完全炸燬，禮拜堂房屋亦倒塌過半，當敵機襲宜時，適有多數苦工正在江邊工作，乃入該院避難，該院屋頂塗有極大之法國國徽，敵機竟不顧國際信義，瘋狂投彈，致入院避難者炸死苦工平民四十餘人，傷三十餘人，院前一片血跡，苦工家屬哭聲震天，慘不忍睹。

△中央社宜昌十八日電，十八日晨九時三十五分

，敵轟炸機一架，自當陽西飛襲宜，於十時侵入市空，在五龍投彈數枚，燒燬民房三間，傷數人，至十一時四十五分，復有敵機九架由東北方向宜昌進襲，旋入市空環市飛行，在下鐵路壩平民住宅區投下炸彈二十餘枚，及燒夷彈十餘枚，當有住房十餘處同時起火，居民逃避，滿路均爲火包圍，直至午後三時餘，火光始熄，至此下鐵路壩一帶居屋，已大半化爲灰燼，燒斃者九人，牲畜馬匹四十餘，而住屋被焚，流落街頭無家可歸之被難者，則在三百人以上。

——摘自《云南日报》（昆明），1938 年 11 月 19 日

敵機昨濫炸宜昌

法國天主教堂竟被投彈
避難苦工慘斃四十餘名

本報宜昌十八日專電　敵機兩批襲宜，晨九時許、在五龍投彈九枚，毀民房三間、傷數人，十一時許，在鐵路壩投夷彈燃燒彈各數十枚，民房數處、同時起火、三時始熄、附近房舍、盡成焦場、

中央社宜昌十八日電　十七日晨九時餘、敵機三架經鍾祥西飛襲宜、於十時許侵入市空、繞飛三週、旋在五龍金壇投下燒夷及炸彈數枚後飛去、死傷平民數人、燬民房數間、午後一時許、復有敵機六架、由天門、岳口、經沙洋十里鋪西飛、至二時〇二分竄入宜市上空、在我猛烈射擊中、竟向鐵路壩附近之法國天主教堂醫院、投下炸彈十餘枚、將該院西屋兩所完全炸燬、禮拜堂房屋亦倒塌過半、當敵機襲宜時、適有多數苦工、正在江邊工作、乃入該院避難、該院屋頂塗有極大之法國國徽、敵機竟不顧國際信義、瘋狂投彈、致入院避難者、炸死苦工平民四十餘人、傷三十餘人、院前一片血跡、苦工家屬哭聲震天、慘不忍覩、

中央社漢口十八日合眾電　日機昨日兩次進襲宜昌、首次上午九時五十分、在江南投三彈、死傷二十人、第二次於下午六時四十分、侵入宜昌上空、在法國天主堂附近投彈十餘枚、該堂建築炸毀甚多、並炸死堂內避難之華人三十九人、傷二十六人、外僑並無死傷、該堂屋頂有極明顯之法旗標誌、足資鑑別云、

敵機飛陝狂炸西安

中央社西安十八日電　敵機十九架、十八日上午七時半、由晉竄陝、狂炸西安市區東南東北兩隅、投彈五十餘枚逸去、死傷平民九十餘人、民房卅餘間、中央社記者前往災區視察、災區達十餘處、斷臂折足、屍體遍地、其情形之慘、爲空前僅有、內有小學生一名、腦部炸裂而斃、

中央社西安十八日專電　敵機連日竄擾本市、濫施轟炸、省府爲保持全民抗戰實力、免遭無謂犧牲計、佈告勸導市民疏散、自十八日起市場內婦孺平民、遵令開始疏散、以資安全、

辛集擊落敵機二架

中央社洛陽十八日電　敵重轟炸機數架、十五日在冀省東鹿縣西北辛集被我擊落兩架、機翼焚毀、餘均完好、敵機師十二人被俘、正押解中、

敵機昨日竄擾桂林

中央社桂林十八日電　十七日晨九時、敵機十八架由北海起飛、侵入桂境、在百色市區投彈數十枚後、折至南寧上空、盤旋片刻、旋復飛西鄉塘、投彈多枚而去、

——摘自《时事新报》（重庆），1938 年 11 月 19 日

廣州近郊村民被屠

河源縣境殲敵負隅

（中央社）廣州十九日合衆電，據確息，本星期二日清晨，有日軍一隊，至嶺南大學附近之村落向村民勒索糧食婦女及財物等，村民無以爲應，各日軍乃將村民架去二十八，並將其一一斬首，同時將村內之主要建築物焚去，且用機槍掃射，其後外僑等至該地視察，見一村民頸部尚存一線相連，尚未斃命，各外僑乃將其送至醫院診治，但恐不易挽救，嶺南大學附近兩村俱已焚燬，村民已逃亡，村內尚有被殺者之屍體七具云，

（中央社）香港十九日路透電，香港難民緊急救濟會，定二十一日派輪一艘，運送糧食至廣州，救濟廣州五萬難民，該輪爲太古公司輪武昌號，爲廣州失陷後外輪駛粵之第一次云。

（中央社）韶關十九日電，該縣今再遭敵機轟炸，十時二十分敵機兩架闖入縣城上空偵察後，先後向城皇廟中山路等鬧市投五彈燬屋十餘間，傷斃數人，

（中央社）翁源十九日電，一，河源平陵「距龍門三十五里」之敵約六百人，十八日與我發生遭遇戰，敵傷亡甚重，雙方現仍在激戰中，二，粵漢路新街我軍，聯合合坤自衛團與江杭人和墟鴉湖敵接觸。

——摘自《新新新闻》，1938 年 11 月 20 日

武漢寇軍行同盜賊
侵入外人教堂圖佔用

（中央社）漢口十九日合衆電，據外人方面消息，本月十四日有日兵多名，侵入武昌外僑所辦之盲目學校，并以斧將墻鑿一巨洞，但未搶刦，因校內各物皆不值一文也，次晨卽有日憲兵在門前懸掛告示，禁止日軍侵入外僑財產，但十五日晚又有日兵若干人，越墻而入，亦未搶刦，次日又有憲兵貼告示，不准日兵侵入，但十七日晚又有日兵闖入校內云。

（中央社）漢口十九日合衆電，漢口美聖公會所立之聖約翰教堂，昨日被日兵侵入，日兵入門後，卽欲將看門者逐出，按該教堂久已標明爲外僑財產，內有中國難民數千人，今日軍曾欲佔用，現此事尚未解決云。

——摘自《新新新闻》，1938 年 11 月 20 日

敵機濫肆轟炸
宜昌太平受禍最烈
南寧梧州亦遭轟炸

△中央社宜昌二十日電：敵機九架於二十日九時許，經天門沙洋西襲宜昌，至九時五十六分，敵機分兩次侵入市空，在鐵路壩一帶投爆炸彈及燒夷彈約三十餘枚，旋卽向原路逸去，棚屋四間悉焚燬，死傷十餘人，泊于該處江面之英砲輪，尾部亦受傷起火。

△中央社太平二十日電：近敵機對太平南陵等各縣城濫施轟炸，死傷平民婦孺甚多，十八日十一時，敵機七架，結隊飛太平轟炸，在城廂投彈三十餘枚炸燬民房多處，並散發荒謬傳單，十九日敵機九架，兩次飛南陵轟炸，投彈四十餘枚，房屋多處被燬：死傷平民十餘人。

△中央社四會二十日電：今上午八時許，敵機一隊進襲清遠縣屬太平市，投彈七枚，燬屋數間，死傷平民十餘人，敵機肆虐後，繼飛四會廣寧窺察云。

△中央社梧州二十日電：敵機十三架，今日上午分兩路襲桂，三架由粵西經桂東，在八步郊外投彈兩枚，復窺伺蒼梧後東竄，十架由北海起飛襲南

寗，投彈數枚後北飛，在武鳴郊外投彈十餘枚。

△中央社西安二十日電：敵機十九架，二十日上午十時十分竄入陝境韓城洛川一帶纔視後，仍循原道逸去，又敵機兩架十九日午竄至榆林在城內投彈數枚，死傷平民三四人，餘無損傷。

△中央社桂林二十日電、十九日晨九時許、敵機九架、由四會廣寗竄入桂境、敵機於到達賀縣後、其中六架折向南飛、經信都向粤省開建而去、另三架、則北飛八步西灣兩鎮轟炸後、循路逸去、西灣落四彈、八步落七彈、我損失甚微、十時許、復有敵機十架、由北海飛南寗武鳴投彈、轟炸南寗、落六彈無損失。

——摘自《云南日报》（昆明），1938 年 11 月 20 日

武漢現狀

▲倭軍又兩處縱火

▲飲料供應成問題

△中央社漢口二十日合衆電、合衆社記者今赴橋口視察、沿途見往來之日兵極多、而滿載軍火之汽車、亦復往來如織、漢水長江交界之大火場已滅、現由日軍監視中國工人若干名、讀[illegible]清除中、昨晨日軍又在漢口舊區內縱大兩處、又此間水之供應問題、尚未解決、日官方雖絹水廠不日知可復工、但目前形勢以難樂觀、各中外人民、皆須吸飲長江之水、盤濾手續甚須、故外僑[illegible]深恐因水之供應問題、引起嚴重之傳染病症、比重形勢、在法租界內尤爲惡劣、同時、食品亦有缺乏之處、故外僑委員會已開者發領取食品證、憑證購物、不得超過規定之數量、日來天氣漸寒、因煤炭缺乏、無法取暖、故生活狀況日益困苦云。

——摘自《云南日报》（昆明），1938 年 11 月 20 日

敵機前日兩襲宜昌

（中央社）漢口十八日合衆電，機昨日兩次進襲宜昌，首次午前九時五十分，在江南投三彈，死傷二十人，二次於下午六時四十分，侵入宜昌上空，在法國天主堂附近投十餘彈，話堂建築炸毀甚多，并炸死在內避難之華人卅五人，傷二十人，外僑并無死傷，該堂屋頂有極顯明之法國旗幟，足資鑒別云。

——摘自《新新新闻》，1938 年 11 月 20 日

日機空襲西安

婦孺開始疏散

連日平民被炸死傷者頗多

日方宣傳係笑談

【西安十八日電】省府佈告勸導市民疏散、自十八日起市內婦孺平民、遵令開始疏散、

【路透社西安十九日電】昨晨日機空襲西安、城中炸死多人、美國浸禮會醫院之防空壕中一彈、當無人在內故無傷者、

【路透社西安十九日電】西安居民、因迭遭日機空襲西安、頗形恐惶、逃往他處者數千人、向來繁鬧之街市、今頓呈荒涼景象、惟省政府能控制一切、故無驚擾情事、十六日日機二十六架、飛繞西安兩次、在西郊投彈、但未有損毀、日機並爲下傳單、勸華人停止對日抗戰、勿服從蔣委員長、並向日乞和、十六日晨十一時、又有日機十三架、繞飛西安數次、向車站附近投彈、車站月台與大貨棧中彈、空車六輛被焚、死四十餘人、該區域有難民萬人、在空襲時奔入避彈窟、惟避彈窟建築不盡堅固、因炸彈落於附近、致有受震崩塌者、難民十人活埋其中、數小時後始掘出、傷亡者悉爲平民、十六日日方無線電廣播所稱轟炸共產黨總部之說、實屬笑談、因共黨總部距此甚遙也、

桂境昨又被空襲

【桂林十九日電】日機念二架、十九日晨十時、由北海起飛、竄入桂境、與中

九架於飛抵貴縣後、折至東蘭鳳凰山偵察、十三架飛桂平、在橫街一帶投彈念餘枚、損失不詳、另一批日機二架、會合由粵境起飛之日機六架、經桂境竄入湘省道縣、復飛往粵省連縣、投彈後逸去、此間於十時發出空襲警報、至十一時解除、又十七日日機轟炸百色、共投彈六十七枚、毀屋六十棟、死傷平民六十餘人、

【五原十七日電】日軍轟炸機四架、十七日晨十一時十分、分東西兩路來襲、在新舊城兩處、共投彈念三枚、蘇方無辜市民死傷念七人、以新城北門附近爲最慘重、十二時許、日機並擲散荒謬傳單後、始向東飛去、三日來日機連至綏西及甯夏等處不設防城市、投擲炸彈及傳單、

——摘自《华美晨报》，1938年11月20日

日轟炸機四架·分東西兩路來五原肆虐·

◎五原十七日電 十七號晨十一時十分。在新舊城兩處共投彈廿三枚·傷我無辜市民廿七人·以新城北門附近爲最慘重·十二時許·並擲荒謬傳單後·始向東竄去·三日來·該幾連至綏西及甯夏等不設防城市·投擲炸彈與傳單·

——摘自《腾越日报》，
1938年11月20日

敵機炸桂平中學

西安被投彈死傷六十餘人

▲中央社梧州十九日電 今晨敵機五架、由北海來襲、在桂平城內投彈五枚、桂平中學當中彈被毀、又在郊外投彈十餘枚、共燬民房廿餘間、死傷平民學生五十餘人。

▲中央社桂林十九日電 敵機廿二架、十九日晨十時由北海起飛、竄入桂境、其中九架於飛抵貴縣後、折至東蘭鳳凰山偵察、十三架飛桂平、在橫街一帶投彈廿餘枚、損失不詳、另一批敵機二架、會合由粵境起飛之敵機六架、經桂境竄入湘省道縣、復飛往粵省連縣投彈後逸去、此間于十時發出空襲警報、至十一時解除、又十七日敵機轟炸百色、共投彈六十七枚、毀屋六十棟、死傷平民六十餘人。

【本報十九日西安電】敵機十餘架、十七晨來襲、在城內東倉新城民樂園、革命公園招待所、開通巷、南郊、東關投枚甚多、死傷約六十餘人、行政人員訓練所傷傷三四十人。

——摘自《中央日报》（重庆），1938年11月20日

外人目擊
敵軍在粵暴行
嶺南大學附近村落被焚 綁架村民並用機槍掃射

▲中央社廣州十九日合衆電 據確息、本星期三日清晨、有日軍一隊、至嶺南大學附近之村落、向村民勒索糧食、婦女、及財物等、村民無以爲應、各日軍乃將村民架去廿人、並將其一一斬首、同時將村內之主要建築物焚去、且用機槍掃射、其後外僑等至該地視察、見一村民頸部尚有一線相連、尚未斃命、各外僑乃將其運至醫院診治、但恐不易挽救、嶺南大學附近兩村、俱已焚燬、村民已逃亡、村內尚有被殺者之屍體七具。

▲中央社四會十九日電 （一）南海中山順德一帶河面、有敵汽艇卅餘艘、橡皮艇百餘隻、每日四出騷擾附近各鄉、搜刼糧食、（二）敵在廣州發行軍用票、每元兌換國幣五元、强迫人民行使、並在愛羣酒店設立「皇軍慰勞所」、囚禁所擄婦女、供獸兵洩慾、（三）敵實行毒化廣州、在河南大開烟賭、凡吸烟及賭博者、均發給通行證、准在省河兩岸通行、（四）敵嗾使漢奸盧某等、在沙面刊行「廣東日報」及「信報」、並恢復市播音台、散佈謠言、蠱惑人心。

——摘自《中央日报》（重庆），1938 年 11 月 20 日

敵在漢毒化我人民
強迫女子作慰勞隊

（羣力社訊）敵在漢徵調我青年作壯丁，老年作輸送隊，二十四歲以下的女子作慰勞隊。我淪陷災區的同胞，因此逃亡者不少。其不能逃走者，多屬衰病，莫不暗祝我軍及早收復失地。

（羣力社訊）敵在武漢附近村鎮，設立售賣毒品機關，強迫我人民購吸。并派日寇上村石太郎，充任最高毒化機關首長。

——摘自《新华日报》（汉口），1938 年 11 月 20 日

敵機轟炸粵桂綏遠

連縣

（中央社韶關十九日電）連縣今再遭敵機轟炸，上午十時二十分，敵機兩架竄入縣城上空，窺察後，先後向城皇街中山路等閙街投五彈，燬屋十餘間，傷斃數人。

廣西

（中央社桂林十九日電）敵機二十二架，十九日晨十時由北海起飛竄入桂境。其中九架於飛抵貴縣後，折至東蘭鳳山偵察。十三架飛桂平，在橫縣一帶投彈廿餘枚，損失不詳。另一批敵機二架，會合由粵境起飛之敵機六架，經桂境竄入湘省道縣，復飛往粵省連縣投彈後逸去。此間於十時發出空襲警報，至十一時解除，又十七日敵機轟炸百色，共投彈六十七枚，毀房六十棟，死傷平民六十餘人。

（中央社梧州十九日電）今晨敵機五架，由北海來襲，在桂平城內投彈五枚，桂平中學當中彈，被燬，又在郊外投彈十餘枚，共毀民房廿餘間，死傷平民學生五十餘人。

五原

（中央社五原十七日電）敵轟炸機四架，十七日晨十一時十分，[illegible]

兩路來五肆虐。在新舊城兩處共投彈廿三枚，我無辜市民傷廿七人，以新城北門附近為最慘重，十二時許敵機並擲散荒謬傳單，後始向東飛去。三日來，敵機連至綏西及寗夏等處不設防城市投擲炸彈及傳單。

——摘自《新华日报》（汉口），1938 年 11 月 20 日

漢美教堂被寇侵入

（中央社漢口十九日合眾電）漢口美聖公會所立之聖約翰教堂，昨日被日兵侵入。日兵入門後，即欲將看門者逐出。按該教堂久已標明為外僑財產，內有中國難民若干人，今日軍竟欲佔用，現此事尚未解決。

（中央社漢口十九日合眾電）據外人方面消息，本月十四日有日兵多人侵入武昌外僑所辦之盲目學校，並以斧將牆鑿一巨孔，但未搶劫，因校內各物皆不值一文也。次晨即有日憲兵在門前懸掛告示，禁止日軍侵入外僑財產。但十五日晚，又有日兵若干人，越牆而入，亦未搶劫。次日又有憲兵貼告示，不准日兵侵入，但十七日晚又有日兵闖入校內。

——摘自《新华日报》（汉口），1938 年 11 月 20 日

敵機飛桂

轟炸武鳴南寧

桂林積極疏散人口
粵省各地亦被投彈

本報汕頭十九日專電　昨晨、敵機襲陸豐、投五彈、二落龍山中學、校舍全燬、河源投燃燒彈五、數處起火、

本報香港十九日專電　昨日下午二時、敵機三架、飛炸石岐、投六彈焚燬商店卅餘家、死傷過百、

中央社四會二十日電　今日上午八時許、敵機一隊、進襲清遠縣屬太平市、投彈七枚、燬屋數間、死傷平民十餘人、敵機肆虐後、繼飛四會廣寧窺察、

中央社梧州二十日電　敵機十三架、今上午分兩路襲桂、三架由粵西經桂東、在八步郊外投彈兩枚、復窺伺蒼梧後東竄、十架由北海起飛、襲南寧、投彈數枚後北飛、在武鳴郊外投彈十餘枚、

中央社桂林二十日電　桂林人口、邇來驟增、市內已無法容納、軍警當局頃決疏散、經省府指定陽朔永福兩縣各地設立難民收容分所、由鄉村長負責照料、所有市內難民、即日向陽朔永福輸送、

中央社廣州二十日路透電　日機今日轟炸連縣、平民死傷人數、尚未查悉、一彈適中連縣中學、另一彈炸燬古廟一所、有三彈落於平民醫院附近、

中央社桂林二十日電　十九日晨九時許、敵機九架，由四會廣寧竄入桂境、敵機於到達賀縣後、其中六架折向南飛、經信都向粵省開建而去、另三架則北飛八步西灣兩鎮轟炸後、循原路逸去、西灣落四彈、八步落七彈、我損失甚微、十時許復有敵機十架、由北海飛南寧武鳴投彈轟炸、南寧落六彈、無損失、

中央社韶關二十日電　敵機三架、今上午八時半襲乳源、在城內文奎街（學宮附近）投彈四枚、毀民房十餘間、死二人、傷數人、又曲江屬龍歸落一彈、損失未詳、

——摘自《时事新报》（重庆），1938 年 11 月 21 日

□機昨又襲粵桂

狂炸連縣清遠南寧

連中被炸平民醫院亦幾不免

（中央社廿日韶關電）□機三架、今日上午八時半襲翁源、在城內文奎街（學宮附近）投彈四枚、毀民房十餘間、死二人、傷數人、又曲江屬龍歸落一彈、損失未詳、

（中央社廿日桂林電）十九日晨九時許、□機九架、由四會廣寧竄入桂境、□機于到達賀縣後、其中六架折向南飛、經信都向粵省開建而去、另九架則北飛八步、西明兩鎮轟炸、後循原路逸去、西明落四彈、八步落七彈、我損失甚微、十時許、復有□機十架、由北海飛南寧武鳴投彈轟炸、南寧落六彈、無損失、

（路透社廿日廣州電）據一可靠消息、日飛機今晨又轟炸連縣、有一彈投中連縣中學、又有一彈炸燬一古廟、有三彈落於平民醫院附近、

西安連日被炸生葬平民

（路透社廿日西安電）西安被□機一連轟炸兩日、由本月十七日起居民紛紛遷走、幸當局尚能維持秩序、故未有混亂、查本月十五日□機來兩次向西郊投彈、投下謊謬傳單、勸入民停止抗戰、十六日上午十一時又有轟炸機十三架飛機市空數匝、向車站投彈、車站之月台及一大貨倉中彈數枚、有空車六架被焚燬被炸死者四十人以上、該處有難民二千紛紛逃入避難壕、其時有數彈落於附近 故避難壕及地窖、亦被震陷、生葬十八人、又本月十六日日本之廣播台播出虛偽消息、謂日飛機轟炸西安之共產黨總部、殊屬可笑、共產黨總部并非在西安城、

（中央社二十日梧州電）□機十三架今日上午兩路襲桂、三架由粵西經桂東、在八步郊外投彈兩枚、復竄伺蒼梧、後東竄、十架由北海起飛襲南寧、投彈數枚後北飛、在武鳴郊外投彈十餘枚、

（中央社廿日四會電）今日上午八時許、□機一隊、進襲清遠縣屬太平市、投彈七枚、燬屋數間、死傷平民十餘人、□機肆虐後繼飛四會廣寧窺察、

——摘自《南华日报》（香港），1938 年 11 月 21 日

□機昨晨肆炸宜昌

江中英艦被炸起火

（中央社廿日宜昌電）□機九架、于廿日上午九時許、經天門沙洋西襲宜昌、至九時五十六分、□機分兩次侵入市空、在鐵路壩一帶投下爆炸彈及燒夷彈約卅餘枚、旋即向原路逸去、棚屋四間被燒燬、死傷十餘人、泊于該處江面之英砲艦尾部、亦受傷起火、

——摘自《南华日报》（香港），1938 年 11 月 21 日

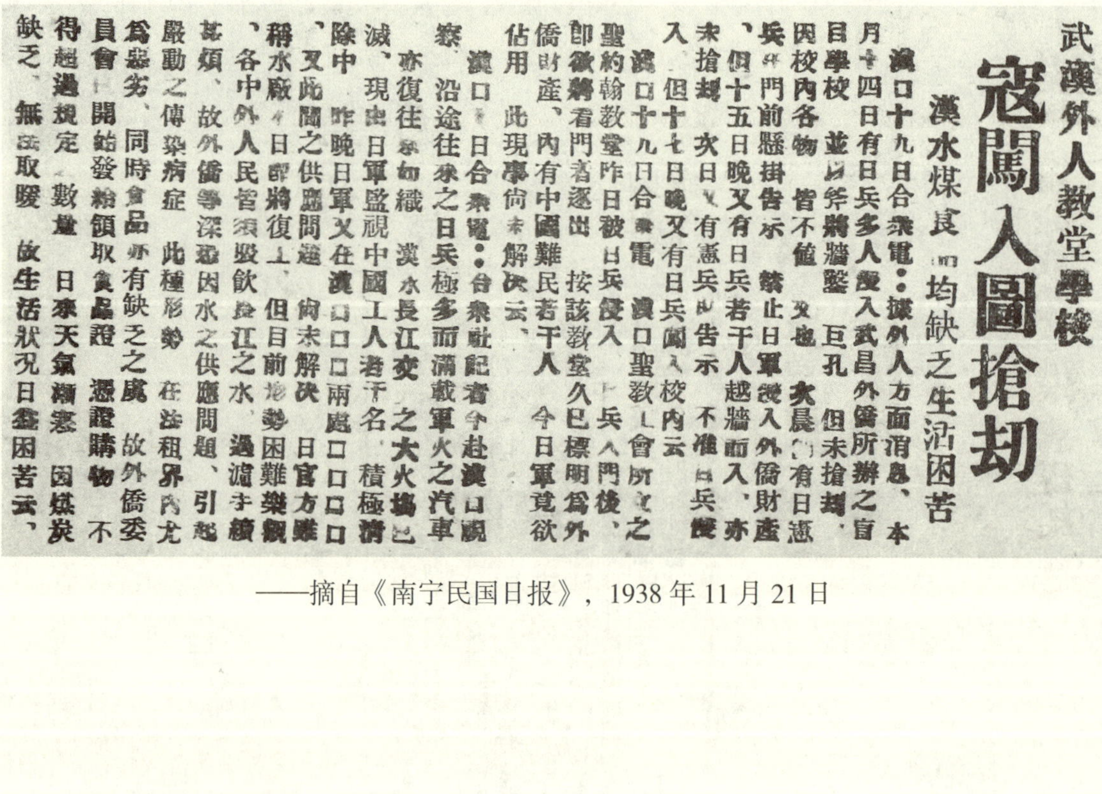

武漢外人教堂學校

寇闖入圖搶刼

漢水煤炭[illegible]均缺乏生活困苦

漢口十九日合衆電：據外人方面消息、本月十四日有日兵多人侵入武昌外僑所辦之盲目學校、並以斧將牆鑿巨孔、但未搶刼、因校內各物皆不值取也、次晨又有日憲兵於門前懸掛告示、禁止日軍侵入外僑財產、但十五日晚又有日兵若干人越牆而入、亦未搶刼、次日又有憲兵出告示、不准日兵侵入、但十七日晚又有日兵闖入校內云、

漢口十九日合衆電　漢口聖教書會所設之聖約翰教堂昨日被日兵侵入、日兵入門後、即欲將看門者逐出、按該教堂久已標明爲外僑財產、內有中國難民若干人、今日軍竟欲佔用、此現事尚未解決云、

漢口十日合衆電：合衆社記者今赴漢口觀察、沿途往來之日兵極多、而滿載軍火之汽車、亦復往來如織、漢水長江交之大火燒已滅、現由日軍監視中國工人若干名、積極清除中、昨晚日軍又在漢口[illegible]兩處[illegible]、又此間之供應問題、尚未解決、日官方雖稱水廠不日即將復工、但目前形勢困難樂觀、各中外人民皆須飲長江之水、過濾手續甚煩、故外僑等深恐因水之供應問題、引起嚴重之傳染病症、此種形勢、在法租界內尤爲惡劣、同時食品亦有缺乏之虞、故外僑委員會已開始發給領取食品證、憑證購物、不得超過規定之數量、日來天氣漸寒、因煤炭缺乏、無法取暖、故生活狀況日益困苦云、

——摘自《南宁民国日报》，1938 年 11 月 21 日

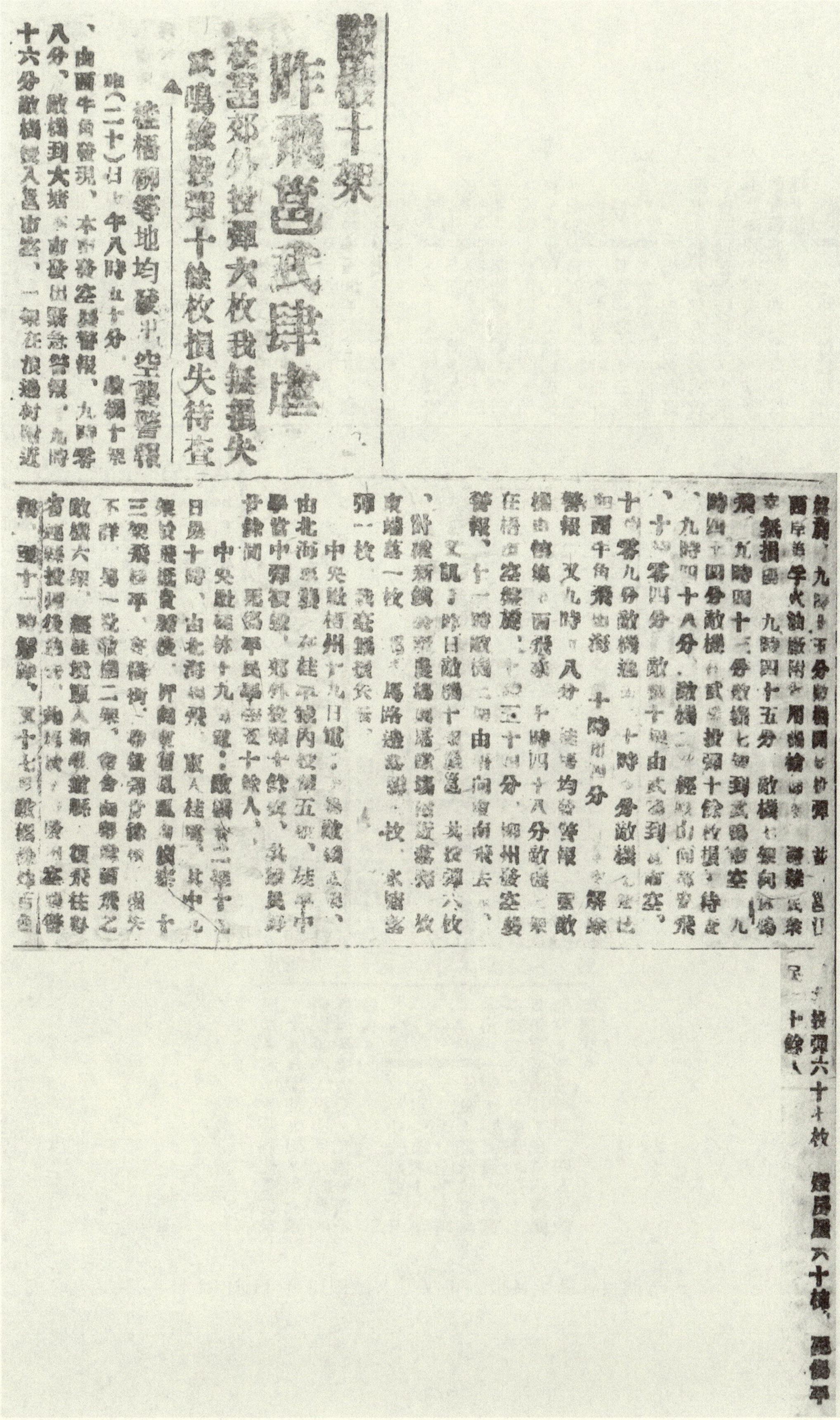

——摘自《南宁民国日报》，1938 年 11 月 21 日

敵機轟炸粵桂等地

連縣

（中央社廣州二十日路透電）日機今日轟炸連縣，平民死傷人數，尚未查悉，一彈適中連縣中學，另一彈炸燬古廟一所，有三彈落於平民醫院附近。

乳源

（中央社韶關二十日電）敵機三架，今上午八時半襲乳源，在城內文奎街（學宮附近）投彈四枚，毀民房十餘間，死二人，傷數人。又曲江屬龍遁落一彈，損失未詳。

清遠

（中央社四會廿一日電）今日上午八時許敵機一隊，進襲清遠縣屬太平市，投彈七枚，燬屋數間，死傷平民十餘人，敵機肆虐後，機飛四會廣寧窺察。

南寧

（中央社梧州廿日電）敵機十三架，今上午分兩路襲桂，三架由粵西經桂東，在八步郊外投彈兩枚。復窺伺蒼梧後東竄，十架由北海起飛，襲南寧，投彈數枚後北飛，在武鳴郊外投彈十餘枚。

武鳴

（中中社桂林廿日電）十九日晨九時許，敵機九架，由四會廣寧竄入桂境，敵機於到達賀縣後，其中六架，折向南飛，經信都，向粵省開建而去。另三架則北飛八步西灣兩鎮，轟炸後，循原路逸去。西灣落四彈，八步落七彈，我損失甚微。十時許復有敵機十架，由北海飛南寧武鳴投彈，轟炸，南寧落六彈，無損失。

宜昌

（中央社宜昌二十日電）敵機九架，二十日晨九時許，經天門沙洋沔陽宜昌，至九時五十六分。敵機分兩次侵入市空，在鐵路壩一帶投下爆炸彈及燒夷彈約卅餘枚，旋即向原路逸去，棚屋四間被焚燬，死傷十餘人。泊於該處江面之英砲輪尾部，亦受傷起火。

太平

（中央社太平廿日電）近敵機對太平南陵等縣城，濫施轟炸，死傷平民婦孺甚多，十八日十一時，敵機七架結隊飛太平轟炸，在城廂投彈三十餘枚，炸毀民房多處，並散發荒謬傳單。十九日敵機九架，兩次飛南陵轟炸，投彈四十餘枚，房屋多處被燬，死傷平民十餘人。

榆林

（中央社西安廿日電）敵機十九架，二十日上午十時十分，竄入陝境轉城洛川一帶，窺視後，仍循原道逸去。又敵機兩架十九日午竄至榆林，在城內投彈數枚，死傷平民三四人，餘無損失。

——摘自《新华日报》（汉口），1938 年 11 月 21 日

日機廿三架 昨晨襲桂林

四會縣城被投彈轟炸

（梧州廿一日電）日機廿三架，今日上午八時許，分批襲四會，桂林，並低飛掠過梧州市空，十時卅三分，日機十九架在桂林市區，投彈六枚，被我防空部隊擊落一架，墜落東江鎮，另兩架負傷而退。日機潰竄時，在城外投燒夷彈兩枚，即時着火燃燒。

（四會廿一日電）今日上午八時，日機十八架，分六隊飛廣寧懷集窺察。另一隊三架，進襲四會，在縣城投彈十枚，燬房屋廿餘間，死數人。

——摘自《晶报》（上海），1938 年 11 月 22 日

敵掠我文物的機關

（啓餘）

爲着在各戰場上作大量的，有計劃的文物掠奪計，在敵人陸軍特務部特動員了上海自然科學研究所（日本用我庚子賠款所組織的文化侵略機關）同文書院（日本對我使用偵探人材製造所）、南滿鐵道（吮吸設土地，血液的敵人的脈管）等三機關，組織了一個圖書文獻搜收委員會，現被這委員會發

而去的文獻，計圖書類約有六十餘萬册被封藏於實業部地質調查所舊址，地質礦物及動植物標本類則給封鎖于中央研究歷史話言，研究所舊址內，但不要忘掉，南北都雖有偽組織存在，這一切却都被敵人保管着而敵人的陸軍，海軍・外務三省正協議如何處理，這分寶貴的文化財產。

——摘自《新新新闻》，1938 年 11 月 22 日

數十架分批進襲

敵機昨又擾粵桂

在桂市空被我擊落一架

延安亦遭敵機初襲

（中央社）桂林二十一日電，敵機二十一架，二十一日晨來襲桂林，防空部於十時發出警報，十時五十分首批敵機九架，經懷集鐘山平樂陽朔竄入桂林上空盤旋一週，於南郊投彈六十餘枚，第二三批各六架，俄頃亦侵入城區投彈三枚，並以機槍向下掃射，其中一架，經我高射砲命中，帶傷逸去，敵機在城內所投之彈，重約二百磅，一落於皇城圖書館門首馬路中無損失，一落于桂北路八八號門首，炸毀民房五棟，傷平民三人，一落于桂北路七零號馬路中，[illegible]毀民房四棟，死平民一人，傷三人，

（中央社）東京二十一日合眾電，別方電訊，日機首飛延安轟炸，

（中央社）梧州二十一日電，敵機二十三架，今日上午八時許，分批襲四會，桂林一帶低飛掠過梧州市空，十時二十三分，敵機十九架，在桂林市區投彈六枚，被我防空部隊擊落一架，墜落與亞[illegible]，另兩架負傷而退，敵機竄潰時，倉惶在城外投燒夷彈兩枚，即[illegible]火燒燃，

（中央社）四會二十日電，今日上午八時，敵機十八架，分六隊飛廣寧懷集竄擾，另一隊三架，進襲四會，在縣城投彈十枚，毀房屋二十餘間，死傷平民數人，

（中央社）西安十一日電，上午九時十五分，敵機十三架，由晉竄入陝境，經韓城宜川甘泉鄜縣等地上空窺視後，即原路逸去。

——摘自《新新新闻》，1938年11月22日

◎近日機對太平南陵等地縣城濫施轟炸

○死傷平民婦孺甚多

太平十日息，十八號下午一時日機三架，业聯隊飛太原轟炸，在城內投彈三十餘枚，炸毀民房多處，业散發荒謬傳單，十九號有九架兩次飛南陵轟炸，投彈四十餘枚，房屋多處被毀，死傷平民十八

——摘自《腾越日报》，1938年11月22日

寇機分飛

宜昌太平肆虐

宜昌江面英砲輪亦受傷起火

四會廿日電：今日上午八時許　敵機一隊、潛襲[illegible]遂縣屬太平市、投彈七枚　燬屋數間　死傷平民十餘人，敵機肆虐後　繼飛西會廣甯窺察

宜昌廿日電：敵機九架、於二十日九時許經天門沙洋，西襲宜昌　至九時五十六分，敵機分兩次侵入市空　在鐵路壩一帶投下爆炸及燒夷彈約三十餘枚、旋即向原路逸去　棚屋四間被焚燬、死傷十餘　折於該處江面之英砲輪尾部　亦受傷起火、

——摘自《南宁民国日报》，1938年11月22日

兩晝夜大火
燬滅了長沙

方家達

長沙的大火災、主要原因由於地方負責軍警當局的昧於情勢、臨時張皇躁急、致釀大禍、經過兩晝夜烈焰蔓延、所有城內外的公私建築物、變爲一片焦土、火勢之烈、火場之大、爲抗戰以來所未有、亦爲有史以來最猛烈者、記者當時適在城內、十四日下午才離開那滿目淒涼的長沙、也許是最後離開長沙的戰地新聞工作者、路過金華、茲將所見報告本報讀者、

燬滅的前夕

記者自瑞昌前線回到長沙以後、本來想馬上轉道武漢、到大江北岸去、後來因爲戰局日趨緊張、家中尚有老小、不得不準備遷移、於是就留在長沙一直到這個城市毀滅的時候

長沙、以前雖然迭次遭受敵機慘酷的轟炸、有錢的人老早就捲逃到香港雲貴一帶「安全」的後方去了、但是大多數的窮苦老百姓、仍然沒有離開、即使離開、也不過到附近東西兩鄉避炸而已、同時政府機關遷移到長沙的日多、從武漢那方面來的各省難民也多半麕集在長沙、因此全市的人口總在五六十萬、市面也有相當的繁榮、這局面一直維持到十月中旬、到了十月下旬、廣州淪陷後、繼之我軍自動放棄武漢核心、長沙就因爲戰局一天一天的逼近、進入了戰時狀態了、截至十一月十二日以前、政府機關遷走一空、民衆自動疏散的、已近十分之八九、所留者大都極貧苦的勞動者、他們的生活寄託在城市中、離開城市就無法維持生命、打算換一天算一天、十二日夜、記者閒步街頭、路燈大半已熄滅、昔日繁盛的街頭——如八角亭中正路南正路一帶、已成死寂、老百姓很難看見、完全是軍人忙亂、在黑暗中行走、載重汽車往來不絕、一種淒涼景像、令人心酸、但我們決料不到當夜這個城市就會在大火中毀滅殆盡、因爲火線離這裏還有二百多里呵

恐怖的一夜

十二日午夜、記者尚未入睡、在兩點多鐘的時候、忽然聽見街外一片喊聲、窗外天空滿佈紅光、連忙上三樓露台眺望、城內到處起火、半點鐘內、整個城市都燃遍了、記者寓所在下坡子街、隔壁的國貨銀行也起火了、移時前後左右皆在大火中、這突然的大變、使每個人都感到手忙脚亂起來、記者帶了重要的文件就奔出大門、從大火中經過南正路出城、到江邊、江上船隻因已征用一空、只見一片紅光反映在水面、沿江逃命的成千上萬・一片紛亂悲慘的情形、眞是慘不忍言、城內外的火勢、越來越大、到天明時、已經很難找到一幢完好的房屋了、天明後、記者繞道沿環城馬路到興漢門正街、遠遠就望見我家住了十五年的寓所、正在猛烈的燃燒着、那裏面有我歷年來搜集的中外文學書籍三千餘冊、

由興漢門出城、自湖蹟渡過河・在通到安河去的大路上、民衆扶老攜幼、大半是攜被一牀、哭喪着臉、向四鄉去、他們每個人都失去了他們所有的財產・一個老太婆坐在路旁號陶大哭、「天呵！我的兒子……我的兒子燒死了！」

對於敵人要「堅壁清野」、每個城市在撤退前、不留一草一木以資敵用、這是應該的、可是長沙却嫌過早、同時事先地方軍警當局沒有通知、使窮苦的老百姓一點沒有準備、似乎太躁急了。

兩度入火城

因爲整夜未眠、記者在鄉間一個買小菜的家裏、大睡一覺後、十三日下午、一人回到那正在燃燒的火城中去、過湖蹟渡後、沿經武路到小吳門、大火還在猛烈的繼續燃燒着、每條街口、皆爲火焰與濃煙封住、竟無法進城、十四日上午・再度入城、因爲起火點多、偌大一個城市、已經燒完・只有幾處大廈、仍在繼續燃燒中、對河嶽麓山下的湖南大學和第一紡紗廠的火勢很大、爆炸聲自十二日夜起到十四日還沒有停止、還有火不時毀滅的公私建築物和沒有運走的機械、皆以炸藥轟毀・記者自小吳門入城、經過中山路東長路中正路南正路、兩旁房屋、剩下的只是斷垣瓦礫了、間有餓犬數條在殘餘的瓦礫中尋食物・此外不見一人、我長沙是完了！

暫別了家鄉

十四日下午、記者感到沒有留在這空城的必要、下午四時、到小吳門東站、乘兵車去株州、暫別了家鄉、我感到無比的憤怒和悲哀・但不是失望、因爲光明永遠是在前面、從中我走上了流亡的路・我要用更艱苦的生活來追求光明！

心情紊亂已極、不能爲文、這裏所記下來的、只是極簡略的一面而已、（十一、廿、於金華）

——摘自《东南日报》（金华），1938年11月22日

敵寇暴行

敵機昨襲粵桂 延安首次被炸

延安

（中央社東京廿一日合衆電）前方電訊，日機昨首次飛延安轟炸。

四會

（中央社四會二十一日電）今日上午八時，敵機十八架，分六隊飛廣寧懷集窺察，另一隊三架進襲四會，在縣城投彈十枚，燬房屋二十餘間，死傷平民數人。

桂林

（中央社桂林廿一日電）敵機二十一架廿一日晨來襲桂林，防空部於十時發出警報，十時五十分首批敵機九架經懷集、鍾山、平樂、陽朔。竄入桂林上空，在城內盤旋一週。飛南郊投彈六十餘枚。第二三批各六架，俄頃亦侵入城區投彈三枚，並以機槍向下掃射。其中一架，經我高射砲命中，帶傷逸去。敵機在城內所投之彈，重約二百磅，一落於皇城圖書館門首馬路中，無損失；一落於桂北路八八號門首，炸毀民房五棟，傷平民三人；一落於桂北路七〇號馬路中，震倒民房四棟，死平民一人，傷三人。

——摘自《新华日报》（汉口），1938年11月22日

廣州慘況

（上）：淪陷後之廣州東山百子路，墅三一某學校被日軍焚燬後慘況，（下）：一難民由廣州逃出，當時離開廣州時各處大火燃燒

——摘自《大晚报》（上海），1938 年 11 月 23 日

漢義教士被誣賄賂縱火

竟被□□酷刑逼供

英副領營救始獲釋出現治療中

（路透社廿一日漢口電）據可靠報告、有一意國傳道教士名比里神父、已在華服務卅三年、本月十六日被日軍扣留、據日當局稱 、該意教士、最近曾賄買華人在漢口市縱火焚燬房屋、該教士在漢口附近之難民區服務者、某一華人曾自認得該教士、給以五元至十元不等之賄金、做縱火工作、該教士於被捕之夜、被日軍施以第三級之酷刑、逼其簽字、供認上述之罪狀、該教士始終堅拒、翌日又被日軍反縛兩手於背後、再嚴加鞫訊、後得英副領事營救始獲釋放、該教士現在醫院療養中、

——摘自《南华日报》（香港），1938 年 11 月 23 日

日寇掠奪我國文物

（全民社訊）近刊東京讀賣新聞內載有日寇侵我華中如何進行掠奪我國文物事，茲特識誌原文於後，據該報稱，「關於華中日軍竭力蒐集書籍，至於那些被蒐集的物件，光是關於地質礦物方面的已有三萬點之多，考古學方面的也有八百大箱，圖書方面更多，至約六十萬點，因爲數量太多，草草第一次整理預算已需六個月之久，編於整理齊全恐非數年不辨。這實在事件「偉大」的事業•其中尤以關於地質礦物的研究爲佔領區內以後調查資源及振興經濟之基礎的宏業，所以自主任尾崎博士以下全體工作人員，莫不彈精竭力的埋頭苦徐着。再者關於考古學方面的完整原形的條件，雖然絕無僅有但從河南安錫的殷朝王宮墓陵中發掘出來的珍貴銅器類起，以全龜甲上描有殷朝文字的龜板，和六朝的彫有唐景教（基督教）的十字架的石佛，這些都是日本現時所不多見的珍品，等到將來把中國各時代的遺物陸續「接收」終了，「整理」畢事，然後將研究之所得向學術界發表，實足「震倒」世界各國的考古學界（！）自然科學研究所預定在南京各種研究工作完成之，仍將追隨前進軍事後，續向前線各地派遣新的研究班」云云

——摘自《云南日报》（昆明），1938 年 11 月 24 日

敵機狂炸西安

死傷平民二百餘人

湘境空襲衡陽被投彈

▲中央社西安二十三日電　敵機二十架、今晨九時四十分、由晉侵陝、狂炸本市住民區、十時逸去、共投彈八十餘枚、死傷同胞二百五十餘人、毀房一百五十間、其狀之慘、空前未有、外人葉墨、目睹敵機濫炸、極爲痛恨、事後親往被炸區域視察、對我遇難同胞、除表惋惜外、並予以撫慰金。

▲中央社西安廿三日電　敵機廿三日晨襲陝垣、以回民區爲目標、我百餘回民同胞、或炸傷、或斃命、情形慘極、省府除派員慰問外、並調查撫卹、抗敵會亦派隊慰問、協助處理善後。

▲中央社衡陽廿三日電　敵機十八架、廿三日午十二時由贛經武寗修水瀏陽醴陵、分兩批襲衡、在江東岸與第一職業學校附近投彈五十餘枚、燬民房廿餘間、傷平民十餘人。

▲中央社南昌二十三日電　今日上午十時許、贛皖邊境發現敵機二批、第一批九架、第二批十七架、先後經贛西襲湘、下午一時許、各該敵機折往贛西向東北逸去。

——摘自《中央日报》（重庆），1938 年 11 月 24 日

寇機狂炸肇慶

白土墟被炸災情甚爲慘重

梧州二十三日電：昨（廿二）日上午十時四十三分，敵機九架到肇慶狂炸，並開機關槍掃射，共投彈廿餘枚，沉民船數艘，平民死一人，傷數人，同時敵機又在白土圩投彈十餘枚，是日適係圩期，致被炸死平民五十餘人，傷卅餘人，災情甚爲慘重云。

南昌廿二日電：敵機四架、今下午十時許侵入奉新縣上空窺察，并在城內投彈六枚炸燬民房五棟　死傷平民六人、

河曲廿一日電：廿一日晨敵重轟炸機二架，竄河曲投彈十枚，毁房十餘間，傷三四人，嗣至陝北哈拉寨投彈七枚，損失未明，午後復來三機偵察一週，向西飛去。

南昌廿三日電：今十時許贛皖邊境發現敵機二批，第一批九架，第二批十七架，先後經贛襲湘，下午一時許各該敵機折經贛西向東北逸去。

——摘自《南宁民国日报》，1938 年 11 月 24 日

敵寇暴行

敵在淪陷區中暴行

滬杭民衆被迫防護鐵路
亳縣一帶遍地迫栽鴉片

（中央社蕭山二十三日電）滬杭鐵路迭遭我軍破壞，交通時告中斷，敵無法防護，迫令沿綫民衆組織鐵路防護團。如遇有破壞情事，惟民衆是問。該團本部設杭州，由漢奸蔡良欽高守英分負正副「團長」之責，顧問爲宮島等六人，已於十八日舉行所謂成立儀式。

（中央社屯溪二十三日電）皖豫魯毘連之亳縣渦陽一帶向爲鴉片產地，但自國府厲行煙禁後，已告絕跡，現悉敵逆兩方，又迫令當地農民播種鴉片，實行其毒化政策。

（中央社五原二十二日電）包頭敵，近日強迫居民拆除城週圍十里以內房屋，防我游擊隊襲擊。人民怨聲載道，恨敵入骨。

——摘自《新华日报》（汉口），1938 年 11 月 24 日

敵機昨炸陝湘各地

西安

（中央社西安二十三日電）敵機二十架，今晨九時四十分，由晉侵陝，狂炸本市住民區，十時逸去，共投彈八十餘枚。死傷同胞二百五十餘人，毀房一百五十間，其狀之慘，空前未有。外人葉墨目睹敵機濫炸，極爲痛恨。事後親往被炸區域視察，對我遇難同胞，除表惋惜外，並予以撫慰金。

延安

（本報延安廿二日專電）敵機十四架於廿日首次轟炸延安，投彈四十餘枚，傷亡在百人以上。廿一日早復竄來敵機十三架，投彈五十餘枚，傷亡廿餘人。兩次轟炸毀學校文化機關及市民房屋甚多。

湘東

（中央社南昌二十三日電）今日上午十時許，贛皖邊境發現敵機二批，第一批九架，第二批十七架，先後經贛西襲湘，下午一時許，各該敵機折往贛西向東北逸去。

衡陽

（中央社衡陽二十三日電）敵機十八架，二十三日午十二時，由贛經武寧修水瀏陽醴陵，分兩批襲衡，在江東岸與第一職業學校附近，投彈五十餘枚，毀民房二十餘間，傷平民十餘人。

南通對岸

（中央社淮陰二十三日電）我遊擊隊十八日在南通對岸蔡圩港襲擊敵軍，除擊斃敵十名外，并奪獲敵軍用車一輛，俘敵大尉一名，士兵十八名，敵方爲報復計，連日派敵機多架，肆意轟炸。

——摘自《新华日报》（汉口），1938 年 11 月 24 日

寇軍在漢暴行一斑

△中央社漢口二十四日合衆電：據確息、日本軍隊、在難民區內夫拉、每日平均約有千人左右、另據日人談、昨日有中國人若干、被日軍槍決、其罪狀爲在中國匿隱縱火、其中有數人幣被迫脫衣後、發現爲婦女改裝、其中有婦女一人、當即被投入烈火中片刻間即化爲灰燼

——摘自《云南日报》（昆明），
1938 年 11 月 25 日

陝境各地昨遭敵機狂炸

潼關膚施死傷甚重

湘西澧縣亦被投彈

▲中央社潼關二十四日電　敵機今晨分批在潼關朝邑三河口一帶濫施轟炸、潼關城內及東南關一帶、投彈三十餘枚、死傷平民十餘人、毀民房數間、朝邑有敵機六架、在五家坊郭家莊等地投彈二十餘枚、死傷數人、三河口一帶有敵機兩架、投彈二十餘枚、死傷各一人、炸燬民房十餘間、空木船九隻・午後敵機八架、二次竄擾潼關、在南原一帶、投彈二十餘枚、均落空野、我無損失。

▲中央社膚施二十四日電　敵機數架、今晨由晉竄擾本縣城郊、投彈二三十枚、死傷平民八十餘人、毀民房二十餘間。

▲本市息　敵機廿三日襲西安、狂炸回民區、傷亡慘重、渝市中國回民救國協會聞訊、極爲憤慨、除去電慰問外、幷先行電匯五百元、充死亡回胞埋葬費及受傷者醫藥費云。

▲中央社常德廿四日電　敵機二架、廿四日下午一時、飛澧縣肆擾、在城廂內外投彈四枚、毀民房廿棟、死傷居民六人。

——摘自《中央日报》（重庆），1938 年 11 月 25 日

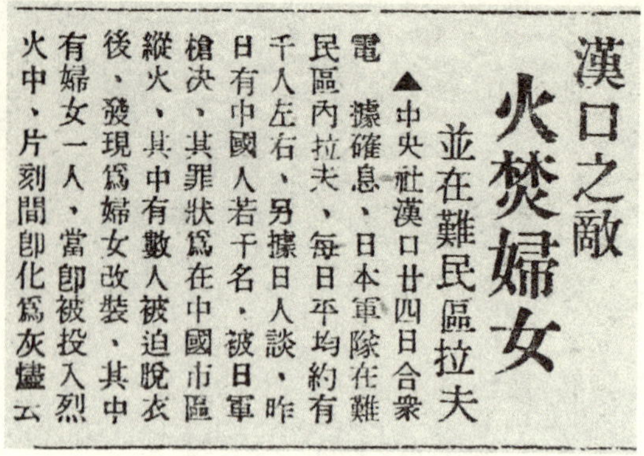

漢口之敵
火焚婦女
並在難民區拉夫

▲中央社漢口廿四日合衆電　據確息、日本軍隊在難民區內拉夫、每日平均約有千人左右、另據日人談、昨日有中國人若干名、被日軍槍決、其罪狀爲在中國市區縱火、其中有數人被迫脫衣後、發現爲婦女改裝、其中有婦女一人、當卽被投入烈火中、片刻間卽化爲灰燼云

——摘自《中央日报》（重庆），1938 年 11 月 25 日

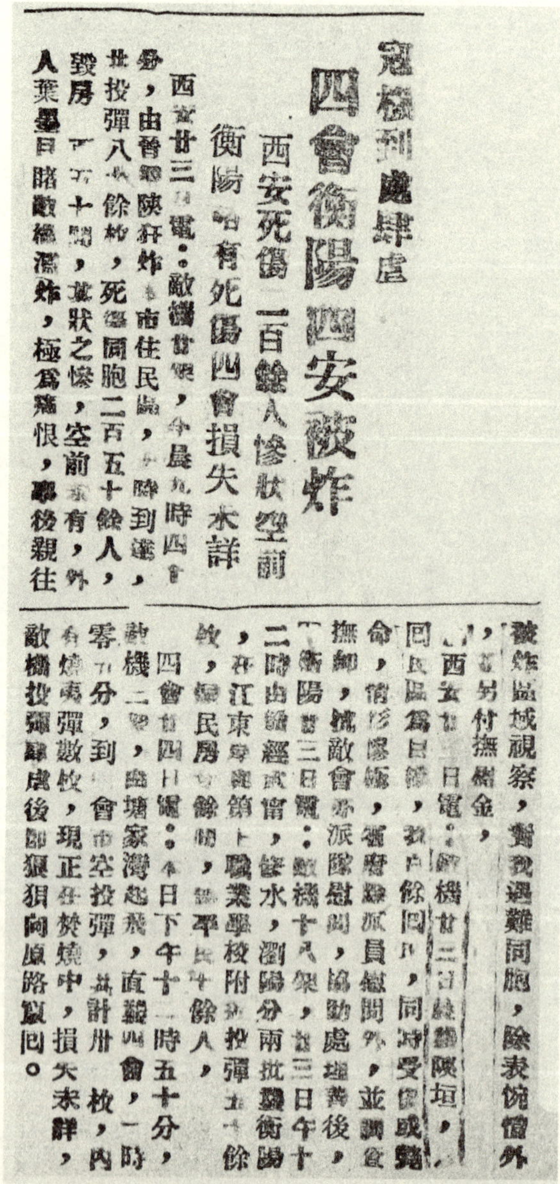

寇機到處肆虐
四會衡陽西安被炸
西安死傷一百餘人慘狀空前
衡陽亦有死傷四會損失未詳

西安廿三日電：敵機廿架，今晨九時四十分，由晉飛陝狂炸本市住民區，十時到達，共投彈八十餘枚，死傷同胞二百五十餘人，毀房一百五十間，其狀之慘，空前未有，外人葉墨目睹敵機濫炸，極爲痛恨，事後親往被炸區域視察，對我遇難同胞，除表惋惜外，並另付撫卹金，

西安廿三日電：敵機廿三日結隊襲陝垣，因民區爲目標，致百餘同胞，同時受傷或殞命，情形慘極，省府派員慰問外，並調查撫卹，抗敵會亦派隊慰問，協助處理善後，

衡陽廿三日電：敵機十八架，廿三日午十二時由鄂經武甯，修水，瀏陽分兩批襲衡陽，在江東岸鐵路及職業學校附近投彈五十餘枚，毀民房廿餘間，傷平民十餘人，

四會廿四日電：本日下午十一時五十分，敵機二架，由增家灣起飛，直襲四會，一時零五分，到會市空投彈，共計卅枚，內有燒夷彈數枚，現正在焚燒中，損失未詳，敵機投彈肆虐後卽猖狂向原路竄回。

——摘自《南宁民国日报》，1938 年 11 月 25 日

敵寇暴行

敵在漢暴行加劇

任意拉夫火焚婦女

（中央社漢口二十四日合衆電）據確息，日本軍隊在難民區內拉夫，每日平均約有千人左右。另據日人談，昨日有中國人若干名，被日軍槍決，其罪狀爲在中國市區縱火，其中有數人被迫脫衣後，發現爲婦女改裝，其中有婦女一人，當即被投入烈火中，片刻間即化爲灰燼。

——摘自《新华日报》（汉口），1938年11月25日

敵機昨炸延安等地

延安

（中央社延安二十四日電）敵機數架，廿四日晨由晉竄擾本縣城郊，投彈二三十枚，死傷平民八十餘人，毀民房二十餘間。

潼關

（中央社潼關二十日電）敵機今晨一帶，濫施轟炸。計潼關投彈三十餘枚，死傷平民十餘人，朝邑投彈二十餘枚，死傷數人，三河口一帶投彈二十餘枚，死傷各一人。

澧縣

（中央社常德廿四日電）敵機二架廿四日下午一時，飛澧縣肆擾，在城箱內外投彈四枚，毀民房廿棟，死傷居民六人。

——摘自《新华日报》（汉口），1938年11月25日

日機狂炸延安

揚言將犯陝甘寧

我軍佈置西北未來大戰

決疏散西安居民十萬人

（重慶廿五日電）路透社訊：日機昨轟炸中國共產黨根據地之延安，自中日開戰以來，延安遭遇空襲，此爲第一次。延安來電，謂日機昨晨在延安郊外擲落炸彈二三十枚，毀屋二十所，居民傷亡八十人。

（重慶廿五日電）路透社訊：據西安傳來消息：日方或將用兵十八師團，侵犯陝西與寧夏兩省。消息靈通方面以爲日方此舉，固屬可能，但日本先調遣生力軍入綏晉兩省，以圖大舉，否則不能實現。惟據謠傳日方擬用十師團攻擊西安，八師團侵入寧夏，衆信日方先將作奪取豫省鄭州與洛陽之嘗試，然後始對西北諸省，開始其大規模之侵犯。日軍一路將取道武寧，進窺寧夏與蘭州，另一路日軍則向襄陽與樊城推進，以夾攻西安。中國當局預先布置未來之西北大戰，已將西安居民疏散十萬人。

——摘自《晶报》（上海），1938年11月26日

敵在山西

蹂躪民衆

無所不爲

中央社垣曲二十五日電　近日敵釐集兵力、掩護修築原平至朔縣段同蒲路、對於附近民衆、蹂躪備至、㈠强拉民夫、每村七十至百人、修築鐵路及秘密工事、遲到者處死、每段事畢、恐洩漏機密、服役民衆、多遭暗殺、㈡强征壯丁入伍、更易寇軍軍服、迫令在戰場上衝鋒、㈢强姦婦女、各村凡屬女性、不論老幼、幾無幸免、事後並予殘殺、㈣竊室縱火、劫取粮食、尤爲普遍、

——摘自《时事新报》（重庆），1938 年 11 月 26 日

寇機肆虐

延安潼關澧縣被炸

各地民房被燬死傷頗重

膚施廿四日電：敵機數架，廿四日晨由晉竄擾本縣城郊，投彈二三十枚，死傷平民八十餘人，毀民房二十餘間。

長沙二十四日電：敵機兩架，今午由漢經朱河關向西南，於下午　時許竄抵澧縣，在汽車站投彈數枚，炸死平民男四女一，傷者二人，燬房屋廿餘棟，敵機肆虐後，取原道逸去。

常德廿四日電：敵機二架，廿四日下午一時飛澧縣肆虐，在城箱內外投彈四枚，毀民房　棟，死傷居民　人，

潼關[illegible]四日[illegible]敵機[illegible]晨分批[illegible]潼關朝邑三河口一帶偵察轟炸，八時[illegible]分敵機[illegible]，在潼關城內[illegible]東關一帶投彈[illegible]枚，死傷平民十餘人，[illegible]民房[illegible]間，八時[illegible]分，朝邑空發現敵機[illegible]，[illegible]家坊[illegible]家[illegible]投彈廿餘枚，死傷數人，八時五十分[illegible]帶，空有敵機兩架，投彈[illegible]餘枚，死傷各一人，炸毀民房十餘間，空[illegible]船九隻，[illegible]十二時[illegible]分，敵機八架，[illegible]潼關，[illegible]南[illegible]一帶投彈[illegible]餘枚，均爲空野，并無損失。

——摘自《南宁民国日报》，1938 年 11 月 26 日

敵機昨襲粵桂浙
廣甯龍州等地被投彈

（中央社韶關二十五日電）敵機今分襲粵西北各地。上午八時，敵機八架襲廣甯縣城，投彈二十餘枚，毀商店民房九十餘間，平民死傷逾百人。九時許，敵機在四會縣城投九彈，毀屋十餘間，死傷平民數人。

（中央社桂林二十五日電）廿四日午，敵機六架，由北海起飛，進襲上思、龍州，以機槍掃射城區，四架飛龍州投彈十餘枚，南北標營及對江督辦署（專辦粵桂邊務機關）房屋略有損毀。又廿一日晨襲桂林被擊傷敵機，在陽朔山中拋下油箱兩個，彈架四個，廿五日晨已運抵此間。

（中央社金華二十五日電）敵轟炸機八架，晨今一時四十四分侵入建德，散放荒謬傳單。九時正飛抵蘭谿，向北城投二彈，毀屋一間，死一人傷二人。九時零三分竄入金華上空，投彈三枚，毀屋三間，無死傷。

（中央社金華二十五日電）敵轟炸機一架，今午二時飛臨浦，向湄池火車站投彈四枚，無何損失。

——摘自《新华日报》（汉口），1938 年 11 月 26 日

劫後的長沙
被難者衆多
燒死四千無家可歸七千
政府調動壯丁清除劫灰

（本報今日長沙專電）此次長沙大火達一星期之久，繁華都市，化為灰燼，良可浩嘆。經當局努力辦理善後事宜後，現查明無家可歸者有七千餘人，被火燒死經覓得屍身埋葬者，有四千餘。記者頃謁張治中氏，即以辦理善後諸事，據談，省府刻除積極進行救濟工作外，已動員八千壯丁，出發清除劫灰。

——摘自《大晚报》（上海），1938 年 11 月 27 日

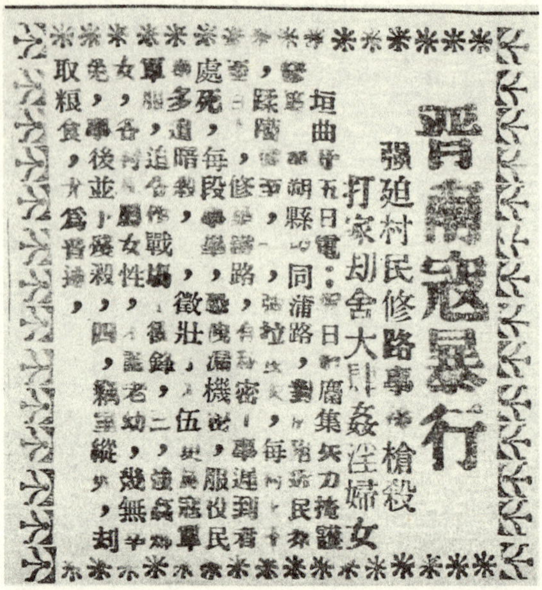

晉南寇暴行

強迫村民修路事後槍殺

打家劫舍大肆姦淫婦女

垣曲[illegible]五日電：[illegible]日[illegible]集兵力掩護[illegible]湖縣，同蒲路，[illegible]民[illegible]修[illegible]，[illegible]路，[illegible]每[illegible]到[illegible]段修[illegible]，[illegible]密[illegible]，每[illegible]追晴[illegible]，機[illegible]服役[illegible]多死[illegible]，徵[illegible]壯[illegible]伍[illegible]軍[illegible]，[illegible]戰[illegible]，[illegible]女[illegible]各[illegible]老幼[illegible]殺性[illegible]，[illegible]並[illegible]，無[illegible]取糧食[illegible]為[illegible]封

——摘自《南宁民国日报》，1938 年 11 月 27 日

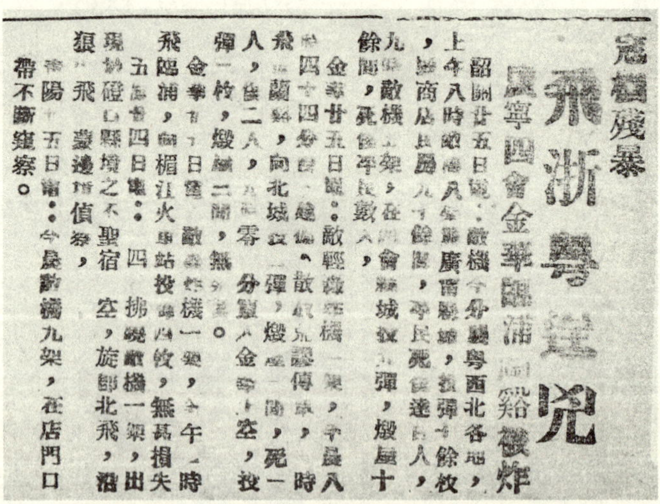

寇機殘暴

飛浙粵逞兇

廣寧四會金華臨浦[illegible]谿被炸

韶關廿五日電：敵機今分襲粵西北各地，上午八時敵機八架飛廣寧縣，投彈十餘枚，[illegible]商店民房九十餘間，平民死傷達[illegible]人，[illegible]敵機[illegible]架，在四會縣城投[illegible]彈，燬屋十餘間，死傷平民數人，

金華廿五日電：敵轟炸機一架，今晨八時四十四分[illegible]飛[illegible]，向北城投一彈，燬屋一間，死一人，傷二人，[illegible]零分[illegible]金華上空，投彈一枚，燬屋二間，無[illegible]。

金華[illegible]日電：敵[illegible]機一架，今午一時飛臨浦，向楣江火車站投彈四枚，無甚損失。

[illegible]五[illegible]廿四日電：四[illegible]敵機一架，[illegible]出現[illegible]山縣境之[illegible]聖宿空，旋即北飛，[illegible]狼[illegible]飛臺邊[illegible]偵察，

[illegible]陽[illegible]五日電：今晨敵機九架，在店門口帶不斷偵察。

——摘自《南宁民国日报》，1938 年 11 月 27 日

敵在深圳縱火

寶安縣城情况不明

△中央社香港二十七日電：敵入踞深圳後，縱火焚燒，今猶未熄，沙頭角仍由我軍扼守，敵機一架二十七日晨八時，飛往投彈轟炸，香港寶安間交通已斷，寶安縣城情况不明。

△中央社香港二十七日電：敵軍百餘，二十六日晚越界至羅湖水塘豎立日旂，旋經英軍趕至交涉一小時餘，始行撤退，二十七日午後二時許，又升汽球，向英界偵察，沙頭角中英交界處已劃界，四週圍以鐵絲網，居民已奉令遷出，英印兵百名二十七日晨開往增防，二十七日晚或二十八日晨，續有大隊開往，輜重運輸亦極繁忙，情勢甚爲嚴重。

△中央社香港二十七日路透電：記者昨至中英邊境之華方界線一帶巡視，英邊境公路，有被砲彈破片，擊中數處，深圳河橋樑，亦中砲彈一枚，英守軍在附近，建有守望地下室，亦有被砲彈碎片擊中之痕，美記者復至邊境高地瞭望，見深圳尚在激戰中，同時聞清晰槍聲，難民逃至英境邊者亦衆，且有被刺或身中槍彈，而受重傷者，日機終日在附近上空飛翔不息，足證附近亦有日軍行縱，夜深時，該華方區域之華軍甚多，對面則爲英守軍及日軍，昨日下午，有日軍若干渡過深圳河，將英兵第二守望台佔領，並插太陽旗一幅，後經英軍官勸請，始行撤去。

△中央社廣州二十七日合衆電，廣州市內發生大火數起，各火均係有人放縱，其地點均在永安一帶，致房屋焚去甚多，昨晨之大火，將東山日兵營附近之房屋焚去，晚間之大火，則由市中心區之永安路焚去房屋達五十棟之多，咋晨沙面附近，亦發生大火，幸無大風，得未延及沙面租界，昨晚日軍逮捕二人，謂有縱火嫌疑。

——摘自《云南日报》（昆明），1938 年 11 月 28 日

敵在南京公開售毒

每月營業五百萬元
受害男女達數萬人

◇……金大美籍醫生呼籲制止

△中央社上海二十七日合衆電　南京金陵大學之美籍醫生尼愛茲、頃在上海大美晚報發表公開函件、略謂、在國民政府建都南京時、因積極取締之結果、鴉片貿易全停、海洛因完全絕跡、乃自日軍入佔南京以來、鴉片貿易大盛、每月之貿易額最少達五百萬元、鴉片館遍地皆是、海洛因亦極盛行、各烟館均有「當局者」予以保護、青年男女之受其害者達數萬人、鴉片烟館竟公開登載廣告、謂吸烟爲健康之路、且能補體提神云云、而「官」辦報紙、亦請市民赴煙館吸烟、故甚盼爲人民之福利計、有以補救之云云。

——摘自《中央日报》（重庆），1938年11月28日

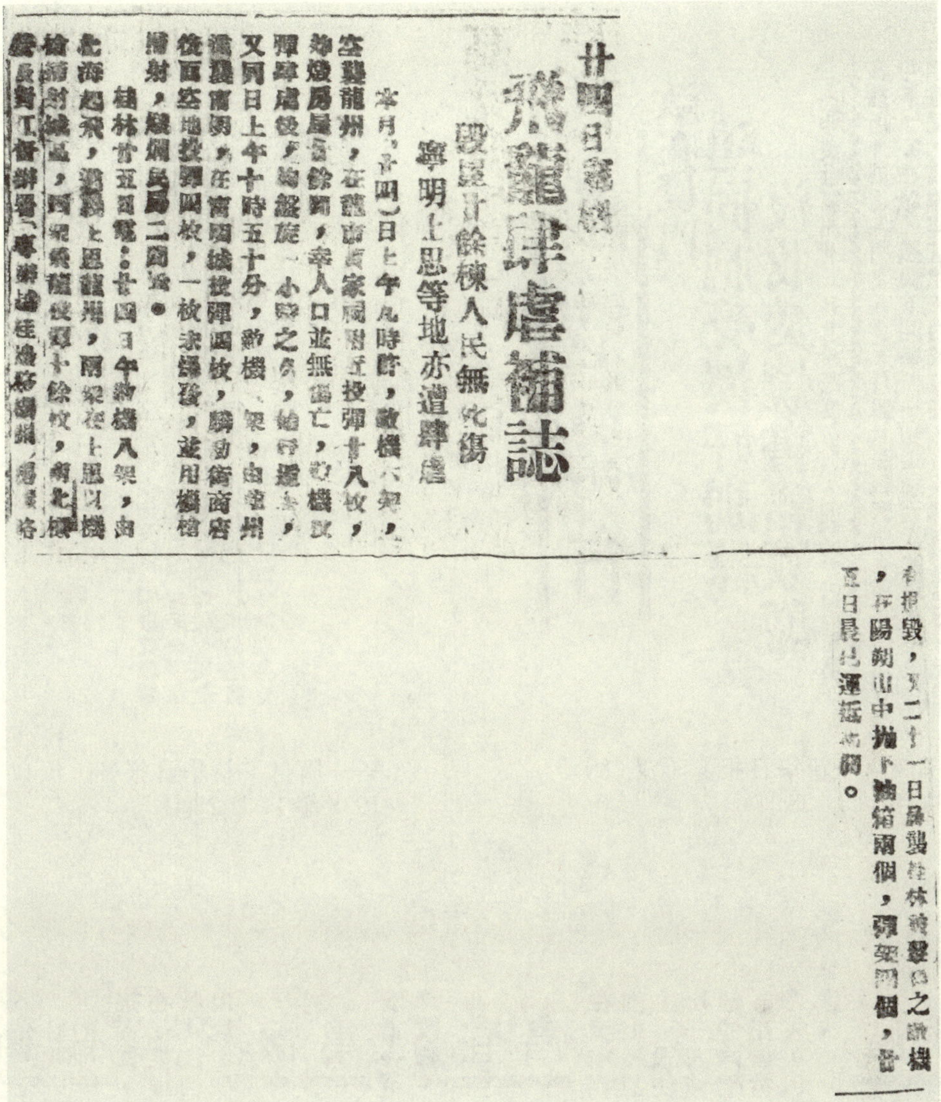
廿四日電訊

敵機肆虐補誌

毀屋廿餘棟人民無死傷
寧明上思等地亦遭肆虐

本月二十四日上午九時許，敵機六架，空襲龍州，在龍市黃家祠附近投彈廿八枚，炸燬房屋廿餘間，幸人口並無傷亡，敵機投彈肆虐後，尚盤旋一小時之久，始行遁去，又同日上午十時五十分，敵機一架，由寧明邊境侵入，在寧明城投彈四枚，騷動街商店後，向空地投彈四枚，一枚未爆發，並用機槍掃射，燬民房二間云●

桂林廿五日電：廿四日午敵機八架，由北海起飛，襲擊上思龍州，兩架在上思以機槍掃射城區，兩架竄襲[illegible]十餘枚，南北[illegible]長對工會辦署（專辦[illegible]）[illegible]

[illegible]被摧毀，又二十一日晨襲桂林被擊落之敵機，在陽朔山中拋下油箱兩個，彈架兩個，昨[illegible]日晨已運返南寧。

——摘自《南宁民国日报》，1938年11月28日

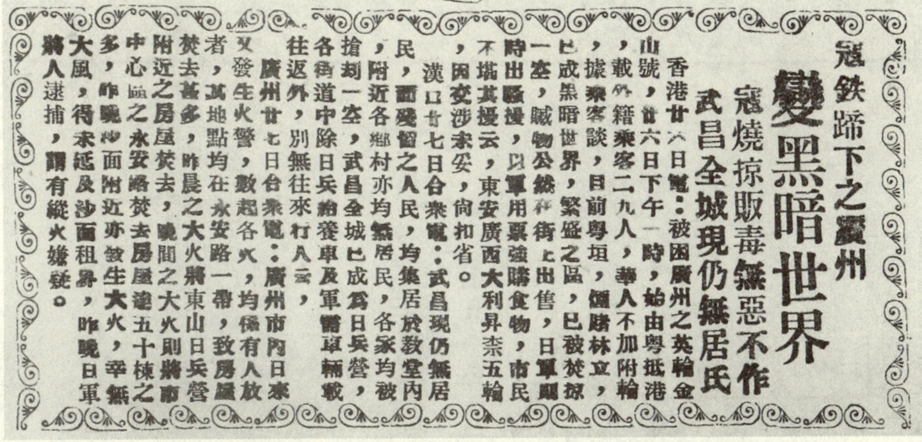
寇鐵蹄下之廣州

變黑暗世界

寇燒掠販毒無惡不作
武昌全城現仍無居民

香港廿六日電：被困廣州之英輪金山號，昨六日下午一時，始由粵抵港，載外籍乘客二九人，華人不加附輪，據乘客談，目前粵垣，僅睹林立，已成黑暗世界，繁盛之區，已被焚掠一空，賊物公然在街上出售，日軍强時出騷擾，以軍用票強購食物，市民不堪其擾云，東安廣西大利昇泰五輪，因交涉未妥，尚扣省。

漢口廿七日合衆電：武昌現仍無居民，而殘留之人民，均集居於教堂內，附近各鄉村亦均無居民，各家均被搶劫一空，武昌全城已成為日兵營，各街道中除日兵輸養車及軍需草輛載往返外，別無往來行人云，

廣州廿七日合衆電：廣州市內日來又發生火警，數起各火，均係有人放者，其地點均在永安路一帶，致房屋焚去甚多，昨晨之大火將東山日兵營附近之房屋焚去，晚間之大火則將市中心區之永安路焚去房屋達五十棟之多，昨晚沙面附近亦發生大火，幸無大風，得未延及沙面租界，昨晚日軍將人逮捕，謂有縱火嫌疑。

——摘自《南宁民国日报》，1938年11月28日

敵寇暴行

敵在廈門 迫同胞受漢奸訓練 沒收焚燒書籍數萬

（中央社福州廿五日電）踞廈敵偽，近設一大規模漢奸訓練所，被迫入所者甚多，幷設日語講習所九所，偽市立中學，亦在敵偽監視下開學，一切由敵台人操持。廈門中華書局，商務印書館，均被搜查，沒收書籍數萬冊，悉予焚燬，淪陷區域敎育文化，悉遭封毀，圖奴化我同胞。

——摘自《新华日报》（汉口），1938年11月28日

湖口彭澤 難民五萬待救濟

（中央社南昌廿六日電）贛省執委何人豪頃由前綫歸來，據談湖口彭澤兩縣，現時我敵仍在沿馬湖公路一帶相持，所有公路左右廿華里以內之村莊，悉被敵焚燬，凡未逃出之壯丁婦女，則遭慘殺或姦淫。現該兩縣之未淪陷區域，經當地當局之努力，秩序已暫復常態，惟各該縣共有難民五萬人，厥狀甚慘，亟待救濟。

——摘自《新华日报》（汉口），1938年11月28日

敵機襲湘桂鄂等地

衡陽

（中央社衡陽廿六日電）敵機十八架，廿六日經贛入湘，到茶陵後，乃繞安仁、來陽，復至衡陽，在江東岸與江西岸均投彈數枚，江西岸彈均落於附近各山麓，我損失甚微。

懷集

（中央社桂林二十七日電）二十六日午，敵機七架，由粵竄入桂境，在懷集一帶，盤旋偵察甚久，未投彈。

宜昌

（中央社宜昌二十七日電）廿七日上午十一時，敵機十九架分批襲宜，在黃家祠，教軍場頭，城山附近，投彈多枚，即向東逸去。毀住房三間，傷九人，死一人。至下午二時，復有敵機六架，侵入市空，在市區用機槍掃射，達二十分鐘之久。但並未投彈，即向東逸去。

衢縣

（中央社金華廿六日電）敵轟炸機一架，今日晨上午九時廿分，由杭州方面竄入衢縣，投彈五枚，落劉家弄，毀民房八間。

——摘自《新华日报》（汉口），1938年11月28日

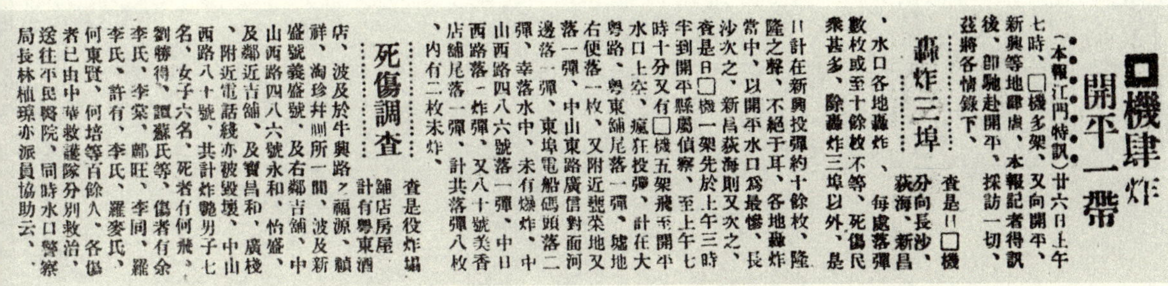

□機肆炸 開平一帶

（本報江門特訊）廿六日上午七時、□機多架、又向開平、新興等地肆虐、本報記者得訊後、即馳赴開平、採訪一切、茲將各情錄下、

轟炸三埠

查是日□機分向長沙、荻海、新昌、水口各地轟炸、每處落彈數枚或至十餘枚不等、死傷民衆甚多、除轟炸三埠以外、是日計在新興投彈約十餘枚、隆隆之聲、不絕于耳、各地轟炸當中、以開平水口爲最慘、長沙次之、新昌荻海則又次之、查是日□機一架先於上午三時半到開平縣屬偵察、至上午七時十分又有□機五架飛至開平水口上空、瘋狂投彈、計在大粵路、粵東舖尾落一彈、墟地右便落一枚、又附近甕菜地又落一彈、中山東路廣信對面河邊落一彈、東埠電船碼頭落二彈、幸落水中、未有爆炸、中山西路四八六號落一彈、中山西路落一炸彈、又八十號美香店舖尾落一彈、計共落彈八枚、內有二枚未炸、

死傷調查

查是役炸塌舖店房屋計有粵東酒店、波及於牛輿路之福源、韻祥、淘珍井廁所一間、波及新盛號義盛號、及右鄰吉舖、中山西路四八六號永和、怡盛、及鄰近吉舖、及寶昌和、廣棧、附近電話綫亦被毀壞、中山西路八十號、共計炸斃男子七名、女子六名、死者有何飛、劉勝得、譚蘇氏等、傷者有余李氏、李氏、李棠、鄺旺、李同、羅李氏、許有、李氏、羅麥氏、何東賢、何培等百餘人、各傷者已由中華救護隊分別救治、送往平民醫院、同時水口警察局長林植璟亦派員協助云、

——摘自《南华日报》（香港），1938 年 11 月 29 日

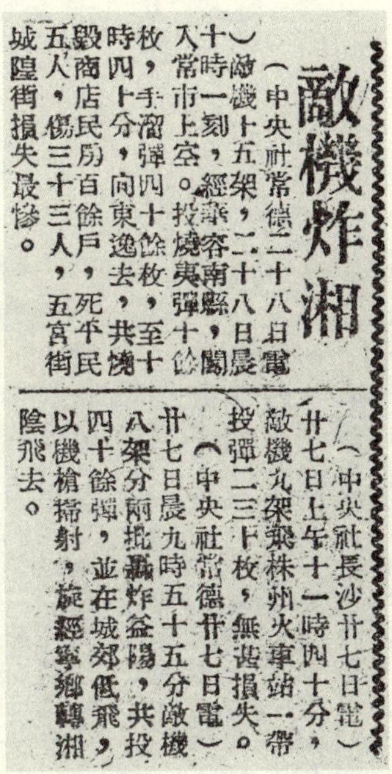

敵機炸湘

（中央社常德二十八日電）敵機十五架，二十八日晨十時一刻，經華容南縣闖入常市上空。投燒夷彈十餘枚，手溜彈四十餘枚，至十時四十分，向東逸去，共燒毀商店民房百餘戶，死平民五人，傷三十三人，五宮街城隍街損失最慘。

（中央社長沙廿七日電）廿七日上午十一時四十分，敵機九架襲株州火車站一帶，投彈二三十枚，無甚損失。

（中央社常德廿七日電）廿七日晨九時五十五分敵機八架分兩批轟炸益陽，共投四十餘彈，並在城郊低飛以機槍掃射，旋經寧鄉轉湘陰飛去。

——摘自《新华日报》（汉口），
1938 年 11 月 29 日

敵機又炸常德

投燒夷彈六十餘枚

焚燬民房三百餘棟

【中央社常德二十九日電】敵機九架，二十九日晨十時二十五分，又由華容分兩批竄入常德市空，第一批三架侵入上空後，在高空盤旋掩護，其餘六架低飛投彈，我高射部隊即猛烈射擊，敵機盤旋約四十分鐘，在城內外共投炸彈燒夷彈約六十餘枚，即向北逸去，敵機飛去後，記者於滿城火燄中，分赴各處視察，計中山北路瑪瑙巷落一彈，毀民房一棟，關廟街青陽閣落燒夷彈三枚，燬民房鋪面共七十八棟，雞鵝巷落燒夷彈二枚，燒鋪面四十餘棟，中山西路大西街落二彈，燬鋪面三棟，蘇皖小學落一彈，燬房一棟，皇經台落燒夷彈多枚，燒民房二百餘棟，北街口湖北旅社落一彈，燬房一棟，炸死小孩一，傷三人，中山東路大慶街喬家巷口落一彈，燒鋪面十餘棟，硃街口對門均昂布店落一彈，上南門外廣陽街碼頭落一彈，重傷一人，輕傷二傷，燬棚屋數間，小河街河岸落一彈，傷二人，燬屋一棟，沅江內亦落數彈，燬船一隻。

——摘自《中央日报》（重庆），1938 年 11 月 30 日

寇機常德肆虐

投彈四十餘枚略有死傷

敵機三五成羣窺伺閩南

常德廿八日電：敵機十五架，廿八晨十時一刻由華容南竄入常德市空，在城內共投輕重彈燒夷彈手溜彈四十餘枚，并低飛以機槍掃射，至十時四十分向東北飛去，事後調查，城內中山東路，洞居酒店後大高山巷，麻坪街，民衆圖書館，華嚴庵，城隍廟，瑪瑙巷，太平巷，五宮街，西衙巷，北門內公路，體育場附近，大西門城外，小西門城外等處均落彈，民房商店多棟被炸毀，五宮街口商會內落燒夷彈起火，燒民房八十餘間，居民被炸死者男三人，女二人，傷者有一人。

泉州廿八日電：閩南龍溪，同安，龍岩，漳浦，海澄，平和等縣，廿七日終日有敵轟炸機及偵察機，二二成隊，到處飛竄，但未肆虐，泉海口外敵艦二艘，已駛去一艘。

——摘自《南宁民国日报》，1938 年 11 月 30 日

×機五十一架

狂襲粵桂各地

在梧州散放荒謬傳單
湘省各地亦被×轟擾

（中央社梧州電）卅日上午×機五十一架任襲粵桂各地•并低飛掠過梧市空•散發荒謬傳單•在桂林市區及郊外投彈多枚•炸燬民房死傷平民數架•其中兩架在賀縣投彈三枚•毀塌民房與商店十餘間•死平民二人傷三人•又×機四架•在粵西六步以手溜彈掷擊我民衆•（卅日）

（中央社常德電）據息•應城×飛行場現停飛機七十餘架•每日飛鄂西各地肆擾•（卅日）

（長沙電）×機九架•今日上午經善羅分批先後轟炸長衡湘各軍站•㈠十時四十五分•×機九架竄抵易家灣•略事窺探•旋有三架在南市道投彈四枚•無甚損失•㈡×機三架•十一時十分在長沙車站附近投彈九枚•毀民房十餘棟•又在北站投十二彈•路軌略有損壞•僅傷平民一人•㈢十一時廿分•三門上空來×機三架•投彈四枚•同時朱亭亦有×機投彈十餘枚•㈣十一時四十分•×機六架飛竄易•投彈十餘枚•多落山地•無損失•㈤十一時四十三分•×機三架•在株州北站投彈數枚•另六架則在口肆虐•彈落田野•損失甚輕•（卅日）

（衡陽電）×機九架由鄂竄湘•經汨羅白水至長沙•其中三架在長沙東北西站投彈六枚•餘則[illegible]昭陵淦田朱亭一帶盤旋•約數十分鐘•復竄至昭陵投彈約廿餘枚•我無損失•衡陽于十一時發出警報•至十二時始解除•（卅日）

（宜昌電）卅日上午八時許•×機十二架•八時卅五分侵入市空•經我猛擊•未敢低飛•倉惶在上鐵路壩附近投彈多枚即逸去•彈均落荒地•我無損失•（卅日）

——摘自《华侨日报》（香港），1938年12月1日

敵機四十餘架

昨飛桂賀等地肆虐

在桂投彈數十枚損失待查
賀縣被投二彈死平民兩人

昨（卅）日上午七時卅分，敵機二架，由懷集向西北飛，七時四五分，敵機由東北侵入八步市空盤旋窺伺後，復轉回賀縣在東街及中間街投彈二枚，死平民二人，其餘損失未詳，又九時五十四分，敵機分數批由懷集向西北飛到八步，十五架在八步郊外投彈，至十一時零九分，八步市空又發現敵機加餘架，經鍾山，平樂，恭城進襲桂林，十一時二十四分，敵機又四十餘架，先後侵入桂林市空，分飛南區內盤旋窺伺，十一時卅六分，敵機在桂對河投彈數十枚，城東門處起大火，損失詳情未悉，敵機在桂市區投彈肆虐後，旋即向東南逃逸云。

中央社桂林廿九日電：廿九晨七時卅分，敵機兩架，侵入本省懷集上空，盤旋偵察歷半小時始去。

——摘自《南宁民国日报》，1938年12月1日

浙東迭遭濫炸 救運更趨熱烈

民衆苟安情緒完全消滅 各縣動員工作飛速進展

（金華通訊）離開孤島快要兩個多月了，這中間，因爲廣州的淪陷，武漢的放棄，有錢沒心的人都向着香港和上海跑，想來孤島比以前更加「繁榮」了吧？

記者自重來浙東後，所看到的一切，反較前鬆弛了許多，東南戰場形成膠着的狀態，浙東所遭遇的空襲的次數和損失，減少到最低層。而此間民衆的抗敵救亡工作，更呈現着平淡的樣樣，前者是由於侵略者的目標集中在長江兩岸和嶺南所致，而後者却是由於大多數的民衆還懷着得過且過的心理，也是不容諱言的事實。金華，麗水以及各縣市面不正常的繁榮，幾乎使我有置身孤島之感！這實在是一個極大的危機！然而這危機，因爲最近日機的一再濫施轟炸，却已輕輕地消泯了，這不能不感謝侵略者的。

在這裏，讓我來報告這幾天來侵略者所施的殘行：浙東一帶，已有

四十四天

沒有聽到日機的影子了，人們大都是健忘的，日機所給予我們的巨創深痕，似乎已淡然忘去，對於防空也好像忽略了許多。殊知十一日上午十一時半至午後〇時三刻，有日機五十四架，先後分批發現於龍山和臨山，經由寧波，臨海，永嘉方面在沿海一帶窺察，第一批十八架，第二批第三批各十二架，第四批三架，飛經慈谿，奉化，象山，海門，松門，玉環，寧波，寧海，黃岩，溫嶺，臨海，樂清，永嘉，寺前，瑞安，平陽等縣，分向東北西南和南方飛去。第五批九架，於上午十二時四十五分在臨浦發現，經富陽，建德，蘭谿，湯谿，於下午一時〇三分侵入金華上空，盤旋窺伺約廿分鐘，旋分列三隊，有六架前後投彈濫施轟炸，同時以

機槍掃射

計共投彈達六十餘枚，毀損房屋一百多間，民衆慘遭殃的六十餘人，受災的區域，計有城區的四牌坊和雅堂弄，城外的火車站和沙灘，我在警報解除後出去巡視了一週，看到斷垣殘瓦，屍體狼藉，爲狀之慘，不忍卒睹。十二日，又有日機一架侵入臨浦，經紹興，三界，百官，餘姚，慈谿，鄞縣，在市巷投了兩顆炸彈，這次的損失還小，僅死一人，傷兩人，毀屋一間。十三日上午，日機又分三次竄擾浙東各縣，第一次一架，九時半在觀海衛發現，竄入寧波上空，盤旋窺探，並散發荒謬傳單，旋飛經奉化，百官，紹興，向西北遁去，第二次九架，再投彈九十九枚，並繼

狂炸金華

有燒夷彈，毀屋百餘間，車站一帶，已成瓦墟，郵件轉運處堆積在郵裏的郵包一千餘包，也做了殉葬物。不過，因爲天日機已給予民衆以慘痛的教訓，所以死傷的很少，計死三人，傷一人，不能不說是不幸中的幸事。昨天（十四日）上午日機又分兩批狂炸蘭谿，義烏兩縣，並分飛各縣窺探，蘭谿被炸，受禍最烈，計在北門外及火車站的三角地帶瘋狂投彈五六十枚，內雜有燃燒彈七八枚，當時爆烈聲和塌屋聲雜然並作，硝烟起處，

火光冲天

勢若猖獗，直到中午才行撲滅，事後調查，計被燬房屋一百二十餘間，附近十餘處被震傾坍的也有一百卅餘間，罹難民衆共有七十三人，（在我們故鄉工作過的吳十詢也被炸死在內）受傷的約七八十人，但未經發現的，必尚有若干人，當時凱人和恕以都在那邊，不知安全否？此刻還無從得到確實的消息。義烏是日計被投彈七十一枚，都在火車站一帶，除了一部分路軌，以及隆順[illegible]塘行全部房屋被毀外，只死傷五六人，據說在警報時有十二人避入車站附近[illegible]坊空壕，不幸一彈正落在壕上，當時防空壕即被震塌，其中四人亦

慘遭壓斃

據我在這裏觀察所得，那些公共的防空壕似乎還太

內腐就簡一點，我希望當局應該記著孟老夫子的話：「民爲貴，君爲輕」，這樣才能動員起民衆來。

由於最近日機不斷的轟炸，却增強了浙東民衆同仇敵愾之心，抗敵救亡的工作和情緒，已不像兩月前的消沉，重又呈着蓬勃的現象了。各縣動員工作，亦已漸次切實執行起來，這是侵略者所不及預料的。

這幾天來日機常常在我的

頂上盤旋

靜不定，日人的炸彈會降臨到我的身上。我頓時記起「巴金先生的話：「現在我們的生命正像闌庭中樹枝間的蛛網，隨時有被暴風雨吹打斷的可能，」（大意如此）我覺得這譬喻是最恰當沒有！。

十一月十五日

——摘自《大晚报》（上海），1938 年 12 月 2 日

桂林被炸甚慘

最繁盛街市成瓦礫場

（梧州三十日電）大隊日機，今午狂炸桂林，平民受禍慘烈，來襲日機共五十一架，侵入城區者卅七架。十一時十五分，第一批日機十五架，由恭城侵入桂林城區，在東城一帶，無目標擲下炸彈燒夷彈數十枚。第二批日機十八架，在城內皇城中華街，鳳北路，桂東路，環湖路，桂南路等處，及城外象鍋山，沙水門，水東門一帶，投彈約六十枚，內有燒夷彈多枚，數處着火，延燒甚廣，迄傍晚尚未全熄，被燬房屋達二百戶。桂北桂南爲桂林最繁盛街道，已成一片瓦礫。

——摘自《晶报》（上海），1938 年 12 月 2 日

太平墟

盡化焦土

×撤退時大舉焚燒

×××金飾百餘箱

（深圳專訊）自我軍分三路大軍反攻廣州後．×狼狽萬狀．故近日各處×兵紛紛撤守廣州增援．查昨二十日×兵在太平墟撤退．將全墟商店舖戶．焚燒殆盡．慘酷情形．目不忍睹．各當押店地所儲金飾銀兩．亦被×用鏹水淋爛鐵蓋搶劫．約被劫去一百餘箱．又太平墟有一大井．深數丈．可供全墟人口之飲料．竟發現有婦女於事前恐被侮辱．跳井自盡者共七十餘人．已臭穢不堪．其餘附近．「懷法鄉」亦被焚燬過半．查該鄉約二千餘戶．被焚去者達千餘家．餘亦毀爛不堪．慘落情形．筆難縷述．

——摘自《华侨日报》（香港），1938 年 12 月 2 日

×由台灣增援

×圖大舉進犯閩桂兩省

長江華北×軍亦有抽調南下

桂林昨被慘炸燬屋達二百戶

（上海特訊）外息·重慶軍事當局頃向記者團聲稱。×軍將於最近對西南發動第二次總攻·人數預計六十萬·目的地雖未確知·但不外下列二處·一由福建進犯·一由三水西南而犯梧州·現在粵×軍有第四·第八·及一零四共三師團兵力·惟我軍早有預備·×如進犯·當迎頭痛擊·未犄·我軍在廣九路作戰以來·已格殺×軍二旅團之衆·（一日）

（上海特訊）昨晨從長江及由華北與×國各處來滬之軍艦及運輸艦·計共廿餘艘·業於今晨起先後轉載軍需及×海陸軍開往華南·將對閩粵作大規模進犯·（一日）

（路透社重慶電）華軍當局發言人今日對記者發表談話稱·廣州附近日軍·現沿廣三鐵路向高要方面推進·但在距三水西十二英里之廣利即被華軍阻擊·至于廣九路南段之日軍·三晝夜與華軍苦戰結果·損失重大·發表言人又謂·華南日軍兵力共有八萬人·現尚有五萬人在台灣準備調粵或犯福建·華南日軍或擴大作戰區域·並集中兵力進犯中[illegible]西北云·（一日）

（中央社翁源電）犯粵×軍以防線過長·連日紛紛增援·×後備隊三千·已由台調粵·廿八日在澳頭登陸·（一日）

（中央社四會電）三水西南×連日續向東撤·沿途遭我自衛團截擊·頗有損失·三水對岸□□方面我軍·源源開抵各綫·今日下午一時。×機一架飛馬房馬口一帶窺察·盤旋良久始去·（一日）

（路透社重慶電）華方消息·因日機猛力轟炸結果·華軍已退出從化·現在從化北面成立新防綫云·（一日）

（中央社桂林電）大隊×機今午狂炸桂林·平民受禍慘烈·來襲×機共五十一架·侵入城區者卅五架·晨八時廿分·×機兩架在懷集賀縣鍾山一帶偵察·九時四十五分·×機十四架由四會侵入桂境·盤旋於懷集賀縣八步鍾山一帶·旋在八步投彈一枚·在賀縣河東街投彈三枚·此間於九時五十分發出警報·迨十時十分·另有×機卅五架出現於賀縣鍾山平樂一帶·分批向桂林飛進·十一時廿五分·第一批×機十五架·由恭城侵入桂林城區·在東城一帶漫無目標·投下爆炸彈燒夷彈數十枚而去·卅五分第二批×機十八架繼至·在湘桂鐵路北城桂北路一帶投彈猛炸·並以機槍猛烈掃射。四十五分第三批×機二架又至·散發荒謬傳單·×機在城內皇城中華街·鳳北路·桂北路·環球路·桂南路·文昌門·伏波山等處·及城外象鳳山·沙水門水車門一帶·投彈約六十枚·內有燒夷彈多枚·人和前街鳳北路皇城桂北路四處着火·延燒甚廣·迄傍晚尚未全滅·被燬商店及平民住宅達二百戶·桂北路桂南路為桂林最繁盛街道·已成一片瓦礫·湘桂鐵路附近落彈數枚·路軌微損·死傷平民截至午後四時·已查明死者廿七人·內婦孺九人·傷者一零一人·當局現正以全力清理被炸地區·撲滅餘燼·亦從事救濟無家可歸之災民·（一日）

（中央社張公渡電）修水北岸之×·仍取守勢·除砲擊外·無何動作。我為探×虛實·每日早晚派隊渡河·有時搜索至十五里以上。偶向少數×軍·我奮勇將其擊退·（卅日）

（中央社張公渡電）南潯線修水北岸之×·不時向我對岸射擊·自前晚至昨晨·迄未停息·我亦偶而回擊·時有命中·又沿修水北岸之公路·因屢受我砲擊威脅·×近自德安至永修建築一新公路·與鐵路線平行·忙於運輸與調動·（卅日）

（中央社桂林電）×機以回教徒為轟炸目標·日前曾將西安回教民區轟燬·死亡教胞百餘人·卅日復以桂林清眞寺為目標·將清眞寺炸毀·死亡數十人·×方殊·壓迫回教之×行已畢露·（卅日）

（中央社翁源電）從化以南經兩日血戰·×傷亡甚重·太平場×由增城方面不斷增援·為數逾千·平安約有×三百·鐘落潭有×四百·我軍正猛攻中·（一日）

（鍾祥電）㈠昨×二百餘人·向我馬有附近徐家河進犯·被我擊斃三四十人·殘×向馬有逃去·㈡浙河附近自隆店蕭家店各到×二百餘人·㈢×卡車五六十輛·昨由應城至安陸陸續運輸軍用品。（一日）

（張公渡電）蠡津方面之×·新近增援數百人·內有偽軍甚多·並附山野砲十餘門·在×砲射擊之下·似有偷渡模樣·我已嚴加戒備·同時白槎方面之×·近亦不時向我進犯·但均為我擊退·斃×甚多·（一日）

——摘自《华侨日报》（香港），1938年12月2日

敵機五十一架又狂炸桂林

平民受創極慘烈 昔日鬧市今廢墟

湘省益陽三次被炸

△中央社桂林三十日電，大隊敵機，今午狂炸桂林，平民受創慘烈，來襲敵機共五十一架，侵入城區，投彈卌五枚，晨八時許，敵機兩架，在懷集賀縣鍾山一帶偵察，九時，敵機十四架，由四會侵入桂境，盤旋於懷集賀縣八步鍾山一帶，旋在八步投彈一枚，在賀縣河東經投彈三枚，此間於九時五十分發出警報，迨十時十分，另有敵機八五架出現于賀縣鍾山，平樂一帶，分批向桂林飛進，十一時二十五分，第一批敵機十五架，由繆城侵入桂林城區，在東城一帶無目標投下爆炸彈燒夷彈數十枚而去，三十五分第二批敵機十八架，繼至在湘桂鐵路北城，桂北路一帶投彈濫炸，并以機槍猛烈掃射四十五分第三批敵機二架又至，散佈謠謬傳單，敵機在城內皇城中華街，鳳北路，桂北路，桂東路，環湖路，桂衙文昌門，伏波山等處，及城外象鼻山沙水門，水東門一帶投彈約六十枚，內有燒夷彈多枚，價和前街，鳳北路，皇城桂北路，四處着火延燒，當至午後晚尚未全滅被燬商店及平民房屋達二百戶，桂北路桂南路，為桂林最繁盛街道，已成一片瓦礫，湘桂鐵路附近，落彈數枚，路軌微損，死傷平民截至午後四時，已查明死者二十七人，內婦孺九人傷者一零一人，當局現正以全力清理被炸地區，撲滅餘燼，并從事救濟無家可歸之災民。

△中央社桂林二十七日電，敵機散度襲梧，本其破壞文化機關之一貫毒計，屢以廣西大學理工學院為目標，投彈多次，計第一次尚在去年十二月間，彈落鶴崻洲院內，教職員宿舍後，幸無損失，但附近校外居民，曾被機槍掃射，傷斃十餘名，第二次係本月十一日，計在院內外投彈十六枚，住在院內之省立梧州高中，落四彈，教室損一角，詎意有日敵機復來，竟大肆凌虐在院內，投彈二十餘枚，多屬重磅，計毀該院學生宿舍兩棟，每棟均可容三百餘人，又震壞頗多，高中小學教室膳廳，辦公室等云。

△中央社桂林三十日電，敵機以回教徒為轟炸目標，日前曾將西安回教住民區轟毀，死亡教徒百餘人，三十日復以桂林清真寺為目標，將鹽店清真寺炸毀，死亡數十人，敵方蹂躪壓迫回教之獸行，已畢露無遺。

△中央社桂林一日電，三十日午，敵機狂炸載林村，平民損失慘重，現經查明，死傷百七十一人，被毀房屋二百棟，炸沉民船三艘。

△中央社長沙一日電：敵機近來頻在洞庭西岸肆虐，益陽三次被炸，上午九時三十八分，敵機四架，由鄂闖抵益陽，繼又有一架，跟蹤而至，先後在頭保投爆炸彈燒夷彈各一彈，毀焚燒及震倒民[illegible]三棟，二保大碼頭邵陽碼頭等處，投彈十餘枚，毀民[illegible]商店九棟，平民死傷三十餘人，並炸沉民船六隻，對河山贏落一彈，田頗落十餘彈，無損失，後又有敵機三架，侵入市空投彈一枚，散發謠謬傳單後逸去。

——摘自《云南日报》（昆明），1938年12月2日

敵機今襲桂林

城郊均遭慘炸

【本報今午一時桂林專電】今晨十一時三十八分，敵機十八架，轟炸桂林，投彈多枚，市內外郊，均遭慘炸，嗣經柳州飛去。

——摘自《南京晚报》（重庆），1938年12月2日

敵機炸宿遷

教會醫院炸死多人

【上海二日合衆電】據宿遷長老會電訊，該處外僑均安，惟日機日前在此投彈，長老會之財產多被炸燬，附于會所之醫院亦被炸，死病人多人。（中央社）

——摘自《南京晚报》（重庆），1938年12月2日

敵機向中山縣狂炸之慘劇

（十一月廿四日香港國際社飛郵）

【一再慘炸石岐】十一月一日敵機三度炸石岐後，一般市民，除多數散遷四鄉外，余則逃避港澳兩地，惟後以地方漸告安靜，多已回岐，而一般商店，開門營業者已有十之七八，不料十八日下午二時間敵機又再度狂襲石岐，共投彈六枚，內夷燒彈兩枚，幷放機槍向下掃射。傾屋及死傷民衆，異常慘重，爰將調查所得分誌如後：

▲空襲警報　石岐市自十六十七兩日，每日於下午二時左右，均發現敵機三架低飛盤旋，環繞數匝乃去，雖未投彈。然已被其滋擾不堪矣，迨至十八日二時許，敵機一架，首先經伶仃洋方面飛入石岐領空，盤旋數匝，即又逝去，此時空襲警報尚未解除，而敵機二架又發現於市郊，各民衆過去者乃隱匿不動，其未走避者即由壯丁警察指導走避，各救護隊工作團則嚴密警戒，至二時四十五分，二敵機飛繞市區兩匝，即分散覓取目標投彈此時我方高射機關槍在守護地點威脅敵機，敵機不敢迫近，乃用機槍掃射，同時對於逃難民衆之聚集處，亦向之射擊，兇殘不堪。

▲投彈六枚　當時敵機盤繞於石岐上下基及孫文西路一帶，計先後投彈六枚，落彈處皆商業繁盛地帶，計上基鳳鳴路投彈二枚，孫文西路即大街亦落夷燒彈一枚，炸彈一枚，下基岐光醫院附近落彈一枚，對海之蝦米亭落彈一枚，共落彈六枚，鳳鳴路口之德香飯店一帶被焚，起劇烈火燄，延燒至橫街，即鹹魚街後，由二時五十分燒至五時許，始漸熄滅，同時上基鳳鳴路所落兩彈內一爲夷燒彈，幸火勢略弱，旋即救熄，敵機投彈後，再向東南區上空盤旋兩匝，幷以機關槍掃射民衆，至三時十五分始沿西區上空出海逝去，三時半解除警報。

▲災區調查　敵機退去時，消防隊，救護隊，各工作團即紛紛出動，此時各被災地點，由壯丁警察守護，工作團分頭挖掘被壓民衆，幸是役各人預先逃避者甚多，傷斃之數，預料不如前次之甚，但毀舖則比前次爲多，計鳳鳴路被燬或被焚者，有和生昌，永福利，來祥，啓昌，安吉，全新，孫文西路及鹹魚街橫街，有安生祥，合隆，泰勝，兩利，得香，安瀾街對岸，則毀去蝦米亭，延及附近貨倉一部，下基則毀去行合，岐光，堂大，中華，全生，及某製貨廠，另震倒一部份，或延燒舖頭店尾等則甚多，各隊一面救火，一面救人，救出之傷者，即舁赴各醫院施治，然沿路頹垣斷瓦，滿目蒼涼，目不忍睹。且岐光爲教會醫院，亦遭轟炸，現該地醫院對於救護傷者工作，異常忙碌，澳門鏡湖醫院之紅十字車，於十九日晨，運載澳門中國青年救護團隊員多人前往石岐協助救護傷者工作，是晨曾發出警報多次，敵機且在市空不斷盤旋，惟未投彈云。

【八區慘遭狂炸】敵機連日飛縣屬大肆轟炸，死傷慘重，查十一月廿一日上午六時廿分，敵機三架，又到八區肆虐，投下巨量彈七枚，計一彈落荔山鄉市場附近，燬民房四棟，死傷數人，兩彈落斗門墟昇平巷，炸燬民房八間，死傷十餘人，又一彈落南山華陀廟前禾田中，無傷人，又一彈落白蕉鄉外，炸燬民房三間，震塌四五間，死一人，傷四人，又一彈落新會中山交界海面，毀柴船一艘，小艇二艘，炸死蛋民男女六人，傷三人，該區救護隊紛紛出動，分頭工作，現已將傷者分送某醫院救治，各罹民被炸死者，由該管警察局派員分別驗明，交屍親領回埋葬云。

又查十八日敵機轟炸石岐後，當局竭力辦理善後工作，昨十九，二十兩日，繼續挖掘瓦堆，先後起出屍體九具，全市面營業，即再如月首時之冷靜狀態，民衆晨起即進膳，日間裹糧避入山野，至暮返家，貧民尤苦，因經濟關係無法解決，又不欲白白犧牲於敵機之下，故絕食者甚衆，然若輩擁護抗戰之心則極熾也，至富有之家，則又紛紛移港澳，車輛擁塞，而番順新台諸邑旅客，又紛紛附車經石岐回邑故車輛來往皆極擁擠，同時沿途又防範敵機肆虐，苦楚萬分，因敵機連日威脅各區沙田，暫見農民刈禾，即大肆滋擾，昨十九日在萬頃沙投彈一枚外，聞八區乾霧涌，六區雍陌外，是日亦遭敵機投彈滋擾云。

——摘自《少年中国晨报》，1938年12月2日

敵寇暴行

大批敵機襲桂

桂林城區慘遭轟炸

湘浙晉各地亦被投彈

（中央社桂林三十日電）大隊敵機，今午狂炸桂林，平民受禍慘烈，來襲敵機共五十一架，侵入城區者卅五架。晨八時廿分，敵機兩架，在懷集賀縣鍾山一帶偵察。九時四十五分，敵機十四架，由四會侵入桂境，盤旋於懷集，賀縣，八步，鍾山一帶，旋在八步投彈一枚，在賀縣河東街投彈三枚。此間于九時五十分發出警報，十一時廿五分，第一批敵機十五架，由恭城侵入桂林城區，在東城一帶漫無目標投下爆炸彈燒夷彈數十枚而去。卅五分第二批敵機十八架繼至，在湘桂鐵路北城桂北路一帶，投彈濫炸，並以機槍猛烈掃射，四十五分，第三抗敵機二架又至，散發荒謬傳單，敵機在城內皇城中華街鳳北路桂南路文昌閣伏波山等處，及城外象鳳山沙水門水東門一帶投彈約六十枚，內有燒夷彈多枚，僞和前街鳳北路皇城北路四處着火，延燒甚廣，迄傍晚尚未全滅，被燬商店及平民住宅達二百戶，桂北路桂南路爲桂林最繁盛街道，已成一片瓦礫，湘桂鐵路附近，落彈數枚，路軌微損。當局現正以全力清理被炸地區，撲滅餘燼，並從事救濟無家可歸之災民。

（中央社桂林一日電）三十日午敵機狂炸桂林時，平民損失慘，現經查明死傷百七十一人，大半係婦孺，被毀房屋二百棟，炸沉民船三艘。

（中央社長沙一日電）敵機週來，頻在洞庭西岸肆虐，益陽今三次炸。上午九時三十八分，敵機四架，由郘關抵益陽，又有一架跟蹤而至，先後向保投爆炸彈，燒夷彈各枚。焚燒及襲倒民房三棟，二保大碼頭邵陽碼頭等處，投彈十餘枚，燬民房商店九棟，平民死傷三十餘人，並炸沉民船六隻。對河山落一彈，田野落十餘彈，無損失。後又有敵機三架，入市空投彈，並散發荒謬傳單後逸去。

（中央社金華一日電）敵轟炸機九架，今晨十時竄入衢縣上空，投彈四十一枚，無何損失。

（中央社河口一日電）卅日晨，敵機三架，至保德投彈十餘枚，毀房屋六十餘間，死傷八人，午後復來河曲投十二彈，毀房百餘間，死傷各十餘人。

——摘自《新华日报》（汉口），1938年12月2日

昨再狂炸桂林

市民死傷達五千

回民受災最慘兩教寺全燬

湘境甯鄉亦被炸死傷多人

敵機殘酷獸行

中央社桂林二日電　桂林二日午、又遭敵機狂炸、慘酷萬分、西南城一帶商業區及住宅區、落燃燒彈及重爆炸彈、共約七十餘枚、(其中十一枚落於湖內)臨桂路、西成路、交通路、崇善路、義倉街、白菓巷、西門外、南城脚一帶大火、延燒半日、房屋約四百棟、立成灰燼、幸居民大都事先趨避郊野、死傷約五千人、按桂林爲一僅可容六萬人口之小城、今遭敵機兩度慘炸、燬屋達六百棟、繁盛市區、盡成瓦礫、全城已呈殘破不堪之象、惟此種殘酷獸行、適足以增加國人痛恨而已、又今日轟炸中、崇善路有回教清眞寺一所被燬、南門外汽車站亦被炸燬、敵機於投彈後、並散下荒謬傳單數種、懷集、賀縣一帶、亦有敵機散發同樣傳單、

中央社桂林二日電　二日敵機慘炸桂市、在城西南隅投彈六七十枚、死傷頗衆、該處大半爲回民居住地點、故以回民被災最慘、死傷人數已查明者、達二十餘人、崇善路清眞寺亦被炸燬、損失極鉅、據中國回民救國協會副理事長唐柯三表示、敵機連日轟炸桂市、鹽行街、及崇善路兩清眞寺、均被全部炸燬、損失極重、足證日寇行爲之殘暴、其所高張之扶植回民、其印行古蘭經、建築清眞寺之虛僞政策、殆已不攻自破、希望全世界回教國家、對仇殺我教胞、燬滅我教堂之暴敵、加以制裁云、

中央社桂林二日電　二日午、敵機二十一架、來襲桂林、於十一時二十二分侵入市空、在西南城投下炸彈燃燒彈多枚、義倉街、白菓巷、灣塘邊、西門外、南門汽車站等處大火、詳情在調查中、

中央社桂林二日電　敵機九架、二日經梧襲柳州、於十二時十二分侵入柳州上空、在河南馬鞍山一帶投彈轟炸、多落荒郊、

中央社桂林二日電　桂省府黃主席、以本月敵機轟炸、被災區域廣大、災情慘重、當晚須佈緊急救濟難民辦法、規定以三都、高陞、新世界等戲院爲難民收容所、指定三都戲院爲受傷難民治療所並定自二日起四日止、每日發給難民伙食費每人國幣二角、以資救濟

中央社長沙二日電　寧鄉今遭敵機兩次轟炸、第一次敵機五架、經汨羅於十時十五分闖至寧鄉投彈、第二次一架、亦由汨羅方面於十時五十分侵入上空投彈、兩批敵機肆虐後、均循原路北遁、寧鄉四城、悉遭轟炸、毀民房數十棟、北門外燃燒歷兩小時之久、平民死八人、傷十餘人、

中央社上海二日合衆電

據宿遷長老會電訊、該處外僑均安、惟日機日前在此投彈、長老會之財產多被炸毀、附於會所之醫院亦被炸死病人多人

——摘自《时事新报》（重庆），1938 年 12 月 3 日

吮血戕生
敵獸行滅絕人性
長江沿岸發現童屍

▲中央社淮陰二日電 敵掠我戰區肥壯幼童、初經一般推測、或輸運回國、以奴化教養、補充其軍人之死亡額、詎大謬不然、敵完全作爲負傷員兵之輸血工具、因此輩幼童血液純潔精壯、輸於出血過度之負傷者、得能早復健康、俟血液吸盡、則沉屍江海、現長江沿岸已有不少裝袋童屍。

——摘自《中央日报》（重庆），1938年12月3日

寇機到處肆虐
益陽長沙衢縣被炸
各地只略有死傷無大損失

長沙一日電：敵機近來頻往洞庭湖西岸肆虐，益陽曾三次被炸，上午九時卅八分，敵機四架，由鄂闖抵益陽，繼又有一架跟蹤而至，先後在該保投爆炸彈燒夷彈各一，炸毁焚燬爲震場民房二棟，二保大碼頭，鄰陽碼頭等處，投彈十餘枚，毁民房商店九間，平民死傷卅餘人，并炸沉民船一隻，對河山嶺落一彈，出野落十餘彈，無損失，後又有敵機二架，侵入市空投彈，並散發荒謬傳單後逸去。

常德一日電：敵機四架，一日晨十時許，飛益陽轟炸，又敵機六架，一日午十二時半，飛芷江一帶窺察。

金華一日電：敵轟炸機九架，今晨十時竄入衢縣上空，當即投彈四十一枚，無何損失

河曲、日電：卅日晨敵機一架，盤[illegible]投彈十餘枚，毁民房十餘間，死傷八人，午後復飛河曲投十一彈，毁屋□餘間，死傷十餘人。

上海二日合衆電：據宿遷法老會電訊：該處外僑尚安，惟日機日前在該處投彈，然後而去，但財產多被炸燬，附近之醫院亦被炸，死病人多人。

——摘自《南宁民国日报》，1938年12月3日

敵窺東京灣圖登境崖

濫炸桂林死傷五千人

寇艦環伺潿洲島與新盈港

（中央二日合浦電）潿洲島（亦作圍洲、在東京灣內、屬於粵省合浦縣南珠母海中、舊名大蓬萊、內有八村、人民專以採藥爲業、中有三池、產珠渡海而北、卽爲合浦南部之北海、自北海起有公路經合浦、欽縣、而達桂省之邕甯「卽南甯」、自北海至邕甯、約有一百四五十公里〕泊敵艦三艘、航空母艦一艘、敵兵數百、有企圖登陸模樣、又新盈港（卽新英港、在海南島西北部儋縣西北十五里、港中面積甚廣、沙多而水不甚深、然四五百噸之輪船、仍可出入、潿洲島卽在新英港與北海之間〕三十日到敵艦二艘放下汽艇數十、游弋窺伺、企圖登陸、

（中央一日泉州電）死島金廈、自粵省抗戰展開後、已成敵方廣州台灣間及上海台灣間軍運之中間站、敵運輸艦往來不絕、四旬以來、不下千艘、惟來時滿載寇軍及軍火、去時則多係傷兵及骨灰、間有載運刧掠所得之物資、

（中央二日桂林電）二日午、敵機廿一架來襲桂林、于十一時廿二分侵入市空、在西南城投下炸彈多枚、倉街白華巷灣塘邊西門外南門汽車站等處大火、詳情在調査中、

（中央二日桂林電）二日敵機慘炸桂市、在城西南隅投彈六七十枚、死傷頗衆、該處大半爲回民居住地點、故以回民被災最慘、死傷人數已査明者達千餘人、崇善路清眞寺亦被炸燬、損失極鉅、據中國回民救國協會副理事長唐柯三表示、敵機連日轟炸桂市鹽行街及崇善路、兩淸眞寺均被全部炸燬、損失極重、足證日寇行爲之殘暴、其所高張之培植回民及印行古蘭經建築淸眞寺之虛僞政策、殆已不攻自破、希望全世界回教國家對仇殺我教胞燬滅我教堂之暴敵、加以制裁云、

（中央二日桂林電）桂林二日午又遭敵機狂炸慘酷萬分、西南城一帶商業區及住宅區落燃燒彈及重爆炸彈約七十餘枚、（其中十一枚落於湖內）臨桂路西成路交通路崇善路義倉街白菓巷西門外南城脚一帶大火、延燒半日、房屋約四百棟、立成灰燼、幸居民大亂事先趨避郊野、死傷約五千人、按桂林爲一僅可容六萬人口之小城、今遭敵機兩度慘炸、燬屋達六百棟、繁盛市區盡成瓦礫、全城已呈殘破不堪之象、惟此種殘酷獸行、適足以增加國人痛恨而已、又二日轟炸中崇善路、有回教淸眞寺一所被燬、南門外汽車站亦被毁、敵機於投彈後、並散下荒謬傳單數種、懷集賀縣一帶、亦有敵機散發同樣傳單

（中央二日桂林電）桂省府黃（旭初）主席、以二日敵機轟炸、被災區域廣大、災情慘重、當晚頒布緊急救濟難民辦法、規定以三都高陞新世界等戲院爲難民收容所、指定三都戲院爲受傷難民治療所、並定自二日起四日止、每日發給難民伙食費每人國幣二角、以資救濟、

（中央二日桂林電）敵機九架、二日經梧襲柳州、於十二時十二分侵入柳州上空、在河南馬鞍山一帶投彈轟炸、多落荒郊、

（合衆二日東京電）日日新聞載稱、最近安南法當局在西貢搜査日商店四家、將若干祕密文件攜去、有一家爲日牙醫生、在西貢客居已達十年、此外尙有日農民數家、亦受同樣之待遇云云、

——摘自《东南日报》（金华），1938 年 12 月 3 日

敵機狂炸甯鄉

犯襲兩次四城均遭轟擊

（中央二日長沙電）甯鄉二日遭敵機兩次轟炸、第一次敵機七架、於十時十五分襲侵甯鄉投彈、第二次一架、發現於汨羅方面、於十時五十分侵入上空投彈、兩批敵機肆虐後、均向原路竄逸、甯鄉四城悉遭轟炸、毀民房數十棟、北門外燃燒歷兩小時之久、平民死八人、傷十餘人、

（中央二日長沙電）本市火災災民登記業已結束、統計住所者二千二百五十名、不住所者二萬三千六百七十一名、此外收容孤兒一百五十名、連同湘潭甯鄉等處登記者、預計總數當在六萬左右、一二兩日發給災民證貸款證及疏散費、災民已開始向選定之縣份出發

——摘自《东南日报》（金华），1938 年 12 月 3 日

昨午敵機又狂炸桂林

房屋四百餘棟盡成灰燼

甯湘昨遭敵機兩次轟炸

【中央社桂林二日電】桂林二日午又遭敵機狂炸，慘酷萬分。西南一帶商業區及住宅區，落燃燒彈及重量炸彈共約七十餘枚（其中十一枚落於湖內），臨桂路、西成路、交通路、崇善路、白菓巷、義倉街、西門外、南城等一帶大火，延燒半日，房屋約四百棟，立成灰燼，幸居民大都早先疏避郊野，死傷約五十人。按桂林爲一僅可容六萬人口之小城，今遭敵機兩度慘炸，毀屋達六百棟，繁盛市區，盡成瓦礫，全城已成殘破不堪之景象。此種殘酷獸行，適足以增加國人痛恨而已。又今日轟炸中，崇善路有囘教清眞寺一所被燬，汽車站亦被炸毀。敵機投彈後並投下荒謬傳單數種，儀集、賀縣一帶，亦有敵機散發同樣傳單。

【中央社桂林二日電】二日午敵機廿一架來襲桂林，於上午十一時廿二分侵入市空，在該匯城投下炸彈燃燒彈多枚，義倉街及汽車站等處大火，詳情在調查中。

【中央社桂林一日電】一日晨九時許，敵機九架，由信樂恭城來襲桂林，九時五十五分侵入市空，未投彈，旋北飛靈川、興安、灌陽一帶偵察，十一時經湘省竄遠，向樂昌而去。

【中央社桂林二日電】敵機九架，二日經梧襲柳州，於十三時十二分侵入柳州上空，向河南馬安山一帶投彈轟炸，多落荒郊云。

【中央社長沙二日電】甯鄉今遭敵機兩次轟炸，第一次敵機五架，經汨羅於十時十五分闖至甯鄉投彈；第二次一架，亦由汨羅方面於十時五十分侵入上空投彈，兩批敵機肆虐後，均循原路北逸，甯鄉四城悉遭轟炸，毀民房數十棟，北門外焚燒歷兩小時之久，平民死八人，傷十餘人。

——摘自《武汉日报》（宜昌），1938 年 12 月 3 日

廣海南灣亦遭

X機荼毒

〔台山特訊〕自我軍分數路大舉反攻後，X首尾不能兼顧，無可洩憤，連日不斷派出X機，向我各交通線狂炸，恣意屠殺我無抵抗之平民，尤以四邑被X機肆虐為最慘，迨至三十日下午二時十分，又有X重轟炸機三架，由赤溪起航，往台山屬海南灣，該地民衆，一聞機聲，拖男帶女，愴惶奔往安全地躲避。迨X機抵達時，隨即盤旋數匝，連續投下炸彈四枚，內有燃燒彈一枚，炸塌咸魚欄四間，死傷男女四人，X心猶未足，旋復開機關槍向南灣市掃射，其時該市往來民衆頗多，故被X機關槍重傷十餘人，死兩人，斯時又自台每

公路第八號汽車駛至，為X機師瞥見，旋即低飛，開機關槍向該車掃射，達百數十發，X逞兇後，即高飛循東南公路飛去，沿途頻開機關槍掃射各村落，各鄉民走不及者，被傷五人，死一人，復在冲水步台鶴公路各地，開機槍掃射，又傷鄉民數人，X機師肆虐後，隨即循原路逃返赤溪云。

——摘自《华侨日报》（香港），1938 年 12 月 4 日

九江沙坪間

X機肆虐

開槍向下亂射

〔沙坪特訊〕二日上午十時四十分，X機兩架，由赤溪起航，直撲九江沙口，盤旋數匝，即低飛以機槍向下掃射，達廿餘響，旋又飛沙坪谷埠，亦用機槍掃射，如是者往返十餘次，欲屠殺我無辜平民，幸我民衆走避得法，未為所傷，惟在沙口及谷埠海面停泊之艇，只廿餘艘，均被X機槍射穿篷面，密如蜂巢，查X機在該處肆虐，達一小時之久，始循原路逃去。

——摘自《华侨日报》（香港），1938 年 12 月 4 日

×機慘炸新會石頭鄉

天河亦投兩彈燬民房不少

在禮樂大洋沙又炸小火輪

（新會特訊）連日×機狂炸四邑新興各處・如中瘋狂・各情迭誌前報・查一日上午九時四十五分。又有×雙翼轟炸機一架・由三水經九江鶴山到新會第五區石頭鄉上空・旋繞兩次・即低飛連投四彈・並掃射機鎗千餘響・均落於石頭鄉新市岐山里一帶・計一彈落企山頭脚之泥屋中・全間倒塌・另燬左便泥屋半間・泥屋前陳沃之大磚屋右牆・被機槍及破片射傷如蜂巢・厨房將塌，幸該處人民見有×機來・紛紛四散・祇微傷在門口走避不及之陳永康一子一女・一彈落岳武穆廟之後進・全廟已燬大半・神像被炸、斯時適有附近業猪肉陳國耀之妻・（四十餘歲）在廟內紋谷・被風扯出門外・當堂嚇死・同時有從周郡來石頭避難之男子英某（周郡×村人）在山脚被破片機槍重傷頭部腰部足部各處・情形極危・記者到時・其人已不能言語・一彈落於大謙祖陳公祠內・後座已倒・微傷過路男子二人・一彈落於該處龍山之中部爆炸・統計斃一婦人・重傷一人・輕傷四人・駐堂下新會救護隊第一分隊聞警・約四十分鐘・（距離災區四十里）由該隊藥劑師梁子平・及分隊長・率領男女救護員・到來救護・斯時石頭之救護隊・亦召集到場救護・×機去後・石頭全鄉居民・多受大驚・據該處鄉人謂・昨即卅一日午・及是晚七時許・已有×機到來盤繞・不料今日竟來炸・大約×機誤會石頭兩米機廠為工廠・亦未可知・查兩米機廠・一名五福・一名豐年・均在新市・豐年米機離災區僅隔一魚塘・每有×機過境・亦不停車・鄉人已交口嘗厲・今之被炸・愈為鄉人指責矣・又×機投彈後・即繞三匝・即飛往新會大河・又投彈兩枚・燬屋數間・傷數人・然後向東飛出海・江北三十晚七時許有警報・亦係該機到石頭偵察・一日炸石頭時・江門亦發出警報云・

又一日下午二時卅分・×機一架、由三水方面起航・飛至新會縣屬禮樂尾之大洋沙・是時適自新耀強火船一艘・泊於該處河面・為×機瞥見・即低飛以機槍向該火輪射擊・繼投炸彈兩枚・一落大洋沙東樓前・一即該處之砲樓一炸傷自衛隊四名・一落海中・新耀強火輪左邊船旁・被炸傷少許・船伴幸告無恙・×機遠颺後・循原路而逸・事後將傷者四名・由新耀強艦返江門・扛同十字會救治・其中一名受傷頗重・恐有性命之虞云・

——摘自《华侨日报》（香港），1938 年 12 月 5 日

敵在江陰
慘殺輪船乘客
用刺刀猛刺致死

中央社香港四日電 行駛上海與口岸間日商輪順亭拖輪、二日經江陰口岸時、有泊於該處江面敵小型艦上日水兵、上輪搜查、內有兩乘客行動較遲、被指爲游擊隊、卽將該乘客及該輪買辦一併扣解至敵艦、不問情由、竟以刺刀猛刺致死、並將屍體拋棄江中、

——摘自《时事新报》（重庆），1938 年 12 月 5 日

敵機昨分批
襲炸宜昌平江

中央社宜昌四日電 四日晨九時餘、敵機四架、分二批先後經天門沙洋襲宜，在市空盤旋甚久、分在五龍、安安廟、南津關等地投彈、但均落荒郊、無任何損失、

中央社長沙四日電 瘡痍滿目之平江、今又遭轟炸、上午十時許、敵機一架、在南江橋平江盤旋、歷二十餘分鐘逸去、十二時許、又有敵機一架、在湘陰、長樂、新市、汨羅等地窺探、下午二時十分、敵機三架、竄抵平江、投彈十餘枚、毀民房二十餘棟、平民死傷六人、

中央社常德四日電 洞庭湖沿岸各縣、四日均安謐無事、僅有敵偵察機一架、於四日午十二時半飛至湘陰上空、盤旋數分鐘、即向北逸去、

——摘自《时事新报》（重庆），1938 年 12 月 5 日

敵寇暴行
暴敵獸行
强姦幼女

（中央社常德四日電）二日下午一時，敵汽艇數艘，在熊家洲上陸，强姦該地青年婦女，某姓之十二歲女童，亦遭蹂躏。

——摘自《新华日报》（汉口），1938 年 12 月 5 日

敵慘殺
輪上乘客

（中央社香港四日電）行駛上海與口岸間日商輪順亭拖輪，二日經江陰口岸時，泊於該處江面敵小型艦上日水兵，上輪搜查，內有兩乘客行動較遲，被指爲游擊隊。卽將該乘客及該輪買辦一併扣解至敵艦，不問情由，竟以刺刀猛刺致死，並將屍體拋棄江中。

——摘自《新华日报》（汉口），1938 年 12 月 5 日

鄧家彥繫念鄉邦

痛憤敵機炸桂林

電黃旭初請告損失詳情

敵竟以民衆爲洩憤對象

旅居此間之國府委員鄧家彥氏、籍隸桂林、憤暴敵之兇横、痛桂民之罹難、特電桂主席黃旭初氏慰問、悲懷讜論、至可激勵人氣、茲特將原電錄次、急、桂林黃主席旭初兄勛鑒、暴敵狂炸桂鄉、人民慘遭毀亡、凡在含識、罔不悲憤、似此不顧人道、適以增强吾全民敵愾之心、而自促其崩潰、吾父老兄弟姊妹良苦、然必共最後勝利、望相慰藉之、一日也、昨受損失、示覆爲禱、鄧家彥叩冬

又據鄧氏語人云、近日敵機南寧狂炸桂林、無人道、我同胞傷亡枕藉、回教同胞、死傷尤重、凡屬人、誰不悲憤、按桂林人口僅約六萬、既係極小城市、又非軍事據點、乃敵機肆兇殘、挨厥原因、不外數點、一、為我持久抗戰、暴敵瀕於崩潰、故極力破壞我國際交通線、冀斷絕我軍火接濟、減少我抗戰實力、香桂鐵路目遭暴敵重忌、因其盲目投彈、桂林遂竟其大肆蹂躪、二、因抗戰以來、廣西健兒殺敵最勇、所出壯丁尤常備兵齊、較別省踴躍、暴敵蓄意報復、遂施其一般民衆、三、因上海鏖戰、白崇禧將軍曾予敵以極大打擊、台兒莊之役、李宗仁將軍又令敵軍蒙重大損失、此次反攻廣州、李白二氏又處處揮兇鋒、令其疲於奔命、故暴敵於李白含恨最深、然莫可何、故不顧人道、竟以桂林爲轟炸目標、以民衆爲洩憤對象、更因白氏爲回教人、尤於回教人民及所在清眞寺、慘遭轟炸、以發揮其狂惡獸性、要之、暴敵崩潰之日、乃我全民抗戰終止之期、暴敵之轟炸、只能破壞我地面上有形建設、不能影響我全民心理上之無形建設、暴敵之炸彈、只好傷毀我有限人民、不能消滅我大中華偉民愛國精神云、

——摘自《华西日报》，1938 年 12 月 6 日

桂林燬屋四百棟
柳州遭日機濫炸
繁盛街市昨晨發生大火

（桂林五日電）日機九架，五日上午十時十五分，由信都，昭平，修仁，侵入柳州上空，在河南濫投燒夷彈及重量炸彈百餘枚，交通路谷阜街一帶大火，馬鞍山麓及立魚飾兩避難所被炸，市民死傷衆多。

（桂林五日電）二日午桂林被日機狂炸，現經查明，被焚燬房屋三百六十六棟，被震毀房屋七十六棟，共四百四十二棟，死十一人，傷十七人。

——摘自《晶报》（上海），1938 年 12 月 6 日

敵機昨日
狂炸肇慶柳州
常德平江亦有空襲
桂林損害情形查明

中央社梧州五日電　敵機十九架、今日上午三次狂襲肇慶、在市區內先後投彈七八十枚、炸燬民房商店學校及死傷平民甚多、救護人員現正從事拯救傷者、及發掘屍骸、災情異常慘重、敵機並在三陽峽祿步悅附近等處、投彈三十餘枚、又今日上午敵機十八架、由西江襲桂、在鬱林滕縣窺察後、在柳州市區投彈五十餘枚、多係燒夷彈、河南一帶、即時起火燃燒、共燬屋宇二百餘間、

中央社桂林五日電　敵機九架、五日午前十時十五分、由信都、昭平、修仁侵入柳州上空、在河南濫投燒夷彈及重爆炸彈百餘枚、交通路谷阜街一帶大火、馬鞍山麓及立魚峯兩避難所被炸、市民死傷衆多、

中央社桂林五日電　二日午、桂林被敵機狂炸、現經查明、被焚燬房屋三百六十六棟、被震毀房屋七十六棟、共四百四十二棟、平民死十一人、傷十七人、(按本社桂林二日電所稱、死傷約五千人、實係約五十人之誤)、

中央社常德五日電　敵機七架、五日午前十一時〇四分、飛汨羅一帶窺察、旋向東北逸去、又平江方面、五日午亦發現敵機一架在上空盤旋窺察

——摘自《时事新报》（重庆），1938 年 12 月 6 日

肇慶柳州平江

慘遭敵機狂炸

毀屋甚多平民死傷慘重

犯粵（中央五日梧州電）敵機十九架、五日上午三次狂襲肇慶、在市區內先後投彈七八十枚、炸毀民房商店學校及死傷平民甚多、救護人員正在從事拯救傷者、及發掘屍骸、災情異常慘重、敵機並在祿步（在肇慶西）悅成（在德慶東）（以上兩處均在西江北岸）附近等處投彈三十餘枚、

襲桂（中央五日桂林電）敵機九架、五日午十時十五分、由信都昭平修仁侵入柳州上空、在河南濫投燒夷彈及重爆炸彈百餘枚、交通路谷阜街一帶大火、馬鞍山麓及立魚帥兩避難所被炸、市民死傷頗衆、（中央五日梧州電）五日上午敵機十八架、由西江襲桂、在鬱林藤縣鎮察後、在柳州市郊投彈五十餘枚、均係燒夷彈、河北一帶即時起火燃燒、共燬屋宇二百餘間（中央五日桂林電）二日午桂林被敵機狂炸、現經查明被焚燬房屋三百六十六棟、被震毀房屋七十六棟、共四百四十二棟、平民死十一人、傷十七人、（按本社桂林二日電所稱死傷約五千人、實係約五十人之誤）（中央五日梧州電）中委馬超俊、奉命南來安撫難民、於上月三十日道經桂林時、適敵機狂炸桂市區、災情慘重、馬委員特代表孔院長慰問被災難民、並撥款萬元救濟、

擾湘（中央四日長沙電）瘡痍滿目之平江、四日又遭轟炸、上午十時許、敵機一架在南江橋平江盤旋歷三十餘分鐘逸去、十二時許、又有敵機一架、在湘陰長樂新市汨羅等處窺探、下午二時十分、敵機三架竄抵平江、投彈十餘枚、毀民房廿餘棟、平民死傷六人、

——摘自《东南日报》（金华），1938 年 12 月 6 日

大陸報戰地記者
述敵軍在粵暴行
到處強姦婦女搶奪財物
一面假意避免外僑耳目

（滬訊）大陸報戰地記者埃斯克隆氏、於廣州失陷前一日、由港抵粵、目擊日軍進據該處、及廣州淪陷後之情形、連日撰文在該報發表、詳述日軍在粵之種種暴行、據云、十月廿二日、日軍佔領廣州、卽三五成羣、蹲坐街頭、狂飲大嚼、此項酒食、係迫使華人向各商鋪住宅、盜竊而來者、迨晚離去、臨行竟以竹杖撻之、似表示其酬謝之意、日軍久食乾魚、「飯團」、得此異味、似頗適口、蓋在彼等來此之數日中、完全以乾菓等果腹、而對[illegible]頭菓類及沙司柚、尤爲愛好、數日後、日軍長官居然懸令、禁止盜竊、至日軍强姦婦女之事、雖未親見、但據一西籍醫生謂渠赴城郊、曾見此種可怖之事、該醫生雖無暇調查、但就其個人所知、有十八人顯被姦淫多次、有年已八十八歲之婦女、一日之間、爲日軍姦辱六次、另一年八十五歲之婦女、則被姦四次、有兩女孩、一僅十歲、一約十二歲、竟於一日內、被辱至十次、當時並强迫其父母在旁觀看。此外傳聞所知者、尚有五十起、某日余（埃斯克隆自稱）步行街中、突爲四日兵所阻、橫加搜查、一日兵搜得余錶、愛不釋手、圖加沒收、幸有英人乘汽車經過、余正擬揮手招呼、該日兵卽將錶退回、某次日軍司令赴沙面訪英總領、渠腰懸手槍、大如小型機關槍、後隨衛官四人、均懸大刀、正高視闊步、行經英國橋、當爲英哨兵所阻、經交涉後、日軍官始留槍續進、蓋日人不准携武器入沙面、某夜、余見三日軍官乘汽車經過逃難之華婦前、車戛然止、一軍官下車、搶奪該婦所携絨毯兩條、登車而去、日軍對外人檢查頗嚴、廣州失陷兩日後、如無日軍通行證、一律不准由沙面進入廣州、而日軍盤查通行證、尤甚嚴密、幾至十步一查、但一週後、日軍似已厭此、盤查漸鬆、迨日海軍抵粵、又重演一次、日軍不善操英語、僅知「紙」（指通行證）「謝謝」兩字、而道此不倦云、

（南昌通訊）敵軍在華之姦淫焚刦屠殺等種種暴行、每爲外人所親眼目睹、以是得將其暴行眞相揭露於世、最近敵爲掩飾「國際耳目」起見、嘗訓誡其士兵、凡當暴行時、遇外僑經過、應立卽停止、並應假裝鎭靜、設法與華人談笑、使外僑獲得「日軍文明」之印象、日前、有某外僑自九江行抵此間、據稱、彼於經過九江某鄉村時、親見日本士兵二人刦掠一農家、迨彼行近時。此二名日兵頗形倉皇、遽擬踰牆而遁、彼爲好奇心所動、疾趨前執一日士兵、問其何以如是尷尬、據該日兵答稱、彼輩奉上官命、凡暴行時遇外僑經過、應立卽迴避云、又有某某外僑二人、日前自廣州抵此間、亦爲記者述及彼等經過廣州街市時、亦遇日兵搜刦一華商、迨彼等行近、此日兵瞥見外僑至、大爲狼狽、立卽返還財物、悻悻而去、某外僑云、當時彼頗莫名日兵此舉之用意云、按敵軍官不能禁止其士兵在華暴行、而欲避免國際人士之耳目、亦可謂心勞日拙矣、（十二月一日傑寄）

——摘自《东南日报》（金华），1938年12月6日

敵寇暴行

敵機昨襲柳林

陝吳堡二日被炸

（中央社桂林五日電）敵機九架，五日午前十時十五分，由信都、昭平、修仁侵入柳州上空，在河南濫投燒夷彈，及重爆炸彈百餘枚，交通路、谷阜街一帶大火，馬鞍山麓及立魚峰兩避難所被炸，市民死傷衆多。

（民革社隰縣五日電）陝北吳堡縣城上空，於二日晨有敵機三架侵入，投彈二十餘枚，大半落東關，死傷民衆二十餘人，毀房屋十餘間。

桂林被炸損失

（中央社桂林五日電）二日午，桂林被敵機狂炸，現經查明被燬房屋三百六十六棟，被震毀房屋七十六棟，共四百四十二棟。平民死十一人，傷十七人。（按本社桂林二日電，所稱死傷約五千人，實係約五十人之誤）。

——摘自《新华日报》（汉口），1938 年 12 月 6 日

在漢英僑被敵兇毆

（中央社漢口五日合衆電）前日特三區管理局職員卡婦倫，見一日工兵，擬將沿街之自來水總管開放，乃上前阻止，日兵竟置之不理，雙方遂致互毆。結果卡婦倫被帶往日憲兵司令部，在該處被扣一小時後，始移交英總領館。據英領稱，日憲兵司令部已派員道歉，謂係雙方誤會。卡婦倫稱，彼曾被日兵兇毆。但若輩無法指出傷痕，聞此事可和平了結。

——摘自《新华日报》（汉口），1938 年 12 月 6 日

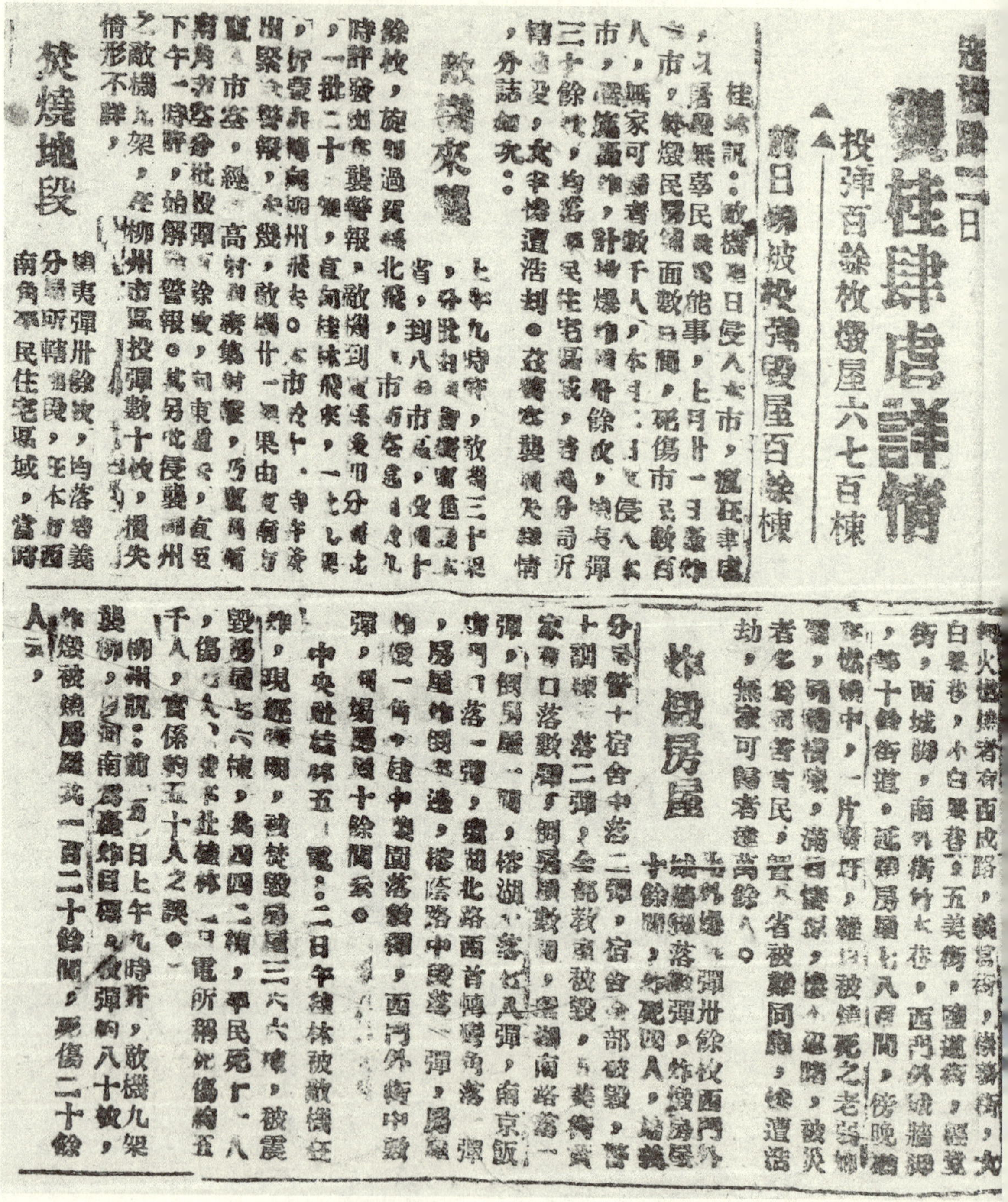

敵機前二日

襲桂肆虐詳情

投彈百餘枚燬屋六七百棟

昨日柳州被投彈燬屋百餘棟

桂林訊：敵機前日侵入本市，瘋狂肆虐，[illegible]屠殺無辜民衆[illegible]能事，上月廿一日轟炸本市，燬民房[illegible]面數日間，死傷市民數百人，無家可歸者數千人，本月二日敵機又侵入本市，[illegible]轟炸，計投爆炸彈[illegible]餘枚，[illegible]三十餘枚，均落[illegible]民住宅區域，[illegible]災，[illegible]慘遭浩劫。茲將[illegible]情分誌如次：

敵機來襲

上午九時許，敵機三十[illegible]，分批由[illegible]省，到八[illegible]市[illegible]，北飛，[illegible]市[illegible]餘枚，旋[illegible]過[illegible]北飛，敵機到[illegible]分[illegible]時許發[illegible]襲警報，直向桂林飛來，一[illegible]，一批二十[illegible]，[illegible]州飛[illegible]。[illegible]市[illegible]，[illegible]緊急警報，[illegible]幾，敵機廿一[illegible]果由[illegible]區[illegible]市空，經高射[illegible]射擊，乃[illegible]角[illegible]分批投彈[illegible]餘枚，[illegible]東[illegible]，直[illegible]下午一時許，始解除警報。[illegible]另[illegible]侵襲柳州之敵機九架，[illegible]柳州市區投彈數十枚，損失情形不詳，

焚燒地段

[illegible]夷彈卅餘枚，均落[illegible]義[illegible]分[illegible]所轄[illegible]段，[illegible]本[illegible]西南角[illegible]民住宅區域，當時[illegible]火[illegible]燃者有西成路，[illegible]，[illegible]街，[illegible]白[illegible]巷，小白[illegible]巷，五美街，[illegible]道街，經[illegible]街，西城路，南外街[illegible]巷，西門外城牆[illegible]，[illegible]十餘街道。延[illegible]房屋[illegible]八[illegible]間，傍晚[illegible]燃燒中，一片[illegible]，[illegible]被[illegible]死之老弱[illegible]，[illegible]，滿[illegible]，[illegible]路，被災者[illegible]民，[illegible]省被難同胞，[illegible]遭浩劫，無家可歸者[illegible]萬餘人。

炸燬房屋

[illegible]外[illegible]彈卅餘枚西門外[illegible]落[illegible]彈，炸[illegible]房屋十餘間，炸死四人，[illegible]分[illegible]十宿舍中落二彈，宿舍全部破毀，[illegible]十[illegible]落二彈，全部教[illegible]被毀，[illegible]家[illegible]口落數彈，[illegible]房屋數[illegible]，[illegible]湖南路落一彈，[illegible]房屋一[illegible]，榕湖[illegible]落[illegible]八彈，南京飯[illegible]門[illegible]落一彈，[illegible]湖北路西首轉彎角落一彈，房屋[illegible]邊，[illegible]陰路中段落一彈，房屋[illegible]一[illegible]中[illegible]園落數彈，西門外街中數彈，[illegible]場[illegible]十餘間系。

中央社桂林五日電：二日午[illegible]林被敵機狂炸，現經[illegible]明，被焚毀房屋三六六棟，被震毀[illegible]屋七六棟，[illegible]四四二棟，平民死[illegible]一八，傷[illegible]人，[illegible]電所[illegible]傷約五千人，實係約五十人之誤。

柳州訊：前[illegible]日上午九時許，敵機九架襲柳，[illegible]南[illegible]目標，[illegible]彈約八十枚，炸燬被燒房屋共一百二十餘間，死傷二十餘人云，

——摘自《南宁民国日报》，1938 年 12 月 7 日

敵機四十餘架

昨分批西侵

鄂西遍地發現敵機蹤跡

宜昌四次警報兩度竄入市空

粵北贛南昨均被炸

【本市消息】昨日敵機四十餘架，分批經鄂西各地肆擾。本市發放警報四次，第一次上午七時三十分，敵機一架，由沙市向本市進襲，越過本市外圍，經宜都長陽等地、向川境竄去，第二次八時四十八分，敵機一架，由五峯長陽等處來襲，旋經當陽十里鋪東飛，未入市空；第三次十時三十分，敵機卅四架，由天門潛江等處，分批經沙洋厚港向本市飛進，均由本市外圍向川境竄去，未入市空，惟另有六架則侵入市空，偵察一週，即循原路向東逸去；第四次下午一時十九分，襄川敵機，分批經恩施建始東飛，另有敵機五架，由天門經沙洋十里鋪向本市進襲，東飛之敵機，分批經市區外緣逸去，西侵之九架，則竄入市空偵察十餘分鐘，亦循原路逸去。敵機雖兩度竄入市空，均未投彈，我毫無損失。

【中央社常德二十六日電】【公安電話】敵機六十七架，今分三批經鄂中各地西飛肆擾：第一批二十二架，於上午十時零九分，經潛江上空西飛；第二批三十二架，於十時三十四分過潛江西飛；第三批十二架，於十時四十分過枝江西飛。被炸地點，尚在調查中。

【中央社常德二十六日電】敵機三架，於二十六日上午十一時，飛常德上空偵察，並在城東北鄉低飛，以機槍向下掃射約數分鐘，卻向東北逸去。下午一時半，常德東鄉之牛鼻灘，亦發現敵機六架，在高空盤旋偵察，旋經漢壽向北逸去。

【中央社韶關二十六日電】今上午十時，敵機十五架，分兩批先後飛南雄，在郊外投彈六十枚，我無損失，另一架到英德投數彈後南飛。復有敵機一架飛贛省信豐投一彈，毀民房數間，傷斃十餘人。

——摘自《武汉日报》（宜昌），1938 年 12 月 7 日

連日新鶴各地

慘遭×機狂炸之寫眞

江佛路新會段沿途均受害

（江門特訊）×自猛攻九江及鶴山谷埠後・窺其用意。顯欲奪取江門・於是又出其唯一慣技・派機四出狂炸・因而沿佛崗公路南段一帶・備受巨殃・茲將三四兩日×機轟炸新鶴各地情形・分誌如下・

轟炸公路

三日下午二時許・有×機四架・從乾霧却航・經江門天空掠過・直趨新會・突然口性大發・沿江佛公路而飛・約廿餘里・狂投炸彈數十枚・繼到鶴山雅瑤上空盤繞數匝・旋即飛往新會之堂下墟一帶・又狂投炸彈數十枚・茲將記者親赴災區調查所得如下・當×機經江佛路・由姑婆廟站起・（此處離江門約十里）投兩彈・均在路邊爆炸・此時適有新會段車由江門到此・搭客立即下車疏散・無傷人・祇該車震傷機件・不能再行・在南山站又投兩彈・落田中爆炸・距離約百餘丈・亦有一車載客・由卡岡出江門・見機來・已立即停車・疏散搭客・亦未有傷人・在椅山站又連投四彈・三彈落田・一彈在路邊・各彈均未炸・此時羅江站亦有一車・擬往卡岡・聞機彈聲。又即停車・搭客紛紛逃走・未有傷人・但車已起火・不能行・×機到大口井站時・又在該處轉灣之路邊・連投四彈・兩彈落田爆炸・兩彈在路邊燬屋六間・此處又有一車經過出江門・與×機相遇・立即停車・各客即走・有一男客被破片炸斃・另一女客亦死・該車被×機槍射穿十餘孔・玻璃窗已毀大半・幸各客逃走較早・否則死傷必二三十人・該四×機狂性仍未止・沿公路北上・在佘竹坳山峽中・又投四彈・在公路及兩旁山邊爆炸・聲聞十餘里・繼又再北飛至卡岡車站・（該站係新會段尾站・與鶴山交界）・又投五彈・二落站後水中爆炸・水花飛高廿餘丈・二落站前廣地・一落站右之山頂・斯時在該站候車往江門之客・約有三四十人・而附近海天俱樂部及茶室・亦有數十人・見×機沿途低飛投彈・早已奔往附近山崗田基暫避・祇微傷一客・餘均無恙・但×機來時・已有一車在站・預備載客往江門・×機竟放射機槍數百響於中車・因此該車槍孔密如蜂巢・汽爐亦被射穿・一彈落於該車前十餘尺・幸未被炸・惟前輪爲破片所毀・×機是日肆虐・由姑婆廟起・至卡岡站止・共有十個站・均放機槍掃射・到卡岡站後・再北向雅瑤低飛・環繞數匝・似又尋目標・但雅瑤無防軍・亦無機關・完全係一村落・雅瑤鄉民早聞機聲彈聲・及見×機又至・各人紛紛疏散・×機遂回頭往新會堂下墟（見另段）肆虐・至江佛路新會段・是日被×機如此騷擾・沿路數十村鄉民衆・大爲驚慌・其逃走狼狽情形甚慘・此路因此交通完全停頓・往來之人・各均步行・記者亦步行三十餘里・得此情形・至四日午・所壞之車・僅修得二輛・爲維持交通起見・四日下午二時・已向江門會城段、借得車二輛・恢復交通云・

堂下遭殃

三日下午二時許・×機四架・狂炸江佛路新會段後・旋飛經鶴山雅瑤。繼又飛新會堂下墟一帶。投彈十餘枚・毀屋傷人甚衆・×機抵堂下墟時・均低飛・在墟投三彈・一落田中・二彈燬屋六間・傷六人・旋在墟心投五彈・落三彈十排街一帶・燬合記生菓欄・及其竹器瓦器店兩間・另華豐・和昌・及馮仲文鑲牙館三間・則被燬舖尾・無傷人・又在甘家市附近投二彈・全新足頭店・五榮米舖・龔新金舖被炸・錦和祥布疋店舖尾被燬・該墟最大之合心茶樓・牆壁亦震烈・又在橋尾里之後山投二彈・無燬屋傷人・旋在樓尾灣投四彈・燬林家祠全座・另附近之屋七間・傷六人後・再往堂下附近之甘竹崗村投二彈・炸燬屋一間・堂下墟民衆・早聞機聲・及見機飛來・急走避一空・否則死傷必過百數・亦云幸矣・但是日堂下墟縱橫十餘里之鄉村・見×機慘炸・加之是晨聞九江鶴山與×發生激戰・早有戒心・四日晨・各鄉村婦孺。紛紛扶老携幼・肩挑行李・逃往別處・故堂下墟居民寥寥無幾・成爲死墟・四日晨十時・有×機三架・在堂下附近經過・全墟鄉人・紛紛逃往附近山崗暫避・×機去後・始各返墟・但趁墟者・已如鳥獸散矣・

沙坪慘狀

×攻九江河清太平沙等處・已見報載・查三日晨七時許・至九時許・×機狂炸九江・甘竹及鶴山谷埠・沙坪・關於沙坪被炸情形如下・三日晨八時・及是日下午三時許・×機十餘架・分兩次到沙坪投彈・計縣府前一帶落七八彈・並發生火警・焚燬同樂酒晏店・南和。長發・巨源・泰隆等店舖九間・半燬四間・同善醫院前馬路落兩彈・炸斃抬烟把婦人一名・和平路麗源油米舖一彈・全間燬去・北街崇德街只落三彈・燬舖屋數間・沙坪墟邊福成押附近落一彈・毀屋兩間・又鶴山中學落四彈・一彈毀去課堂一座・餘二彈落山中・車站前落二彈・在路中爆炸・是晨幸沙坪民衆天明時・知古勞被×佔去・繼又見飛機到來・莫不亡命奔避・×機雖狂炸・祇傷數人・惟火頭高十丈・炸彈之烟高十餘丈・距離十餘里之鄉村・亦見烟火・及聞炸彈聲・惟沙坪消防隊與救護隊・・奮勇撲救・不敢成爲大火云・

——摘自《华侨日报》（香港），1938年12月8日

閩省惠安峯尾海面

敵艦不時向我發砲

留台僑胞五萬餘被虐待

新加坡失業閩僑亦回國

△中央社泉州五日電，三日午後，有敵艦三艘，駛惠安峯尾海面，並有敵台漁船數百艘，侵入我近海一帶捕漁。

△中央社泉州六日電，三日午後，駛抵惠安峯尾海面之敵艦，入夜以探照燈向我海岸照射，嗣即開砲轟擊，我當予警戒，一小時後，敵艦即向東逸去。

△中央社泉州六日電，日來閩南沿海敵艦，又增至十餘艘，惟來去飄忽無定，五日午踞厦敵砲，發砲三十餘響。

△中央社福州五日電，台灣華僑談，留台僑胞，尚有五萬五千餘，其有資產者，現金多被沒收，且禁止出口，困頓不得歸國，其業工商者，失業已達萬人，生計艱難，中華會館，被流氓走狗佔據，該地壯丁，被敵抽徵一空，餘僅老弱婦孺，社會彌漫愁慘之色。

△中央社福州六日電，新嘉坡失業閩僑達萬餘人，現已運回八百餘人，其餘亦將陸續分批運回，由晉江惠安兩縣政府，担任招待，並有魚船百餘艘，前來閩海，閩漁民生計，將大受影響，惠安峯尾鄉海面，今駛來敵運輸艦二艘，下泊該處，尚無異動。

——摘自《云南日报》（昆明），1938年12月8日

敵機昨日

襲炸平江桂平

中央社常德七日電　據湘陰電告、七日晨八時卅二分、敵機五架、飛平江轟炸、

中央社桂林七日電　敵機六架、七日上午十時半、由粵侵入桂平上空、在城內及附廓投彈約六十餘枚、於上午十時五十五分逸去、

中央社梧州七日電　敵機六架、七日上午十時許、沿西江襲桂平、向城內外投彈六十餘枚、災區二十餘處、平民死傷者二百餘人、

中央社長沙七日電　敵機五架、於七日上午八時半、由鄂飛抵平江、在北門外投爆炸彈十餘枚、

——摘自《时事新报》（重庆），1938 年 12 月 8 日

敵機六架

昨飛桂平肆虐

投彈後即向北逸去損失待查

五日柳州寇機肆虐情形補誌

昨（七）日上午九時十分，敵機六架，由新興向西北飛，經新興屬太平圩向西飛，梧市發空襲警報，敵機經蒼定向西北飛，到岑溪向北飛，至藤縣向西飛，桂平發出空襲警報，敵機到平南大鵬鄉向桂平飛，桂平發緊急警報，十時零八分，敵機至桂平屬大黄鄉，貴縣發出空襲警報，十時十七分，敵機到桂平向西南飛，貴縣發緊急警報，旋敵機竄抵貴縣屬東津鄉，即折回向桂平飛，十時卅分敵機在桂平市投彈後，（一）即向東飛去，旋復折返桂平窺伺後，分二批，一批向東飛，一批向北飛逸遁，損失詳情待查，

又訊：本（七）日上午九時十二分敵機九架，由高明向西飛，經肇慶，梧州，藤縣，濛江，空襲柳州，十時卅分敵機由東南侵入市空，在河南三次投彈百餘枚後，即向東北遁去，計在馬鞍山頂落一彈，由腰二枚無損失，山脚十餘枚死十餘人，太平西街投數十枚，燒塌民房五十餘間，太平中街落數枚，塌房屋五間，傷婦人一，交通旅店落二枚，全間炸燬，河南下街十餘枚，燬房屋四十餘間，汽車三輛，陸通旅店落二枚，屋全燬，編鶴下街一枚，死男女各一人，又城外山脚落數枚一未發，並落手溜彈三枚，重傷一人，輕傷數人，魚峯路投四枚，燬燬房屋六間，柳江中落四彈，沉船十二艘云，

——摘自《南宁民国日报》，1938 年 12 月 8 日

綏西連遭轟炸

湘桂被空襲

西安回胞籲請共滅暴日

（中央六日西安電）西京市伊斯蘭「回教」弟兄四萬餘人、頃爲暴日慘炸西安回胞、特發表告全世界伊斯蘭弟兄書、詳述敵人猙獰面目、揭發其離間陰謀、喚起全世界伊斯蘭弟兄携手團結、消滅此共同敵人暴日云、

侵○湘 （中央七日常德電）據湘陰電告、七日晨八時三十二分、敵機五架飛平江轟炸（中央七日長沙電）敵機五架、於七日上午八時半、由鄂飛抵平江、在北門投爆炸彈十餘枚、

襲○桂 （中央七日桂林電）敵機六架、七日上午十時半由粵侵入桂平上空、在城內及附郭投彈約六十枚、十時五十五分逸去、（中央七日梧州電）敵機六架、七日上午十時許沿西江來襲桂平、向城內外投彈共六十餘枚、災區廿餘處、平民死傷者二百餘人、

犯○綏 （中央五日河曲電）駐包頭敵鹽田部飛行隊、連日在綏西五原臨河及綏南大樹灣東勝等地、橫肆轟炸、三日上下午、敵機曾一度至東勝（在綏南）轟炸、我無損失、五日上下午、敵機二架復至東勝窺察、並至府谷（在陝北）投彈四枚、至保德投彈二枚、損失極微、同時有一機飛往榆林（在陝北）、

——摘自《东南日报》（金华），1938 年 12 月 8 日

寇機轟炸下的西安

瘋狂的濫炸市區

回民坊死傷慘重

（全民社西安航訊）我們常說：「當敵人軍事上越失敗的時候，便越轟炸得利害」。這次敵機四次來襲、瘋狂濫炸，使我們更證實了以上的話，更相信敵人已到了「黔驢技窮」的時候，所以[illegible]兇惡的表露了他[illegible]猙獰而實際焦燥可憐的[illegible]。

西安，自從廣州淪陷、武漢撤退以後，敵平漢南段及晉南[illegible]形勢來說，無[illegible]的威脅，臨近前線的重要後方，敵人如果企圖進攻西北，或截斷隴海路西段，隨時都有威脅西安的可能，在十一月十五日以前，敵增援晉南[illegible]集中永濟、積極準備渡河，一面分路圍攻中條山，以去後顧之憂，所以我方游擊隊[illegible]沿河[illegible]曾一度緊張，但晉南究竟[illegible]力有限，[illegible]晉南雖佔據黃河三角洲，永濟風陵渡，但處處荊棘，仍不敢置後方於不顧，而冒然渡河，不過偽處張聲勢，遮斷我隴海路運輸線計，在風陵渡與我隔河[illegible]砲戰，[illegible]潼關附近橋樑略有損毀，數日後仍修復通車如故，毫無影響，至於[illegible]中條山[illegible]軍及游擊隊，對晉南地勢敵情素甚熟悉，且早有布置，沿中條山形勢險峻、各高地俱在我軍手中，以逸待勞，故雖數度進犯，但我方以主動性運動戰及游擊戰，各部統一協作，處處制敵、粉碎了暴敵偷渡黃河、截斷隴海的陰謀，於是敵人看看在晉南沒有辦法，因而惱羞成怒、遂[illegible]大舉轟炸西安，[illegible]

第一次為十五日下午二時，敵機十一架來襲、在西郊投彈一十餘枚，毫無損失，十六日敵第二次十三架又來襲、在北關火車站及童家巷街市投彈十餘枚，死傷四十餘人，民房及堆棧損毀十餘間，炸毀車皮四輛，第三次係十八日上午七時、一般人正在起床之際，敵機十九架來襲、在城東南隅附近巷、革命公園及東城附近等處投彈四五十枚，城內轟炸為第一次，并散發荒謬傳單，除漢文外，并附有滿蒙文字，民眾內市民猝不防避、死傷九十餘人、內有小學生并炸毀民興中學宿舍、殘肢斷體、至為慘痛、本日抗敵後援會即發表告同胞書、并電世界各國宣布倭寇之暴行、請聯合予以制裁、決四敵機廿三日晨復廿架來襲、以六架環近郊窺察、以十四架侵入市空、在城內大小皮院、西大街青年會等二十四處、及回教清真寺四處投彈八十餘枚、死七十餘人、傷百八十餘人、炸毀房屋四百餘間、在回民區大小皮院一帶落彈竟達五十餘枚、回民烏姓八口全家遇難、毀清真寺四處、回民住宅二百餘間、傷死回民百二十餘人、因二十三為回教年八節、并奉中國回民救國協會電令、舉禮拜寺祈禱途勝利、祈禱、故今市同胞齊集各該拜寺而日寇竟目標專集各寺及回坊轟炸一致全市清真寺七處、被炸毀四處之多、敵人之殘酷滅絕人道質為世界文明人類之公敵、吾回胞應一致銘心、誌此深仇、兹該省主蔣主席派員及中委[illegible]繼代表中央俱往回坊慰問被難家屬、陝省黨部救濟十七名將回胞被難慘狀電告中央、并電甘肅省黨部、喚起各地回民同胞、共圖復仇、西京回民救抗敵分會分電以觀省急振、環收到省府蔣主席撥款壹千元、回民協會理事長白崇禧匯來百元、回坊已成立西京市回民救濟委員會、向各方籲振、回胞向以操小本商業為生、此次因損失鉅、大小商舖多未開市、望各方設法從速救濟、以免飢寒交迫流離播遷、

此次敵機來襲、投彈多為燒夷彈之殺傷彈、彈網之者無一倖免、聞敵機飛臨上空、即發現漢奸放射信號指示目標防護工作實火適密、省府已命警察局指導民眾向各地疏散、由各保甲人在市內空地挖掘防空溝、限二日完成、以弄於四鄉準備植物油燈、以資防禦、敵機方面西寶段一火車每日夜開行四次、[illegible]日雞開漢中近增調車輛、每寶南開二十輛、本市人口已疏散約三分之一強、連日仍在遷移中、每日上午各商[illegible]、商戶多停止營業、極為蕭條、晚間照常營業、但交易甚少、各中等以上學校已徒步遷移安全地帶上課、各小學已全部解散、各銀行營業時間改為每日下午四時至七時、至各機關仍照常工作、

晉敵連日猛攻失敗、二十八日敵即以大砲掩護步兵五十餘人、由風陵渡強渡、我守軍擊退、沿河[illegible]度已毀我偽置、與一時絕難飛渡河、（十二月三十日[illegible]寄自西安、金民社）

——摘自《华西日报》，1938年12月9日

特寫

寶安刧後餘燼錄（一）

南頭城的慘狀

（本報記者江浪）

X兵發動東江南岸所謂掃蕩戰的時候・寶安縣政府所在地的南頭城・就落在X人手裏・統自上月廿五日失陷起・至X軍撤退的廿九日止・整整佔據了五天・在這五天之中・地方慘遭摧殘的經過怎樣・大家都想知到・記者負有報導的責任・在來往香港南頭的寶安小輪復航的第一天・（五日）就趁輪前往作實地調查・

船是上午七時啟碇・這次是復航的第一天・搭客來得特別擠擁・大約足有三百多人・每一個人的心情・都是抱着看看自己的田園廬墓給X人摧殘得什麼樣兒・所是面目表情來得特別的緊張・負有和記者同樣職務的同業・也有兩位・可是他們有的是外省朋友・有的是和寶安向來陌生的・在調查上・和本地人的記者・（記者為南頭人）比較・則記者便利得多了・

十時廿分・船到達岩口碼頭・碼頭已燬・但這是一個多月以前・我張瑞貴軍自動炸燬的・然同來同業・不知原因・立開其鏡箱・大攝特攝・以為是好資料呢・

僱小舟登陸後・步行十二華里・到達南頭城・整個城市・沉寂地伏在原野上・沒有聲息・在她不作聲中含了一腔憤懣・更流露出慘被X人蹂躪了五天的羞辱・記者三人・聯袂先到死城前面南頭市・

傷心的情景・即晃展在記者目前的・就是全墟沒有一個人影・十足的荒蕪死墟・那時忽肌腸雷動・同想在寶安小輪上・輪中不少的食物售賣・同業中也開其罐頭食品・記者想像中的南頭・不是這樣・所以一點食品都未進・一時沒有辦法・而在這種情景下・同來的同業・也無法以盡採訪之能事）

在記者未返南頭前・據逃出難民說・大新街前面的姜灼利生草藥材店・仍然營業・所以立即前往・果然灼利的店東姜柱流先生・仍在店中・正指揮件工從事收殮墟內遺屍・忙個不了・記者和姜先生友誼頗篤・由姜先生指點了那同來兩位同業去採訪外・并蒙造飯為記者療饑・

飯飽脚頭健・立刻展開我的行程・首先巡視大新街・全街可以「被劫一空」四個字代表一切・當步至萬盛金店的當兒・在門面看見所有門檻鐵閘無恙・心裏頗覺奇怪・以為這是浩劫中的僥倖者・可是看看右面空地的右牆・卻掘了一洞・約高三尺・闊二尺・在洞口窺視・店內器具零亂・沒有和其他的兩樣・同想這店的主人岑祥先生・為寶安誠實商人・半生血汗結晶・今日如此結果・不禁為之一嘆・其餘陳景柱先生的天與和金盛金店・都在這次抗戰中作壯烈的犧牲了・轉出界邊・可憐的景狀・沒有兩樣・最大的生意的大豐米機・和利民米機・因為X人封了所有的米・為軍糧供應・禁止X兵搶掠・X兵盤據了僅僅五天・被掠去的不多・還有大批存在・可說是不幸中的倖運・再折入新舖街・除了搶劫的遺跡之外・只有商三間被焚・查起火的那間・是寶源找換店燒至鄭炳壽宅止・被燒的原因・聞是X人想入店搶劫・那鐵閘卻來得太堅固・X人一時氣憤・就從他一把火・再折入大新街・那時下午二時了・就在姜灼利休憩・

據姜柱流先生告訴・全墟在這次X兵入城的時候・被殺斃的墟民・共三十餘入・其中有二十餘名・經過了五天長久的時候・屍體腐爛・臭氣中人

作嘔•彼老人家目擊慘狀•抱腰包出了百多塊•巳于上午九時殮葬了•談到X兵入墟時•見他未走•有是想利用維持地方秩序•誘墟民返同•有點想加害情形•他能一一應付裕如•表現出偉大精神•令人肅然起敬•

那時南頭的交通•欲想同港•則須立即取道元朗•可是記者這次的調查•職守是正確的報道•倘就此返同•也不外得些輪廓罷•同時感覺到過去的失地紀載•不是失諸眞實•便是道聽途說•每每後來和事實相比證的時候•情形出入得可怕•所以決定以眞實的消息報告讀者•一切情形•非親自目擊•決不紀載•所得事實•也不渲染•赤裸裸地暴露出來•同時也不訪問地方官吏•免爲文過飾非的所愚•

由公路經田下龍屋金鷄涌等鄉•然後到達南較場•惟先發現被推殘的•是岩口公路車公司上蓋•業被X兵拆燬•想岩口公路•爲全省的首屆一指的良好公路•在建設廳長巡視全省公路後•報告裏面•備極稱許•首次的損失•是我們自動爆炸•現在又遭X兵推殘•于是在轆轉呻吟下•完結了他的性命•此恨綿綿•不知何時得雪•在車站的右面。有一所大厦式的新建築酒家•名曰南香園•在過去不過名酒家便了•可是今次經過了X人的蹄蹂躪•却遺留下一個令人不可磨滅的印象•就是主持這次東江南岸掃盪戰軍事的X酋長谷川氏•佔爲司令部•記者到此•見全店零亂得不像樣子•而地上更遺留下不少X國的戰報和文件•可惜都是日文•而地方官吏也不檢集研究•希望從中得到是有利的材料•可見主持抗戰負責的人物•太疏忽了•步入較場•見X兵搶掠得來的米糧•還有八包原封不動•同時有七八包馬糧•此種馬糧•爲實窗四方形•用時用水開•X人侵略我土地野心•可以證明了•較場下地窖•也給X人燬爛了•再由南門口入•見寶和押店•被刦一空•想起貧苦平民•平時寄押衣物不少•令一旦被刦•押店損失事小•貧民損失•則苦極了•在城門邊•見遺屍一具•腐爛多時•臭氣薰天•返城後•由和陽街直上•沿途所見•十室十空•物與人亡•記者愴然爲之墮淚•惟時見沙河鄉長梁作梅•駕脚踏車往來巡視•此爲記者調查時所發現第一人•又見正源押店•門戶依然•但天窗被燬•有一綑下垂•押內所見金飾被刦•笨重衣物•乃然存在•過•衙前•全街被搶•步出東門•家家被刦•轉岩口公路•繞出南較場•海光寺在望•南頭警察局及縣黨部設立于此•但闃無一人•只見公物零亂•器具縱橫•落寺街•有坭築戰壘甚多•料爲X兵步哨所在•而調查中之第二人見面亦發現•爲一七十老婦•出石橋頭•亦有一坭壘•博生堂及右鄰香店夥伴•已在搬運貨物中•查這處爲平康里原址•昔日紙醉金迷•笙歌夜夜•今則人面全非了•在這裏又見到香港寶安商會委員香港鮮魚行主席鄭繞南先生的夫人•也在搬運各物往香港•可是隔離的鄭叔行先生八十慈親•却很安閒地在門前談X人當時劫來一猪•正發火烤燒當兒•忽奉退兵命令•連猪棄在火堆中情形•經鄭氏伯公祠。而携家物遷新界的鄭福先生•也在這裏碰見了•

由入大新街•休息于姜灼利•姜灼利兼營煙膏業•睎飯後。各方來吸烟者多•記者未能免俗•和姜君一燈相對•詳談浩劫情形•其中對于X人蹂躪女性一節•令人髮指•㈠大新街芝蘭齋山貨店東之妻•六十二歲•體肥胖•被X後•創痛過甚•送新界療治•頗有生還希望•㈡倉前鄉有寡婦二人被辱後•投井自殺•㈢聖堂正街鄭筍桃宅。有老婦七人•皆六十歲以外•另少女一人•十三歲•老皆未能倖免•女童不勝痛苦•因此喪命•㈣第一甲鄉有寡婦二人•爲保德名節•和X抗拒後•投井喪命•㈤新鋪街鄭君的如夫人•年少艾•被縛輪X•受重創•其餘城內女童•因受X而斃命•和不遵從而被殺的•約十五六人•至六十歲以外的老婦•因未能滿他所欲•致遭痛擊的•更不可勝計•（未完）

——摘自《华侨日报》（香港），1938年12月9日

敵軍入武漢屠殺我同胞

▲難民乞丐慘遭荼毒

路透社漢口通訊。日軍日前在市內捕獲未及退出之華方士兵、乞丐等十五人、驅至江邊。迫令步入江內。。速至江水漫膝時、即在江海關外、距難民區大旗十五碼之處。瞄準擊斃之。此外並驅兩華人至難民區內。太古公司之浮橋上、俟華人擬泅水逃去時、即鳴槍擊斃之。。上述兩事發生時、美艦呂宋號上官兵、及附近外僑。多曾目覩。對於敵軍暴行。莫不表示憎惡云。。又外息。十月廿五日晨起漢市區大火、特區附近一帶尤烈。迄廿七日午未熄。武昌幾全城起火、敵陷黃岡後、將天主堂收容難民掃數擄去。婦女迫為營妓壯丁迫作苦工。不[illegible]殺者數百人。

——摘自《少年中国晨报》，1938 年 12 月 9 日

特寫

寶安劫後餘燼錄（二）

長谷川久納的口行

（本報記者江浪）

記者在姜灼村住宿一宵。為了地方的環境關係。輾轉反側。總未能夢入黑甜。五點鐘打過。姜在流先生也起來了。在昨晚的談話中。姜先生說他曾晤見×聯隊長久納。對這次進犯寶安的×兵內容。知之甚稔。所以乘晨光和煦的時候。和姜先生步出郊外。領略大自然的風味。

據姜先生告訴。去月廿五日那天。城廂內外的官吏和人民。都跑個清光。那時全城祇得他和保生生熟藥舖的店東樊志鴻先生。樊閉門不敢出。全城可說是他一個人的。他平時感覺到自己很渺小。可是這時卻偉大起來。差不多是一個無民眾的南頭王了。不禁暗笑起來。到了下午四點鐘。軋軋機聲發現在上空。他知到情勢不平凡了。但是這種景象。是意料中的。點一也不害怕。躺在床上。聽候六十多年來未見的奇異發現。在沈寂的死城。忽然隆然一聲。飛機的炸彈在紅朱嶺的爆發了。×人進兵的前奏溢臨了。到了四時二十五分。×兵馬隊的醜惡聲。也隨之嗚嗚鳴起來。死城在這嚴重的情勢下。依然作偉大的沉默。沒有多時。×兵跟着發現了。他便閉門作躲在裏面。只聽得外面一片搗門毀戶聲。約摸二個鐘頭左右。×軍光顧到他了。他便開門。兇惡的×兵是日籍的。不懂我國言語。驟然看見他莊嚴的態度。也感覺到他的偉大。咕了一會。知道他不懂言語。就悄然退去。那時他知到閉門是無用的。索性打開。到了入夜八點鐘的光景。有五個×兵到來。其中一個戎裝來得特別齊整。有武裝×兵三人維護。另一個則作文裝打扮。由他首先發言。閣下貴姓名。完全是廣州語。他覺得漢奸大約便是這一類人了。仔細端詳了他一會。見他一切天性都泯滅了。但是不能立即找出制裁的辦法來。那漢奸先自介紹說。他叫「卓適譯」。隨介紹那×酋。這位叫做「久納聯隊長」。那×酋似也會意。隨在櫃面取紙寫「不戒可」三字。他見得這三個字來得不倫不類。表示不會意狀。那卓適譯隨解釋說。不戒可意義。大致為指不必害怕。但這話只可騙三歲小童。那卓適譯隨說。這次來犯的×兵。共有一萬四五千人。七成為×正規軍。袖章有三顆銅星的便是。三成為台灣朝鮮和東北籍。這次來攻的略。叫做「掃蕩戰」。想和我們的正規軍碰碰。由長谷川久納兩個人任指揮。勢將長久占據寶安等語。言時并含誘姜氏出任維持地方意思。但姜氏拒之。卓瀕行時候。說×兵侵占華南有具體計劃。也準備和國際摩擦。軍備都得很充裕。充份利用馬隊。每兩隻馬架四門機關砲。名曰連環馬。其餘坦克車。重砲都有。每十個×兵。有無線電報一個。對之發話。和×艦及×營可隨時通訊。遠而至東京。亦能生效。滔滔不絕。盡情暴露漢奸典型等語。記者和姜先生談話。不覺返回灼利。話頭也就此結束。

八時用過了早飯。第二日（十二月六日）調查行程開始。這天準備調查陳屋和吳屋村。這兩個村莊。都是寶安縣內有名的巨族。每村人口都在二千人以上。平時對于保衛鄉土

•極能盡責•歷年變亂相尋•爲了有自衛力量•從未遭兵燹•這次×人來攻•竟亦不抵抗•可見平日地方官吏•對于民衆沒有做訓練的工夫•而辦黨務的人•也忽爲了領導民衆配合正規軍抗戰的工作•以致到了大敵臨頭的時候•不特沒有充份的抵抗•而且連本身原有的自衛能力也消失了•可謂痛心到極•

八時廿五分鐘•由大新街首途•步行約一里•即到大板橋和墩頭鄉•這兩個小村落•接壤城市•所以被刦的情形•一如南海縣城•十室十空•滿目蒼凉•閉目凝思•昔年陝西旱災影片在廣州放影時•看了的人都道悽慘•但比較起來•却還遜得多•本來在七七抗戰之始•知到焦土抗戰•根本政策是這樣•不足爲奇•可是撥諸事實•地方官吏亟不遵照而行•焦土而不抗戰•痛心之事•孰有甚於此者•過墩頭鄉•即過向南北頭各鄉•步入吳屋村之閘門•各住戶雖有鄉民返回居住•但是在任何一屋內•都是家具零亂•衣櫃縱橫•赤露出姑後的情態•更有些返回的老婦•見家庭慘狀•縱聲號哭•經過魚街•直抵吳氏宗祠•那時在祠堂裏面•約有十多人•很憤懣地討論着一件要事•記者道爲意後•由吳鄉長接見•大致不外道些×人暴行•和防軍不負起抗戰責任的話頭•對于討論正般的事情•却不見發表•後來從另一個鄉人方面調查•知到該村和鄰壤的吳屋村•經過了好幾次械鬥•積不相能•這次當×人撤退的時候•忽有大幫流氓•到村洗刦•後來鄉人返回内時矣•還有三數個還•在搜刮中•于是當當將之拿後•認得是陳屋村人•所以討論處置辦法•結果紳耆謂以當茲大×當前•不意兄弟鬩牆•將之後同陳屋村•國難危急•鄉人也知團結禦侮•可見廣東精神•依然尚在•倘能肉者發現了•這點民衆心理•加以領導的話•那怕××不屈膝•隨時承鄉人導往全村被刦最慘酷的日子按押•取道閘口•即告抵達•這所按押•爲三合土建築的•四方形•遙望之•儼如堡壘•今夏方建築的•內有地窖•頗合有防空意義•全村人民金銀財物•都存儲在這裏•當×人攻入村的時候•由×酋率領×兵到來行刦•但是鐵閘堅固•沒有辦法燬破•竟在右方開掘一孔而入•然四週之牆•乃三合土建築•有三尺多厚•費時二日•方能開得•而押內夾萬•龐大無常•復有暗室•幾經艱難•方能達到目的•所有寄押財物•被刦一空•撤退時•又想縱火焚燒•但未爲燒去•只留同空押一間•該村自鄉人一名•因逃走稍遲•爲×槍殺•×××××××××•由吳屋過隊屋•一切被搶刦情形•大致和吳屋不相上下•不過當時該鄉鄉人•完全逃入大南山•×退時•返同較早•只遭×兵洗刦•未被流氓搜掠•情形之慘•較吳屋村爲甚•××××××××××××•當×人退却時•強小吳探兩人約三十餘人•迫任伕役•內有綽號大枝筆•黃里仔•黃少俠等數人•扛物至黃田米內時•因氣力不勝•竟被梟首•當×肆虐時縱聲大笑•可謂殘忍之至•記者以情形爲此•乃即循原道返回•因雅不欲再擾姜先生•隨在大新街鄭積善堂大廳下榻•因鄭君之摯交•可是道屋曾爲×小隊長所宿•有牛一頭•×人搶來宰割脾肉後•棄諸廳內•腐爛發虫•經一番搬運洗掃手續•始能入夢•（未完）

——摘自《华侨日报》（香港），1938年12月10日

兩漁船在萬山尾蒲台仔
慘被×船焚燬
漁民們逃澳避禍 約計損失萬餘元

昨據漁民協進會•長洲支會報告•本月二日•有漁船兩艘•在萬山尾蒲台仔被焚•查該兩船•一名來記•一名財利•均爲拖艇•每一拖艇上有舢舨兩艘•當其駛至蒲台仔之時•見有×汽船一艘•鼓浪迎面駛來•知非好意•乃紛紛棄艇而逃•迨汽船駛至該船旁•即以電油縱火•將之焚燬•彼等漁民•乃迫得逃往澳門•兩船損失•約計萬餘元•

——摘自《华侨日报》（香港），1938年12月10日

流浪淪陷區中

四十餘日經過的叙述

廣泛的農村慘遭×軍蹂躪

民衆需要領導盼熱血青年到淪陷區去

（中山特訊）記者有友人葉君，當月前廣州失陷時，化裝逃出，深入東莞番禺中山各地淪陷區域，參加游擊隊政治宣傳民衆組訓等工作，實地調查×人暴行，閱時四十餘日，昨始因事化裝穿過×人封鎖綫，行抵石岐，記者與葉君爲多年舊友，廣州失陷後，同業中已多疑其或遇不測者，今竟于石岐旅途邂逅，故人無恙，至爲欣幸，葉君既來自淪陷區，因與記者詳述淪陷區域×人之暴行，及民衆抗戰犧牲之壯烈，玆誌如下（以下均爲葉君談）

到淪陷區

余于十月廿一日×陷廣州時，始化裝逃出，甫過珠江橋，未五分鐘，鐵橋即被炸燬，後徒步至距離河南約三十里之大石鄉，當時沿途難民絡繹不絕，在大石逗留兩日，即轉往某地，該處爲東莞番禺中山順德四縣交界之區，緊貼虎門，抵該地時，恰爲虎門不守之際，附近百數十鄉村，已在×人包圍之中。未幾×艦即從虎門源源駛入，廣州自虎門起，至石樓新造之一段，×艦及電船運輸船等，出入不絕，珠江口兩岸之各支流，×汽艇亦四出騷擾，登高一望，×人即在目前，該地已屬×人鐵蹄下淪陷區域之核心矣。

農村遭難

抗戰一年餘，戰線綿長，益以×機肆虐，我國城市大遭破壞，然仍以爲遠離都市之鄉村，或稍可倖免者，不知亦竟遭蹂躪，此次余于上述四縣足跡所及之鄉落，在百數十以上，而於淪陷區內之鄉村，受×人摧殘，其程度亦不亞於城市，此點實至堪國人注意，蓋×人未嘗不知中國實力，足堪支持長期戰爭，而此種力量，則基於廣大農村之中，今×人於佔領地包圍下之鄉村，大施摧殘，無非欲根本摧毀我抗戰力量，用意至刻毒也。

××××

×××

×××㊂轟炸×機肆虐，我國城市，固大遭蹂躪，而各屬農村被害亦酷，×機進攻虎門之日，于中山第九區黃閣鄉投彈十餘枚，傷斃鄉人數十，潭洲投彈逾百，損失尤大，大嶺墟亦落六彈，燬店戶數間，番禺市橋，日間遭×機轟炸，現市中商店，多改營夜市，番禺沙灣，亦落彈二十餘枚，死傷鄉人百餘名，順德碧江，喙村，樂從，鍾村等地，無一不受×機轟炸，東莞太平，厚街，到滘，厤涌，中堂，彰明各鄉，番禺石樓，羅邊等鄉，以至珠江口兩岸，凡自三數千人以上之較大村落，即均受慘炸，多者死傷逾百，少亦數十人。

㊂焚燬　×機爲害之酷，令人痛恨，×鐵蹄所至，除㊁轟炸外，幷每于入鄉或瀕行時，縱火焚燒，珠江口兩岸，爲×艦出沒之區，×艦爲掃清射界，在距離若干里內之鄉村，現均被夷爲平地，如大小虎，江鷗，大沙等數鄉村，已一無存在，獅子領鄉爲番禺大族，被燒數次，又中山之大嶺，被×兵攻陷後，縱火焚燒，燬商店二十餘家，余在淪陷區內四十日，無不烽火連天。

㊃殘殺　×兵攻陷中山大嶺時，有未及逃出鄉人，被焚燒及槍殺者十餘人，×兵進攻虎門之日，×機在黃閣，萬頃沙，南沙，長沙，灣洲，小虎，東涌等鄉，開機關槍向鄉民掃射，鄉民罹難者達百，×攻陷虎門大角炮台時，我守台官兵衝鋒而出，有四名爲×俘去，翌日將該被俘士兵四名，于南沙鄉之大涌圍槍斃，幷有

一名被生劊，事後有南沙鄉農民阿滿，于潮水漲時，將遺屍四具，用水冲出虎門口外。又小虎鄉人李根，與鄉人三十餘人，趁木船經虎門，擬往香港逃難，半途遇×艦截獲，擄去港幣後，縱該木船駛離×艦十餘丈，一炮將木船擊沉，生還者僅李根一名。㈤搶掠：×兵所至多就地徵發糧食，鄉間猪牛雞豕谷米等，均予取携，隨地搜掠，所至鄉村，鄉人逃散，十室九空。×兵陷大良十日，大良商店財物，損失十餘萬，陳村×兵來去數次，損失尤大，潭洲被佔，×兵搬去谷米不少，珠江兩岸，均為產米之區，×兵搜掠糧食，半買半搶，農民忍氣吞聲，任令搬運而已。

民衆怒吼

在×人鐵蹄下之鄉人，受壓迫太甚，均紛起反抗，淪陷區內槍炮之聲，時有所聞，至犧牲壯烈，惟因農民作戰技術與指揮組訓弱點至多，如×兵進攻大崗時，附近某鄉前往增援，事前既未通知，竟至誤會，自相轟擊，以此而擊斃自己隊員一名，又如東莞鄉壯丁，夜襲×營，為×包圍，赴敵壯丁，均壯烈犧牲，凡此事實，農民之游擊戰術弱點，隨處暴露，又鄉人平素均重視手槍，槍枝以手槍為多，并一向未經此種近代機械戰爭，手槍作戰，以射程不遠，比諸平常效能大減，每與×人接觸，手槍遂吃大虧，在×人方面，每攻一鄉村，人數雖不多，惟其必配備輕機關槍十數挺，小鋼砲若干門，此種輕機槍威力固甚大，而×人之空軍，與陸軍配合，似甚完善，鄉人與×作戰，在兩小時以上者，×機即必肆至參加，予農村游擊隊之威脅甚大，而在淪陷區內，子彈來源缺乏，亦足使鄉人抵抗勇氣減低，又鄉人機械科學常識太低，即如機關槍之運用不易，亦一缺點，惟鄉人之抗戰熱情，則至為可敬，余曾見番禺蝦滘細滘等鄉鄉民抗×行動，甚為積極，該各鄉向有合作社組織，社員團結一致，力主抗戰，在淪陷區內，實不可多得，禺南百餘鄉村，及東莞中山附近各鄉，受該各鄉抗戰行動而引起熱情者甚大，該合作社指導員麥劍夫，職員鄧子益，王禹阡，及合作社理事梁嘗業，黎柏根，喉萬，盧福等，均為抗戰情緒意識清楚熱烈青年，與忠實農民，余在此四十日，與當地十餘合作社人員接觸機會至多，甚感中國之確足以支持長期抗戰者，祇有在此種農村中，而真能抗戰，此亦中堅份子，故閱時凡四十日，每欲離開該地，亦有所依戀也。

民運政治

抗戰一年以還，以民衆運動落後，動員不足，影響軍事至鉅，至今尚未能彌補此缺點，在淪陷區內，鄉村民運工作，更無人過問，而×人常近在咫尺，益以此次廣州淪陷之速，使鄉人之心理薄弱者，徬徨無主，（此次廣州淪陷之速，影響之大，在農村方面，尤足痛心），以是在淪陷區中，意識薄弱之鄉村，竟有樹白旗者，然在彼等亦屬無可如何，而政治方面，則士豪劣紳勢力，依然如故，甚至有不少趁此發國難財者，而×人方面，對宣傳工作，肆意誘惑，如在東莞之萬頃沙南沙各鄉，竟有漢奸受×人利用，與×開鄉民大會，選舉所謂鄉長，×方人員，且易裝與會，鄉人無知至此，真可痛心，總之農民知識程度低落，其有需若干知識份子引導者甚切，目前流亡各地熱血青年不少，若能鼓其勇氣，投身淪陷區內，參與民衆組訓工作，其裨益於抗戰前途至大，而究其實，在淪陷區內，亦非如外間人所想象之危險，即余在此月餘以還，足跡遍淪陷區五縣，鄉村凡百數十，大有來去自由之概，×人亦不外如是而已，故青年到淪陷區內，絕非極度危險者。

珠江×艦

×人衝進虎門後，（余所存地，與虎門為緊鄰，虎門失守之日，未聞一炮，所耗若干千萬之工事佈置，竟爾棄去），×艦源源從球江口開進廣州，余于當地有閒，即持望遠鏡至某山偷觀珠江×艦，計由虎門起，至石樓新造等鄉，×艦×汽艇及運輸船等，有時竟多至數百艘，在若干艘汽艇之間，即有一較大之小型艦或輸運艦，×艦升火待發，汽艇往來游弋，有如陣列長蛇，然有時則駛去，減少至二三十艘，×艦進攻虎門時，有電油船三艘，為我水雷炸沉，一艘炸成兩段，船頭一段冲至某地，余曾與友人麥君王君等，率自衛團員多人，駕舟前往視察，水雷威力甚猛，船至時，則[illegible]錨斷木，破壞已甚，余等乃拆去該船頭之日文船牌，一面而返，以示我軍勝利，又除炸沉三艘外，另重傷一艘，又將重傷之電船電油數千罐，均搬堆放于大沙圍，（大沙係一孤沙）現尚搬走，我方未能將該電油焚燬，亦至可惜也云云。

——摘自《华侨日报》（香港），1938 年 12 月 10 日

沿海漁民慘狀

絕糧餓斃者踵相接

盼我同胞嚴重注意

△中央社福州九日電：我漁民漁船多因捕魚以遭遇敵艦或海寇。即被焚燬，自最近敵台漁船已開始侵奪我閩浙兩省沿海漁場，我漁民生計有被根本斷絕之虞，尤可悲慘者，閩南惠安縣獺窟寨，有漁民五千自開戰以來，悉告失業，現絕糧餓死者，遠五十人，此外折賣房屋，典當家具者，更比比皆是，政府現對絕糧者施以急賑，但漁民殷盼能獲根本救濟辦法。

——摘自《云南日报》（昆明），1938 年 12 月 10 日

倭寇鐵蹄下之

淪陷區域考察記

——合衆記者湯姆遜——

△中央社東京八日合衆電，合衆社主任湯姆遜，最近曾至日軍各佔領地及滿洲國考察，行程達一萬二千英里，據稱日本在亞洲大陸佔領之土地，已達一百萬方英里以上，較日本本國土地大五倍，湯姆遜氏在各地，均見日人有惡感不寧之狀態，而對於各種企業之推進，則進行不遺餘力，除軍事外，日方正在各地趕造水電廠，鐵路公路，及開發礦產等等，同時企圖在滿洲里開發油產、至於其他之商業，教育，宗教等等，日人均無孔不入，此即日人所謂「建設東亞之新秩序」也，此種進行侵略之昭著，雖日外務省屢次發表言不由衷之聲明，均不能掩飾事實之萬一，至軍事之侵略，更無論矣，蓋日本已下決心，因欲不顧一切，以求完成其預期之目的，因此即使在華外商之利益，蒙受損失，亦所不顧，即以青島而論，日本商輪，皆可直接駛入內港但英國及其他國商輪，則不能享此權利，僅可泊於海中，據日方稱，此次青島之封鎖線，係日方所移，關係日人應享受此停泊內港之利益，又日人屢次宣稱長江一帶，尚無商輪往來，但余曾親見沿江各埠，均有各種日貨出售，此均係由日軍特務機關所運往，表面上稱爲軍需一俟運達目的地，即作爲商品出售矣，即使有外商欲將貨物運至沿江各地銷售，亦僅可由日商代售，各外商尚須付日商以相當代售之費用，至於日兵扣留外商貨物，勒索巨金之事，更不勝枚舉，日軍高級將領，雖謂以此類事件無關，但由外人之目光觀之，日兵之勒索，與日官長之勒索，毫無二致，總之，日軍方以軍事需要爲借口，實行取締外商，則毫無疑問，現日政府已令僑居天津英法租界之日人，逐漸撤退，最後之目的何在，雖不可知，但聞日方企圖廢除各國在華之領事裁判權，同時將外人在華之利益，逐一排除，日本在華軍事雖成功，但有數重要成份，使日本不能完成其企圖，最重要者，爲日本之經濟困難，其次爲日本各軍政機關，互相嫉視，欲令彼此合作，非常困難，或竟不可能，此外則爲中國人民之堅忍性，在歷史上證明，每次中國被外族侵凌時，皆以此而獲最後勝利云。

——摘自《云南日报》（昆明），1938年12月10日

日機今日飛湘東南等地肆擾

〇常德九日電：（一）九日晨九時許，三架飛平江轟炸投彈十餘枚，死傷男女六人，（二）九架九日晨十時二十分飛△縣轟炸，在該縣城鄉附近投彈多枚，（三）一架九日午十一時零五分飛華容上空窺察，旋竄至南縣窺察後，向北逃去。

——摘自《腾越日报》，
1938年12月10日

寇機前日襲湘肆虐

長沙八日電：敵機八架，今分八次襲湘，第一次在汨羅盤旋，第七次則在平江縣江橋附近窺察盤桓，平江之橋已被炸毀，平江至梅仙途中，亦被炸毀民房十棟，餘無損失，

——摘自《南宁民国日报》，
1938年12月10日

特寫

寶安刦後餘燼錄（三）

縣民盼望縣長返縣

（本報記者江浪）

經過了兩天的實地調查．第三天（十二月七日）的預備行程．是往西鄉固戍．這地距離城頗近．而地方的刦後情形．大致多是和其他相同．故決定下午然後前往．

上午時候多着．而鄉民返縣的．也漸漸多了．記者便乘了這個機會．分別向各方面人物談談這次抗戰經過．其中訪問的人．自然包括軍事政治長官．和黨務工作人員．地方紳耆等．各方所談的．當然各有他的主觀和環境關係．記者爲尋求眞確消息計．不能輕信一面說話．從中匯合參酌．大致分擇如下．㈠×兵進犯全縣．查這次的×兵．共兩個聯隊．步騎兵合共一萬五六千人之間．由長谷川宻領這個聯隊．約八千餘人．由×艦裝儎在太平登岸．循寶太公路逕趨縣城．首先入城．沿途并沒有遭遇抵抗．司令部設在南香園．部隊分佈在面前海．石橋頭．聖堂正街．界邊．陳屋村．吳屋村等．這個聯隊裏面．附有台灣朝鮮．和東北籍的．戰鬥力較弱．而滋擾力却特強．南頭城的××××××××．和因受摧殘而拋却了性命．都是拜他之賜．久納的聯隊．約五六千人．差不多完全是×正規步騎兵．由石龍分兩路前進．一路取道龍華墟．折入岩口公路．逕奔南頭城．另一路由石龍經龍華．過烏石岩．這路×兵．抵達烏石岩的時候．被烏石岩的李訓團還擊．始終阻×不能前進．而掩護南頭正規軍和自衛團隊退梧桐山．在這裏斃×四五百人．×尸由×艦遣小輪五艘運往．另一部則由寶安石圍塘用帆布床扛去．統計×兵進犯所經各地．除了這裏確能抵抗外．并沒有其他地方．事後縣長梁寶仁所謂親自率部抵抗．大約也指這一役．可

是這一役的指揮者•是否梁縣長•和梁縣長是否有參加•却祇有天曉得罷了•㊂政治當局措施的失策•這次X兵來犯•防軍接到情報•謂人數狠多•先行開調•縣長梁寶仁•事前老早將縣府搬到白石鄉的背面大涌•査大涌的地形•面山臨海•陸上為華界•海面為租界•如果事情不妙的話•一葉小舟•飄然海面•便安全萬分了

•本縣梁縣長在這優異的環境•總可負起抗戰的責任的•可是太過穩健•祇知保存實力•X人尚未在寶太公路發動•他便離境•于前月廿四日上午十一時•到福田•在福田足停未定•又奔沙咀角•更進一步•轉元朗租界•在瀕行之前•下令釋放全縣囚犯•促政府人員離境•弄到滿城風雨•人民莫知所從•縣黨部特派員文鑑輝•跟着也走了•平日所組織的什麼民衆禦侮救亡會•保衛大寶安的行動委員會•固然是成了抗戰時期的點綴品•一點也沒有用處•連黨部裏的公物•也無法保衛•影響所及•民衆更沒有辦法駐足•隨而所謂疏散•結果將熱閙的市場•造成死墟般拱手送給X人•

記者八日工作完畢•當離境時•縣民返回了差不多六成以上•縣長的安民佈告也出了•而縣長還在租界裏作有計劃的所謂抗戰策劃•畢竟縣黨部特派員和地方財政委員會主席等•胆汁比較大一點•已返回南頭了•他們做慣了民衆運動的•對自己行動•雖然欠缺一個鏡子照照•可是對官吏却不肯放鬆一下•已來一個促請縣長返回主持縣政運動•聽說還要組織地方善後維持會•孟夫子的「以五十步笑百步」格言可謂針對得洽合呢•

第三天的行程•由大新街起程•經過鄧氏伯公祠•然後出城西循寶太公道行約十華里•沿途經過甲岸鄉•灶下鄉•抵達西鄉街橋頭•沿途行人稀少•橋頭民生米機•被劫一空•永豐米機則損失略微•永興街温松店•後座被焚•温松是西鄉的首富•近年替落•這店前鋪後居•大約X人早聆他的名字•以為可發大財•結果未滿所欲•便送他一把火•以洩餘憤•均興金店•也被洗刦凈盡•這店東主畢前逃避•生命得以保存•福隆當押•也和全街舖戶•同一命運•祇財利什貨店•有伴二人留守•得以倖免•轉入後街•即見各民房門戶破壞•闃無一人•屋內零碎什物•錯亂異常•至巡府廟•(一即西鄉高等小學)•右便為西鄉警察局•局內員警•仍無一人返署辦公•轉入倚雲書室•此書屋為前上海法院審判廳長鄭毓秀的•建築最為宏大•可是已給X人摧殘備至•斷壁危牆•只餘一堆瓦礫•供後人憑弔便了•其餘與隆街大興押店•和遠威押•都被在牆外開孔入內洗劫淨盡•再折出山廟•約行八里許•過牛灣大五洲•才抵固戍•抗戰以來•此地迭遭X人炮轟•頗為人們所稔悉•那時記者因三天奔走•足踝頗覺酸痛•即在姜氏大宗祠休憩片刻•遇見姜灼華先生•據談長沙灣一帶舖戶•悉被X焚燒•約廿餘間•然後過魚街出後山頭•抵長沙灣•一望全灣了然•沿海口約有商店五十餘

間•最偉大之數間•已被焚燬•徘徊良久•愴然而返•

在這次變亂中•有兩個倖運兒•一個是仁安堂店東高華先生•六十五•×人入西鄉搶劫的時候•有一小隊烏模樣的•破門入內•見黃翁在座•即用筆寫「六神丸」三字•黃會意•立予兩罇•×人歡喜得很•縱聲狂笑•在店內張望了一會•寫了一張字紙給他•着放在店內•有×兵到搶•可出以相示•果然後來×兵到劫時•都憑這張鬼劃符止住了暴行•另一個是城外常與鄉鄭敬南先生•給×兵捉住了•他曾留學日本•懂得日本話•也不致遭毒手•大屠殺中而有這兩位先生的倖運•眞可算萬分僥倖呢•記者災區巡禮完畢了•歸家照事直書如上•（完）

——摘自《华侨日报》（香港），1938 年 12 月 11 日

敵機肆虐

平江等地被炸

各地房屋被毀略有死傷

長沙九日電：敵機三架，九日晨又襲平江平城東及北鄉共投彈十餘枚，死傷平民十餘，盤旋逾半小時始去，粵漢路宜章南之白石渡亦遭轟炸，九時許敵機五架，在該地投彈十餘枚，損失不詳。另有九架跟蹤窺察，又洞庭西岸之華容縣，今晨有敵機一架侵入上空偵察。

常德九日電：敵機今飛湘東南等地肆擾，一，九日晨九時許敵機三架飛平江轟炸，投彈十餘枚，死傷男女六人，二，敵機九架九日晨十時廿分飛鄖縣轟炸，在該縣城廂附近投彈多枚，三，敵機一架九日午十一時零五分飛華容上空窺察，旋至南縣窺察後，即向東北逸去

——摘自《南宁民国日报》，1938 年 12 月 11 日

海門茅家鎮

被敵砲轟

比神甫受傷

【香港十一日電】滬訊：海門天主教左主教昨發表談話稱：日本在若干日之前，佔據蔡鎮一部份地方之後，並會擱入其他部份，而將民房學校予以焚燬，迄十二月一日又復擱入教堂內，搜索游擊隊員，經教會人員告以並無游擊隊，始退走，至八日，又欲進入茅家鎮，但因橋梁已被游擊隊拆斷，未能達到目的地，乃用過山砲向該鎮轟擊，教堂附設之學校即中一彈，比國神甫韋克斯與巴多恩擬與之說明一切，乃爲另一炮彈所傷，韋傷在手部腿部，已往上海醫治，巴僅傷額部。（中央社）

——摘自《南京晚报》（重庆），1938 年 12 月 12 日

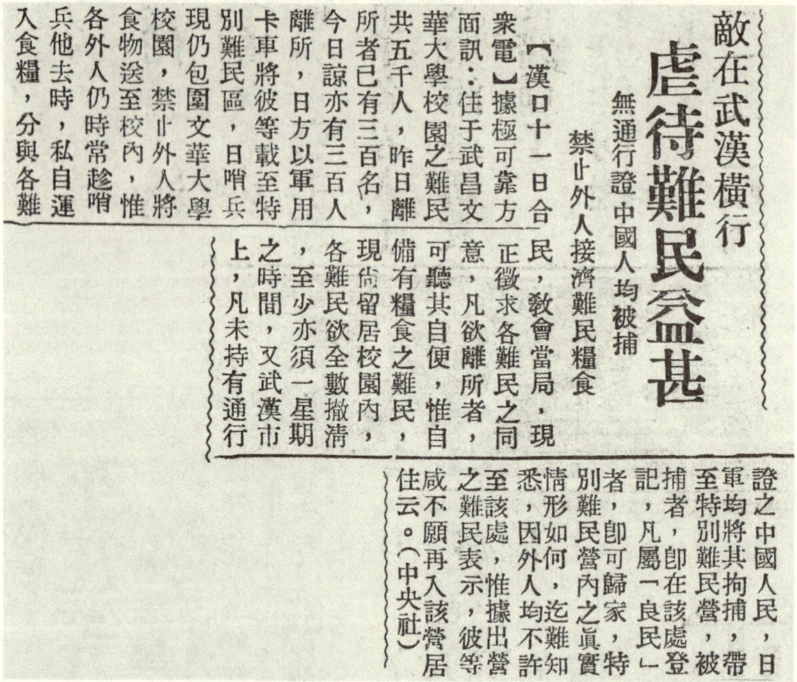

敵在武漢橫行

虐待難民益甚

無通行證中國人均被捕

禁止外人接濟難民糧食

【漢口十一日合衆電】據極可靠方面訊：住于武昌文華大學校園之難民共五千人，昨日離所者已有三百名，今日諒亦有三百人離所，日方以軍用卡車將彼等載至特別難民區，日哨兵現仍包圍文華大學校園，禁止外人將食物送至校內，惟各外人仍時常趁哨兵他去時，私自運入食糧，分與各難民，教會當局，現正徵求各難民之同意，凡欲離所者，可聽其自便，惟自備有糧食之難民，現尚留居校園內，各難民欲全數撤清，至少亦須一星期之時間，又武漢市上，凡未持有通行證之中國人民，日軍均將其拘捕，帶至特別難民營，被捕者，即在該處登記，凡屬「良民」者，即可歸家，特別難民營內之眞實情形如何，迄難知悉，因外人均不許至該處，惟據出營之難民表示，彼等咸不願再入該營居住云。（中央社）

——摘自《南京晚报》（重庆），1938 年 12 月 12 日

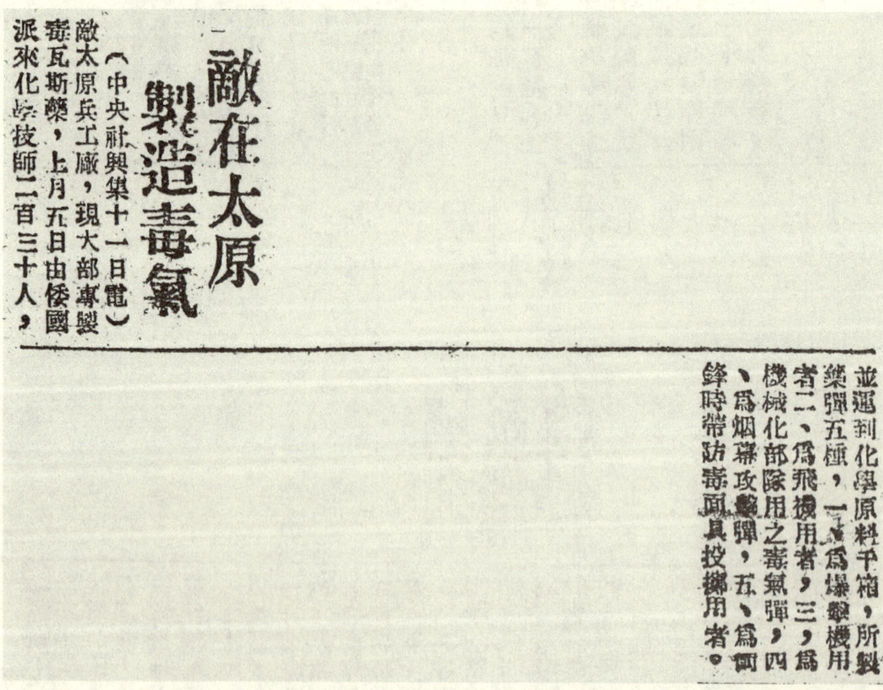

敵在太原製造毒氣

（中央社興集十一日電）敵太原兵工廠，現大部專製毒瓦斯藥，上月五日由倭國派來化學技師二百三十人，並運到化學原料千箱，所製藥彈五種，一、爲爆擊機用者二、爲飛機用者，三，爲機械化部隊用之毒氣彈，四、爲烟幕攻擊彈，五、爲衝鋒時帶防毒面具投擲用者。

——摘自《新华日报》（汉口），1938 年 12 月 12 日

敵機仍肆擾

昭平五原各地均被襲

△中央社桂林十四日電：敵機一架，十四日晨九時四十五分侵入昭平上空，在穀市附近投彈八枚，燬民房二十間，死平民數人傷十一人，又十四時二十分敵機九架，飛貝水（肇慶東北約四十公里）投彈轟炸。

△中央社五原十三日電：十三日晨十一時二十分，敵機兩架，沿黃河飛至五原，在舊城內外共投九彈，南牛村亦投三彈，除炸毀土房兩間，其他毫無損失。

△中央社西安十四日電：軍息：今晨十時十五分，敵機一架在韓城上空窺視後逸去，十一時零七分，敵機七架由晉境竄宜川，經韓城，禹門東飛，均未投彈。

△中央社常德十四日電華容電話：（一）本日上午十時三十五分，有敵機三架，飛監利投彈，損失情形不明，（二）敵機一架，於十時二十七分，飛華容上空窺察，旋向東南逸去。

——摘自《云南日报》（昆明），1938年12月15日

一個美記者筆述

武昌屠城記

搜出中國人卽槍決
外國僑民均遭禁錮

【美籍記者亞爾溫，霍格武昌通訊】正當日軍進佔武昌之際，住在武昌城內的外僑就突然地與漢口斷絕了訊息：英美領事雖曾想盡方法去尋找這一般外僑，但因爲日本軍事當局的橫加阻撓，終於祇有聽其自然。

那些外僑本來預備在日軍未侵入武漢之前，逃過漢口來的：但在廿五日早晨他們預先僱定的渡船卻未能按時到達；而不久武昌與漢口間的電話交通也就斷絕了。

今天，雖然日本軍事當局曾警告過我：武昌還不是外僑們所應去的區域，我終於冒着危險而過了江，而發現了那謠傳失蹤的那二十幾位外僑仍都安靜地居住在武昌。同着一位德國商人及三位傳教徒、雇了一隻渡船，穿過日本的艦隊，我們尋着那些外僑「禁錮」在自己的房子裏，未遭搶劫，也未受傷。

據那些教會中人對我說：最初進佔武昌的軍隊曾向他們問過。那領隊的軍官說：他們是從鄂城而來的，在葛店遇到過華軍的强烈的抵抗，那已是廿五日的上午，即日軍先頭部隊據進入武昌之前一日：沿途還捉住了許多中國兵呢！（但那教會中人親眼看見，都是衣衫襤褸的中國平民。）

日軍進入武昌之後，第一件事便是「驅」着那些「俘虜」到已經屢遭轟炸的飛行場去修理「日軍的新的航空站」。

廿六日清晨四時五十分，大隊日軍機械化部隊，帶着坦克車及運輸車多輛，首先開入，隨卽趨往城南之飛機場。

那些外僑是不准到武昌的街上去散步的，其實是不准他們去觀察。教會中人知道，到武昌的日兵爲數甚少。正因爲這個緣故，日軍不許漢口外僑過江去尋覓「失蹤」的外僑們了。

日軍到處亂撞，據說是「恐怕有中國便衣隊」，我親眼看見日本兵士拿着斧頭，挨家沿戶破門而入，而在我所注視的時間內，事實上並沒有一個中國兵被他們搜出。在武昌的中國難民說：凡是穿制服的，不用說，一被尋拘，便立卽槍決，但是，穿着平民服裝的，也一樣會遭遇這種厄運，當日兵捉獲一個中國平民時，立卽加以「審問」，那「審問」是很簡單的！只要你一開口，不是湖北的口音，便「判定」你不是平民而是「中國兵」了：于是，你也就受到了「中國兵」的同一的命運了。

日兵據進大部份的外僑產業，一進來就開口要糖，要香烟：滿足了他們的慾望以後總算沒有强暴的行爲。

聖救主教堂（屬於美國傳教會）及美國傳教會的新校舍，都給日軍佔據了。一家屬於英國人的棉花廠，正當上面升起英國旗的時候，日兵也進來强佔了。

據住在武昌的外僑說：所有的中國政府房屋差不多全部都炸毀了。電力廠便是其中之一。一個瑞典教士的傭人，在華軍未離武昌前，曾受到一個中國人囑託，說是在某一所房子裏有着許多米，教他先一袋一袋地盡量取完，然後在日兵的未蒞境前，燃上那條引火火線。後來那傭人依言做了，這就是武昌的最後一次的「巨聲」之由來。

——摘自《南京晚报》（重庆），1938年12月15日

敵寇暴行

敵機炸鄂桂粵

（中央社當德十四月電）本日上午十時卅五分有敵機三架，飛監利（湖北省）投彈，損失情形不明。

（中央社桂林十四日電）敵機一架，十四日晨九時四十五分，經梧州籐縣侵入昭平上空，在莊市附近投彈八枚，燬民房卅間，死平民三人，傷十一人。又十時二十分，敵機九架飛貝水（肇慶東北約四十公里）投彈轟炸。

（中央社四會十四日電）十四日上午八時四十分，敵機七架狂炸三水對岸各地，先後投彈六十餘枚。迄九時十分敵機復襲四會，向縣城中山南路附近一帶投彈二十餘枚。災情奇重。

——摘自《新华日报》（汉口），1938 年 12 月 15 日

敵對漢法界

又欲斷菜蔬來源

（中央社漢口十三日合衆電）據漢口法租界總巡稱，近數日內有舢舨船若干艘，運送蔬菜至法租界售賣，各舢舨船，有會向法當局登記，有證明書者，惟敵軍竟不顧一切，向船上人民開槍，又昨日敵軍將某舢舨船主毆打，直至船主允許不再運送菜蔬至法租界始已。現租界內人民，因菜蔬缺乏，故紛紛設法貯藏。（按敵軍在漢暴行層出不窮，前會闖入法租界威迫，更懸掛偽旗，檢查法界住民，欲斷絕法界水源，界住戶，又欲斷絕菜蔬來源，等等暴行，無非欲製造口實，使法界任其威脅，而便於殺害我同胞也。）

——摘自《新华日报》（汉口），1938 年 12 月 15 日

東莞民衆被×

摧殘慘狀

血賬誓當清算

（寶安通訊）昨（十六）日據由東莞縣城到寶安之某商客，談述莞城×軍近況，乃各鄉民婦女受×摧殘慘況，甚爲詳確，茲彙誌如下，誠一篇血淚史也。據該商客云：

◇——構築三個砲壘——◇

最近莞城駐有×軍約二千餘人，新舊部隊移調，均在夜深，無人知覺。×軍司令部設在振華路之遠東酒店，搶掠各商戶之檯椅傢具及衣物等，均堆置樓上地下，酒店門前馬路，築有三合土鋼筋石屎砲壘一個，×軍十餘人守衛放哨。××××××××××××，××××××××××××，其不得死者，均日夕痛哭，眼腫如桃，×軍又在篁村鴨仔塘地方，建有大砲壘一座，以控制莞太公路，又在莞樟莞太兩路之交叉點地方，築成砲壘一座，以控制莞樟公路。

◇——各鄉均遭蹂躪——◇

莞龍公路沿鰲峙塘，峽口，板橋，榴花各鄉村，完全爲×軍搶掠淨盡，×軍支隊司令，設在公路山旁

上之海仙岩神廟內·峽口三合十橋樑已修復·X軍往來不輟·計各鄉被擄去婦女·約有二百餘人·莞龍河面婦女浮屍自三四十具·鄉民於夜間打撈掩埋·及夜深刈割禾稻·藏在山嶺僻處·

◇克復後之各鄉◇

查道滘·大汾新村·周滘等鄉村·論陷只兩日·即為我游擊隊自衛團克復·X軍佔據各村後·焚燒搶掠·各室皆空·尤以大汾為甚·各鄉婦女被擄去者·約三四百人·壯丁被殺死·XXXXXX·總在二百人以上·洎克復後各鄉民紛紛回鄉·四壁蕭然·連日男女老幼在河邊焚紙招魂·痛哭流涕·哀聲遍野·

◇XXXXXX◇

XXXXXXXXX·XXXX XXXXXXXXXXXXX ··XXXXXXX··XX X··XXXX·XX·· XXXXX·XX·XXX ·XXXXXXXXXXX XXX·XXXXXXXX XX·XXXXXX·XX XXXX·XX·XXXX ·XXXXXXXXXX·XXXX XXXXX··XXXXXXXX XX·XXXXX·XXXXXX XXXXXXXXXX·XXXXX

◇難民待救急亟◇

查崇城男女老幼·孤丁無家可歸者·現由普濟醫院德國神父·在附近學耕堂·搭蓋蓬廠數大座收容·施療粥飯·各難民均身無長物·啼饑號寒·妻子離散·水懷欲絕·該院前經派員來港·籲請東莞明倫堂·及東莞工商會籌款救濟·

◇團隊誓死殲X◇

現東莞各游擊隊自衛隊·以X軍無道·靡不切齒痛恨·共同宣誓·務與X軍拚死·已由第四游擊司令令飭各團隊·分路包圍莞城石龍·誓洒志士壯心之血·灌東莞光復之花·決志犧牲·以殲XX·拯救十數萬被X蹂躪陷於水深火熱·日過非生活之同鄉云·

——摘自《华侨日报》（香港），1938 年 12 月 17 日

□機兩度
轟炸商城

（中央社十六日鍾祥電）商城經我克復後、民歸日衆、□為擾亂我已復之秩序計、十五日竟以飛機九架、兩次轟炸該城、致平民五六十人遭其殘殺、房屋百餘間遭其摧燬云、

——摘自《南华日报》（香港），
1938 年 12 月 17 日

殘暴敵機飛綏
慘炸東勝平民
死傷人數達三四百名
包頭敵有增加

（中央社）河曲十九日電、東勝縣陶星廟日前舉行廟會、群眾雲集、敵機七架、飛往大肆轟炸掃射、閉死傷人數達三四百名之多、敵殘暴一至於此、實屬絕倫、

（中央社）五原十七日電、敵聯隊長九野村頃率領約數百人由薩林廟開到固陽縣屬之白腦勸地方、包頭敵現亦增加三四百人、

——摘 自《 华 西 日 报 》，
1938 年 12 月 20 日

在淪陷的上海

——上海工人步行團過渝談話之一——

閔廉

（一）暴行一斑

走過三馬路外灘，不自然地就要注意一座建築，那種注意，在八一三以前，是沒有過的。不只是因爲它的洋樓高大，還因爲它是正金銀行——這個敵人的政治經濟的陰謀總匯。當八一三戰爭時，它曾經在屋頂上放射高射砲，它變成大世界一千多同胞被炸的慘劇，破壞了國際破爭的條約；今天，八一三後，它又要求着一切的中國關稅由它吞併，而且，就在它裏面，設置了僞市商會，一個漢奸機關的總部。就在這巨廈門前，站着用中國人血肉做的一個僞警。這進去並不覺得森嚴，使人只感覺得陰沉沉的可怕。據說就在這屋子裏，可以領到進入淪陷區的通行證。但是，這也並不能輕易獲得，除了拍照、打針和付手續費外，更困難的卻是要淪陷區裏的「殷實商店」爲他作保。所以，和漢奸毫無血統關係的人，是很難進去的。

「拍司」，當一個寇兵這樣喊叫一聲的時候，你就要懂得，他要查通行證了。立即，你得取出來擎在手裏，還要放緩腳步，向他走去，離開三步，立停，行一個鞠躬禮。單是這一個禮，你得先演習幾番，決不能是馬馬虎虎的點頭，若是你不會行一個九十度的鞠躬，那就得和跪在路旁的那個同胞一樣命運。這種「跪」，馬虎些的就叫你跪在地上，考究些的可就要叫你跪在兩塊尖角的石頭上了。這樣跪着，你須毫不動彈，直到對方叫你起來爲止。

但是厭煩的事情還多着咧！

進口的時候，除了違禁品，什麼也是被歡迎攜帶的。不過租界上的任何報紙，卻是在嚴禁之例。倘若不幸被檢，那就腦袋不保。可是，在淪陷區裏，人們依然願以一元的代價爭買文匯報讀的。大美報在那裏也半元一張。

住在裏面的還得領良民證，每個月抽稅兩角。隨處隨時要帶在身上，否則就會身首異處。敵人是很關心我們的同胞的。要他們變得越卑越好。晚上一到五時，就不准站在門外，夜間必須在暗中摸索，練習成爲鼠眼，因爲連油燈也不准用的。不管裏面睡的是女人或男人，寇兵和僞警是可以通夜的隨便走入屋子，這是他們的「保護良民」！

殺人的方法是愈來愈奇，平日社會習慣，相傳有一個治痧的土法，叫做「提痧」，就是把頸上的皮肉拉得血紅，說是提出了痧氣。這辦法，今天可行不得了。四個浦東女人，不幸她們還保持着這個血淋淋的習慣，滿頸紅痕地牽着手走在街上。忽然，一羣寇兵把她們捉去了。她們或是預想着要被做汚辱，那知，結果比預想更慘！竟然遭到了「活埋」。

所有房屋已變成了廢墟，馬路上只有稀疏的行人。幾家外國工廠還是矗立着，敵人也有了幾家紗廠和棉織廠。江南船廠敵人自然也懂得應用，那裏正在加緊工作，趕修他們在戰爭中被擊傷的兵艦。

工廠裏當然還是我們的同胞，他們是不具備在租界上生存條件的可憐者。女同胞也很不少。她們的進去，說來也很奇突。上海有許多漢奸，在租界上大肆僱傭，招聘職員啦，聘請女招待啦，在報紙上大登廣告。等到你去了，他說經理現在某處，你可坐汽車去一談，這一送把你直送過白渡橋，在那裏，你已沒有了權利，來決定你自己的命運——女工？職員？女招待？黑暗的環境已籠罩着你，你已失去了行動的自由。「每星期可以出來一次」，這是並不兌現的。

所有的工人，至多不會得到高過十每天四角的工資，但工資已變成了「賞賜」，賞不賞是隨敵方的高興的。每天做十二小時的工作，有兩餐白飯吃算是幸運的了。（未完）

——摘自《新华日报》（汉口），1938年12月20日

特寫

淪陷一月後 廣州的××世界（上）

——◎虎口餘生話廣州

「白雲蒼狗」．宇宙萬物就這樣在變化莫測之中．當我們看看無邊無際的隊伍燃起了火炬在街上流蕩．燭亮了夜空．千萬管喉嚨一齊在怒吼着「保衛大廣東」時．我們簡直要這樣想．「東洋××．就是你碰了個焦頭爛額．也別望動我們一根頭髮」．然而．美麗河山的廣州．竟然讓×人來毒施蹂躪．我們只像做了一場惡夢．

廣州淪陷以後的一切．想是國人——！特別是廣東同胞所急欲明白的．這裏．是廣州某大酒店的一位伙計．在淪陷個半月後才脫逃出來．向記者縷述淪陷個半月中的實情實景．好給國人明瞭．漢奸做不得．亡國奴更不好做．只有聯合將「×××」打出去．這才是大路．

二．「跳蚤」要做大官

×軍還沒有入市．中華民族的殘滓——漢奸．痞棍．烟鬼等——．就浮動起來了．最先有二三百人．集攏在一起了．每人拿了一枝用白紙製成的小旗．旗向上塗了壹個大紅點．或寫上一些不通的向×人諂媚語．挺着胸脯．捲着褲脚．就去歡迎×軍了．

這些不成隊伍的亂雜的一羣．在行進中．喊着破鑼般的口號．他們喊「日本萬歲」．喊「漢奸萬歲」．教人聽了眞要冷汗．

不過．這些漢奸匪徒．後來因乘機打刦．隊伍太亂．「皇軍」在「維持秩序」的假面具之下．一石二鳥地向他們掃射起機關槍來了．「跳蚤」們想做大官而來歡迎×人．却受了子彈的答禮

三．「×軍」的「自白」

日本人是世界上最狡猾的．這次他們却很忠實．他們說：「我們是來廣州發財的」．

他們什麽都搜刦．首先是要貴重的．如金銀首飾之類．其次是衣物．他們「光顧」之後．漢奸還要來．一間房屋有搜刦至十次廿次的．

「×軍」都如願以償地發了財．他們將首飾戴在手上．將鈔票放進綁腿裏．據那伙計說．他曾親眼看見一個「×軍」的手臂上．一連串的套上了六隻大金鈪．他們也搶西裝．常把人家的衣服剝得只剩一件內衫內褲．尤愛搶冷絨背心．一搶到手．立刻就除下軍裝．穿在身上了．（未完）

——摘自《华侨日报》（香港），1938 年 12 月 21 日

在淪陷的上海（續）

閔廉

——上海工人步行團過渝談話——

在上海二三十里路周圍之內，簡直少有人跡，每天只有少數的菜販，從遠處挑來。爲了耕種，敵人在今春二三月間，由台灣朝鮮押了五十多萬的韓民來，在上海四週耕種。他們的生活，毫沒有和這裏的中國人民兩樣的地方，有些甚至連兩餐都沒有保障，因爲所出產的，供給敵寇軍糧還嫌不够。

這裏，也不能不說到一些關於「特殊區」的話。一邊站着英國兵，一邊站着日本兵，這是滬西越界築路的「特殊區」。一些特殊的人物，他們的特殊行動，就在這特殊的保護下進行着。這裏，進出是較自由的，毫無盤問。

烟窩是數不清的，每家都可以開設，小規模的就是一些住家的小房間裏也很可以。但是大的有兩間，簡直是高樓大廈，設備堂皇。賭館有二三十家，花會大的有兩個，這些也向漢奸政府納稅的，每家每天二百六十元。據說這種賭窩，每天至少要有一千元的開消，每家平均用有八十多個流氓，作爲引錢人和保護人。聽人家說了不少關於他們的黑幕：一個湖州來的米商身上帶了四百多元，後來贏了三百多元，他走出還不到三里路，就被流氓從他袋中取回了七百多元，錢輸光了的人，可又是另外一種待遇，由老板請客，吃了飯還坐了他的汽車回家，這樣來勾引下次再去。

烟窠和賭窟，是製造漢奸的工場。但是，它不斷地受着熱血青年的手溜彈的襲擊。

還有那些妓院，大部份還是供給寇軍用的。因爲不能，隨便進去參觀，所以只好聽人說說：「這些被捉去的同胞，眞苦死了。她們整天不准穿衣褲的，統計起來每人每天至少要滿足着七個寇兵的獸慾」。

「前天我還在路上看見，一個女同胞約摸近二十歲的年紀，提着籃子走過警察守望所，在那後面有一個小木屋。忽然，那個女人的手被一個寇兵捉住了；進了那房子去後，沒有看見她再出來」。

幾千幾萬的同胞，生活在這地獄中，他們或她們，連自己也不知道是生着還是死去。但是，有一件事是可以說明這一疑問的：

每夜在十時以後，遠處送來了槍聲。敵人夜裏是不敢用燈的。連虹口日軍司令部門前也不敢放哨，只插着一個頭戴鋼盔的木人。急起來，他們就把探海燈亂照一番，機關槍瞎射一陣。當二十幾個中國游擊隊員，在離曹家渡不遠的鄉村裏伏居的時後，老百姓曾經告訴他們當夜有一百敵軍路過，他們用出僅有的三架機關槍，遠遠地掘了個三角形陣地，深夜一點多開火，天明時鄉下人知道了結果：敵寇死傷二百七八十人，游擊隊員傷了兩個。

幾百萬我們的被侮辱着的同胞，他們不只是生活着，而且爲了光明的前途戰鬥着。

（二）工人生活

大肚子的包工頭，他們在租界上招工；「每天一塊錢，飯吃廠家的，每星期可以出來一次」，在這失業擁擠滿了的孤島上，這是何等引誘人的號召啊！在敵人把南市難民區的同胞，盡量拖去做苦工以後，他們就這樣地招着後備隊。

倘若你相信了他，老實地背着被包進去，那就會得到這樣的一個收穫！

一間潮濕的貨倉裏，你找到了成千的同伴，他們和你一樣命運。從砲彈轟毁了的高牆上裂孔，打入了刺人激骨的寒風，沒有了屋頂的倉屋，在積水旁躺滿着一連串的工人，像鹹魚行晒的鹹魚帶一樣，一條條緊密地排列着。

五點鐘，天還沒有亮，你就得趕着上工。不論男工女工，先由看門的寇兵來一個「抄身」。直做到十二點鐘，才吃到第一頓飯。這裏吃飯也很特殊，既不用筷，也不用碗，每人先領得蘿蔔乾兩根，黃黑色的米飯，先由伕頭們撓成一團一團，每人可以分到像橡皮球那麼大的一團。櫈櫈自然更不需要，他們就蹲在工場旁邊，由一個手裏拿一根竹條的工頭看押着。吞得慢的，還要吃幾下竹條子。

這樣吃了一頓，就回廠直做到晚，五點鐘後，再吃糰晚飯，就回到暗濕的臥處，不准點燈，不准出聲，說是戒嚴命令，直要伏到天明。

工資據說要到月底才發的，可是你眞的到期問他們要錢呢，那他們就會反罵你工作太懶，叫你出廠。要想回到租界裏來吧，非但一個月工資沒有，而且還先前帶進去的一個被包也會賠本。因爲依據敵人的出境法，連芝蔴大的一點東西也不准帶出來的。

在敵區內的外資工廠，和租界裏的許多工廠的工人生活，雖然也苦，可是比日寇的工廠的待遇要較好一點。至少他們還有一定的工資，但是倘若和八一三以前來比較，那就幾乎減少了一半以上。

我們就拿××織綢廠的工人生活做個例子：

假使戰前他們每公尺的工資是七分錢：每天平均每人可以織十四五公尺，那末每天就有八九角錢的收入，可是八一三以後，每尺已減到二分半到三分的數字，這樣每天就只有四角錢的收入；但是，目前往往因原料缺之，使工人們等在機器旁邊無事做，這樣等着，既沒有增加工人的產量，算起工錢來，晦氣自然還是屬於工人的。甚至有坐等了一天，還不能織出幾尺綢來，連當天自已的兩頓飯錢也爭不到手。若是不幸在織紡時弄斷了一根絲，打了一個結頭，被工頭發現了，就得罰金二角，而且是現開支。因此常有這樣的情形：「做一天工反而蝕本一角錢，外加飯吃自己的。」

八一三以前，他們還有工人宿舍，每人每月只貼半元到一元。現在連宿舍也沒有了，必須他們自己去找房子。在上海有一種叫做「擱樓」的小房間，以前只是放放東西用的，既沒有窗子，連站直身子的高度也不夠。現在，可是普遍地變成了工人的宿舍，裏面緊排着許多小板舖，每張舖上擠着兩個人，這樣每人每月要付出法幣兩元的房租。

從前他們只做十小時多到十一小時的工作，現在可沒有這樣條件了。每天分兩班，早班由早上六時至下午六時，夜班由下午六時到早晨六時，每班只有半點鐘功夫可以吃一頓飯，這樣就是十一個半鐘點一天。星期日從前是休息的，現在卻認爲接班日，接班日反而要加做四小時工作，所以這一天連睡覺吃飯都沒有充分的時間。工作時間加長了，人是過度的[illegible]，做起工來就容易[illegible]，一打瞌睡就容易出亂子：[illegible]，就要罰錢，這種現象，在星期一的一天頂多。

以前還有所謂「賞頭」，就是每天織到幾尺以上，加上多少賞工。這「賞頭」自然也被東洋鬼子炸彈炸掉，現在卻用「放頭」來代替了「賞頭」。

上海賣綢緞布疋，大家知道是有「放頭」的，最早是加一，接着是加二，接近是加三，甚至已有了加四放尺的，就是說買一尺送四寸。老板高叫着忍痛犧牲血本，其實倒霉的事情還是跟隨着廠裏的工人、所謂「放頭」還是放在他們肩上，工人們把東西織好了，精明些女工，還偷偷地先把尺一量，是二十公尺，她喜躍着。但是公司的職員來了，帶着一付銳利的眼光，一支尺很靈活地[illegible]在他的手中，它簡直成了吮吸工人血汗的武器！「十四尺半，一個結頭罰金兩角，還有兩角二分扣。」這樣就宣判了這位勤勞的女工的一天成績，她對着他那秘尺發着驚奇的目光，這神秘密的加上了「放頭」的尺！

爲了發財，什麼也可以[illegible]爲理由的。「國難時期」，工

[illegible]友們隱忍受些吧！」「現在失業的多，在業工友就應苦些，使大家有飯吃！」其[illegible]，他們決不會掩蔽這個事實，深怕失業的人多，但工廠裏並沒有增加工人，有些廠甚至還在減少。所以，在業工友的減工資，與失業工友的餓肚皮，還是孿生的東西。這在抗戰中，是[illegible]加以救濟的。

工廠的管理是更加嚴密了。八一三前後幾個月，上海的救國運動本已部份的開放，但是中國軍隊退出上海以後，一切又走向了黑暗。廠裏對工人的監視，已到了不可忍受的程度。不論在外國人開設的工廠裏，或是在專會發國難財的[illegible]的工廠裏，都有這樣的一[illegible]情形：不准看救亡刊物，不准開會，不准一切的救國行動，[illegible]，也要受到嚴[illegible]的[illegible]檢舉的。一不小心，就有因此打破飯碗。一些走狗工頭和漢奸們時常公開對工友說：「不要妄想，中國[illegible]的[illegible]吧！[illegible]的[illegible]。不過，這[illegible]追和無恥的欺騙，是決不能壓[illegible]工友同胞的愛國熱誠的。

當今年七七和八一三週年紀念的時候，上海各廠工人，不管廠方的公開禁令，依然是做了他們所願做的偉大工作：他們自己化了名，甚至連自己的廠名也寫爲××的符號，[illegible]二人，他們爲紀念八一三，[illegible]集了八十一元三角。這[illegible]是秘密地進行的，但是，由於工友們救國的熱情，已[illegible]在淪陷的上海[illegible]友已[illegible]更多的認識了敵人，[illegible]堅強了自己。[illegible]天，他們會奪回他們自己的上海！

——摘自《新华日报》（汉口），1938 年 12 月 21 日

特寫

淪陷一月後 廣州的××世界（中）

——◎虎口餘生話廣州

四．今古奇觀的市場

搶刦的世界造成了今古奇觀的「市場」

這裏沒有正式的生意。但隨處都做着生意。貨物是太多了。而購買者却寥寥無幾。因而。貨物價格的便宜。開了世界新紀錄。價值二三百元的收音機。只賣三數元。最靚的眼鏡。只需二角就可買到。要做「買辦」和「貴人」也不難。只要一元大洋。就什麽都齊全了。西裝一套五角。並附送帶。毡帽一頂二角。皮靴一對二角。

至於食物。如米。鹽。糖等。初時也十分便宜。但後來却一天天地貴起來了。

然而。你切勿羨慕這。因為縱使你有錢買。都不會領到你自己使用的。除非你是金髮綠眼的「洋人」。原因是這樣。你一出門。就有人來抓你的衣領。掏你的衣袋。一個銅板都不會留給你。即使你萬二分僥倖而沒有遇到搶刦。安然把便宜貨買到手了吧。但你手裏的東西。立刻又被別人拿了去再賣了。

五．所謂『憲兵』

和普通城市一樣。這裏也有所謂「憲兵」。數目大約在五百人左右。「憲兵」大概就是日本海軍的化身吧。白帽子上嵌着幾個起眼的大字。「大日本海軍」。

他們有的站在從前我們的警察站過的崗位。有的在不斷巡邏。漢奸和匪徒。就是直接受這一派人的刺刀所指揮了。

「憲兵」中有所謂風紀組的名義。當在街道上巡邏的就是。據說。他們的使命。是維持市內的治安。遇到搶刦之類的人。他們是要拉回軍部懲罰的。

然而。事實正相反。他們不但沒有懲罰搶刦的漢奸匪徒。而且還縱容指使。

但他們很聰明。很愛好「面子」。有時。他們也心裏發笑地抓了幾個搶刦的漢奸匪徒。不過他們走了幾條小街。在沒有人看見的地方、就鬆開手了。還對他們說。「小子。好好地幹」。

六．算是『警察』

×人為着撒佈維持治安的烟幕。以漢奸在臂上纏上一塊白布。上部印着。「廣州市自衛團」•算是『警察』•他們老奸巨滑的手段似乎並不比『大和人差•他們很會取巧•會對X人叩頭下跪•又會瞞着X人發自己的財•他們常常藉着『自衛團」的名義•去擅人家的門•偷偷地搬東西•要是湊巧地遇到屋主回來•他們會聰明地應付•

「呵。有人來打刦你的東西•幸而我把他們趕走•替你看管住罷了•」

說不定屋主們是要向他們道一千個「謝謝」的•但屋主一走•甚至脚步聲還很清晰地到的時候•他們又開始『搬了•

七•遍街是『毒窟』

X人亡我東北後•唯一的本領•就是『毒化政策』•同樣•其他的淪亡區也無不然•現在•這「毒化政策」•又在廣州加緊地進行了•

因爲過去廣州的繁榮區域•都已劃爲軍事區了•所以人民多聚居在近郊的鄉村。如帶河基及河南的內港•窖頭一帶•現在已成爲「繁榮區」了•在這些地方•許多鎖了門的店舖•被無條件地拿來開設「毒窟」了•

還有•大街上張着白帳幕•像普通的雜貨攤的模樣•帳上寫着『前進售吸所」•或「內進售吸所」•這也是「毒窟」•

但這裏有點名稱上的分別•稱「售吸所」的就沒有「女侍」•倘若有「女侍」的話•則名稱上就雅緻了許多•要稱『慰勞所」了•

毒物是不止鴉片一種的•還有比鴉片更毒的紅丸•白面……等•

八•賭餉是最大的收入

X人佔領廣州以來•收入的經費•是毫無把握的•只有賭餉是他們最大的收入•

賭風熾盛•正可和毒物並駕齊驅，似乎已成了不易的道理•「賭館」和「毒窟」多是接在一起的•有一所「賭館」•就有一所『烟窟」•「賭館」愈多•『毒窟」也愈多•同時•跟住食物攤也愈多•

『賭館」也有大有小•有開在大店舖的•也有擺在街頭的•總數不下千餘攤•每天每攤要納餉五十元（雖然這數目不小•但和X人統治廣州的軍事和政治的消耗比較•還差得很遠」•賭博的種類•也很繁雜•牌九•番攤•麻雀•骰子……都有•一句話說•賭風甚熾•

九•促襟見肘的X軍兵量

在廣州的X軍不多•在市內亦少•雖然多少還不知確。爲了怕民衆知道他的兵力薄弱•怕游擊隊打進來•X軍常常用了一個「掩眼法」來欺騙民衆•在夜裏偷偷地用搶掠來的小船改裝的軍用艇。把兵運到附近的海灣去走走•到第二天大放光明的時候•然後冉運回來•故意弄得聲張一點•好叫人民知道•又一批「皇軍」新到了•但可惜•他們的手術比不

交通恢復確訊

交通不便•最足影響人生•與安寧秩序•譬之雙脚殘廢•不特不能謀生•且恐害及生命•須據確訊•周達文限日恢復兩脚交通•蓋周達文爲手脚專科醫師•自肆代祕傳特效樂•專醫腫痛軟攣痺爛•時發時止者•包醫斷根•診症：午前在旺角碼頭行入陸間老館電話伍壹壹肆玖午後住威靈頓街玖拾玖號下樓下周達文藥行貳陸零伍捌

上「江湖佬」那麼自靈•敎人看穿了•大鬧笑話•於此•捉襟見肘•可想見X人兵力之空虛了•

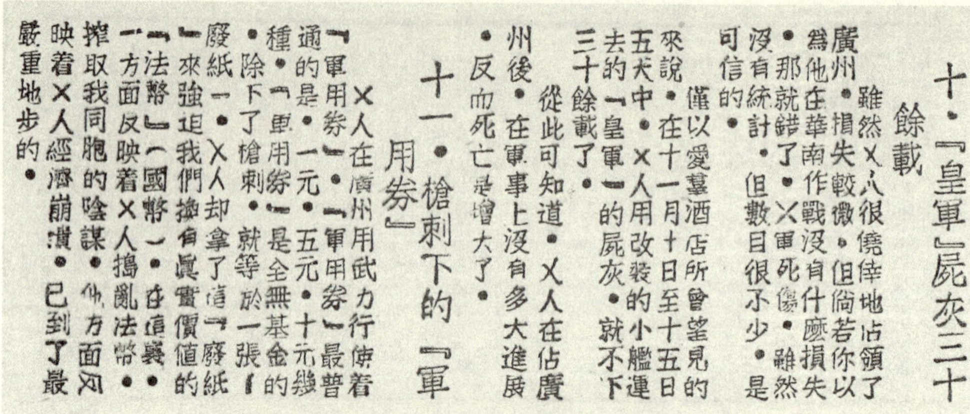

十、『皇軍』屍灰三十餘載

廣州・雖然X人很僥倖地占領了，但倘若你以為他在華南作戰沒有什麼損失・那就錯了・X軍死傷・雖然沒有統計・但數目很不少・是可信的・

來說・僅以愛墓酒店所曾望見的五天中・在十一月十日至十五日・X人用改裝的小艦運去的『皇軍』的屍灰・就不下三十餘載了・

從此可知道・X人在佔廣州後・在軍事上沒有多大進展・反而死亡是增大了・

十一・槍刺下的『軍用券』

X人在廣州用武力行使着『軍用券』，『軍用券』最普通的是・一元・五元・十元幾種・『軍用劵』是全無基金的除下了槍刺・就等於一張『廢紙』・X人卻拿了這『廢紙』來強迫我們換有真實價值的『法幣』（國幣）・在這裏・一方面反映着X人搗亂法幣・榨取我同胞的陰謀・他方面亦映着X人經濟崩潰・已到了最嚴重地步的・

——摘自《华侨日报》（香港），1938 年 12 月 22 日

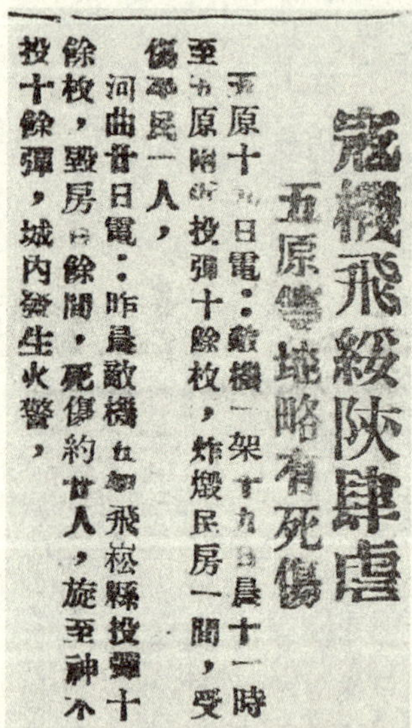

寇機飛綏陝肆虐

五原等地略有死傷

五原十九日電：敵機一架于九日晨十一時至五原附近投彈十餘枚，炸燬民房一間，受傷鄉民一人，

河曲廿日電：昨晨敵機五架飛崧縣投彈十餘枚，毀房十餘間，死傷約廿人，旋至神木投十餘彈，城內發生火警，

——摘自《南宁民国日报》，
1938 年 12 月 22 日

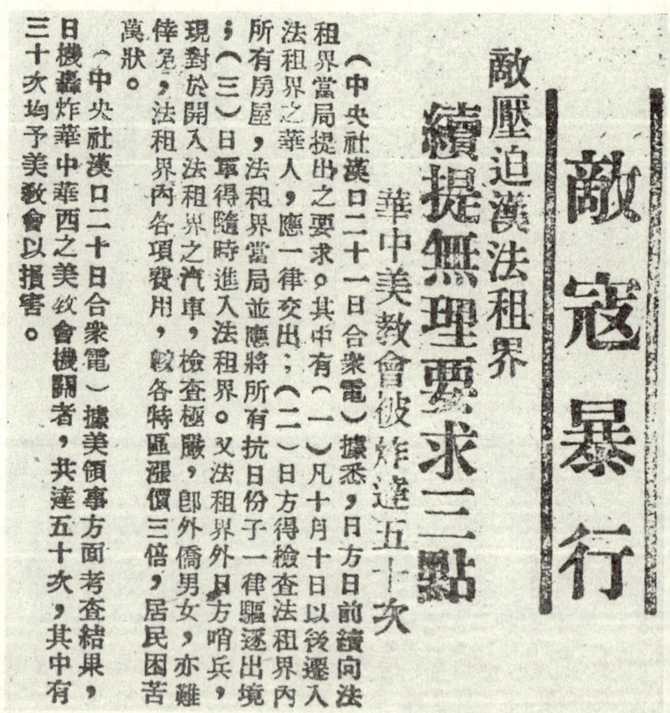

敵寇暴行

敵壓迫漢法租界

續提無理要求三點

華中美教會被炸達五十次

（中央社漢口二十一日合衆電）據悉，日方日前續向法租界當局提出之要求。其中有（一）凡十月十日以後遷入法租界之華人，應一律交出；（二）日方得檢查法租界內所有房屋，法租界當局並應將所有抗日份子一律驅逐出境；（三）日軍得隨時進入法租界。又法租界外日方哨兵，現對於開入法租界之汽車，檢查極嚴，即外僑男女，亦難倖免，法租界內各項費用，較各特區漲價三倍，居民困苦萬狀。

（中央社漢口二十日合衆電）據美領事方面考查結果，日機轟炸華中華西之美教會機關者，共達五十次，其中有三十次均予美教會以損害。

——摘自《新华日报》（汉口），
1938 年 12 月 22 日

敵封鎖津租界益加緊

租界敵僞機關限月底退出
英法當局現正鎮靜應付中

（中央社香港十九日電）津訊，十九日津敵封鎖英法租界如前，往來行人，不分中外，抑或敵國僑民，均被帶至檢查所施以嚴密檢查，敵方規定，自廿日起非有通行證者，不准通行，現敵僞各機關商店住居租界人員，已奉令限本月底退出，十九日兩租界內日商各行號均未開市。又敵駐平軍部，十九日有重要人員到津，前任寺內及軍部翻譯之中川好之助，亦於十九日由日抵津，但敵與租界間之談判，尚未開始，一般推測，中川之來，或可使談判能早日舉行，惟因敵方要求甚苛，能否獲得妥協，尚成問題。

（中央社天津廿一日路透電）日方現仍在英法租界外，故意阻撓，阻止平津泰晤士報在租界外發售，租界當局正鎮靜應付中。

——摘自《新华日报》（汉口），1938 年 12 月 22 日

敵機肆虐 轟炸粵陝

（中央社韶關二十一日電）二十一日上午十時，敵機廿二架，分四批由南進犯，十三架首在粵漢路波羅坑投彈十餘枚，無大損失；機飛曲江黎市投三十餘彈，炸毀民房廿餘間，傷斃鄉民十餘人，敵機即南飛逃逸。

（中央社河曲廿日電）敵機兩架廿日午飛陝北皇甫鎮、府谷及河曲等地，投彈十餘枚，並以機槍掃射。

——摘自《新华日报》（汉口），1938 年 12 月 22 日

鼓浪嶼來客詳談

廈門市已變阿鼻地獄

宿娼吸毒有獎盜賊如毛良民絕跡

（汕頭通訊）厦門自淪X手後・迄今已半年・該地同胞・飽受X人鐵蹄蹂躪・早已成為魑魅之區・至所謂維持會之所作所為・無一不令同胞痛憤・記者晤頃從廈門鼓浪嶼抵汕之舊友・詳述X人與漢奸等在廈市及金門島之橫暴・斂財・□□・毒化我青年等種種慘事・茲將口述各情・分誌於後・

毒化青年 吸毒有獎

厦市自本年五月失陷至今・已有七個月之久・自淪X手後・X即唆使一般漢奸・出而表演醜戲・X人分步將我同胞排化麼術・其毒化我青年同胞・為其一貫奸謀・現更變本加厲・在厦門及金門島上・鴉片煙館及紅丸室・滿佈市廛・其多數有甚于米店・無一不有此等毒我青年之機關在・尤以紅丸室為多・蓋其毒處較鴉片為厲・約為一與三之比・一方固銷耗我之金錢・尤以毒害為主・至窮苦者・則多食二烟丸・（即烟屎）每一烟室內・必有日娼二人至三四人・向各吸食者諸般獻媚・以色誘惑・並以吸食之數量多少・為分優劣等級・如能獲得優級者・則發證一張・可持該證向各日娼妓館處免費厚宿・作一晚之消魂・X人此等毒謀・誠令人痛心疾首・

厦門已成 娼寮世界

現厦門雖淪陷半年・惟商店復業者・仍未及十分之六・甘賴以繁榮者・各較繁盛地方・均遍設日娼館・娼館夜度資則甚低微・蓋其用心・非用以作營業性質・而藉此以為麻醉我青年・隳其心志・其組織分特等超等普通三種・多者不外五六元・次者三四元・再次一二元・至下級者・則費三數角・即可光顧・

文化侵略 強讀日文

X人最出對厦門與金門島之教育・已漸漸恢復・將各停辦

之學校開課，每一學校，必有日籍教員担任教授日語日文。對我中國文學，祇略有教授。而以日文為主要科。至於中文教科書本，亦加改句語，變為親日排外文字。×人謀我之深遠，於此可以盡見。

發通行證 強掠民財

×人陷落之地區，其種種措施，無一不盡量斂財。濫發軍用票，吸收我同胞之財寶，手段有如強搶。因其頻頻改換幣行證，方得通過×軍所據守之交通點。但發通行證後，又隨時有不通用之公布，再限令換領。如是則又多斂民財。每票需需錢之多少，實不一定。又除×軍斂財於上外，其辦舉之走狗者，亦從而勒索。

×發獎券 無人過問

××近來在我淪陷地，大事斂財。其實×人之經濟，已陷在絕境。近又花樣翻新，發行所謂繁榮廈門獎券。所發數額尚未有定。其意必為多多益善。已開始強迫開派。第一期獎券，已去月中旬發出。而本月一日復發出第二期獎券。除強迫派銷者外，但認買者，則絕無人過問。×人對此甚感沒趣。故有打算作強有力之壓迫認銷。違者處刑。

所謂司法 公開受賄

×人佔廈後，已先後辦理其粉飾太平之工作。對一般犯人，現雖設有司法科。該科係屬於偽維持會之下。科主任為漢奸謝某。該司法科在本年六月廿七日成立至今，將近五閱月。而其所辦之各案，均曲直不分。含寃者每遭重罰。而作惡者，得以逍遙法外。因全部上下[illegible]醜，均公開受賄。若者為漢奸者流，更無所謂法律。隨拘隨放。

金門警科 如同賊窩

現廈市治安，至為混亂。至今仍未能回復舊觀。×兵與漢奸，互相勾引為盜。所謂警察科者，實為賊窩。金門之偽警料長陳某，專包庇匪徒浪人，四出強劫。故匪徒明目張胆。其假若為警所拘，隨即放同。轄卜之警員警士，亦與匪勾結為奸。現當地同胞，以陳逆窩賊，曾向所謂維持會控甘十大罪。但治安維持會對其所控各節，均不理會。實有意包縱逆也。

×××× 獻××求媚

×在廈門金門遍設日娼妓院。以毒化我青年外。××人則反強擄我婦女。以為其××。當論陷之初，強掠行為，時有見聞。但最近廈門市內，則已少見。如有，亦在夜深。此種強辱行為，多在金門島上。蓋夜間×人作樂，每予取予携。最令人痛恨者，近有漢奸王某，一現任金門偽維持會長，為向×人獻媚，竟自告奮勇，派遺爪牙四×××××，×××館。此種暴行，最近常有傳聞於鼓浪嶼云。

——摘自《华侨日报》（香港），1938 年 12 月 23 日

達濠海面×艦艇四出騷擾

我漁船四艘慘被焚燬

另一艘被××損失達數百元

海門南澳一帶×艦無異動

（汕頭通訊）前日上午十時十分，達濠廣澳鹽埕附近海面，發現×驅逐艦一艘，由南澳方面駛來，時適我漁船多艘，航經是處，為×兵瞥見，駛放電輪追逐，一艘駛避不及，當被擄去。縱火焚燒，×艦肆×後，旋向南駛，至午十二時，×小型艦一艘，由東北面駛來，向我海外漁船追逐，二艘當被×去焚燬，漁民幸獲逃回，下午二時，×汽艇多艘，駛至河渡門附近海面窺伺，因見我方有備，旋駛出海外追我漁船云。又昨天上午十時許，達濠馬滘鄉大潮屯帆漁船一艘，擬駛出海捕魚，正駛至河渡門外，為×艦窺見，用機槍掃射追逐，結果該船內一切捕魚用物及魚網悉被取去，幸船身及漁夫均無恙，損失約數百元云。又訊，是日有貨船數艘由海外開來，適與×艦遇，致被焚燬，船夫生死未卜。據昨晚調查，計潮陽海門泊驅逐巡洋艦各一艘，南澳泊巡洋艦船一艘，汽一艘，均無異動云。

——摘自《华侨日报》（香港），1938 年 12 月 23 日

敵寇暴行

敵強佔漢口美教堂

美領事向敵方提抗議

法領談漢法租界情形轉好

津租界問題現仍在僵持中

（中央社漢口廿二日合衆電）美國天主教堂本月十六日被敵軍強佔，美總領頃已因此向敵方提出抗議。該教堂在怡和洋行附近，門前懸有美國國旗，據該堂之主教談，在敵軍入據漢口以前，該堂已租與英美烟公司，現教堂欲將房屋收回自用，但敵軍竟入佔該堂，並將其內部佈置移去，屢經抗議，皆不肯讓出。各方認為此案辦理之成績如何，即可測驗敵方之態度。

（中央社漢口廿二日路透電）此間法租界情形較前大為進步，據法領事考倫談，法日兩方並無懸案可言，關於用水問題，日方已允於數日內開放自來水，惟此事並不嚴重，租界內用水甚為方便，日方禁止華人以食糧攜進法租界，實行僅二日，現已不成問題。又法租界內現食糧甚為充足，故此事已不足慮矣。

（中央社香港廿二日電）津訊：津英法當局對敵偽封鎖租界事，態度極鎮靜，英法兩總領二十日訪日領田代交涉意見，敵方堅持須任意逮捕人犯，故無結果，中川到津後，雙方亦未作具體談判。二十日晚英艦一艘開抵海河碼頭，聞日內尚有數艘續到。

——摘自《新华日报》（汉口），1938 年 12 月 23 日

×人蹂躪下

西江六邑之災象調查

不是×蹄踐踏即遭×機轟炸

「肇慶通訊」××南侵，廣州失守，三水相繼淪陷，因而西江形勢，突告緊張，同時高要，高明，鶴山，四會，廣寧各縣，月餘以來，非遭×機不斷之轟炸，即遭×兵登陸之侵擾，民衆傷亡慘重，廬舍為墟，浩刦慘狀，為空前所僅見，爰將三水，高要，高明，鶴山，四會，廣甯六縣被×蹂躪情況，調查誌下，

三水

三水為西北二江交通之總匯，此次×軍三路西犯，三水首當其衝，戰區隣近，悉成焦土，現西南方面，已慘被轟炸焚劫，計由馬頭地起，至中正公司止，約燒去舖戶四百餘間，杉街水果街，及其他里巷民居，被災極為慘重，至重大工業機關，水電力廠，火柴廠等，均遭彈燬，人財損失，無從估計，縣城方面，縣府前座及河口大碼頭各大建築物等，多遭彈炸，而×且據縣府以作大本營，將救濟院為×兵安慰所，××××××××，慘無天日，莫此為甚，中區鄉之沛心，基塘，白沙，大塱山，易崗，魯村，石湖村，高豐等村，楊梅寶月等墟，南區之欖崗，欖崗，木棉，灰窰，黃塘墟，白坭，埗小，渦尾，麥崗諸地，均受×軍之蹂躪，焚燒轟炸，××□□，匪特目所不忍睹，即耳亦所不忍聞，至東區三江附近各鄉，西區接近馬口一帶之村落墟場，北區隣近炭埗赤白坭之鄉鎮，已多受×軍之焚炸，損失匪輕，此次三水全縣蒙災難情，至為浩大，災黎統計五萬有奇，別縣難民之流落該縣者，又逾萬人，災民之總數，實超出六七萬人，災民生活，固飢寒交迫，加以亡家露宿，癘疾滋生，當地機關人士，以災區遼闊，難民衆多，環境所關，能力所限，深有乏術維持之感，且邇來戰事日益蔓延，災情實日更趨嚴重也，

高要

抗戰以來，高要即迭遭×機轟炸如永安，廣利，金利，貝水，祿步，新橋，守隆，白土等處

•均炸成瓦礫之場•死傷人數•指不勝屈•然最慘者•厥為八區金利•善X曾一度由此登陸•卽向附近上下都婆•小洲•黃崗•大石岡、井底等十六村、焚燒搶掠•殘殺•無所不為•該地鄉民•遭災最慘•無所歸宿、流為餓殍者•約達五萬餘人•近且氣候不和•故迭生瘧疾•均待救急亟•厥狀至慘•當地團隊•因限於能力•藥物糧食•無法供應•而政府又無撥欵救濟•數萬災黎•將有垂斃之虞•

高明

查高明縣劃分上中下三區•除上區外•中下兩區•均遭X機瘋狂慘炸•塌屋無算•死傷民眾盈千•最近X且進擾三洲•連日均作拉鋸戰•地方塗炭•災情慘重•至上區現仍暫安全•故災民多遷避于斯•同時別縣難民•亦多逃抵該處•人數亦達數千•此外難民之在中區者•約有八千餘人•在下區者•約二萬二千餘人•共計全縣難民三四萬人•皆飢不得食•寒不得衣•病不得治•顛沛流離•情狀極慘•

四會

三水淪陷後•X卽以飛機大砲掩護橡皮艇渡河•進犯縣屬之馬房•迭經我自衛團固守迎擊•近雖未被X軍登陸•惟沿江附近鄉村•已遭X砲火毀損無餘•更兼X機不斷轟炸•縣城外新隆路一帶•落彈七十餘枚•毀商店民房六千餘家•死傷民眾數百人•他如倉岡•大沙鄉•柚梳•白沙•上羅•五堡•沙尾各地•亦迭遭轟炸•當地災民•顛運慘苦•莫可名狀•且四會形勢•下通三水•上接廣寧•為交通之要道•故難民每日到埠者•不下四百餘•統計現留縣難民共二萬餘人•現已由縣組織難民救濟會•設難民收容所多處•以收容之•惟現屆冬寒•加以糧食昂貴•醫藥缺乏•財力不敷•故救濟工作•難以久持•而難民之困苦則更甚也•

廣寧

廣寧雖未受X軍騷擾•惟X機投彈•則幾無虛日•被炸者計城內縣黨部•教育局•電台•東門外一帶之民房•書雲路•陸同寮•縣立中學•及鄰近民居•多被炸燬•他如台洞市•及各交通線•亦時遭X機投彈••及機槍掃射•至於糧食方面•因難民來者日眾•致有物罕價昂之現象•衛生方面•則亦因人口過多•藥物來源告絕•致霍亂發冷等傳染病•甚為盛行•

鶴山

自X由古勞登陸•圖犯鶴山•自衛團卽守土應戰•將X擊潰•而我附近戰區之村落•已慘遭焚殺之苦•計古勞方面•在X砲火下犧牲者•查確有一百廿六人•傷者有二百餘人•古勞墟則已悉成焦土•附近村落••如黃家莊•廟堂坳•塘頭坊••白水坑•麥村各地•難民扶老攜幼•露宿無依者•不可勝數•沙坪海口方面•沙坪墟被焚炸舖戶三十餘家•附近之越塘小范各地•及海口附近村落如坡山•古勞圍內維墩等•災黎遍野•目不忍睹•且戰事日益蔓延•難民勢必陸續加增云•

——摘自《华侨日报》（香港），1938年12月24日

倭寇奴化政策

嗾偽組織設電影院

滬一漢奸全家被捕

△香港二十日特訊，外訊，倭方亟圖麻醉華人，實行奴化政策，促使偽維新臨時兩傀儡政府，設立國策電影公司，會與滿洲映畫協會及倭松北東寶兩電影公司，迭次協議，正擬具體辦法。

△香港二十日特訊，滬訊，著名匪徒李永寬本係浦南鹽販，去年敵兵在金山衛登陸時，即係李匪等所引導，此後曾在松江為偽軍隊長等職，最近因該處游擊隊活躍，李逆等攜全家逃滬，業被法租界捕房偵悉，因另案將李等全家逮捕。

△香港十九日特訊，滬訊，前晚滬西賭 十餘家，被我勇士衝入搗毀，當時並與偽警發生激戰，聞此勇士乃係游擊隊士兵奉命執行。

——摘自《云南日报》（昆明），1938年12月24日

英下院辯遠東販毒問題

抨擊日本毒華政策

淪陷區域毒氛彌漫勢愈猖獗

國聯禁毒工作備受日人破壞

（路透社廿二日倫敦電）衆議院在今日宣佈休會之前、工黨議員佛拉查爾提出關於遠東販毒問題、據謂日內瓦鴉片顧問委員會、所通過之取締販毒案之後、英政府是否已遵行之、中國在日人管轄下之區域販毒之風愈猖獗、香港情形亦甚壞、香港有紅丸館三千間、香港政府無能力以取締之、又查香港每日平均銷售卅萬以上之紅丸、吸烟人數有四萬、又據國聯鴉片顧問委員會巴巴沙氏之報告謂、日本專破壞國聯會之禁毒工作、鼓勵世界各地販毒、以害中國人民、倘該報告係切事實者、則日本是否係一文明國、誠屬疑問、英國有一標語謂『商務隨國旗而發』、余向不甚贊揚此標語者、但尚較勝於『毒品隨國旗而發展』、外次官畢氏答謂、紅丸之毒、尤甚於鴉片、吸紅丸者日多、此問題殊爲嚴重、英政府已與日本訂立辦法凡關於販毒份子之行動、彼此交換情報、如此、吾人雖不能立刻解決此嚴重問題、但最低限度可以表示吾人甚重視此問題、據外相所得之報告、中國販毒之風增長、是否由於日政府之有計劃的行動以毒化中國人民、現尚無據証、祇據、所得可靠之消息、証明國聯鴉片顧問委員會本年六月間所發表之報告、係確實者、查華北在未淪陷於日本人之前、中國政府已厲行禁烟法令、誠效大著、自從華北淪陷於日人手之後、則吸毒之風又長、查本年二月間北平僞政府已將中國政府卅二項法令取銷、本年五月間僞政府之稅務署又批准開設三百餘間烟館、政府又發出新令統制販毒、其有無效果、尚待事實證明、現在平津一帶烟槍烟具公開販賣販毒機關相繼開設、無一商店不有鴉片出賣、華中方面販毒情形不若華北之嚴重、南京僞政府最近已頒行統制販毒之命令、其成效如何、尚未有所聞、遠東各地吸食紅丸之風確增長、紅丸大都來自天津、多由朝鮮人販賣、日軍事當局對於此問題態度如何、現當未有所聞、英政府甚欲與其他各國政府共同審查此問題、各國如能合作、應付此問題、較勝於英國單獨爲之也云、

——摘自《南华日报》（香港），1938 年 12 月 24 日

桂林两次的血債

十一月卅日空襲帶給他們！

本報駐桂記者 鍾琴

警報，就在桂林的市空高呼起來了，這刺耳的響聲，市民以過去的經驗已斷定它是空襲的噩耗了，就一羣羣地自街上跑，許多老婦手足發抖，牙齒格格作聲，在戶外或在街旁呆下來一步都走不動，有些男女公務人員學生，從機關學校裏跑出來，用手帕緊緊掩着鼻子慌忙逃避，直覺告訴人們，炸彈，毒氣，一放下來，就活活的完了，大家都這樣憧憬着那可怕的幻影，而靜待敵機把死亡之神

首次血債

空襲警報發過一小時，接着就是緊急警報，再接着就是機聲，更駭人的是高射炮聲，這些都雜亂着傳進了人們的耳鼓，震動了每顆脆弱的心靈、敵機是四十四架到市空盤旋着，分別在市區投彈二百餘枚，死傷平民三百三十餘人，無家可歸者二千餘人以上，往日安定的市面，現在頓成為難民區，被焚燒的房屋有伏波街一帶平民住宅、一百六十餘間、桂北路之大新旅館，啓文印務局，崇文印務局，劉鴻記印務局，國文堂印務局，毛合興鞋店、廣州照相館，秀林食品店，北方菜館，川菜食館，同樂戲園：：等等一帶舖屋，一百三十餘間，後庫街非英館，黃聽記洋雜店，大光布店：：等十餘間，高聳的房屋，繁華的商店，傾刻頓成瓦礫之塲，一片焦土，被炸彈炸倒及震塌的有科第塘十一間民房，東巷三間，西巷湘衡旅館全間，後庫街新新商店，桂南路由新橋起至南門城門口止，均被炸倒塌，或震塌，有些倒塌半邊或一角，免強暫可居住，有全間倒塌簡直不能容身，保育院全座倒塌，可憐無數，由戰區來桂之難童，又成為無房可住的逃難的難童了，水東門浮橋被炸斷，近橋邊的兩隻民船被炸沉，死船戶八人，文昌門外象鼻山旁落數彈，避難該地之民衆被炸死十四人，血肉橫飛，身首異地，目不忍睹，廣西日報社對面之環湖南路，落五枚爆炸彈，馬路被炸斷，在易五樓樹陰下的九個老百姓，均死於非命，這些，都是桂林第一次空前的血債，

二次血債

相隔第一次血債，僅一天，第二次大血債又降臨了，十二月二日，敵機二十一架又殘暴地來桂林投彈了，「很顯然的是以毀我平民住宅，殺我無辜百姓為目的，這一次的投彈殺傷的人數雖然比上一次少，但燃燒的房屋則較多四倍而有餘！以區域論，占全林市十分之一，整個毀壞分布於情，幾全被燒燬—義寧街，[illegible]街，大白果巷，小白果巷，經堂街，西城腳，南外街竹木巷，西外街，西門大街，交通路，臨桂路，五點嘴：：等街都是連接的，三五處着火，一時未克撲滅，所以火頭都連串起來，當時火勢熊熊，烟焰蔽目，火光充滿了整個城市，計起火燒的房屋共一千三百餘間，燒死平民十二人，無家可歸者幾萬人，災情重於第一次，

災後救濟

「這兩次的酷劫後，受災民的痛苦遭遇嶺，省政府為救濟受災民生計，特以市內各戲院為臨時難民收容所，並且規定發之每戶，發給法幣卅元，每人發給伙食三日，每人每日法幣二角，被炸死無力埋葬者，每人發給法幣二十元為殮埋費，重傷者發給法幣十元，輕傷者四元，以作醫藥費，並飭桂林縣政府市政處會同劃定離市區以外之空地，給受災者自行搭蓋棚廠居住，免在市區內再遭無謂之犧牲。

劫後市民

桂林市民從血的教訓中，養成了一副鎮靜的態度，堅強的意志，勇敢的精神，任憑敵機怎樣轟炸，也毫無畏懼，被炸死傷，財產損失，也無怨悔，只有義憤填胸，更加強了抗敵的決心，被炸完了房屋的人們，雖然是「野餐」「野宿」，但他們仍不斷的去各做各的事業，、各謀各的生活，打固保衛桂林的基石，由他們的精神上態度上看來，決不相信桂林經遭過兩次慘酷的浩劫，敵人曾對外邦人士聲稱：「轟炸廣西各城市的作用，在打擊廣西的抗日意志」，這未免「心勞日拙」了。

在街頭，在巷尾，在郊外，在避難岩洞裏……都可聽到「不願做奴隸的人們，把我們的血肉，築成我們新的長城……「冒着敵人的砲火，前進：前進：……」這種堅決英勇的怒吼聲！

十二月三日於桂林

——摘自《南宁民国日报》，1938 年 12 月 24 日

敵機狂炸桂林

美教會中彈作曲家張曙及美教士死於難

梧州西安新增桐廬等地昨均遭敵機慘炸

【中央社桂林二十四日電】二十四日晨十時二十分、敵機十九架、分兩批襲梧州、在郊外投彈數十枚、迨十二時半、此間發出警報、敵機九架於一時侵入城區上空、在東南城依仁路榕路一帶投彈五十餘枚、文明路伏旺街桂南路大還巷等處、中燒夷彈起火、至四時許始救熄、焚燬炸燬房屋四百餘棟、死傷平民二十餘人、

【中央社桂林二十四日電】二十四日上午敵機轟炸桂市、投彈有燒夷彈數十枚、桂南路之美國宣道會及通泉巷之回教禮拜堂、均被炸燬、有一彈擲中宣道會內防空壕上、教士十餘人、悉數炸斃、又作曲家張曙及其女公子、亦同時遇難、

【中央社梧州二十四日電】敵機十九架、今上午十時許犯梧州、對河郊外投彈數十枚後竄去、另十一架、於十一時許西犯沿江窺探、九架襲桂林、在城內外投彈數十枚、

【中央社金華二十三日電】敵轟炸機四架、今晨十時襲蕭山、經舞陽到新增、向城內四蘇街等處轟炸、燬民房八間、傷數人、午後一時犯桐廬、投彈十三枚、燬民房二間、死傷各二人、

【中央社西安二十四日電】敵機十七架、二十四日上午十二時十五分、由晉侵入西安上空、在西郊外及市內新城西南隅長巷西新街露天劇場等處、投彈五六十枚後、向東北逸去、事後調查、市民死二傷七、毀民房十餘間、餘無損失、

——摘自《观察日报》，1938年12月25日

敵機昨襲湘桂

梧州桂林均遭炸死傷頗衆

△中央社長沙二十四日電：久雨初晴，敵機乘隙來湘肆虐，二十四日上午九時五十八分，敵機五架由鄂越洞庭湖，竄抵長沙對河龍頭市附近大石橋積谷嶺一帶，投爆炸彈二十餘枚，並雜有燒夷彈，復用機槍掃射，震坍農舍三間，傷平民二人，敵機旋向北逸去。

△中央社常德二十四日電：連日陰雨，今始放晴，敵機又在湘境肆擾，上午九時五十分，湘陰白水發現敵機六架、在上空盤旋窺察，湘潭亦發現敵機一架過空，又有敵機五架於同時在長沙附近之徐家灣盤旋，並在該處東北約二十里之某處投彈轟炸，長沙株州等處均聞巨烈之轟炸聲，中午十一時四十五分，漢壽縣亦發現標機不明之飛機兩架過空，向東北飛去。

△中央社梧州二十四日電：敵機十九架，今上午十時許又飛梧州對河郊外投彈數十枚後竄去二十一架於十一時許西犯，九架襲桂，林兩架沿江窺伺、在城內外投彈數十枚。

△中央社桂林二十四日電：二十四日晨十時二十分，敵機十九集分兩批襲梧州，在郊外投彈數十枚，迨十二時半，此間發出警報，敵機九架於一時侵入城區上空，在東南城依仁路環湖東路一帶投彈五十餘枚，文明路桂南路等處中燒夷彈起火，至四時許始救熄，焚燬炸燬房屋共百餘棟，死傷平民二十餘人。

△中央社桂林二十四日電：二十四日午，敵機轟炸桂市，投爆炸燃燒彈數十枚，桂南路之美國宣道會及通泉巷之回教禮拜堂均被炸燬，有一彈適中宣道會內防空壕，壕內避難教友十餘人悉數炸斃，又名作曲家張曙及其女公子亦同時遇難。

△中央社西安二十四電：敵十七架，二十四日上午十二時十五分、由晉侵入西安上空，在西郊外及市內新城西南隅長巷，西新街，露天劇場等處，投彈五六十枚後，向東北逸去，事後調查，平民死二傷七，燬民房十餘間，餘無損失。

△中央社金華二十三日電：敵轟炸機四架，今晨十時，侵入蕭山，經富陽，至新登、向城內市街等，投彈十一枚，燬屋八間，傷五人，死一人，十一時，竄桐廬，，盤旋一匝，十，投彈十三枚，，燬民房二間，燬船二隻，傷二人。

——摘自《云南日报》（昆明），1938 年 12 月 25 日

敵寇暴行

北平偽組織擅改稅則

排除英美法等國對華貿易

梅樂和與僑滬外商均反對

（中央社香港二十三日電）滬訊：華北各海關被敵方破壞前，會減低稅率，以利敵貨輸入。敵方近又唆使偽組織，擅自修改稅則，將進口貨中，凡爲英美法等國貨物，提高稅率，以期積極排除各國對華貿易。總稅務司梅樂和對此舉，已表示決不承認。僑滬外商對此亦極注意，僉認日本企圖獨霸遠東，乃其一貫政策，歐美各國如欲保持在華權益，惟有加緊聯合援華。

——摘自《新华日报》（汉口），1938 年 12 月 25 日

□機狂炸新興縣城

・投彈百餘傷斃民衆數十・

（新興快訊）新興縣爲西江交通要樞縣城所在地面積狹小、僅馬路六七、□未從興時、極少□機到境、人心頗爲安定、迨廣州失守以後、□□由高要方面沿公路飛至、在縣城上空盤旋偵察、幾無日無之、每晨九時、及午二時、均見有□機來往、人民爭相奔避、十二月十五日上午九時許、□□七架、由高要方面飛來、猛在縣城各馬路投下炸彈大小一百一十餘枚、幸各商民均于警報發出時、赴郊外逃避、縣府及民廳辦公地點、均遭炸燬、民廳第六科長梅光培、被徵傷足部、

——摘自《南华日报》（香港），1938 年 12 月 25 日

東江連日展開激戰

我軍進抵增城城郊

□機昨午經桂飛粵狂炸肇慶曲江

閩南海面□艦又向晉江南安砲擊

（中央社廿五日翁源電）我向增城挺進之某部、已抵城郊、廿二日晚我先頭部隊由荔枝坳進擊、佔領增城東門外八十八尺之高地、殲滅□哨八名、當即與增援之□大隊激戰、現正相持中、

（本港訊）據息、我第某路軍黃師、連日在增城一帶與□激戰、甚爲劇烈、我節節壓迫、極佔優勢、

（中央社廿五日桂林電）廿五日下午一時許、八步鐘山一帶、發現□機十二架、此間當即發出警報、該批□機旋經富川、永明、江華、向粵境飛去、在曲江投彈轟炸、此間于二時解除警報、聞曲江今遭遇三次轟炸、又聞另有□機四架轟炸肇慶云、

（中央社廿五日福州電）廈門海面□艦昨開去十二艘、航空母艦亦他駛、惟又由台灣開來巡洋艦二艘、停泊廈門附近、游巡河面、閩南晉江縣屬之圍頭與南安縣之蓮河、昨午均遭□艦砲擊、僅燬民房數間、

（中央社廿五日翁源電）太平場到有□戰車數十輛、並發現□汽球一個、窺伺我軍陣地、

（中央社廿五日梧州電）㈠三水方面官窰之□約七百、其一部步兵三百餘、附砲七八門、廿一日向大範移動、㈡佛山之□調回廣州、新塘防之□爲片野所部、約一千三百餘、騎兵百餘、

（中央社廿四日韶關電）㈠增城方面盤據三百洞之□、廿日被我襲擊、死傷甚夥、㈡花縣方面鴉溪□步兵二三百、附砲數門、廿一日晨進至金溪、

（本報深圳快訊）我惠博等處大軍、現正漸集各地游擊隊與自衛團紛向東莞石龍取大包圍形勢、莞樟公路、近日運兵甚忙、預料日內我軍反攻東莞石龍之激戰即將展開云、

（本報廿六日肇慶專電）軍悉、西江防務異常鞏固、肇慶軍警聯合巡查處、不分晝夜、派隊巡梭市面、治安亦告安謐、惟□機不斷轟炸、市民均已疏散逃避、我正規軍及游擊隊除在沿江佈置堅壁清野之外、並準備隨時反攻三水云、

（本報廿五日肇慶專電）數日來□軍在三水楊梅礶崗木棉等處、趕築砲壘、挖掘戰壕、爲防我馬房大軍反攻、

（本報深圳快訊）我軍克復惠（陽）博（羅）後、乘勝追擊□軍、繼續克復九仔潭、永平墟及鐵塲等地、羅浮山麓均爲我游擊隊所駐紮、我駐龍門軍隊、亦乘勝向□追擊、刻已包圍增城、□軍知我軍力雄厚、大部已退集石灘新塘等地、聞我便衣隊已衝入增城云、

（寶安快訊）我東江駐軍、克復惠（陽）博（羅）後、即乘勝進攻增城、廣州□於外圍防禦工事、尤以虎門一帶沿江兩岸、凡屬隘口、均建築新式砲壘、至太平、石龍、石灘、莞城等處、現均增至五百以上、且戒備甚嚴、爲防我游擊隊夜襲、晚間放出聯絡哨、此呼彼應云、

（本報廿五日長沙專電）台山屬之廣海、邇來時有□艦騷擾、出海漁船、不分日夜、□機飛來偵察、惟未見投彈、

（肇慶快訊）軍訊、昨廿二日□軍六七百名、以大砲掩護、進犯高要金利、我當地自衛團起而迎擊、苦戰數時、奈以□方軍火犀利、且我後援未至、迫得暫時後撤、現附近之上都婆、下都婆、矮嶺村、小洲村、大珠岡、一二三甲、軍屯、祿村、梁岡、風刑岡、黃岡、大石岡、下岡、井底、小洲墟等十六村落　悉遭□軍蹂躪、□□□□、無所不至、現災區難民遍地、情形至慘、

（中央社廿四日四會電）官窰□五百餘、附砲八門、馬百餘匹、廿日晨派步兵約三百、分向崑崗三江進犯、刻與我自衛團隊激戰中、

（本報專訊）九江沙口之□軍、日前已紛紛撤退、擬在西上企圖、但至昨（廿三）日又到有□騎兵百餘人、開到沙口、建築砲台、以爲威脅鶴山海口、而原日航行內河之輪渡現紛紛駛往沙坪暫避、以防擄去云、

長江兩岸觸目荒凉
遙望鄉村衹餘焦土

（路透社廿四日上海電）英砲艦「螳螂」（少將震爾特旗艦）「納」「海燕」與「鷸」一四艘及美艦「關島」號頃間抵滬、該艦等係於十九日離漢、曾由日掃雷艇三艘護送至蕪湖、據此行發見、長江西岸自漢口至九江一段、觸目荒凉、各鄉村寂無居人、爲日砲機所毁之斷垣頹壁、常可在砲艦上遙遙望見、兩岸更有毁棄之船隻、現時江內日輪往來、絡繹不絕、九江蕪湖與南京、均如繁盛之港口、每有日方運輸與給養輪停泊、每淌數在五十艘以上、而小汽艇更往來甚忙、漢蕪間每隔十英里約有日本巡防艦一艘駐泊、在過去數月中、九江江岸一帶、已完全改觀、日方在該處建有儲藏倉庫、兵站及其他臨時建築、路透社記者在「螳螂號」艦面、見怡和洋行牆壁、爲日方砲火擊有一巨孔、其他外人財產、損失似極微少、居留之少數外僑、現仍在下游某處集中居住、太古輪「溫州號」亦泊在該處、日軍嘗不許彼等返家、一行於二十一日經過馬當、見該處封鎖線內有半沈之大輪約十餘艘、橫亘江面、空隙處則填以小船若干艘、封鎖線關開之口、標識清楚、據某觀察人稱、在此全程中、英方炮艦、儘可無須日艇協助、亦能安全行駛、至日方所稱、其封鎖長江之理由、似爲恐在目前水淺時、第三國商船或將梗塞其唯一通行之出入口、以致妨碍日軍之華中交通綫、但將來水漲、不知日方又作何藉口矣、據日方稱、蕪湖以上兩岸之游擊隊、甚爲活躍、在南京附近亦然、但在砲艦上幷未有所見、又江中亦未發見水雷、惟日掃雷艇則有時故意遲行裝腔作勢云、

——摘自《南华日报》（香港），1938 年 12 月 26 日

梧州桂林被炸慘狀

●名作曲家張曙遭難●

(中央社廿四日桂林電)廿四日晨十時廿分、□機十九架、分兩批襲梧州、在郊外投彈數十枚、迨十二時半、此間發出警報、□機九架、於一時侵入城區上空、在東南城依仁路榕路一帶、東路一帶、投彈五十餘枚、文明路、八旺街、桂南路大逕巷等處中燒夷彈起火、至四時許始救熄、焚燬炸毀房屋共百餘棟、死傷平民廿餘人、

(中央社廿四日桂林電)廿四日午□機轟炸桂市、投爆炸燃燒彈數十枚、桂南路之美國宣道會及通泉巷之回教禮拜堂、均被炸燬、有一彈適中宣道會內防空壕、壕內避難教友數十人、悉數炸斃、又名作曲家張曙及其女公子、亦同時遇難、

(中央社廿九日桂林電)名作曲家張曙、係上海國立音專畢業、著作流行海內、自九一八後、張君即努力救亡工作、製成抗戰歌甚多、廿四日□機狂炸桂林、張君不幸被炸殞命、年卅一歲、其長女公子亦同時遭難、

——摘自《南华日报》（香港），1938 年 12 月 26 日

□機又炸新會縣城

(本報江門專訊)□機三架于昨日又由西南方面向新會會城東面飛來、至下午二時飛抵會城環城東路東門車站上空低飛偵察、徘徊久之、投下炸彈九枚、五枚落于車站、一枚落於狗牌塘新地里、一枚落於如求社住屋、兩枚不爆炸、查東門車站之五彈 兩枚落車路、當將路軌完全炸毀、交叉縱橫亘于路基上、三枚落于車站、站內之候車室亦被炸毀、當時因有婦人一口、走避不及、微傷手部·自行回家醫理、至落於狗牌塘之彈、祇落在某私人之菜地上、幸各人先行逃去、幷無死傷、附近新地里之屋宇、亦有為□彈片破壞、其落在如求社之炸彈、適落于該街內廿九號之屋內、該屋有宅主何某、當堂炸死 另有婦女兩人、一生一死 男子一名受傷、其餘小孩四名、一名重傷斃命、其餘三名、亦受重傷、均經救護隊發掘後、扛往紅十字會救傷、轉送醫院治理、查當□機轟炸時、江門方面、目睹□機低飛情形·隆隆之聲不絕於耳、各救護人員、于事後尚繼續發掘、至晚始已、各方消防隊軍警亦先後出發、以防止燃燒云、

——摘自《南华日报》（香港），1938 年 12 月 26 日

敵寇暴行 敵機肆虐

粵曲江及綏各地 連日遭轟炸

（中央社桂林二十五日電）二十五日下午一時許，八步鐘山一帶，發現敵機十二架，旋經富川、永明、江華，向粵境飛去，在曲江投彈轟炸，此間于下午解除警報，聞曲江今遭遇三次狂炸，又下午一時五十三分，另有敵機四架轟炸肇慶。

（中央社五原二十四日電）二十三日午後二時許，敵機二架，由包頭西飛至磴口轟炸，投彈十一枚，死傷平民三人，並炸毀電桿一株，旋即修復。

（中央社五原二十四日電）敵機兩架，二十四日上午十二時許，至烏蘭腦包投一彈，烏加河畔投三彈，均無損失，旋又至哲貴鄉投三彈，炸毀民房一間，烏鎮投三彈，炸死平民一人，零時二十分抵原上空，盤旋數週，散擲荒謬傳單後即東飛。

——摘自《新华日报》（汉口），1938 年 12 月 26 日

閩海敵艦 焚劫民船

（中央社福州廿四日電）閩江口外，馬祖澳海面，駛到敵艦一艘，擄截我大商船一隻，貨物被劫殆盡。又連江南竿塘，廿四日晨駛到敵小型艦三艘，有小漁船九艘，途經該處，全數被焚。

——摘自《新华日报》（汉口），1938 年 12 月 26 日

淪陷區內 敵壟斷一切

各外商受重大威脅

（中央社香港二十二電）滬訊：敵方在佔領區壟斷一切，排除歐美權益；會引起各國僑滬商民反感，紛請政府提出交涉，茲悉德商亦感受重大威脅，如顏料及建築材料等貿易大宗，因敵貨傾銷之故，亦營業停頓，德商近曾開會討論搜集材料；向政府條陳，並有所表示。

——摘自《新华日报》（汉口），1938 年 12 月 26 日

敵機廿四日

桂梧肆虐續誌

前（廿四）日上午十一時四十七分，敵機九架，由肇慶向西飛，經悅城，德慶，信都，平樂，陽朔進襲桂林，一時敵機由東南方侵入桂市空，在西南飯店，王和長，及十六，十八，十，一四八號屋，各落彈乙枚，三十八號後尾落彈一枚，壓死鄉婦一口，[illegible]街投燒夷彈爆炸彈約四十餘枚，諸桂林路義所通泉巷十一，四十八，五號各落彈一枚，宣教會後尾落一枚，死傷男女十二名，文昌路四，四三五，四七，六六號各落一枚，燒燬及震塌房屋由一號至九號，七六至一百號及一〇五至一二三號共六十三間，焚燬，阜坪地一至十八號各落一枚，福隆街十八號，二二號各落一彈，燒燬及震塌房屋由一號至四號四間、體育場落二彈，無損失，舊藩署門馬路邊落一枚，榕城街大邊隅巷落五枚，燒燬房屋十二間，南門城外，落數枚，無損失，詳情仍在調查中，至一時十一分敵機始離市空沿原路遁去云。

桂林廿五日電：名作曲家張曙，係上海國立音專畢業，著作流行海內，自「九一八」後，發揮努力救亡工作，製成抗戰歌甚多，事剛由[illegible]敵[illegible]赴[illegible]桂林，驟遭不幸被炸殞命，張[illegible]卅一歲，其長女[illegible]子，亦同時遇難。

又訊：前（廿四）日上午九時五十二分，敵機十九架，分兩批襲桂，第一批十架，十時十二分侵入市空，第二批九架十時十九分相繼到桂市空，先後投彈四十餘枚，至十時二十九分，敵機離桂向東飛去，詳情尚在調查中。

——摘自《南宁民国日报》，1938年12月27日

敵寇暴行

敵機廿餘架襲川

在某地投彈我無損失

鄂粵各地昨亦遭肆擾

（中央社訊）昨日上午十一時許，敵機二十餘架，由湖北方向侵入四川，在某某地點投彈數十枚，東飛，我無損失。

（中央社宜昌二十六日電）廿六日此間四次警報，自晨七時許，至午一時許始解除。敵機兩度飛入市空，均未投彈。

（中央社常德二十六日電）公安電話，敵機六十七架，今分三批經鄂中各地，西飛肆擾，第一批二十三架，於上午十時零五經潛江上空西飛，第二批三十三架於十時三十分遇潛江西飛，第三批十二架於十時四十分過枝江西飛，被炸地點尚在調查中。

（中央社韶關二十六日電）今日上午十時，敵機十五架，分二批先後飛南雄，在郊外投彈六十枚，我無損失。另一架到英德投彈後南飛，復有敵機一架飛贛省信豐投一彈，毀民房數間，傷斃十餘人。

——摘自《新华日报》（汉口），1938 年 12 月 27 日

寇在通岳一帶 大肆姦淫搶掠

逃出難民兩萬餘人

（中央社平江二十六日電）通城岳陽一帶民衆，不堪敵寇姦殺搶掠，紛紛逃出，故日來新牆河沿岸集結難民竟達二萬餘名，餐風露宿，無食無衣，厥狀之慘，亟待救濟。

——摘自《新华日报》（汉口），1938 年 12 月 27 日

敵在游擊區內 強購棉花

（中央社香港二十五日電）滬訊：敵在各游擊區強行收購棉花，運津青滬各地轉運返國。統計本年輸日棉花已逾二百萬担，價值一萬二千萬元，較戰前增加三倍。

——摘自《新华日报》（汉口），1938 年 12 月 27 日

福建海面 寇掠劫我民船

寇千餘名增援武康菁山

金華二十六日電：敵步兵大隊約千餘名，二十日由湖開武康及菁山增援，又廿四日下午敵汽車四十餘輛載軍用品，並隨步兵一大隊，由杭開往武康，

金華二十六日電：盤據富陽城內敵軍，近已大部開走，尚餘四五百人，二十四日下午三時，富陽城郊敵炮向我湖南山一帶炮擊卅餘發，

福州十六日電：閩江口外，敵艦四艘，泊馬祖澳，劫去大號民船一艘，將貨物及船具全部運上敵艦，船夥十餘人，則綁在船尾，任其漂流，三艘在東沙洋，劫去漁船九艘，將船夥八人，繫諸荒島，船隻悉付敵手，

——摘自《南宁民国日报》，1938 年 12 月 28 日

敵寇暴行 豫北敵寇 刦我幼童

（中央社西安廿六日電）新鄉敵一部近在新鄉延津間活動，敵每日開赴中和杏莊一帶修築路及搶劫糧食竄擾木欒店之敵，現已增至千餘。時在該鎮以西之小東各處游動，刻正與我某軍對峙中。焦作李河兩處敵約千餘，近無變化。敵在修武組少年團，強令我十五六歲之幼童加入，聞曾開往東京遊覽。

——摘自《新华日报》（汉口），1938 年 12 月 28 日

敵在潿洲 姦淫搶劫

漁船二百餘隻被焚

（中央社梧州二十七日電）潿洲島附近敵艦兩艘，二十四晨派兵登陸，搜刮島上糧食財物，屠殺平民，姦淫婦女，並強捕北海一帶漁船二百餘隻，縱火焚燬，二十五日復突來敵艦六艘，現潿洲島附近，共有敵艦八艘，潿北海遊弋，焚燒我鹽船凡四十餘隻，二十五日午合浦屬之百寮海面，發現敵艦一艘。

——摘自《新华日报》（汉口），1938 年 12 月 28 日

敵機狂炸漢常

日前蒙古人民大放花燈
寇機光臨投彈死傷頗多

△中央社長沙二十九日電：敵機今狂炸漢壽，常德桃源損失綦重，漢壽投燒夷彈二十餘枚，炸彈數枚，毀商店十餘棟，共炸死軍民七人，傷十餘人，常德江邊及城內投彈甚多，毀商店民房二百餘家，死傷在二百人以上，迄晚城中猶火光濁天，為空前所未有，今下午三時左右，桃源亦遭敵機八架轟炸，損失不詳。

△中央社沅陵二十九電，下午二時許敵機分兩批轟炸常德，首批敵機七架，在該縣東門外及縣屬之牛鼻灘投彈，二批敵機九架，在該縣城內投彈，損失未詳。

△中央社長沙二十九日電：敵機邇來頻在洞庭西岸肆虐，常德，漢壽又遭轟炸，今午有敵機六架，自鄂沿粵漢路南闖，旋即折向西飛渡湖，於二時四十六分侵入漢壽狂炸，投燒夷彈頗多，延燒甚廣，時另有敵機九架，自北經沅江　益陽、安化，於二時四十九分至常德，大肆投彈後北逸，因電話電報發生故障，損失不詳

△中央社梧州二十九日電：敵機九架，今下午一時許由粵西飛襲桂林，在市區內南門一帶投彈多枚，當即着火燃燒，死傷損失在調查中。

△中央社桂林二十九日電：二十九日午十二時半，敵機十八架轟炸曲江，十二時四十四分敵機十七架，飛連縣投彈。

△中央社五原二十九日電：河西來人談：本月十七日，為蒙古人民大放花燈之期，是日午在杭錦桃力廟舉行跳鬼大會，參觀者達數千人，正在興高彩烈之際，突來敵機兩架，投巨型炸彈兩枚，繼以機槍掃射，無辜蒙民，當被炸死及中機槍彈死者二百餘人，漢民死百餘，受傷蒙漢人民共二百餘，厥狀至慘，目不忍睹云。

△中央社西安二十九日電，敵機一架，二十九日下午一時半由晉竄擾陝南各縣窺視，因我戒備甚嚴，飛行甚高，三時半向東北逸去。

——摘自《云南日报》（昆明），1938年12月30日

狂風中敵機狂炸

桂林市區全燬

敵機投燒夷彈無數

全城烟火天日爲昏

【桂林二十九日下午五時急電】廿九日晨起，桂林大風；午後一時四十分警報聲作，敵機於二時許侵入城區上空，投下無數燒夷彈，全城烟火，天日爲昏，迄發電時止，風勢火勢均未稍減，延燒至廣桂路，樂羣路，中北路，及洋橋以南一帶，市區殆已全燬。

——摘自《南京晚报》（重庆），1938 年 12 月 30 日

敵機十八架

昨飛桂林肆虐

投彈後向東南逸去損失調查中

昨（廿九）日下午一時十分，敵機十八架，在悅城發現，經梧集，鬱靈，敵機十四架由梧向信都飛，一時四十分敵機九架由昭平屬西坪鄉向北飛，一時四十二分，桂林發出空襲警報，一時四十五分敵機一批到賀縣向西北飛，一時五十四分，敵機六架在平樂發現向桂林進襲，二時桂林發出緊急警報，二時十一分敵機十八架到陽朔向桂林飛，二時廿八分敵機十八架到桂林市空盤旋，二時二十分，敵機開始投彈，二時三十四分敵機投彈後向東飛，二時四十分到陽朔經平樂恭城向東南逸去，損失正在調查中

——摘自《南宁民国日报》，1938 年 12 月 30 日

敵機狂炸綏南

桃力廟死蒙漢民數百

湘常德等地昨被炸甚慘

桂林曲江連縣亦遭投彈

（中央社五原二十九日電）河西來人談，本月十七日為蒙古人民大放花燈之期，是日午在杭錦旗桃力廟舉行跳舞大會，參觀者達數千人，正在興高彩烈之際，突來敵機兩架，投巨型炸彈兩枚，繼以機槍掃射，無辜蒙民當被炸死，及中機槍彈死者二百餘人，漢民死百餘人，

敵寇暴行

敵覇佔滬江大學

拒絕美政府收還要求

（中央社上海二十九日路透電）敵海軍發言人今日招待記者，發表談話謂：「中日戰事未結束前，滬江大學礙難發還原主；該校地點，軍事上適當衝要，故即使戰事結束後，亦萬難發還原主。」按美國政府前於六月二日曾照會日政府，特別提出收回滬大之要求，故發言人所稱一節，無異拒絕美政府之要求也。

——摘自《新华日报》（汉口），
1938年12月30日

受傷蒙漢人民共二百餘，厥狀至慘，目不忍睹。

（中央社長沙廿九日電）今午有敵機六架，自鄂沿漢路南闖抵霞凝後，即拆向西飛渡湖，於二時四十六分侵入漢壽狂炸，投燒夷彈頗多，延燒甚廣，同時另有敵機九架，自北往沅江、益陽、安化，於二時四十九分至常德，大肆投彈後北逸。

（中央社長沙二十九日電）敵機今狂炸漢壽常德桃源，損失甚重，漢壽投燒夷彈二十餘枚，炸彈數枚，毀商店十餘棟，共炸死平民七人，傷十餘人，常德江邊及城內投彈甚多，毀商店，民房二百餘家，死傷在二百人以上，迄晚城中猶火光燭天，為空前所未有。又今下午三時左右，桃源亦遭敵機八架轟炸，損失不詳。

（中央社梧卅日電）敵機九架，今日下午一時許由粵西飛襲桂林，在市區內南門一帶投彈多枚，當即着火燃燒，死傷損失，在調查中。

（中央社桂林廿九日電）廿九日午十二時半，敵機十八架轟炸曲江，十二時四十四分敵架十七架飛連縣投彈

——摘自《新华日报》（汉口），1938年12月30日

瑞武公路附近

敵殘殺民衆達千人

【中央社萬家埠三十日電】二十七日午有敵汽車七十三輛、滿載敵兵由瑞昌開往平溪、瑞武公路附近十餘里以內之各村莊如莫家村恰樹下貢師洞李家村等處、敵仍不斷燒殺、據確實統計、燬民房四千七百餘棟、殘殺民衆在千人以上、內中婦孺竟達五百餘、敵之殘酷可謂登峯造極、

——摘自《观察日报》，1938 年 12 月 31 日

無人性的轟炸

桂林大火市區半燬

韶關美教堂又被擊炸

【中央社桂林二十九日下午五時急電】二十九日晨起、桂林大風、午後一時四十分、警報聲作、敵機於二時許侵入城區上空、投下無數燒夷彈、全城烟火、天日爲昏、至發電時止、風勢大勢迄未稍減、延燒至廣桂路、樂羣路、中北路及洋橋以南一帶、市區全燬、

【中央社上海三十日路透電】此間青年會接韶關來電稱、昨日敵機兩度赴韶關轟炸、美教堂兩所被炸、並無死傷云、

【中央社四會二十九電】二十九上午九時許、敵機三架襲四會、在縣城西門及沙尾一帶投彈六枚、燬屋數十間、死傷多人、

【中央社四會三十日電】敵由佛山向官窰增兵約六百名、現駐紮官窰一帶約有敵兵一大隊、炮兵一中隊、二十九日派兵百餘進擾環山灣不逞、

——摘自《观察日报》，1938 年 12 月 31 日

姦殺燒擄
桂南寇失却人性
民衆受此蹂躪憤怨已極
紛紛加入國軍殺敵

（中央社）遷江二十九日電、桂南各地之敵殘暴異常、姦殺掠燒、種種獸行、不一而足、欽縣東北之陸屋井新坪各村均被敵付之一炬、經我克復後、當地民衆悽慘異常、至被擄婦女、亦均被輸姦、僅陸屋附近一帶即有數百名之多、各村未及走脫之壯丁、敵多目爲便衣隊、任意殺戮、現各鄉民衆受此蹂躪、憤怨已極、紛紛加入國軍奮勇殺敵。

——摘自《华西日报》，1938 年 12 月 31 日

遭日機轟炸
桂林大火
行政院撥款救濟

（重慶三十日電）路透社訊：日機九架，昨飛桂林南區投彈百餘枚，該城昨晚仍在燃燒中。同時日機十八架，昨飛珠江轟炸，另有十七架轟炸粵北之連江，日機又飛湘西之常德，桃源，及漢壽各要城轟炸，以常德被炸最烈，死傷逾二百人。此次桂林被炸之烈，爲向來所未有，桂省政府招待所，爲西南最完美之旅館，現已全部被燬。中央日報及掃蕩報之印刷所，均受重大損害，能繼續出版與否，尚難逆料。

（桂林三十日電）廿九日起，桂林大風，午後一時四十分，警報聲作，日機於二時許侵入城區上空，投下無數燒夷彈，全城烟火，天日爲昏，延燒至廣桂路，洋橋以南一帶市區已全燬。

（重慶三十日電）廿四日梧州桂林兩市，被日機慘酷轟炸，桂省府昨向行政院電告兩市區內受害詳情，據稱：梧市區內共被投炸彈燒夷彈約百餘枚，燬民房三百餘棟，死傷百餘人。桂市區內共落炸彈燒夷彈亦各百餘枚，燬民房五六百棟，死傷數十人，災情異常慘烈，現正竭力救濟，亟盼撥款助賑等語。院方據電，深爲軫念，已合救濟委員會撥款救濟。

——摘自《晶报》（上海），1938 年 12 月 31 日

桂林被慘炸儼成火池

全城房屋半燬火燄之下

災情奇重無家可歸者萬餘人

美浸信會及宣道會亦付一炬

（中央社桂林電）×機十八架・今日下午一時侵入桂境・經信都陽朔・於下午二時七分闖入桂林上空盤旋・於雲際上分開・即在境內投下燒夷彈・爆炸彈・共約百枚・復在南郊投彈數十・始向東飛去・此間晨起即大風・×機投下燒夷彈後・風助火勢・俄頃即烈焰騰空・東南西北四城共有火頭約卅個・而以樂羣路・桂西路・中北路・桂南路等處火勢最烈・雖經全城消防人員分途拚命灌救・終以風勢太大・蔓延至速・一時無法灌救・迨下午六時許・中北路・桂西路・榕城路・樂羣路・環湖東路等處火勢始稍殺・惟南城文昌街桂南路至晚猶紅光燭天・平民生命財產・損失刻尚無法確計・但被燬房屋・包括震倒拆除在內・約在千五百棟以上・全城無家可歸之難民約[illegible]餘人・災情奇重・×機轟炸桂林市區・連前共五次・首次毀屋[illegible]餘棟・二次毀[illegible]次毀七十棟・連同今日被燬者・已在二千五百棟以上・殆已佔全城房屋之半數矣・（廿九日）

（桂林電）廿九日晨起・桂林大風・午後一時四十分・警報聲作・×機于二時許侵入城區上空・投下無數燒夷彈・全城烟火・天日為昏・（卅日）

（桂林電）今×機狂炸桂市・樂羣社中爆炸彈二枚・全部房屋均被震毀・美國浸信會醫院為桂市最大慈善機關之一・今亦中燒夷彈・全部被燬・火勢迄晚猶未熄・桂南路之美國宣道會・亦全付一炬・又文昌門外之特察里為平民娛樂場所・絕無任何機關・竟中燒夷彈多枚・全區房屋・約二百餘棟・悉成焦土。暴×恣意轟炸我慈善機關・於此可見云・（廿九日）

（重慶電）本月廿四日梧州桂林兩市被×機慘酷轟炸・桂省府昨已向行政院電告兩市區內受害詳情・據稱・梧市區內共落爆炸彈燒夷彈約百餘枚・燬民房三百餘棟・死傷百餘人・桂市區內共落爆炸彈燒夷彈亦各百餘枚・燬民房五六百棟・死傷數十人・災情異常慘烈・現正竭力救濟・急盼撥款助振云云・院方據電・深為軫念・已令振濟委員會撥款救濟・（卅日）

（四會電）廿九日上午九時許・×機三架襲四會・在縣城西門沙尾一帶投彈數枚・毀屋數十間・餘無損失・（廿九日）

（重慶訊）據外訊・此間浸禮會接部屬來電稱・昨日日機至部轟炸・美教堂房屋被炸毀兩所・幸無死傷云（卅日）

（四會電）×由佛山向官窰增兵約六百名・現駐紮官窰一帶約有×一大隊・砲兵一中隊・曾派兵百餘進擾環山灘不湼・（卅日）

——摘自《华侨日报》（香港），1938 年 12 月 31 日

誓償此一筆血債

敵機狂炸桂林

災情慘重空前

被燬民房約千五百棟餘

無家可歸難民計萬餘人

△中央社桂林二十七日電！敵機十八架，二十九日午後一時半，自肇慶侵入桂境，經信都，平樂，陽朔，於午後二時八分，竄入桂林上空盤旋於海際橋，十分鐘，繼即在城內投下燒夷彈，爆炸彈共約百枚，復在南郊投彈數十枚，午後二時二十五分，向東飛去，此間晨起，即大風，敵機投下燒夷彈後，風助火勢，俄頃即火焰騰空，東南西北四城，共有火頭約三十個，而以樂羣路，桂西路，中北路，特[illegible]里，桂南路等處，火勢最烈，雖經全城消防人員，分途拚命灌救，終以風勢尚大，蔓延至速，一時無法撲滅，迨午後六時許，中岩路，桂西路，樂羣路，環湖東路等處，火勢始稍滅，東城文昌街，桂鎮路一帶，入晚猶火光燭天，平民生命財產，損失刻尚無法確計，但被燬房屋，倒塌拆除在內，截至上午十時止・約在千五百棟，以至全城無處可歸之難民，約萬餘人，災情奇重，計敵機轟炸桂林市區，連前共五次，首次毀屋千餘棟，二次毀千二六棟，三次毀六七零棟，四次毀七十棟，連同今日被燬者，已在二千五百棟以上，殆已佔全城屋房之半數矣。

△中央社桂林二十九日電：今敵機狂炸桂市，樂羣社中爆炸彈二枚，全部房屋均被震毀，美國浸信會醫院，及桂市最大慈善機關之一，今亦中燒夷彈，全部被燬，火勢迄晚，猶未熄，桂南路之美國宣道會，日前曾被敵機炸燬一部，今亦全付一炬，又文昌門外之特祭里，為平民夢樓場所，絕無任何機關，章中燒夷彈多枚，全區房屋，約七百餘棟，悉成焦土，暴敵恣意屠殺我平民，摧殘慈善機關於此可見云。

△中央社上海三十日路透電，此間浸禮會接韶關來電稱，昨日日機至韶轟炸美教堂房屋被炸燬兩所，幸無死傷云。

△中央社重慶三十日電，本月二十四日，梧州桂林兩市，被敵機殘酷轟炸，桂省府昨已向行政院電告，兩市區內，受害詳情，據稱，梧市區內，共落爆炸彈燒夷彈約百餘枚，燬民房三百餘棟，死傷百餘人，桂市區內，共落爆炸彈，燒夷彈，亦各百餘枚，燬民房五六百棟，死傷數十人，災情異常慘烈，現正竭力救濟，急盼撥款助振等語，院方據電，深為軫惜，已今振濟委員會撥款救濟云。

——摘自《云南日报》（昆明），1938 年 12 月 31 日

常德被狂炸

傷亡同胞觸目皆是
街頭巷尾血肉橫飛

【常德廿九日電】敵機多架，廿九日狂炸漢壽，常德，桃源三處，各處損失均極慘重，上午十一時廿分沅江縣上空發現敵機三架向西飛行，十一時半有一架飛入常德縣境，在城郊一帶盤旋偵察良久，始循原路逸去，下午一時半沅江方面又發現敵轟炸機九架過空西飛，二時四十分常德東鄉之謝家鋪亦先後發現敵機二十二架，分三批過空，一批九架於二時四十四分竄抵常德市空，在城廂內外共投輕重炸彈及燒夷彈百餘枚，盤旋約半小時向東北逸去，一批七架於三時侵入桃源縣投彈，後亦向東北飛去，另一批六架於同時飛至漢壽縣肆擾旋由原路飛逸，記者於敵機飛去後親赴被炸各處巡視，自常德下南門起，迄東門外蘇公堤止，沿沅江北岸街道落彈甚多，尤其水巷口，鐵船廟一帶爲最慘，斷壁殘垣，觸目皆是，傷亡同胞，或僵臥街頭或呻吟道旁，大多血肉橫飛，肢體不完，厥狀之慘，令人不忍卒睹，江邊水府廟街天主堂其屋頂雖高懸特別顯明之法國旗幟，院內亦中一彈。城內之前後興隆街西園牆東園座樓街砲坪赤帝宮，城隍廟，大河街，白子庵，中山東路，大高山巷，漢壽街，府衛古門，四衙巷，火藥王宮等處，均落多彈，警備部，警察局，郵政局房屋一部被毀。

——摘自《南京晚报》（重庆），1938 年 12 月 31 日

敵在淪陷區

施行奴化教育

我同胞咸抱至死不屈決心

本報重慶三十日專電，某外籍教士談，敵在我淪陷區內，大規模施行奴化教育，並擬明春採取派少年留學政策，養成高等漢奸，我淪陷區民衆成抱至死不爲敵麻醉之志。

——摘自《云南日报》（昆明），1938 年 12 月 31 日

敵機前日狂炸桂林

全市大火市區盡燬

房屋燬千五百棟萬餘人被災

〔中央社桂林二十九日下午五時急電〕二十九日晨起，桂林大風，午後一時四十分警報聲作，敵機於二時許侵入城區上空投下無數燒夷彈，全城烟火，天日爲昏，迄發電時止，風勢火勢均未稍減，延燒至廣桂路，樂羣路，中北路及洋橋以南一帶，市區殆已全燬。

〔中央社桂林二十九日電〕敵機十八架。二十九日下午一時半，自肇慶侵入桂境，經信都，平樂，陽朔於十午二時八分竄入桂林上空，盤旋於雲際橋十八鐘機即在城內投下燒夷彈爆炸彈共約百枚，復在南郊投彈數十枚，下午二時二十五分始向東飛去，此間晨起即大風，敵機投下燒夷彈後，風助火勢，俄頃，即烈燄騰空，東南西北四城共有火頭約三十個，而以樂羣路，桂西路，中北路，特察里，桂南路等處火勢最烈，雖經全城消防人員分途拚命灌救，終以風勢太大，蔓延至速一時無法撲滅，迄下午六時許，中北路，桂西路，榕城路，樂羣路，環湖東路等處，火勢始稍殺，惟南城文昌街，桂南路一帶，入晚猶紅光燭天，平民生命財產損失，刻尚無法確計，但被燬房屋包括震倒拆除在內，截至十時止約在千五百棟以上，全城無家可歸之難民約萬餘人，災情奇重，查敵轟機炸桂林市區連前共五次，第一次毀屋千餘棟，二次毀二百二十六棟，三次毀六百七十棟，四次毀七十棟，連同今日被毀者已在三千五百棟以上，殆已佔全城房屋之半數矣。

〔中央社桂林二十九日電〕今敵機狂炸桂市，樂羣社中爆炸彈二枚，全部房屋均被震毀，美國浸信會醫院，爲桂市最大慈善機關之一，今亦中燒夷彈，全部被燬火勢迄晚猶未熄，桂南路之美國宣道會，日前曾被敵機炸燬一部，今亦全付一炬，又文昌門外之特察里，爲平民娛樂場所，絕無任何機關，竟中燒夷彈多枚，全區房屋約二百餘棟。悉成焦土，暴敵恣意屠殺我平民，摧殘慈善機關，於此可見云。

〔中央社〕行政院孔院長據報，二十九日午後二時，敵機廿七架襲桂，濫肆轟炸，全城大火。適值狂風驟起，風助火勢，不易撲救，城內外半成灰燼，延至黃昏，仍在燃燒，難民扶老攜幼，無處棲身者，不下數千家，災情極爲慘重，孔氏對此，至深軫念，特飭振濟委員會，一面急電廣西省政府查詢詳細災情，一面立即電匯救濟費十萬元，辦理急振，并派孫繩武會同協助辦理，均經振委會於三十日遵照辦理矣。

〔中央社桂林三十日電〕自上月三十日迄本月二十九日敵機四度狂炸桂林市區，雖死亡之數，不如廣州長沙，然災區之廣，損失之重，爲抗戰以來各地冠，綜計全市被燬房屋，不下三千所，蓋達全市建築物五分之二以上，通衢闤市，除桂東中南二路僅存而外，其他如北桂西桂南諸路，悉付一炬，外僑財產之損失者，有桂南路之福音堂，及天主堂，而設備完善如浸信會醫院，昨亦全部焚燬，僅存外廓，宗教建築被焚燬者，回胞之七所清眞寺，今燬其四（桂無佛寺），文化機關被燬者，有中國藝術社，中華職業教育社，中心小學凡十餘所，先後死傷民衆達五百人無家可歸者，當在萬人以上，蔣委員長體念災黎，擬撥五萬元賑卹，桂省府亦極力賑濟，頃已指定城外數處，搭蓋棚廠收容難民，其尤苦者，惟爲外省轉輾來桂同胞，罹此浩劫，不得不鵠立街頭，求售其最後之一點衣物，全市所中，將近千彈，而市容不改整齊嚴肅之氣象，雖頹垣斷墟，而觸目皆新製標語，以紀此一筆血債，總之，敵人之暴力，可以使桂林成廢墟，而桂林之民氣，乃與敵人燒夷彈之烈焰，競上於雲霄矣。

——摘自《国民公报》（重庆），1938 年 12 月 31 日

寇機兇殘

慘炸洞庭西岸

常德漢壽桃源死傷數百

長沙二十九日電：敵機今狂炸漢常桃，損失慘重，漢壽投燒夷彈廿餘枚，炸彈數枚，毀商店十餘棟，共炸死平民七人，傷十餘人，常德江邊及城內投彈甚多，毀商店民房二百餘家，死傷一百人以上，迄晚城中猶火光燭天，為空襲所未有，又今日下午三時左右，桃源亦遭敵機八架轟炸，損失不詳，

長沙廿九日電：敵機週來頻襲洞庭西岸肆虐，常德漢壽今遭轟炸，午前敵機一架，自鄂沿粵漢路南飛低霞凝後，即折向西飛渡湖，於二時九十分侵漢壽狂炸，投燒夷彈頗多，被燒甚廣，同時另有敵機一架，自[illegible]經沅江，益陽，安化，於二分至常德，大肆投彈後北逸，因電話電報發生故障，損失未詳。

沅陵廿九日電：二十九日下午二時許，敵機分兩批轟炸常德，首批敵機七架，炸該縣東門外及縣屬之牛鼻灘投彈，二批敵機八架，在該縣城內投彈，損失未詳，

——摘自《南宁民国日报》，1938 年 12 月 31 日

桂林燬屋近二千

在南城一帶

◎桂林三十日電、昨午日機在此間以燒夷彈引起之大火、迄今晨二時始漸滅、據官方稱、被毀房屋約一千八百棟左右、平民死二十一人、傷十三人、死者之中有十二人同死於竹葉街防空壕內、該壕之一角中一爆炸彈、壕無恙而人均被震死、中央社記者今午巡行災區一週、南城與特察里一帶尚有餘燼未息、南城臬汎橋南數十步以迄城門東西均達城脚廣約四平方華里內之房屋、已悉成焦土、偶存一二亦均牆穿頂破、此處殆已成一廢墟矣、特察里原有房屋約三百棟、已片瓦無存、該處火勢最烈、象鼻山下之房屋雖隔一河汊亦被延燒、桂西路與中北路兩處延燒亦甚廣、中北路自前字街以迄電局一段完全焚燬、桂西路中段毀屋約一百棟、此外樂群路太平路環湖東路等處、被炸被焚房屋亦觸目皆是、此外電力廠被炸毀、昨晚全城黑暗、惟南城々熊熊火光照耀天半、望之令人痛憤、

——摘自《时报》（上海），1939 年 1 月 1 日

寇機肆虐

四會死傷數人

湘西陝北亦被寇機肆擾

四會廿九日電：九時許敵機三架襲四會，在縣城西北及沙尾一帶投彈六枚，毀屋數十間，死傷數人。

常德卅日電：敵機十時[illegible]分竄入湘西擾，下午二時許大庸發現架數不明之敵機，在高空盤旋偵察，又下午四時零六分，漢壽常德上空均發現架數不明之音響機，盤旋後即逸去

西安卅日電：敵機五架，卅日上午十時五分，發現于陝北關潤，繼竄延安高空窺視後，經鄜林向東北逸去，均未投彈，五原廿九日電：本九日午后一時半，敵機兩架，至二盛公投彈十二枚，炸毀民房十間，死傷牛馬多頭，餘無損失，

——摘自《南宁民国日报》，1939 年 1 月 1 日

寇機狂炸洞庭西岸

損失慘重情形

死傷數百財物損失無算

常德廿九日電：敵機多架，今(廿九)狂轟漢壽，常德，桃源三縣，各處損失均極慘重，上午十一時廿分，沅江縣上空發現敵機三架，向西飛行，十一時半有一架飛入常德縣境，在城郊一帶盤旋偵察，良久始循原路逸去，下午一時半，沅江方面又發現敵轟炸機×架過空西飛，二時四十分常德東鄉之謝家鋪方先後發現敵機廿二架出現，三批過空，一批九架，於二時四十四分竄抵常德市空，在城廂郊外共投輕重炸彈及燒夷彈數十枚，盤旋約半小時，向東北逸去，一批七架，於三時侵入桃源縣境投彈後，亦向東北飛去，另一批六架，於同時飛來漢壽縣肆擾，旋由原路飛逃，記者於敵機飛去後，即赴被炸各處巡視，自常德下南門起迄東門外，遭慘炸，沿沅河北岸街道落彈極多，尤以水巷口鐵船廟一帶為最慘，斷壁頹垣，觸目皆是，傷亡同胞或僵臥街頭，或呻吟道旁，大多血肉橫飛，肢體不完，厥狀之慘，令人不忍卒睹，江邊水閘鷗街天主堂，其廠須雖高懸特別顯明之法國旗幟，時內亦中一彈，城內之鷄後與隍街，西坊牆，東園，座落街，炮畔，赤帝宮，城隍廟，玄河街，白子庵，中畫東路，大島山巷，灘壽街，寄西街，門古四街巷，藥王宮等處，均落多彈，警察局，郵政房屋一觀被毀，

敵機亦在常德城郊外漫無目標濫施轟炸，各街房屋被炸毀者卅七棟，震毀者約四十餘棟，江中民船被炸燬者甚多，平民死者一百零六人，傷者達二百餘名，民衆財物損失無算，被災情況較上次尤重，當局現除趕埋尸首外，並派員調查民間損失，以便救濟，桃源縣城共落五十餘彈，城內東西大街等處被毀，縣內廨及縣黨部炸，死傷民衆約二百餘名，漢壽縣落炸彈及燒夷彈約卅餘枚，北門正街有數處起火，燬民房數十棟，縣政府落數彈，部被毀，居民死七人，傷十餘人，

——摘自《南宁民国日报》，1939年1月1日

除夕前兩日

×機狂炸韶關

炸燬民房八十餘間死傷七十餘人

（駐曲江專員快訊）去月廿九日晨九時有×機多架、分爲數隊、每隊約三四架、來襲韶關、在空際盤旋達三四十分鐘、忽然低飛、似係尋覓目標、隨在城郊投下重量炸彈四十餘枚、彈多落曠野、未有若何損失、惟有兩×機入韶城市內、投下炸彈十三四枚、隆隆之聲、震撼全市、計被炸燬店舖八十餘間、死傷民衆將及百人、無辜民衆、死狀至慘、警報解除後、防護團隊紛紛出救、計檢獲屍體四十餘具、救出傷者卅餘人、記者發稿時、爲廿九日下午六時、防護團挖掘隊仍在挖掘中、

——摘自《循环日报》，1939 年 1 月 3 日

滬敵暴行

覬覦滬電局欵

并大擾虹口區

香港二十九日電：滬訊，敵方最近要求太平洋、大東大北三電報局，并每[illegible]營業收入盈餘部份，移存正金銀行保管，三公司認爲此項要求，絕無理由，除呈報領署外，決採取一致步驟，予以拒絕，

上海[illegible]日路透電：日軍現對出入日軍佔領區域之行人車輛，一律嚴格實行檢查，致蘇州河畔[illegible]碼內交通一時阻塞，據日本海軍發言人稱，此舉係因爲年關時之警戒步驟。

—又卅日路透電：昨間軍警因星期三在滬租界，與日佔領區交界處發生大搶案，乃於昨晚開始肅清匪類，租界巡捕當局與英軍當局商談後，決定在各處設立電網，各巡捕亦均持手槍戒備，俄義勇團亦出動搜查行人，搶案發生地點一帶，因分三區肅清，即在隔離[illegible]之處，有巡捕及義勇團員共三八[illegible]警戒，由昨晚八時至十[illegible]六時，在該區出動者，共約一百人，英軍亦有出動者。

——摘自《南宁民国日报》，1939 年 1 月 3 日

特寫

惠州的血賬（一）

（本報特約記者江浪）

攢東雄郡的惠州城。X人在大亞灣登陸侵入粵境的第二天——十月十四日——上午十一時。便陷于X手。到了十二月九日。X人撤退了。我們即將之收復。前後計算。足足給X蹄踐踏了四十四天。

記者原籍是惠州縣城西門人。少壯寄食廣州。慈祥的母親和叔父。還在惠城居住。光復的捷音傳到耳鼓裏。為了報導惠城的眞確消息。與看看家人奔離經過。即於十二月十四日。冒着了絕大的危險。由港取道元朗。沙魚涌。永湖。淡水這條陸路。向目的地進發。到了十七日上午。始抵達這個刦後的荒城。

旅途中耳聞目睹的傷心慘目和可歌可泣的事物。就算寫盡洛陽之紙。也不能完全披露。可是。返惠後第一個不幸的消息。就是找仁慈的母親罹難了。因為惠城失陷時。先母避難逃至距離惠城三十里的七汝湖。誰知隨着X人又攻陷七汝湖了。XXXX。先母竟罹于難。XXXX。喪我慈母。闔耗之下。肝腸寸斷。祇得忍痛在惠草草料理喪事。至一日始返抵香港。旅途所見。及惠陽浩刦情形。非終人所道。亦明日黃花。茲爰將各方所未述的。擇尤追述如次。

這次惠州城的失守。是不戰而退。誰也不能否認。在今日抗戰正濃的當兒。我們槍口一致對外。用不着和自家人算舊賬。可是。前事不忘。後事之師。在這裏也不妨略說一下。關于X人登陸的時日。政府公佈是十月十二日早晨。但是記者據平海大洲的捐稅職員某某君。及大亞灣警備處職員某君談話。都說是雙十節那晚深夜三時。X機開始轟炸。十一日凌晨六時。全部登陸完竣的。可見公佈的十二日。有些不確。至於登陸的眞相怎樣。查共分三路。主力是由大亞灣的漁頭下涌。偷渡少桂山徑。逕陷淡水一路由稔山範和崗。循稔平路陷平山。一路由大洲過平海。斜出稔山。會師平山。然後在平山爭地。分三路攻惠城。計為首一路。是稔山平山的X人。取道平潭馬安入縣城。第二路由澳頭淡水永湖上蔴莊入府城。第三路由永湖甲子步循惠樟公路入府城。都是在十四日上午十一時左右。

X人登陸的方法。說起來有些痛心痛心。之餘也不能不責備一下防軍的不是。據說駐大亞灣的防軍。對在他的戍守的範圍內。竟容許商人運貨物出入口。同時對這種貨物。還加派部隊保護。當雙十節那夕。商人向某部報告。謂有冬季絨口疋頭百多箱起卸。請派一排士兵保護。怎知所謂疋頭。實係軍械。搬運貨物的苦力。盡是漢奸。在下涌中途。漢奸動手繳了那排士兵的長槍機槍。威脅着荷那無機的槍依舊前往。先將某團團部刦了。然後循小桂間道陷淡水。淡水為大亞灣的後防線。也算是根據地。X人已經用詭謀賺到手裏。眞個兵敗如山倒。截至惠城不保。絕對沒有怎樣抵抗。（未完）

——摘自《华侨日报》（香港），1939年1月4日

特寫

惠州的血賬（貳）

（本報特約記者江浪）

十月十四日上午十一時許，×人在府縣兩城的八度城門，如水銀瀉地一般，汹湧而進，便佔據了惠州城了，為了入城的前一天，×機大轟炸了整日，兩城縣民逃了九成以上，×人進城時，簡直弄得一個死城，××××，是×人的拿手好戲，××××更是「皇軍」唯一的特長，在進城後的三天內，他們便完成了這幾種任務，整個惠州城，也就此斷送了，

那時×人還未攻陷廣州市，登陸的×軍，不斷的向博羅增城方面竄進，留駐惠城的，只是河井聯隊一部份，約千把二千人，河井也親自坐鎮這個荒城，在河井的意思，還預料不到廣州省會得手那麼容易，心目中的博羅福田和東流的石龍，最低限度，有幾場血肉的決鬥，說不定我們還有反攻的可能，于是在兩城的要塞，如府城的飛鵝嶺，北門，小東門，縣城的南門，九龍崗，河南岸，便門仔等地，建築防禦工事，所部×兵，也分佈在城外險要處佈下了相當的陣地，形勢甚為嚴重，

事情出乎意外，戰線愈離愈遠，河井便從事製造偽組織，籌備所謂地方維持會，可是兩城較有些名望的人物，早已溜個清光，于是用盡了嚇勒拆的方法，羅致了三個姓周的，還有一個嚴某，一個黎某，一

個劉某•這七個人做所謂委員•這七個人中•除黎某較為微賤外•兩個姓周的•是有名的不理事好好先生•嚴某是個航商•老實說一句•若果指他們蓄意為虎作倀•似乎有點冤枉•充其量•算是機會主義的人物吧•偽維持會附設在府城X司令部湖園內•在城內做些發給良民證等工作•對X人曲意諂媚•對鄉人則誘惑回城•什麼好事做不出•大罪惡也幹不來•鄉人對之•卻也置之不理•為了誓不和X合作的原故•拒絕重返惠城•到了十二月九日•X兵退竄•這班失節的可憐蟲•除了一個姓周的隨X逃亡外•其餘還以為可以依舊過其老百姓生活•但是懲辦漢奸•國府有明令規定•我軍進城後•防軍長官第一個就在府城小西門劉某家裏•將劉抓去•那時其他各人•聞訊立即逃命•跟着沙均鄉人•又將兩個姓周的拿了•過經一番審訊•認定各逆雖然不是存心附X•但為儆效尤計•就在十二月廿六日那天•將兩個老周提出府城西湖淮隄朝雲墓傍•執行槍決•其餘各人•則下令通緝•這也可作意志不堅定者之戒•

當X兵盤據惠州時•最慘酷的便是婦女•逃難遭遇意外事•可以說一句•全城婦女•佔了二分之二在這次失了他們最XXXXXX•XXXXXXXXXX•XXXXX•記者據居住府城的某君告訴•他的愛妻為了生產才兩天•逃走過遲•在水北沙灘裏•便遭了意外•XXXXXXXXXXXXXXXXXXXXXXXXXXXXXXXXXXXXXXXXXXXXXXXXXXXXXXXXXXXXXXXXXXXXXXXXXXXXXXXXXXXXXXXXXXXXXXXXXXXXXXXXXXXXXXXXXXXXXXXXXXXXXXXXXXXXX•XXXX•（未完）

——摘自《华侨日报》（香港），1939年1月5日

特寫

惠州的血賬（三）

（本報特約記者江浪）

义义在惠州五十四天的义行•把整個惠州踐踏殆盡•這筆血賬•深深印在每個惠州人的腦海裏•全民現在聯合起來•發出洪大的怒吼聲•準備着和义人清算•

查惠城被搶和被焚都有兩次•第一次是义人攻進惠城的時期•第二次是义人潰退時期•在歷史上負有盛名的惠州古城•經過了這兩次的浩刦•所有精華•付諸一炬•剩餘殘灰•祇有斷壁危樓•給後人吊憑•考第一次的焚燒•是十月十四日晚上•最先遭遇不幸的•算是縣城咸魚街的唐唐酒店•這片酒店，在惠州是首屈一指的•往來東江的客商仕女•都賴作驛站停車之所•义人為了一貫他的摧殘政策•在店裏放起一把火•當焚燒中•禁止人民灌救•那時老蒼也憤憤不明•竟吹起風來•一時風乘火勢•燃燒得十分厲害•先將整條咸魚街焚去•南便燒至近晒布場的南元旅店止•東便燒至河邊•便沿新聲戲院直奔塘下•北便越過廣源航業公司•斜折入關口補•分兩路而沿水東路河下•向東而去•水東路平一坊內舖戶•完全成為一片焦土•平日以生意旺盛資本雄厚見稱的南記酒家•東波茶樓•得如茶樓•紹和什貨店•仁和京菓海味店•東山汽水廠•都付諸一炬•火勢由十四晚燒至十五日的下午•風停才熄•怎知這樣細小災區•未滿义人之願•在十五晚•再添上火引•斯時那些被焚區域•又死灰復燃•慘酷的焚燒•重現于眼前•這次的火力•為了义人有計劃的佈置•來得比昨天兇厲得多•由水東路平二坊的明新紙店起•分三條路•向東猛奔•一條大路是循馬路而前•一條是由河下而去•另一條則由上塘下直往下塘下•馬路方面•燒至惠州郵政局右便止•左邊的慈惠善堂•幸能倖免•河下燒至窖巷仔止•塘下尤為厲害•燒至伯公巷止•在這個災區中•統計舖戶約五百多間•災區中有永兀協德等大秤嗎行•有就成海味行•有王經綸•廣經綸•生記等大蘇杭店•有廣昌成等大足頭店•有天福等煤油莊•有天利等大銅鐵店•水東路全路唯一市場的塘下第二市場•也化為灰燼•古配着全屬的有名廟宇「包公廟」•也給祝融捲挾了去•最倖運的•算是包公巷中的東園•因為這所房子•是某先生新築•以遺晚景的•牆壁是三合土•同時火勢又從他的傍邊掠過•全座依然屹立•包公巷中的惠陽縣商會•則燒去了後座•還留着前面門樓•藍底白字的招牌尚保存•記者當前往調查時•縣商會的什役•正在門前打火造飯•態度極清閒•危巢已破•猶怡然自樂•難道他是樂天派嗎•

同時縣城的有名的「桃園」•也遭焚燬•這座花園建築得非常精美•是前時粵人公張靖山先生築來•和當時封為孝子的進士江逢君唱酬的•裏面藏有古籍甚多•竊义人用心，不外是摧燬我國的文化吧•

還有縣城東內街的陸拾壹號至陸拾伍號一連三間店戶•這二間小店被焚•則為了义人想搶裏面的貨物•那店主人不甘一生倚為生活的貨品•為义掠去•起來反抗•將幾個义兵擊傷•結果給义殺死•义在憤怒下o遂放火將之燒去•這個主人雖死•但能抗义•他的熱血•很光榮的為國家民族而流永遠閃爍在青史呢•（未完）

——摘自《华侨日报》（香港），1939年1月6日

敵使用毒瓦斯鐵證

（中央社訊）軍令部第二廳編印之「日寇最近在長江南北兩岸作戰使用毒瓦斯之鐵證」，轉載如左：

（一）日寇使用毒瓦斯之由來及其確實鐵證：敵以我軍抗戰以來，愈戰愈強，即恃其優勢飛機大砲之力，亦未甯取勝。於是乃不顧人道，蔑視國際公法，而使用毒氣之惡辣手段。溯自經台兒莊挫敗以後，敵將板垣即請求敵軍首腦部，派化學兵兩隊來華參戰。爾後同蒲、津浦以及長江南北二岸各戰役，均已使用毒瓦斯；祗以敵軍事前計劃，掩滅其使用毒瓦斯之痕跡，故我軍雖曾以受害真實公諸於世，而敵猶敢狡辯。雙十節我俞軍在南潯路上擊破敵軍一〇六師團，我柏師，攻進敵一〇六師師團司令部，奪獲重要文件甚多；經檢得，敵秘密使用毒瓦斯之命令，會報編製裝備戰秘法等項，記載詳，而對於密保持，尤爲綿密周到，頗用知敵軍之慘無人道，猶復多方狡辯掩飾其暴行，圖免世界文明各國所指摘，其行爲可恨，其心尤可誅也！

（二）日寇使用毒瓦斯文件內容之說明：查敵一〇六師係本年五月間，由日本鹿兒島經門司輸送來申，轉赴湖口九江參戰，於八月初到九江，沿南潯路南下，師團長爲松浦淳六郎，該師團長松浦，於八月二十五日十三時在胡漢城（南潯鐵路涉河車站東南約五公里）下有作戰命令：（第三十八號）「今後應按別紙要項使用特種烟」，查敵軍所謂「特種烟」，即毒瓦斯，且係窒息性的，（即「力筒」「力彈見別紙五項秘密保持之四），雖敵軍固知使用窒息性毒瓦斯，係犯天下之不韙，故變其名爲特種烟。觀其作命別紙特種烟使用要領第五項「秘密之保持」所規定，已不敢用其特種烟於第三國人居住地。又須特別湮滅其使用特種資材之痕跡，甚至關於特種發煙筒外筒及收容箱等，所有「紅筒」「紅彈」之註記，亦須先行全部拭去，並通令，避免記載關於特種煙之事項，可見日寇作賊心虛之一斑。其對特種煙實施地區，務期殲滅華軍，希殲滅口一項，尤爲慘酷。當敵軍使用窒息性毒瓦斯時，爲圖混亂世人耳目計，亦常混用催淚瓦斯（別紙第二項使用要領之五），並與普通煙混合。（別紙第五項秘密保持之一）又恐毒瓦斯效力不能發揮，故須令測定氣象，（特種煙使用要領第五項之四）當其利用毒瓦斯瞬間成果計，決行衝鋒（別紙第一項要則之三）復恐毒氣未散，日軍衝鋒部隊，將自罹其災；故特別規定，「緊接衝鋒通常應裝著面具」（別紙第二項使用要領之三）。並令敵軍使用瓦斯之後，須將「所獲效力及華軍防毒裝備程度」，「防毒面具型式」等報告（別紙六項「報告」之四）。敵軍使用毒瓦斯不僅一〇六師團而已，其他師團亦然，又不僅圖攻武漢戰役而已，其徐州會戰安

敵機三架

昨飛北海肆虐

在海岸投彈五枚我無損失

昨「五」日下午一時三十三分，龍門聞機聲，向東南飛，一時五十分，敵機二架在合浦屬烏家鄉上空盤旋，二時十三分，敵機三架已到合浦屬石康方面不明，靈山發出警報，二時十四分，敵機由合浦向西飛，二時十六分到西場，二時二十五分，敵機三架經鹽廠向西北飛，（欽縣發警報，二時三十分敵機由欽縣境向防城飛，三時零八分轉向北海飛，在海岸投彈五枚，均落海中，我並無損失云，

——摘自《南宁民国日报》，1939 年 1 月 6 日

廬作戰以及華北各戰役等，均已使用，觀其「一四五聯隊八月十八日會報第一項」所載「特種發煙筒（彈）用法，及其成果利用法」，與「徐州會戰安慶作戰特種煙使用戰例及成果」兩印刷物，本（八）月二十四日將由大隊本部分配各將校傳閱一節，便可了然。此項秘密文件，雖未目睹，然而就所獲得之左列各種文件，亦儘略知日軍使用毒瓦斯之一般概況矣。

（未完）

——摘自《新华日报》（汉口），1939 年 1 月 6 日

粵省要聞

九江×軍佈疑陣馬隊突集學憲宮

蔗主憤×兇殘縱火將蔗焚燬

高明鶴山團隊防×騷擾沿海實施戒嚴

蔗園發生大火繼杉排後又一焦土政策

×疑我游擊隊到襲整夜張皇情極可哂

（鶴山特訊）九江×情・忽弛忽張・而×人亦或增或減・大約自千人左右・因時時調防・極難得其確數・現開河清學憲宮沙口三處之×・以河清為最多・而學憲宮最少・情形亦以河清為嚴重、查九江之×・前旬似有藉沙口及學憲宮一帶之杉排・渡河犯鶴山之意・但各杉排被杉商竊取・其餘之杉・又被我自衛團特務隊・派人前往焚燬・九口沙口一帶之杉排・平時一望無際・多至不可數計者・今所存少之又少・杉排已不能為×利用・×之詭計・又無可施。詎三日下午四時後・原駐沙口之×馬隊・約有百數十匹・忽源源移往學憲宮駐紮・似自由進河清・威脅古勞或三洲企圖之・同時河清方面・又增插×旗數枝・一若表示增到來者・我沿海防軍游擊隊等據探報・並用望遠鏡細察×情後・知×又係走馬燈式之移兵・惟有備無患・故沿海一帶我軍・由麥星甫謝鶴年飭令作種種準備・×來即行痛擊・自倬洲・担担沙・海口・坡山・維墩・以至古勞均準備一切・而高明防軍・亦注意高明海口及三洲白岩頭一帶・與古勞相聯絡・至×騎兵突然集中學憲宮・其冀圖如何・至四日晨・乃未查悉・且四日細雨紛紛・霞霧甚大・不能見對海狀況・我方恐×乘霧騷擾・故鶴山沿海一帶嚴為戒備・又聞×騎兵忽集中學憲宮後・四日各×馬竟在附近蔗園噬蔗・傷殘甘蔗甚多・各蔗主以亡家之痛・尚未報復・而×馬×來噬蔗・心中憤極・適值河清之下蔗園亦多・幾與學憲宮之蔗園相連・河清蔗園・一月以來・被×毀去甘蔗不少。血本已無着落・河清上之蔗園・前經焚去一次・四日河清之蔗園主人某・與學憲宮之蔗園主人相遇・各訴痛苦・現值收成・亦難割運・乃約於四日晚深夜二時・乘寒風細雨之中・各約夥伴潛入蔗園・實行焦土政策・放火將蔗焚燒・轉瞬間・河清及學憲宮之蔗園・突然數處起火・火光熊熊・不可嚮邇・有如火龍一般・×人見狀・誤為我游擊隊又到・立即戒嚴・嚴守×營四週・并以機關槍向蔗園掃射・約半小時許・見無動態・始停放槍・惟心仍不安・依然嚴陣以待・各蔗園因連日細雨連綿・水濕過量・各蔗僅燒去半截・至四時許・已漸漸熄滅・鶴山沿岸我軍見狀・不知原委・亦略戒嚴・以防×人夜渡。但隔岸遙觀×人・異常狼狽・旋據探報・蔗主焚燬蔗園・我軍惟有相對一笑・×之害人・於此已極・可憐甘蔗主人・現值收成之期・血本無歸・損失不少。五日晨・河清一帶・仍被白烟細雨籠罩・與露霧混成一片也。

——摘自《华侨日报》（香港），1939年1月7日

×軍圖奪粮食

再刦勤流

廖部殲×甚衆

（鶴山特訊）盤據九江之×．日來因兵力單薄．已不敢進犯鶴山谷埠沙坪等地．惟×兵被困日久．粮食告絕．遂四出掠刦．毗連九江之龍山．官山．龍汀．勤流等地．迭遭×兵搜刦．三日下午三時許．×又派出×兵百數人．分乘汽艇數十艘．駛至順屬勤流．肆行恣意搜刦粮食．至傍晚時．搜刦一空．始乘原艇退去．我某隊指揮廖．以×屢到南番順各地搶掠．爲打擊×人計．于四日晨會同水籐沙灣各地游擊隊．奮勇截殺×兵數十人．任務完成後．安然返防云．

——摘自《华侨日报》（香港），1939年1月7日

×機炸廣海南灣

發生大火

燬商店多間

並掃射台城

（江門特訊）去月卅一日下午一時半．×機三架．在台山廣海南灣低飛．盤旋數匝．隨連投下炸彈八枚．內有燃燒彈一枚．落在該處恒豐店．因該店內貯有火油甚多．因而火勢甚烈．并延及鄰近之元亨．利源隆．利棧．平美等五店．均被焚燬．又該處附近之舖屋棧房．被中彈倒塌者七間．幸各民衆事前均已安全地躲避．祇輕傷一人．查南灣起火時．該處當局．派員協助市民救護．至下午四時許．始將火撲滅．×機投彈後．仍在廣海低飛．用機槍向下掃射．始向台南出海而逃．查×機當時飛至南門朗偵察時．適有東南公司汽車．停留於此．×即低飛以機槍向該車掃射．車身被槍彈傷毀多處．又東南公司停留紅嶺之汽車．昨亦被×機槍掃射．但各搭客早已疏散．未爲所傷云．

——摘自《华侨日报》（香港），1939年1月7日

莞城×軍××

焚難民營

×××××

（東莞通訊）東路守備軍副總指揮譚邃．抵達某地籌劃反攻石龍莞城．太平軍事後．現經規劃妥當．各部正規軍及自衛團游擊隊．已分路向目的地前進．因此莞城太平×軍極爲惶恐．已在莞龍莞太樟各公路扼要地區．佈置機關槍網陣地．防我進攻．同時軍運頻忙．×兵亦移動不息．莞城×軍警備隊長芳川．以我軍反攻軍事急進．經將城內德國教士所辦之普濟醫院居留難民驅逐．防我游擊隊潛伏．惟留居院內難民．多爲無家可歸．及貧乏之輩．僅靠該院施粥以養活．無法他逃．故仍有數百人尚未離院．迨本月三日．×軍竟指院內難民之壯年者．爲我方游擊隊．不由分說．捕去百餘人殺斃．其留居老弱婦孺．則限兩日內離開．否則亦一律殺斃．並將日前該院蓋搭以收容難民之棚廠．縱火焚燒．現數百老弱婦孺．無家可歸者．露宿遍野．情狀極慘云．

——摘自《华侨日报》（香港），1939年1月7日

被炸後之大通

大通爲長江重要口岸之一，往日商務繁盛，市廛輻輳。在未淪陷時迭遭日機濫炸，損失甚重，圖爲最近之大通市，已成一片焦土。

——摘自《大晚报》（上海），1939年1月7日

敵使用毒瓦斯鐵證

（三）日本使用毒瓦斯秘密文件摘譯：一、一〇六師團作命甲第三十八號第一〇六師團命令八月二十五日十三時〇分於胡漢坂師團司令部，今後應按別紙要領，使用特種烟（特種發煙筒及特種發煙彈），師團長松浦中將下達法印刷分配；二、一〇六師團作命甲第三十八號別紙「特種煙」（特種發煙筒及特種發烟彈），使用要領；一、要則：甲、特種煙爲圖戰鬥之進展計，以隨時隨地使用局部的爲原則，然依狀況亦可作有計劃之大規模集中使用；乙、當局部使用時，不可過度使之分散，務必使用得以發揮所期效力之影響，尤爲重要；丙、特種煙之有效時間極短，務必利用其瞬間成果，即行衝鋒。二、使用要領：甲、第一綫部隊須臨時編成發煙隊，而使用特種發煙筒；乙、特種發烟彈之使用，雖以「追擊砲隊」爲主，但必要時亦可令砲兵部隊担任之；丙、最前綫部隊利用特種烟之成果時，應不失時機，緊接衝鋒，通常應裝密面具，迅速敢果而突破其據深，掃蕩殘敵時，應編有力之掃蕩隊擔任之；丁、使用特種烟時，各部隊須測定各局地之氣象，使用成果之發揮，毒無遺憾；戊、使用「特種發煙筒」時，須使用多數之發烟筒，必要時且可混用催淚筒，使用「特種發烟彈」時，如風可能，亦當使用發烟彈。三、臨時發烟隊之編制裝備：甲、臨時發烟隊之編制裝備，可由華中派遣軍司令部印刷分發之；乙、「特種發烟筒及特種發烟彈用法及其成果之利用法」如別紙第二，準步兵聯隊臨時發烟中隊鋼劑裝備之要領，按各步兵聯蔽之責備的處施行之。四、資材分配，關於資材分配，另行指示之。（未完）

——摘自《新华日报》（汉口），1939年1月7日

本港新聞

慘案

露灣海面與斗頭海面

四艘漁船又同遭×艦焚刦

是役損失達萬餘元船主昨向漁會報告

邇來×艦迭在港外焚刦漁船。極其猖獗。幾無日無之。昨又有漁船四艘。在港外被焚刦。損失財產一萬餘元。幸船主等人得慶生還。駛回本港。向漁民協進會報告。茲將探得各情分錄如下。

一六一HW號船主鄭財升。及另一艘不知號數之船主周來。兩船均在港註册。鄭于去年十二月廿四日。由筲箕灣出海捕魚。周來則于去月廿六號出海。兩帆船駛至澳門對開之露灣山邊捕魚。正當工作之際。遙見×艦一艘迎面而來。彼輩即欲逃避。不料×艦加開速率。兩漁船走避不及。卒被×艦趕至。×艦怒其逃避。於趕至時。先加以恐嚇。並將各人痛毆。然後將各人驅往一小艇。大事搜索。將船上各物搜刦一空。並將兩艘帆船焚燒。一時火光冲天。彼輩乃噤不敢言。…………然後揚長而去。彼輩見×兵去後。神色稍定。乃扒回該船。設法將火救熄。幸船未被燬。但周來之船較鄭財升之船傷燬綦重。幸人口平安。將船拖回本港。每艘損失約五千餘元。另鮮拖兩艘。拖主一名周得全。一名周得仁。于去年十二月廿一日。由港出海捕魚。不料駛至惠陽平海之西斗頭海面。正當捕魚之際。突有×艦一艘風馳電掣迎面趕來。先將彼輩加以恐嚇。禁勿聲張。勒令將船上財物交出。甚至婦女拖鞋亦被刦去。×兵將各財物搬往×艦後。高呼而去。臨行時並囑同港勿向警署報告。計被刦財物約七百餘元。昨始返港。向漁民協進會報告云。

——摘自《华侨日报》（香港），1939年1月8日

特寫

惠州的血賬（四）

（本報特約記者江浪）

到了十二月八日，×人廣州市的總部，因自知戰線綿長，不能抵禦我反攻大軍，便不攻自潰。決定即晚撤退，一切準備好了，開拔時間，也決定在深夜十二時，但是這個惠州，還沒有全座焚燬。他的心願未足，便在下午的三點鐘左右，施展他的殘酷手段。

這次的火頭，共有三個，一個在府城萬石坊，一個在西湖的西湖酒店，另一個還是在縣城的水東路，三個火頭，以萬石坊的那個爲最大，由華英泰號華洋什貨店起，火勢一面由萬石坊西，延至打石街，另一路奔往四牌樓，成一三角形，西面越過都市巷，接近鐘心橋之忠信押止，南面燒至溫卓卿影相館止，北路燒至矢元茶樓右鄰止，四牌樓後面都市巷，亦燒去大部份，在這個火區中，大約共有舖戶二百多間，計萬石坊方面，爲華英泰，華洋什貨店，德成押，時昌金店，陳培記水貨店，錦源縫衣店，德利祥鞋店，民安布店，長發鞋店，惠記棧布店，誠記洋貨店，福彰縫衣店，天福華金店，陳耀樂鐘錶店，惠信故衣店，同仁堂印務館，法德藥房等，完全燒去，一片瓦礫，傷心慘目，令人不忍卒睹，打石街方面，則有忠和押，內面完全燒去，只餘外表之輪廓尚留存，忠和押左鄰米店，右鄰鑲牙店，皆焚去，惟浸信會之教堂，側面及後面，燒去少許，忠信對面萬生堂，濟和堂藥材店，都市巷之葉煥輝讓牙店，及巷口煤汽燈店，巷內菸絲稅局，何宅等，皆成焦土。第二個火場水東路，則在廣壽堂起火，西燒至伯公巷止，幾與第一次所燒區域啣接。東燒至西門口第一區警察局止，此區內共有店戶數十間，所有生和壢店，隆興油糖荳店，同益文勝米店，永生堂藥材店，仁和荳乾店，及滋福巷口廣來煙店等，盡成灰燼，第三個火場為府城之西湖酒店，這片酒店，乃在前兩年方行建築者，當時雖然東北四省淪于乂人之手，但是西南局面，尚未解體，政府致力提倡舊道德，尋幽覓勝，更為時人所當，政府發欵廿萬修葺惠州西湖的聲浪，高唱入雲，惠州聞人張友仁諸先生，便乘時建立這片酒店，以便遠方前來游湖的墨客騷人，和達官貴介停驂之處，臨湖建立，備極堂皇，倚欄遠眺，湖光山色，盡入眼簾，本來是最好不過的一個去處，豈料乂人對他也遷怒起來，送上一把火，可喜的只是近馬路這邊燒去，近湖方面，仍然保存，餘灰剩燼，猶可給後人憑弔，不致湮沒無聞，

乂人在十二月九日大焚燒之後，繼續施行搶掠，『乂乂』的目的物只在金銀首飾輕而易舉的，至于其他的粗重傢伙，來不及携帶，但是乂人去後，地痞流氓隨之活動，這似乎是遭劫地方的常態，惠州也不能例外，乂人撤退了兩天，我駱鳳翔所率的自衛團，和梁柱所率領的特務大隊，才列隊入城，溫旅跟着也到了，地痞流氓，便溜之乎也，急將贓物搬去，甚至附城十八里的四鄉，也扛籮抬桶，來搬運贓物，大床木機，都被搬一空，有一縣民，在午夜中聞搶匪聲曰，『阿牛仔，快些跟隨阿公去搬火水』等語，從他的呼喚聲中，可見家裏自祖父以至孫兒，三代都來了，您說還成世界麼，現在溫旅長正從事懲辦這班歹徒呢，（未完）

★★★　★★★

——摘自《华侨日报》（香港），1939年1月8日

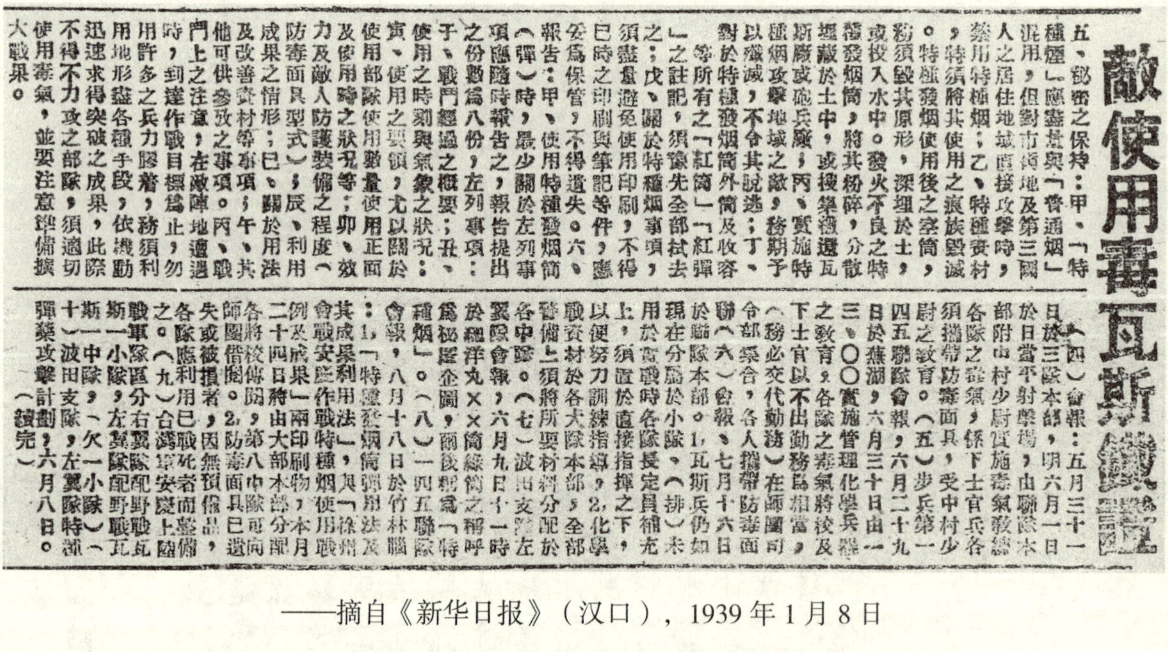

敵使用毒瓦斯鐵證

五、秘密之保持：甲、「特種煙」應盡量與「普通烟」混用，但對市街地及第三國人之居住地域直接攻擊時，禁用特種烟；乙、特種資材，特須將其使用之痕跡毀滅。特種發烟使用後之空筒，務須毀其原形，深埋於土，或投入水中。發火不良之特種發烟筒，將其粉碎，分散埋藏於土中，或投棄發還瓦斯廠或砲兵廠；丙、實施特種烟攻擊地域之敵，務期予以殲滅，不令其脫逃；丁、對於特種發烟筒外筒及收容等所有之「紅筒」「紅彈」之註記，須豫先全部拭去之；戊、關於特種烟事項，須盡量避免使用印刷，不得已時之印刷與筆記等件，應妥為保管，不得遺失。六、報告：甲、使用特種發烟筒（彈）時，最少關於左列事項應隨時報告之，報告提出之份數為八份，左列事項：子、戰鬥經過之概要；丑、使用之時刻與氣象之狀況；寅、使用之要領，尤以關於使用部隊使用數量使用正面及使用時之狀況等；卯、效力及敵人防護裝備之程度（防毒面具型式）；辰、利用成果之情形；巳、關於用法及改善資材等事項；午、其他可供參考之事項。丙、戰鬥上之注意；在敵陣地遭遇時，到達作戰目標為止，勿用許多之兵力膠着，務須利用地形盡各種手段，依機動迅速求得突破之成果，此際不得不力攻之部隊，須適切使用毒氣，並要注意準備擴大戰果。

（四）會報：五月三十一日於三隊本部，明六月一日於日當平射擊場，由聯隊本部附中村少尉實施毒氣教練各隊之毒氣，係下士官兵各須攜帶防毒面具，受中村少尉之教育。（五）步兵第一四五聯隊會報，六月二十九日於蕪湖，六月三十日由一三、〇〇實施管理化學兵器之教育，各隊之毒氣將校及下士官以不出勤務為相當，（務必交代勤務）在師團司令部集合，各人攜帶防毒面具（六）會報、七月十六日於臨隊本部。1，瓦斯兵仍如現在分屬於小隊，（排）未用於實戰時各隊長定員補充上，須置於直接指揮之下，以便努力訓練指導，2，化學戰資材於各大隊本部，全部警備上須將所要材料分配於各中隊。（七）波田支隊左翼隊會報，六月九日十一時於細洋丸××筒綠筒之稱呼為秘匿企圖，爾後稱為「特種烟」。（八）一四五聯隊會報，八月十八日於竹林臨：1，「特種發烟筒彈用法及其成果利用法」，與「徐州會戰安慶作戰特種烟使用戰例及成果」兩印刷物，本月二十四日將由大部本部分配各將校傳閱，第八中隊可向師團備閱。2，防毒面具已遺失或被損者，因無預備品，各隊應利用已戰死者而整備之。（九）合溝草安慶上陸戰一軍區分右翼隊配野戰瓦斯一小隊，左翼隊配野戰瓦斯一中隊，（欠一小隊）（十）波田支隊，左翼隊特部彈藥攻擊計劃；六月八日。（讀完）

——摘自《新华日报》（汉口），1939 年 1 月 8 日

特寫

惠州的血賬（五）

（本報特派記者江浪）

貫通府縣兩城市交通的東新橋•是最近落成的•用三合士鋼筋建築•工程兩年又半•費去數十萬元•十二月九日××人撤退時•就用火藥爆炸•××人意思•想把四個橋躉一起摧毀•可是近縣城那邊兩個。邀天之幸•並沒有爆發•只府城兩個炸去•第一號躉損失也沒有多大慘重•但橋身受炸力震蕩•矗立和高射砲一般•莊嚴地監視着天空•

關於劫後的惠州城及善後問題•是當前急不容緩的•所以溫旅長淑海•第一着便注意這點•

食的問題•是人生首要•惠州現在的米價•普通每元毫券民豐米機售八斤•其他米店售七升（約八斤餘）•本來不貴•可是惠州人囊中的金錢•為停略者掠個清光•購買力完全消滅了•所以府城學宮中山公園兩個施粥處•和縣城的縣學宮賑濟處•都盈千累萬的充滿着到來領食的難民•施賑的米石來源•是從義倉中提出•饑荼無着•別由紳士們捐出百十元買些梅菜老羌•但現在梅菜也沒有辦法維持•只放些老羌吧•而義倉之米有限•前途眞不堪設想•可憐難民飽經憂患•今惠城光復•衣食亦無法解決•希望我惠屬海外殷商巨賈•慷慨解囊•多所賑濟•

大戰之後•瘟疫流行•這是古語所稱的•所以為的除了軍事方面注意外•還要注意這點•惠州這次浩劫之餘•便不幸發生瘟疫來•尤其是附城三二十里路的長崗嶺•七汝湖•上下蘇莊•半徑•黃洞•三和•黎村•三角湖等地方為多•這種流行症的症狀•首先發冷•然後四肢麻木•大約三天至五天•便結束了生命•尤其是年老衰弱的人•更沒有辦法抵抗•只兩天之內•就嗚呼哀哉•信種流行症•本來初期還有辦法醫治•但所有醫生•大部逃往安全區去了•間中尚有未逃的•也沒有藥物可用•要你束手無策•總之在這個情勢之下•只要你不生病•生了病就是死•救死扶傷•是人們的天職•盼望各方多捐贈些藥物•那些業醫的人•更盼望早些返同•盡他的活人職務啊•（完）

——摘自《华侨日报》（香港），1939年1月9日

大批日機 轟炸宜昌重慶 並投擲荒謬傳單

▲美聯社重慶八日電　昨日日機二十四架、於十二時左右轟炸宜昌、旋復分成二批飛渝、轟炸重慶近郊及附近各地、且投擲傳單向民衆宣傳擁護汪精衛之和平運動、據悉飛渝之日機約有十六架、但因空間濃霧關係、無法證實其確數、今日觀察家指稱、今日日機企圖轟炸重慶、係平沼開始向華進攻之開端、至於戰事方面、各線皆有活動、據中央社報告、日本佔據晋西南大甯鄉甯等縣、企圖在上述地點、渡河進犯陝西北、又據中央社訊、有日軍二師團、於正月一日、由日離長崎開赴台灣、同時並有運輸艦八艘、驅逐艦四艘、航空母艦一艘、上載有飛機多架同往、目的不詳、

▲美聯社重慶八日電　日機二十四架、於七日下午一時半轟炸重慶附近、宜昌亦遭波及、重慶過去已二個月未遭日機空襲、此次轟炸重慶城內並未着彈、

▲常德八日電　據公安電告、八日午十二時一刻、日機十五架、飛襄陽肆擾、在城郊等地投彈多枚、損失不詳、

——摘自《新闻报》（上海），1939年1月9日

湖南衡陽等處亦遭空襲

▲衡陽八日電 此間久雨初晴、日機十八架、八日由鄂竄湘、經益陽寗鄉湘鄉而入衡陽、中午十二時廿五分、在江東岸與江西岸投彈、江東岸約投十枚、江西岸黑神渡落彈二枚、衡陽十二時零四分、發出警報、至一時始行解除、

▲長沙八日電 日機十八架、八日自鄂南犯、經湘陰寗鄉湘鄉衡山、於十二時四十分闖入衡陽、計在飛機場黑神渡耒河口姚家坪北極殿窰處投彈卅餘枚、炸斃平民九人、傷六人、日機旋取道株州醴陵向東北逸去、

▲常德八日電 日機十八架、八日午十一時半、經華容益陽寗鄉湘鄉衡山、於十二時零四分飛抵衡陽上空、在該處投彈轟炸後、 復經湘潭株州醴陵等地北去、

——摘自《新闻报》（上海），1939年1月9日

去年年底

敵機炸蘭州天主教堂

共投彈十餘枚損失甚重

（中央社蘭州七日電）據三聖公石主教電告，上月廿九日敵機二架，竟向教堂投彈二枚，女學校投彈二枚，堂院投彈四枚，教民住處投彈四枚，房屋均燬，教堂及市民損失均重。

——摘自《新华日报》（汉口），1939年1月9日

敵機肆虐
轟炸衡陽

浙北袁化通元西鎮被襲

（中央社長沙八日電）敵機十八架，八日自鄂南犯，經湘陰、寧鄉、湘鄉、衡山，於十二時四十分，闖入衡陽肆虐，計在黑神渡、耒河口、姚家坪、北極殿等處投彈卅餘枚，炸斃平民九人，傷六人。敵機旋取道株州醴陵向東北逸去。衡陽十二時另四分，發出警報，至一時始解除。

（中央社金華八日電）敵機三架，六日上午十時飛海寧、海鹽偵察，旋轟炸我袁化通元兩鎮，無辜民衆，死傷甚衆。

——摘自《新华日报》（汉口），1939年1月9日

粵太平敵
擄女姦淫

（中央社翁源八日電）踞太平敵利用漢奸，强迫廣水虎門綫附近村莊鄉長保甲長，到太平開會，指派壯丁受訓，並徵集婦女應營供娼

樂，無惡不作。

——摘自《新华日报》（汉口），1939年1月9日

敵機七架
昨飛北海肆虐
投彈十八枚沉漁船兩艘遁去
圍洲島之敵艦昨已他駛

昨（九）日上午八時九十分，廷嶺聞機聲，八時五十二分，北海西南角聞機聲，九時十五分敵機七架在西午脚向西北飛，欽州，合浦發空襲警報，九時三十分，西午脚發現之敵機，經馬害，企沙向防城飛，九時三十九分，敵機到企沙轉回飛出海，九時四十分，敵機向廉州飛，九時四十五分，敵機由南轉飛上洋，九時五十分，敵機在合浦盤旋，九時五十七分，敵機由合浦向北海飛，十時二十分，敵機到北海投彈十八枚，炸沉漁船兩艘，後即遁去云，

又訊：確息。圍洲島之敵艦昨「九」日已他駛，去向不明，現正在調查中。

——摘自《南宁民国日报》，1939 年 1 月 10 日

敵在廣花路
焚燒我村莊

（中央社翁源九日電）廣花公路一帶敵軍，因迭被我圍隊襲擊，遷怒該處鄉民，將環山頭石塘等村莊大舉焚燒。

——摘自《新华日报》(汉口)，1939 年 1 月 10 日

炸桂林非武裝市區，中華職業教育社暨附設中華職業補習學校桂林職業指導所，代辦省立職工訓練所、合作中華營造廠等，全部被燬。

——摘自《新华日报》(汉口)，1939 年 1 月 10 日

中華職教社
桂林總社被炸

（本報桂林訊）去年十二月廿九日敵機第四次大肆慘

——摘自《新华日报》(汉口)，1939 年 1 月 10 日

▲敵機襲擊四川重慶

十日共同通訊社上海電。是日日軍派飛機約一百架襲擊四川重慶 據日方報告。此次襲擊重慶 投落炸彈甚多云

——摘自《少年中国晨报》，
1939年1月11日

日機襲南寧

（桂林十日電）十日晨日機九架，侵入南寧上空，在軍醫院印刷廠一帶，投彈九枚，並在秀安鄉以機槍掃射，傷老婦一人。

——摘自《晶报》（上海），
1939年1月11日

西江日軍無異動

日機襲北海

十艘日艦被闖入硇州灣

（四會十日電）三水日軍千餘人，强征民夫，趕築工事。西江方面，僅有日軍三百餘人，無異動。九日，日艦十艘，內巨型艦三艘，突闖進硇州海灣，十時日機多架，由北海海外飛襲北海，以機槍掃射市民，並炸毀民船數只，死傷漁民十餘人。又日艦兩艘，向我冠頭嶺發砲轟擊十餘發後，旋駛去。

（香港十日電）路透社訊：最近華南戰事中，華兵退入英界者，均集中於九龍之營中，昨晚有被拘營中之華兵一名圖逃出該營，被印兵一名開槍擊中，受重傷。

——摘自《晶报》（上海），1939年1月11日

日機空襲重慶

在郊外亂投數彈

華方並無損失

▲重慶十日電　十日上午九時許、有日機十九架、由湖北西飛入川、防空部於十時四十分發出空襲警報、十時五十分發出緊急警報、後日機十一架即侵入本市上空、在郊外投彈多枚東飛、八架分竄至瀘州投彈後返、損失尙待調查、警報於十二時廿分解除、

▲重慶十日電　日機十九架、十日晨十一時許由鄂境竄入川境、在某某地郊外投彈多枚、午十一時半始離川境、據事後調查、所投各彈均落荒野、華方並無損失、

▲路透社十日重慶電　日轟炸機十八架、今日在濃霧中空襲重慶、據華方消息、晨間十時四十分日機在萬縣上空發現、渝地即發出警報、後日機即分兩隊由東南及東北方面進襲重慶、重慶市區以內雖未見投彈、但此間人民曾聞得飛機軋軋之聲、及隱約之炸彈爆裂聲、日機在離渝市若干哩外之各村鎭投彈後、即飛返下游、據聞日機曾在渝市以南某兩村附近亂擲數彈、人民並無死亡、僅重傷婦人及幼女各一名云、

▲常德十日電　日機二十七架、十日上午十時許、經鄂中各地西竄、內一架侵入沙市境內肆擾、又下午二時許日機一架飛大庸慈利偵察、旋經常德上空折向北逸、

▲美聯社重慶十日電　中國軍事當局告美聯社稱、日機最近轟炸重慶時所用之炸彈之炸力殊小、因日機所投之彈、大多未爆炸、一月七日之空襲、有三百磅之炸彈二枚未炸、現已携至重慶、即將在此間公園中、公開展覽、又今日之空襲、有一處日機計投下三彈、其中一枚未爆炸、即將於明日携至此間、公開展覽、

——摘自《新闻报》（上海），1939年1月11日

浦東上南交界

日軍到處厲行搜查

捕去無辜鄉民多人

焚燬民房五十餘間

近數日來、浦東上南交界各處、因日軍厲行搜索、致情勢緊張、每日處於戰事狀態中、民房被燬甚夥、無辜鄉人亦有多人捕去、昨據查悉、前晚（九日）八時塘橋東北首泥牆圈地方、突有日海軍陸戰隊一隊前往搜查、遇遊擊隊起而攔擊、交鋒十餘分鐘、遊擊隊因衆寡不敵、相率引退、日軍衝抵該處、指某姓民房兩埭爲遊擊隊司令部、當即舉火焚燒、歷三小時之久、至午夜十一時始熄、共燬平房十餘間、而日軍則仍循原道退去、又南碼頭地方所駐日陸軍部隊、因據間諜虛僞情報、指北蔡鎭北首龍王廟地方亦有遊擊隊司令部、故於前（九日）晚亦派隊一百餘人黑夜前進、當有鄉人四名、被指爲遊擊隊員、先行捕住、旋又闖至某姓民房內、將兩鄉人指爲遊擊隊頭目、一併繩索綑綁、繼乃根據漢奸指點、開始全鎭搜索、當塲捕去無辜鄉民三十八左右、前後行動三四小時、龍王廟四週完全戒嚴、直至午夜十一時許、始帶同被捕鄉人返去、被捕家屬以均非遊擊隊、故大哭小啼、情殊凄慘、又塘橋東首衞巷地方、前三日亦有日軍前往搜索　、當有遊擊隊陳全狗部迎擊片刻、向東引退、日軍拘捕不到、亦將陳所住房屋十餘間燬去、以爲洩忿、又南匯魯家匯一再遭刧、曾被日軍燬去房屋不少　、嗣被遊擊隊范根才部收復、詎日前又有一隊日軍秘密衝到鎭上、范部當即奮勇迎擊、交戰半小時、范率部東退、日軍復將鎭北徐家宅民屋三十餘間、指爲范之司令部、舉火焚燬、但范部實力全未受損、現聞華軍方面正準備一切、將對日軍防地進攻、使其不得安枕、故浦東局勢將日趨緊張云、

——摘自《新闻报》（上海），1939年1月11日

日機轟炸沅陵

▲沅陵十一日電　日機數架於十一日上午八時、竄入市空、投彈三十餘枚逸去、

——摘自《新闻报》（上海），1939年1月12日

日機狂炸吉安蓮塘

死傷平民百餘人

▲南昌十一日電　日機廿一架、分批空襲吉安蓮塘（距南昌卅里）兩處、在吉安城內外投彈百餘枚、死傷平民百餘、又在蓮塘投彈多枚、死傷平民四十餘人、午後二時、南潯路現日機一架、窺察樂化涂家埠等處、

▲吉安十一日電　日機二架、十一日晨十時、侵入市空、在太平橋附近及市區之丰街龍腸閣一帶肆虐、投彈百餘枚、雜有燒夷彈多枚、上河街龍腸閣等地當即起火、延燒房屋十餘棟、日機肆虐後、於十一時四十分向西北逸去、是日市民死傷約百人、被炸毀震倒民房卅餘間、幷有民船七隻、亦被炸毀、災情之重、前所未有

▲南昌十一日電　吉安電、日機九架、十一日晨十一時、侵入吉安、在郊外投彈四十四枚、市區投燒夷六七枚、永叔路中山碼頭中河機永清碼頭等繁鬧街市、頓時起火、黑烟漫天、毀民房四十七棟、死傷平民百餘人、幷炸毀贛江民船三隻、

——摘自《新闻报》（上海），1939年1月12日

宜昌教堂被炸時

避難人死傷甚重

▲美聯社梵締岡十一日電　據此間羅馬觀象報載　一已失時間性之消息稱、去年十一月間日機轟炸宜昌天主教堂時、曾將該教堂完全炸毀、其中避難之人、共死五百零一名、重傷五十五名、同時金門某天主教堂、亦於其時炸毀、唯死傷人數、則並未言及、

——摘自《新闻报》（上海），1939年1月12日

日機狂炸桂林

梧州亦遭空襲

▲桂林十一日電　日機十八架、十一日晨經肇慶信部來襲桂林、於十一時另七分、分兩隊由東南方侵入市空、在伏波門南門外汽車站等處投百餘彈、至十一時廿五分、始循原路逸去、伏山四周落重爆炸彈約廿五枚、山下除恩觀及附近民房數十棟全毀、山腰亦中彈碎石、碎片飛至五百公尺以外、山麓還珠洞內有避難民衆甚多　幸無死傷、臨河洞口一巨彈、在深淵中爆發、飛騰高十餘尺　死魚無數、南門外汽軍站附近及火神廟兩處、中燒夷彈起火、燬民房十四棟、湘桂路車站附近、落彈甚多、路軌微毀、總計平民死者八人、傷五十餘人、又十時五十分、日機九架、由潿洲島侵入龍州上空、投彈轟炸、損失未詳、

▲梧州十一日電　日機十八架、今日上午十時零八分、沿西江經蒼梧到梧、在市區內投彈多枚、南北兩門當即起火、焚燒詳情正在調查中、

——摘自《新闻报》（上海），1939 年 1 月 12 日

沙市首次遭空襲

毀美教堂及其所設小學

▲沙市十日電　十日上午十一時廿分、日機廿六架、經沙市上空、內有二架盤旋兩匝後、分別在市區中心中山馬路投下二百磅炸彈二枚、炸燬商戶民房七棟、美教堂路德會及其錫光　小學全部炸燬、並炸斃市民二名、重傷九名、輕傷廿餘名、此爲抗戰以來沙市第一次被炸、

▲路透社十一日重慶電　此間得訊、近日機轟炸沙市時、該處美教會會中彈全部炸毀、但因教士皆赴宜昌、故未喪失生命、此訊乃由管理沙市福音路得教會之常德教士傳至此間、詳情未悉、桂林前遭日機轟炸、毀三分之二、茲悉今晨日機復往轟炸、詳情未悉、

——摘自《新闻报》（上海），1939 年 1 月 12 日

敵寇暴行

敵機昨初襲沙市

美教堂及錫光小學全炸燬

桂林吉安等處遭敵機襲擊

（中央社訊）沙市十日電，十日上午十一時廿分，敵機廿六架經沙市上空，內有二架盤旋兩匝後，分別在市區中心中山馬路投下二百磅炸彈二枚，炸燬商戶民房七棟。美敎堂路德會及其錫光小學全部炸燬，並炸斃市民二名，重傷九名，重傷九名，輕傷二十餘名；此爲抗戰以來沙市第一次被炸。又下午一時許，復有敵機數架分批在市區上空盤旋，歷二小時之久，始向東逸去。

（中央社桂林十一日電）敵機十八架，十一日晨經擊虛偵部來襲桂林，于十一時七分，分兩隊由東南方面同時侵入市空，在伏波門南門外江東岸湘桂路車站等處投百餘彈，至十一時二十五分始循原路逸去。伏波山四圍落重爆炸彈約二十枚，山下承恩觀及附近民房數十棟全燬，山腰亦中彈。碎石破片飛至五百公尺以外，山麓還珠洞內有避難民衆甚多，幸無死傷。臨河洞口一巨彈在深淵中爆發，飛騰高十餘尺，死魚無數。南門外汽車站附近，及火神廟兩處，中燒夷彈起火，燬民房十四棟。湘桂路東站附近、落彈甚多，路軌微損。總計平民死者八人，傷五十餘人。又十時五十分，敵機九架，由潿洲島侵入龍州上空，投彈轟炸，損失未詳。

（中央社南昌十一日電）敵機二十一架，分批空襲吉安蓮塘（距南昌三十里）兩處，在吉安城內外投彈百餘枚，死傷平民百餘，又在蓮塘投彈多枚死傷平民四十餘人，午後二時，南潯路發現敵機一架，飄察樂化。

（中央社吉安十一日電）敵機九架，十一日晨十一時侵入市空，在太平橋附近及市區之上河街龍陽閣一帶肆虐，投彈百餘枚，雜有燒夷彈多枚。上河街龍陽閣等地，當即起火，延燒房屋十餘棟。敵機肆虐後，於十一時四十分向西北逸去。是日市民死傷約百人，被炸毀震倒民房卅餘間，并有民船七隻，亦被炸燬，損失之重，前所未有。

（中央社樊城十一日電）岳陽城外民房被敵焚燬無餘，城內居民僅三百餘人。

（中央社長沙十一日電）本日天氣晴朗，敵機復到處肆虐：（一）晨六時三刻，牛鼻灘發現敵機六架，繞洞庭湖經常德桃源沅陵，七時三十四分竄抵芷江上空，在飛機場附近，投彈十餘枚，多落山坡，我無損失。（二）晨九時五十分，敵機三架，在南昌附近之蓮塘投彈七枚，毀民房十餘棟，死傷平民四五十人。（三）晨十時一刻，江西新喻發現敵機二架西飛，抵萍鄉後，即分兩路，一由醴陵株州折經長沙上空，一時三刻經湘陰向北逸去。另一架由瀏陽平江南江橋等處盤旋，窺察數周後，亦向北遁去。

——摘自《新华日报》（汉口），1939年1月12日

敵據武漢後

燒殺淫掠 民不聊生

（本報特訊）漢口自日寇佔領後，情形異常混亂，物價高漲，民不聊生，日寇屠殺政策更是駭人聽聞。自江漢關至龍王廟一帶以及花樓街黃陂巷一帶多成焦土，殺死燒死病死餓死之人太多，以致棺材店利市三倍，供不應求。許多屍身，以麻布包裹，拋入江中。一、二、三特區劃爲日寇海軍區，所擄掠之婦女，大多藏在此區之所謂「慰勞館」中，路人過館者，可隱約聽到館內婦女之啼哭聲，其蹂躪我女同胞之慘狀可想而知。敵僞鈔白米每擔售價百餘元，燃煤每石十餘元，較日軍佔領前增加十倍，而水價每石竟漲至四元一石，同時因爲無自來水，以致到處大便堆滿，臭不可當。敵正金銀行行長不久前曾召集各銀行職員開會在檢查反日宣傳品與軍火名義下，要打開各銀行金庫檢驗，意在藉乘火打劫，此殆即敵寇所謂「東亞之新秩序」乎？

——摘自《新华日报》（汉口），1939 年 1 月 12 日

晉西我仍繼續圍殲殘敵

【中央社興集十一日電】蒲縣敵近爲我包圍、迄大甯武城克服後、敵益恐慌、突圍東竄、我由化樓鎮襲敵側後、敵南潰、刁口又遭我軍伏擊、刻仍在該地激戰、鄉寧敵棄城南竄後、被我西峪口伏兵突出夾擊、斃敵達九百餘、敵數度施用毒瓦斯、我軍仍奮勇圍擊、决將敵全部殲滅、

敵機昨分五批襲湘衡陽被炸最慘

【中央社長沙十二日電】敵機二十八架、十二日晨由鄂南經平江襲湘、其中十八架在衡陽投彈、六架在株州投彈、並飛長沙上空散發傳單、餘四架在萍鄉醴陵間投彈、以衡陽慘遭轟重爲甚、城內北正街、落彈達二十餘枚、

【本縣消息】邵陽防空指揮部昨（十二）日自上午九時許起、接各方情報、有敵機五批、第一二兩批共九架、由江西萬載方面飛來、先後到達株州投彈、後經長沙折向東北方飛去、第三批六架、由江西萍鄉方面飛來，到達醴陵投彈、後經瀏陽向北飛去、第四批十八架、由江西修水方面飛來、到達瀏陽平江一帶偵察、旋即折轉、十一時許、第五批敵機二十七架、竄入湘境、由蓮花萍鄉等處到達攸縣安仁一帶、即分作兩批、一批十八架、到達衡陽上空投彈、一批九架、由衡山向邵陽方向飛行、該部比先後發放空襲及緊急警報、直至探悉敵機到達衡陽邊境、盤旋一週折向北方逸去後、始得警報解除云、

【中央社衡陽十二日電】敵機十二日分三批轟炸衡陽株州、第一批敵機六架、第二批三架、上午先後飛株州投彈、未幾、又有敵機十架侵入衡陽肆虐、一時高射炮與爆炸聲、震撼全市、敵機在市北及江東岸投彈百餘枚後、向北逸去、市內數處大火、煙霧蔽天、慘叫之聲、不絕於耳、北正街延燒甚熾、□□外正街已成廢墟、縣政府中五彈、專員公署全毀、警察局監獄署則惟一片瓦礫而已、計被火燬商店民房共八十餘棟、倒塌者百餘棟、死傷平民約二百人以上、生命財產之損失、爲本市歷次空前所未有、

【中央社長沙十二日電】敵機四架、十二日晨十時、分在部陵老關峽山口燈心橋投彈十餘枚、燬民房數間、又敵機六架、十一時許至株肆虐、投彈甚多、死傷居民各一、燬民房數間、

【中央社汨羅十二日電】十日晚、敵火車一列掛有車七輛、由岳陽北駛我游擊隊偵知、乃在兩旁山地埋伏、迨敵車駛近、即密集砲火狙擊、敵車當遭傾覆、車內載有敵官兵百餘、悉被擊斃、我僅士兵一人、

【中央社平江十二日電】通城鮮子港駐敵二十餘、七日夜被我游擊隊李部包剿、共斃敵五名、奪獲步槍七支、餘突圍向通城竄去、

——摘自《观察日报》，1939 年 1 月 13 日

敵慘殺華南漁民

共達萬餘人大半係婦孺

▲中央社香港十一日合衆電 據中國漁人同業公會統計自一九三七年十二月九日、日軍在香港附近開始暴行以來、中國漁民被殺或沉沒者、共一萬〇九十二人、被毀之大小漁船六百二十八艘、損失約在八百萬元、罹難之漁民中、有若干人曾向港當局登記者、亦有謀生于香港者、且半數以上、均爲婦孺。

——摘自《中央日报》（重庆），1939年1月13日

日機轟炸湘贛各地

衡陽受害最慘

▲長沙十二日電 日機二十八架、十二日晨、由鄂南經平江襲湘、其中十八架、在衡陽投彈、六架在株州投彈、幷飛長沙上空、散發傳單、餘四架在萍鄉醴陵間投彈、以衡陽遭轟炸最慘、城內北正街落彈達二十餘枚、

▲路透社十二日重慶電 今日此間接得一月十日沙市被日機轟炸之詳情、前電所稱炸燬之美國教會房屋、已查明係美國福音教會之產業、幸其中職員均已撤至宜昌、故無傷亡、按沙市之被炸、尙屬初次、聞有炸彈兩枚落於大街、致炸死九人傷十五人、

▲張公渡十二日電 連日修河前線沉寂、炮聲亦稀、聞十二日上午、有日機二架、沿修河岸偵察、並在華陣地上空盤旋、良久始逸去

▲南昌十二日電 日偵察機連日飛南潯線窺察、今日上午十時又有日機一架竄至樂化安義等處、盤旋一週而去 又日機九架今日上午七時廿五分由贛湘邊境南飛、在萍鄉縣屬投彈六七枚、均落荒地、午時贛北發現日機十八架、經修水銅鼓竄經湘境、

▲衡陽十二日電 日機分三批轟炸衡陽株州、第一批日機六架、第二批三架、上午先後飛株州投彈、未幾又有日機十八架、侵入衡陽肆虐、一時高射炮與轟炸聲震撼全市、日機在市區及江東岸投彈百餘枚後、向北逸去、市內數處大火、烟霧蔽天、慘叫之聲不絕於耳、北正街延燒甚熾、北外正街已成廢墟、縣政府中五彈、專員公署全毀、警察局監獄署則惟一片瓦礫而已、綜計炸毀商店民房共八十餘間、震坍者五百餘棟、死傷平民二百人以上、生命財生產之損失爲 本市歷次空襲所未有、

▲長沙十二日電 日機四架、晨十時二十分在醴陵老關峽山口燈心橋投彈廿餘枚、毀民房數間、又日機六架、十一時許飛株州肆虐、投彈甚多、死傷居民各一、毀民房數間、

▲長沙十一日電 本日天氣晴朗、日機復到處肆虐、(一)晨六時三刻、牛臯灘發現日機六架越洞庭湖經常德桂源沅陵、七時三十四分、竄抵花江上空、在飛機場附近投彈十餘枚、多落山坡、華軍無損失、(二)晨九時五十分、日機三架、在南昌附近之蓮塘投彈七枚、毀民房十餘幢、死傷平民四五十人、(三)晨十時二十分、修水發現日機十八架、分向西飛、旋折經萬安、向吉安進擾、十一時一刻、在吉安上空濫肆轟炸、先後投彈達百三十餘枚、旋循原路逸去、後調查城區落爆炸彈 燃燒彈共 七十餘枚、毀民房四十餘棟、民船七艘、居民死傷凡百餘人、(四)晨十時一刻、江西新喩發現日機二架西飛、抵萍鄉後、即分兩路、一由醴陵株州折經長沙上空、十一時三刻、經湘陰向北逸去、一架由瀏陽平江南江橋等處盤旋、窺察數周後亦向北逸去、

※ ※ ※

——摘自《新闻报》（上海），1939年1月13日

敵寇暴行

敵機三批昨狂炸衡陽

投彈百餘北門成廢墟

桂林株州亦均遭轟炸

（中央社衡陽十二日電）敵機十二日分三批轟炸衡陽株州，第一批敵機六架，第二批三架，上午先後飛株州投彈，未幾又有敵機十八架，侵入衡陽肆虐。一時高射砲，與轟炸聲震撼全市，敵機在市區及江東岸投彈百餘枚後，向北逸去。市內數處大火，烟霧蔽天，慘叫之聲，不絕於耳。北正街延燒尚熾，北外正街已成廢墟，縣政府中五彈，專員公署全燬，警察局監獄署則惟一片瓦礫而已，綜計炸毀商店民房，共八十餘間，震塌者百餘棟，死傷平民在二百人以上，生命財產之損失，爲本市歷次空襲所未有。

（中央社桂林十二日電）十二日午[illegible]一時十五分，敵機十八架分三批侵入桂林上空，在郊外投彈四十餘枚，毀屋十餘間，傷平民四人

——摘自《新华日报》（汉口），1939年1月13日

敵軍蹂躪我婦女鐵證

文水縣僞知事代敵勒索供應

中央社西安通訊　敵軍在吾國淪陷區域之姦淫殘暴行爲、與叛逆漢奸之卑鄙覥顏事敵、報章雖不斷記載、吾人或疑係傳聞過甚之詞、惟記者頃由晉省逃陝之難民手中、獲得一文件、可證明敵在晉省各縣需索婦女與當地漢奸勒迫民衆供應之實況、是則報載敵軍獸行、悉係鐵般事實也、茲將該文件錄後、

「文水縣公署訓令、差字第一號、令南賢村村長副、爲訓令事、查城內賀家巷妓院、原爲維持全縣良民而設、自成立以來、城鄉良善之家、全體安全、惟查該院現有妓女、除有病者外、僅留四名、實不敷應付、頃奉皇軍諭令、三日內務必增加人數、事非得已、茲規定除由城關選送外、凡三百戶以上村莊、每村選送妓女一名、以年在二十歲左右、確無病症、頗有姿色者爲標準、務於最短期內送縣、以憑驗收、所有待遇、每名每月由維持會供給白麵五十斤、小米五升、煤油二斤、黑煤一百餘斤、並一人一次給洋一元、此外遊客贈予、均歸妓女獨享、並無限制、事關急要、務須速辦、如有遲延、恐有未便、萬勿輕忽爲要、切切此令、知事米育英、民國廿七年六月八日、」

——摘自《时事新报》（重庆），1939年1月14日

日機六架

昨濫炸萬縣

死傷數十人慘不忍覩

重慶昨未發空襲警報

（重慶十四日電）此間防空司令部頃接萬縣電告，十四日午日機六架，飛至萬縣肆虐，在大橋，西校場，一馬路，二馬路，三馬路等處，共投彈廿餘枚，廣濟小學被炸，房屋倒塌，死傷學生數十人，現正設法掃除瓦礫。聞此次日機襲萬縣，肆意狂炸，共死學生平民五十餘人，傷十餘人，慘不忍睹。又日前日機十餘架襲渝，在郊外某處投彈十七枚，死三人傷廿一人，又在某處投彈十二枚，死七八，傷五人。川省新兵今日開往下游各地，民衆歡送。

（重慶十四日電）路透社訊：日機今晨曾空襲重慶下游之萬縣，但此間未鳴警報。

——摘自《晶报》（上海），1939 年 1 月 15 日

敵機六架

昨慘炸萬縣

學生平民傷亡達百餘

日前炸渝瀘死傷六十餘人

重慶防空司令部、頃據萬縣電告、昨日午刻、敵機六架飛至萬縣肆虐、當在大橋西較場、一馬路、二馬路、三馬路等處、共投彈二十餘枚、廣濟小學被炸、房屋倒塌、死傷學生數十人、現正設法挖除瓦石、聞此次敵機襲萬、肆意狂炸、共死學生平民五十餘人、傷八十餘人、厥狀甚慘云、

又訊 日前敵機十餘架襲渝、在郊外某處投彈十七枚、死三人、傷二十一人、又在某處投彈十二枚、死四人、傷五人、又八架竄瀘縣、投彈十餘枚、死傷二十八人云、

宜昌 中央社宜昌十四日電 十四日晨十時、敵機六架、由岳口等地進襲宜昌、於十一時許侵入市空東北、在郊外散發荒謬傳單後、略事盤旋、西竄川東、至二時餘復折經宜市南方、循宜都東逸、

漢壽 中央社長沙十四日電 十四日有數架不明敵機、自北關抵湘陰一帶窺探、旋飛渡洞庭湖、在漢壽高空盤旋數分鐘始逸去、

肇慶 中央社梧州十四日電 敵機廿八架、今日上午八時五十五分襲肇慶、在市內外投彈多枚、損失在調查中、

——摘自《时事新报》（重庆），1939 年 1 月 15 日

寇機肆虐

萬縣重慶被炸

兩地慘死平民共百餘名

潼關亦被炸死傷三十餘

重慶十四日電：此間防空司令部頃據萬縣電告，十四日午敵機八架，飛至萬縣肆虐，當在大橋西較場，一馬路，二馬路，三馬路等處，共投彈廿餘枚，廣濟小學被炸，房屋倒塌，死傷學生數十人，現正設法挖除瓦石，聞此次敵機襲萬，肆意狂炸，共死學生平民十餘人，傷八十餘人，厥狀甚慘云，又訊，日前敵機十餘架襲渝，在郊外某處投彈十七枚，死三人，傷廿一人，又在某處投彈十二枚，死四人，傷五人，又八架竄瀘縣投彈十餘枚，死傷共八人云，

潼關十三日電：十三日晨敵機十八架，從南來犯，市民多由夢中驚起外避，敵機在市區內恣意投彈，先後達四十二枚，毀民房八十餘棟，民船七艘，死傷二十餘人，

——摘自《南宁民国日报》，1939 年 1 月 15 日

宜昌等地

天主教堂

亦炸毀

凡蒂岡十一日合衆電：教庭報紙載稱，日飛機去年十一月間，狂炸宜昌，將該處天主教堂之學校完全炸毀，該校被炸死一人，重傷五十八人，又莊閣之天教堂，亦於同月內被日機炸毀，均無死傷云，

——摘自《南宁民国日报》，1939 年 1 月 15 日

本港新聞

陽江屬東平

七艘漁船慘遭×機巨彈炸毀

李道華李道明兄弟兩艘死六七十人之多

其餘五艘中彈死傷不計其數逃生者甚少

頃據漁民協會據長洲會員報告稱．有漁民李道華李道明兩兄弟．分騎兩艘漁拖．出海捕魚．船次陽江屬東平海面時正在下網取魚之際．適×機多架．向東平大施轟炸．詎有向目的地轟炸不中者．竟有四顆重量之炸彈．中於李道華之漁拖上．該漁拖中彈．轟然一聲．即見血肉與船木橫飛．斷頭折肢．隨海飄浮．慘不忍睹．蓋李道華之漁拖內除其一家大小外．尚有夥伴總計約三十餘人．該漁拖被炸後隨即下沉．其不死於轟炸者亦死於水．同時李道明之漁拖．則以停駐地點．距李道華之漁拖弗遠、炸彈下轟時．以彈巨力猛，全海均為翻動，於是怒濤巨浪，向李道明之漁拖覆來．李道明之漁拖．遂復難逃厄運．全船反覆．當場溺死者亦三十餘人．舍此兩艘而外．復有五艘漁船．亦不幸連中×機三彈沉沒．惜該五艘漁船之船號及漁民姓名．無從知悉．但當彈下船沉之際．××××××××．其能鳧水逃生者．為數甚尠．除李道華李道明兩艘死約六七十名外．其他五艘．實難統計云云．以上情形．乃是役遭難漁民之逃生來港者向長洲漁分會報告者云．

——摘自《华侨日报》（香港），1939 年 1 月 16 日

敵機廿七架昨襲渝

慘炸市區死傷數百

我空軍迎戰擊落敵機一架

市警察局決加緊疏散人口

重慶防空司令部、昨晨先後據利川石柱等處電告、敵機二十七架有襲川企圖，該部當於十二時二十五分、發出空襲警報、繼發緊急警報、敵機旋卽侵入市空、經我機及高射砲隊迎頭痛擊、敵機倉皇投彈數十枚後遁去、除毀房屋數棟外、死傷平民數百人、厥狀甚慘、詳情正調查中、一時五十分始解除警報、並有敵機一架、被我擊落、已在南岸大興場尋獲、

敵機昨日轟炸渝市各處、死傷民衆甚衆、記者特走訪重慶警察局長兼防護團團長徐中齊氏、關於今後本市疏散人口問題、承談、敵機昨來襲時、本人爲責任關係、當於緊急警報時、即率同防護團工作人員巡視各街道、旋聞敵機在附近各地投彈、當通知防護團及消防隊切實預防、敵機未離市空、即親赴被炸地區、指揮救護工作、並對死傷居民家屬、加以慰問、關於被難民衆及防護團殉職團員、決請上峯從優撫䘏、一面會將經過情形、面謁中樞當局、先作口頭報告、當局對本市人口疏散、亦極爲注意、并有所指示、爲避免將來之無謂犧牲、渝市人口、決自即日起加緊疏散、凡各機關公務人員家屬、希望能自動疏散、其餘本市無固定職業市民、即不必留渝之人員、已諭各分局從速調查、必要時決强制疏散、勸令遷移出境、尚望一般民衆、一面保存國家元氣、一面看重自己之生命財産、減少無謂之損害與犧牲、

外交協會分電英美

請擴大反轟炸運動

採取切實辦法制止暴行

中國國民外交協會、以敵人最近在我國各大都市肆行狂炸、値國聯行政院開會之際、特電美國「中國之友」會、倫敦「援華委員會」及「世界和平運動大會」主席薛西爾爵士、請採取有效措置、共同制止敵人暴行、並請促國聯採取切實援華制裁暴日辦法、原電如下、「倭寇暴行、近益加厲、我桂林、衡山、衡陽、吉安、萬縣等地、均爲不設防城市、最近因迭遭敵機大量燒夷彈之狂炸、數千萬市民之生命財產、均已整個毀滅、尤以老弱婦孺之死傷、建築物之摧毀、慘象不忍卒覩、敵人此種滅人道之行爲、將使世界正義爲之陵替、人類安寧永無保障、長此以往、不加裁制、恐今日東方之暴行、明日即將重演於西方、我國爲整個民族之生存而戰、爲世界永久之和平而戰、對此殘暴行爲、不特不稍挫畏、且因此而益堅其敵愾之心、現在全國上下、愈加團結、誓在最高領袖　蔣委員長領導之下、一致爭取最後勝利、尚希領導所屬各團體、積極擴大國際反轟炸運動、制止此項野獸行爲、除輿論之譴責外、尤須有實際步驟、㈠抵制日貨、㈡阻止軍火輸日、㈢以物質援助中國、㈣貸款中國等廣大反日援華運動之發動、並請轉促國際聯盟採取切實援華制裁暴日辦法是幸、中國國民外交協會、

——摘自《时事新报》（重庆），1939年1月16日

渝昨空戰

擊落一敵機

渝潼貴縣被炸

平民死傷甚多

【中央社重慶十五日電】敵機十七架于午十二時襲渝，經我機及高射炮隊迎頭痛擊，敵機倉皇投彈數十枚後逸去。事後調查，炸毀民房數十棟，死傷平民三百餘人，厥狀甚慘。當發生空戰時，敵機一架被我擊落，已在江北尋獲。

【中央社潼關十五日電】敵機十三架十五日上午十時許分兩批襲潼關，在車站及城內投彈百餘枚，炸傷平民數十人，于十一時許分批向晉逸去・損失詳情在調查中。

【中央社桂林十五日電】十五日上午九時許，敵機九架由北海起飛襲桂，于十時侵入貴縣上空，在縣城對河投彈十八枚，並在市區，以機槍猛烈掃射，平民死傷頗多。

——摘自《河南民国日报》，1939年1月16日

日機空襲重慶

死傷平民三百餘人

一架被華機擊落

▲重慶十五日電 日機二十七架於午十二時許襲渝 經華機及高射炮隊迎頭痛擊、日機倉皇投彈數十枚後逸去、事後調查、炸毀民房數十棟、死傷平民三百餘人、厥狀殊慘、 當發生空戰時、 日機一架被華機擊落、 巳在江北大興塲尋獲、

宜昌被炸成都亦有警報

▲路透社十五日重慶電 今日日機兩度空襲宜昌、飛行極低、猛轟江濱、

▲路透社十五日重慶電 今日下午二時二十分、成都發出警報、 日機十架進襲、在距城東南之某地、投彈後、即向東逸去、

——摘自《新闻报》（上海），1939 年 1 月 16 日

▲美聯社重慶十五日電　今日重慶天氣晴朗、下午十二時二十分、空襲警鈴大作、下午一時、有日方轟炸機三十六架、及驅逐機約四十架陪護、飛襲重慶、其轟炸目標、似包括重慶西郊在內、華方高射炮曾加以迎擊、中日雙方飛機亦在郊外激戰頗烈、前後激戰四十分鐘、至下午二時、警報始行解除、此次被炸最慘者爲朝天門（譯音）碼頭、統計岸上死傷市民約二百名、因有三百磅重之炸彈多枚爆炸之故、揚子江中亦有民船五艘被炸沉、約死一百五十人、彼等原以爲飛機來襲之時、江面最爲安全、不料竟遭遇此慘劇、朝天門被炸之後、血流滿地、情形極慘、受傷者多被送至醫院治療、今日空戰結果如何、截至目前爲止、尚未正式宣佈、據聞日機在西郊方面所投炸彈、均距目標極遠云、

▲路透社十五日重慶電　今日日機二十餘架出現重慶天空、襲擊市區界內、此爲國民政府移至此地以還之第一次、日機於下午飛抵此間、即遭高射炮猛轟、且有中國驅逐機升空與之搏鬥、據未徵實之消息、日轟炸機一架曾爲高射炮所損、據稱、重慶人民之仰望者、曾見日機一架尾冒濃烟、其他目擊者亦稱、高射炮曾擊損日機一架、今日之襲擊、注重本城之東北部、及嘉陵江兩岸各地點死傷多人、當時中國驅逐機衝入日轟炸機隊、以機關鎗猛轟之、地面觀者皆聞機鎗鳴聲、救傷隊則奔走於市、以擔架舁送傷者入各醫院、許多傷者傷及雙手、且有臂腿爲炸彈碎片削斷者、下午一時三十分、警報突作、蓋見日機三十餘架循揚子江南岸溯江而七、日機過涪州時、此間乃發出緊急警報、是時地面僅能瞭見日轟炸機六架、分兩隊而進、聞朝天門民生公司碼頭被轟炸、致死傷碼頭苦力多人、重慶城若遭猛烈之轟炸、則恐死傷者必將駭人聽聞、因城中戶口稠密、萬一發生火災、無空地可避也、聞重慶飛行塲此次未遭轟炸、今日炸彈多落嘉陵江北岸、故當局料北岸死傷之人必多、南岸落下炸彈六枚、計死十二人、傷二十人、西郊落下炸彈數枚、該區雖設有政府公署、但彈皆落於空地或路中、故死傷寥寥、至晚仍在運受傷者入加拿大醫院、內有婦女多人、醫院之外集有受傷者親友數百人、探詢受傷者之狀況、

▲路透社十五日重慶電　今日重慶防空司令部宣稱、一月七日日機襲擊重慶、死七人、傷二十六人、同日日機八架襲擊某縣、死傷二十八人、

——摘自《新闻报》（上海），1939 年 1 月 16 日

又一筆深刻X賬

我們緊記着要清算的

特寫

盤踞着南番三各縣的X人。邇來因為迭遭我游擊隊的不斷奇襲。使既在戰區每一個X兵。都感到極度困難和恐怖。他們于老羞成怒之餘。竟遷怒我各鄉村民衆。XXXXXXXXXX。X蹄所至。廬舍坵墟。赤地千里。而民衆被屠殺的血肉塗地。雖老弱婦孺。亦難倖免。以下所述。都是記者最近冒險親赴災區調查得來。爰實地紀錄如下。

（一）XX的起緣

本年元旦。盤據西南的X兵。一隊約三十餘人。馬四匹。又糾集向縣屬的小欖墟騷擾。以小數軍用票。購買大批粮食雜物。同時并分赴墟內各家茶樓酒館。強行取食。事後亦循例僅給一二元軍用票。目作種種示威恐嚇行動。我駐墟外暨附近銀崗墟的游擊隊。忍無可忍。俟X出墟時。突施襲擊。X兵猝不及防。大部被我殲滅。僅有X兵五人。狼狽逃出。奔同西南向X會報告。月之三日。盤據西南暨官窰X兵共七八百人。攜帶鋼砲多門。煤油白數十罐。分九路進兵向小欖銀崗及附近各鄉村肆虐。XXXXXXXXXXXX。

（二）XXXXX

X人闖入各鄉村後。鄉民以突如且來。紛紛逃避。然時間迫促。僅逃至附近田野。即被X捕獲。且X採取包圍形勢。事實已無路可走。X遂開始其大規模焚殺。一面在各鄉村縱火焚燒。XXXXXXXXXXXXXXXXXXXXX。縱橫十餘里內。百數十處的火光。混成一片。天地為愁。鬼神為泣。其慘狀誠非筆墨所能形容於萬一。而據脫險鄉民稱。此次X人XXXX。結果小欖墟一地。總共罹難壯丁婦孺約一百二十餘人。銀崗墟約百七十餘人。其他如周邊。黃邊。華涌。暨沙頭鄰近等二十餘鄉村民衆。被屠殺者。亦達六百餘人。而最慘事件。厥為被X刺傷要害的鄉民。因未能即死。故輾轉呻吟於田野。至翌日始行斃命者。又距離小欖銀崗約十五里的小[illegible]鄉。為各鄉民衆臨時逃難之區。被X發覺。竟發鋼砲十餘響轟擊。嘗堂斃數十人。其中大部份係屬婦孺。至於各鄉村鎮被焚的屋宇。約一千二百餘間。尤以銀崗小欖（南屬小欖）為最慘。全墟幾成瓦礫。無一倖免。災慘之重。亘古未有。

（三）災區的憑吊

記者於月之十日。午後到小欖。銀崗。華涌。黃邊各處視察。目覩以上一片荒涼淒慘情形外。而是時雖距離X人撤退已有七八天。但民衆同鄉者。仍寥寥無幾。間遇三數。亦鳩形鵠立。瑟縮村前。對記者哭述當時情況。并謂彼輩田廬已毀。父母子女多已被屠殺。無衣無食。惟有日向過往行人丐食。倘X再來。亦惟有引頸就戮。記者亦不禁灑下一掬同情之淚。而更傷心慘目的。便是田野間現有暴露着不少男女遺屍。血肉糢糊。有折手斷足的。XXXXXXXXXXXXXXXXXXXXXXXXXXXXXXXXXXXXXXXXXXXXXXXXXXXXXXXXXXX

——摘自《华侨日报》（香港），1939年1月17日

被炸之農村

圖爲隴海線鄭州附近村落之茅舍，爲ㄖ機炸穿屋頂，年老農民二人，雖未遭難，然此後將在露天之下食宿矣。平民橫遭躪蹂，情狀殊凄慘萬分。

（寶基攝寄）

——摘自《大晚报》（上海），1939 年 1 月 17 日

敵機前日炸重慶

死傷二百九十人

共炸毀房屋二十餘棟

並汽車五輛木船五艘

本報訊 前日敵機轟炸本市、記者時在□□碼頭民生公司躉船上、遙見敵機分三批來襲、一批向南、一批向西一帶飛去、另一批八架、向關市飛來、我高射砲隊、紛紛瞄準射擊、敵機倉皇異常、當即茫無目標、任意投彈、

一紅尾敵機、番號十九、在兩敵機掩護下、垂衝而下、記者見其目的、在某高大建築、但心慌技拙、既未測準垂衝角度、又未估循風向、炸彈乃向□□□傾去、另一敵機、乘我機不防、向□□□斜對過之沙灘上垂衝而下、記者當見兩無辜無知之平民狂奔、繼在彼等左近冒起一陣白烟、此時我倉皇沿江逃走、又毫無目的、擲下不少炸彈、——此次襲渝敵機、乃西歐斯奇型之兩座兩用轟炸機、可當驅逐機使用、其中似雜有XS型之獨坐驅逐機、僅可以載極少數之輕磅炸彈、在敵機奔逃時、我機奮勇追上、有一敵機、大約水平翼被我擊毀、飛翔非常不隱、向南面竄逃、被我追逐、竄往郊外、

敵機轟炸後、全市遭難者、共死亡一二四人、傷一六六人、燬房屋廿餘棟、汽車五輛、木船五艘、計新市區投彈二五枚、中城區二枚、江北區三十三枚、另有二枚未炸、

不知何故、敵機去後、街頭擁擠嘲雜異常、人們抱好奇神情、從室內、店舖、及防空洞中湧出、皆衝往□□□觀看熱鬧、此實令人痛心、如何重慶市之民衆、如此無防空常識、適一陣飛機聲、民衆又飛奔逃避、竊呼急嚷、果是時敵機二度來襲、以機槍掃射、又將釀成不堪之局而矣、

——摘自《时事新报》（重庆），1939 年 1 月 17 日

敵機昨竄

欽州北海肆虐

兩地投弹各十餘枚無大損失

本市亦曾發出空襲警報戒備

日昨貴縣城區及對河被炸

昨（十六）日上午十時十八分，敵機九架由北海向西飛，十時二十三分，敵機六架到合浦，三架仍在北海盤旋，十時三十分，敵機六架由合浦向北飛，十時四十分剎那嚴向欽州飛，十時四十五分，欽屬沙角聞機聲，十時四十八分，本市發空襲警報，十時五十分，敵機三架在北海投彈，十時五十二分，敵機六架到欽州密盤旋約廿分鐘，十一時零八分，敵機在欽縣投彈，十一時十五分，敵機在欽縣投彈後，即向東南飛，十一時十八分，在北海之敵機投彈後，向海面飛去，十一時二十五分，敵機八架由欽州向合浦飛，本市解除警報，十一時四十五分，敵機由合浦向圍塲飛出海云。

又電：本日上午十時五十分，敵機三架在北海共投彈十八枚，計游泳塲，高德，黎塘海面一帶落彈十三枚，並在涉開機關槍掃射約三四百發，晉班廟附近落三枚，珠海東樓，三泰號落二枚，餘無損失，又敵機六架，在欽州投彈約十餘枚，計西郊，舊新營附近，黃崇德堂祠屋內共落彈九枚，屋全燬，前後空地落一枚，左右空地落一枚，並用機關槍低飛掃射云。

中央社桂林十五日電：十五日上午九時許，敵機九架，由北海起飛襲桂，於十時侵入貴縣上空，在縣城對河投彈十八枚，並在市區以機槍猛烈掃射，平民死傷頗多。

——摘自《南宁民国日报》，1939 年 1 月 17 日

敵機十八架第五次

狂炸桂林詳情

投爆炸彈燒夷彈百餘枚

死傷五十人燬屋百餘間

桂林訊：本月十一日上午九時許，敵機十八架，由廣州經懷集侵襲本市，本市於上午十時廿分，發出空襲警報，十時三十五分發出緊急警報，十二時零九分解除警報，敵機到[illegible]架後，[illegible]分兩批進襲本市，十一時首批敵機九架由東南方竄入市空，直到北門火車站一帶，投彈數十枚後，即向北飛去，第二批九架，旋又繼第一批之後，竄入南空，在南門外及伏波門一帶河

過等地，投彈數十枚，亦向北飛去，茲將被炸詳情分述於後：

鳳北分局

轄區：計湘桂鐵路桂北站，附近四週落爆炸彈二十二枚，內有二枚未爆炸，傷附近馬路警川屬莊上村李姓婦人口，又傷草鞋塘腳鄉婦人蔣韋氏一口，桂北站西側鳳凰洞口，落爆炸彈一枚，破片射入岩內。計傷湘桂路桂北段車站司令謝如支一員，及軍政部測量總局職員十九名，又費五師傳令兵張俊生一名，多係重傷，又炸死兵士二名，另傷該局科員鄒來輝一員，因傷勢過重，入醫院未久即斃命，桂北車站之北岩前落一炸彈，未爆炸，鐵路旁落炸彈未爆炸，伏波山腳落爆炸彈一枚，炸倒熱落街第一號全棟，又震倒第四號小部分，伏波街第四號，第六號，第八號，第十號，第十二號，第十四號，第十六號，七戶後牆均被震倒），獨日門外落炸彈一枚，未爆炸，

○……○白毬分局○……○

轄區計有東環路一五一號全座被炸片震壞，一六四號後半進一六五號全棟，一六六號前座均炸燬，一六七號落爆炸彈一枚全座炸燬，一六八號，一六九號，一七○號均全棟震燬，一七一號前進，一七二號前進，一七三號前進亦被震壞，該處兩湖會館全棟炸壞，一七四號全座，一七五號前進，一七六號全棟，一七八號全棟，一七九號全棟，均被炸壞，一四六號後半進玻窗震壞，行春分所後面河床，落爆炸彈二枚，無損失，又總部療養所，亦被炸倒，傷療養兵四名，伏波潭落爆炸彈一枚，炸死游魚無數，解除警報後，市民多往打撈，聞共撈得約數千，亦有撈上學以清水養之而復活者，環珠洞避難民衆，以水花濺入岩洞，頗多衣履盡溼。

○……○培義分局○……○

轄區，計有百家園後一帶空地上，共落彈五枚，死男八四名，（內小孩二名）女八四口，傷男一八，又燒夷彈二枚，未爆發，房屋震燬。

○火神廟街，二五號後，落炸彈一枚，震倒房屋一棟。死男一，傷男一女一，火神廟街一號，落燒夷彈一枚，燒燬房屋八棟，由一號起至十八號後進止，並震倒房屋一棟。（即一號之一）南薰路停車場，落炸彈一枚，無損失。南薰路二七號後進，落燒夷彈一枚，燒燬房屋二棟，三一一號前馬路落燒夷彈一枚，未爆發，南環路四三號，落燒夷彈一枚，燒燬房屋一棟，由四五號起至五五號止，六三號落炸彈一枚，倒房屋三棟，竹木巷空地落彈三枚，傷男一，竹木巷四號，落炸彈一枚，未爆發，虹橋河面空地，及河中落炸彈四枚，死男一人，萬壽巷號內菜園，落炸彈一枚，燒夷彈二枚，均未爆炸，兒童保育會落炸彈一枚，燒夷彈一枚，倒塌房屋三棟，燒空地落炸彈一枚，燒夷彈一枚，無損傷，西街一五二號後，落爆炸彈一枚，壞兩邊房屋，由一百五十號起，至一百六十號止，死男女一（一均死於田中墳頂）朱家巷附近田內，落炸彈一枚、燒夷彈一枚，震毀房屋七號至五十一號四棟，南門街落一炸彈，未爆發，

○……○東江分局○……○

轄區，計江河灘落炸彈四枚，燒夷彈五枚，被炸毀柴船一隻，船

主及難民六名，均被炸傷，由中央紅十字會救護隊護送省立醫院醫治，東靈街崖子口外空地，落爆炸彈一枚，無傷，在東靈街崖子口空地，拾獲爆炸彈尾一件，上刻（八二七番六號爆彈）等字，重約十磅。

◎……事後救濟……◎

被炸災民，由省會警察局派科員謝鳳年會同省救濟會會計施師科長及科員等六員，分別於是日下午三時，在各分局，發給伙食三天，今日即開始登記，發給被炸房屋費及死傷費等，

——摘自《南宁民国日报》，1939 年 1 月 17 日

敵寇暴行

敵機前日襲渝

死傷二百九十人

共投五十八彈被炸廿八處

（中央社訊）敵機前日襲渝，投彈甚多，死傷甚衆，警察局長徐中濟當令各分局從速調查，被災地區及死傷確實數目，昨日已經統計完畢，分別呈報上峰，並請振委會救濟，計敵機投彈共五十八枚，被炸廿八處，燬房屋卅餘棟，死亡一百卅四人，傷一百六十六名。又防護團仍繼續挖掘，發現屍體不少，亦將造表具報。

——摘自《新华日报》（汉口），
1939 年 1 月 17 日

重慶空襲

死傷詳報

（重慶十七日電）路透社訊：據重慶警察總局所得詳報：星期日之空襲，傷亡約達三百人，死一百二十四人，傷一百六十六人。估計日機在本市二十八處投彈五十八枚，毀屋二十餘幢，炸毀汽車五輛，擊沉嘉陵江中帆船數艘，聞受重傷者十六人，旋即斃命

——摘自《晶报》（上海），
1939 年 1 月 18 日

渝市空襲後
災區慘象一瞥

（本報渝訊）當解除警報剛放了後、記者在司令官李根固處、知道了魔手們肆虐地點的綫索、於上踏上靜寂、有秩序 沉痛而帶着悲憤色彩的馬路、到觀音岩、警報已解除了、民衆們要知道魔手們的殘暴手段、像潮水似的在同渝簡馬路上洶湧、

××的右旁山谷裏、落下了一個炸彈、將一個公館裏一座美麗的亭子炸毀了、兩位無辜的同胞却安詳地躺在叢樹之間、

在製革廠的旁邊、晒着許多已經初製過的牛羊皮、不幸魔手們也許把牠當作了某種設備、一個兩個的炸彈、竟炸得晒牛羊皮的木板滿天亂飛、而製革的人也不幸同罹難了、兩具屍體躺在了一根電線柱身前、一個是無頭、一個是連上半身都沒有了、腸子肺腑落了一地

某大屋的屋角、不被炸了、把一個二層屋的樓屋截成了一個直斷面、而且防空壕也被炸塌了、不過據說死傷的人還不多、在離這屋不遠三十公尺的道室、也被擲了一彈、然而并沒有傷人、

××園的斜對面、是一個半斜的山頭、山上是無數的小瓦屋、也變成了一片瓦礫之外邊、一個二四歲的孩子坐在一個女旁流淚、旁邊、還有一個四五歲的受傷的孩子、據說這兩個孩子是兄弟、父母都被魔手們轟炸死了、

沿大溪溝走到了河邊、又跳上小船、到對面沙壩去、在滿佈着鵝卵石的沙坪上、有着口徑約一丈五到兩丈、深度約五尺到八尺那樣的洞一個、兩個、三個、四個以至很多很多、一隻空病正在調養的木船、一被破片所傷了、幾個之友除了有着幾處鎗槍由傷損外、還有着破肉的創傷、當然、還幾位忠厚同胞、也盡了他們最後的責任、、躺在鵝卵石上安息了、雙溪溝的對岸據說死了一個人、而麻柳溝的

兩隻老鴉楸也被炸沉了、從嘉陵碼頭上去、接聖街又走不通了、防護團的同志們懇切的勸阻着行人、石磚高茶館整個塌了、不特這一棟、接近的十一棟也全塌了、雖然魔手們才僅僅的拋下了一個炸彈、可是在這鬧市裏、他不知會犧牲若干毫未準備的生靈、防護、消防、警憲同志們正在抓救、而屍體或斷肢殘腿者、却陸續不斷的從瓦礫中抓了出來、一兩點鐘之間、朝天門河壩上也列滿了血淋淋的屍首、

青草壩那個荒地的港灣也竟遭了魔手們的光顧、據說投下的彈也不在少數、其次曾家岩的街上、也落了一彈、然而一座屋雖塌然了、但是屋裏并未死人、而屋外也只死了一個、

——摘自《华西日报》，1939 年 1 月 18 日

滬津兩地

「敵寇橫行綁架」

陳楚南父子及丁懋英被架

陳宅財物單據多被寇劫奪

中央社香港十五日電 滬訊、文匯報確息、本埠富商愚園路愚谷邨房主陳某、及長次二子、突於四日午夜被日當局派人入內、強行綁去、按陳名楚南、年六十歲、住居愚園路地豐路口三六一弄(即愚谷邨)一二五號、因年事已高、安居家內、亦未參加任何活動、乃四日午夜、突有日人多名、乘坐汽車至該弄口、湧入叩門、時屋內人等已睡、開聲起詢、日軍即強侵入內、聲稱、奉命搜查、各出手槍、嚴禁聲張、旋於搜索下層後、直赴樓上、侵入臥室、將存放於箱內之法幣約一萬餘元取去、並將銀行存摺單據、以及證券等物、囊括一空、聲稱、發現手槍二柄、子彈若干、及軍服一套、當即不容分說、將陳拖挾下樓、並將其長子麟浩、次子麟英、一併綁去、躍登汽車、向地豐路駛去、事出後、家族對此不知究竟、最近始得悉此案、確係日憲兵所爲、現陳等仍被覊押於極司非而路九十四號、中行別業內之敵滬西憲兵分隊內拷詢、

中央社香港十四日電 津訊、敵便衣警捕二人、十三日下午、携槍駕七〇九號汽車、駛至英租界大北道、闖入津中里架人、該里係津中孚銀行高級職員住宅、大門外有英租界警捕守衛、該警發覺後、當即開槍將敵方警捕一名擊傷、敵警捕負傷後、倉惶乘車逃逸、事後據查七〇九號汽車、係曹宅自用車、迄在宅內、並未外出、證明行兇汽車之號碼、係敵方假造者、英租界當局、除在津中里附近加緊戒備外、正繼續偵查中、又津市名女醫丁懋英、十二日在東門外口公立女醫院附近、被敵架去、現押日租界警署、原因不明、

——摘自《时事新报》（重庆），1939 年 1 月 18 日

敵機九架

昨襲貴縣狂炸

糖廠投彈三枚死傷共七人

又火車站被炸燬車卡數輛

昨(十七)日上午十一時五十八分，敵機九架，由北海之白龍圩向北飛，十二時十二分，敵機到合浦舊州，十二時十八分，到張黃向東北飛，貴縣發空襲警報，十一時十九分，橫州發空襲警報，十二時二十二分，敵機九架經靈山屬龍門小江向北飛，十二時二十三分，橫州發緊急警報，十二時卅分，興業發空襲警報，十二時卅二分，桂平發空襲警報，十一時三十七分，敵機過博白屬水鳴向北飛，貴縣發緊急警報，十二時四十分，敵機六架在興業屬城隍盤旋後，即向東北飛，十二時四十一分，敵機三架由博白龍塘向東飛，十二時四十二分，敵機九架已到貴縣屬六塘，經木梓橋圩，向貴縣進襲，十一時四十八分，敵機九架侵入貴縣市空，一時賓陽發空襲警報，一時零二分，敵機開始在貴投彈，一時十九分，敵機仍在貴縣投彈，糖廠投彈三枚，死傷共七人，全廠被燬，又火車站被炸燬車卡數輛，一時三十二分，並開機關槍掃射，一時四十八分，敵機離貴市向南飛，一時五十一分，由貴到橫縣大嶺山東南飛，經劉沿河向南飛，一時五十八分，敵機到橫縣三塘向東南飛，經靈山屬石塘，平山，福旺，小江，張黃，向南飛，二時四十九分經合浦市郊向南飛，二時五十七分，敵機九架已到北海，三時敵機在白虎頭用機槍掃射十餘發，三時零五分，貴縣解除警報，三時十分，敵機由白龍圩向圍洲島飛去。

（欽州十八日電）敵機六架今上十一時零三分襲欽州，在縣城內外投彈多枚，並以機槍掃射市民。

——摘自《南宁民国日报》，1939 年 1 月 18 日

日機轟炸
華方不設防城市
中國國民外交協會
籲請各國切實援華

▲重慶十七日電．中國國民外交協會、以日人對華大規模之屠殺轟炸華方不設防城市、特分電國聯世界和平大會主席薛西爾爵士、英張伯倫首相、美羅斯福大總統、蘇聯斯太林領袖、請對於受侵害之中國、作一切應得之援助、

——摘自《新闻报》（上海），1939年1月18日

日機炸貴縣

▲桂林十七日電　十七日下午一時、日機九架侵入貴縣上空、投彈狂炸、歷五十分而去

——摘自《新闻报》（上海），1939年1月18日

敵寇暴行
敵機濫炸牯嶺
住宅區被投彈傷外僑一人
大荔貴縣前昨遭空襲

（中央社南昌十七日電）敵機十一架，十六日兩次狂炸牯嶺，第一次敵機六架，於下午一時半，飛掠牯嶺上空，向圖書館附近投彈七枚，併炸毀民房一角，二時半敵機五架，復來肆虐，在住宅區投彈十餘枚，美國學校附近，落彈二枚，傷外僑一人，其餘均落在山谷與空地間，我方無損失。

（中央社大荔十六日電）今晨六時餘，敵機五架由晉侵入本城上空，盤旋後，在城內投彈廿餘枚，死傷六七人，以師範學校受損較重。

（中央社桂林十七日電）十七日下午一時許，敵機九架，侵入貴縣上空，投彈狂炸，歷五十分鐘而去。

——摘自《新华日报》（汉口），1939年1月18日

日機昨飛西安狂炸

（快訊社十九日西安電）據此間探悉：日機昨又飛西安濫施轟炸，在市區擲彈多枚，死傷平民多人。

——摘自《大晚报》（上海），1939年1月19日

暴寇鐵蹄下之

河北同胞苦狀

·八十老翁被拉作苦力·

本報香港十八日專電 津息、冀境日寇、近在我淪陷區域內、强拉民夫、不論年齡大小、疾病有無、及身體强弱、若干良田、均被敵人任意闢爲軍用公路、不予絲毫代價、人民無地可以生產、更形窮窘、人民被逼在此環境服各種苦役以維殘生、敵人揚言樂路係爲民用、而不許大車等通行、深澤縣一老翁、年逾八旬、敵逼作苦工、三日而亡、鄉民憤起罷工、敵即以機槍掃射、事後全村付之一炬、凡家中無有男子者、婦人不論老少、必須以二人代一男人、苦工中甚至有九歲至十二歲之男女少年、近來人民死傷率頗高、莫不切盼我軍早日收復、

——摘自《时事新报》（重庆），1939年1月19日

日機狂炸

電白貴縣

▲快訊社香港十八日電　據華字報載、日機多架、昨飛桂省南部之貴縣及粵省南路之電白等處、濫施轟炸、投彈多枚、死傷平民頗衆、

▲梧州十八日電　日機九架、今晨窺伺北海合浦欽州靈山橫縣鬱林一帶、在欽州投彈多枚、

——摘自《新闻报》（上海），1939年1月19日

敵機狂炸西安

被毀民房三百間死傷二百餘人

（中央社）西安十八日電、（遲到）敵機三十一架十八日上午十一時零五分由晉竄陝、防空部據報後發出警報、[illegible]、敵機經平民大荔渭南西竄、除八架在渭南一帶偵視外、餘於十二時五十分竄至西安分兩批侵入市空、我高射槍砲當即予以猛烈射擊、敵機在市中心區猛肆狂炸、投彈八十餘枚、旋向東逸去、下午一時二十分解除警報、事後調查被災區域達四十餘處、死傷平民二百餘人、民房被毀三百餘間、其狀極慘、國民區、皮院化覺巷等處再遭轟炸、至晚各慈善團及各界救護隊仍在施救中、又本日下午十時一刻、敵機三架在平民縣上空窺視片刻、即逸去、并未投彈、

（中央社）西安十九日電、敵機二十五架、十九日上午十時許、分三批侵擾陝境、一批六架飛潼關一帶窺察他去、一批八架、於十一時侵西安附近窺察一週東遁、一批十一架經大荔醴陵三原興川武功等地、於十一時十九分襲至寶鷄、在北郊空野及城內投彈二十枚、死傷平民二十餘、炸毀民房十餘間、

（中央社）常德十九日電、敵機九架、十九日午分兩批擾株、一批六架於十二時〇六分、經平江南飛、一批三架於十二時四十八分、經湘陰南竄、下午一時十二分先後侵至株州、在北車站等處投彈轟炸後復分批北竄、經過長沙市上空時、并盤旋窺視、旋分循原路飛逸、

（中央社）梧州十九日電、敵機九架、今晨沿北海偵察、十時二十一分在貴縣近郊投彈多枚、并開槍掃射

——摘自《华西日报》，1939年1月20日

敵機轟炸牯嶺

外僑受損失最重

教會已分電各使館進行交涉

軍民激昂奮發一切秩序如常

中央社南昌十八日電　十六日、敵機狂炸牯嶺、以外僑房宅損毀最多、計脂紅路四十一號內地會英僑葛牧師宅內落一彈、將地炸深丈餘、寬二丈餘、四十四號德僑吳牧師宅內落一彈、將旗桿炸毀、深寬與四十一號同、河東路九號聖公會院內落彈一枚、上中路美以美會落彈一枚、房屋均未損壞、又美國學校四週、落手溜彈約十枚、聞教會已分電各使館、進行交涉、至我在山軍民、對此敵人瘋狂轟炸、益爲激昂奮勇、中外人民、不以此爲懼、同極憤慨、一切秩序如常、

中央社萬家埠十八日電　十六日晨、有敵步砲兵三百餘、向我灉口(隘口北)某部游擊隊襲擊、現該部份之敵、已進至廬山壟、正與我對峙中、又同日晨、敵八十餘、向我黃照嶺(蘊嶺東南八公里)進犯、當卽被我擊退、

——摘自《时事新报》（重庆），1939 年 1 月 20 日

寇機慘炸西安

毀屋三百棟死傷二百餘

津郊我軍襲敵槍聲又起

西安十八日電：敵機卅架，十八日上午十二時零五分，由晉竄陝，防空部據報後，發出警報，嚴爲戒備，敵機經平民，大荔，渭南西竄，除八架在渭南一帶窺視外，餘於十二時九十分，竄至西安，分兩侵入市空，我高射槍砲當卽予以猛烈射擊，敵機竹市中心區猛肆狂炸，投彈八十餘枚，向東逸去，下午一時廿分解除警報，事後調查被災區域達四十餘處，死傷平民一百餘，民房被毀二百餘間。其狀極慘，回民區大皮院，化覺巷等處，再遭轟炸，至晚各慈善團及各界救護隊，仍在施救中，又本日上午十時一刻敵機三架，在平民縣上空窺視片刻卽逸去，並未投彈。

五原十七日電，我軍連日向固陽僞軍進攻，結果計斃僞參謀長圖陷各人，連排長士兵共卅八名，傷百餘，獲敵步槍四十餘，機槍手槍各一，我僅傷亡官兵五人，固陽縣長盧健飛，率隊克復該縣縣府所在地九如鄉，亦獲敵步槍十餘枝，馬十餘匹。

五原十七日電：歸北縣民衆，近以敵僞軍不時犯擾，特組織武裝抗日團，總團長由喬守信縣長兼任，現已正式成立，開始工作云

香港十八日電：津訊，津市敵防務空虛，地方極不靖，十六日晚河北關上槍聲連續，激夜不斷，迄十七日晨，現任僞津公安局長周怡靖，最近因運煙土等事，與潘逆毓桂分贓不均，已被潘逆撤職并監禁云。

——摘自《南宁民国日报》，1939 年 1 月 20 日

日機又炸株州

▲常德十九日電、日機九架、十九日午分兩批擾株州一帶、六架於十二時四十六分經平江南飛、一批三架、於十二時四十八分經湘陰南飛、下午一時廿分、先後侵至株州、在北車站等處投彈轟炸後、復分批北去、經過長沙市上空時、並盤旋窺視、旋分循原路而去、

——摘自《新闻报》（上海），1939 年 1 月 20 日

敵陸空軍聯合 大舉圍攻廬山

敵機日前狂炸牯嶺 外人房宅損失甚衆

（中央社）萬家埠一日電、日來敵圍攻廬山仍甚急、但終無進展、牯嶺西南之張家山[illegible]仍有敵三百餘數日來不斷向我攻擊、未有寸進、又廬山麓之余十七日到步騎兵二百八十、連日與我激戰甚烈、

（中央社）萬家埠十八日電、十六日晨有敵步砲兵三百餘向我濂口隘口北（[illegible]部游擊[illegible]襲擊、現該部份之敵已進至廬山麓、並與我對峙中、又十日晨敵八十餘向我黃照嶺、（牯嶺東南八公里）進犯、當即被我擊退、

（中央社）南昌十八日電、十六日敵機狂炸牯嶺、以外人房宅損毀最重、計脂約路附近河西路四十一號內地會英僑 枚師宅內落一彈、將地炸深丈餘、寬二丈餘、四十四號德僑吳牧師宅內落一彈、將施梓炸毀、深寬與四十號同、河東路九號華公會院內落彈一枚、上中路美以美會落彈一枚、房屋均未損壞、又英國學校四周落手榴彈約十枚、聞敵會已分電各使館進行交涉、我軍民對此敵人瘋狂轟炸、益爲激昂奮勇、中外人民亦不以此爲懼、同情憤慨、而秩序如常、

——摘自《华西日报》，1939 年 1 月 21 日

寇機醴陵肆兇

長沙廿日電。廿日午後一時三刻，敵派兩批，每批六架，侵醴陵上空盤旋窺探，半時後，一批在[illegible]投彈十餘，炸毀民房十餘棟，死居民四，傷三，另一批侵距城滑甲之板杉舖投彈十餘，毀民房十餘間，炸傷居民七八人，

——摘自《南宁民国日报》，1939 年 1 月 22 日

日機襲渭南
死傷卅餘人

（西安廿二日電）日機十五架，二十二日上午九時五十分，在大慶關發現，旋分批向西南竄擾，西安即發出警報，嚴爲戒備。日機經朝邑大荔，於十時十分侵入渭南縣城上空，在該城西關及車站一帶，投彈三十餘枚，炸燬民房五十餘間，死傷三十餘人，至十時三十分解除警報。

——摘自《晶报》（上海），1939年1月23日

日機狂炸引起外僑公憤

▲南昌二十二日電 日機十六日狂炸牯嶺、在山外僑甚爲憤慨、昨由在山之美人以美聖公會內地會各團體、及美僑代表都醫生、英僑代表葛立生（譯音）等、聯合電省、請轉渝美大使館報告、是日日機漫無目標、大肆狂炸、共投二十餘彈、美僑中路醫生住宅全毀、英僑房產亦受損害、

▲美聯社重慶二十二日電 關於日方控告牯嶺英人幫助中國游擊隊一事、英方官員謂未有所聞、稱『極無可能』、關於牯嶺受傷外人、中英美官員均不知其姓氏、據悉延洪路（譯音）英國傳教士產業第四十一號、德國傳教士產業第四十四號、美以美傳道會之房屋、及美國教會之房產、均曾被炸、唯此等房屋爲何人所居、何人所有、則尚未知、

——摘自《新闻报》（上海），1939年1月23日

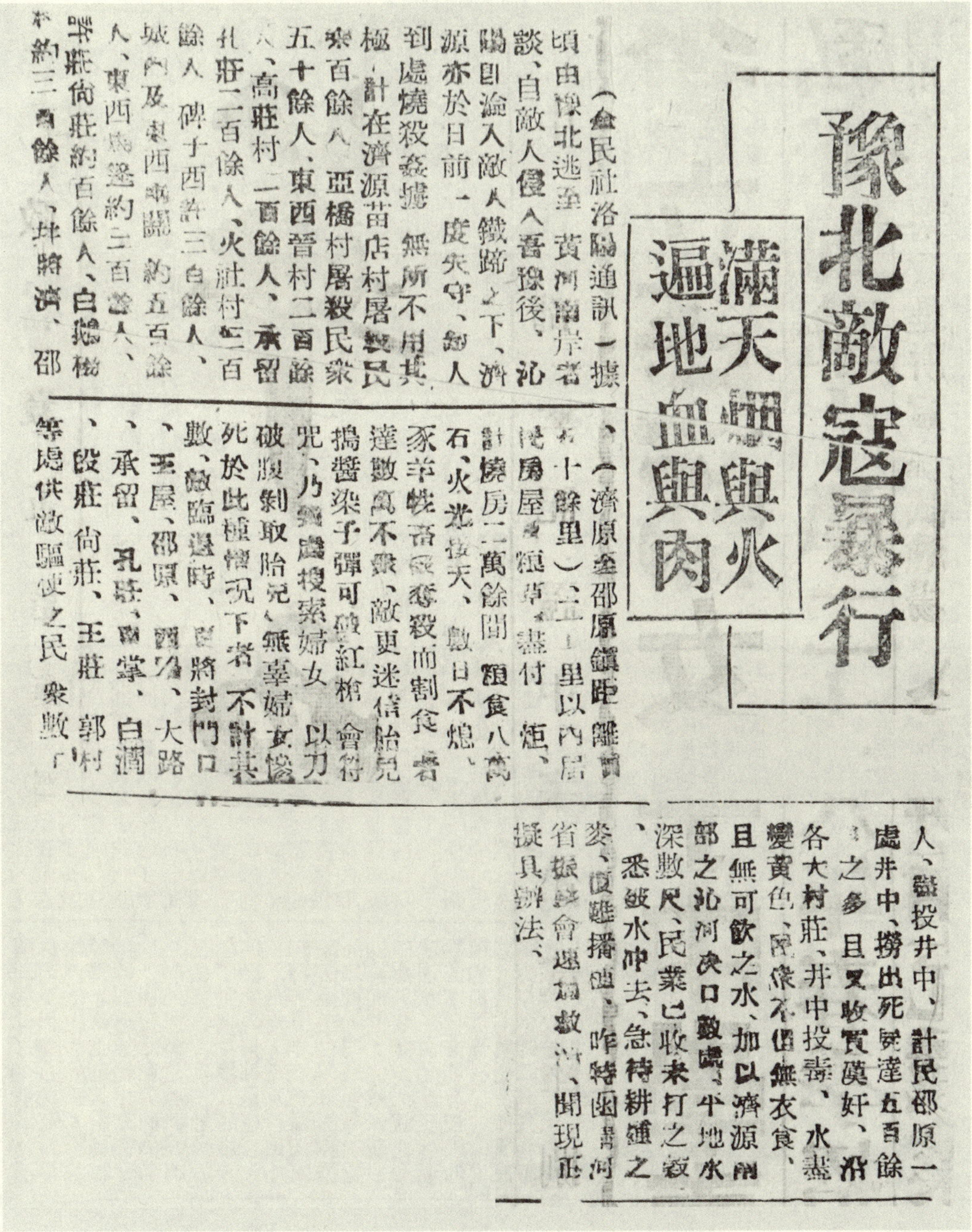

豫北敵寇暴行
滿天烟與火 遍地血與肉

（全民社洛陽通訊）據頃由豫北逃至黃河南岸者談，自敵人侵入晉豫後，沁陽即淪入敵人鐵蹄之下，濟源亦於日前一度失守，敵人到處燒殺姦擄，無所不用其極，計在濟源苗店村屠殺民衆百餘人，亞橋村屠殺民衆五十餘人，東西晉村二百餘人，高莊村一百餘人，承留孔莊一百餘人，火祉村二百餘人，碑子西許三百餘人，城內及東西兩關約五百餘人，東西[illegible]逯約三百餘人，[illegible]莊尚莊約百餘人、白[illegible][illegible]約三百餘人，並將濟、邵、（濟原至邵原鎮距離約[illegible]十餘里）二三十里以內居民房屋及糧草盡付一炬，計燒房二萬餘間，糧食八萬石，火光接天，數日不熄，豕羊雞犬屠殺而割食者達數萬不計，敵更迷信胎兒搗醬染子彈可破紅槍會符咒，乃到處搜索婦女，以刀破腹剖取胎兒，無辜婦女慘死於此種情況下者不計其數，敵臨退時，並將封門口、王屋、邵原、西[illegible]、大路、承留、孔莊、[illegible]掌、白澗、段莊、尚莊、王莊、郭村等處供敵驅使之民衆數[illegible]人，盡投井中，計民邵原一處井中，撈出死屍達五百餘之多，且更收買漢奸，沿各大村莊，井中投毒，水盡變黃色，民衆不但無衣食，且無可飲之水，加以濟源南部之沁河決口數處，平地水深數尺，民業已收未打之穀，悉被水沖去，急待耕種之麥，復難播種，昨特函黃河省賑濟會迅賜救濟，聞現正擬具辦法，

——摘自《华西日报》，1939 年 1 月 24 日

敵機十六架狂炸南陽

死傷卅餘人毀房二百餘間
本報工友孫保生亦被炸死
又一筆永遠不能忘的血債

河南全省防空司令部息：昨日敵機十六架，分經隨縣，唐河暨隨陽店，源潭之綫，向南陽襲擊，本市於上午十時二十五分發空襲警報，十時卅分發緊急警報，該機於十時四十五分至十時五十三分，先後侵入南陽上空投彈，並用機槍掃射，暨散發荒謬傳單。十時四十七分，敵機五架，由宛北飛至南召之曹店，盤旋數過，經平氏向東南逸去，其餘十一架仍在本市上空盤旋投彈。於十一時十七分，向東南逸去。本市於十二時廿分解除警報。計本日敵機投彈約四十餘校，均落南關大街，小東關街，宛中，東關，及機場附近，炸毀瓦房一百十六間，草房九十五間，梨花莊震毀卅餘間，共約二百四十餘間，死平民十九名，傷者二十人，至唐河東門內投彈一枚，毀房十餘間，死小孩一名。

【又訊】昨日敵機十六架，又狂炸南陽不設防城市，炸燬房屋，死傷人民，至為殘酷。而南關白河兩岸，又發現漢奸，爲敵機作目標，以致被炸慘死者達四十餘人，聞已捉獲三名。

本報排字工友吳國順，被炸左排骨，膝蓋及右脚部，承第七兵站醫院担架隊護送醫治，并有工友孫保生，被炸傷重，當時殞命，業已棺殮，並籌備定期開會追悼。

慘的災區

【本報特寫】

敵機十六架帶着罪惡的臉，繼去歲五月二十五日，十月十八日兩次狂炸之後，昨日（廿三日）又在我南陽城造下了較過去兩次更大。更不可恕的罪惡！——又一筆使我們永不能忘記的血債。

它們——製造罪惡的敵機——盤旋，低飛，尋找它們作惡的目標。結果是漫無目標的一個一個，一批一批，丟下了敵人殺人放火的工具——炸彈，就在敵人這種暴行下，有多少我們的無辜民衆犧牲了，受傷了，有多少我們的美麗的房屋被破壞了！當時埋藏在我們每個人心中的憤怒，如果發為吼聲的話，我想一定可以壓倒十六敵機的罪惡的叫囂聲音的。

敵機剛去，記者卽得知本社青年工友孫保生已被炸斃命，吳國順受重傷，於是懷着滿腔憤怒赴南關受害區作沉悲痛的慰問。

被炸最慘的是南關南大街。沿街兩旁的房屋，多半被炸毀了，被震壞了。觸目盡是殘樑折柱，斷垣頹壁，磚土壘壘，碎瓦當道，還有那東倒西歪的電綫桿與絞成一團的電綫。受傷的已救護走了，留下了斑斑的血蹟，被炸死的還在少頭沒胳膊，血肉模糊的捲曲着。幸免於難的人們——他們已沒有了家，有的還失去了爸媽或兒女——他們那有的在忙着裝殮，有的已失去了的親人，有的在挖掘斷磚碎瓦，想在那斷磚碎瓦底下找着他們那還不知下落的爹媽或兒女，有的在掘尋那已毀壞了的什物，有的却兩眼發症的在注視他們這從前的家。唉，我怎樣才能把敵人這種無邊的罪惡描繪出來呢？

但出乎記者的意料之外的，是這次我沒有聽見哭聲，我注意的看遍了每個在場人的臉，他們的表情都是憤怒。

由南大街東折出小脚門，見本社殉難工友孫保生在白河邊上靜靜的躺着，二三青年工友團坐而泣，並燒紙錢以追慰死者幽靈，觀之令人鼻酸。仰望雲天，伏察流水，亦著有無限的震怒與沉痛。

另有本社青年工友李憲章，當敵機狂炸時，彼能在被震沙士掩壟半藏身子的險狀下，發現白河彼岸漢奸，呼警捕獲，智勇實堪嘉奠。

血的債是血來還的。今後我們除了加緊防空設施，如請當局裝設高射炮，於郊外多挖單人防空窖，疏散市民等，以避免無味犧牲外，並應加緊鋤奸工作，人人出錢出力，參加抗戰，驅逐日寇出中國。

怒吼吧！南陽的民衆們！全中國的民衆們！（培五）

——摘自《河南民国日报》，1939年1月24日

今日之武漢

法租界居民死亡以布裹投江
物價高漲白煤每噸須二百元

友人某君，以職務羈身，未能離漢，近以西籍好友來滬之便，帶來一函。際此郵電阻斷之時，一緘遞到，倍覺珍貴，彷彿佳音自天上來也。函中於淪陷後之武漢，形形色色，叙述殊詳，且多外間所未知。爰爲錄諸本刊，諒爲讀者所樂聞也。

在鐵蹄蹂躪下

焦土處處

日海陸軍開入漢市，爲十月二十六日之清晨。先一日武漢各政府機關屋宇，即先後自動炸毀：計有武昌行營，省政府，市政處等；漢口市政府，警察局，中央銀行及日租界之總領事館，同仁會醫院等；漢陽則兵工廠亦全部徹底破壞。當時轟然巨響，震撼全市，火光燭天，終宵未息。迨日軍入境，已是焦土處處，亦只得徒喚奈何耳！其後漢市江漢路以上沿江及沿襄河一帶，又曾大火延燒四晝夜，斷垣殘棟，尤觸目傷心。

日軍入境後，即將漢口全市，劃爲五區：計特一，特二，特三區全劃爲海軍區，江漢路前後花樓一帶爲商業區，民生路一帶爲日華區，中山路以北爲軍事區。自武聖廟起至礄口一帶即爲難民區。

租界受困

漢口往昔原有五國租界，即英，法，德，俄，日。其後英，德，俄三國租界，已先後爲中政府交涉收回；而日租界亦於往歲七月七日蘆溝橋事變一週年紀念，爲我自動撤除。故武漢淪陷後，三國僅遺殘蹟，只法租界彈丸之地，猶留得一片乾淨土；未及離漢同胞，莫不願爲庇身樂園。法租界當局於十月二十五日正午，即將四週鐵柵，完全封鎖，斷絕租界內外一切交通。日軍入境後，頗感可望而不可接之苦，於是藉詞肅清抗日份子，種種刁難。法租界居民最感痛苦者，厥爲下列三端：

一，自來水源斷絕供給，致居民除一小部份有自備井外，朝暮取給於濁浪滔滔之長江中者，恆絡繹於途。而水閘以缺水之故，無法宣洩，糞穢堆積溝渠，臭氣沖天，難堪之至。

二，界內居民之死亡者，無棺可購，無地可葬；逼不得已，乃競將布疋裹屍，擲諸江中，爲狀之慘，筆墨難罄！至於鐵柵開放，猶是遙遙無期，租界當局認爲尚非其時，祇沿江邊通入特一及特二區之左右兩處柵門，可以通行，而日軍亦可以假道過通此處也。

三，物價昂貴驚人。計白煤每噸售價在二百元以上，煤球每擔在十元以上，米每擔在二十元以上，其餘柴蔬肉之類，亦無不漲價數倍；一般居戶，莫不叫苦連天！

產業侵佔

漢市特區房屋，凡屬稍佳者，無不被日軍侵佔屯駐。江漢路上海商業儲蓄銀行，今被闢爲電報局，祇收明碼電報，且報費必須以日金老頭票或軍用票支付。湖南路交通銀行，則已作爲日總領事館。該行屋宇，原已抵押於義品銀行，曾由駐比領代辦出面交涉，但亦無效。日方藉口爲戰時借用，至今尚延不肯讓還。漢口商業銀行原址，已作爲偽維持會會所。（按首都淪陷後，汪逆兆銘在漢時，亦寓該行大樓，漢奸巢窩，誠可以後先映輝矣。）日方最近又曾提查華商各銀行在法租界以外之庫房，其目的在乎軍火及政府機關文件，結果無所獲。又漢口既濟水電公司，爲華中有數大企業之一；年前方由宋子文氏等投資改組，而由宋氏自任董事長，將內部大加整頓，營業方蒸蒸日上；此次華軍退出武漢時，該廠原亦爲華方自動炸毀目標之一，但以儀神父臨時爲留漢難胞請命，遂即作罷。日人入境後，該廠產業當即全部被佔，今且改組爲華中水電株式會社。公司原有職員，大部發薪水一個月，即行遣散云。

偽維持會

偽維持會會長計國楨，曾任漢口市商會執行委員，初無藉藉名。此番出爲漢奸後，曾一度在寓所被刺，略受輕傷，聲跡始稍斂。偽財政局長李鼎安，以前有一時期，在漢口金融界中，大大有名。江漢路中上海商業儲蓄銀行左側之鼎安里，即其私人產業，此外所營錢舖等，亦頗佔勢力。惟近年來，營業不振，已大非昔比，且曾一度瀕於破產，所有鼎安里房屋，亦早已抵押於交通等銀行；潦倒無聊之餘，遂不免爲日所誘矣。該會組織之初，日特務部曾派人與漢市銀行公會團體接洽，要求參加；後經各銀行留漢負責人集商，一致堅決拒絕，而以各銀行經理俱已離漢，難得相當物望之代表人選爲藉口。漢奸輩一片妄想，亦徒見其心勞而日拙也！（完）

——摘自《大晚报》（上海），1939年1月25日

血肉橫飛——沉船毀屋——

重慶第一次嘗着轟炸味

死傷平民二百 損失無從統計

全面抗戰中何處有樂土

（特約航訊）重慶在過去、不要說實際的轟炸、不曾有過、連徒有虛聲的警報、也一月中難得聽到二三次、聽到了、也往往使人生「只聽警報響、不見×機來」之感、重慶人方以「天然煙幕」（這兒每屆冬令、常常濃霧遮天、故云）自傲、自慰、坦然過其熙熙攘攘的生活、而一月十五日中午之慘劇發生矣、繼桂林・萬縣・衡陽・潼關之後、而有此次之慘劇、筆者親眼目睹安得不詳為一紀、以告酣歌恒舞中之孤島同胞、

是日也

天朗氣清、好像天老爺故意撤去煙幕、讓鐵鳥對重慶市、一試其「處女炸」似的、十二時五十分、起先是空襲警報、接着就是緊急警報、那「嗚……嗚……嗚……」的聲音、加慘呼、如哀叫、抓緊了每個人的心、因為上一天已有萬縣的被炸、所以今天大家都有「挨到重慶了」的預感、不久、街市像死去了一般、寂靜無聲、室內的人們躲的躲、藏的藏

頭上嗡嗡

的響了、那是飛機起飛迎擊、接着是一陣喧鬧的發動機聲、排空而過、我們在心眼中看到數十架×機、列着整齊的隊形、從我們頭上過去、「咚！咚！咚！」、高射炮聲、「達！達！達！」、機關鎗聲、一齊爆發、「砰！砰！」丟炸彈了、「格咧咧」、牆壁發抖、朋友老柯連忙躲到床底下、幾個四川籍的女同事嚇得牙齒打戰、蹲在避難室的角落裏、呆若木雞、

一時五十分解除警報、這回、同樣是嗚……的聲音、但聽起來卻令人痛快、把縮緊了心囊、寬放了開來、「我們重做一番人了」不免有如此感覺、

但我們是活着了

二百多的貧苦同胞呢、

這次空襲的×機、共有廿七架、其中有輕轟炸機、（兩用式、可作驅逐機用）有獨座驅逐機、因我機奮勇追逐、及高射炮紛紛瞄準射擊、僅能倉皇投彈、不

及選擇目標、致被燬民房廿餘棟、汽車兩輛、木船五艘、死一二四人、傷一六六人、俱爲貧苦平民、全市共投六十二彈、內有二枚未爆發、

慘劇發生後

孔院長親赴各被炸地點巡視、撫慰被難同胞、並命賑濟委員會從速撥款救濟、婦女慰勞會、新運婦女生活指導委員會、市黨部都派員到各醫院和死者家裏慰問、並發救濟金、外國電影公司及外籍新聞記者紛紛拍攝照片、以便向全世界暴露、

由於這次轟炸

我們得到了一個教訓、就是在整個國家、整個民族危殆期間、欲求個人或個人的家屬的安全、是不可得的、過去、許多富翁、以重慶爲安全區、紛紛遷來、而又昧於「有力出力、有錢出錢」之旨、對於各種捐款、一毛不拔、現在可以覺悟了吧、誰也不能離開了民族的總的勝負、而單獨的生存或死亡、

花花絮絮

在這次轟炸中、另外有一些花花絮絮、也是值得報告的、

家破人亡

（一）某機關一職員、趁星期之暇（十五日爲星期）、中午應邀赴友人處、待警報解除、急忙歸去、則妻兒均壓斃於瓦礫之中、爲狀極慘、不禁痛哭、大喊「家破人亡」、

上坡跌下坡

（二）參政員劉君、空襲時、由上坡跌至下坡、受傷甚重、經醫治後、聞可無危險、

陳長蘅全家

（三）立法委員陳長蘅、應友人邀、全家出外、而家中適被炸燬、但闔家生命、得以保全、亦不幸中之大幸、

飄沒江流

（四）日機在郊外投彈時、江中米船被震沉達五艘之多、無辜貧民、犧牲甚衆、咸隨滾滾江流飄沒、

變成聾子

（五）一警士適在被炸地點、炸聲起、警士仆地、及後爬起、已不能聞人語聲、蓋耳膜已震破成爲聾子矣、

雀將义死

（六）某處被炸時、有四人正在打牌、後俱被炸死、其中一屍、手中尙揑着一隻「一筒」、謔者謂「被抓到了太陽旗、安得不到閻羅殿上去」、

聽了最後這一段事實、我們眞要如讀柴霍夫小說、笑中含淚了、

——摘自《时报》（上海），1939年1月25日

洛陽遭敵機狂炸

瑞典基督教堂亦被炸燬

新安境內焚燬敵機一架

中央社洛陽廿四日電 最近一週來、敵機復在豫境肆虐、潼陝閿鄉南陽等縣均先後被炸、洛陽方面、亦於今晨十時遭敵機九架狂炸、敵機侵入市空後、先以機槍掃射、繼則無目的狂炸、共投彈六十餘枚、均落市區、商業中心之東西南北四大街、及南關一帶、均遭蹂躪、被燬房屋百餘間、死傷已經查出者、約五十人、此外北大街之瑞典基督教堂上鮮明之瑞典國徽、然亦經敵機炸燬房屋數間、敵人之藐視外人財產、於此又多一明證、

中央社南陽二十三日電 廿三日上午十時、禮山發現敵機六架、十一時侵入豫境、南陽發出警報、旋即侵入上空、在北城一帶低飛轟炸、並開放機槍、同時又有敵機十架、分批侵入、大肆狂炸、城內南關北關等處、機槍炸彈、交相轟炸、毀房屋廿餘、死傷廿五人、民國日報排字工人吳國順被炸片炸傷、孫保生炸死、至十二時、敵機向東遁去、

中央社澠關二十四日電 本日下午二時、豫境新安至澠池間之鐵門車站上空、發現敵機一架、因機件發生障礙、在車站附近墜地焚燬、機內駕駛員二人均焚斃、

中央社梧州廿四日電 敵機八架、下午一時廿分襲貴縣、投彈多枚後竄去、

——摘自《时事新报》（重庆），1939 年 1 月 25 日

歸國僑胞二百餘 在汕頭海外「遭敵慘殺」

輪上血肉狼藉慘不忍睹

所載貨物亦被刼一空

▲中央社福州二十四日電 近有南洋僑胞二百七十餘人、由仰光搭英籍德忌利士公司海門輪船歸國、詎該輪于[illegible]四日駛抵汕頭口外、突遇敵潛水艇三艘、限令停駛、當有大批寇卒蜂擁登輪、將全部搭客綑綁、粵籍僑胞二百餘人、悉遭殘酷殺害、輪上血肉狼藉、慘不忍睹、僅閩籍僑胞六十餘人、得以生還、抵閩、該輪船主亦受重傷、載貨被刼一空、足見倭寇暴戾殘忍、日益加厲。

——摘自《中央日报》（重庆），1939 年 1 月 25 日

敵機九架昨狂炸洛陽

投六十餘彈死傷約五十 瑞典教堂被炸毀屋數間

【中央社洛陽廿四日電】最近一週來，敵機復在豫省肆虐，澠陝閿鄉南陽等縣均先後被炸。洛陽方面亦於今晨十時遭敵機九架狂炸，敵機侵入市空後，先以機槍掃射，繼則無目的狂炸，共投彈六十餘枚，均落市區商業中心。東西南北四大街，及南關一帶，均遭狂炸，被毀房屋百餘間，死傷已經查出者約五十人。此外北大街之瑞典基督教堂上有顯明之瑞典國徽，亦經敵機炸毀房屋數間。敵人之蔑視外人財產，於此可見一明證。

潼關貴縣昨空襲

【中央社潼關廿四日電】敵機本日三次竄擾潼關。第一次九時許，敵機一架在潼關上空窺視一週，向東北逸去。二次敵機七架十時許在平民發現，向南竄飛，旋往朝邑華陰，於十一時許飛達潼關上空，在城內及東關北關一帶投彈四十二枚，炸燬民房廿二間，僅傷平民一人，旋逸去。三次一架、十一時五十分在潼關上空盤旋數週，向東逸去。

【中央社梧州二十四日電】敵機八架下午一時廿分襲貴縣，投彈多枚後竄去。

——摘自《河南民国日报》，1939 年 1 月 25 日

特寫

劫後的市橋（上）

（本報特約記者冠炘自市橋）

市橋是番禺一個商業繁盛的市鎮，也是番禺第一區殷富薈萃的區域，現在淪惡的風雲，正在籠罩着整個市橋大地，自廣州失陷，直至現在，此間屢傳X人來犯，杯弓蛇影，迭起猜疑，但X因迭次見挫于沙灣，市橋因與沙灣爲唇齒相依的一個連繫地點的原因，兼以鄰心桑梓之市南大塘李福林老將軍，爲杜絕X人覬覦番禺重鎮市橋的原故，乃決將市橋的護衛力量加強，令飭那剛剛翰誠而從新改編在李將軍麾下的一位草澤英雄梁猛虎（震崗）司令，座鎮是間，

梁猛虎司令，是曩昔西江猛虎黨的一個綠林領袖，當其馳綠林生活時，仍不失其豪俠本色，以劫富濟貧爲唯一的本旨，恒能急人之急，成人之美，恕人之短，俠聲所播，人多德之，近以國難當前，乃放下屠刀，輸誠救國，因獲老民黨李綺庵陳鐵五兩先生之介，在李將軍指揮下，充任第五支隊的一個少將司令，

因此在于X人威脅下的市橋，一切配備（已加強起來了，故X人雖曾于本月四日，當攻陷沙灣的時候，更進一步于陷沙灣後的翌晨（五日）向這裏進攻，這位梁司令，遂振起其猛虎的雄威，本着守土衛民的天職，憑藉優越據點，率領所部下的弟兄們，作堅決不屈撓抗，無奈X方恃着堅強而兼優良的利器，傾巢水北，先在市橋東北郊外碧沙崗毗連的長賴崗，遍架了鋼砲和排炮，向我市橋的中心區射擊起來，我們雖以血肉構成如鋼鐵般的長城，但爲着戰略關係，見當時已博得相當代價，及完成護衛民衆雖開了火線的任務，乃分向有利新陣地撤退了，

當X寇深進了市橋腹地時候，乃本其甚于強盜的老例，縱火啊，劫掠啊，□□啊，屠殺啊，足達二十四個鐘頭之久。卒因被我團隊的威脅與壓迫，恐全軍覆滅，又不得不撤退了，但劫後的市橋，目前是怎樣的呢，關心桑梓的僑胞，多欲一明狀況，筆者是剛從市橋來的，特地將耳聞目見的事實寫下來，當X軍砲轟市橋時，達三個鐘頭之久，計發砲約三十餘響，但X砲彈缺乏，所放射的實心彈和炸彈，不滿五發，其餘通通是用以威嚇恫嚇的藥粉彈，（空頭砲）故市橋被毀的建築物，亦很輕微，計纖籬街墜下三顆爆炸彈，炸毀屋宇十七棟，東涌墜下兩顆實心炮彈，這裏裕益米店的正牆，亦被洞穿了一巨穴，但這店無恙，餘均是恫嚇的空頭炮，因我市橋團隊，這役抵抗很厲害，故X攻進這裏的時候，見人便殺，因逃避不及的老百姓，橫死於X鋒利的大刀下的，約在二十人之間，計X軍佔市橋，剛剛二十四個鐘頭，便把掠得的贓物挾跑了，

（未完）

——摘自《华侨日报》（香港），1939年1月26日

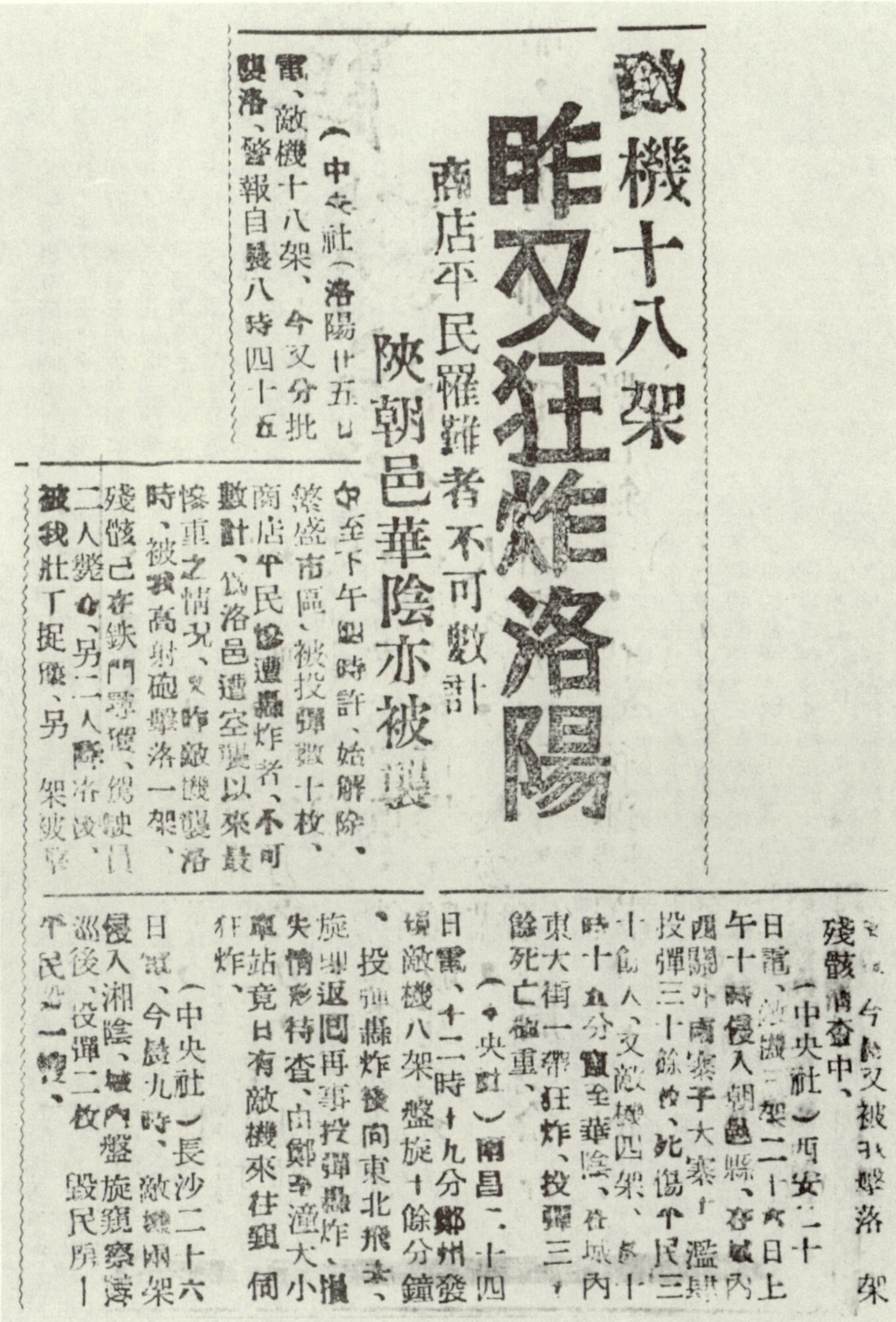

敵機十八架

昨又狂炸洛陽

商店平民罹難者不可數計

陝朝邑華陰亦被襲

（中央社）洛陽廿五日電、敵機十八架、今又分批襲洛、警報自晨八時四十五分至下午四時許、始解除、繁盛市區、被投彈數十枚、商店平民遭轟炸者、不可數計、為洛邑遭空襲以來最慘重之情況、又昨敵機襲洛時、被我高射砲擊落一架、殘骸已在鉄門尋獲、駕駛員二人斃命、另一人降落後、被我壯丁捉獲、另[illegible]架被擊[illegible]、今[illegible]又被我擊落[illegible]架、殘骸尚在查中、

（中央社）西安二十六日電、敵機三架二十六日上午十時侵入朝邑縣、在城內西關外南寨子大寨[illegible]濫肆投彈三十餘枚、死傷平民三十餘人、又敵機四架、是日十一時十五分竄至華陰、在城內東大街一帶狂炸、投彈三十餘、死亡甚重、

（中央社）南昌二十四日電、十二時十九分鄭州發現敵機八架、盤旋十餘分鐘、投彈轟炸後向東北飛去、旋即返回再事投彈轟炸、損失情形待查、由鄭至澠大小車站竟日有敵機來往窺伺狂炸、

（中央社）長沙二十六日電、今晨九時、敵機兩架侵入湘陰、城內盤旋窺察逡巡後、投彈二枚、毀民房一[illegible]、平民[illegible]一[illegible]、

——摘自《华西日报》，1939年1月27日

刦後的市橋（下）

特寫

（本報特約記者冠炘自市橋）

乂軍退出市橋的時候・是在五日上午十點鐘・分水陸兩路退却的・水路分用大扁艇二十餘艘・以汽船五艘拖向沙灣方面而去・陸路則循市新公路・向南村市頭等處退却・從陸路逃走的乂軍・曾擄去我女同胞約二十餘人・這大概是用來準備補充他的軍妓無疑吧・

當是日上午十一時三十分鐘・乂軍總撤退後約一時許・沿市新公路各小鄉一帶的土匪・即由平日慣于打家刦舍出名的盜首王某譚某・率領嘍羅・蜂擁似的向市橋衝進・首先衝到商業最繁盛的橋東街口大市・止街・東涌等處・向各店大肆搶掠・尤以大東路迤西的橫街為甚・全街均被匪徒洗刦一空・無一幸免・幸向大龍口魚窩頭等地退却的第五支隊各部・得聆乂軍撤退消息・即由梁司令霞崗・率領大隊人馬・火速開向市橋前進・故土匪搶掠・祇一個鐘頭的短小時間・梁已率領多量人馬・開到維持・所以各內街的偉蓮什戶・得以避免匪類光顧・

當梁部回防市橋的時候・分為三路・因為梁司令以這三條路・係匪徒逃走必經的途徑・特地分三路而進・將那些匪類・圍困在垓心・這時土匪已成組上肉一般・雖然不斷的開槍拒捕・但有一大部份・得聞駐軍回防消息・便衝出海隅・鳧水逃去了。而多行不義的匪首王某・在小橋頭的地方・被團隊擊斃・同時並在黎地基地方・擊斃了一個刦匪・自從駐軍回防後・市橋的治安・即由第五支隊聯合黎姓義勇軍・協同維持下去・現秩序已漸次恢復・刦後的市橋・仍舊安然無恙・直到現在・那險惡的戰雲・和不幸的匪禍・已漸漸吹散了・信裏的狀況・略如下述一般・

㈠與市橋唇齒相依的大石・屏山・大龍口・魚窩頭等地方・均經我國隊從新調整・握要防守・可無他虞・㈡當地團隊・昨發出佈告・申明軍紀・非有公幹・不准携械出外遊行・㈢由駐防第五支隊特務營・和黎姓義勇軍・協助商民自衛隊・現在不分日夜・輪值梭巡・故地方已日趨寧謐・㈣大東路・大南路・城門頭等繁盛街道的商店・自經商會二次勸告後・現在復業的已有八成・但西街・大路口等處・已復業的商店・祇得二成・其餘酒樓・茶居・旅店・均已完全復業・㈤大路口的福利電燈公司・自廿二日召集股東會議後・現定二月一日復業・黑暗已久的市橋・不日便可恢復光明了。㈥當地投機商人・近為利便行旅起見・特組織一市岐拖渡・來往市橋石岐・這渡一切的配備・現已完竣・聞定二月一日作處女航・（完）

——摘自《华侨日报》（香港），1939 年 1 月 27 日

×機又狂炸清遠縣城

城內疫症流行縣民死亡載道

（曲江通訊）清遠縣城自去月遭×機空襲後，月來已不見有若何異動，祇時時低飛過境，市面情形，已漸恢復。詎至十八日晨八時許，×機八架，又到清遠投彈三十餘枚，彈多落東北兩門附近，死傷平民三十餘人。因此清遠縣民，晨早又聯群結隊，到北郊山脚山洞中避難，至夜晚六時始相率返城。城內市場，以日間無人光顧，亦遷往東郊牛王廟附近竹行地方開設，市民購得魚菜後，即在山脚作炊，情形甚慘。至清遠縣城內，月來疫症流行，患者死亡極速，去月染疫症死亡者達五六百人，因城內只得棺材店一間，存貨無多，購者紛至沓來，不數日已被購一空，雖日夜加工起製，亦不足應用，故多數未購得棺材之貧民，以破席捲蔽屍身，葬於附近山崗中，草草了事。查城內醫藥異常缺乏，染疫者多因醫藥缺乏失救，迄今疫症猶未稍止云。

——摘自《华侨日报》（香港），1939年1月28日

年餘幸免於難之江門市

前日被×機初次轟炸

堤西路常安路及河南等處塌屋數十

死傷無辜平民百餘確數尚在調查中

（江門特訊）×自南侵以來・吾粵各城鎮・幾盡被×機投彈轟炸・無一倖免・惟是江門一埠・則年餘以來。太平無事・雖有警報發出・亦祇×機過境・未嘗在江門投彈或掃射。故粵東各城鎮得免於荼毒者・僅一江門而已・於是神經過敏者・乃多方揣測・竟有謂×國某親王名江門・故×不敢對江門投彈云云・此實毫無根據之談・妄言妄聽可也・詎直至昨廿七日・×之兇殘手段・居然不復再忍・作第一次向江門肆虐・是否冒犯其親王・亦竟不顧・×之面目・可概見矣・查廿七日上午十時廿五分・有×機四架・飛至江門上空・在堤西路・河南南鎮社・新慶街・及常安路新亞酒店附近一帶投彈・造成空前慘劇・塌屋數十間・水陸民衆死傷百五十人以上・慘案發生後・新會縣政府及各方防護消防人員・立加緊辦理施救善後工作・在各頹垣敗瓦中・救出傷者分送醫院調治・死者則就近掩葬・聽候認殮・詳細災情・死傷數目・一時尚難查確・又當×機將至時・江門已發出警報・惟市民以×機經市上空・從未投彈肆虐・故多不爲意・及×機高空投彈・已走避不及・故死傷有如此之多・現當地軍政機關・以×機襲市後・抗戰情勢・已漸緊張・除分頭安定民心・及籌劃疏散婦孺老弱離市外・並嚴防歹徒潛入擾亂・一方面加緊充實積極消極防空建設・保障市面安寧云・

又據另訊・伶仃洋×艦・連日起機經中山飛新台恩開沿海肆虐・廿七日上午十時・石岐近郊・忽發現×水機四架經過・向新會方面飛去・未幾隆隆之聲遂起・先後共發九響・嗣據調查・×機四架飛抵江門時・以三架在江門長堤盤旋・一架飛沿海窺伺・十時廿五分・該三機低飛輪流投彈・共落彈八枚・於堤岸一帶・但祇七枚炸發・一枚未炸・除海傍船艇被毀及擊沉共廿艘左右外・並將新亞酒店炸毀・該店巨厦高聳・受彈較多・中有燒夷彈二枚・當場燃燒・幸警報發出時・各客多已走避・在安全地帶暫伏・同時各救護消防隊援救迅速・故該酒店傷斃人數尚非甚衆・惟苦力及路人死傷已七八人・夥伴等略有壓傷・正調查及挖救中・附近店戶被波及者亦三座・窗戶什物多被震毀・×機臨去時・並向車輛船隻掃射機關槍・公路車搭客・幸已下車伏避・此外向廣海洋面窺伺之×機・亦以機槍掃射漁船・未幾彈聲又隆然一響・惟落彈地點尚未發現・有謂係追炸漁船云・×機投彈後・向各處盤繞數匝乃去・各救護消防工作團等・即馳出挖救・當局正極力善後中云・

（本報駐江門專員電）（遲到）廿七日巳時・×機四架轟炸江門・在堤西路及河南投十彈・死傷百餘人・

（按・此電係廿七日下午三時五十分送發・至廿八日上午九時始收到・故昨（廿八）日報章未及刊出・

又澳門通訊・江門市形勢近已漸趨安定・交通亦如常・江澳・江岐輪拖・亦有十餘艘行走・貨物往來不絕・寄貨皆以澳門為中站・由江寄港・或由港寄江之貨物・均由澳轉駁運往・故澳地月來增加出口貨欄數十間・惟江廿七日忽被×機轟炸・是日下午二時・澳門各欄與各行商・即有接到江門拍來電報・着暫停止付貨者・惟此或一時暫避之意・實則江門防務穩固・可保無虞也・

——摘自《华侨日报》（香港），1939 年 1 月 29 日

×機又轟炸

惠州府城

一彈落象嶺巷

當堂炸斃三人

（惠州特訊）東莞石龍太平虎門各綫×，自遭我反攻大軍配合民衆，節節進迫，乃改易為大轟炸計劃後，即向惠陽東莞寶安各屬實施，各情經詳誌前報，查惠陽縣城，×機對之尤為注視，自廿四日起，×機每日凌晨六時許，即有×機前來空襲，各民衆患難餘生，咸視若無睹，至廿五日，縣城落彈後，形勢即趨嚴重，至廿六日自晨至午，均無警報發出，府縣兩城居民，以為可得一日之安息，詎至十二時五分，嗚嗚警報又鳴，俄頃，即有×機三架，循惠樟公路冉冉而來，抵達惠城時，已在十二時十五分，兩城民衆，欲逃出郊外而無由，即蟄伏較為堅固之各建築物下，以避其鋒，各×機低飛盤旋，約三匝後，即在府城擲下一彈，隆然一聲，落在象嶺巷中，彈聲之後，繼以機槍密集爆發聲，各居民幸隱藏得法，未至為流彈所傷，至十二時三十五分，各×機於殺人任務完畢後，方行逃去，事後調查所落之彈，乃在象嶺巷縣政府後牆羅宅，此戶為兩進式，前進戶主羅克剛，後進戶主羅紹雄，兩氏皆從事軍政兩途，彈落地點，為前進羅克剛所住者，羅氏本人現在惠陽土膏店廣源公司供職，是日適返公司工作，其長子羅培根，又因岳母病逝，偕同妻室前往辦喪事，均倖免于難，只可憐羅妻林氏，及幼子培生，婢女亞屏，未及奔避，慘遭炸斃，發掘時，計羅妻後腦被轟燬去，只得半邊面孔，羅子則腹部炸穿，腸臟炸出，婢女則炸去半身，皆血肉模糊，厥狀之慘，令人不忍卒睹，縣府及防軍協助發掘後，并撥恤款辦理喪事，至廿七早，又有×機來襲，兩城居民聆警出奔，不敢逗留在家，情況甚為蕭條云。

——摘自《华侨日报》（香港），1939年1月29日

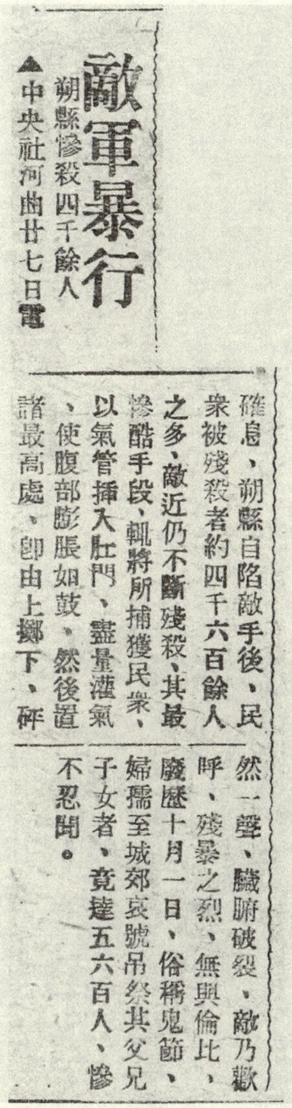

敵軍暴行

朔縣慘殺四千餘人

▲中央社河曲廿七日電

確息、朔縣自陷敵手後、民衆被殘殺者約四千六百餘人之多、敵近仍不斷殘殺、其最慘酷手段、輒將所捕獲民衆、以氣管插入肛門、盡量灌氣、使腹部膨脹如鼓、然後置諸最高處、卽由上擲下、砰然一聲、臟腑破裂、敵乃歡呼、殘暴之烈、無與倫比、廢歷十月一日、俗稱鬼節、婦孺至城郊哀號吊祭其父兄子女者、竟達五六百人、慘不忍聞。

——摘自《中央日报》（重庆），
1939 年 1 月 29 日

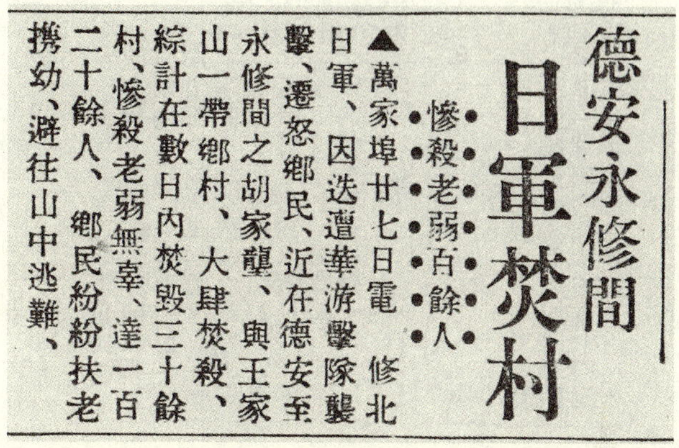

德安永修間

日軍焚村

慘殺老弱百餘人

▲萬家埠廿七日電 修北日軍、因迭遭華游擊隊襲擊、遷怒鄉民、近在德安至永修間之胡家壟、與王家山一帶鄉村、大肆焚殺、綜計在數日內焚毀三十餘村、慘殺老弱無辜、達一百二十餘人、 鄉民紛紛扶老攜幼、避往山中逃難、

——摘自《新闻报》（上海），1939 年 1 月 29 日

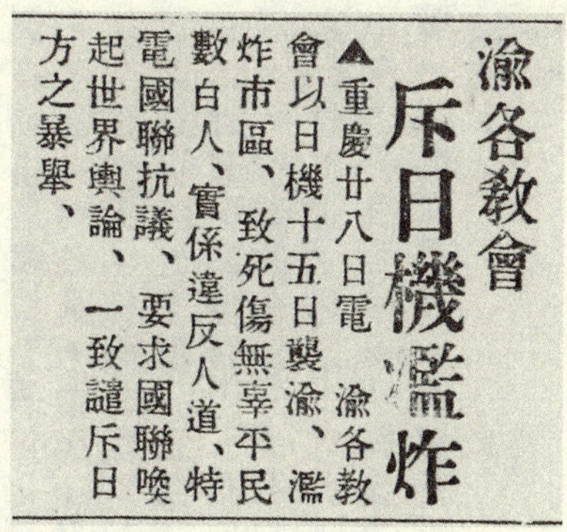

渝各教會

斥日機濫炸

▲重慶廿八日電 渝各教會以日機十五日襲渝、濫炸市區、致死傷無辜平民數百人、實係違反人道、特電國聯抗議、要求國聯喚起世界輿論、 一致譴斥日方之暴舉、

——摘自《新闻报》（上海），1939 年 1 月 29 日

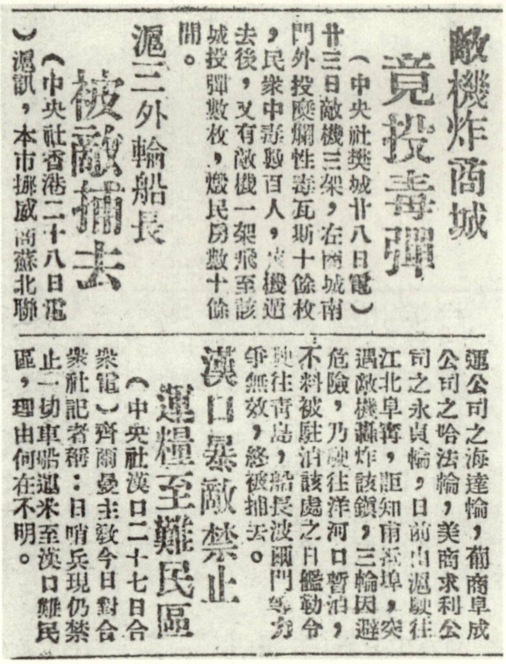

敵機炸商城 竟投毒彈

（中央社樊城廿八日電）廿三日敵機三架，在商城南門外投糜爛性毒瓦斯十餘枚，民衆中毒數百人，敵機逝去後，又有敵機一架飛至該城投彈數枚，燬民房數十餘間。

滬三外輪船長 被敵捕去

（中央社香港二十八日電）滬訊，本市挪威商蘇北聯運公司之海達輪，葡商阜成公司之哈法輪，美商求利公司之永貞輪，日前由滬駛往江北阜寗，詎知甫抵埠，突遇敵機轟炸該鎮，三輪因避危險，乃駛往洋河口暫泊，不料被駐泊該處之日艦勒令駛往青島，船長波爾門等爭無效，終被捕去。

漢口暴敵禁止 運糧至難民區

（中央社漢口二十七日合衆電）齊爾曼主教今日對合衆社記者稱：日哨兵現仍禁止一切車船運米至漢口難民區，理由何在不明。

——摘自《新华日报》（汉口），1939 年 1 月 29 日

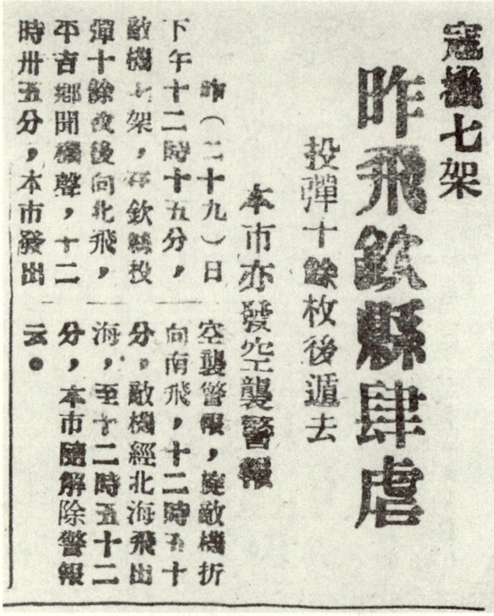

寇機七架 昨飛欽縣肆虐
投彈十餘枚後遁去
本市亦發空襲警報

昨（二十九）日下午十二時十五分，敵機七架，飛欽縣投彈十餘枚後向北飛，平吉鄉聞機聲，十二時卅五分，本市發出空襲警報，旋敵機折向南飛，十二時五十分，敵機經北海飛出海，至十二時五十二分，本市隨解除警報云。

——摘自《南宁民国日报》，1939 年 1 月 30 日

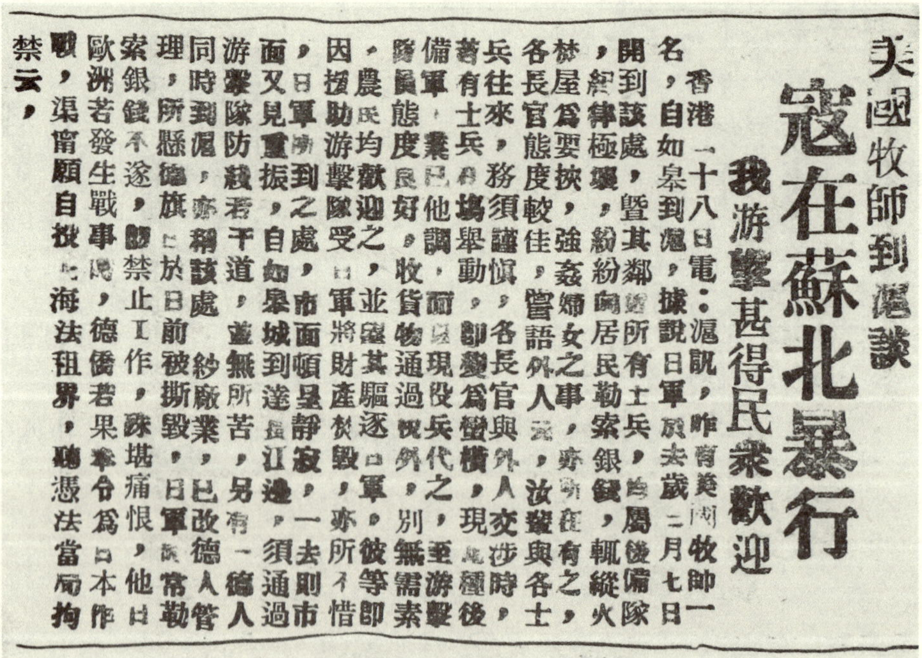

美國牧師到滬談 寇在蘇北暴行
我游擊甚得民衆歡迎

香港二十八日電：滬訊，昨有美國牧師一名，自如皋到滬，據說日軍於去歲二月七日開到該處，暨其鄰近所有士兵，均屬後備隊，紀律極壞，紛紛向居民勒索銀錢，輒縱火焚屋為要挾，強姦婦女之事，亦所在有之，各長官態度較佳，嘗語外人云，該處與各士兵往來，務須謹慎，各長官與外人交涉時，著有士兵[illegible]塢舉動，即變為蠻橫，現此種後備軍，業已他調，而以現役兵代之，至游擊隊員態度良好，收貨物通過稅外，別無需索、農民均歡迎之，並盡其驅逐日軍，彼等即因援助游擊隊受之，日軍將財產焚燬，亦所不惜，日軍所到之處，市面頓呈靜寂，一去則市面又見重振，自如皋城到達長江邊，須通過游擊隊防綫若干道，蓋無所苦，另有一德人同時到滬，亦稱該處紗廠業，已改德人管理，所懸德旗，亦於日前被撕毀，日軍時常勒索銀錢不遂，即禁止工作，殊堪痛恨，他日歐洲若發生戰事時，德僑若果奉令為日本作戰，渠甯願自投上海法租界，聽憑法當局拘禁云，

——摘自《南宁民国日报》，1939 年 1 月 30 日

淪陷後的太倉

已成一片瓦礫場

江南文物而今安在！

（上海通訊）蘇南的太倉，東近滬市，北接常熟，西界崑山，南毗嘉定，面積一百三十餘萬畝，陸路有京杭國道，及滬太線，蘇太線，沙常線，（太倉的沙頭鎮至常熟）崧太線，浮太線，（太倉縣城至浮橋鎮）等支線，此外尚有太崑線通達崑山，與京滬鐵路銜接，水路可以通航的，有瀏河，赤徑，瓦浦，郭澤塘，顧浦，崑太縣河等，直接通達常熟，蘇州等埠，及縣境的橫徑，浮橋，安亭等鎮，交通非常便捷，物產之饒豐，風景之佳麗，夙有『江南文物富庶之地』的美稱，可是這次因敵寇的進擾，終于淪陷了。

太倉淪陷後，在暴敵鐵蹄之下，損失極重，尤以縣城及東南的瀏河首鎮，燒炸成一片血腥，最爲奇慘，城內由西門通到東門，約四里許長長的一條大街，以獸性的破壞，焚燬無遺，霎時形成了一片瓦礫之場，差不多已完全呈現着焦土的狀態，其他各處，亦遭其所謂『破壞隊』的破壞，居民的房屋，門窗戶扇，亦悉被打開，屋內物件，大都被洗刦，景象十分淒慘，在昔日市榮繁華，文物富庶，至今日則變爲滿目荒凉，假若死市，令人不勝今昔之感。

然而敵人因爲兵力單薄，奢態畢露，多駐守在縣城及瀏河，深居僻出，不敢遠離，縣境北區的沙頭鎮，距縣城約三十里，東北的浮橋鎮，距縣城約六十里，這些市鎮及鄉間，更無法予以控制，不敢前往該處濫施其獸威，所以一切情況如常，幾乎同沒有淪陷的一樣，民衆來來去去，照常生活。

在戰前的太倉，全縣人口近三十萬，淪陷後十室九空，當時不克逃避的僅五六萬人而已，這些無辜的難民，遭受空前的大難，横加槍害，寃死犧牲者不知凡幾，無理性而不講人道的獸軍，更明目張胆的時向民衆肆意勒索，稍有不遂，輕則掴頰，重則槍刺亂戳，民衆對之，反感極深，惟因懾於淫威，敢怒而不敢言，內心中莫不恨之刺骨，待機抵抗，今春經有志之士的鼓吹，已紛紛的組織游擊隊，散佈四鄉，謀積極的集體的舉起正義的旗幟。

最近在半月前的時候，敵寇百餘名，乘艦駛抵太倉的儀橋鎮，負滄實彈，蠢擁登陸，經我游擊隊王士蘭王士魁，吳冠榮等，率隊迎頭痛擊，結果獸軍遭遇了阻截，終於潰退，這些都是民間武力抗戰已有準備，而且具有事實的表現，若能再堅强持久，發揚光大，必可予侵略者以重大打擊。

□　□　□

——摘自《中央日报》（重庆），1939 年 1 月 31 日

日機空襲鄭州

英商豫中打包廠被炸

▲洛陽三十日電　二十八日下午一時、有日機六架自東北侵入鄭州市空轟炸、向英商豫中打包廠及其附近投彈二十四枚、內有燃燒彈二、該廠房屋被毀二十餘間、並將英國國旗炸毀、日軍狂暴、蔑視外人財產、與汚辱友邦尊嚴、已可見一斑、

——摘自《新闻报》（上海），
1939 年 1 月 31 日

華中傀儡奴化教育計劃

本報駐滬記者 血誠

日偽近對華中文化施略、與奴化教育方針、亦正積極策劃、頗堪注目、試略述近聞如次、

編印奴化教本

去年議抄、維新偽實業沈能毅等、勾結日商、在滬創立所謂「華中印書局」、後、維新偽教部、即積極計劃編印奴化教書、現偽教育部長顧澄、已組有編審委員、編輯制定小學用國語歷會地理算學自然常識修身音樂八種教科書、其中「國語」一科、列為必修課、敵方又極重視、欲藉以資為奴化思想的工具、故不欲假手傀儡、完全由日人主編之、維新偽教育部所設滬辦事處、現將請滬同文書院教授日人坂本、從事主編、另由日人菊冲負責指導、編譯中文、另由虹口中部小學日人中村[illegible]雄負責、總編由漢奸報新中報社中日人帝谷蘆負責、坂本參考華北傀儡所編「正則日語讀本」、已編成一本日語讀本、即將交華中印書局由日人杉山憲監印、預定一月初出版、以供淪陷區奴化學校之用、

辦大學發刊物

偽教部長顧澄、偽宣傳奴化思想、麻醉青年計、近指派袁毓麟等編行所謂「東方文化月刊」、從事反宣傳、又在南京珠江路竺橋小學原址、開辦一臨時教頌養成所、今春起開始訓練奴化師資、令各省市保送學生二十名或四十名、但因有心肝者、不甘被利用、故特以金錢餌之、除供膳食衣服、又月給十五元至十元不等、結果就學者仍不多、此外又在前中央大學原址、籌設偽國立南京大學、顧逆自任校長、以經費無着、無法籌辦、迄未成功、關於體育則有徐公美、(近化名徐英)、在南京組有偽新中國體育學會、舉行「維新杯賽等」、以誘一般無知而愛好體育之青年、上海方面、另有日人井手武人、正籌組所謂大上海體育協會、妄圖勾誘滬體育界、日當局對文化侵略整個計劃、極重視二十二日興亞院、文化部長松村、特奉命來滬、將視察京蘇杭漢濟平各地後、回國草一全盤奴化毒計、

電影麻醉計劃

除以奴化教育、麻醉青年外、日方又圖以電影麻醉一般愚民、日本組有所謂國策映畫會、由日人小林一三主持、業已拉攏日本國內著名之松竹東寶日活三家電影公司、使聯合一致、集資五百萬日圓、來滬實施電教麻醉教育、現由國策映畫會社長植村、指派日人松崎啓程來滬、考察場址、準備在滬拍攝愚民影片、(一月二十五日自滬發)

——摘自《华西日报》，1939年2月2日

敵機今狂炸萬縣
死傷平民千餘
投彈百餘四城燃燒

【本市消息】此間接萬縣電話稱，敵機十八架，於今晨十一時由鄂西飛，經當陽宜昌，十二時〇四分竄入萬縣市空，在市區投彈百餘枚，內有燃燒彈數枚，故現四城正在燃燒中，死傷平民一千餘人，零時五十五分敵機始逸去，詳情正調查中。

——摘自《南京晚报》（重庆），1939年2月4日

雲陽秭歸發現
擊落兩敵機
萬縣被炸燬五百家 焚燬銀行死四百人

【本報今晨十一時萬縣專電】昨敵機襲萬縣市區，投彈地點第二馬路，濟賢寺，鎮元堂，南門外河壩，楊家街等處，二馬路鎮元堂兩處投有燒夷彈，約燬五百餘家，於五時尚有餘火，二馬路各銀行均燬去，死四百餘人。又雲陽，秭歸兩處各發現擊落敵機一架，正派人調査中。

——摘自《南京晚报》（重庆），1939年2月5日

敵機十八架
昨午狂炸貴陽
全市精華付諸一炬 死傷甚衆
萬縣昨亦被狂炸

（中央社）貴陽四日下午八時三十分電、今午敵機第二次襲筑、十一時半防空部發出警報、十二時敵機十八架飛抵筑市上空、在城內投下重炸彈燒夷彈百餘枚、即向西逸去、下午一時警報解除、全市精華付諸一炬、死傷約在五百人以上、文化機關如省立民教館、革命日報貴州晨報、中央通訊社辦事處貴陽中央日報營業部、及商務、中華世界、北新各大書局俱全燬、當空襲時、全城軍警壯丁俱出動搶救、惟因貴陽係屬不設防城市、市民除散避外、並無他法、故損失之大、一時尚無法統計、現城內仍在火燒、死傷者經各慈善機關救治、難民數萬、皆在四山露宿、寒風怒吼、哭聲震天、對敵機殘暴行爲、莫不切齒痛恨、

（中央社）貴陽四日下午八時三十分電、敵機十八架由廣西侵入黔境、其中九架於十二時十分、侵入貴陽市空、投彈後折返、損失待查、

（中央社）重慶四日電、敵機十八架、由鄂境經巴東巫山進襲萬縣、十二時十分侵入市區上空、在萬安橋及楊家街口投彈百餘枚、中有燒夷彈甚多、幸只有三四處着彈起火、迄二時許尚在燃燒中、聞損失甚爲慘重云、

（中央社）金華三日電、敵機一架、今日午後一時由杭州方面飛蕭山向城內投彈四枚、損失在調査中

（中央社）金華四日電、敵機三架、今晨八時五十分由杭州方面侵入諸暨、向城區投彈七枚、毀屋八間無死亡、旋向原路逸去、

——摘自《华西日报》，1939年2月5日

貴陽萬縣遭慘炸

兩市精華盡付一炬

死傷逾千五百人

數萬難民露宿山中哭聲震天

萬縣空戰貴陽文化機關全燬

（貴陽四日電）今午日機第二次襲筑，十一時半防空部發出警報，十二時，日機十八架飛抵筑市上空，在城內投下重炸彈燒夷彈百餘枚，卽向西逸去，下午一時警報解除，全市精華付諸一炬，死傷約在五百人以上。文化機關，如省立民衆教育館，革命日報，貴州晨報，中央通訊社辦事處，貴陽中央日報營業部，及商務，中華，世界，北新等書局，俱全燬。當空襲時，全城軍警壯丁俱出動搶救，惟因貴陽原爲不設防城市，日機之來，市民除散避外毫無他法，故損失之大，一時尚無法統計，現城內仍在焚燒，死傷者經各慈善機關救治，難民數萬，皆在四山露宿，寒風怒吼，哭聲震天，對日機如此行爲，莫不切齒痛恨。

（重慶四日電）路透社訊：日轟炸機十八架，今午圖襲重慶，被中國驅逐機在萬縣擊退。日機甫經長江各峽，向重慶飛來時，華機卽飛起，在萬縣天空迎擊，雙方發生激戰，日機對萬縣大街擲落炸彈百餘枚，多係燒燃彈，據未證實消息，死傷逾千人。日機在萬縣投彈後，卽於午後一時四十分，經宜昌逃回，重慶未發警報。同時自廣東南部海岸起飛之日轟炸機二十七架，經桂林飛貴陽，貴陽被襲詳情，尚未得悉。

（重慶四日電）日機十八架，由鄂境經巴東巫山進襲萬縣，十二時十分侵入市區上空，在萬安橋及楊家街口投彈百餘枚，中有燒夷彈甚多，有三四處着彈起火，迄二時許，尚在燃燒中，損失慘重。

——摘自《晶报》（上海），1939年2月5日

敵機昨狂炸貴陽

文化機關盡付一炬

平民死傷五百餘人

萬縣亦遭轟炸

▲中央社貴陽四日電 今午敵機第二次襲筑、十一時半防空部發出警報、十二時敵機十八架飛抵筑市上空、在城內投下重磅炸彈燒夷彈百餘枚、即向西逸去、下午一時、警報解除、全市精華、付諸一炬、死傷約在五百人以上、文化機關、如省立民教館、革命日報、貴州晨報、中央通訊社辦事處、貴陽中央日報營業部及商務中華世界北新各大書局省立醫院、全被燬、當空襲時全城軍警壯丁、俱出動搶救、惟因貴陽原爲不設防城市、敵機之來、市民除散避外、毫無他法、故損失之大、一時尚無法統計、現城內仍在焚燒、死傷者經各慈善機關救治、難民數萬、皆在四山露宿、寒風怒吼、哭聲震天、對敵機殘殺行爲、莫不切齒痛恨。

（本市息）據悉昨日敵機十八架、由湖北境經巴東巫山、進襲萬縣、十二時十分、侵入市區上空、在萬安橋及楊家街口投彈百餘枚、中有燒夷彈甚多、當有三四處着彈起火、迄二時許、尚在燃燒中、聞損失甚爲慘重云、

▲中央社南昌四日電 敵機四日轟炸向塘（距南昌六十里）窺察南昌、武寧、轟炸向塘之敵機五架、於上午十一時由都昌南飛、至本市上空窺察、復沿浙贛路線飛行、在向塘站投輕磅彈十枚、敵彈落地時之爆炸聲、市內隱約可聞、事後調查、死傷平民三人、燬房屋十二棟、省救護工作團世界紅十字會等團體、派員馳往救護、另有敵機二架、四日晨在修河南岸及武寧等縣偵察、被我駐軍猛擊、倉惶逸去。

▲中央社金華四日電 敵機三架、今晨八時五十分由杭州方面侵入諸暨、向城區彈七枚、燬屋八間、無死亡、旋向原路逸去。又電、敵機一架、今午後一時由杭州方面竄蕭山向城內投彈四枚、損失在調查中。

——摘自《中央日报》（重庆），1939年2月5日

桂林被炸

日機最近大轟炸桂林（上圖）為被炸時，火焰冒空，民衆沿灕河趨避情形。（左圖）為被炸房屋一斑。（右圖）為紐約時報記者特定於上年十二月自緬甸附搭大隊卡車抵達桂林時情形

——摘自《大晚报》（上海），1939年2月6日

日機昨侵擾湘桂

襲株州宜山

并飛到柳州梧州偵察

宜山遭濫炸四城起火

（梧州五日電）日機廿三架，五日上午九時許來襲，七架在肇慶投彈多枚後東竄，餘十八架，直迴桂北，十一時卅五分在宜山縣投彈，侵入都州貴縣梧州偵察。

（桂林五日電）五日下午一時五十七分，日機七架襲湘在，株州東北郊，投彈多枚。

（桂林五日電）五日上午十時許，日機十八架，由粵經梧州平南桂平武宣象縣柳州等地，十一時十九分過宜山，向西北飛，抵懷遠鎮後，復折回宜山上空，在城內投彈七十餘枚，多係燒燃彈，四門起火，東城尤烈，死傷頗衆。

（衡陽五日電）日機六架，五日由鄂竄湘入湘境後，仍沿粵漢路向南飛，一時卅九分，過永安金井，分爲二批，一批四架於一時五十分，在醴陵羊山石投彈，一批分竄株州盤旋，循原路逸去。

——摘自《晶报》（上海），1939年2月6日

北平燕大學生

被倭逮捕備受酷刑

校方營救亦無效果

【中央社香港四日電】滬英文大陸報稱，據滬燕京大學校友會，接北平該校通訊，燕大學生四人，現爲北平日軍當局逮捕，中有一人業經拘押達二日之久，始獲釋放，該生中備嘗日軍非法酷刑，另一學生正臥病城內，醫院，突於十二月二十二日，被拘去、校方圖營救，終歸無效云。

——摘自《大刚报》（衡阳），1939年2月6日

晉西南敵寇

圖毒害我軍民

在池井內散播毒品

（中央社潼關五日電）軍息，敵軍近因在晉迭遭重創，對我軍民一致抗戰之精神，嫉恨已極，刻竟分遣大批浪人漢奸，僞裝火柴及汾酒商人，攜大宗火柴盒酒瓶，裝貯毒品，潛赴晉西南各縣，散播池塘水井內，冀圖毒害我抗戰軍民，現已發現多起，我前方軍民，莫不痛恨萬狀。

——摘自《新华日报》（汉口），1939年2月6日

寇機九架

昨飛貴縣肆虐

十二架飛廉江一帶窺伺

昨（六）日上午十時四十四分，羅定發現第一批敵機九架向西飛，經岑溪，容縣，北流，玉林，興業進襲貴縣，在貴縣市郊投彈十餘枚後，即循原路逃去，又十時四十分，梅菉發現第二批敵機十二架向西飛，十一時廉江聞機聲，本市發出空襲警報戒備，十一時零六分，敵機十二架由廉向西飛，十一時四十分，敵機到廉江安舖稍事窺伺後，即向東南飛出海，至十二時十五分，本市隨解除警報云。

桂林五日電 上午十時許敵機十八架由粵經梧州，平南，桂平，武宣，象縣，柳州等地，十一時十九分過宜山，向西北飛，抵懷遠鎮後，復折回宜山上空，在城內投彈十餘枚，係燃燒彈，兩門起火，東城尤烈，平民死傷頗衆。

——摘自《南宁民国日报》，1939 年 2 月 7 日

日機炸平涼固原

蘭州曾發空襲警報

▲蘭州九日電 日機二十架、九日晨十時許由晉經陝侵入甘境、旋即分爲兩批、一批十一架、於十時二十分竄至平涼上空、投彈轟炸、另一批九架竄至固原、在城外投彈、華方無損失、蘭市曾於十時半發出警報、同時華機亦起飛迎擊、日機旋仍會合向東北方面逸去、故未與華機遭遇、此間直至十一時半始行解除警報、

——摘自《新闻报》（上海），1939 年 2 月 10 日

敵機轟炸北海

石岡發生我敵遭遇戰

（中央社連縣九日電）七日晨七時半，至下午四時，敵機十餘架，不斷在北海盤旋。十時許在海旁投十餘彈。沉船數艘，毀屋十餘間，死傷多人。

（中央社四會九日電）八日下午，我軍渡河向敵進攻，在石岡附近，與敵發生遭遇戰。馬房我軍發砲策應，激戰至四時許，敵退集欖岡基塘。我跟蹤追擊，敵不支，向三水竄退。是役敵傷亡三十餘人。又今晨九時，馬口敵砲轟金利鮎一小時。

（中央社桂林九日電）敵出雲旗艦，已於昨日駛回橫須賀。又三水關尾已無敵蹤，三水西南敵軍一部，於前日向九江方面移動，並不時四出騷亂搶掠，並在馬房一帶加緊建築工事。

——摘自《新华日报》（汉口），1939 年 2 月 10 日

又一筆血債

貴陽被炸慘狀

十八架敵機的威脅下、當成了貴陽的空前浩劫、一百餘顆炸彈、把繁華的市場、變了火海、偉大的建築、成為廢墟、成千民衆、失去了家庭、死傷的骨肉、殘處哀號、慘不忍覩、記者於警報尚未解除時、即分途奮勇出動、遍歷災區、詳加勘察、茲將在各被災區域所目擊慘狀、忍抑悲痛刺激憤慨諸般交織的心情、握管記載於後、

火炬大十字

本市大十字馬路、為全市商業之中心、最近兩人口激增、熙來攘往、更見繁榮、但在昨日上午十一時半報發出後、市民聞聲、立刻奔向郊外者、入數固多、而行動遲緩、竟存觀望、以為再次舉行防空演習或如去年九月二十五日第一次然者、確亦大有其人、故在獸機狂投炸彈以後、死傷累累、記者於警報尚未解除時隨防護團之空汽車由東門外、直向大十字街口開去、火焰甚烈、彼時目擊沿街大廈火舌外吐、不能前進、遂即乘原車繞至六廣門入城、

記者因急欲知大十字口四周火場情形、在烈焰中覓得兩防護團員、詢其經過、知中華南路已延燒至劉源泰號、中山路綿續接亘、省會警察局亦已起火、至禹門路及中華北路情形、記者均已目擊、下午三時後、火勢稍殺、記者再由南門繞至大十字口巡視一週、見中華路北起三十一號之新羅洗染織補工廠、及對面十二保辦事處、南至民教館、盡付一炬、中山路則延燒至省會警局、及貴州公路局修理廠、惟上述兩處、僅燬一部、中山路迤南之三角地百餘戶、暨中華北路迤西之三角地百餘戶、均被燒為平地、受害最重、統計被炸被燒者、不下四百餘戶、誠浩劫也、

天主堂被炸

南堂街法教會之天主堂、亦被獸機擲中一彈、記者因聞該堂法籍神父某有受傷者、乃趨至該堂慰問、見該堂右側醫房兩間、該堂所辦之附屬醫院內一法籍醫生安博士幾乎遇難免[illegible]堂轟炸時、躲避迅速得、袁神父為破瓦擊傷、頭破血流、聞袁年已六十三歲、竟亦慘遭獸機轟炸、教堂屋頂上、插高懸有法國國旗一面、獸機竟亦施以暴行、亦可見其瘋狂之一斑、

血淋的史實

記者在解除警報前、深入災區、紀錄這一篇血淋淋的史實、金井街、省黨部後、一百四十二號屋中、全家死傷、無一倖免、省黨部委員尹述賢家亦被炸、尹夫人輕傷、尹公子重傷、尹委員則幸無恙、然已塵垢滿面矣、又曾任師長之馬明亮家、亦落一彈、中正住屋、其時馬全家均在地下室中、屋傾室塌、馬妻及其二子、二女、兩僕、均被壓死、馬本人則在樓上、竟因此得免、此外、婦孺罹難者極多、兩三歲之小孩、陳屍路畔者、僅記者一人所見、計有十餘人

大十字口德和祥號之楊某、因所居盡燬、家人不見、傷痛過甚、頓即發瘋、在火燄中狂叫狂號、為狀尤慘、

中華北路民教館內有廿具防護團團員的屍首無次序的橫陳在廣場之上、他們的家屬圍在一旁、哭喉裹

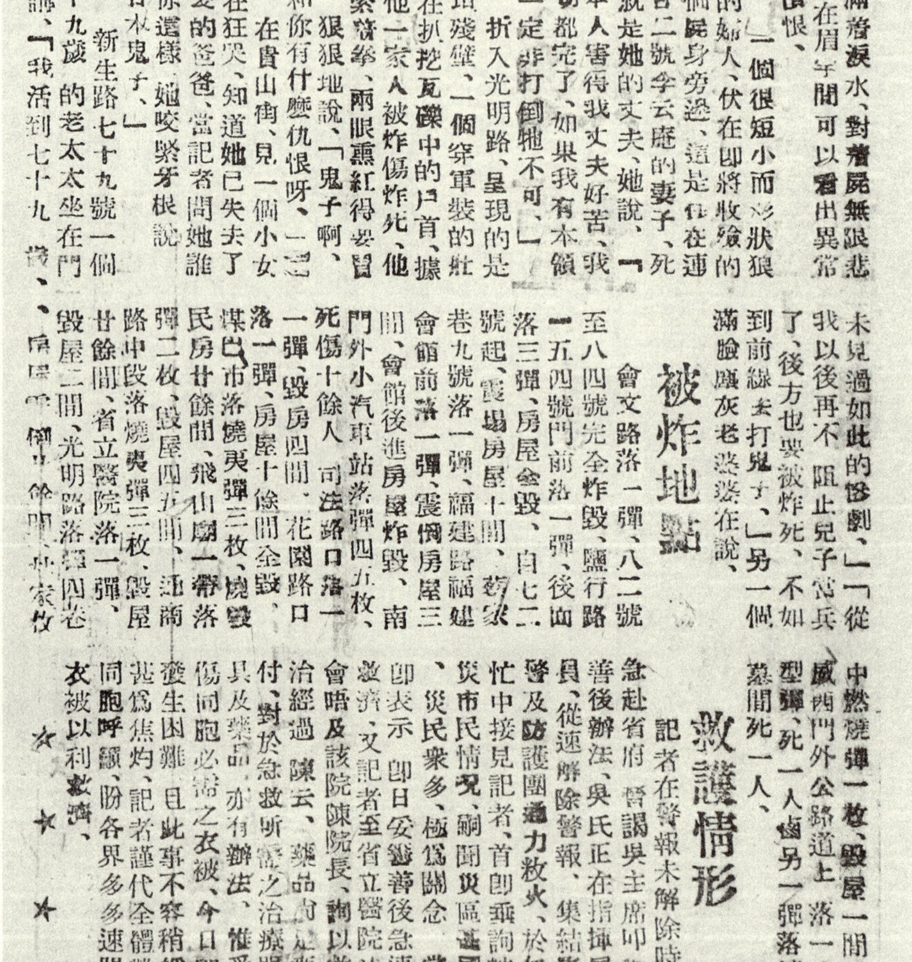

包滿着淚水、對着屍無限悲痛、在眉宇間可以看出異常的憤恨、

一個很短小而形狀狼狽的婦人、伏在即將收殮的一個屍身旁邊、這是住在蓮陞台二號李云庭的妻子、死者就是她的丈夫、她說、「日本人害得我丈夫好苦、我一切都完了、如果我有本領、一定非打倒牠不可、」

折入光明路、呈現的是斷垣殘壁、一個穿軍裝的壯年在扒挖瓦礫中的尸首、據說他一家人被炸傷炸死、他据緊着拳、兩眼熏紅得要冒火、狠狠地說、「鬼子啊、[illegible]我和你有什麼仇恨呀、」

在貴山街、見一個小女孩在狂哭、知道她已失去了親愛的爸爸、當記者問她誰使你這樣、她咬緊牙根說「日本鬼子、」

新生路七十九號一個七十九歲的老太太坐在門口講、「我活到七十九歲、、未見過如此的慘劇、」「從我以後再不阻止兒子當兵了、後方也要被炸死、不如到前線去打鬼子、」另一個滿臉塵灰老婆婆在說、

被炸地點

會文路落一彈、八二號至八四號完全炸毀、鹽行路一五四號門前落一彈、後面落三彈、房屋全毀、自七二號起、震塌房屋十間、藥家巷九號落一彈、福建路福建會館前落一彈、震倒房屋三間、會館後進房屋炸毀、南門外小汽車站落彈四五枚、死傷十餘人 司法路口落一一彈、毀房四間、花園路口落一彈、房屋十餘間全毀、煤巴市落燒夷彈三枚、燒毀民房廿餘間、飛山廟一帶落彈二枚、毀屋四五間、通商路中段落燒夷彈三枚、毀屋廿餘間、省立醫院落一彈、毀屋二間、光明路落彈四巷、、房屋[illegible]倒[illegible]餘間、小家牧中燃燒彈一枚、毀屋一間、威西門外公路道上落一小型彈、死一人、齒另一彈落墳墓間死一人、

救護情形

記者在警報未解除時、急赴省府晉謁吳主席叩詢善後辦法、吳氏正在指揮屬員、從速解除警報、集結憲警及防護團通力救火、於匆忙中接見記者、首即垂詢被災市民情況、顧聞災區甚廣、災民衆多、極爲關念、當即表示 即日妥籌善後急速救濟、又記者至省立醫院時會晤及該院陳院長、詢以救治經過 陳云、藥品尚足應付、對於急救所需之治療器具及藥品、亦有辦法、惟受傷同胞必需之衣被、今日即發生困難、且此事不容稍緩甚爲焦灼、記者謹代全體難同胞呼籲、盼各界多多速賜衣被以利救濟、

☆ ☆ ☆

——摘自《华西日报》，1939年2月12日

港漁民遭寇屠殺

傷亡逾萬人

被難船隻六百餘艘 損失港幣八百萬元

【香港航訊】中央賑濟委員會代委員長許世英，以此間漁民受敵蹂躪，致麕集港海，不敢出帆作業，遂使生計無着，特函飭漁民協會造具詳盡報告書，呈請賑委會僑委會，俾轉呈我外交部向英政府提請保護，漁協會當遵命照辦，經於昨日具呈該會，呈文內容首述過去漁船被難總數六百二十八艘，人口傷亡總數一萬零九十餘人，損失值港幣八百萬元。繼述一九三九年度內進船遭難之數目，已達四十六艘之多，最後申述漁業對本港商業之重要，與漁民多屬在港出世，籲請當局向英提出交涉，轉知港府予以切實保障，此不特造福我漁民，抑亦維持香港之漁業。

——摘自《南京晚报》（重庆），1939 年 2 月 12 日

倭寇漢奸肆虐

湘鄂邊區浩刼

【平江十一日電】前綫戰事今無變化，據報：㈠敵在通城四鄉任意焚燒民房，勒索財物，青年女子悉被綁架，人民恨之刺骨；㈡趙李橋僞維持會，近强難民三千餘人，聚居羊樓洞附近，圍以鐵絲網，並派人看守，意在留爲資敵服役之用，又通崇僞維持會誘騙人民佩戴「順民證」，並助桀爲虐，向民間搜索婦女，供敵姦淫；㈢武甯東近日換防之敵多係僞軍。（中央社）

——摘自《南京晚报》（重庆），1939 年 2 月 12 日

日寇摧殘教育界

濫捕我北平學生

所施卑鄙手段無微不至

更極端仇視各教會學校

中央社香港十一日電　據北平教育界來人談、平津失陷後、各國立學府先後遷移、至教會學校、則仍力與惡劣環境奮鬥、致各校學生教職員、爲日僞逮捕槍殺、或暗殺者、不計其數、迄今各校苟延殘喘者、已逾十八閱月、表面情形、似尚稱安寧、實則日僞壓迫教育界之卑鄙手段、無所不用其極、特以日方檢查嚴密、致外界眞相莫明耳、例如本人離平之前數日、即有燕京大學學生一人、被拘於頤和園附近之日憲兵隊、歷時十日、始獲放釋、又去年十二月十二日、該校某一年級生、亦在其家驟遭逮捕、校方多次交涉、始於二十四晚開釋、本年一月開學後、復有一年級生某、被捕拘禁一月、其間曾二度受酷刑拷問、致成殘疾、至去年十月二十二日被捕之該校某生、猶在監禁中、總之、日僞仇視教會學校之深、無以復加、各生之有涉及抗日嫌疑者、均一律加以逮捕、至嫌疑之由來、或係經密探揑造、或爲其他受酷刑者被迫供認、日僞遍布密探、因之藉此而報私仇及敲詐勒索之事、隨時皆有、即以此數被捕之學生而言、四人之中、平時素未有政治活動、日方決無將其逮捕之理由也、

——摘自《时事新报》（重庆），1939 年 2 月 12 日

敵在中·公旗

大肆殺戮

中央社西安十一日電　軍息、綏烏盟中公旗敵僞、因遭我遊擊隊自衛隊等不時襲擊、損失甚重、近遷怒民衆、將該地商號天義昌等十餘家、完全洗刼、慘殺商民三十餘人、並將中公旗男女二百餘擄往百林廟、該處百姓商民遭敵殘毒、憤懣已極、日來均風起雲踴、參加我部隊殺敵、

——摘自《时事新报》（重庆），1939 年 2 月 13 日

▲敵機狂炸死傷統計

十二日共同通訊社上海電。中國中央賑災委員會是日報告。截至一九三八年十一月底止。在十七個月內。日軍飛機向中國各處城市狂炸。平民斃命者共三萬五千一百七十五名。受傷者共四千零五十名。至於各處村落被日機轟炸之死傷人數。則未有報告。因難得確切之調查故也。據該委員會報告。十七個月內。日軍飛機向二十省城市四百一十七處轟炸。凡三千五百四十八次。尤以廣東一省爲最甚。計廣東省平民被轟炸斃命者九千七百九十七名。受傷者一萬三千九百零二名。

——摘自《少年中国晨报》，1939 年 2 月 13 日

敵機肆虐

日前平涼被炸 平民死傷百餘

【中央社西安十三日電】敵機連日在陝甘各地窺察轟炸，極盡發洩獸性之能事。今據平涼來人談：日前敵機肆擾平涼時，適該地正當騾馬市集會之期，四鄉商民麕集縣城，敵機乃以鄉民及騾馬為對象，濫肆轟炸，並以機槍掃射，計殺我無辜平民百餘人，騾馬七八十匹。

【中央社香港十四日電】外訊：十四日晨八時半敵機一架飛臨深圳，稍事偵察即他去，至九時十五分復飛回深圳公路，向由新界開行深圳墟之長途汽車投彈，適被炸中，死搭客一人，出事地點離中英邊界僅二哩。

——摘自《河南民国日报》，1939 年 2 月 14 日

敵機在粵肆虐

飛龍門北海投彈 死傷者無非平民

【香港航訊】敵機昨飛襲龍門，在縣屬各地偵察，旋在永漢圩低飛窺伺，以機槍向下掃射，鄉民多走避林中，敵機隨向林中投彈六枚，死傷七十餘人。又據北海訊：七日晨七時許，有敵機二十一架，發現於北海上空，係從潿洲島起飛，北海市當即發出警報，移時敵機飛至，先後在北海，欽縣，合浦及冠頭嶺各地偵察，並投彈六十七枚，毀商店民房百餘，死傷平民十餘。

——摘自《南京晚报》（重庆），1939 年 2 月 15 日

二月十五日重慶民房被日機轟炸、死傷多人圖示日機去後一屋中移出死屍兩具、圍觀者殊深痛惜（何公超）

——摘自《时报》（上海），1939 年 2 月 15 日

中英邊界 日機轟炸汽車

死一人傷四人

◎香港十四日電、外訊、十四日晨八時半、日機一架、飛偵深圳、稍事偵察即他去、至八時五十分、復飛回深圳公路、向由新界開往深圳墟之長途汽車投彈、適被炸中、死搭客一人、傷四人、出事地點離中英邊界僅二里、

——摘自《时报》（上海），1939 年 2 月 15 日

敵機十五架 昨兩炸南陽

漫無目標共投彈七十餘枚
死傷七十餘毀房二百餘間

河南全省防空司令部息：昨日敵機兩次襲宛。第一次九架，由隨縣吳城，泌陽源潭鎮，於上午十時四十五分，侵入本市上空，十時五十分，開始投彈，于十時五十八分，向東南經唐河，桐柏逸去◎第二次六架，經固縣，泌陽，賒鎮，石橋，於十二時四十五分侵入市空，投彈，於十二時四十八分，向東南飛經桐河寨，泌陽，固縣逸去。兩次共投彈七十餘枚，落北關東拐街，北門裏東西龍亭門，縣法院街，民權街，王府山，中山北街，西關，東關，民衆實驗小學，棱復興中學，五中等處，及機場附近，共死六十八人，傷者十人毀房屋二百五十餘間云。

災區視察

（本報訊）殘暴的敵機，近日以來，時常侵擾本市，濫肆轟炸：漫無目標，以致被炸死的平民，已有數百人，被炸爆的房屋，城關各處，幾無一片乾淨土，上次幷摧折了我們的文化門員孫保生吳國順，及今思之，猶覺暴敵的殘惡，恨入骨髓、昨（十五）日狂暴的敵機，共十五架，分爲兩批，先後侵入上空，大肆狂炸。敵機遁去後，記者於警報尚未解除時赴被災區視察，見三民主義青年招待所，已整隊出發，防護團，壯丁隊，以及救護醫藥機關，均紛紛逕至被災地點，搶救難民。所有中山北街，三江會館街，龍亭門街，復興中學帶，以及東北城角，房屋倒場，瓦礫滿地，被害的難民，都在呆立着向着他們破碎的房屋什物出神，而壓年東北城角的平民：正在搶救◎轉至王府山，民權街北段，敬業中學的前後，都是敵機殘暴遺跡，斷壁殘垣，不忍寓目，折向北關，甕城裏外，都是重量炸彈所摧毀。北關東拐街的鄉村師範，以及我們共同協手促進文化的同業河南民報，大部份的工作房舍，都被敵機炸毀了。我們除了往慰問外，更增強了我們本身對文化抗戰的重要責任。又到東關，見南陽中學的左右前後，都被損害，經過各方調查，炸死平民六十八人，傷者十人，炸毀民房二百五十餘間，爲歷次被炸損失所未有，南陽的同胞們，起來吧，那有前方後方的分別，起來吧！

【又訊】三民主義青年團南陽青年招待所，在昨日寇機兩度狂炸北關一帶時，該所參加防護工作學生二十餘人，由江陳二幹事率領，在警報尚未解除當中，急馳趕轟炸地，從事掘挖救護包紮等工作，尤以一部學生在北門民房被火一帶，担水搶救，直至火熄爲止。並有學生名石璉者，在大火熊熊中，冒險在火內搶出一老嫗，附近居民尤爲感激，聞該所對此次努力學生等，已分別予以獎勵云

——摘自《河南民国日报》，1939年2月16日

鄂東敵放毒氣
風向逆轉自斃數千

▲中央社汨羅十六日電 日前我軍克復金牛、敵軍退竄賀勝橋、我軍乘勝追擊、敵無法應戰、即施放大量毒瓦斯彈、圖阻我軍進迫、不料風向急變、毒氣反向敵陣衝吹、敵軍中毒死傷者、竟達三千餘名之多、現敵酋山田乙三已令、急發防毒面具十五萬、送前方應用。

▲中央社襄陽十六日電 我某部於七日向湖口及小池口進攻、敵頑強抵抗、經我軍奮勇突擊、敵死傷甚重、湖口卽於是日下午克復。

▲中央社鍾祥十六日電 鄂中戰局、近週來始終在密雲不雨狀態中、敵我仍在原陣地對峙、敵近在鄂中强拉民夫、趕修雲夢安陸應城皂市京山等地公路、並加强鄂東各據點防守工事、敵機連日不斷飛我陣地窺察、岳陽敵近亦有北渡西窺模樣。

▲中央社南陽十五日電 十五日晨前方電話、信陽方面我軍及李縣長部隊、在黃龍寺東石頭等處、與敵發生激戰、斃敵甚多、敵另一部在駱駝店一帶盤踞、有犯隨棗企圖、我游擊隊連日活躍、並將駱駝店西北之赤壁寨克復，斃敵甚衆。

▲鄭州十五日電 黃河北岸戰況轉沉寂、我每日向敵襲擊、頗多斬獲、鄂中敵仍在京山皂市宋河一帶與我對峙、連日無大戰、時有小接觸。

——摘自《中央日报》（重庆），1939年2月17日

南陽炸毀
學校多數

◎南陽十六日電、十五日日機狂炸南陽、經事後調查、北關東關均被轟炸、南陽中學・鄉村師範・復興中學・敬業中學等處、四週均有損失、計死平民六十八人、傷者十八人、炸毀民房五十餘間、河南民報在北關東寨門內、亦被轟炸、大部房屋損失、十六日起已停刊、

——摘自《时报》（上海），1939年2月18日

敵機今晨又襲宜昌
死傷平民五六百
投彈數十枚毀屋二百餘間
襄樊城同被炸損失亦重

【本報今午一時宜昌專電】今晨敵機十八架，分兩批來襲，一批九架，於八時五十二分，由鄂西飛，至宜昌市空投彈數十枚，被炸地點爲市區內學院街操城東路等處，九時左右逸去，倒塌房屋二百餘間，死傷約五六百人，詳細情形，正在調查中。又一批九架，飛至襄陽樊城兩處，投彈多枚，損失亦大，死傷甚重，於九時十五分逸去。

——摘自《南京晚报》（重庆），1939 年 2 月 21 日

昨日下午
敵機兩襲荊門
死傷市民數十人

【本報今晨九時宜昌專電】昨日下午四時二十分，敵機九架，侵入荊門市空，投彈數枚而去，越十分鐘，復至荊門市空，投彈數枚，死傷數十人，毀房屋數十棟。

——摘自《南京晚报》（重庆），1939 年 2 月 22 日

敵機昨晨狂炸深圳

英租借地亦被轟炸

駐日英大使已提出嚴重抗議

宜昌市區繁盛地帶被炸甚慘

中央社香港二十一日電 敵機九架、二十一日晨二時許、狂炸深圳、七架集中轟炸城內及廣九路鐵橋、二架則飛臨中英邊界投彈、英界羅湖與落馬洲、曾落數彈、損失甚重、羅湖英軍營房附近亦落一彈、第九號崗位被炸、死七五〇號印警二名、界內廣九路卡車數輛被燬、聞平民死傷達二百餘、深圳城內現大火、損失不明、受傷平民紛紛逃入英界內、厥狀甚慘、又息、今晨由港開往羅湖各車、在上水站被敵機轟炸、燬貨車一輛、

中央社香港二十一日合衆電 日機今晨轟炸深圳及英界結果、炸斃者九十八人、受傷者亦在一百人以上、中英邊界現已實行封閉、

中央社倫敦二十一日海通電 日空軍轟炸香港附近地帶一節、今日下午已經此間權威當局證實、英政府雖未接得詳細報告、但據所得消息、被炸地點似在九龍、英國駐日大使克萊琪、已奉令向日政府提出嚴重抗議、

中央社宜昌廿一日電 敵機九架、於廿一日晨八時許、狂炸宜昌市區、繁盛地帶、完全被炸、得勝街幾全燬、被燬房屋六百餘棟、死平民百餘、傷者尤多、

中央社西安廿一日電 敵機十五架、廿一日上午十二時卅分由晉竄入陝境、經平民朝邑大荔等縣窺視後、即折回東竄、至潼關高空、在城內投彈多枚、死平民一人、毀房屋數十間、至一時十分、向風陵渡方面逸去、

——摘自《时事新报》（重庆），1939 年 2 月 22 日

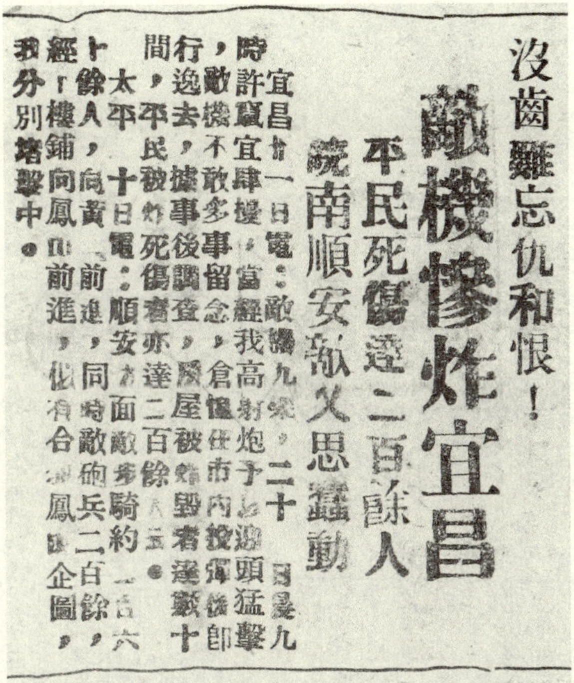

沒齒難忘仇和恨！

敵機慘炸宜昌

平民死傷逾二百餘人

皖南順安敵又思蠢動

宜昌廿一日電：敵機九架，二十日晨九時許竄宜肆擾，當經我高射炮予以迎頭猛擊，敵機不敢多事留念，我倉惶任市內投彈後即行逸去，據事後調查，房屋被炸毀者逾數十間，平民被炸死傷者亦達二百餘人云。

太平十日電：順安方面敵步騎約一百六十餘人，向黃[illegible]前進，同時敵砲兵二百餘，經[illegible]樓鋪向鳳[illegible]前進，似有合[illegible]鳳[illegible]企圖，我分別堵擊中。

——摘自《南宁民国日报》，1939 年 2 月 22 日

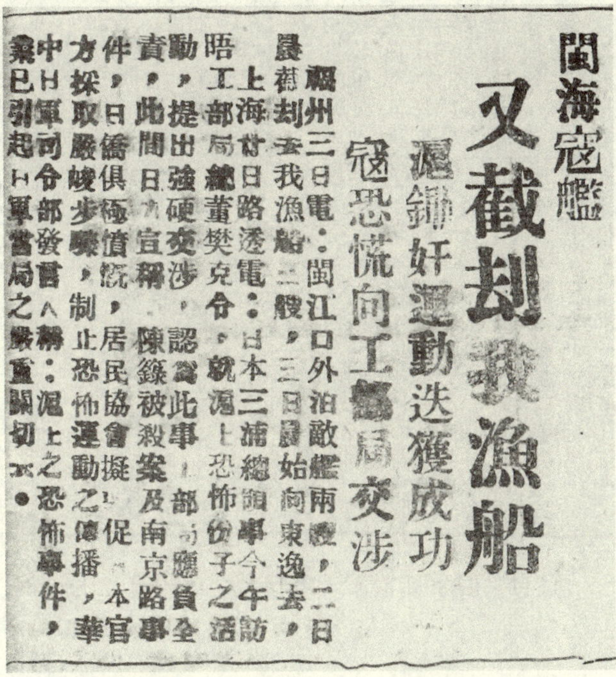

閩海寇艦

又截劫我漁船

滬鋤奸運動迭獲成功

寇恐慌向工部局交涉

福州三日電：閩江口外泊敵艦兩艘，二日晨截劫去我漁船二艘，三日晨始向東逸去，

上海廿日路透電：日本三浦總領事今午訪晤工部局總董樊克令，就滬上恐怖份子之活動，提出強硬交涉，認為此事工部局應負全責，此間日方宣稱，陳籙被殺案及南京路事件，日僑俱極憤慨，居民協會擬[illegible]促[illegible]本官方採取嚴峻步驟，制止恐怖運動之傳播，華中日軍司令部發言人稱：滬上之恐怖事件，業已引起日軍當局之嚴重關切云。

——摘自《南宁民国日报》，1939 年 2 月 22 日

敵機狂炸襄陽荊門

萬縣回教同胞揭發敵暴行

敵故意轟炸不失防之城市

中央社荊門二十二日電　敵機十八架、今日下午一時許、分兩次侵入荊門上空、首次往返轟炸三次、二次往返轟炸四次、共計投彈百餘枚、市街房屋被毀約近二百棟、幸居民早經疏散、死傷僅二十餘人、

中央社樊城二十二日電　敵機九架、二十一日晨、經桐柏南陽向南飛行、襄樊防空指揮部、適時施放空襲緊急警報、敵機於九時侵入襄樊上空、盤旋二十餘分、向棗陽方面逸去、在襄陽城內投彈四十餘枚、記者旋赴被炸地點觀察、西門城內外天主堂附近及城中鼓樓等十餘處被炸、毀房屋六十間以上、死傷四十餘人、又敵機二十九架、二十一日午飛荊門狂炸達三小時、投彈百餘枚、

中央社本月四日、敵機十八架、狂炸萬縣時、回教堂受禍極慘、計燬伊斯蘭師範學校圖書室、總務室、學生寢室、沐浴室各一處、朝拜大殿、墻圮屋傾、損失尤烈、是知敵寇不但為中國國民之公敵、亦且為全世界回教教徒之罪人、足證其在東京建築回教堂號召回教徒參加落成典禮各節、全屬虛偽、萬縣回教堂教長張澤普、林紹康、率全市回教徒一千五百人、日前為此特電香港路透通訊社、揭露暴行、籲請全世界回教徒及維護和平反對侵略人士、一致嚴辭聲討、並予中華民國以有效之援助云、

中央社前月廿四日敵機由運城往襲洛陽、當被我擊落一架、並俘獲敵空軍人員七人、其中並有敵中隊長杉田榮治、於其身上搜得出發轟炸之命令、其中述及轟炸之目標、第一為兵營、第二為街市民房、由此可知敵人故意摧殘我非戰鬥員及不設防城市、從此得一強有力之證據、

宜昌被炸　為狀甚慘

本報宜昌廿一日專電　廿一日晨八時許、敵機九架、經由沙洋等地襲宜、初係密集飛行列、竄入市空後、即分佈投彈、以市中心區域為目標、濫投大小炸彈百餘枚、被災區域計有東城街、環城東路北路、壕坑東柵子、東段、縣府路東段、廖家台新街東正街東段、雙堰塘上教堂、木橋、石橋、得勝街、蕭家巷等處、得勝街全街百餘戶、有如洗刼、蕭家巷回教清眞寺全部炸毀、教胞死傷百餘、雙堰塘觀音庵壓斃避難平民百餘人、廖家台第十三防空壕恰被投中、斃苦力平民四十餘人、血肉橫飛、慘不忍覩、死傷確數因午後接連兩次警報、挖發不及、據大約估計當在七百人以上、房屋千棟以上、損失之重不可數計、為宜昌有史以來空前慘劫、事後各當局及英代領事杜輔安與外籍教士均赴災區勘視痛憤異常、省部決撥五千元急賑、社會方面已由武漢日報及商會、募款救濟、又荊門於今日被空襲兩次、損失情形待查、

——摘自《时事新报》（重庆），1939 年 2 月 23 日

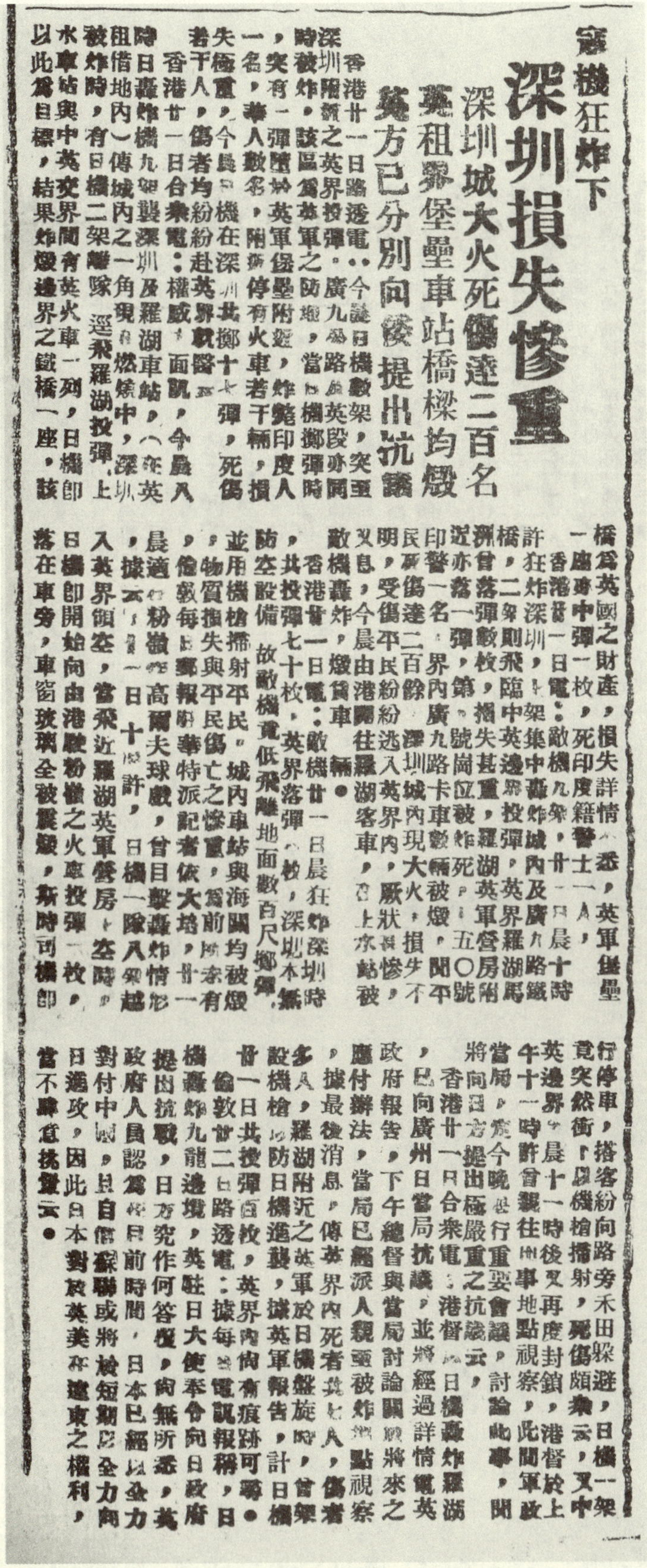

寇機狂炸下

深圳損失慘重

深圳城大火死傷達二百名
英租界堡壘車站橋樑均燬
英方已分別向倭提出抗議

香港廿一日路透電：今晨日機數架，突至深圳附近之英界投彈。廣九路英段亦同時被炸，該區爲英軍之防地，當日機擲彈時，突有一彈墜於英軍堡壘附近，炸斃印度人一名，華人數名，附近停有火車若干輛，損失極重。今晨日機在深圳共擲十七彈，死傷若干人，傷者均紛紛赴英界就醫云。

香港廿一日合衆電：權威方面訊，今晨八時日轟炸機九架襲深圳及羅湖車站，（在英租借地內）傳城內之一角現已燃燒中，深圳被炸時，有日機二架離隊，巡飛羅湖投彈上水車站與中英交界間有英火車一列，日機卽以此爲目標，結果炸燬邊界之鐵橋一座，該橋爲英國之財產，損失詳情不悉，英軍堡壘一座旁中彈一枚，死印度籍警士一人，

香港廿一日電：敵機九架，廿一日晨十時許狂炸深圳，七架集中轟炸城內及廣九路鐵橋，二架則飛臨中英邊界投彈，英界羅湖馬路曾落彈數枚，損失甚重，羅湖英軍營房附近亦落一彈，第一號崗位被炸死，五〇號印警一名，界內廣九路卡車數輛被燬，閘平民死傷達二百餘，深圳城內現大火，損失不明，受傷平民紛紛逃入英界內，厥狀甚慘，又息，今晨由港開往羅湖客車，在上水站被敵機轟炸，燬貨車輛。

香港廿一日電：敵機廿一日晨狂炸深圳時，共投彈七十枚，英界落彈八枚，深圳本無防空設備，故敵機竟低飛離地面數百尺擲彈，並用機槍掃射平民。城內車站與海關均被燬，物質損失與平民傷亡之慘重，爲前所未有，倫敦每日郵報駐華特派記者依大垍，廿一晨適在粉嶺高爾夫球戲，曾目擊轟炸情形，據云，廿一日十時許，日機一隊八架越入英界領空，嘗飛近羅湖英軍營房上空時日機卽開始向由港駛粉嶺之火車投彈一枚，落在車旁，車窗玻璃全被震燬，斯時司機卽行停車，搭客紛向路旁禾田躲避，日機一架竟突然衝，以機槍掃射，死傷頗衆云，又中英邊界今晨十一時後又再度封鎖，港督於上午十一時許曾親往出事地點視察，此間軍政當局，於今晚舉行重要會議，討論此事，聞將向日方提出極嚴重之抗議云，

香港廿一日合衆電：港督以日機轟炸羅湖，已向廣州日當局抗議，並將經過詳情電英政府報告，下午總督與當局討論關於將來之應付辦法，當局已經派人親赴被炸地點視察，據最後消息，傳英界內死者共七人，傷者多人，羅湖附近之英軍於日機盤旋時，曾架設機槍以防日機進襲，據英軍報告，計日機廿一日共投彈百枚，英界內尚有痕跡可尋。

倫敦廿二日路透電：據每日電訊報稱，日機轟炸九龍邊境，英駐日大使奉令向日政府提出抗議，日方究作何答覆，尚無所悉，英政府人員認爲在目前時間，日本已經以全力對付中國，且自信蘇聯或將被短期內全力向日進攻，因此日本對於英美在遠東之權利，當不肆意挑釁云。

——摘自《南宁民国日报》，1939年2月23日

敵機轟炸江門慘狀詳誌

▲塌屋十餘間沉艇卅餘艘

▲死傷男女共百餘名

（香港飛郵）

（新會）新會縣屬之江門市，於一月廿七日上午九時五十分。慘被敵機投彈。達二十餘枚，炸塌舖戶十餘間。沉船三十餘艘，死傷平民百名以外。災情慘重。已誌前訊。茲再誌詳情如下。

▲投彈廿餘　廿七日上午九時四十分。縣屬防空處據報，有敵水上轟炸機四架。從赤灣方面向縣屬飛進，即發出警報未幾復發緊急警報　時敵機已侵入市空往來盤旋三匝，即在河南西便掃射機關槍數十發，隨而散開，在堤中堤西河南連續投下燃燒彈共二十餘枚，隆隆之聲，響徹全市，再復飛繞窺伺，掃射機槍，歷時五十五分，始向東南方逸去，十一時解除警報。

▲七彈爆炸　敵機投彈二十餘枚，七枚爆炸　災情最慘，爲堤西路美生猪欄，對開及新慶街口。計美生猪欄前馬路心落一彈　彈穴闊約丈餘。紫門口馬路一彈。闊約四尺，江寧酒店對面堤邊落一彈。太和軒忠盛旅店側，廣發渡碼頭側，堤東路柴欄海邊，各落一彈。河南南鎮社恒益棧代理美孚火水倉落一燃燒彈。爆炸起火，幸未幾即撲滅　民義渡躉落兩彈，沿堤海面落十餘彈，均未爆炸　堤中堤西常安路等處舖戶玻璃窗戶受震動，而毀損者不少，沿河船艇被撇沉沒達三十餘艘，爛篷帳衣物飄流滿河，慘狀實不忍覩。

▲水陸災情　查陸上被炸燒毀舖戶，有河南南鎮社一號永利盛酒米店，二號恒益棧代理美孚火油店，五號羅奇生烟店。及歡棠店一間，住戶三間，堤西新慶街二號太和軒士膏店　四號茂盛竹器山貨店。六號興德利山貨店，八號忠盛旅店，同號忠盛竹器店，受彈力震塌者，堤中路五十八號美生猪欄，六十號裳新洗衣店，六十二號六十四號吉舖，六十六號恒昌磚瓦店，七十號吉舖，七十四號良友理髮店，七十六號中亞旅店，七十八號吉舖。八十號蓮香茶樓，八十二號江寧酒店，同號江寧理髮店，八十四號天然士膏店，同號長安洗帽店，八十六號玉液飯店，八十八號民生藥局，九十號不夜天飯店，堤邊厚德堂碼頭天然理髮店，河面除三埠興發渡　容奇廣發渡被毀損外　尚有迎送艇（即接客庋宿之小艇）。譚碧玉，陳好彩，李好，盧五，細女，李根，陳吉，陳三　黃福，譚蘇，葉球，阿鶴，何德，北妹，阿苗等三十餘艘，被炸沉沒，所有衣物。均受損失。艇娘生還者無地棲留　情殊可憫。

▲死傷百餘　查當堂炸斃者。計有男子陳良，李牛，蔡南等四人，婦女朱麥氏等三人，小孩三人，因傷斃命者，有王李氏一名，四十五歲　台山人，重傷者男子吳明，二十八歲　新會第三稅警隊班長，黃墉　三十八歲，新會人，其餘輕傷者莫洪，男三十四歲，新會人　傷頭部，黎邨，男三十歲　傷頭部，吳汝本　男廿八歲　新會人，傷足部　曾士，男，三十八歲。傷手部，周合，男　六十四歲，傷手足部，梁九，男，三十六歲，新會人，傷頭足部，李標，男，十八歲　新會人　傷手部，何玉　女　二十六歲。南海人，溫延，女，十八歲，台山人　趙恩榮　男　四十一歲，新會人　傷頭部，陳盛　男二十五歲　馮弟　男，四十歲　李氏　四十五歲　余生　男　三十四歲。趙黃氏　三十歲，趙英，女孩，梁卓，男，四十五歲　周某妹，葉寶勳　女，二十歲　陳氏，二十二歲，譚草笑，女，二十六歲，程象，男，莫雄，男，均傷頭部，其餘尚在發掘調查中，統計死傷當達百名以上。

——摘自《少年中国晨报》，1939 年 2 月 25 日

蘭州擊落敵機中

搜出敵轟炸命令

竟以我民房爲轟炸目標

【重慶二十五日電】據權威方面消息、本月二十日蘭州空戰、我空軍大奮神威、擊落敵機九架、其中六架當在蘭垣近郊尋獲、其餘二架、則在靖宁縣境發現、查此項被我擊落之敵機係義大利薩伏亞七九式雙發動機可乘七人、載炸彈一千二百五十公斤、前有固定機槍一支、後有活動機槍二支云、又前月二十四日在洛陽被我擊落之敵機一架、係驊牙中隊長杉田榮治並搜得其轟炸命令、載明所轟炸之目標、第一爲兵營、第二爲街市民房、可見敵人故意轟炸不設防城市及無辜平民、從此獲一强有力之證據、

——摘自《观察日报》，1939 年 2 月 26 日

巢縣居民

慘遭敵軍蹂躪

多參加游擊隊誓死殺敵

（中央社）甯國二十八日電、據皖中巢縣之敵前大肆布告、引誘我民衆返鄉後、該縣民衆有受迷而返要家產者、敵俟居民返鄉後即大施壓迫、强拗商店、及居民什物、任意强奸婦女或當面汚辱、并慘殺青年、現巢縣人民已曉大義日、居民多潛逃出城、參加游擊隊工作誓死殺敵、

——摘自《华西日报》，1939 年 3 月 1 日

大除夕海鹽被炸
日軍揚言將攻縣城

據海鹽來人談、海鹽自去年七月間經華軍克復後、地方秩序、早經恢復、縣府首先遷回縣城、各機關均加整飭、黨部近亦開始工作、故昔時散處四鄉民衆、相率遷回、市面亦頗形熱鬧、詎於廢曆大除夕下午、突有日機數架、飛至縣城上空、投彈轟炸、並以機鎗掃射、經一刻鐘之久、致死傷平民數十、燬屋十餘間、幸當地警隊暨各法團力持鎮靜、辦理善後、秩序乃獲迅速恢復、但悉日軍意猶不足、揚言不日將分八路圍攻縣城、聞華軍已嚴密戒備、(現代社)

——摘自《新闻报》（上海），1939 年 3 月 1 日

敵寇暴行一斑
北海大慶關被炸

連縣二十八日電：二十七日下午二時，敵機四架，在北海之旁等處，投十餘彈，沉船一艘，死傷未詳。（中央社）

潼關廿八日電：廿八日上午十時二十五分敵機三架，經大慶關至王家莊，投彈二十餘枚，我無損失。十一時經朝邑，三河口，復折回向東逸去。十一時五十分，敵機一架至大慶關，盤旋，三河口一帶窺視，復仍竄往晉省。（中央社）

汕頭二十八日電：海豐電話，二十七日下午三時，海豐金廟來敵艦一艘，放下汽艇五艘，向我漁船開槍威嚇，大肆搜劫，事後將漁民推入海中，並縱火將船焚燬。（中央社）

晉南某地二十八日電：盤據堰掌之敵，二時往夏縣各村搶劫，舊年節夕，敵將各家所辦年貨，悉數搶劫至堰掌下馮村，商會會長之妻及其嫂三四人，被強拉至堰掌，迄未釋。

寧國二十八日電：盤踞皖中巢縣之敵，前大發佈告，引誘我民衆返鄉，後該縣民衆，有受迷而返視家產者，敵俟居民返鄉後，即大施壓迫，強劫居民商店什物，任意強姦婦女，或當街污辱，並慘殺青年，現巢縣人民已昨無天日，居民多潛逃出城，參加游擊隊工作，誓死殺敵。（中央社）

倫敦廿八日路透電：外次白特勒，昨在下院宣稱：日機轟炸深圳一案，業已解決，日本政府已向英政府提出覆文，對此事深表遺憾，並謂肇事人員，決分別嚴予懲戒，關于賠償損失事，當由雙方直接舉行談判。（中央社）

——摘自《新华日报》（汉口），1939 年 3 月 1 日

敵機慘炸貴陽
費吳生報告

貴陽二十八日電：全國青年會，軍人服務部總幹事美人費吳生，對筑市慘遭轟炸，極為關懷，頃函此間青年會史上達，謂被炸詳情，已呈報羅斯福總統及參衆兩院外委會主席。（中央社）

貴陽二十八日電：筑市遭敵機狂炸後，省府規定復興市場辦法多種，市面漸次恢復。昨晚吳主席，復邀集本市中央，中國，交通，農民，金城，上海各銀行經理，商談復興計劃。會後記者特訪吳氏，即詢結果，據談：本市各銀行對復興災區，均極關懷，凡按照省府所定辦法，興築市面房屋時，各行均極願以低利儘量貸放款項，各行並已定於日內與本省農礦工商調整委員會，商貸款辦法，省會災區商業，不難於短期恢復。（中央社）

——摘自《新华日报》（汉口），1939 年 3 月 1 日

日機襲玉山

▲玉山一日電　一日上午十時、日機四架、發現於皖南績溪、向贛東飛行、十時十分、侵入玉山上空、在機塲投彈廿二枚、火車站投彈十二枚、震毁民房廿餘棟、死傷軍民各五人、餘無損失、

▲南昌一日電　今日上午九時許、日機六架、侵入餘江縣屬浙贛路鄧家埠車站附近、投彈六枚、又上午九時十五分、發現日機十架、侵入玉山車站、投彈三十四枚、該批日機旋有四架侵入上饒上空盤旋掃射、餘向皖境逸去、又上午八時起、日機一架、侵入市空窺察、

——摘自《新闻报》（上海），1939年3月2日

日機炸海豐

▲汕頭一日電　海豐電話二十七日七午、日機一架飛入縣空、略事盤旋後、投彈四枚、均落荒地、十時、日艦一艘、駛抵汕尾、放下汽艇五隻、焚燒漁船鹽船八艘後、向西駛去、嶺海現無日艦、

——摘自《新闻报》（上海），1939年3月2日

兩候船人 均遭慘死

一被日軍擊斃 其一跳浦溺斃

據浦東來人云、前日（一日）上午九時、浦東南碼頭渡口處、有二商人模樣之青年、均約三十歲左右、一戴呢帽、穿馬褲呢大衣、一穿長衫、禿頭、站於浦邊候船、日軍上前檢查「市民證」、二人因未備帶、當塲即不分皂白、開鎗將穿大衣者擊死、另一穿長衫之人、見此情形、即向浦中跳下溺斃、慘哉、

——摘自《新闻报》（上海），1939年3月4日

Chungking Is Fighting Vast Fire, Started by the Japanese Bombings

German Consul Sees 100 Burned to Death Near His Home—200,000 Flee, Fearing Air Raids, but Clouds Guard City

By F. TILLMAN DURDIN

Wireless to THE NEW YORK TIMES.

CHUNGKING, China, May 5.—While flames and smoke continued to throw a lurid pall over its cramped, jagged ramparts, Chungking wrestled today with the fright and misery resulting from the preceding two days of Japanese raids.

Acres lay in ruins while firemen, soldiers and volunteers fought to check blazes that crept block after block through the heart of the city, turning additional acres to smoking heaps of masonry along Tuku Street.

Relief workers estimated the killed and injured in the bombings Wednesday and yesterday at more than 2,000, three-fourths of them being casualties of yesterday's attack. Rescue squads struggled with the task of finding hospitals for the maimed, of saving hundreds trapped by felled buildings and gathering the dead for burial.

Meanwhile, thousands, urged on by the fear of more death from the sky, crowded all avenues of escape from the capital. It is estimated that 200,000 have fled from the city.

All day the streets were thronged by Chinese with bundles and furniture. Rickshas were piled high with household effects, and trucks and sedan chairs were loaded with odds and ends.

Sampans and steam ferries carried fugitives across the Yangtze and Kialing Rivers. The highways to the west were jammed with refugees. Sampans increased the fare from 1⅓ cents to $6.

Short of Food and Water

Nearly all stores are closed and the food shortage has become acute. The lack of water in many sections of the city has added to the suffering. A number of hospitals have no water for their patients.

The British Ambassador, Sir Archibald Clark Kerr, and Consul General Stark Toller and their staffs evacuated the British Embassy and consulate, where more than twenty Chinese were killed when four bombs hit, to take up new quarters on the south bank of the Yangtze.

The main German Embassy and Consulate building was not burned, though surrounding structures belonging to the establishment were blasted and set on fire by bombs, which also badly damaged the main structure. Trapped by flames on virtually all sides, Consul General and Frau Seibert remained throughout last night in the main building, ready with a few cans of water to fight the flames if their home caught fire.

Today they, watched, horrified, when 100 Chinese women, children and aged persons, who had sought refuge at the base of the thirty-foot city wall, were trapped by flames and burned to death.

The French Consulate, adjoining the British and German buildings, was damaged by a bomb that fell on the lawn.

Most of the foreign business men and a number of foreign missionary residents have moved to new abodes far in the hills on the south bank of the Yangtze.

American Help to Be Asked

The Generalissimo and Mme. Chiang Kai-shek ordered the commandeering of all motor vehicles to assist the Chinese evacuation. Missionaries met with Chinese relief representatives and launched plans to aid the homeless and hungry. An appeal for American relief funds is planned. A safety zone on the south bank of the Yangtze will be sought.

Wind late in the afternoon whipped the blaze in the center of the city to new life, so the fire fighters re-

WHERE JAPAN STRUCK

As Chungking, China's war-time capital (1), struggled to extricate itself from the ruins of two days of air raids, the invaders reported that they had launched an offensive along a 150-mile front in the Hankow region (2).

sorted to wholesale dynamiting of surrounding buildings. Half the business district has been destroyed.

Two air raid alarms caused panic during the day, but no raiders came. Rain in the early morning and clouds for the rest of the day were protection. Scores were killed in the crush to flee through the city's gates. At one gate the writer saw the bodies of twenty persons who had beer trampled to death.

Japanese Explain Damage

By HALLETT ABEND

Wireless to THE NEW YORK TIMES.

SHANGHAI, May 5.—When Japanese planes raided Chungking yesterday at twilight they were attacked by at least fifty anti-aircraft guns and numerous heavy machine guns, so part of the squadron changed its course and bombed the batteries, which possibly resulted in bombs falling upon foreign consular and embassy properties.

The foregoing is the official Japanese explanation of the demolition of part of the British and German consulates and embassy structures, given by the naval spokesman this evening, but he specified that he had not received complete official reports.

When the spokesman was questioned regarding future Chungking raids he declared, "If our pilots are fired upon they must attempt to silence the batteries." He denied incendiary bombs had been showered upon Chungking, saying the Japanese had never used incendiary bombs.

"An entirely unacceptable excuse" is one phrase of the sharp British protest filed in Tokyo by the British Ambassador, Sir Robert Craigie, this morning concerning the Japanese explanation that the bombing of the British Embassy and consular compound at Chungking was unavoidable because Chinese anti-aircraft batteries were near by.

Intense Summer heat has already begun in the Yangtze Valley. The temperature reached 100 degrees in the Hankow region, where Japanese forces yesterday launched an offensive on a 150-mile front extending from a point south of Nanchang, west through Tungcheng, thence to a point seventy-five miles south of Hankow and then west to the Canton-Hankow Railway. On most of this front Japanese fliers reported the Chinese forces had begun retreating to the south and southwest.

Swatow, which was severely bombed yesterday, suffering about 500 casualties, was again bombed and machine-gunned today. The death toll in the second raid has not been reported. One mission hospital admitted 147 wounded.

——摘自《纽约时报》（The New York Times），1939 年 3 月 6 日

敵侵我一年中

死傷逾六十萬

較日俄戰爭死率增二倍 敵軍覆滅之期已不在遠

（本報香港五日電〕自對日抗戰以還，已為時一年五月，我全國軍民，在最高統帥領導之下，前仆後繼，所予敵人損失之巨，實非世界人士及敵人所能料及，故我軍能愈戰愈強，而敵人則愈打愈弱，雙方兵力之消長，恰成反比之遞進，關於此項材料，各方迭有公表，茲特根據中央社記者吳石之精密統計，證明僅就敵人在一年以內消耗實數，除經濟之崩潰，財政之竭蹶，外交之孤立等，足制敵人之死命者，姑不具論。卽專就兵力之補充一端言之：在敵人兵力死傷之數字上講，敵人侵略一年結果，自民國二十六年十月起至民國二十七年十一月止，一年以內之死傷，已超過六十萬。較日俄戰爭死亡數，實增二倍，故敵軍覆滅之期，正不在遠云。

——摘自《大刚报》（衡阳），1939 年 3 月 6 日

敵機轟炸襄陽樊城

〔中央社宜昌六日電〕敵機一架六日晨偵察沙洋，沙市，並曾竄入宜市上空，盤旋一週後，循原路遁去，又敵機十三架，六日晨轟炸襄陽，樊城，

〔中央社常德六日電〕防空部消息，（一）六日晨九時四十一分，湘北仙桃鎮發現敵機十一架，過境西飛，（二）九時五十分，華容縣發現敵機兩架，向南飛，旋折向岳陽方面飛去，一架經鵝池竄

——摘自《国民公报》（重庆），1939 年 3 月 7 日

日機窺陝

在潼關平民投彈

▲西安五日電　日機共十架、今日上午分五次窺察陝境、在黃河沿岸盤旋三小時、在潼關平民等處共投彈三十四枚、死傷村民十四人，別無損失、

——摘自《新闻报》（上海），1939 年 3 月 7 日

浦東鄉民

未帶『市民證』日內被慘殺者三人

浦東上南邊界一帶、自日軍利用僞『軍』首領徐鴻發、將秦興炎部下隊伍劉新如杜天鵬劉德忠張林根等一百餘人編爲僞『軍』後、分駐於上南鐵路以北之北蔡一帶、原駐南匯縣魯匯之游擊隊范根才部、曾於上月下旬、直趨上南路將僞『軍』一隊包圍繳械、押歸後方、施行感化、而鐵路以北者陸續收編土匪、又已增至二百餘人、華軍各部、决心待機從事痛勦、以弭隱患、故日來上南鐵路沿線及路北 白蓮涇南碼頭北蔡一帶情勢吃緊、較爲殷實之鄉民、均被迫遷走 、日僞『軍』雙方更惶惶不可終日、對於該處一帶水陸交通出入平民、搜查綦嚴、且任何人如身畔未帶僞『市民證』者、就地加以鎗殺、白蓮涇港口竟連續慘殺平民三人、第一個遇難者係在二日上午、因忘將『市民證』携帶、當場鎗决、掩埋了事、詎相隔二日、於四日午後又有一中年鄉人模樣者、因未帶僞『證』、在浦東大道白蓮涇第一號大橋畔、被日哨兵攔住、强指爲游擊隊、亦不帶回調查研訊、即將此人帶至就近田間、掘一泥潭、約摸可埋一屍大小、事畢將此人假意釋放、命其速走、行十餘步、日兵遽舉鎗扳機關向該人背後連開三鎗斃命、又將屍身拖入泥潭、再將掘起之泥土蓋上、名之謂『自掘坟墓』、五日傍晚、白蓮涇港畔又被日兵查獲鄉人一名、年約二十餘歲、身穿短服、未帶僞『證』、雖極力辯白、僞『證』忘在家內、因言語不通、隨被帶至田間、開鎗擊斃、掩埋泥中、見者莫不爲之酸鼻、

——摘自《新闻报》（上海），1939 年 3 月 7 日

敵機昨濫炸寧夏

投彈達百餘枚

西安平涼武威亦發現敵機

（中央社）蘭州七日電、此間接寧夏電告、敵機六日襲寧夏、在城內鬧市濫施轟炸、投彈達一百〇三枚、死傷平民三百餘、毀屋數百間、

（中央社）蘭州七日電、敵機二十架、七日晨由晉運城起飛、分四批經陝襲甘、首批九架、於上午十時許竄抵平涼、二批六架旋亦接踵而至、會合首批敵機、在平涼市區投彈八十餘枚、毀民房六百餘間、死平民七人、敵機旋又散發荒謬傳單、繞乃向東竄逸、三批三架、至陝邊遊行往寧夏、在市區投彈三十餘枚、損失未詳、四批十二架、經寧夏之中衛東竄甘省之永昌武威投彈共三十餘枚、并以機槍掃射、惟我無甚損失、此間於上午九時半發出警報、同時我機亦即起飛、在蘭市外圍上空巡邏、嚴陣以待、準備予敵以打擊、惟敵機始終未敢侵入蘭市上空、此間迄至下午二時許始解除警報、另悉另有敵機六架、七日晨竄西安、

（中央社）[illegible]七日電、七日九時五十分、陝北蒲城同官一帶、發現敵機、計四十五架、有經陝甘侵襲蘭州企圖、迄至十一時十分、僅敵機十五架、竄至平涼投彈、十二時以後、敵暗約三十架、分竄至咸永昌投彈、下午四時、復有敵機十四架、竄入西安上空愴惶投彈後向東逃逸、詳情正在調查中、

——摘自《华西日报》，1939 年 3 月 8 日

敵機轟炸甯夏

延安亦被炸損失均未詳

大荔六日電：敵機十二架，本日下午二時十分由綏境襲甯夏，並盤旋肆狂炸。損失未詳，敵機轟甯後，掠過陝省北部富泉宜[illegible]等縣，轉向晉省逸去。

蘭州六日電：交通消息，六日下午二時敵機十五架，由綏境飛襲甯夏，在城郊各處濫肆投彈後，向東南逃去，損失情形不明。

——摘自《南宁民国日报》，1939 年 3 月 8 日

X與□狼狽為奸

南順各鄉竟慘遭荼毒

官山沙頭可憐又重罹浩刧

（南海通訊）邇來西江下游兩岸·我大軍雲集·準備反攻·并組織新游擊隊·混入西江淪陷區·隨時出擊·裏攻外應·X牽制乏人增援·因此盤據西江之X·迭遭威脅·大為恐慌·頻電廣州南支派遣軍司令部·請求增援·連日官山沙頭佛山及順屬等地·均被X軍以搜捕游擊隊為名·大肆刦掠·而以官山商戶·受害尤慘·茲將各情錄下·

官山慘況

查南海官山墟·前曾一度陷于鐵蹄·飽遭蹂躪·及X軍撤退後·商民已陸續返墟居住營業·詎有一土匪羅炳（即竹升炳）因受X利用·橫行鄉曲·每向X偽報某村有游擊隊混跡·使X軍派之入村搜查·羅即藉此為名·大肆搜查·飽掠一頓而去·近羅匪以官山商業復盛·大有發財機會·于是又用方法·向X虛報·謂官山近日有游擊隊出現·X最妒我游擊隊·聞此自以去之為快·遂于三日晨·派出X軍數十名·另羅匪黨羽數十人·遶擁入墟·大肆搶掠·當衝入時·商民不知原委·紛紛走避·X軍及匪·乃穿墟入室·翻箱倒篋·如入無人之境·計有兩押店再次被刧衣物淨盡·其餘商戶被刧者·不下二三十間·當時有一鄉人·以X軍在其衣袋中攫去國幣數十元·略予抗拒·X軍即指為游擊隊·不服檢查·開槍擊之·彈中臂部·倒地呻吟·該X軍乃棄之而去·現官山人民·以淪陷區不可一日居·又紛紛逃難矣·

又擾沙頭

又查五日上午六時許·突有X軍百餘人·分駕小艇闖入沙頭放槍搶刧·其時鄉人猶在睡夢中·猝聆此耗·多不及逃避·所有商戶之貴重衣服財物及粮食·均被搶一空·更有少數婦女·飽遭蹂躪·X軍飽償所慾·即洋洋而去·瀕行並勒令該鄉耆老崔某·每月須繳納二百元及一次遣送花姑娘五十名·往九江X司令部·由沙頭壯丁敵愾同仇·秣馬厲兵·準備與X拚個你死我活云·

屠洗三山

又江門特訊云·X軍百餘人·去月廿八日上午十時·分乘汽艇多艘·駛至南海屬三山鄉·藉名剿匪·至時以小鋼砲及機槍·向該鄉轟擊·鄉民無辜被屠殺者甚多·該處舖戶·被焚毀不少·財產損失至鉅·事查佛山某號貨艇·備貨至陳村·廿八晨行經該鄉河面·突遇匪洗刧一空·艇主不甘損失·即駛回佛山·訴諸X軍司令部·X酋聞耗·即派隊至三山鄉·亂掃一頓·致有演成此慘劇云·

三桂遭刧

又紫泥X軍去月廿八日分乘汽艇七八艘·駛至順屬三桂鄉登陸·初尚無異動·惟未幾即將該鄉各店舖掠奪·并將掠得之煙酒及鷄鴨猪等物·滿儎X艇·始呼嘯而去·又南海平洲昭武第內·現駐有X軍山田隊約四十餘名·日夕在平洲搜查甚嚴·殊為騷擾·以至該處行人裹足·現在平洲冷淡非常·不如往昔之暢旺·加之該處偽警團徵收保護費·設有十八處之多云·

佛山凌亂

又查佛山自淪陷後·烟賭遍地·盜賊如毛·一般無賴·時與狼狽為奸·每藉搜查可疑住戶為名·刧掠為實·因此刧殺之案·無日無之·朝夕皆聞·禪民處此·無異墮於人間地獄·啼笑皆非·咸望我軍早日反攻·克復失地·重見天日·昨據佛山來客譚君稱·李逆自粉墨登場後·對佛山治安·絕無辦法·每夜明火打刼者·無夕無之·有陳明者·為佛山之商人·薄有積蓄·本月六日·忽為李逆之黨羽捕去·指陳明有游擊隊嫌疑·勒繳巨金·方能釋放·陳明初時不允·慘被用鐵杖拷打一頓·遍體鱗傷·陳明令苦不過·迫得如數繳款·始獲釋出·該陳明已逃至石岐轉澳就醫·留在佛山之人民·不勝其擾·已紛紛逃出佛山·避往各地云·

——摘自《华侨日报》（香港），1939年3月8日

陝甘寧各市區
日機連日侵擾
寧夏一地投彈百零三枚
毀壞民房死傷平民甚多

▲重慶七日電　華方消息
昨日有日機數隊、（共三十
餘架）飛往陝北延安市空
侵襲、一時轟炸聲震動數
里、（在延安北市某小學、曾
被損燬、同時另有一批日
機、侵入寧夏肆虐、所受損
失、尚在調查中、
▲蘭州七日電　此間接寧
夏電告、日機六日襲寧夏、
在城內鬧市濫施轟炸、投
彈達一百零三枚、死傷平
民三百餘、毀屋數百間、
▲蘭州七日電　日機三十
架、七日晨由晉城起飛、分
四批經陝襲甘、首批九架、
於上午十時許、竄抵平涼、
二批六架、旋亦接踵而至、
會合首批日機、在平涼市
區投彈八十餘枚、毀民房
六百餘間、死平民七八、三
批三架、竄至陝邊境、折往
寧夏、在市區投彈三十餘
枚　損失未詳、四批十二
架、經寧夏竄甘省之永昌
武威、投彈共三十餘枚、並
以機鎗掃射、惟華軍無甚
損失、此間於上午九時半
發出警報、同時華機亦即
起飛、在蘭市外圍上空巡
邏、嚴陣以待、準備繼二
月二十日及二月二十三
日而予日軍以更大之打
擊、惟日機始終未敢侵入
蘭市上空、此間直至下午
二時許、始解除警報、並悉
另有日機十六架、七日晨
飛襲西安、
▲路透社八日重慶電　據
華方消息、日重轟炸機四
隊計三十架、昨日分襲甘
肅寧夏及陝西各城市、聞
日機十五架在蘭州東之平
涼投彈八十餘枚、並拋下
小册子、寧夏則有日機三
架投彈三十餘枚、該處在
前日（三月六日）曾遭日機
投彈百餘枚、死傷三百餘
人、其餘日機十二架則在
甘省之永昌及武威二地投
彈、並開機鎗掃射、雖中
國驅逐機曾由蘭州飛起準
備截擊日機、惟日機並未
進襲蘭州、

——摘自《新闻报》（上海），1939年3月9日

敵機四十餘架
昨日狂炸宜昌
被炸面積約佔全市十分之七
房屋被燬亦在三分之一以上
常德亦遭空襲炸彈盡落荒郊

「中央社宜昌八日電」今日敵機於晨八時餘起，
敵機四十餘架，至午後四時許始止，全市投彈約
百餘枚，被炸面積約佔全市十分之七，房屋被燬
在三分之一以上，死傷人數，在調查中。
「中央社口口八日電」敵機八日三次飛往宜昌轟
炸，第一次十八架，上午十時，第二次九架，下
三時，第三次十八架，下四時，敵機無目標在市
區內濫行轟炸，區內民房倒塌甚多，被炸死傷者
甚多，詳情尚未查明。
「中央社常德八日電」敵機六架，八日上午十一
時二十分，侵入本城上空，在北門外馬禡橋陰陽
橋一帶投彈二十餘枚，經安鄉華容等地逸去，事
後調查，敵機所投炸彈，均落荒郊，民房無大損
燬・僅炸死農民四人、傷男女各二人。

——摘自《大刚报》（衡阳），1939年3月9日

雷州半島

去月血賬

徐聞縣城化焦土

（遂溪通訊）×人圖謀大舉侵犯粵南『施行空怖』政策，分向各縣狂炸，尤以去月份雷州半島徐聞、海康、遂溪三縣受災較重，爰詳查彙誌如下：

—徐聞— 縣城于二月十日上午九時四十分，×機二架抵縣上空，投彈二枚，一落干大街徐瓊昌店，連燬鋪二間，一落於塔腳橫街吳受興店，連燬鋪四間，傷死平民各一。×機旋飛水井港，投彈二枚，落水井村中，傷男女各一人。十一時三十五分，又有×機二架，由南方飛抵縣城，投彈六枚，一中縣民教館，一中縣政府中座，一中縣立公醫院，一中徐中學校，左右民房，連焚民屋百餘間。十一日下午十時五十分，×機三架在縣城上空投爆炸彈四枚，燒夷彈三枚，中彈被燬者，有縣商會，商店裕生祥，人和堂，東安號，恒安號等十餘間，炸死居民數十人，傷十餘人，又機槍射死老翁一名。同日下午二時許，又來×機三架，投彈八枚，落于檳榔街，龍尾街，文古街，南門塘等處，均中彈起火，越日未息，死傷人民百餘人，全城已成焦土，死者血肉橫飛，身首異處，未被炸死者，無家可歸，情狀極慘。又×艦數艘，麕集該縣，竹山等港處，似有登陸樣，現下該縣已入戰時狀態，各機關均已遷地辦公，并嚴密佈防。

—海康— 二月十一日下午一時二十分，×機三架，在該縣烏石港上空，低飛偵察一週，即狂擲炸彈陸枚，並開機關槍掃射，三彈落鹽場，三彈落海邊，傷男女七人，死十四人，被燬民房三十間，又同月廿五日十二時三十分，×機四架飛至縣城上空，向同仁醫院擲下炸彈七枚，並開機槍掃射，醫院後座被毀一部，微傷男子一名。

—遂溪— 縣屬公洪港，于二月十二日×機兩架，到江洪埠內上空，濫開機槍掃射民衆，及投彈兩枚，當場炸傷漁民三名，斷足穿腹，越日即斃命。

又海康訊，×機自去月廿五日開始轟炸雷州後，本城居民紛紛疏散，商場冷淡，情景荒凉，不謂至昨四日上午十時左右，又有×機四架飛至縣城內，向同仁醫院投下五彈，一中該院，死一婦人，斃母猪四頭，一中有四枚落院旁空地，無大損傷。又在外港頭投下三彈，一落海中，兩枚落某米機附近。昨五日午十二時，復派機三架飛至縣城東門頭投彈兩枚，一中白馬廟，繼向城內廣朝南路雷州圖書館投下一枚，震塌房屋數間，因尚在發掘中，死傷未詳。

——摘自《华侨日报》（香港），1939年3月10日

敵機昨又兩次

狂炸宜昌

死者甚衆外僑住宅被

西安等地亦被濫炸

【中央社宜昌九日電】敵機多架，今日又更番轟炸宜昌，計上午十八架，下午九架，在市中心區及東南部投彈多枚，毀房屋二百餘間，死平民甚衆，美國教會亦中彈六枚，外僑住宅中彈七枚，蘇格蘭學校中彈一枚，幸未傷人，外僑屋頂皆懸掛國旗，顏色鮮明，敵機竟熟視無覩。

【中央社西安九日電】敵機十八架，九日分四次擾陝省各地，十一架三次飛竄西安，三原，涇陽，大荔等處窺視七架於上午十一時三十五分至渭南，在縣城及西關濫施狂炸，投彈五十餘枚，死傷十餘，毀民房四十餘幢，在西關投燃燒彈數枚，三處起火，平民損[illegible]

——摘自《国民公报》（重庆），1939年3月10日

日機昨空襲西安

英教會醫院被炸

▲路透社九日西安電　日機十四架昨日午後轟炸西安、英國浸禮會在此間所辦之勞勃生紀念醫院被直接轟中一彈、華籍看護一名遭炸斃、但外籍職員均無恙、該院手術室、愛克司光室、機械室及私人病房二間全被炸毀、該院在屋頂與地面各繪有英旗一面、以資標識、旗形頗大、自空俯瞰、可明白見之、

——摘自《新闻报》（上海），1939年3月10日

日艦炮擊海門

死平民二人毀民屋數間

浙東嚴密戒備肅清盜匪

自日艦企圖在浙江海門登陸失敗後、溫台防守司令於三月一日起、舉辦船隻重行登記、整理椒江水道準備復航、前晨十時四十五分、日艦二艘駛入椒江、向岸上開炮三十餘發、死平民二名、毀民屋數間、至於海門復航、因此勢必展延日期、浙東沿海各地現由甯波溫台兩防守司令、駐紮重兵、嚴密戒備、並鑒於浙東海盜受某方勾結、屢圖在浙東暴動、搗亂後方治安、已命令各縣府懸賞查緝、不論何人獲送奸徒、經訊明者每名賞洋一百元、通風報信因而緝獲者、每名賞五十元、報告破獲奸徒機關者、賞洋一百元、明知奸徒隱匿不報經人舉發、依法從嚴論罪、

——摘自《新闻报》（上海），1939年3月10日

日機炸常德

投彈均落荒郊

死農民四人

▲常德 八日電 日機六架、八日上午十一時廿分、侵入本城上空、在北門外陰陽橋一帶、投彈廿餘枚、遝向北經安鄉華容等地逸去、事後調查、日機所投炸彈、均落荒郊及水塘中、居民房屋無大損毀、僅炸死農民四人、傷男女各二人、

——摘自《新闻报》（上海），1939年3月10日

▲敵用毒彈轟炸宜昌 九日

國際通訊社倫敦電。。英京各報是日登載

香港電訊．中國當局指出日軍飛機轟炸宜昌時。施用毒氣。並謂此為「自歐戰以來用毒氣作戰之規模最大者」宜昌城內各醫院 充滿吸受毒氣之病人云

——摘自《少年中国晨报》，1939年3月10日

▲宜昌死傷三千餘人 九日

聯合通訊社上海電。據此間華文報紙是日登載消息。日軍飛機轟炸宜昌凡三次。城內三分之一地方已中彈起火。死傷人數約達三千餘名。宜昌位於揚子江上游。在漢口與重慶之間。

——摘自《少年中国晨报》，1939 年 3 月 10 日

▲宜昌美教堂被炸毀 九日

共同通訊社漢口電。據此間是晚接到湖北省宜昌美國聖公會教堂報告。日軍飛機隊昨星期三日大舉轟炸宜昌。該教堂在宜昌城內。共有物業三處。其中兩處已被日機炸毀。駐漢口美國總領事佐素連氏經即向日本總領事提出抗議。該報告并謂當日機轟炸宜昌時。在教堂物業內者。僅爲該教會之僕人。幸無人受傷。炸彈在該教堂範圍內跌落者共十七枚。擊中住宅一所。及其他教會樓宇三所。當時各樓頂均高懸龐大之美國國旗。另在地面繪有美國國旗。聖公會教堂被炸物業之第二處。係設在城垣外揚子江附近。內有禮拜堂一所住宅一所。及女子學校兩所。在該處跌落之炸彈。共有七枚。住宅已被炸毀。其他樓宇三所。亦遭損壞。

據宜昌外人傳出可靠消息。近兩日來。日機慘炸宜昌。居民被炸死傷共達三千餘

——摘自《少年中国晨报》，1939 年 3 月 10 日

敵機廿七架 昨又狂炸宜昌

外僑房屋均被投彈 振委會撥款救濟難民

▲中央社宜昌九日電 敵機多架、今日又更番轟炸宜昌、計上午十八架、下午九架、在市中心區及東南部投彈多枚、毀房屋二百餘間、死平民甚衆、美國教會亦中彈六枚、外僑住宅中彈七枚、蘇格蘭學校中彈一枚、幸均未傷人、外僑屋頂皆懸掛國旗、顏色鮮明、敵機竟熟視無覩云。

本市息、敵機三十六架、於八日四度轟炸宜昌、在市區大肆投彈、災情慘重、較上次尤甚、難民待賑迫切、賑濟委員會特於昨午電匯兩萬元、交宜沙總站會同地方機關迅速辦理救濟。

——摘自《中央日报》（重庆），1939 年 3 月 10 日

宜昌又遭狂炸

敵機竄擾西安渭南等地

中央社宜昌九日電：敵機多架，今日又更番轟炸宜昌，計上午十八架，下午九架，在市中心區及東南部投彈多枚，燬房屋二百餘間。死平民甚衆。美國教會亦中彈六枚，外僑住宅中彈七枚，蘇格蘭學校中彈一枚，幸未傷人。外僑屋頂皆懸掛國旗，顏色鮮明，敵機竟熟視無覩。

中央社西安九日電：敵機十八架，九日分四次擾陝省各地，十一架三次飛竄西安、三原、涇陽、大荔等處狂炸，七架于上午十一時卅五分，至渭南，在縣城及西關濫施狂炸，投彈五十餘枚，死傷十餘，燬民房四十餘幢，並在西關投燃燒彈數枚，三處起火，平民損失頗重。

——摘自《新华日报》（汉口），1939 年 3 月 10 日

宜昌浩劫

全市三分之一成灰燼

美國教會亦中彈多枚

▲宜昌九日電　日機多架、九日又更番轟炸宜昌、計上午十八架、下午九架、在市中心區及東南部投彈多枚、毁房屋二百餘間、死平民甚多、美國教會亦中彈六枚、外僑住宅、中彈七枚、蘇格蘭學校中彈一枚、幸均未傷人、外僑屋頂皆拼倒、國旗顏色鮮明、日機竟熟視無睹、

▲美聯社重慶九日電　昨日日機四十五架、四次襲擊宜昌、轟炸時間、自晨八時起迄下午四時止、共計投下炸彈二百餘枚、炸毁宜昌全城十分之七、約有三分之一之房屋被毁、據估計死傷者約有三千人、又九日晨在斷垣殘壁中掘出死屍約三百餘具、此間之英領事署、並未遭殃及、

▲同盟社九日香港電　據此間外人接到消息、日機八日轟炸宜昌、極爲猛烈、宜昌市之三分之一、已成平地、

▲宜昌十日電　日機八日狂炸宜昌時、竟故意將二馬路及康莊路之美國教會房屋一部炸燬、該兩教會主教以暴日如此横行、有意損害第三國權益、昨已電請該國駐華總領館、對日方提出嚴重抗議、

▲路透社十日重慶電　此間接宜昌外人方面關於本月七八兩日機猛轟宜昌之詳報、據稱、蘇格蘭教會所辦童校天井中落下炸彈一枚、另有七彈落於美國教會院中、其二、炸毁外人之住宅、其餘諸屋、全部受損、院中地上所鋪美國巨旗兩面、爲瓦礫所損、幾不能辨認、女執事賴白女士險遭不測、一彈落於渠所立處十五呎之內、竟得全生、亦云幸矣、美華學校中炸彈六枚、美國聖公會高懸美旗、地上亦鋪美旗、蘇格蘭教會童校亦懸巨旗、均易辨認、而日機仍向擲彈、死傷實數、尚未查明、現信共在一千五百人以上、

——摘自《新闻报》（上海），1939 年 3 月 11 日

日機炸西安英醫院

英將提抗議

距軍事目標甚遠
且有顯明之標誌

▲本報十日倫敦電　英外部宣稱、日機於本星期三襲西安時、英教會勞柏森紀念醫院一所被轟毀、該院置有顯明標誌、將向日提抗議、

▲美聯社重慶九日電　據華方報告、今晨九時五十分日轟炸機廿八架、復飛往西安轟炸、轟炸後、向蘭州方面逸去、至轟炸時之詳細情形、此間猶未收到、又昨日西安亦遭日機轟炸、約死傷一二千人、據英國官員稱、西安之浸禮會醫院、於昨日日機襲擊時、局部被毀、華籍女看護被轟斃、及中國僱員數人被擊傷、至該院之外人、則信皆平安、一彈落於該院辦公廳中、美聯社記者於上星期赴西安時、曾至該醫院參觀、目覩該院之屋頂上漆有一極大之英國國旗、且該院距軍事目標甚遠、因第八路軍司令部與各政府機關距該院約有半哩之遙、又該院僱有英人四五人之多、

▲海通社東京十日電　日本「泰晤士報」今日發表社論、評論日空軍連日之轟炸西安、乃在威脅中蘇路線、該報並暗示日空軍轟炸之後、隴海路日軍、將相繼進攻云、

▲美聯社倫敦九日電　英國外交部今日宣稱、在西安之雷伯提孫(譯音)紀念醫院及浸禮教會、乃為英人財產、雖有特別標記、以示區別、然日軍仍不顧一切、於星期三日空襲西安時、竟向該兩英人所有財產投彈、致將該兩項建築破壞無餘、且當時該兩項建築地上、特置有英國旗幟、俾空軍在上空顯然易見、又於數月前、英方曾將英人財產所在地段、通知日本當局、外交部繼又表示、對於日軍故事摧毀英人財產、當即行提出嚴重抗議、

——摘自《新闻报》（上海），1939 年 3 月 11 日

西安英醫院

被敵轟炸

損失甚重

上海九日路透電：昨日下午敵機十四架轟炸西安時，英浸信禮會所辦之醫院，共中三彈，死中國女護一人，外人方面，均無死傷，被炸毀者有解剖室，「X」光室，儀器室，及病房兩所，醫院之屋頂，插有極大幅之英國旗兩面，由空際俯視，極爲明晰，

——摘自《南宁民国日报》，1939 年 3 月 12 日

敵機狂炸洛陽

毀屋四百餘間死傷五十餘人

陝鄂等地亦遭空襲

▲中央社洛陽十二日電 今晨十一時至十一時三十分、敵機兩次狂炸洛陽、第一次敵機七架、第二次九架、敵機侵入市空後、即向房屋稠密處投彈、顯以無辜人民爲其目標、兩次共投彈八十九枚、死四十餘人、傷十餘人、燬房四百餘間、敵機於今日投彈時、並拋下面盆大之石塊四十餘枚、此種舉動、固敵方之無恥、同時亦敵方炸彈已告缺乏之證明也。

▲中央社潼關十二日電 敵機三十六架、本日分三批竄擾陝境沿河潼關郃陽大慶關等處、下午一時三十五分、平民發現敵機九架、經潼關、三河口、朝邑、至大慶關、在王家莊富民村新民村投彈三十餘枚逸去、損失不詳、一時四十分吳王渡發現敵機九架、至郃陽雷村投彈二十餘枚逸去、損失不詳、一時四十五分、潼關發現敵機十八架、在城內東關及萬家嶺蘇家村姚家莊等處投彈二十餘枚逸去。

▲中央社宜昌十二日電 敵機一架、十二日晨十時餘、由東南方侵入宜市上空、環市盤旋偵察、達二十分鐘之久。

▲中央社莆田十一日電 十一日上午、莆田平海駛來敵艦兩艘、上各載水上機一架、午後起飛、在福清莆田仙遊惠安一帶窺察後、敵艦即向惠安駛去、黃昏時、向崇武開砲十餘發、損失未詳。

▲中央社連縣十二日電 十一日下午一時、敵機六架、襲海康、向城內投十二彈、又上午敵機八架、在高要屬金利墟投燬十彈。

——摘自《中央日报》（重庆），1939 年 3 月 13 日

日機炸洛陽潼關

▲路透社十三日重慶電 據華方消息、昨晨日轟炸機十六架、分兩隊進襲洛陽、在商業區投彈八十餘枚、毀屋四百所、傷亡五十餘人、另有日機三十六架、則轟炸陝省沿黃河之潼關、郃陽及大慶關等地、聞其中十八架曾向潼關東部及城東各鄉村投彈、又有日偵察機一架、昨晨飛至宜昌上空、偵察歷二十分鐘始去、

——摘自《新闻报》（上海），1939 年 3 月 14 日

粵省要聞

×在順德擴大騷擾範圍
倫教血戰後又陷於×
漢奸作虎倀全鄉慘遭浩刧
大白鄉亦被侵進縱火焚燒

（鶴山特訊）侵據九江兩龍之×・因粮食恐慌・四出刼掠・初以勒流存米必多・乃引誘該處漢奸麥某葉某伍某等・搜羅附近各鄉粮食・以資接濟・鄉人大憤・已將此數漢奸槍斃・×竟遷怒於大晚鄉・十七日將大晚鄉人屠殺・繼放火焚燒・各情已誌昨報・記者十三日午・得晤行走容奇江門之華興渡某君・據稱・自勒流麥某伍某等・甘作虎倀後・乃派出漢奸・分赴黃連羊額倫教等鄉・擬串同該處地痞・組織偽維持會・以壯聲勢・及搜羅粮食・十二日晨・有漢奸數人・與倫教三數地痞・擬組維持會・誘騙鄉人不宜反對・可以安居樂業・但倫教鄉民・護國護土之心甚堅・有愛國志士數人・立將漢奸擊斃・內有一漢奸逃脫・回報×人・×人大憤・竟於是日（十二）下午四時・由兩龍派出汽艇兩艘・沿黃運大海入鷄洲・轉赴倫教・該兩汽艇載×約有八十人・五時已到達倫教・與鄉民發生劇戰・適此時有一×機・乘天雨稍停・在倫教天空低飛助虐・投下燃燒彈數枚・並在海岸掃射機關槍數千響・此時倫教已發生大火數處・加以×人上天下水・機槍掃射極密・後方動搖・無法抵禦・致被×登陸・刼掠焚殺・無所不為・倫教遂淪×手・鄉民見此慘狀・紛紛向大良羊額及附近各鄉逃避・惟因道途稍遠・詳情未悉・是日（十二）由容奇往江門之中華德記兩渡・因客甚多・提早開行・當晚上十時許・駛至馬寧附近海面・與由江門往容奇之華興廣記兩渡相遇・告以倫教情形・該兩渡乃向江門同駛・而中華德記・亦繼續來江門・又聞×十二日五時・佔據倫教後・羊額三洪奇・均有震動・倫教之火・入黑尚未熄・滿天通紅・情形甚慘云・

又據另訊・×軍此次在順屬擴大騷擾・除向大良大晚倫教等處肆虐外・大白鄉亦于十二日慘遭蹂躪・當×軍到大白後・不分皂白・凡遇鄉人・皆被槍殺・以致血屍遍路・并縱火焚燒大白鄉・至翌日（十三）尚發見有火頭兩處・幸當勒流殺奸事發後・大白鄉民・早知×軍必來・故預先逃避・其有走避不及者・咸遭魚肉・現難民扶老携幼・紛紛逃往安全地帶・又自×攻大良後・內地河道・來往石岐勒流及容奇石岐渡・均已停開・一般來往省港澳者・均滯留石岐間云・

——摘自《华侨日报》（香港），1939 年 3 月 15 日

✕軍包圍瑤頭

搜殺壯丁

男女百人餘被害

（番禺通訊）廣州佛山附近各地✕軍・大部抽調後・防務極爲空虛・故旬來迭遭我游擊團隊進襲・使✕應付困難・現✕已感風聲鶴唳・草木皆兵之勢・故邇來對我各鄉壯丁極爲注意・稍有嫌疑・即加殺戮・查廣州南郊瑤頭・隔山莊頭・瑞堡等鄉游擊隊於本月六日曾祕密潛伏瑤頭附近・將✕運輸兵廿餘人擊斃・✕軍遂認瑤頭鄉爲我游擊隊根據地・遂於是日下午四時許・派✕三百餘人・將瑤頭包圍・入內搜索・每遇有壯丁即行殺戮・至壯年之婦女・亦指爲女游擊隊・強行侮辱後即行射殺・並燒去民居七八間・査是次該鄉男女被害者凡百餘人・

——摘自《华侨日报》（香港），1939年3月15日

日海軍不斷

荼毒香港漁民

▲美聯社香港十四日電　據此間華人漁業公會今日報稱、日本海軍對於中國漁人、仍不絕施以暴行、自去年十二月十五日至今年二月十五日之期間中、爲日本海軍焚毀或擊沉之中國漁船、（以香港註册爲限）無慮三四十艘、漁人家屬因而傷亡者、在五百人以上、按該公會前次之報告、自開戰以來、以至去年十一月止、香港漁船爲日艦擊沉者有六二八艘、漁人死者達一千〇九十二名、

——摘自《新闻报》（上海），1939年3月15日

敵機竄陝鄂贛

濫炸西安宜昌等地

中央社西安十四日電：敵機十二架，經大荔、渭南、咸陽，至寶雞，在縣城內外，投彈三十八枚，平民死四人，傷十二人，炸毀房屋二十餘間。又敵機二十一架，自大慶關發現後，向西飛竄，經大荔、三原、涇陽、咸陽、興平，復折轉東飛，十一時四十五分，共分三批侵入西安市空，濫肆狂炸，計投彈六七十枚，十二時一刻逸去。事後調查，敵機雖恣意投彈，但人民多已疏散，於死傷平民七八十人，炸燬房屋五六百間。

中央社宜昌十四日電：十四日午後二時許，敵機一架，竄入市空環市繞行，偵察甚久，即向原路逸去。少頃敵機九架，復自西南方侵入，在環城西路一帶市區濫施轟炸，沿江民船被炸沉者甚多，毀房屋四十餘，死傷百餘人。

中央社南昌十四日電：十三日晚十一時，都昌上空，發現敵機三架，越鄱陽湖經鄱陽，於午十二時十分侵入樂平城內，投彈二枚，炸斃平民一人，傷七人，燬房屋九棟。旋竄回都昌，投彈多枚，損害情形在調查中。

——摘自《新华日报》（汉口），1939 年 3 月 15 日

寇機前日犯陝

西安又遭狂炸

并在寶鷄投彈三十八枚 甘肅平涼亦遭敵機空襲

（中央社）西宜十四日電，敵機三十五架，十四日分四次竄擾陝境，一架經朝邑大荔渾南乾鄜縣等地窺伺後逸去，二次一架，經朝邑大荔蒲城富平耀縣同官邠縣長武等窺覘後逸去，三次十二架，經大荔渭南咸陽至寶鷄，在縣城內外投彈三十八枚，平民死四人，傷十二人，炸毁房屋二十餘間，第四次廿一架，自大慶關發現後，向西飛擾經大荔三原涇陽，咸陽興平復折轉東飛，十一時四十五分共分三批侵入西安市空濫肆狂炸，計投彈六七十枚，十二時一刻逸去，事後敵機雖肆意投彈，但人民多已疏散，故死傷平民七八十人，炸燬房屋五六百間。

（中央社）西安十五日電，敵機五十架，十五日分五批竄擾陝甘各地，二十二架於上午十二時先後侵入西安市空，投彈八七十，并發散荒謬傳單，至十二時二十分向東逸去，死傷平民二十餘人，炸毁民房七十餘間，津車十五輛，餘無損失，二十六架十上，七時五十五分在邠陽發現，掠過陝北至甘肅平涼，在東郊外投彈十十餘枚，因落空野，無何損失。

（中央社）常德十五日電，十五日上午十時四十九分，敵機十八架，經湘陰縣境向南飛竄，十時五十八分侵入長沙上空，盤旋偵察，至十一時廿分折向北飛，在平江投彈肆虐後，自飛逸。

——摘自《华西日报》，1939年3月16日

×机猛炸金利墟

造成空前未有之惨劫

塌屋四十八間死傷百餘人

朱村陸村大沙馬房均受害

（肇慶特訊）十一日正午十一時五十分・有×機八架・飛至金利墟轟炸投彈十九枚・炸塌商店民房四十八間・死四十人・傷六十二人・當×機飛抵上空時・墟心德和茶樓・有茶客在該處品茗・未及逃避・該樓中彈兩枚・死傷茶客店伴共卅餘人・四甲五甲六甲祠宇・亦被炸毀・查金利雖屢遭×機轟炸・但以此次爲最慘・×機在金利投彈後・續飛金利附近之朱村・陸村・各投四彈・死傷數人・旋向北飛・闖入大沙至馬房上空・分別向各村庄投彈五十餘枚・炸塌民房四十五間・死傷四十餘人云・又十一晚深夜・記者再接金利電話・對是日金利墟被炸事・調查災區・計永慶路德和茶樓落兩巨彈・全座炸塌・死茶客店伴卅五人・傷十五人・天泰・金泰・均泰三烟店・同益・同德兩雜貨店・共落四彈・五店全塌・東街五六甲落五彈・塌屋廿餘間・四甲黃氏之祠・王石祠・落三彈・全塌・祠側落一彈・塌屋一間・傷三人・墟尾觀前街太平街・落四彈・塌屋十五間・城隍廟落一彈・大部倒塌・梁伯仁醫館・落一彈・全塌云・

——摘自《华侨日报》（香港），1939 年 3 月 16 日

敵殺我漁民

達千餘人

沉船六百餘艘

〔中央社香港十五日合衆電〕日軍現對海上華籍漁民，仍採恐怖政策，據漁業公會統計，自去年十二月中旬以至於本年二月中旬，有在香港登記之漁船三十四艘，先後爲日艦所擊沉或焚燬。死傷人數，尙難査明，惟大致必在五百人以上，按自前十年夕以至去年十一月，前後十四個月內，爲日方擊沉之漁船共達六二八艘、被害漁民〇一。〇九二人，

——摘自《国民公报》（重庆），1939 年 3 月 16 日

平江英教會醫院學校

昨遭敵機狂炸

英籍牧師李邦協被炸斃

宜昌美聖公會校所全燬

中央社長沙十五日電　敵機十八架、十五日十一時、狂炸平江縣城、投彈百餘枚、英教會創辦之普愛醫院、及培元學校、均遭轟炸、英籍牧師李邦協（倫敦人）亦被炸斃、培元學生罹難者達四十人、該院校屋頂皆漆有並高懸巨幅英國旗、縱在三千公尺以上、亦可辨別、顯係故意轟炸、咎實難辭、

中央社宜昌十五日路透電　美聖公會所設立之學校、于昨日日機轟宜時被炸、校所盡燬、

中央社西安十五日電　敵機五十架、十五日分批竄擾陝甘各地、廿二架于上午十二時先後侵入西安市空、在城西郊什家莊等處及東北郊南郊城內東北角尚德路保康路崇儉路等處、再度狂炸、投彈六七十枚、死傷平民廿餘人、炸燬民屋七十餘間、洋車十五輛、餘無損失、廿六架于上午七時五十五分在郃陽發現、掠過陝北、至甘肅平凉在東郊外投彈六十餘枚、因落空野、無何損失、

——摘自《时事新报》（重庆），1939 年 3 月 16 日

日機竄擾各地

在西安宜昌等處狂炸

▲蘭州十四日電　交通界息、日機三十六架、十四日上午九時許、由晋竄擾陝境、分批飛西安寶雞投彈十餘枚、死平民五人、

▲西安十四日電　日機三十五架、十四日分四次竄擾陝境、一次一架、經朝邑大荔渭南乾武功郿縣等地窺視後、逸去、二次一架、經朝邑大荔蒲城富平耀縣洵官郃縣長武等窺視後逸去、三次十二架、經大荔渭南咸陽至金雞、在縣城內外投彈三十八枚、平民死四人、傷十二人、炸毁房屋二十餘間、第四次二十一架、自大慶關發現後、向西飛擾、竄大荔三原涇陽咸陽興平、復折轉東飛、十一時四十五分共分三批侵入西安市空、濫肆狂炸、計投彈六七十枚、十二時一刻逸去、事後調查、日機雖恣意投彈、但人民多已疏散、故死傷平民七八十人、炸毁房屋五六百間、

▲快訊社重慶十五日電　據此間所接消息、日機多架、昨日午後、又飛往西安寶雞等處狂炸、毁民房數十間、死傷平民十餘人、

▲宜昌十四日電　十四日午後二時許、日機一架竄入市空、環市繞行、偵察甚久、即向原路逸去、少頃、日機八架、復自西南方侵入、在環城西路一帶市區濫施轟炸、沿江民船被炸沉者甚多、毁房屋四十餘、死傷百餘人、

▲汨羅十四日電　十四日晨日機九架、飛鹿角市一帶第二度偵察濱湖地勢、並投彈百餘枚、多落湖中、

▲路透社十四日宜昌電　日機昨日轟炸宜昌、美教會學校房屋已被炸燬、

▲路透社十五日宜昌電　昨日午後二時三十五分日機九架列隊猛轟宜昌之西北區、房屋被毁者數十所、死一人、傷一百五十人、外僑財產未遭波及、又據華方消息、宜昌被轟炸時、共毁房屋四十所、死百餘人、長江內之帆船多艘亦被炸成粉碎、

▲常德十五日電、十五日上午十時四十九分、日機十八架、經湘陰縣境向南飛竄、十時五十八分、侵入長沙上空、盤旋偵察、至十一時二十分、向北飛、在平江投彈肆虐後、即飛逸、

▲美聯社重慶十五日電　今日上午十一時半日機廿八架飛往西安至蘭州間公路上之平凉轟炸、投彈一百餘枚、損失重大、詳情猶未悉、

▲長沙十五日電　日機十八架十五日午襲平江縣城、投彈百餘枚、英教會創辦之普愛醫院亦遭轟炸、主持該院之英籍李牧律、幷至炸斃、按平江在長沙火燒前屢遭空襲、再經日機數度狂炸、僅存一片焦土矣、

——摘自《新闻报》（上海），1939年3月16日

敵機襲平江 炸斃英牧師

陝甘贛亦遭空襲

▲中央社長沙十五日電 敵機十八架、十五日十一時，狂炸平江縣城，投彈百餘枚，英教會創辦之普愛醫院及培元學校，均遭轟炸，英籍牧師李協邦（倫敦人）亦被炸斃、培元學生罹難者達十四人、該院校屋頂皆漆有並高懸巨幅英國旗，縱在三千公尺以上，亦可辨別，敵顯係故意轟炸、咎實難辭。

▲中央社西安十五日電 敵機五十架、十五日分五批竄擾陝甘各地，二十二架於上午十二時先後侵入西安市空，投彈六七十，並發散荒謬傳單，至十二時二十分向東逸去、死傷平民二十餘人，炸燬民房七十餘間，洋車十五輛，餘無損失，二十六架于上午七時五十五分在郃陽發現，掠過陝北至甘肅平凉，在東郊外投彈六十餘枚，因落空野，無何損失。

▲中央社蘭州十五日電 敵機二十六架、今晨五時二十分，由晉經陝，竄入甘境，此間當時即發出警報，惟敵機飛至平凉，即在市區及城郊，投彈七十餘枚，并在北郊以機槍掃射之後，折向原路逸去，此間當於九時五十分解除警報。

▲中央社南昌十五日電 敵機二十架，十五日上午九時至下午十時卄，分批在玉山上饒東鄉進賢豐城新喻樟樹萬家埠等處窺察，並在分宜宜春豐城縣屬之拖船埠，餘江縣屬之鄧家埠，貴溪縣屬之礦潭等地投彈，多落荒地，無甚損失云。

——摘自《中央日报》（重庆），1939年3月16日

[illegible]

宜昌寶雞西安被炸

宜昌死傷百餘 西安燬屋六百

西安十四日電：敵機卅一架，十四日分四次竄擾陝境，一次一架，經郃陽，大荔，渭南，乾功，郿縣等地窺視後逸去，二次一架，經郃邑，大荔，蒲城，富平，耀縣，同官，淳縣，長武等窺視後逸去，三次二架，經大荔，咸陽至寶雞，[illegible]縣城內[illegible]投彈卅八枚，民死[illegible]人，傷十二人，炸毀房屋廿餘間，第四次廿一架，自大慶關發現後，向西飛擾，經大荔，三原，涇陽，咸陽，興平復折轉東飛，十二時[illegible]十五分，共分三批侵入西安市空，盤旋狂炸，計投彈七十枚，至[illegible]時一刻逸去，事後調[illegible]，敵機雖恣意投彈二[illegible]，民多疏散，故死平民僅[illegible]八十人，炸毀房屋五、六百間。

宜昌十四日電：十[illegible]日下午二時許，敵機一架，竄入市空，環市繞行偵察[illegible]，即向原路逸去，少頃，[illegible]機九架，復自西南侵入，在環城西路一帶市區[illegible]轟炸，沿江民船被炸毀者甚多，[illegible]房屋[illegible]千餘，死傷百餘人。

蘭州十四日電：交通息，敵機三十[illegible]架，[illegible]上午九時許由[illegible]竄擾陝境，分批飛西安寶雞投彈[illegible]十餘枚，死平民五人

——摘自《南宁民国日报》，1939年3月16日

陝甘湘贛空襲

敵機狂炸西安等地

中央社長沙十五日電：敵機十八架，十五日狂炸平江，投彈百餘枚。英教會創辦之普愛醫院，及培元學校，均遭轟炸，英籍牧師李協邦（倫敦人），亦被炸死。培元學生罹難者達四十人。

中央社南昌十五日電：敵機二十架，十五日分別在分宜、宜春、豐城縣屬之拖船埠，餘江縣屬之鄧家埠，貴溪縣屬之鷹潭等地投彈，多落荒地。

中央社浮梁十四日電：今晨敵機五架，竄入都昌轟炸，毀民房二十餘間。

中央社西安十五日電：敵機五十架十五日在西安城西郊投彈六七十枚，死傷平民二十餘人，炸燬民屋七十餘間。

中央社潼關十三日電：本日敵機兩架在大荔投彈數枚。

中央社蘭州十五日電：敵機二十六架，十五日在平涼投彈七十餘枚。

——摘自《新华日报》（汉口），1939 年 3 月 16 日

我在德安獲得

×用毒氣文件

證明×潰敗必用毒氣

但其結果仍不能收效

（中央社重慶電）我軍於去年十月在德安附近鹵獲×人施用毒瓦斯之文件兩種。均係×（中支那派遣軍司令部）之文件。其一爲（徐州會戰及安慶作戰特種煙使用戰例及成果）。爲昭和十三年七月印發）。其二爲（特種發煙筒及特種發煙彈用法幷成果利用法。爲昭和十三年八月印發）。此兩種文件。前者說明其施用毒瓦斯戰例及成果。後者係說明其施用之方法。茲記其大要如次。據上文件。×人所施用之毒瓦斯計有如下三種。一爲白筒裝瓦斯。其作用爲發煙。藉以測定風之方向。二爲綠色筒裝瓦斯。作用爲催淚性特種毒瓦斯。三爲紅色筒裝窒息性特種毒瓦斯。前一種無毒。後兩種均含有強性毒素。關於×人施用毒瓦斯時之勤務。㊀偵察發煙計劃方案。㊁第一線指揮官之協定。㊂命令下達。㊃氣象觀察。㊄通信連絡。㊅警戒及掩護。㊆資材輸送。㊇資材排列

•㈨點火•㈩林枝利用•⑪點火後處置•（即輸送瓦斯筒）•又×施放瓦斯後立刻戴上防毒面具•開始總攻•瓦斯在空間僅卅分鐘之效能•是以當煙筒施放後•即須續放毒瓦斯•凡毒瓦斯散播後•立刻開始衝鋒•方能取得瓦斯之有效•以上各種文件內並列舉其施用瓦斯獲得之戰果•其文件內云•六月二日攻壽縣•當進抵南門•以我軍固守不能攻陷•乃施用毒瓦斯•惟無結果•於六月四日再度進攻•復大部施用•五月十八十九兩日圍攻固鎮不下•嗣遭我軍猛烈反攻•×見勢危殆•復大放毒氣•六月二日香口之役•所曾施用瓦斯•以後馬當流斯橋之役•我軍開始反攻•×竭力抵抗•乃復大量施用瓦斯•此外在山西戰場上如濟源•絳縣•聞喜諸役•亦莫不儘量施用•每次我軍因×之濫用瓦斯致失去戰鬥力•而遭受失敗•因此×每遇攻擊不能取勝•或遭受我反攻無力抵禦•乃大量施用瓦斯•結果亦不收得效果•因此×乃積極獎勵•並教導其部隊如何施用•文件內並詳述施用瓦斯應注意各點•㈠用後之施放各種烟筒•務須秘密保持•㈡烟筒毒氣必須抛入河底或埋諸地內切勿暴露•㈢外僑所居地方切勿施用毒氣•㈣驗時要在房內•不可使毒烟外冒•並謂以往因施用不善•致發生傷害自己士兵情事•今後務須善爲改善以杜流弊•×爲施放毒氣計•其部隊多携有大批防毒面具•惟爲掩護起見•反謂爲防我軍施用毒氣•此種欲蓋彌彰之事•實祇見其可鄙而已•總之•×一方用毒瓦斯慘殺我官兵•一方復恐暴露其劣跡•而避免世界之攻擊•乃多方設法掩護•足見其心勞日拙也•（十六日）

——摘自《华侨日报》（香港），1939 年 3 月 17 日

平江全城
已成焦土
學生炸死四十

【中央社常德十六日電】昨日敵機轟炸平江時，英人開設之普愛醫院，全被炸毀，醫師李節球被炸身死，院旁之培元小學，亦全部被炸焚毀，當炸死學生約四十人，房屋損毀不下千餘間，全城已成一片焦土。

——摘自《国民公报》（重庆），1939 年 3 月 17 日

日機分擾陝甘

在西安平涼等處投彈

▲西安十五日電 日機五十架、十五日分五批竄擾陝甘各地、十二架於上午十二時先後侵入西安平空、投彈六七十、並發散荒謬傳單、至十二時廿分、向東逸去、死傷平民廿餘人、炸燬民房七十餘間、洋車十五輛、餘無損失、廿六架於上午七時五十五分在郃陽發現、掠過陝北、至甘肅平涼、在東郊外投彈六十餘枚、因落空[illegible]、無何損失、

▲快訊社重慶十五日電 日機二十一架、昨晨飛西安轟炸、投彈六七十枚、雖平民早有一部份撤退、但損害情形甚重、估計房屋被毀者七八十間、平民死傷者五六百人、並聞隴海路西端之寶雞、同日被日機十二架投彈三十八枚、計死四人傷十二人、毀屋二十幢、尙有日機三十五架、侵擾陝北損害未詳、

——摘自《新闻报》（上海），1939 年 3 月 17 日

敵機昨飛鄭州肆虐

平民死傷重

洛陽十[illegible]日電 敵機七架今晨飛鄭州肆虐投彈六七十枚，炸毀房屋百餘間、人民[illegible]間甚多、

——摘自《泸县民报》，1939 年 3 月 18 日

日機轟炸牯嶺 美國學校被毀

英僑住宅亦中一彈

▲南昌十六日電 牯嶺息、十四日午後一時、日機九架、先後飛牯轟炸、投彈十餘枚、英僑都約翰住宅、落彈一枚、（按該房屋頂繪有明顯之英國旗幟）斃郎姓裁縫一人、上中路美國學校、落一彈、餘落空地、另有燃燒彈數枚、均落女兒莊一帶、僅燒去山草樹木數片、

▲南昌十七日電 牯嶺息、日機連日襲牯、英美僑民住宅學校教堂、有數處被炸、山中居民、對日機如此暴行、至爲憤慨、十六日上午九時至十時、先後有日機十八架、飛牯狂炸、毀日照峯三號住宅一所、新路大華飯店一所、小學校房屋數所、河西路中國銀行及天主堂被炸、下中路落六彈、女兒城山上三彈、仰天坪三彈、十坡嶺四彈、火龍院山上數彈、蓮谷路二彈、傷民衆五人、死一人、

——摘自《新闻报》（上海），1939 年 3 月 18 日

阻撓外輪復航
日艦又炮擊海門
毁民屋數十間
傷害平民五人

（本市消息）新聲社云、浙東海門之椒江實施封鎖、航行完全斷絕之後、航商要求復航、暫以封鎖線外之三江口爲泊船處、貨物用民船駁入封鎖線、業已由溫台防守司令批准、德商高登輪等準備復航、而日本海軍當局藉口軍事未了、阻撓第三國船隻復航海門、本月十五日下午四時許、日艦四艘、又駛至椒江封鎖線附近、向海門開炮八十餘發、當時駐軍因該項炮擊毫無目標、均落荒地、故並未予還擊、該四日艦開炮後即離椒江口、聞海門北岸毁民屋數十間、傷平民五人、惟地方依然安謐如常、至於海門復航問題、因日方之阻撓、勢必暫緩實行、以前行駛滬台線之山泰海福哈納美達高登棠貝等輪、今經第十集團軍劉總司令之特准、在海門未復航以前、仍准改航甯波溫州等處、並不限制行駛次數云、

——摘自《新闻报》（上海），1939年3月18日

日軍在
閩東定海登陸
焚燬當地官署

▲美聯社北平十七日電 據昨日所得消息、本月十三日下午、日本海軍陸戰隊二十名、曾在福州以東之定海登陸、（編者按非舟山羣島之定海、福州之東定海、在閩江口之北松崎港之南、）縱火焚毁當地官署及民衆團體所在處、至華軍出現時、登陸日軍即行退去、並擄去中國平民二名、

——摘自《新闻报》（上海），1939年3月18日

敵機到處肆虐

鄭州 洛陽十七日電：敵機七架，今晨十時飛鄭州肆虐，盤旋數匝，投彈十枚，除炸毀房屋百餘間外，人民死傷甚少。

平江 常德十六日電：據外部消息，昨日敵機轟炸平江時，英國所設之普愛醫院，全部炸毀，醫師李節班被炸身死，所設之培元學校，亦全部被焚，並炸死學生約四十人，房屋損毀不下千餘間，全城已成一片焦土。

牯嶺 南昌十七日電：牯嶺息，十四日敵機九架，先後飛牯嶺轟炸，投彈十餘枚，英僑郭約翰住宅落彈一枚，（按該房屋頂繪有明顯之英國旗幟）美僑鮑郎住宅被毀機一人，上中路美國學校落一彈，餘落空地，另有燃燒彈數枚，均落女兒莊一帶，僅毀去山草樹木數片。

都昌 浮梁十六日電：今晨九時敵機三架，飛大港山投彈九枚，都昌投彈十一枚，我損失甚微。

河泙 上饒十六日電：敵機五架，今晨九時餘發現於鄱陽湖上空，飛至餘江，其中二架折返，三架仍循浙贛路東進，十時過上饒，在弋陽河泙埠車站投彈七枚，多落荒郊，我損失甚微，

新喻 長沙十六日電：敵機九架，十六日下午二時分兩批襲贛省高安，上高，萍鄉，新喻等縣，其中六架並在新喻一帶肆虐，

良慶 邕寧縣十五日電：十五日上午十一時廿分，敵機五架襲良慶，在良慶星岩擲炸五彈，傷斃數人，并在良市投二三十彈，

——摘自《南宁民国日报》，1939年3月18日

敵機襲擊襄樊
炸吉安鄭州
死傷慘重市屋被毀極多

襲。贛（中央十七日南昌電）敵機十七日窺察贛東贛西、轟炸浙贛路、在溫家圳（在臨川西北）東鄉等車站投彈、毀民房數棟、另有敵機十八架、於十時半狂炸吉安、投彈百餘枚、鬧市俱受波及、死傷平民甚多（中央十七日吉安電）敵機十八架、十七日晨十時一刻侵入吉安市區轟炸、在鬧市投燃燒彈及爆炸彈百餘枚、下永叔路木匠街堂街一帶着彈起火、陽明中學及孔廟已被焚毀、平民死傷三百餘、房屋被毀約三百餘棟、城內有數處起火、直至下午二時始熄、省立醫院護士學校、亦中彈着火、留院病人醫師護士受傷甚多、省府特撥款萬元救濟被難平民、并於當晚由南昌開救護專車至吉安救護、（中央十七日南昌電）牯嶺息、敵機連日襲牯、英美僑民住宅學校教堂、有數處被炸、山中居民對敵機如此暴行、至為憤慨、十六日上午九時至十一時、先後有敵機十八架飛牯狂炸、毀日照峯三號住宅一所、新路大華飯店一所、小天池房屋數所、河西路中國銀行及天主堂被炸、下中路落六彈、女兒城山上三彈、仰天坪三彈、土坡嶺四彈、火龍院山上數彈、蓮谷路二彈、傷民衆五人、死一人、

犯。鄂（中央十七日襄陽電）敵機四架、十七日晨十時轟炸樊城、其中一架被我擊中起火下落、旋有敵機七架轟炸襄陽、樊城被炸較重、前街後街房屋被燬三百餘間、至被我擊中之敵機、落於沙灘上、敵駕駛員一名跳傘、被我擒獲、一名與機同焚、手肢頭殼全失、

擾。豫（中央十七日洛陽電）敵機七架、十七日晨十時飛鄭州肆虐、盤旋數匝、投彈六七十枚、除炸毀房屋百餘間外、人民死傷甚少、

——摘自《东南日报》（金华），1939年3月18日

敵機又炸襄樊

鄭州浸禮會醫院亦被敵濫炸

宜昌聖公會案美提强硬交涉

中央社襄陽十八日電 敵機十架、分兩隊於今日九時許飛至襄樊、一隊轟炸襄陽、一隊轟炸樊城、各投彈二十餘枚、共燬房屋百餘間、死平民十餘人、

中央社南昌十八日電 十八日敵機五架、分批肆擾浙贛路、九時許由贛北方面發現敵機二架侵入東鄉進賢、在車站附近各投彈數枚、均落荒郊、無甚損失、同時鄱湖發現敵機三架、竄經餘江貴溪、在鷹潭車站附近投彈六枚、炸死貧苦工人一、傷二、餘無損失云、

中央社上饒十七日電 敵機五架、今晨九時發現於鄱陽湖上空、飛至黃金埠折返、此間今日曾發出空襲警報二次、

中央社漢口十八日合衆電 此間美國領事當局頃爲日機濫炸宜昌美國聖公會建築事、向日方提出强硬交涉、謂三月份內、該會建築三處被炸、本月八日、聖詹姆學校一處、前後被炸兩次、共中十三彈、十四日旋又被炸、顯係日方有計劃的行動云、

中央社上海十八日路透電 上海浸禮會本部、已接到報告、謂鄭州之浸禮會醫院、昨日被日機轟炸兩次、致死傷六人、鄭州之浸禮會所設之難民收容所、亦被炸二次、死傷二百人、但外僑無死傷者云、

中央社長沙十七日電 在平江被敵機炸斃之英人李協邦牧師、現悉係循道公會湖南教區之平江聯區長、年僅三十五、十五日敵機襲平江時、李牧師正偕高克禮牧師及其廚役全家七人、同在培仁學校側之防空壕內避難、該壕適中一彈、致李牧師及其廚役全家均被炸斃、厥狀甚慘、高牧師則係從泥中爬出、亦已受輕傷、循道公會湖南教區長貝克易牧師在長沙聞此噩耗、於十七日晨馳赴平江、爲李牧師料理善後、當晚返長、聞關於李牧師被敵機炸斃事、在湘英僑已急電駐華英使館報告、一面並電其在倫敦之夫人及年甫四齡之孤女報喪、

——摘自《时事新报》（重庆），1939 年 3 月 19 日

日艦炮轟鎮海並騷擾猫頭山

邇來日艦時在浙東沿海騷擾、威脅經過船艘、阻撓航輪來往、十四日炮轟鎮海口、並在三門灣搜索食糧牲畜外、十五日又炮轟海門、茲由航業界探誌鎮海被轟損害經過詳情如次、

鎮海各地損害調查

日艦於十四日上午八時、向鎮海要塞開炮轟擊、開炮六十餘發後、於九時許旋即退去、事後調查、落彈地點、以招寶山●後流塘●青峙嶺●胡家堨等山野及沿岸海灘居多、而城中亦落彈多枚、計南門米行街新倉小學對面吳吉人故居落一彈、牆垣擊毀一洞、朝宗坊公用水渠旁落一彈、鼓樓前落一彈、僅毀牆垣一角及電桿一根、南街餘三綢緞店後路旁落一彈、傷平民一人、東門外寶積寺後門落一彈、毀民房二間、又廣家門口海雲寺落一彈、大牆被毀、平民張阿三被彈片擊傷臂部、東河塘旁落一彈、城牆被毀一洞、傷女一口、半街九號江鴻卿家落一彈、炸毀大牆、馬家巷落一彈、毀民房一間、浙海分關草地落一彈、震毀玻窗及電線、同濟醫院旁落一彈、未爆炸、鎮海分關中兩彈、房屋略有損毀、此次除民房牆垣稍損外、僅傷平民三人、

三門灣前擊退日軍

三門灣健跳所洋面、十四日上午七時左右、開到小型日艦三艘、往來游弋、並放下小艇、分架機關鎗掃射過往民船、翌日(十五)午前十一時復放下汽艇一艘、載兵數十人、駛至海寗縣屬之猫頭山地方、强行登陸、搜劫民間食糧、及雞豕等牲畜、嗣華軍趕到、會同民衆團隊、奮力抗禦、將日兵擊退、竄回船上、現該日艦三艘、已退至距健跳所五十餘里之海面停泊、騷擾過往商船、

海門縱火匪徒緝獲

二月十八日日艦炮擊海門企圖登陸時、匪犯金好有、曾縱火內應、以致海門沿江發生大火、幸經駐軍設法撲滅、該匪在縱火之際、爲駐軍擊傷、自投寗波北門華美醫院療治、現已由外海水警局、寗電寗波警察局、將該匪緝獲、連同醫院擔保人王金寶、一併羈押、業已經由警察總局解第六區保安司令部法辦、又海門縱火案以前捕獲之匪徒、均已由駐軍就地鎗決、

普陀山中海匪猖獗

浙東之匪徒、受某方接濟軍火、自稱某某同盟軍、企圖在浙東沿海暴動、幸經駐軍戒備嚴密、一切暴動計劃均告失敗、寗波溫台防守司令已派兵兜勦、該項匪徒係烏合之衆、經兜勦後即行四散、今海匪潘招財股自上月廿七日竄至普陀山後、日夜四出搶劫、復招集附近逃犯流氓地痞等、販賣毒物、聚衆賭博、復派頭目繆某、盤踞葫蘆島、現在全山秩序混亂、香客裹足、

浙東沿海戒備嚴密

沿海各口岸、已由寗波溫台兩防守司令築有鞏固之防禦工程、派有重兵駐紮、嚴密戒備、甬江椒江甌江鰲江等均已封鎖、惟甬江及甌江爲維持航行計、仍准船隻駛入封鎖線、沿海匪徒經兜勦後、漸將肅清、惟浙東各地、時有日機發現、洋面時有日艦弋巡、因駐軍之戒備森嚴、日方之登陸企圖、決難得逞、各地依然安謐如常、海門等處人口、業已設法疏散、

——摘自《新闻报》（上海），1939年3月19日

吉安被炸 贛省府救濟

▲南昌十七日電　吉安城內、十七日晨被日機狂炸、有數處起火、直至午後二時始熄、省立醫院護士學校亦中彈着火、留院病人暨醫師護士受傷甚重、省府特撥款萬元救濟被難平民、並於當晚開救護專車、赴吉救護、

▲吉安十七日電　日機十架、今日上午十時一刻、侵入吉安市區轟炸、在鬧市投燃燒及爆炸彈百餘枚、下午永叔路木匠街書街一帶、着彈起火、陽明中學已被炸毀、居民死傷三百餘、房屋被毀約三百餘棟、

——摘自《新闻报》（上海），1939年3月19日

溧水日軍 進犯上興埠

▲南致十八日電　溧水之日軍約四百餘、騎兵卅餘、携機鎗四十餘挺、炮廿餘門、於十六日晨由天王寺向華軍猛烈進犯、該日軍到達上興埠時、即縱火焚燒民房、上興埠損失甚重、

——摘自《新闻报》（上海），1939年3月19日

平江英僑被炸 英領署已設法調查

▲美聯社倫敦十八日電　據昨晚消息英國在華官員、現正設法證實華方報告、按該報告稱、數日以前、當日本空軍轟炸長沙以北之平江局、擊中英國醫院或教會、英僑一名慘遭非命、此次空襲發生於星期三日、英人財產已遭破壞、華人在該財產附近亦有數名傷亡、至於被炸斃之英僑、乃一牧師云

——摘自《新闻报》（上海），1939年3月19日

日機分襲 鄂·豫·贛·粵·陝

襄陽擊落日機一架
樊城被炸受害較巨

▲路透社十八日重慶電 據牯嶺華方消息、日轟炸機十八架、曾於三月十六日空襲牯嶺、結果死一人傷五人、住居與旅館各一所、中國銀行房屋及天主教會房屋聞皆被燬、據稱日機幾每日轟炸牯嶺云、

▲路透社十八日重慶電 據華方消息、鄂豫贛粵陝五省之城市多處、近日皆遭日機之猛轟、昨晨有日機四架、飛樊城投彈、另有七架則轟炸襄陽、日輕轟炸機一架、被中國高射炮擊中、起火墮落於襄河之砂堤、機師乘降落傘躍下、聞已被華方俘獲、機內尚有一人、則已被焚斃、面目不可復認、按襄陽及樊城二處皆爲日軍在鄂中進攻之目標、其中以樊城所受損害較巨、傷亡人數亦多、昨聞昨日空襲共燬房屋三百餘所、該消息又稱、昨晨曾有日機七架在平漢隴海兩路交叉處之鄭州投彈六十餘枚、另有日機十八架則於昨晨飛往贛省西南部之吉安、在商業區投彈百餘枚、內有燒夷彈甚多、死傷三百餘人、孔廟及陽明中學聞均被燬、浙贛鐵路温家村及桐鄉兩車站、亦遭日機轟炸云、該消息末稱日機九架、曾飛粵漢鐵路以東之粵北翁源地方投彈、並以機鎗掃射、結果死傷九十餘人、陝省之潼關寶雞等處、曾有日機四架、飛往偵察、但未投彈云、

▲南昌十八日電 十八日日機五架、分批肆擾浙贛路、九時許由贛北方面、發現日機二架、侵入東鄉進賢、在車站附近各投彈數枚、均落荒郊、無甚損失、同時鄱湖發現日機三架竄經餘江貴溪、在鷹潭車站附近投彈六枚、炸死貧苦工人一、傷二、餘無損失、

▲路透社十六日宜昌電（遲到） 三月八日及十四日、宜昌兩度遭日機轟炸、共毀房屋一千六百所、死傷人民約一千名、城內美國聖公會所辦之學校一所、已於十四日完全炸燬、瑞典教會產業附近曾落數彈、未受任何重大損失、居民每晨離城、傍晚始回、晨間商業停頓、各街道幾無行人、

▲萬家埠十八日電 連日日機不斷向華軍牯嶺轟炸、同時在廬山週圍高壟尖山東林等處日軍、亦終日向山上發炮、十七日午後一時許、又有日機五架、侵入牯嶺上空投彈、炸毀房屋四棟、

▲洛陽十八日電 日機十架、分兩隊、於今日九時許、飛至襄樊一帶轟炸、各投彈廿餘枚、共燬房屋百餘間、死平民十餘人、

——摘自《新闻报》（上海），1939 年 3 月 19 日

敵無人道
轟炸醫院
收容所難民死傷兩百

「中央社上海十八日路透電」上海浸禮會本部，已接到報告，謂鄭州之浸禮會醫院一昨日被日機轟炸兩次、致死傷六人鄭州之浸禮會所設之難民收容所亦被炸，死傷二百人，但外僑無死傷者云。

——摘自《大刚报》（衡阳），1939年3月19日

敵機昨炸許昌襄陽
在許投彈五十餘枚死傷甚重
宜城天主堂福音堂均被轟炸

河南全省防空司令部息：︵一︶昨日上午八時四十分，敵機一架由宜城北飛，經襄陽，張店，唐河，平氏，桐柏向東飛去，本市於八時四十六分發空襲警報，於九時十分緊急警報，九時五十分解除警報。︵二︶十一時三十分，敵機十一架，分兩批先後侵入襄陽上空投彈，本市於十一時發空襲警報，十一時五十五分解除警報。

【又訊】昨日敵機十三架，分兩批於上午九時三十分，九時三十二分先後侵入許昌上空，投彈五十餘枚，落東大街，南大街，西大街，北九曲街，南九曲街，文明街，黨部街等處，共毀房百餘間，死傷七八十人。

【又訊】前日襄陽共投彈百餘枚，毀房三百餘間，死傷五六人。宜城落彈數十枚，天主堂福音堂均被炸，死傷三十餘人，其餘宜城以南孔家灣，于家營等處及公路附近，均落有炸彈，損失甚微云。

——摘自《河南民国日报》，1939年3月19日

蘇浙

敵艦砲轟海門

杭州市偽戲院被投彈

中央社鄞縣十七日電：昨晨九時許，敵艦三艘，駛入海門封鎖綫內，向我市區發砲九十六發，燬民房數十間，死十餘人，至午後三時半該艦一艘，由海門方面駛入鎮海七里嶼洋面。

——摘自《新华日报》（汉口），
1939年3月19日

敵機炸襄樊

浙贛路空襲

中央社襄陽十八日電：敵機十架，分兩隊於今日九時許飛至襄樊，一隊轟炸襄陽，一隊轟炸樊城，各投彈廿餘枚，共燬房屋百餘間，死平民十餘人。

中央社南昌十八日電：十八日敵機五架，分批肆擾浙贛路，九時許，由贛北方面發現敵機二架，侵入東鄉進賢，在車站附近各投彈數枚，均落荒郊，無甚損失，同時鄱陽湖發現敵機三架，竄經餘江貴溪，在鷹潭車站附近投彈六枚，炸死貧苦工人一，傷二，餘無損失。

——摘自《新华日报》（汉口），
1939年3月19日

日軍縱火焚燒

上興埠盡成灰燼

沿公路五里內外各村鎮悉被焚燬

▲寧國十九日電　十六日晨由溧水經天王寺向華軍進犯之日軍、經華方大軍趕到截擊、於十七日午回竄天王寺、此次日縱火焚燒上興埠、全市盡成灰燼、沿公路五里內外村落、亦全被焚燬、上興埠民衆並被日慘殺四人、

▲寧國十九日電　華方蘇中游擊隊近甚形活躍、十三日晚華軍某部乘日軍不備、破壞溧水以西五里橋梁一座、同夜華軍另一部隊進襲黃池鎮（屬高淳）之日軍、日軍亂放機炮、澈夜未停、

——摘自《新闻报》（上海），
1939年3月20日

日艦又炮轟海門

燬民房數十間 死平民十餘人

▲鄞縣十八日電　昨晨九時許、日艦三艘駛入海門封鎖線內、向華市區發炮九十六發、燬民房數十間、死十餘人、至午後三時半、該艦即向北而去、又昨午四時許、日艦一艘由海門方面駛入鎮海七里嶼洋面、

——摘自《新闻报》（上海），
1939年3月20日

×機又狂炸肇慶高明

投三十餘彈死傷四十餘人

（肇慶特訊）十五日×機十架．分三批狂炸肇慶高明各地．查是日上午十時廿分．第一批×機一架．經貝水飛抵肇慶市空偵察一週後．轉飛肇慶對岸要明公路沙硐車站．投彈兩枚．炸死三人．傷五人．直飛白土．開機關槍向公路行人掃射．傷數人．再飛抵高明城．投下一彈．落城內菜地．無損失．第二批×機六架．由西江下游闖進肇慶市空．旋分開兩隊．一隊三架．飛七星岩轟炸．在岩前投彈七枚．水月宮中彈四枚．毀去一部．雙清館中彈兩枚．毀去中座．七星橋側岩石頂落彈一枚．炸去岩石少許．再飛岩前頭社村．投彈六枚．塌屋六間．當堂炸死五人．傷十餘人．重傷者兩人．午晚間斃命．一隊三架．在肇慶市投彈．江濱西路落巨彈三枚．炸塌十一號．十二號．十三號商店三間．死兩人．傷三人．江濱東路落兩彈．炸毀廿五號．廿六號兩歇業商店．朝聖路落兩彈．炸塌五十號．五十二號兩住宅．江濱二馬路落一彈．炸塌兩木屋．迎祥街馬巷．落兩彈．炸燬毀住宅一間。電燈局前落一彈．炸中馬路．成一大孔．第三批×機三架．一時卅分．由南便闖進肇慶市空．在東較場投彈十二枚．中兩彈毀舊兵房一部．其餘之彈、均落空地．是日×機共投彈卅餘枚．炸塌舖屋廿餘間．死十二人．傷卅餘人云．

——摘自《华侨日报》（香港），1939年3月20日

襄樊又遭敵機肆虐

▲中央社襄陽十九日電　襄樊接連遭遇敵機轟炸三日、以今日爲尤烈、上午十二時許、敵機九架、其中三架轟炸襄陽、六架轟炸樊城、下午一時半及三時半、復有敵機六架、輪流狂炸、三次投彈總共在二百枚以上、幸居民早經疏散、死傷僅二十餘人。

▲中央社沙市十八日電　十八日下午三時許、敵機八架分兩批襲沙、一批三架、一批五架、分別在市空繞飛兩週後、卽竄入江陵上空、當卽投彈廿五枚、傷亡平民七十餘人、炸毁民房五十餘間、美教堂循道會亦被投彈三枚、死三人

▲中央社南陽十八日電　十八日上午九時三十分、敵機十三架分兩批先後侵入許昌上空、投彈二三十枚、毁民房數十間、居民早已避去、無甚傷亡、鄂北宜城等地、亦遭轟炸、詳情待查。

▲中央社宜昌十九日電　巴黎迴聲報特派來華記者夏明夫人、十六日由渝抵宜後、親往宜市兩次被炸災區視察、並對被難同胞備致慰問、次日分訪我軍政長官、十九日各界代表開會歡迎、到各代表及外賓二百餘人、美籍杜牧師報告目覩寇屢次炸燬及彼衣服炸破及如河脫險經過、末由夏明夫人演說、及各界代表贈獻各種圖片後散會、夏明夫人定二十一日晨乘輪返渝。

——摘自《中央日报》（重庆），1939年3月20日

敵在包頭横徵暴斂
苛擾及於鷄犬

▲中央社五原十九日電　包頭來人談自敵佔據包頭後、苛捐雜稅、層出不窮、近又異想天開、登記住戶鷄犬、發給鷄犬飼養證、每鷄一隻月納稅二角、犬一隻月納稅三角、民衆實不堪其苦、誠千古未有之奇聞云。

——摘自《中央日报》（重庆），1939年3月20日

敵機到處肆虐

江陵 沙市十八日電：十八日下午三時許，敵機八架，分兩批襲沙，一批三架，一批五架，分別在市空繞飛兩週後，竄入江陵上空，當即投彈，計十餘枚，傷亡平民五十餘人，焚毀民房十餘間，美教會循道會亦被投彈三枚，斃三人。

許昌 南陽十八日電：十八日九時許，敵機十三架，分兩批先後侵入許昌上空，投彈二三十枚，毀屋數十間，居民早已避出，無甚傷亡，鄂北宜城等鎮亦慘遭轟炸，詳情待查。

牯嶺 萬家埠十八日電：連日敵機不斷向我牯嶺轟炸，同時在廬山選園高龍尖山東林之敵，亦終日向山上發砲，十七日午後一時許，又有敵機五架，侵入牯嶺上空投彈，焚燬房屋四棟。

襄樊 襄陽十八日電：敵機十架，分兩隊於十八日九時許飛至襄樊，一隊轟炸襄陽，一隊轟炸樊城，各投彈十餘枚，共燬房屋百餘間，死平民十餘人，

浙贛路 南昌十八日電：敵機五架，分批肆擾浙贛路，九時許由贛北方面發現敵機二架，侵入東鄉，進賢，在車站附近各投彈數枚，均落荒郊，無甚損失，同時鄱湖發現敵機三架，竄經餘江貴溪，在鷹潭車站附近投彈六枚，炸死苦工人一，傷二，餘無損失云，

——摘自《南宁民国日报》，1939 年 3 月 20 日

獸機肆炸新會縣城

人民死傷千餘 全城盡遭蹂躪

寇機復低飛用機關槍射擊難民

香港—肇慶訊，據報告，三月廿九日當難民數千人由江門北街逃赴新會縣之時，被獸機約二十架追擊，敵機向新會縣投彈百餘枚，全城盡毀，並低飛向密集之難民開機關槍掃射，人民死傷千餘人。現時由新會縣城至公益埠之區域，擠滿難民，多數逃往三埠。 本報專電下午三時

——摘自《南洋商报》，1939 年 3 月 21 日

滬公共租界內

敵開槍行兇傷四人

其中有二人被敵軍扣留

上海—昨日下午由公共租界通入虹口之橋上之日哨兵一人，向一被喝阻時不停步之華人行人開槍一發，共傷華人四名，子彈於擊中行人之腿部後反躍，再傷其他華人三名，傷者之中有二人被日軍扣留，其他二人則自赴醫院，公共租界巡捕於數小時以後方獲槍擊事件之通知。 路透社十二時

敵佔據區漢奸報紙

——摘自《南洋商报》，1939 年 3 月 21 日

敵機到處肆虐

襄樊

襄陽十九日電：襄樊接連遭遇敵機轟炸三日，而今爲烈，上午十二時許敵機九架，其中三架轟炸襄陽，六架轟炸樊城，下午一時半復有敵機六架，輪流狂炸，三次投彈總共在二百枚以上，幸居民早經疏散，死傷僅廿餘人。

四會

連縣十九日電：敵機九架，十九日九時四十分，襲四會，向縣城及城郊投卅餘彈，毀屋數十，傷亡平民十餘。

臨海

金華廿日電：敵機二架，廿日下午三時半竄入臨海縣，向五夫鄉投彈四枚，幸無損失。

椒江鎮

金華廿日電：敵機四架，十九日晨八時四十五分侵入海門，向椒江鎮投彈十一枚，毀民船一隻，輪機一架，傷一人。

——摘自《南宁民国日报》，1939年3月21日

英美在華教會學校

屢遭寇機狂炸

平江英人李協邦牧師被炸死 美當局已向倭提出强硬交涉

長沙十七日電：平江被敵機炸斃之英人李協邦牧師，系循道公會湖南教區之平江聯區長，年僅卅五，倫敦循道公會神學院畢業，一九三一年來華，一九三七年曾返倫敦一行，今年一月復來華，李牧師主持平江教務，極爲當地人士稱贊，十五日敵機襲平江時，李牧師正偕高[illegible]禮牧師，及其廚役全家七人，同在培仁學校側之防空壕內避難，該壕適中彈，致牧師及其廚役全家均被炸斃，高牧師則係從泥土中爬出，亦已受輕傷，循道公會湖南教區長貝爾牧師，在長沙聞此噩耗，於十七日晨馳赴平江，爲李牧師料理善後，當晚返長沙，記者往訪，承告李牧師遺體業已從傾塌之防空壕中掘出，厥狀甚慘，將安葬平江，貝牧師并謂平江至十五日止，已遭日機空襲廿七次，因該縣爲不設防城市，故日機每次約均在市空低飛窺察及投彈，循道公會主辦之普愛醫院及培仁學校，與牧師住宅屋宇相連，位平江西關，佔地甚廣，屋頂既漆有英國國徽，且懸有巨大之英國國旗，諒日機駕駛人員，在此廿七次之襲擊中，早應辨知爲英僑慈善機關所在，今竟投以巨彈四枚，使吾人不勝痛憤云。於李牧師被敵機炸斃事，湘英僑已急電駐華英使館報告，并電其在倫敦之夫人，及年甫四齡之孤女報喪，

漢口十八日合衆電：此間美國領事當局，頃爲日機轟炸宜昌美國聖公會建築事，向日方提出强硬交涉，謂三月份內，教會三處被炸，本月八日聖詹姆學校一處，前後被炸兩次，共中十三彈，十四日復又被炸，關係方面計劃的行動云。

宜昌十五日電：美聖公會所設立之學校，于昨日日機轟炸宜被炸，校舍盡毀。

上海十八日路透電：上海浸禮會本部，已接到報告，謂鄭州之浸禮會醫院，昨日被日機轟炸兩次，致死傷八人，鄭州人浸禮會所設之華民收容所，亦被炸死傷二百人，但外僑無死傷者。

——摘自《南宁民国日报》，1939年3月21日

敵在各戰場

屢放毒氣鐵証

我軍檢獲敵放毒氣文件二種

敵反謂我軍放毒實欲蓋彌彰

【重慶十六日電】我軍於去年十月在德安一帶上部繳獲敵人施用毒瓦斯之文件兩種，均係敵「中支那派遣軍司令部」之文件，其一為「徐州會戰及安慶作戰特種煙使用戰例及成果」為昭和十三年七月印發，其二為「特種發煙筒及特種發煙彈用法並成果利用法」為昭和十三年八月印發，此兩種文件，前者說明其施用毒瓦斯戰例及成果，後者係說明其施用之方法，茲記其大要如次：

據上文件，敵人所施用之毒瓦斯，計有如下三種：一為白色筒裝瓦斯，其作用為發放時以定風之方向，二為綠色筒裝瓦斯，作用為催淚性特種毒瓦斯，三為白色筒裝窒息性特種毒瓦斯，前一種無毒，後兩種均含有強烈毒素，關於敵人施用毒瓦斯時之動作：一、偵察發煙計劃方案，二、第一線指揮官之協定，三、命令下達隊之準備，四、氣象之關係，五、通信連絡，六、警戒及掩護，七、下毒，八、資材輸送，九、發射日口（電點不明）十、點火，十一、成果利用，十二、點火後處置（如埋藏瓦斯筒），又，當敵施放瓦斯後，立刻戴上防毒面具，開始總攻，瓦斯發出之間，僅有三十分鐘之效力，當煙筒施放後，即須續放毒瓦斯，及毒瓦斯散播後，立刻開始衝鋒，方能取得瓦斯之有效成果，在第一種文件內，並例舉其施放瓦斯而獲得之戰果，其文件內云：前在攻崇縣，當進攻南門城郊，因我軍固守，不能攻陷，乃施用毒瓦斯，惟無結果，於同日再度進攻，復大量施用，並於十八十九兩日，團攻固鎮，（下

，國遭我軍猛烈反攻。敵因勢危殆，復大放毒氣，[illegible]二港口之役，亦曾施用瓦斯，以後馬當流泗橋之役，我軍開始反攻，敵無以抵抗，乃復大量施用瓦斯，此外，在山西戰場上，如濟源絳縣聞喜諸役，乃莫不儘量施用，每次我軍因敵之濫用瓦斯致失去戰鬥力，而遭受失敗，因此，敵每遇攻擊不能取勝或遭受我反攻，無力抵禦，乃大量施用瓦斯，結果，無不收得效果，因此，敵乃積極獎勵並教導其部隊任意施用，文件並詳述施用瓦斯注意各點，（一）各種煙筒務須秘密保持，（二）用後之毒煙筒毒氣筒殼務要拋入河底或埋藏地內切勿暴露，（三）外僑所居地方切勿施用，倘試驗時，要在戶內，不可使氣色外冒，並謂，以往因施用不善，致發生傷害自己士兵情事，今後務須善為改善，以杜流弊，敵為施放毒氣計，其部隊多攜有大批防毒面具，惟為掩飾起見，反謂防我軍施用毒氣，此種欲蓋彌彰之事實，祇見其可鄙而已，總之，敵一方濫用瓦斯，慘殺我官兵，一方復恐暴露其劣跡而遭受世界指斥，乃多方設法掩飾，足見其心勞日拙也，

——摘自《南宁民国日报》，1939 年 3 月 21 日

日機投重彈 濫炸章練塘

漫無目標燬民房 游擊隊毫無損失

據青浦來人談，活躍於澱山湖畔之游擊隊田翳子部，於月初聯合金澤鎮張部，兩路圍攻縣城西南三十華里之章練塘鎮後，將日偽混合軍二百餘名逐出，章鎮加以克復，而蘇省府所委之新縣長平祖仁，亦率同下屬，趕程抵達該鎮，恢復縣府，開始辦公，田部並聯合天馬山小崑山一帶之游擊隊袁部，向北推進，作包圍青浦縣城[illegible]，謠言蠭起，日偽大恐，[illegible]中日軍，多數他調，防務較前空虛，向上海方面告急，詎日陸軍指揮部無兵可調，於十八日午後派去轟炸機三架，飛往章練塘鎮，投彈轟炸，希圖對田部根據地加以威脅，擲下約二百磅重之炸彈六七枚，因漫無目標，僅毀民房十餘間，傷平民數人，縣府各機關均無恙，田部原係散駐該鎮四週鄉間，故絲毫未受損害。

浦南游擊隊丁部，經大加擴充後，部衆激增，槍械俱全，實力加强數倍，部隊陸續渡越浦江，向浦北進展，已將青浦至松江之青松公路線，大部截斷，加以控制，故松江日軍，現不能再向青浦增援，或取得聯絡云。

——摘自《大晚报》（上海），1939 年 3 月 22 日

鄭州昨遭狂炸

投彈共五百餘枚

豫敵屢強渡不逞

（本報鄭州二十二日下午十一時二十四分到專電）犯[illegible]自十七日起每日狂炸鄭州、尤以二十日爲最甚、投彈五百餘枚，我民衆傷亡甚夥，我

豫境敵兇急圖進 溫縣敵已達二千餘、分佈黃河北陽溝橋、紀溝橋、張各打橋、大王閘橋各地、何村樁、火溝南橋、康磕莊酈、及汜水北岸[illegible]仔船支、不斷向南岸炮擊、企圖渡河、我某兵團向河南岸援救、嚴陣以待、敵如強渡、我定予重創

豫北豫東敵連日[illegible]築新鄉至開封間鐵路並堵黃河決口、以期減[illegible]水向西進犯、我軍派兵分別破壞、不斷與接觸、敵騎數度軍擾花園口東之砦、均被我擊退、新鄉之敵現至五千餘、砲廿餘門 濟源沁陽之敵均增加、我豫軍事上新佈署已完成、敵從來犯當無虞、

（中央社）洛陽廿一電 沿溫孟大道西犯招賢村（溫縣西）之敵、已於十九日午被我軍擊退、回竄溫縣

（中央社）洛陽廿一日電 溫縣敵步騎二百餘、向[illegible]西門、十九日沿溫孟大道西犯、與我在招賢付濟遇 接戰、偽對峙中、抗豫北[illegible]、雖有犯孟縣企圖、但此[illegible]小部隊行動實爲肆擾性質、

——摘自《华西日报》，1939 年 3 月 22 日

瓊崖敵軍姦淫焚殺

（中央社）桂林十一日電、瓊崖來人談、瓊崖自敵登陸後、奸淫焚殺慘絕人道者、同胞因不堪蹂躪、冒險乘船赴廣州外灣[illegible]達二千餘人、最近瓊崖境內我游擊隊極活躍、上月下旬、曾有百餘人、化裝農民混入文昌城、殺敵數百、敵退離城十餘里之潭牛市、文昌遂一度克復、嗣敵爲圖報復、將文縣內大小村鎮、大施狂炸、民衆被害更慘 現安定縣城 經我軍反攻、[illegible]得三失、[illegible]戊拉鋸形式其他各縣亦正與敵拚命中、

——摘自《华西日报》，1939 年 3 月 22 日

日機轟炸溫州市區

▲本市消息　浙東金華蘭溪衢州等處、時遭日機轟炸、日機之飛往浙東各地偵察、幾乎每日皆有、本月十九日海門及臨浦爲日機轟炸、幸彈落荒地、損失甚微、昨日上午九時、聞有日機四架、飛溫州向市區濫施轟炸、死傷平民二十餘人、下東街損失慘重、惟詳細情形、尙未得到電告、惟溫州航行仍通、意商義華洋行之寶利輪、巳於昨日下午三時駛溫、

——摘自《新闻报》（上海），1939 年 3 月 22 日

福州被炸

▲路透社二十二日重慶電　據華方消息、福州昨日午後遭去年七月七日以後之第一次日機轟炸、昨晨有日本巨型兵艦四艘、在閩江外出現、未幾即有日機六架起飛、在沿海一帶偵察、午後、日本水上飛機四架、在福州上空出現、在南台（譯音）第五號碼頭投下炸彈四枚、毀理髮店一頂、死華人一名、日機旋在東湖區復投四彈、內兩彈未爆炸、

※　※　※

——摘自《新闻报》（上海），1939 年 3 月 23 日

敵轟炸醫院教會
英美分向倭抗議

【中央社倫敦二十三日哈瓦斯電】中國湖南省平江縣城英國美以美會所設之普愛醫院，於本月十五日被日機轟炸時，共有八人死難，英籍傳教師李協邦亦在其列，英政府頃飭令駐日大使克萊琪爵士向日政府提出抗議聲明該醫院屋頂懸有英國國旗，並漆有白色大字，可在空中一望而知云。按平江縣前於去歲十月間一度被炸，英政府亦曾提出同樣抗議。

【中央社漢口二十二日電合衆電】漢口美當局以日機於本月十九日轟炸鄭州美浸禮會，特向漢日總領館提出嚴重抗議。

——摘自《国民公报》（重庆），1939年3月24日

敵人野蠻惡毒之一斑

摧殘我文化事業
抗戰以來各省教育機關被炸全部財產損失達一萬萬餘元

【本報特訊】自抗戰開始以來，敵機一貫狂炸我不設防城市，尤其對我文化教育機關，更極盡摧殘之能事，致引起國際間至大反感，最近教育部對於抗戰以來，戰區各省市中小學及社會教育機關之財產損失數目，作詳盡統計，總計全部損失數字為一萬萬八千三百七十九萬六千八百六十四元，茲將各省市損失數目，分列如後：計「浙江」十一萬一千七百六十三元，「江西」二十萬元，「湖南」三萬三千一百元，「山西」一百二十六萬元，「陝西」三萬元，「福建」一百四十六萬四千元，「廣東」五十萬元（以上七省中小學及社教機關財產損失，係根據各該省呈報數目編列）「江蘇」四三九四七三九八元，（中學一五六一九五八五元，小學二一〇五五二四五元，社教七二七〇二五八元）「安徽」九〇六三七六〇元，（中學四九七二九八元，小學四〇八六四六二元）「河北」二二七七五二六四元（中學一三三五八八九五元，小學九四一六三六九元），「山東」四四一四六九五七元，（中學六三五七八三六元，小學三六九七四一九四元，社教八一四九二七元）「河南」一一八九五三二元，（中學三一〇六一八一元，小學八四〇七二一六元，社教七三九一九二五元）「察哈爾」二四四七九〇五元，（中學二六三八五七元，小學二三八一九七元，社教四五八五一元）「綏遠」九九四七四八元（中學三四七八四二元，小學五一〇、一四元，社教一三六七九二元）「南京」五二四六九一五元，（中學三三七九三七六元，小學一五八六九三六元，社教二八〇六〇三元）「上海」八七〇四八八二元（中學一七〇〇七四六元，小學五八〇七一四五元，社教一一九七〇二一元）「北平」一三一二八三〇八元（中學一〇六八二六七一元，小學一八〇一三五二元，社教六四四二八五元）「天津」七一六四〇五一元（中學四

四〇六二四九元，小學六四八七三五元，社教二七〇〇六七元）「青島」二九二〇四六九元，（中學一二八四六四九元，小學一六三五八二〇元「威海衛」七五六〇二二元，（中學八二五九八元，小學五八三〇八三元，社教九〇三四一元），（以上十三省市區未據呈報，係由教部根據各該省市各教育資產價值數字填列）以上二十省市區合計財產損失，中學六千五百五十六萬七千七百八十三元，小學九千六百四十八萬九千八百三十八元，社教機關一千八百十四萬四千三百八十元，三項總計，一萬八千三百七十九萬六千八百六十四元云

——摘自《国民公报》（重庆），1939 年 3 月 24 日

粵省政聞

大良沙頭之×大舉增援

×機大炸容桂後形勢又緊張

大批盤艇杉板運到準備渡河進犯

容桂被炸毀屋廿七間死傷廿餘人

（本報桂洲專訊）、大良三洪奇等處之×、日來因不敷調遣、自感兵力單薄、故由九江龍江等地、抽調裝甲車隊一隊、及廣州等地之一部偽軍、于廿一早開到三洪奇與大良郊外之石湖蒲等地一帶、同時金橋咀之×、爲便利渡河進犯容桂我軍陣地計、曾在九江陳村各地、掠得大盤艇五十餘艘、木杉木板等一大批、運至大良近郊之十二戲大門等處、準備渡河進犯容桂、但×在沙頭、被我容桂團隊隔河擊敗後、×已知我軍實力雄厚、進犯既不得逞、且恐我軍渡河反攻、乃于二十日下午、在碧江等地用電船多艘、運載木材士敏土等到沙頭舊村沿岸各地、構築工事、爲狀極忙、並×機六架、于二十日下午五時、狂炸容桂、計在容奇、桂洲、禪村、外村各地、共投下十八彈、炸毀舖屋二十七間、炸死八人、傷二十一人、幸投下之彈、均屬五十磅之小型彈、否則傷亡不止此數矣、茲將容桂被炸災區、與炸場之舖戶及死傷鄉民之姓氏、調查錄下、計開容奇落兩彈、一落墟頭大馬路昌記酒樓門前、傷七人、一落後街、毀屋兩間、桂洲裡村男界社巷（即五碇菓巷）落兩彈、炸毀該巷蘇姓陳姓屋宇共四間、炸斃鄉人蘇福二、李樹、陳福、婦人蘇李氏等四人、傷男子共五人、又傷婦人陳二姑一名、路心細市落兩彈、炸毀廁所一座共三間、蛙發住宅一間、但無傷斃人命、打鐵街當官廟榕腳落一彈、炸毀詠益店住宅一連兩間、炸斃過路不知姓名男子一名、傷一名、竹山坊梯雲社榕腳落一彈、炸毀傳記店一間、炸斃不知姓名之男子兩人、玄壇廟前李地街落二彈、炸毀蔡姓、李姓住宅兩間、傷婦人黎郭氏、張阿好、小童黎昭三人、禪竹墟木榕腳落一彈、及北便海旁落五彈、因該兩處係屬曠地、故無毀物傷人、外村桂香街落彈四枚、毀屋宇五間、傷婦人二名、包公廟對河落彈兩枚、毀屋三間、死傷鄉人一名、傷二名云、

中央社翁源廿三日電、十九日夜我某部游擊隊突襲大良、與城內×及李逵××偽軍發生巷戰至烈、並將被內電燈廠破壞、迄且我游擊隊以目的已達、安全退出、是役傷斃×偽軍數十名、我亦傷亡十餘人、

——摘自《工商日报》（香港），1939 年 3 月 24 日

×機又狂炸豫各地

中央社南陽廿三日電　據日以來、×機襲豫、匪給慘重、×機十六架、又於廿二日上午十時卅六分、侵入鄭州、投彈四十餘枚、均落大同路福壽街、二馬路、及車站鐵路鈔廠等處、毀房六十餘間、死傷八十九人、另×機二架、竄入周家口、投彈卅餘枚、毀房七十餘間、死七十八人、傷十一人、彈落南寨東門外及黃河附近、洛陽亦同遭轟炸、毀民房一百零四間、炸死五人、傷廿二人云、

——摘自《工商日报》（香港），1939 年 3 月 24 日

平江鄭州教會被炸

英美向敵嚴重抗議

中央社倫敦廿二日哈瓦斯電：中國湖南省平江縣城，英國美以美會所設的普愛醫院，在本月十五日被日機轟炸時，共有八人死難，英籍傳教師李協邦亦在其內。英政府現飭令駐日大使克萊琪，向日政府提出抗議，聲明該醫院屋頂掛有英國國旗。並漆有白色大字，可在空中一望而知。按平江縣前于去歲十月間一度被炸，英政府亦會提出同樣抗議。

中央社漢口廿二日合衆電：漢口美當局，以日機于本月十九日轟炸鄭州美浸禮會特向漢口日總領館提出嚴重抗議

——摘自《新华日报》（汉口），1939年3月24日

敵機狂炸鄭州洛陽

合浦口外漁船遭焚刧

中央社南陽二十三日電：敵機十六架，昨日上午十時卅六分，侵入鄭州，投彈四十餘枚。另敵機二架，襲入周家口，投彈卅餘枚。洛陽亦遭轟炸，毀民房一百零四間，炸死五人，傷二十二人

中央社合浦廿三日電：二十二日午口外突來敵艦五艘，放下汽艇一艘，搜捕漁船兩艘，均被焚，另一艘被擄去。

——摘自《新华日报》（汉口），1939年3月24日

被日機摧毀之武昌療養院

去冬十月、武漢三鎮陷落之前，日方派飛機多架、襲轟武昌，大施轟炸，武昌之療養院一所，因遭摧毀。該院院長爲密勒醫師，會由張學良之援助，聯合同人，創設此院，用以造福社會，便利病家，今多年心血，僅存一片灰燼，目擊心傷，乃自攝影（即上圖）留作紀念。

——摘自《大晚报》（上海），1939年3月25日

鄭州洛陽等處被炸損害甚重

▲南陽廿三日電 連日以來、日機襲豫、至爲慘重、日機十六架、於廿二日十時卅六分侵入鄭州、投彈四十餘枚、均落大同路福壽街二馬路及車站豫豐紗廠等處、毀房屋六十餘間、死傷八九人、又日機二架、襲入周家口、投彈三十餘枚、毀房屋七十餘間、死七八人、傷十一人、彈落南塞東門外、及黃河附近、洛陽亦同遭轟炸、毀民房一〇四間、炸死五人、傷二十二人、

——摘自《新闻报》（上海），1939 年 3 月 25 日

敵機滅絕人性

屢投毒彈

殺傷我平民狂炸民房

（本報廿四日桂林電）抗戰以還、敵寇在各戰場使用毒氣、屢見不鮮、日前敵機轟炸西安城區、對非武裝市民、曾投擲毒氣彈、十七日空襲粵省五華、機槍子彈又多屬殺傷彈、並以民房爲其唯一之轟炸目標、凡此均屬滅絕人性之獸行云、

（路透廿四日上海電）北平美大使館因日機最近轟炸美教會事、已向日方提出抗議、據調查本月內美教會財產被日機轟炸者、達十處之多云、

——摘自《东南日报》（金华），1939 年 3 月 25 日

周浦鎮民房 半燬於火

昨晨據可靠方面消息、浦東周浦鎮、日前突遭日軍縱火焚燒、當時適東南風大作、致火勢延燒甚烈、全鎮民房、半燬於火、

——摘自《新闻报》（上海），1939 年 3 月 26 日

日機狂炸南昌
高安擊落日機

（本報今日重慶專電）昨日竟日有大批日機飛往南昌轟炸，房屋等損失甚鉅。平民因疏散後留居不多，故死傷甚少。華最高長官表示南昌近郊，防禦堅强，决全力保衛，雖至一兵一卒，亦必抵抗到底。又訊：日機四十八架於廿五日飛炸南昌迤西六十公哩之高安（按高安係南昌至長沙公路間之繁盛市鎮），擲彈數百枚，損失甚重。是日南昌上空，日機往來頻繁，達數十次之多。華方高射砲怒吼，日機一架被擊落。

——摘自《大晚报》（上海），1939 年 3 月 27 日

日機狂炸
豫晉各縣

▲洛陽廿五日電 日機多架、今日在豫晉段之黃河沿線 恣意肆擾、計六時三十五分、日機五架、在垣曲東北關、共投彈三十餘枚、九時五十分、日機三架、在白鶴鎮投彈六投、十時日機二架、在孟津城內及東關投彈八枚、十二時三十七分、日機六架、在平陸茅津渡投彈三十餘枚、下午二時四十分、日機三架、復在洛陽縣屬之象莊投彈一枚、張盤村投彈三枚、平樂鎮投彈三枚、新嶺鄉投彈一枚、三十里舖投彈三枚、宋駕莊投彈二枚、統計各地、共被炸死人民僅十六人、傷廿餘人、毀房約二百餘間、日機轟炸、現竟遍及鄉間、更見其慘酷與無目標之狂炸也、

——摘自《新闻报》（上海），1939 年 3 月 27 日

吳城已成一片焦土

日軍到達鎮內

▲修水廿五日電　突出於鄱陽湖濱、適當修贛二水會流處之吳城華軍、自十八日以來、在日海陸空炮火瘋狂炸轟下、屹然不動、廿四日晨日機十餘、艦艇三四十、轟炸炮轟、達六小時、吳城鎮成一片焦土、所有工事、大部被毀、然忠勇華軍　仍以頹垣破壁爲掩體、沉着抗擊、至黎明日艦艇一隊、駛鎮南强行登陸、華軍雖腹背受敵、惟仍在艱苦之情況下力戰中、

▲南昌廿四日電廿三日日軍約千餘人、由葉家洲萬年寺荷溪壟分三路向吳城進攻、激戰終日、迄夜十二時、吳城情況不明、

▲南昌廿五日電　吳城以北之日軍、廿四日分水陸兩路進犯、至午時鎮內發現日蹤、未及退出居民、備受蹂躪、正面兩軍在涂家埠一帶陣地激戰、華軍頗佔優勢、左翼安義附近之日軍、被華軍擊退後、向西進犯靖安、與華守軍混戰中、

▲桂林廿五日電廿三日晨日軍由荷溪壟葉家洲分數路向華軍進犯、並發射大量燒夷彈、午後五時、吳城火起、刻下情況不明、南潯線日軍主力、尙在灘溪、一部與華軍在萬家埠附近激戰中、

▲美聯社重慶二十六日電　據大公報載稱、吳城之役、華軍全團犧牲、日軍亦死傷二千餘人、按日軍猛攻吳城達一星期之久、然始終不能下、星期五侵晨、日軍施放毒氣、吳城之守軍約一團人、在毒氣中繼續奮勇抗戰、至下午四時、華軍防線被突破、日軍衝入城、於是雙方展開猛烈之巷戰、結果、華軍全團犧牲、其中無一棄城逃逸圖倖免者、大公報復刊稱、目下有日小型汽艇一百五十艘停泊於鄱陽湖中、日軍當局利用鄱陽湖爲海軍飛機根據地、日遣飛機至修水前線、南昌高安等處大肆轟炸、同時日機爲截斷華軍之退路起見、現正竭力摧毀高安附近之公路、

——摘自《新闻报》（上海），1939 年 3 月 27 日

修河所獲日方文件
燒村莊殺人民

▲南昌廿六日電　華軍於修河前線、日前俘獲日方文件極多、玆將日方殘殺民衆命令譯出、摘錄如下、㈠當地居民不得接近日軍駐地、違者不問男女老幼一律格殺勿論、㈡糧秣器具、實行就地征發、㈢灘溪附近村莊、須完全燒燬、㈣形跡可疑之居民、須澈底屠殺等語　日軍對於民衆之殘殺行爲　足使人神俱憤、

——摘自《新闻报》（上海），1939年3月27日

高安樟樹等處被炸
羅坪鎭被焚燬

▲吉安二十五日電　日機四十八架、竟日輪流轟炸高安、（在南昌之西南）損失在調査中、又日機十餘架、二十五日晨九時、侵入樟樹鎭淸江（即臨江）窺察轟炸、損失甚微、

▲修水二十五日電　由箬溪西津口南渡日軍數路、竄至羅坪、經華軍於二十三日拂曉奮勇反攻、全部擊退、殘部於遁竄前、將羅坪鎭所有房屋、全部焚毀、

——摘自《新闻报》（上海），1939年3月27日

敵機飛擾晉豫陝
潼關昨被狂炸
投彈百餘中有毒氣彈多枚
修水昨亦被炸死傷三十人

中央社潼關二十七日電　敵機六架、今晨上午九時五十分、在平民發現、經朝邑大荔侵入潼關、在城內濫肆狂炸後、西竄華陰、二次折轉潼關轟炸、至十時許、向東北逸去、事後調査、敵機二次投彈百餘枚、內有催淚性毒氣彈十枚、死傷平民二十餘人、炸燬民房四十餘間、

中央社興集二十七日電、敵機連日在白晉公路東陽關各城沁縣一帶窺察轟炸、二十四日下午二時四十分敵機兩架炸陽治、投彈十二枚、死七傷五、燬民房四十六間、二十六日、晉西鄉寧竟日警報、敵機於晨十時在城內投燃燒彈三枚、傷一人、十一時、敵機十一架、在前後審棧卜馬村附近投彈十餘、死傷鄉民八人、十二時、敵機兩架、在梁家坪投彈二枚、我無損失、

中央社修水二十七日電　敵機九架、二十七日下午四時半、自皖境闖至修水、投彈十餘、毀民房六棟、死傷平民三十人、

——摘自《时事新报》（重庆），1939年3月28日

敵機狂炸潼關

竟投催淚性毒氣彈

洛陽昨日亦遭空襲

（中央社）潼關二十七日電、敵機十架今晨上午九時五十九分在平民路埠、經朝邑侵入潼關在城內濫肆在炸後、西竄華陰、二次折轉潼關轟炸、至十時許向東北逸去、事後調查、敵機二次投彈百餘枝、內有催淚性毒氣、彈十枚、死傷平民卅餘人、炸毀民房四十餘間。

（中央社）洛陽二十七日電 廿七日晨九時十六分、敵機五架經孟縣、於九時二十分機機洛市上空 在東關和東西車站、及牛村七里河一帶共投彈十八枚、死三人 傷三人、毁房二十二間 投彈後於十時二十分經鞏縣向東北逸去。

——摘自《华西日报》，1939年3月28日

淮陽敵寇

殘殺民衆

（中央社）駐馬店二十七日電 盤據淮陽城內之敵、迭經我軍襲擊、恐慌特甚、在上半月內 曾檢查居民三次、先後捕我民衆一百二十餘人、除殘殺多人外、餘均索巨款釋放 前日敵又緊閉四門搜查戶口 捕我民衆五十三人、毒刑拷打 即在女子師範學校 內挖土活埋二人、餘亦被打殘廢狀至淒慘敵人慘無人 道之行可見一斑云、

——摘自《华西日报》，1939年3月28日

貴陽被炸慘重

筑義振會電滬乞賑

貴州素稱貧瘠不堪浩刦 盼籌鉅欵派員前往賑撫

仁記路九十七號華洋義振會、昨接貴陽分會電告云、二月四日筑垣慘遭轟炸、延燒過半、中心繁盛之區、完全付之一炬、燒燬房屋舖面一千三百二十六棟、每棟住平民三五家不等、約燒五千家以上、死亡近千人、受傷亦一千以上、尚有火場中被燒被壓之死屍、正在爬挖、無法估計、至損失財產約五千萬元、眞千古未有之奇災也、現在精華旣竭、元氣大傷、災民流離約二三萬、以貴州素稱貧瘠之區、何堪經此浩刦、雖蒙委員長行政院軫念災黎、共撥振款十二萬元、省動委員撥振三萬元、各慈善團體分別籌撥營救、終以災區廣大、民困方深、杯水車薪、於事無濟、特此肅電陳懇鈞會、速予籌撥鉅款、特派專員來黔振撫、庶使盈途餓殍、得延殘生於萬一、分會同人、無任感激之至、至於分會丁此浩刦奇災、自恨能力棉薄、無法籌維鉅欵、普惠災黎、僅於被災日起、統率全會工作人員、暨先時組織之救護掩埋大隊五個分隊隊長隊員隊丁等六十餘人、全部出發、於四日警報解除後、奮勇至火場災區努力搶救重傷災民二百餘人、送往附近各醫院救治、又於各災區火塲中、抬出已死屍體百餘具至安全區域、一一用棺盛殮、以待屍親認領、自二月五日起至發電時正、計一週間、無日不在火塲中工作、努力於抬屍裝殮掩埋事項、亦已先後棺殮掩埋三百餘人、前後施送棺木四百餘具、現在仍繼續努力搜尋各街被燒被壓屍體、以期服務人羣於萬一云、

——摘自《新闻报》（上海），1939 年 3 月 28 日

豫南一度克復柳林

敵機狂炸潼關洛陽

▲中央社洛陽廿七日電 我某部於前日午進襲平漢沿線柳林李家寨鷄公山東篁店等處之敵、激戰甚烈、柳林曾一度克復、當斃敵五十餘名、嗣經敵援繼至、我軍即將東篁店鐵橋炸燬並燬路軌三公里、敵後路被阻斷、刻我軍正在圍攻中。

▲中央社洛陽二十七日電 (一)二十七日晨九時十六分、敵機五架、經孟縣于九時三十分飛抵洛市上空、在東關及東西車站和平村七里河一帶共投彈十八枚、死二人、傷三人、毀房二十二間、投彈後、于十時二十分經葦縣向東北逃去。(二)廿七日晨九時五十分敵機六架、十時十七分敵機六架、先後在潼關城內共投彈百餘枚、(內有窒息性毒瓦斯彈十餘枚)死十一人、傷一人、毀房四十餘間。

▲中央社襄陽二十七日電 我某部自廿四日晨攻進長台關(信陽北)、及其以北之王莊與以西之劉莊等處、敵頑强抵抗、我軍奮勇衝殺、克復王莊劉莊等地、斃敵百餘名、信陽敵軍一再派隊增援、刻仍在該地激戰中。

▲中央社陝州二十七日電 廿六日晨、溫縣敵四百餘、分兩路向北冷鎮(城東)及南王村(城西)等處進犯、經我軍奮勇迎擊、斃敵甚多、迄午、敵不支、紛紛向溫縣逃竄、我軍乘勝追擊、又斃敵數十、刻仍在城郊激戰中。

——摘自《中央日报》(重庆),1939 年 3 月 28 日

日機濫炸隴海西段

企圖進窺鄭州

▲重慶廿八日專電　華方官訊、豫北平漢路以西、中日軍激戰甚烈、計過去兩星期中、雙方接觸四十次、日軍死千五百八、

▲沂口廿八日專電　日機連日向鄭州以西及黃河以南華軍陣地大肆轟炸、意在向西進攻鄭州、

▲洛陽廿七日電　廿七日晨九時十六分、日機五架、經孟縣、於九時三十分飛抵洛市上空、在東關及東西車站和平村七里河一帶共投彈十八枚、死二人、傷三人、毀房二十二間、投彈後、於十時二十分、經鞏縣向東北逸去、

▲洛陽廿七日電　廿七日晨九時五十分、日機六架、十時十七分、日機六架、先後在潼關城內、共投彈百餘枚、(內有窒息性毒瓦斯彈十餘枚、)死十一人、傷一人、毀房四十餘間(又潼關廿七日電)日機六架、今晨上午九時五十分在平民發現、經朝邑大荔侵入潼關、在城內濫肆狂炸後、西竄華陰、二次折轉潼關、轟炸至十時許、向東北逸去、事後調查、日機二次投彈百餘枚、內有摧淚性毒氣彈十枚、死傷平民廿餘人、炸毀民房四十餘間、

——摘自《新闻报》（上海），1939 年 3 月 29 日

敵海軍暴行

掠我漁船殘害漁民

▲中央社汕頭廿八日電　二十七日午前六時、嶺海發現敵巡艦一艘、駛經惠來海面、我漁船適在該處捕魚、走避不及、當被敵艦掠去全部財物、漁民九名捆綁、推下海中、並將漁船縱火焚燬後西駛、又北港海面午前四時發現敵汽艇一艘、追捕該處漁船、被拉去一艘、現南澳海面泊敵艦九艘、巡艦三、驅逐艦六、無異動。

——摘自《中央日报》（重庆），1939 年 3 月 29 日

敵機昨日襲梁萬

損失情形調查中

（本報重慶二十九日晚電話）敵機十八架今晨九時分襲梁山，萬縣，因渝萬電話被斷，損失情形不詳。

（重慶電話）此間防空部於二十九日午前十一時接得情報，有敵機十八架、由鄂西侵入川境，有襲渝市企圖、於十一時二十分發出空襲警報、敵機見我有備 即向梁山方面飛竄、於十一時四十分竄入梁山上空 幸我機於事前得訊、即升空戒備、當敵機竄入時、即發生激烈空戰、敵機一面與我機鏖戰、一面向城郊投彈 濫肆轟炸 投彈數目及損失情形尚未查明、

昨（廿九）日午前 時許敵機十八架、於宜昌投彈、旋於十 時沿長江西飛入川境、萬縣於十 時三十八分發生緊急警報 敵機過萬隨即轉入梁山上空 我梁山空軍早有準備 敵機到達時 即予以迎頭痛擊、敵機倉惶投彈後 仍循原道東飛、回過萬縣時又投彈一枚、始沿長江飛去、當敵機襲梁山時、重慶於十二點零五分發出空襲警報、十二時二十六分解除警報云、

——摘自《华西日报》，1939 年 3 月 30 日

敵機六架

昨炸方城獨樹保安

投彈六十枚死傷約百餘人

防空部召洛各界舉行會議

河南全省防空司令部息：昨日敵機六架，於上午十點三十五分入方城上空投彈二十三枚，落中山鎮，三民鎮，四維鎮，東關及奎星樓等處，毀房五十餘間，死三十六人，傷十六人。【又訊】昨日上午敵機一架，經桐柏泌陽襄陽新野，于十一點零六分入宛市上空，盤旋後經方城葉縣襄城許昌漯河駐馬店確山向南飛去。本市於十點十分發佈空襲警報，于十點三十八分發佈緊急警報，于十一點四十分解除警報、又敵機六架，于上午十點四十四分在獨樹附近投彈二十餘枚，毀房六十餘間死傷四十餘人，保安投彈十七枚，死傷三十餘人，毀房三十餘間。又敵機二架，於上午十點一十分入陝州會興鎮投彈十二枚。又敵機三架於下午一點三十八分入陝州投彈云。

【又訊】自抗戰以來，洛陽迭遭敵機轟炸，民衆傷亡慘重，豫防空部為增進洛市防護效率，俾減少損害起見，開已分函邀請駐洛各機關團體，派員於廿八日下午三時，在該部舉行聯席會議，商討改善洛陽防護事宜云。

——摘自《河南民国日报》，1939 年 3 月 30 日

梁山被炸後

死傷三百餘

毀損房屋二百餘棟

晉豫各地均被轟炸

中央社訊 防空部息 前（二十九日）日敵機十八架、侵襲梁山縣城、擲彈百餘枚、毀損房屋二百餘棟、縣立中學前後水東門豆芽巷監獄等處均中彈、計死一百餘人、傷約二百餘人、獄內囚犯炸斃四十餘人、至敵機折返萬縣時、亦曾將餘彈一枚投擲城內文化街、毀毀房屋四間云、

——摘自《时事新报》（重庆），1939 年 3 月 31 日

日機轟炸方城

死傷平民數十人

▲南陽二十九日電　二十九日上午十一時許、日機一架、襲入南陽上空、盤旋窺察、即向東南飛去、又日機十三架、侵入宛屬各縣、六架襲入方城、在城內及東南關濫肆轟炸、毀房六十餘間、在東河灘向平民轟炸、死傷三三十八、並投有燒夷彈、餘七架分在宛屬各縣窺伺、旋即向東南逸去、本市於下午二時解除警報、

——摘自《新闻报》（上海），1939 年 3 月 31 日

閩海日艦虐殺漁民

▲汕頭三十日電　日艦近在嶺海逞兇日甚、北港泊日驅逐艦及武裝漁船各一、廿九日八時至十五時、在南北港共擄華漁船四十餘艘、漁民死傷數十人、申刻又在媽嶼口外、焚燬華漁船三、漁民十餘人均被慘殺、

——摘自《新闻报》（上海），1939 年 3 月 31 日

口機狂炸川東梁山縣城

平民死傷三百餘燬屋二百餘

萬縣城內亦被投彈燬屋四間

（中央社廿九日重慶電）□機十八架、於廿九日上午十時〇八分、由湘北侵入川境、於十一時四十九分、在梁山等地投彈、此間防空部於是發出空襲警報、嗣續報、□機已向東逸去、防空部乃於十二時廿三分、解除警報云、

（南陽卅日電）廿九日上午十一時許、□機一架、襲入南陽上空、盤旋窺察、即向東南飛去、又□機十三架、侵入宛屬各縣、六架襲入方城、在城內及東南關濫肆轟炸、毀房六十餘間、在河灘向平民轟炸、死傷二三十八、並投有燒夷彈、餘七架分在宛屬各縣窺伺、旋即向東南逸去、本市於下午二時解除警報、

（中央社卅日重慶電）防空部息、廿九日□機十八架侵襲梁山縣城、擲彈約百餘枚、毀損房屋二百餘棟、縣立中學前後、水東門萱芽巷監獄等處、均中彈、計死一百餘人、傷二百餘人、獄內囚犯炸斃四十餘人、當□機折返萬縣時、亦曾將餘彈一枚投擲城內文化街、炸毀房屋四間云、

——摘自《南华日报》（香港），1939 年 3 月 31 日

敵機竄入川東 狂炸梁山城

犯○川

（中央三十日重慶電）防空部息、廿九日敵機十八架侵襲梁山（在川東萬縣西）縣城擲彈約百餘枚、毀損房屋二百餘棟、縣立中學前後水東門豆芽巷監獄等處均中彈、計死百餘人、傷二百餘人、獄內囚犯炸斃四十餘人、至敵機返萬縣時、亦曾將餘彈一枚投擲城內文化街、炸毀房屋四間、

炸○晉

（中央三十日興集電）敵機連日在晉境各地大肆活動、廿五日午敵機十三架分襲平陸茅津渡、平陸投彈四十餘、毀房屋四十間、傷民婦二、炸斃馬二四、茅津渡投彈十枚、毀房屋二三十間、平民死傷廿餘名、廿七日正午、敵機七架由平順入晉東、掠過長治襄垣潞城長子屯留各縣、並沿沁源大道轟炸、又盂屬[illegible]王[illegible]附近各村、廿六日亦遭敵機八架慘炸、投彈二十餘、死傷人民數、、

襲○豫

（中央廿九日南陽電）廿九日上午十一時許、敵機一架襲入南陽卜空、盤旋窺察、卽向東南飛去、又敵機十三架侵入宛屬各縣、六架襲入方城、在境內及東南縣、濫肆轟炸、毀屋六十餘間、在東河灘向平民轟炸、死傷二三十人、餘七架則在宛屬各縣窺伺、旋卽向東南逸去、本市於下午二時解除警報、

擾○浙

（紹興通訊）廿八日下午二時許、敵機一架、轟炸上虞西北之百官鎮及崧厦鎮、在百官投一彈、震倒民房一間、在崧厦投二彈、震倒民房一間傷民衆一人、

——摘自《东南日报》（金华），1939 年 3 月 31 日

重慶東梁山被炸 死傷三百人

◎重慶三十一日路透社電、重慶以東梁山縣來電訊稱、日機十八架、三月二十九日襲梁山、投彈逾百枚、死百人、傷二百人、毀屋二百椽、數彈直接擊中該城之監獄、炸斃囚犯四十人、日機向東飛回、經萬縣時、投下一彈、毀屋四幢、同時據華方消息、三月十九日午刻、華機一隊轟炸集於蘇北海邊阜寧附近之日船、炸毀日艦兩艘、

——摘自《时报》（上海），1939 年 4 月 1 日

敵機昨又襲西安

焚毀民房二百餘間死傷十餘

英籍基督教會亦被炸

中央社西安二日電　敵機七架、二日下午一時十分、在平民發現、經大荔華陰渭南臨潼西竄、於二時侵入西安市空、在市區南院門北大街投彈五十餘枚逸去、內有燃燒彈兩枚、北大街八一及三四一號起火、經消防隊迅爲撲救、五時始息、但房屋十餘間焚燬殆盡、工商日報社中院亦落三彈、排字房全被震毀、該報將停刊數日、俟整理竣事後復刊、南院門英籍中華基督教談道所亦遭轟炸、被災區域計達十餘處、死傷平民十餘人、炸燬及震毀民房二百六十餘間、又下午一時十五分、平民又發現敵機七架、在大荔朝邑三河口一帶窺視後逸去、

中央社洛陽二日電　今晨十時四十分、敵機兩架、在靈寶城內及西南關一帶、共投彈十三枚、死三人、傷二人、毀民房十餘間、

——摘自《时事新报》（重庆），1939 年 4 月 3 日

敵機昨日

狂炸西安

（中央社）西安三日電、敵機十七架、三日上午九時五十分、再度狂炸西安市區、投彈四十五枚、向東逸去、掠過港南時、在該縣巴鋒鎮投彈一枚、適落空地、事後調查、被災區域因市民均已自動疏散、故損傷甚微、平民死七人、傷三十餘、炸毀及震毀房屋二十餘間

（中央社）遂谿三日電　敵機六架、上月二十九、侵襲廣州灣之赤坎、投彈十餘枚、死傷平民百餘人、炸聲廣州灣清晰可聞、

（中央社）桂林二日電

敵機七架、二日午飛合浦一帶投彈、又一日晨十日敵機二十九架分兩批甯南、在近郊談村等處投彈數十枚而去、

（川康社）省防空部消息、（一）本月二日上午九時四分敵機一架在潼縣盤旋偵察後向東飛去、（二）二日下午一時十分平民

敵機七架、經大荔、朝邑、華陰、華縣、渭南、臨潼、二時零六分達西安上空、在大北街、南院門、鼓樓、游家巷、石家巷、投彈五十二枚、毀房屋一百四十五間、震坍一百十七間、死五人傷九人、（三）二日下午一時十五分、平民敵機七架、經朝邑三河口由東向西飛去

——摘自《华西日报》，1939 年 4 月 4 日

日機再度狂炸西安

▲西安三日電　日機十七架、三日上午九時五十分、再度狂炸西安市區、投彈四十五枚、向東逸去、掠過渭南時、在該縣巴邑鎮投彈一枚、適落空野、事後調查本部被災區域、因市民均已自動疏散、故損傷甚微、平民死七人、傷三十餘、炸毀及震毀房屋百廿餘間、

▲路透社二日西安電　日機七架、今日向西安城中投彈五十餘枚、英國浸禮教會大會堂被燬、日機所投炸彈中、有二枚係屬燃燒彈、所引之火災撲滅頗感困難、人民死六人傷七人、西安居民、現已弄成早起離城他往之習慣、此次傷亡不多、此或爲其原因、鼓樓中一彈、本城某報社房屋、已被炸燬、商業區所受物質上損失甚鉅、

——摘自《新闻报》（上海），1939 年 4 月 4 日

邕屬楊美鎮 慘遭敵機狂炸情形

投彈大小共計十七枚□ 塌屋十餘間死傷十餘人

邕屬楊美鎮，於四月一日下午一時半，慘遭敵機狂炸，死傷人命及毀塌房屋情形極慘，茲特探誌如下，查是日下午一時許，有敵機七架，由下游飛上，先經七下楞兩村，未幾轉回該鎮，飛勢甚低，當放機關槍後，隨放煙幕，繼下以重量炸彈，響達遐邇，聲震如雷，投下之彈有重量百餘磅者，大小共計十七枚，計中和街（即蘇屋巷）落彈七枚，塌屋四間，傷亡者？人，永安街（即范屋巷）落彈一枚，重傷一人，仁勇街（即茅行附近至麥屋一帶）落彈三枚，塌屋八間，傷亡六人，三角市落彈五枚，塌屋前後六間，傷者四人，即新開之同仁藥房，亦被波及，至篁巷邊落一枚，無甚損失，敵機投彈後，即行逃遁，一時空氣，如黑雲遮天，對面亦不相見，甚至塘魚亦全遭震斃，鄉民驚恨萬狀，謂爲前清劫，查該鄉離邕約七十餘里，三面皆水，樹木繁蔭，屋宇林立，民十一曾遭土匪洗劫一空，元氣迄今未復，居民多向外貿易，是該鄉間無農場礮，學校僅高小及初小兩校，鄉民稍有家資者，即築有邕垣，實非重要之鄉鎮，乃敵機竟施以多數重量之彈，鄉民何辜，遭此浩劫，足證敵寇殘暴成性，實人類之蟊賊，

——摘自《南宁民国日报》，1939 年 4 月 4 日

敵機襲廣州灣

西安又遭狂炸毀屋百餘間

（中央三日連縣電）敵機六架、上月二十九日侵襲廣州灣之赤坎（在遂溪縣東南石門港右岸、當廣州灣之西北。法統治租借地之總機關設此）、投彈十數枚、死傷平民百餘人、炸聲廣州灣清晰可聞、（中央二日潼關電）廿九日我軍在芮城南良村擊落敵機、現已尋獲、斃敵駕駛員兩人、獲雙管機槍一挺、

擾◇粵（中央二日桂林電）敵機七架、二日午飛合浦一帶投彈、又一日晨十時、敵機廿九架、分兩批襲南甯、在近郊談村等處投彈數十枚而去、

襲◇陝（中央三日西安電）敵機十七架、三日上午九時五十分再度狂炸西安市區、投彈四十五枚、向東逸去、掠過東南時、在該縣巴邑鎮投彈一枚、適落空野、事後調查、本部被災區域因市民均已自動疏散、故損傷甚微、平民死七人、傷三十餘、炸毀及震毀房屋百廿餘間、

窺◇浙（國民三日金華訊）三日上午九時一刻、敵偵察機一架、由杭州方面襲來、竄入蕭山後、在西北方上空盤旋窺察、約有一小時、然後向北逸去、（紹興通訊）自抗戰後至本年二月份止、本縣境內受敵機之轟炸、共四十二次、死傷平民共二百八十二名、損失財產約一百十六萬六千六百八十餘元、

——摘自《东南日报》（金华），1939 年 4 月 4 日

敵在厦之暴行

綁架勒索强迫漢奸設賭場
搜刮金器盜竊各學校文物

中央社香港三日電　敵在廈門綁架勒索、搜刮民物、無惡不作、玆就其犖犖大者、略誌如下、㈠强迫漢奸開設賭場八處、每處按月繳海軍特務費一千元、認繳僞復興券一千元、㈡在鼓浪嶼綁去厦大學生孫逸夫、在中南銀行二樓綁去李子漢、日前又綁去國際救濟會職員陳少鄉莊梅、皆係海軍司令部人員所爲、㈢搜刮金器、每兩以十三元向民衆勒索、若抗命、則匿金一錢以上一兩以下者、處一年以上十年以下之監禁、及五千元之罰欵、一兩以上一斤以下者、處十年以上十六年以下之徒刑、一斤以上者、處死刑、㈣廈門大學及在廈各學校之圖書儀器、均被敵搜擄運去、

——摘自《时事新报》（重庆），1939 年 4 月 4 日

敵機襲陝粵

狂炸西安南寧合浦等地

中央社西安三日電：敵機十七架，三日上午九時五十分，再度狂炸西安市區，投彈四十五枚，向東逸去。據調消南時，在鼓縣巴邑鎮投彈一枚，適落空野。事後調查，本市被炸區域甚廣，因市民均已自動疏散，故損傷較微，平民死七人，傷三十餘。炸毀及震毀房屋百二十餘間。

中央社桂林二日電：敵機七架，二日午飛合浦一帶投彈。又一日晨十時，敵機二十九架，分兩批襲南寧，在近郊陳村等處投彈數十枚而去。

中央社遂溪三日電：敵機六架，上月二十九日侵襲新開廣州灣之赤坎，投彈十餘枚，並掃射機槍，死傷平民百餘人，炸聲廣州灣清晰可聞。

——摘自《新华日报》（汉口），1939年4月4日

敵寇到處劫掠

廈門：綁居民搜金器

天津：查錢莊圖分潤

津租界敵軍官被暗殺

中央社香港三日電：敵在廈門綁架勒索，搜刮民物，無惡不作，茲錄其榮榮大者，略誌如下：（一）強迫漢奸開設賭場八處，每處按月繳海軍特務費一千元，認繳偽復興券二千元。（二）在鼓浪嶼綁去廈大學生孫某，在中南銀行二樓綁去李子湛，日前又綁去國際救濟會職員陳少卿，莊梅，皆敵海軍司令部人員所為。（三）搜刮金器，規定以十三兌向民眾勒索，若抗命，則限金一錢以上一兩以下者處一年以上十年以下之監禁及五千元之罰款，一兩以上一斤以下者，處十年以上十六年以下之徒刑，一斤以上者處死刑。（四）廈門大學及在廈各學校之圖書儀器，均被敵搜掠運去。

中央社香港三日電：津訊，此間各錢莊因經營金融投機利益豐，日偽竟圖分潤，連日派日憲兵等至各莊查賬，如有存款超過五千元者，即須指明存戶姓名，並出具鋪保，否則加以沒收。此種公然掠奪之行為，已引起津市金融界之騷動。

中央社香港二日電：津市連日發生敵軍官被擊殺事件。一日午後四時，二區界內海光寺北面中西女校門前，又有敵軍少佐一名，被人用手槍射擊，當場斃命。津敵當晚下令在市區挨戶大事搜查，迄二日晨始止。結果逮捕嫌疑犯多人，又東馬路內田洋行敵商井上一名，於上月廿八日晚被人暗殺，敵方對以上各案均秘不宣布。

——摘自《新华日报》（汉口），1939年4月4日